Unio und *Confessio*

Eine Schriftenreihe der EKU-Stiftung,
herausgegeben von Michael Beintker, Albrecht Beutel,
Wilhelm Hüffmeier, Jürgen Kampmann, Christian Peters
und Thomas Martin Schneider

Band 32

Jürgen Kampmann (Hg.)

Theologie der Grundordnungen

Präambeln und einleitende Bestimmungen
in den Kirchenverfassungen
der preußischen evangelischen Landeskirche
sowie der aus ihr hervorgegangenen
Landeskirchen und Kirchenbünde

Herausgegeben im Auftrag des
Arbeitskreises der EKU-Stiftung
für kirchengeschichtliche Forschung

2024

Luther-Verlag · Bielefeld

Bibliographische Information der Deutschen Nationalbibliothek

Die Deutsche Nationalbibliothek verzeichnet diese Publikation
in der Deutschen Nationalbibliographie; detaillierte bibliographische Daten
sind im Internet über http://dnb.d-nb.de abrufbar.

Unio und Confessio; Bd. 32
ISBN: 978-3-7858-0901-3

Umwelthinweis:
Dieses Buch wurde auf chlorfrei gebleichtem und alterungsbeständigem
Papier gedruckt. Die vor Verschmutzung schützende Einschrumpffolie ist aus
umweltschonender und recyclingfähiger PE-Folie.

© Luther-Verlag, Bielefeld 2024

Das Werk einschließlich aller seiner Teile ist urheberrechtlich geschützt.
Jede Verwertung außerhalb der engen Grenzen des Urheberrechts ist ohne
Zustimmung des Verlages unzulässig und strafbar.
Das gilt insbesondere für Vervielfältigungen, Übersetzungen,
Mikroverfilmungen und die Einspeicherung und Verarbeitung
in elektronischen Systemen.

Satz und Layout: Jürgen Kampmann, Hechingen
Umschlaggestaltung: Luther-Verlag GmbH, Bielefeld
Druck und Bindung: Rudolph Druck GmbH & Co. KG, Schweinfurt
Printed in Germany

Inhalt

Jürgen Kampmann
   Vorwort 9

Jürgen Kampmann
   Grundartikel, Präambeln und einleitende Artikel zu Kirchenordnungen
   und -verfassungen – Indikatoren für Konstanten und Wandlungen
   im Selbstverständnis und Selbstbild evangelischer Landeskirchen
   und Kirchenbünde 11

Andreas Metzing
   Die Entstehung der Bekenntnisparagraphen der
   Rheinisch-Westfälischen Kirchenordnung (1850–1855) 21

Andreas Metzing
   Die Generalsynodalordnung (1873–1876) 37

Hartmut Sander
   Die Verfassungsurkunde für die Evangelische Kirche
   der altpreußischen Union vom 29. September 1922 43

Jürgen Kampmann
   Die Entstehung evangelischer Kirche in den Hohenzollerischen
   Landen und deren besondere kirchenrechtliche Einbindung in die
   preußische Landeskirche bis zur Überführung in die
   Evangelische Landeskirche in Württemberg 57

Hartmut Sander
   Die Übernahme der Verfassungsurkunde der Evangelischen Kirche
   der altpreußischen Union in der deutschen evangelischen Kirche
   in der Freien Stadt Danzig (1919–1924) 65

Inhalt

Hartmut Sander
Die Übernahme der Verfassungsurkunde der Evangelischen Kirche
der altpreußischen Union in der Evangelischen Kirche des
Memelgebiets (1919–1925) 71

Jürgen Kampmann
Die Verfassung der Deutschen Evangelischen Kirche
vom 11. Juli 1933 99

Hartmut Sander
Die Beschlüsse der altpreußischen Bekenntnissynode in Halle (Saale)
zu den Fragen des Bekenntnisstandes (1937) 109

Hartmut Sander
Das Verhältnis der lutherischen, reformierten und unierten
Gemeinden zueinander in der Denkschrift
»Von rechter Kirchenordnung« (1944/1945) 127

Axel Noack
Von der Verfassungsurkunde der Evangelischen Kirche der
altpreußischen Union zur Grundordnung der
Evangelischen Kirche der Union (1945–1953) 137

Hartmut Sander
Die Grundordnung der Evangelischen Kirche in Berlin-Brandenburg
1948/1996 165

Axel Noack
Die Grundordnung der Evangelischen Kirche der
Kirchenprovinz Sachsen (1945–1950) 197

Axel Noack
Die neue Grundordnung der Evangelischen Kirche der
Kirchenprovinz Sachsen von 1980 221

Hans-Martin Harder
Zur Entstehung und Fortentwicklung von Präambel und
Grundbestimmungen der pommerschen Kirchenordnung (1945–2012) 247

Inhalt

Hans-Jochen Kühne
Das Ringen um die Evangelische Kirche von Schlesien
und ihre Kirchenordnung (1945–1951) 273

Andreas Metzing
Von den Bekenntnisparagraphen der Rheinisch-Westfälischen
Kirchenordnung zum Grundartikel der Kirchenordnung der
Evangelischen Kirche im Rheinland (1945–1952) 301

Jürgen Kampmann
Von den Bekenntnisparagraphen der Rheinisch-Westfälischen
Kirchenordnung zu den Grundartikeln zur Kirchenordnung der
Evangelischen Kirche von Westfalen (1945–1953) 317

Jürgen Kampmann
Der Beitritt Anhalts zur Evangelischen Kirche der Union 1960
und der Charakter der dortigen Union 345

Andreas Metzing
Die Aufnahme eines Israel-Bezugs in den Grundartikel der
Kirchenordnung der Evangelischen Kirche im Rheinland (1996) ... 355

Jürgen Kampmann
Die Aufnahme eines Israel-Bezugs in die Einleitenden Bestimmungen
der Kirchenordnung der Evangelischen Kirche von Westfalen (2005)   367

Hartmut Sander
Die Grundordnung der Evangelischen Kirche Berlin-Brandenburg-
schlesische Oberlausitz von 2003 375

Jürgen Kampmann
Die Grundordnung der Union Evangelischer Kirchen in der
Evangelischen Kirche in Deutschland von 2003 381

Axel Noack
Die Kirchenverfassung der Evangelischen Kirche
in Mitteldeutschland von 2009 387

Abkürzungsverzeichnis 401

Inhalt

Quellen- und Literaturverzeichnis 405

Ortsregister 437

Personenregister 445

Autorenverzeichnis 451

Beilagen (Synopsen) (im beigefügten Schuber)

1 Die Entstehung der Bekenntnisparagraphen zur Rheinisch-Westfälischen Kirchenordnung
2 Zur Entstehung der Einleitung der Verfassungsurkunde der Evangelischen Kirche der altpreußischen Union vom 29. September 1922
3 Von der Verfassungsurkunde der EKapU zur Grundordnung der EKU (1945–1953)
4 Vorspruch der Grundordnung der Evangelischen Kirche in Berlin-Brandenburg 1948/1996
5 Vorspruch der Grundordnung der Evangelischen Kirche in Berlin-Brandenburg 1996
6 Entstehung des Grundartikels der rheinischen Kirchenordnung (1948–1952)
7 Von den Bekenntnisparagraphen der Rheinisch-Westfälischen Kirchenordnung zu den Grundartikeln der Evangelischen Kirche von Westfalen
8 Entstehung des Israel-Passus als Ergänzung zu Absatz I des Grundartikels der Kirchenordnung der Evangelischen Kirche im Rheinland auf der Landessynode 1993
9 Zur Berücksichtigung eines Israel-Bezuges in der Kirchenordnung der Evangelischen Kirche von Westfalen (1999–2005)
10 Grundartikel der Grundordnung der Evangelischen Kirche Berlin-Brandenburg-schlesische Oberlausitz
11 Von der Ordnung der EKU zur Grundordnung der UEK
12 Zur Entstehung der Kirchenverfassung der Evangelischen Kirche in Mitteldeutschland (2009)

Jürgen Kampmann

Vorwort

Der »Arbeitskreis für kirchengeschichtliche Forschung in der Evangelischen Kirche der Union (EKU)«, seit 2009 »Arbeitskreis der EKU-Stiftung für kirchengeschichtliche Forschung«, befasst sich bei seinen Sitzungen immer wieder intensiv nicht nur mit Ereignissen der Kirchengeschichte im Bereich der ehemaligen (alt-)preußischen Landeskirche, sondern auch mit theologischen Fragestellungen. Eine »Arbeitsgruppe Grundordnungen« des Arbeitskreises, bestehend aus Prof. Axel Noack (Halle [Saale], Dr. Andreas Metzing (Koblenz), Dr. Hartmut Sander (Berlin) und dem Unterzeichneten, hat sich der Aufgabe angenommen, die historische und theologische Entwicklung der Kirchenverfassungen der einstigen preußischen Landeskirchen sowie der aus ihr später hervorgegangenen eigenständigen Landeskirchen und der Kirchenbünde, zu denen diese sich zusammengeschlossen haben, für den Bereich der Bekenntnisparagraphen, Grundartikel und Einleitenden Bestimmungen nachzuzeichnen. Dabei galt das Frageinteresse stets auch den Motivationen, die hinter dem Bemühen standen, an diesen grundlegenden Beschreibungen und Bestimmung etwas zu verändern und zu ergänzen.

Die Arbeitsgruppe hat das Ergebnis ihrer Forschung dem Arbeitskreis in zahlreichen einzelnen Aspekten und schließlich auch insgesamt zur Diskussion vorgelegt und viele Anregungen und Impulse daraus aufgenommen und berücksichtigt. Der damit erreichte Forschungsstand wird nun hier veröffentlicht – in der Hoffnung, dass er nicht nur historisch aufschlussreich ist, sondern auch erkennbar werden lässt, welche Früchte und Impulse die (preußische) Union für die sorgsame Konturierung der Fragen nach den (Bekenntnis-)Grundlagen auch der gegenwärtigen Kirchenverfassungen zu bringen in der Lage gewesen ist.

Ein ausdrücklicher Dank gilt dem Arbeitskreis für kirchengeschichtliche Forschung für dessen aufmerksame Begleitung der Forschung sowie der EKU-Stiftung, dass sie die Arbeit der Arbeitsgruppe an der untersuchten Fragestellung finanziell getragen und über die laufenden Kosten hinaus auch einen namhaften Druckkostenzuschuss zur Verfügung gestellt hat, der nun die Veröffentlichung des Bandes ermöglicht hat – einschließlich der ihm beigefügten Synopsen, die ein Nachvollziehen der oft diffizilen Argumentationen zu gewünschten, gescheiterten wie dann schließlich realisierten Veränderungen an den hier interessierenden grundlegenden Bestimmungen der Kirchenverfassungen bei der Lektüre um einiges erleichtern dürften.

Mein persönlicher Dank gilt den genannten Mitgliedern der Arbeitsgruppe: Die regelmäßigen, ganztägigen Arbeitstreffen – häufig im »Blauen Café« in Kassel, aber auch in Löhne (Westfalen), in Frankfurt (Main), Gotha und Hechingen – waren immer wieder ausgesprochen lehrreich, sehr ergiebig für das Hinzulernen und zum besseren Verstehen der theologischen Anliegen und Akzentuierungen, die zu unterschiedlichen Zeitpunkten in unterschiedlicher Weise in die Formulierung der Grundlagen und damit auch des Selbstverständnisses der aus der einstigen (alt)preußischen Kirche hervorgegangenen Landeskirchen Eingang gefunden haben. Danke auch für die große Geduld bis zur endgültigen Fertigstellung des Layouts!

Hechingen/Tübingen, im November 2023

Jürgen Kampmann

Jürgen Kampmann

Grundartikel, Präambeln und einleitende Artikel zu Kirchenordnungen und -verfassungen – Indikatoren für Konstanten und Wandlungen im Selbstverständnis und Selbstbild evangelischer Landeskirchen und Kirchenbünde

Berücksichtigte und nicht berücksichtigte Entwicklungen

Berücksichtigt worden sind für die hier vorlegte Untersuchung nur solche Textfassungen von Grundartikeln und Einleitenden Bestimmungen zu Kirchenverfassungen, die durch ordnungsgemäße Beschlussfassung der entsprechenden Gremien der jeweiligen Kirchen bzw. Kirchenbünde Rechtskraft (bzw. in der Bekennenden Kirche für deren Handeln Verbindlichkeit) erlangt haben – und die in dezidiertem rechtlichen Konnex zur (alt)preußischen Landeskirche und deren rechtsnachfolgenden Institutionen standen bzw. getreten sind (wie etwa die Evangelische Kirche Anhalts, die sich der Evangelischen Kirche der Union verbunden hat). Nicht weiter verfolgt worden ist hingegen die einschlägige Verfassungsentwicklung solcher Kirchen, die aus der Verbindung zur einstigen preußischen Unionskirche bzw. deren Rechtsnachfolgerinnen gelöst wurden bzw. sich gelöst haben, ohne dass eine institutionelle Verflechtung aufrecht erhalten geblieben ist (wie bei der Unierten Evangelischen Kirche in Polnisch-Oberschlesien oder der Pommerschen Evangelischen Kirche nach deren Fusion mit der Evangelisch-Lutherischen Kirche in Norddeutschland).

Zum Werdegang von Bekenntnisparagraphen und Grundartikeln von Kirchenverfassungen

Zunächst standen die einleitenden Überlegungen zu dieser Forschung unter dem Arbeitstitel »Theologie der Grundordnungen« – doch die Arbeit an der Sache erwies bald, dass man in den hier in Betracht zu ziehenden rechtlichen Grundordnungen der betreffenden Landeskirchen und Kirchenbünde durchaus nicht Entfaltungen einer einheitlichen theologischen Denkfigur oder Argumentation begegnet. Im Gegenteil, von Beginn ist ein intensives Ringen um die Art und Weise der zu formulierenden Aussagen festzustellen, die den betreffenden Kirchenordnungen und -verfassungen vorangestellt werden sollen. Auch eine den Plural verwendende Formulierung wie »Die Theologien in den Grundordnungen« umreißt noch nicht hinreichend präzise, welch stark ausdifferenzierte, ja diffizile Argumentationen, Zusammenhänge und Sachverhalte es jeweils zu berücksichtigen gilt, wenn man es unternimmt, Grundartikel, Präambeln und einleitende Artikel zu Kirchenordnungen und -verfassungen historisch einzuordnen und die in ihnen zum Ausdruck gebrachten theologischen Anliegen nachzuzeichnen. Im Ergebnis können jedenfalls markante »Indikatoren für Konstanten und Wandlungen im Selbstverständnis und Selbstbild evangelischer Landeskirchen und Kirchenbünde« beschrieben werden, die aus dem Bereich der einstigen preußischen Landeskirche in deren einst beim Wiener Kongress bestimmten Grenzen hervorgegangen sind.

1815 wurde dem Königreich Preußen im Zuge der Verhandlungen des Wiener Kongress ja ein erheblich erweitertes, großenteils auch völlig neu zugeschnittenes Staatsgebiet zugewiesen. Wohl kannte man in Preußen ein dauerhaft etabliertes Nebeneinander von lutherischer und reformierter Konfession bereits seit dem Konfessionswechsel des brandenburgischen Kurfürsten Johann Sigismund im zweiten Jahrzehnt des 17. Jahrhunderts, doch bestand nach dem Wiener Kongress mehr denn je zuvor die Herausforderung, dass im preußischen Staatsgebiet eine Vielzahl unterschiedlicher, nebeneinander zugleich in Kraft stehender Kirchenordnungen existierte und das Land insofern gerade nicht über ein einheitlich verfasstes protestantisches Kirchenwesen verfügte. Vielmehr herrschte diesbezüglich eine große Vielgestaltigkeit; möchte man es nicht positiv werten wollen, kann man auch von einer großen Zersplitterung sprechen, die aus der Perspektive einer einheitlichen Staatsverwaltung alles andere als für die Zukunft günstig oder gar wünschenswert erschien. Während aber zu dem Zweck der Etablierung einer einheitlich organisierten staatlichen Verwaltung umgehend eine dem monarchischen Regierungssystem entsprechende, diesem angemessen erscheinende institutionelle Verwaltungsstruktur flächendeckend in Preußen etabliert wurde, konnte wegen der bestehenden lutherisch-reformierten konfessionellen Differenz eine vergleichbare Einrichtung für das protestantische Kirchenwesen nicht einfach getroffen werden. Zwar wurden – in Ausübung des summepiskopalen Rechts des Landesherrn – überall Konsistorien etabliert, die flächendeckend, aber direkt weisungsabhängig vom Innen- und später Kultusministerium die kirchliche Leitung und Verwaltung ausübten bzw. auszuüben beanspruchten. Diese begegneten aber und kollidierten auch mit anderen, nach wie vor rechtlich unzweifelhaft bestehenden kirchlichen Leitungsansprüchen. Zu nennen sind hier die in den preußischen Westprovinzen seit dem 17. Jahrhundert bestehenden, weitgehend eigenständig durch Synoden geleiteten lutherischen und reformierten Provinzialkirchen von Jülich, Cleve, Berg und Mark, die presbyterial-synodal verfasst waren. Zwar setzte König Friedrich Wilhelm III. – als ein am protestantischen Kirchenwesen ausgesprochen interessierter Landesherr – bereits 1817 durch den Entwurf einer Synodalordnung sowie den Entwurf einer Kirchenordnung, die für die beiden evangelischen Konfessionskirchen in seiner Monarchie gemeinsam gelten sollten, eine Debatte über die Gestaltung der künftigen Kirchenverfassung für die beiden protestantischen Kirchenwesen in Preußen in Gang, doch scheiterte dieses Projekt 1823 aus politischen Gründen: der aus reaktionärem Denken gespeisten Sorge vor einer Förderung demokratischen Gedankenguts – eine an sich zur Beratung der kirchlichen Verfassungsfragen geplante preußische Generalsynode wurde sistiert. Damit kam es dann auch auf lange Jahre nicht zur Formulierung einer in Preußen für die beiden evangelischen Konfessionen einheitlich geltenden Kirchenverfassung.

Als erst recht nicht hilfreich erwies sich im Zusammenhang dieses Prozesses der Unionsaufruf Friedrich Wilhelms III. vom 27. September 1817. Denn aus kirchenverfassungsrechtlicher Perspektive kann man ihn kaum anders als als von vornherein verunglückt beschreiben, überließ der König doch sowohl die Initiative zur konfessionellen Vereinigung wie zu deren Ausgestaltung im Detail in der »neu im Sinne ihres Stifters belebten evangelischen Kirche« den untergeordneten kirchlichen Leitungsebenen: Konsistorien, Synoden (die aber nach Vorstellung Friedrich Wilhelms III. nur aus Geistlichen gebildet werden sollten und die zum Zeitpunkt des Unionsaufrufes noch nicht einmal formiert waren!) und Superintendenturen. Wie kaum anders zu erwarten, nahm die weitere Entwicklung der Diskussion einer lutherisch-reformierten konfessionellen Vereinigung in Preußen denn auch einen entsprechend chaotischen Lauf – umso mehr, als der König doch schon in seinem Aufruf und später wiederholt betont hatte, dass die Annahme der Union ein freiwilliger Akt sei und es auch bleiben solle. Bis weit über die Regierungszeit Friedrich Wilhelms III. hinaus blieb letztlich unklar, wie die Vereinigung, zu der man sich in den lutherischen wie den reformierten Gemeinden im

Lande aufgerufen sah, theologisch näher zu beschreiben sei und in welchem Verhältnis diese »Union« dann zu dem herkömmlichen lutherischen bzw. reformierten Bekenntnis stehe.

Selbst die nach langen, bald anderthalb Jahrzehnten währenden Mühen 1835 für die beiden preußischen Westprovinzen formulierte Rheinisch-Westfälische Kirchenordnung vom 5. März 1835 beschrieb nur einen künftig in allen zugehörigen Gemeinden zu beachtenden rechtlichen Handlungsrahmen, sie machte aber keine Aussagen zu dem grundlegenden – also theologischen bzw. konfessionellen – Selbstverständnis der einzelnen Kirchengemeinden bzw. der beiden Kirchenprovinzen insgesamt und ihrer Leitungs- und Verwaltungsorgane, der Provinzial- und Kreissynoden einerseits und des Konsistoriums andererseits.

Dass dies – je länger je mehr – weithin als unbefriedigend empfunden wurde, lässt sich daran ersehen, dass die Rheinisch-Westfälische Kirchenordnung auf Drängen der Provinzialsynoden der Rheinprovinz und der Provinz Westfalen bei König Friedrich Wilhelm IV. schließlich 1855 um drei als »Einleitung« ihr vorangestellte, sogenannte »Bekenntnisparagraphen« erweitert wurde. Diese drei Bekenntnisparagraphen sind als die »Ahnherren« aller hernach entwickelten Grundartikel oder Einleitenden Bestimmungen zu den im Bereich der einstigen preußischen Landeskirche in Kraft gesetzten Kirchenordnungen anzusehen, und bevor nach dem theologischen Profil der heute in Geltung stehenden grundlegenden Artikel der Kirchenverfassungen und Grundordnungen gefragt wird, ist es geboten, sich dieses Herkommens und der damit verliehenen Prägung zu vergewissern.

Die Bekenntnisparagraphen zur Rheinisch-Westfälischen Kirchenordnung

Die Bekenntnisparagraphen zur Rheinisch-Westfälischen Kirchenordnung sind 1855 formuliert worden, um ein in den Jahren nach 1817 mehr und mehr bewusst gewordenes theologisches Vakuum des Aufrufs zur lutherisch-reformierten Vereinigung in Preußen nachträglich sachangemessen zu füllen. Mit ihnen sollte eine Binnenklärung hinsichtlich des konfessionellen Verhältnisses von Lutherischen, Reformierten und Unierten in der *einen* preußischen Landeskirche herbeigeführt werden; Ziel und Zweck war die Beschreibung eines dauerhaften modus vivendi der unterschiedlichen konfessionellen Prägungen in der Landeskirche miteinander und beieinander – und zwar mit Blick auf die für die kirchliche Praxis im Alltag wichtigen Fragen der Gemeinschaft in der Ausübung des Predigtamtes und der Sakramentsverwaltung. Dazu wurde die gemeinsam für alle Kirchengemeinden bestehende, allseits anerkannte und anzuerkennende Basis beschrieben – nicht mehr. Es ging nicht um eine »Außendarstellung« der Landeskirche, sondern um die Beschreibung und Lösung einer erkannten, intern bestehenden Problematik. Dem entspricht, dass den Bekenntnisparagraphen nie selbst ein Bekenntnischarakter zugesprochen worden ist – und dementsprechend sind kirchliche Amtsträger in der preußischen evangelischen Landeskirche hinsichtlich der Ausübung ihres Dienstes auch stets auf die altkirchlichen und reformatorischen Bekenntnisse, nicht aber auf die Bekenntnisparagraphen verpflichtet worden. Dies dezidiert ins Bewusstsein zu rufen, erscheint erforderlich, um ermessen zu können, wie sehr sich die Diskussionslage hinsichtlich der Bedeutung und der Funktion der Grundartikel bzw. der einleitenden Bestimmungen seit den 1850er Jahren bis zur Gegenwart verschoben hat.

Die Berücksichtigung der Barmer Theologischen Erklärung in den Grundartikeln

Lange haben die Bekenntnisparagraphen zur Rheinisch-Westfälischen Kirchenordnung unverändert Bestand gehabt. Sie haben das Ende des Summepiskopats 1918 überdauert – was theologisch ganz folgerichtig ist, da die Einrichtung des Summepiskopats wie dann auch dessen Ende nichts mit dem Binnenverhältnis der lutherischen, reformierten und unierten Kirchengemeinden zueinander in ein und derselben Landeskirche zu tun hatte.

Zu den in der nationalsozialistisch bestimmten Zeit in der Bekennenden Kirche gewonnenen Einsichten gehört, dass einerseits eine dezidierte Bindung an das schon längst formulierte Lehrbekenntnis der Kirche und dessen Fundament, die Heilige Schrift Alten und Neuen Testaments, unaufgebbar ist, dass aber andererseits ein solcher bloß historischer Bezug nicht hinreicht, sondern dass es nötigenfalls auch und gerade darauf ankommt, in der Gegenwart das zum Ausdruck zu bringen, was die Bindung an »Schrift und Bekenntnis« (um diese Kurzformel zu verwenden) bedeutet. Das aktuell in der Auseinandersetzung des Kirchenkampfes erforderte Bekennen sah man – über die nach wie vor bestehenden innerprotestantischen konfessionellen Grenzen hinweg – in der 1934 nach synodaler Beratung einmütig angenommenen Barmer Theologischen Erklärung verwirklicht.

Als sich dann unmittelbar nach dem Ende des Zweiten Weltkriegs die bisherigen Provinzialkirchen der Evangelischen Kirche der altpreußischen Union verselbständigten und eigene, neue Kirchenordnungen schufen, berücksichtigten sie diese Erfahrung durchweg dadurch, dass sie in die diesen zugeordneten bzw. vorangestellten Grundartikel nicht nur die der Sache nach bekannten Bestimmungen der Bekenntnisparagraphen von 1855 aufnahmen, die das Binnenverhältnis zwischen Lutherischen, Reformierten und Unierten beschrieben, sondern auch Hinweise darauf, dass das, was in der Barmer Theologischen Erklärung formuliert worden war, als verbindlich für die Ausrichtung des Dienstes in diesen neuen Landeskirchen zu verstehen sein sollte.

Die Aufnahme weiterer theologischer Topoi zu den Aussagen der Grundartikel in den letzten Jahrzehnten

Damit war hinsichtlich der Frage nach dem Inhalt von Grundartikeln aber ein erster »Schritt über den Rubikon« getan. Denn an den den Grundartikeln beigegebenen Formulierungen über die Relevanz der Barmer Theologischen Erklärung konnte später die Idee anknüpfen, dass solche Grundartikel nicht ein unverrückbares theologisches Grundverständnis bleibend beschreiben bzw. beschreiben sollen, sondern dass auch Grundartikel zumindest erweiterungsfähig sind, ja – geht man noch weiter –, dass sie aktualisierbar sein und dazu dienen sollen, spezifische theologische Profilierungen der jeweiligen (Landes-)Kirche oder des jeweiligen Kirchenbundes nach innen wie nach außen darzustellen – dass sie also zur Profilierung des kirchlichen Selbstverständnisses dienen, die ihrerseits dann auch sich wandelnden theologischen Schwerpunktsetzungen anzupassen ist. Auf diese Weise gerieten die Grundartikel – anders als ursprünglich gedacht – in die Reichweite auch der laufenden synodalen Gesetzgebung; man dürfte auch nicht zu weit gehen, wenn man formuliert, dass es bisweilen auch zu einem Prestigeziel bestimmter kirchlicher Interessengruppen wurde, ihr jeweils besonders wichtige theologische Einsichten und Überzeugungen für das Ganze der Kirche in besonderer Weise verpflichtend zu machen, indem man die Aufnahme entsprechender Formulierungen in den Bereich der Grundartikel der Kirchenverfassung erstrebte.

Dies hat wiederum ein doppeltes Ergebnis gezeigt. Zum einen ist es zu einem bisweilen lange Jahre währenden, zähen Ringen um einen »Platz an der Sonne« der Grundartikel für bestimmte Anliegen gekommen, die nicht irgendwo sonst im Korpus der kirchlichen (Verfassungs-)Gesetzgebung Berücksichtigung finden sollten, sondern unbedingt im Bereich der Grundartikel. Und zum anderen – dies war die Folge, wenn diese Bemühungen erfolgreich waren – kam es zu einer immer weiteren Ergänzung solcher Grundartikel oder »einleitenden Bestimmungen«: Reichten 1855 dafür drei Bekenntnisparagraphen aus, so benötigt beispielsweise die Grundordnung der Evangelischen Kirche Berlin-Brandenburg-Schlesische Oberlausitz aus dem Jahr 2003 dafür bereits 14 gezählte Nummern!

Das zeigt an, dass man – wirft man die Frage nach der »Theologie der Grundordnungen« auf – schnell auf die Frage nach derjenigen Theologie bzw. auch denjenigen Theologien stößt, für die sich zum Zeitpunkt der jeweiligen Änderung der Grundartikel eine (qualifizierte) synodale Mehrheit finden ließ – so dass man mit allem Recht im Plural von »den Theologien« in den Grundordnungen zu reden hat.

Aus kirchenverfassungsrechtlicher Sicht ist die Entwicklung, die es in diesem Bereich gegeben hat und die auch noch nicht abgeschlossen zu sein scheint, mindestens in hohem Maße diskussionsbedürftig, wenn nicht sogar grundlegend problematisch – deshalb, weil sie zu irrigen Eindrücken darüber verleiten könnte, was synodaler Regelungskompetenz unterliegt und was synodaler Regelungskompetenz vorgeordnet ist:

1. Es könnte der Eindruck entstehen, als sei das, was für das Selbstverständnis und in der Folge für die Gestaltung des in einer evangelischen Kirche geleisteten Dienstes grundlegend ist, bisher (noch) nicht hinreichend erkannt gewesen sei, der Eindruck, es sei zumindest präzisierungsbedürftig, womöglich aber auch theologisch ergänzungsbedürftig.
2. Es entsteht – zumindest bei oberflächlicher Betrachtung – ein innerer Widerspruch zu dem in manchen Kirchenverfassungen bzw. Grundordnungen sogar explizit (mit Recht!) formulierten Grundsatz, dass das Bekenntnis der Kirche nicht der Gesetzgebung durch die Synode unterliege, sondern dieser vorgeordnet sei. Daraus folgt – was in den Grundordnungen zumeist ebenfalls zum Ausdruck gebracht ist –, dass der Bekenntnisstand (der Kirchengemeinden und der auf den Bekenntnisstand Verpflichteten) nicht angetastet, sondern geschützt wird. Genau dies wird man aber geradezu als ein Charakteristikum der Union in Preußen bezeichnen können; es ergibt sich aus dem Unionsaufruf Friedrich Wilhelms III. sowie aus späteren königlichen Kabinettsordern aus den Jahren 1834 und 1852. Es erfährt historisch auch dadurch einen Beleg, dass es in der evangelischen preußischen Landeskirche nicht zur Formulierung eines allgemein akzeptierten Unionsbekenntnisses gekommen ist, sondern dass derartige Bemühungen gescheitert sind – erinnert sei hier an den Versuch der Formulierung des »Nitzschenums« bei der preußischen Generalsynode

1846. Durch eine wachsende Anzahl von Ergänzungen um Aussagen zu diversen theologischen Fragen, um die man die bestehenden Grundartikel erweitert, wird das an sich als vorgeordnet erklärte Bekenntnis aber sehr wohl »angetastet« – auch wenn man beteuert, dass das (im Falle der Addition von bis dato nicht ausformulierten Aussagen) nicht der Fall sei.
3. Dies hat zur Folge, dass sich die aus der *einen* preußischen Landeskirche nach 1945 neu entstandenen und sich nun (in der jüngeren Vergangenheit) aus demographischen und ökonomischen Beweggründen wiederum neu formierenden einzelnen Landeskirchen in ihrer nach außen ausgewiesenen theologischen Fundamentierung nicht etwa aufeinander zu bewegen, sondern voneinander wegdriften. Dies ist kirchenpolitisch zwar an sich nicht erwünscht und wird deshalb in aller Regel auch nicht näher thematisiert und problematisiert – bei nüchterner Betrachtung der »amendments«, die einzelne Landessynoden im Bereich der Grundartikel ihrer Kirchenordnungen und -verfassungen gemeint haben vornehmen zu müssen, bleibt aber kaum ein anderer Schluss übrig. Erweisen lässt sich das an den divergierenden Formulierungen zum Themenfeld »Kirche – Israel«, die heute fast durchweg im Kontext der Präambeln, Grundartikel und Einleitenden Bestimmungen begegnen. Einige der landeskirchlichen Verfassungen sagen dazu gar nichts aus, andere solches, was in sich selbst theologisch schon im Vorfeld der Beschlussfassung in der betreffenden Landeskirche hoch umstritten war – und was nunmehr, nach der Beschlussfassung mit synodaler Mehrheit, diese Landeskirche von den anderen, die nicht Identisches formuliert haben, scheidet. – Angesichts der bisherigen Entwicklung auf diesem Feld erscheint es eher wahrscheinlich denn unwahrscheinlich zu sein, dass eine derartige »Ausdifferenzierung« zwischen den Landeskirchen noch zunehmen wird – möglicherweise mit Blick auf die Frage nach dem Verhältnis der sogenannten abrahamitischen Religionen zueinander und der Bedeutung, die das für das Christuszeugnis der Kirche hat.

Die im Zuge der Forschung zu bewältigende Aufgabe

Hinsichtlich der Aufgabe, die einzelnen Grundordnungen und Kirchenverfassungen im Detail zu untersuchen, reicht es nicht hin, die jeweiligen Texte bzw. Textfassungen zunächst je für sich und dann auch vergleichend zu betrachten – das liefe auf einen bloß juristisch-positivistischen Zugang hinaus und stünde in der Gefahr, gegenwärtige theologische »Linien« in die Grundartikel und Grundordnungen hineinzulesen. Aus kirchengeschichtlicher Perspektive gehört zu einem angemessenen Verstehen solcher »Linien« dazu, den jeweiligen Hintergrund für das Zustandekommen bestimmter Formulierungen mit zu erheben – erst daran lässt sich ermessen, ob es gelungen ist, das jeweils tragende theologische Anliegen überhaupt in eine der Sache angemessene Formulierung zu bringen – oder ob die synodalen Beratungs- und Entscheidungsgänge vielleicht doch dazu geführt haben, dass dies nicht oder nur unvollkommen oder irgendwie »schief« geraten ist.

Das Forschungsvorhaben war daher ein umfangreiches; es umfasste den Zeitraum von der Mitte des 19. Jahrhunderts bis hin fast zur Gegenwart. Die Ergebnisse im Einzelnen wie in der Summe zeigen eines ganz unzweifelhaft: Dass es zur Erhellung der je eigenen theologischen Selbstverortung ausgesprochen anregend und hilfreich ist, sich den theologischen Anliegen und Weichenstellungen, die in den Grundartikeln zur Sprache gebracht werden, diskursiv zu stellen und dann auch danach zu fragen, was davon im kirchlichen Alltag der Gegenwart nicht nur einer Notiz, sondern eben der Anerkennung bedarf, die als Verpflichtung begriffen wird.

Andreas Metzing

Die Entstehung der Bekenntnisparagraphen der Rheinisch-Westfälischen Kirchenordnung (1850–1855)

Beilage 1
Synopse: Die Entstehung der Bekenntnisparagraphen zur Rheinisch-Westfälischen Kirchenordnung

---

Die am 5. März 1835 in Kraft getretene Rheinisch-Westfälische Kirchenordnung (RWKO) hatte sich zur Frage des Bekenntnisses nicht geäußert. Vor dem Hintergrund der damaligen kirchenpolitischen Gesamtlage – die Kabinettsorder vom 28. Februar 1834 hatte das Weiterbestehen der bisherigen Glaubensbekenntnisse und die Autorität ihrer Bekenntnisschriften garantiert, doch war zugleich das Bestreben des Königs zu erkennen, durch die gemeinsame Agende eine »bekenntnisneutrale Gottesdienstuniformität«[1] herbeizuführen – hatte man Aussagen zum Bekenntnisstand der rheinischen und der westfälischen Provinzialkirche vermieden. Erst zwanzig Jahre später, nämlich durch die Kabinettsorder vom 25. November 1855[2], wurden der Kirchenordnung die drei so genannten Bekenntnisparagraphen vorangestellt, die die Bekenntnisse der lutherischen, reformierten

---

1   Goeters, J[ohann] F[riedrich] Gerhard: Unionsliteratur (Sammelbesprechung), in: Jahrbuch des Vereins für Westfälische Kirchengeschichte 61 (1968), S. 175–203, hier S. 194.
2   Kabinettsordre betr. den Bekenntnisstand der evangelischen Landeskirche in den Rheinlanden und Westfalen. Abgedruckt in: Verhandlungen der neunten Rheinischen Provinzial-Synode, gehalten zu Barmen vom 16. bis 30. August 1856, Elberfeld 1856, S. 22–24.

und unierten Gemeinden benannten und deren Verhältnis zur Gesamtkirche präzisierten.

1. Die vereinigte Synodalkommission (13./14. März 1850)

Die Formulierung der Bekenntnisparagraphen war das Ergebnis eines mehrjährigen Prozesses,[3] in dessen Verlauf die teilweise sehr unterschiedlichen Vorstellungen der lutherischen, reformierten und unierten Gemeinden, aber ebenso der rheinischen und der westfälischen Kirchenprovinz und schließlich auch der beiden Westprovinzen insgesamt und der preußischen Landeskirche austariert werden mussten. Die Erarbeitung der Bekenntnisparagraphen war eingebettet in den Prozess einer grundsätzlichen Revision der Kirchenordnung von 1835, der seinerseits durch das in § 12 der preußischen Verfassungsurkunde vom 5. Dezember 1848 den Kirchen garantierte Recht, ihre Angelegenheiten selbständig zu ordnen und zu verwalten, ausgelöst worden war. Daraufhin fasste die vom 17. bis 30. März 1849 in Duisburg tagende außerordentliche Rheinische Provinzialsynode Beschlüsse zu einer grundlegenden Neuordnung der Beziehungen zwischen Kirche und Staat und setzte eine Kommission ein, die gemeinsam mit Vertretern der westfälischen Provinzialkirche die Revision der RWKO vorbereiten sollte. War auf der Rheinischen Provinzialsynode von 1849, bei der die Selbstverwaltungsfrage ganz im Mittelpunkt stand, von der Bekenntnisproblematik noch gar keine Rede gewesen, so lag der am 13. und 14. März 1850 in Duisburg tagenden vereinigten rheinisch-westfälischen Synodalkommission zur Revision der Kirchenordnung der Antrag des Pfarrers Friedrich Ball aus Radevormwald vor, der revidierten Kirchenordnung eine »die confessionellen Verhältnisse der Gemeinden normirende Erklärung« voranzustellen und sie durch eine Lehrordnung zu ergänzen.[4] Der von der Erweckungsbewegung geprägte Ball (1799–1885), ein

---

3 Zur Diskussion um die Bekenntnisfrage in der rheinischen Provinzialkirche zwischen der preußischen Generalsynode von 1846 und dem Erscheinen des rheinischen Provinzialkatechismus von 1859 vgl. Metzing, Andreas: Die Durchführung und Fortführung der Union und das Verhältnis von Lutheranern und Reformierten bis zur Mitte des 19. Jahrhunderts, in: Ders. (Hg.): Das lange 19. Jahrhundert: 1794–1914 (SVRKG 173, Evangelische Kirchengeschichte im Rheinland 3). Bonn 2023, S. 58–88, dort S. 71–88.
4 Verhandlungen der vereinigten Commissionen der Westfälischen und Rheinischen Provinzial-Synode zur Revision der Kirchen-Ordnung zu Duisburg am 13. und 14. März 1850. Nebst Anlage: Die revidirte Kirchen-Ordnung für Westfalen und Rheinland. Mit

Freund Ludwig Hofackers und publizistischer Kämpfer gegen den theologischen Rationalismus,[5] hatte sich bereits seit Mitte der 1840er Jahre mit der Frage von Union und Bekenntnis befasst. Als Mitherausgeber der Zeitschrift »Stimmen aus und zu der streitenden Kirche« war er maßgeblich an der publizistischen Debatte beteiligt gewesen, die sich im Rheinland an die preußische Generalsynode von 1846 und den Streit um das sogenannte »Nitzschenum« (die von dem Bonner Theologen Carl Immanuel Nitzsch verfasste und von der Generalsynode beschlossene Ordinationsverpflichtung, in der die beiden evangelischen Konfessionen gemeinsamen Glaubensgrundlagen formuliert waren) angeschlossen hatte.[6] In dieser Zeitschrift hatte er im Jahr 1848 auch seine »Thesen über Kirche, Symbol, Union und Lehrordnung« veröffentlicht, die er im Jahr zuvor auf der Barmer Predigerkonferenz vorgetragen hatte.[7] Ball hatte sich hier als Anhänger des Konzepts einer unierten Kirche gezeigt, in der Lutheraner und Reformierte ihrem jeweiligen Bekenntnis treu bleiben, aber dennoch miteinander Gemeinschaft haben können; hierfür hielt er ein neues Symbol für erforderlich, das das Gemeinsame der beiden Bekenntnistraditionen enthalte.

Balls Antrag an die vereinigte Synodalkommission, der revidierten Kirchenordnung einen Passus über die konfessionellen Verhältnisse voranzustellen, wurde positiv beschieden. Den Referenten der rheinischen Kommission, den Bonner Juristen Moritz August von Bethmann Hollweg (1795–1877), 1848 Begründer des Deutschen Evangelischen Kirchentags und zwischen 1858 und 1862 preußischer Kultusminister,[8] veranlasste der Vorschlag Balls zu Reflexionen grundsätzlicher Art über die Notwendigkeit einer solchen Erklärung zum Bekenntnis. Er unterstrich dabei insbesondere, dass die Sorge einiger lutherischer und reformier-

---

Gegenüberstellung des älteren Textes, Bielefeld 1850, S. 9. Die geplante Lehrordnung, die ein Thema der Preußischen Generalsynode aufgriff, sollte die Pfarrer auf eine Verkündigung verpflichten, die sich im Rahmen der im Rheinland und in Westfalen geltenden Bekenntnisse bewegt. Vgl. den auf der rheinischen Provinzialsynode des Jahres 1853 von Ernst Friedrich Ball vorgelegten Entwurf einer Lehrordnung in: Verhandlungen der achten Rheinischen Provinzial-Synode, gehalten zu Elberfeld vom 8. bis 26. Oktober 1853, Elberfeld [1853], S. 397–402.

5 Vgl. Cleff, Robert: Ernst Friedrich Ball. Ein Lebensbild aus dem niederrheinischen Protestantismus zum Gedächtnis an seinen 100jährigen Geburtstag, Neukirchen 1900.
6 Vgl. Motte, Wolfgang: Ernst Friedrich Ball (1799–1883), in: Zeitschrift des Bergischen Geschichtsvereins 101 (2008), S. 109–152, hier S. 119.
7 Ball, Ernst Friedrich: Thesen über Kirche, Symbol, Union und Lehrordnung, in: Stimmen aus und zu der streitenden Kirche 3 (1848), S. 9–25.
8 Zu Bethmann Hollweg vgl. Kaiser, Jochen-Christoph: Moritz-August von Bethmann Hollweg, in: Häusler, Michael/Kampmann, Jürgen (Hgg.): Protestantismus in Preußen. Von der Mitte des 19. Jahrhunderts bis zum Ersten Weltkrieg. Frankfurt (Main) 2013, S. 23–50.

ter Gemeinden vor einer Verwässerung ihres Bekenntnisstandes durch die Union eine entsprechende Erklärung in der Kirchenordnung sinnvoll erscheinen lasse:

> »Daß die evangelische Kirche Rheinlands und Westfalens aus lutherischen, reformirten und unirten Gemeinden bestehe, die unter einem Kirchenregimente verbunden sind und gleiche Berechtigung haben, ist eine so unwidersprechliche, auch meines Wissens so durchaus nicht widersprochene Wahrheit, daß ihre ausdrückliche Erwähnung überflüssig erscheinen könnte. Auch ist in der langen Reihe von Jahren, während welcher Gemeinden jener drei Lehrtypen in Kreis- und Provinzial-Synoden verbunden waren und unter denselben kirchlichen Verwaltungsbehörden standen, das Bedürfnis einer solchen ausdrücklichen Erklärung nicht hervorgetreten und ein Verlangen darnach nicht laut geworden. Allein andererseits ist nicht zu verkennen, daß jene Zeit glücklicher Unbefangenheit, in welcher jede Gemeinde zwar ihren confessionellen Charakter bewahrte, aber eine Verletzung desselben nicht fürchtete, vorüber ist. Schon auf der fünften Rheinischen Provinzial-Synode gaben Anträge der Elberfelder Kreis-Synode (§ 47 u[nd] 48 der Synodal-Verhandlungen von 1847)[9] den Beweis hievon. Es sind Anzeichen vorhanden, daß auf der nächstbevorstehenden ordentlichen Rheinischen Provinzial-Synode eine allgemeine, alle fernere Beunruhigung ausschließende Beschlußnahme von mehreren Stellen beantragt werden wird. Kommt die Sache aber einmal zur Sprache, und wird ein Eingehen darauf unter den gegebenen Verhältnissen sich kaum vermeiden lassen, so dürfte es zweckmäßig sein, der Synode von Seiten unserer Commission, in deren Befugniß dies unzweifelhaft liegt, mit einer bestimmten Vorlage entgegen zu kommen. Auch ist nicht zu leugnen, daß die Kirchen-Ordnung von 1835 dieses eigentliche Fundament jeder kirchlichen Gemeinschaft, das Bekenntnis, nur ganz beiläufig und sehr oberflächlich und unbestimmt berührt, und daß es nach dem Beispiel aller älteren lutherischen und reformirten Kirchen-Ordnungen angemessen sei, eine ausdrückliche Erklärung darüber aufzunehmen.
>
> Insofern würde ich mich also für den ersten Antrag des Pfarrers Ball erklären. Nur glaube ich, daß die Provinzial-Synode, wenn sie überhaupt darauf eingeht,

---

9   Die lutherische Gemeinde Elberfeld hatte auf der Provinzialsynode 1847 beantragt, eine umgearbeitete Fassung des alten bergischen lutherischen Gesangbuchs benutzen zu dürfen, und dabei festgestellt, dass eine Einführung des 1835 herausgegebenen Provinzialgesangbuchs nicht in Betracht komme, weil es für unierte Gemeinden bestimmt sei und »die eigenthümlichen Lehren der lutherischen Kirche mehr oder minder verwischt worden« seien. Vgl. Verhandlungen der fünften Rheinischen Provinzial-Synode, gehalten zu Neuwied vom 28. August bis 14. September 1847, Neuwied 1848, S. 78. Zudem hatten die lutherische und die reformierte Gemeinde Elberfeld gemeinsam beantragt, »die Provinzial-Synode zu ersuchen, ausdrücklich den Grundsatz auszusprechen, daß alle auf dem Standpunkte der unirten Kirche gefaßten Beschlüsse für die lutherischen und reformirten Gemeinden nur so weit verbindenden Kraft haben können, als sie erweislich mit der confessionellen Eigenthümlichkeit derselben in Bekenntnis und Gottesdienst vereinbar seien.« Vgl. a.a.O., S. 80 f.

nicht dabei stehen bleiben wird, ja nicht dabei stehen bleiben kann, das Dasein lutherische, reformirter und unirter Gemeinden und ihre Gleichberechtigung unter einem Kirchenregimente auszusprechen. Sie wird nicht umhin können, auch den Bekenntnißstand dieser verschiedenen Gemeinden näher zu bezeichnen, also die Bekenntnisschriften, welche in den lutherischen und reformirten Gemeinden von Rheinland und Westfalen Geltung haben, anzugeben, und zu bezeugen, wie die unirten Gemeinden zu diesen Bekenntnisschriften stehen. Jenes wird keine großen Schwierigkeiten machen; umso größer dies letztere. Allein um so mehr wird gerade hierfür eine Vorbereitung nützlich sein. Es wird an die Union die Aufforderung ergehen, zu sagen, was sie sei, und sie darf die Antwort darauf in ihrem eigenen Interesse und in dem der ganzen Kirchengemeinschaft nicht schuldig bleiben.«[10]

Bethmann-Hollweg legte den Entwurf eines in vier Paragraphen untergliederten Bekenntnisvorspruchs der Rheinisch-Westfälischen Kirchenordnung vor, der – mit einigen unbedeutenden Änderungen – von der Vereinigten Synodalkommission verabschiedet wurde:

»§ 1: Die evangelische Kirche von Rheinland und Westfalen, welche die normirende Autorität des Wortes Gottes, so wie die fortdauernde Geltung ihrer reformatorischen Bekenntnisse, nach den Grundsätzen der evangelisch-protestantischen Kirche anerkennt, besteht aus lutherischen, reformirten und unirten Gemeinden.

§ 2: In den lutherischen Gemeinden sind die geltenden Bekenntnißschriften: die Augsb[urgische] Conf[ession], die Apologie der A[ugsburgischen] C[onfession], die Schmalkald[ischen] Artikel, und der kleine und große Katechismus Lutheri; in den ref[ormirten] Gem[einden] der Heidelb[erger] Katechismus.

§ 3: Die unirten Gem[einden] gründen sich auf die übereinstimmende Lehre der vorgenannten Bekenntnißschriften der luth[erischen] und reform[irten] Kirche, und betrachten die Unterscheidungslehren derselben nicht als ein Hinderniß engster kirchlicher Gemeinschaft in Verkündigung des göttlichen Wortes und gemeinsamer Feier der Sakramente.

§ 4: Unbeschadet dieses verschiedenen Bekenntnißstandes der luth[erischen], reform[irten] und unirten Gemeinden stehen dieselben, mit gleicher Berechtigung, in einem Kreis- und Prov[inzial]-Synodal-Verbande, und unter derselben höheren kirchlichen Verwaltung.«[11]

Gegen einzelne dieser Formulierungen gab es aus dem Kreis der Kommission aber auch kritische Einwände, bei denen die unterschiedlichen Positionen der

10 Verhandlungen der vereinigten Commissionen (wie Anm. 4), S. 10.
11 A.a.O., S. 11.

rheinischen und der westfälischen Kommissionsmitglieder deutlich wurden. Insbesondere die theologische Grundsatzfrage, inwiefern die Autorität der Bekenntnisschriften des 16. Jahrhunderts auch unter den Bedingungen des 19. Jahrhunderts noch ungebrochen gültig sein könne, trat zutage, als einige westfälische Kommissionsmitglieder in § 1 die Streichung der Formulierung »nach den Grundsätzen der evangelisch-protestantischen Kirche« forderten, wohl weil sie darin eine Einschränkung der unmittelbar zuvor festgestellten fortdauernden Geltung der reformatorischen Bekenntnisse sahen. Die rheinischen Vertreter setzten jedoch das Festhalten an der umstrittenen Formulierung durch, die eine vorsichtige Relativierung der absoluten Autorität der reformatorischen Bekenntnisschriften beinhaltete, und begründeten dies folgendermaßen:

> »Man habe einerseits die Berufung auf die reformatorischen Bekenntnisse als ein wesentliches Stück der Verfassung unserer Kirche gefordert, andererseits aber theils die Befähigung unserer Zeit zu einer vollständigen Geltendmachung derselben nicht anerkannt, theils von einer allzu buchstäblichen Geltung derselben manche Mißbräuche befürchtet. So habe sich die damalige Verfassungs-Commission endlich für die vorliegende Fassung vereinigt [...], in Erwägung, daß unsere Zeit zwar weder den Beruf habe, neue Bekenntnisse zu schaffen, noch die bestehenden abzuschaffen, aber auch dem Bekenntniß bildenden Geiste des Herrn, der bei seiner Kirche zu bleiben verheißen habe, bis ans Ende der Tage, keine Schranken ziehen dürfe«.[12]

Bei der Diskussion um § 2, der die einzelnen Bekenntnisschriften aufführt, gab es – neben dem Vorschlag, auf die namentliche Nennung einzelner Bekenntnisschriften ganz zu verzichten – von einem westfälischen Kommissionsmitglied den Vorschlag, die Augsburgische Konfession nicht unter den spezifisch lutherischen Bekenntnissen, sondern als gemeinsames Bekenntnis von Lutheranern und Reformierten zu nennen. Dieses Ansinnen wurde von den Rheinländern zurückgewiesen, die es bei den reformierten Gemeinden ihrer Provinz nicht für durchsetzbar hielten.[13]

Kritisch hinterfragt wurde von einem westfälischen Kommissionsmitglied auch die Formulierung des § 3, in dem als unierte Gemeinden nur solche genannt waren, die sich auf das Gemeinsame von Lutheranern und Reformierten berufen, nicht jedoch lutherische oder reformierte Gemeinden, die der Union beigetreten sind, ohne zugleich ihren lutherischen oder reformierten Bekenntnisstand aufzugeben.

12 A.a.O., S. 12.
13 A.a.O., S. 13.

2. Die Verhandlungen der Provinzialsynoden von 1850

a) Die Verhandlungen der rheinischen Provinzialsynode in Duisburg (26. Oktober–16. November 1850)

Die Formulierungen der vereinigten Synodalkommission wurden den Kreissynoden zur Beratung vorgelegt und auf der siebten rheinischen Provinzialsynode, die vom 26. Oktober bis 16. November 1850 in Duisburg tagte, einer ausführlichen Diskussion unterzogen.[14] Am Ende dieser Diskussion stand ein maßgeblich von dem Bonner Theologen Richard Rothe beeinflusster neuer Formulierungsvorschlag der Bekenntnisparagraphen, den die Synode zum Beschluss erhob. In den gegenüber dem Entwurf der vereinigten Synodalkommission vom März 1850 veränderten Formulierungen spiegeln sich die wesentlichen Kernpunkte der Diskussion wider.

Der rheinische Entwurf der Bekenntnisparagraphen war spürbar von einer gewissen Unionsdynamik geprägt. Er legte einen deutlichen Akzent auf das Gemeinsame der beiden evangelischen Konfessionen, führte demgegenüber die Bekenntnisschriften der Reformationszeit erst an zweiter Stelle auf und ließ auch eine Offenheit gegenüber den kontrovers diskutierten Fragen der modernen Theologie verspüren. So wurde in der von der Synode beschlossenen Neufassung des § 1 das biblische Fundament der rheinisch-westfälischen Kirche an erster Stelle, noch vor der fortdauernden Geltung der reformatorischen Bekenntnisse genannt. Dagegen hatte der Entwurf der Vereinigten Synodalkommission vom März 1850 in § 1 als erstes die konfessionelle Verschiedenheit innerhalb der Provinzialkirche festgestellt (»Die evangelische Kirche von Rheinland und Westfalen […] umfasst lutherische, reformierte und unierte Gemeinden«), die in der Fassung, die die rheinische Synode jetzt verabschiedete, erst Gegenstand des § 2 wurde. Die Formulierung von der »normierenden Autorität des Wortes Gottes« ergänzte die rheinische Synode durch den Satz »verfaßt in der heiligen Schrift alten und neuen Testaments« und öffnete sich damit der theologischen Diskussion um das Verhältnis von Wort Gottes und Heiliger Schrift. Der Passus von der fortdauernden Geltung der reformatorischen Bekenntnisse »nach den in ihnen ausgesprochenen Grundsätzen« – was eine Relativierung der wortgenauen Autorität der Bekenntnisschriften im Sinne einer »mechanischen Buchstäblichkeit«[15] implizierte – wurde bewusst beibehalten. Bei der Auflistung der Bekenntnisschrif-

---

14 Verhandlungen der siebenten Rheinischen Provinzial-Synode, gehalten zu Duisburg vom 26. October bis 16. November 1850, S. 66–85.
15 A.a.O, S. 78.

ten fügte die Synode in § 2 einen Verweis auf die allgemeinen Bekenntnisse der ganzen Christenheit ein.

Neben diesen die Autorität von Bibel und Bekenntnisschriften betreffenden Passagen waren vor allem die Aussagen zur Union Gegenstand ausführlicher Diskussionen. Der Entwurf der vereinigten Synodalkommission hatte in § 3 als Bekenntnisgrundlage der unierten Gemeinden die übereinstimmende Lehre der lutherischen und reformierten Bekenntnisschriften festgestellt. Damit war jedoch stillschweigend unterstellt, dass unter der Bezeichnung »uniert« nur die sogenannte absorptive oder Konsensunion zu verstehen sei, die nur solche Gemeinden betraf, die entweder aus der Vereinigung zweier Konfessionsgemeinden entstanden oder von vornherein als unierte Gemeinden gegründet wurden. Ausgeblendet blieb dagegen die Möglichkeit des sogenannten »ungemischten Unionsbeitritts«[16], das heißt der Beitritt einer bislang lutherischen oder reformierten Gemeinde zur Union, ohne dabei gegebenenfalls am Ort vorhandene Angehörige der anderen Konfession in ihren Verband aufzunehmen.[17] In diesen Fällen bedeutete der Unionsbeitritt nicht mehr als die Aufgabe der bisherigen konfessionellen Bezeichnung »lutherische« bzw. »reformierte Gemeinde« zugunsten der einheitlichen Bezeichnung »evangelische Gemeinde« sowie die Einführung des Unionsritus beim Abendmahl (gebrochenes Brot und Einsetzungsworte nach biblischem Wortlaut), während sich an der bisherigen lutherischen oder reformierten Bekenntnisgrundlage nichts änderte. Letztlich ging es in dieser Frage somit um das Grundproblem, ob die Union eine dritte Konfession sei und in jedem Fall die Preisgabe der bisherigen Bekenntnisbildung bedeute.[18] Die Rheinische und die

16 Dieser Begriff findet sich in einer im Frühjahr 1828 erstellten tabellarischen Übersicht des Koblenzer Konsistoriums: Verzeichnis derjenigen Gemeinden in den Rhein-Provinzen, welche über den Beitritt zur Union […] förmliche Urkunde ausgestellt haben (Beilage Lit. B. zum Schreiben des Konsistoriums an das Ministerium der geistlichen, Unterrichts- und Medizinalangelegenheiten vom 9. Mai 1828), in: AEKR Düsseldorf, Best. Provinzialkirchenarchiv, Bestand 1OB 002 (Rheinisches Konsistorium), Nr. 292.
17 In der Diskussion der Kommission machte der Vertreter einer westfälischen lutherischen Gemeinde, die unter Beibehaltung ihres Konfessionsstandes der Union beigetreten war, einen entsprechenden Einwand, wurde aber dahin beschieden, »daß unter unierten Gemeinden im Sinne des § 3 nicht solche verstanden werden könnten, welche, ohne Veränderung ihres äußeren Bestandes, der kirchlichen Union beigetreten, sondern nur solche, wo entweder zwei früher confessionell getrennte Gemeinden in *eine* zusammengeschmolzen, oder welche gleich ohne Rücksicht auf confessionelle Differenzen gegründet worden« (Verhandlungen der vereinigten Commissionen [wie Anm. 4], S. 13).
18 Vgl. Mehlhausen, Joachim: Bekenntnis und Bekenntnisstand in der Evangelischen Kirche im Rheinland. Die geschichtliche Entwicklung der Präambel und der Grundartikel der rheinischen Kirchenordnung 1852–1952, in: MEKGR 32 (1983), S. 121–158, dort S. 127.

Westfälische Provinzialsynode des Jahres 1850 lehnten dies dezidiert ab – insbesondere Richard Rothe, der auf der rheinischen Synode das Grundsatzreferat zu den Bekenntnisparagraphen hielt, war es ein Anliegen, zu unterstreichen, dass die Union »so neben die Lutheraner und die Reformirten gestellt werde, daß dabei unzweideutig erhellt, es könne der Unirte, unbeschadet seines Begriffs, zugleich Lutheraner, beziehungsweise Reformirter sein.«[19] Es war daher nur konsequent, dass die Rheinische wie die Westfälische Provinzialsynode des Jahres 1850 den entsprechenden Paragraphen des Kirchenordnungsentwurfs als zu eng gefasst kritisierten[20] und um eine Formulierung erweiterten, die auch die Möglichkeit eines Unionsbeitritts bei gleichzeitigem Festhalten am lutherischen bzw. reformierten Lehrtypus explizit erwähnte.

b) Die Verhandlungen der westfälischen Provinzialsynode in Dortmund (26. Oktober–13. November 1850)

Zeitgleich mit der in Duisburg tagenden Rheinischen Provinzialsynode versammelte sich die sechste westfälische Provinzialsynode vom 26. Oktober bis 13. November 1850 in Dortmund. Sie kam in der Beurteilung des Entwurfs der vereinigten Synodalkommission, bei dessen Diskussion auch unterschiedliche Ansichten zwischen den eher unionsorientierten Gemeinden in der Grafschaft Mark und den stärker konfessionell lutherisch orientierten Gemeinden in Minden-Ravensberg sichtbar wurden,[21] mit Blick auf die Bekenntnisparagraphen zu partiell anderen Ergebnissen als ihre rheinische Schwestersynode.[22] Während man im Rheinland unionistische Schwerpunkte setzte, legte die westfälische Synode den Akzent stärker auf die Feststellung des vorgefundenen Bestandes der kirchlichen Verhältnisse und setzte theologisch konservativere Akzente. So schloss sie sich der im Rheinland vorgenommenen Differenzierung zwischen Wort Gottes und Heiliger Schrift (»das Wort Gottes, verfaßt in der heiligen Schrift Alten und Neuen Testaments«) nicht an, sondern sah die rheinisch-westfälische Kirche unmittelbar »auf die heilige Schrift alten und neuen Testaments als der alleinigen und vollkommenen Richtschnur ihres Glaubens« gegründet. Auch übernahm die Westfälische Synode nicht den von der Rheinischen Synode

---

19 Verhandlungen 7. Rheinische Provinzialsynode 1850 (wie Anm. 14), S. 79.
20 Vgl. a.a.O., S. 69, Kritik der Kreissynode Mülheim.
21 Vgl. Danielsmeyer, Werner: Die Evangelische Kirche von Westfalen. Bekenntnisstand, Verfassung, Dienst an Wort und Sakrament, Witten 1965, S. 131–134.
22 Verhandlungen der sechsten westfälischen Provinzialsynode zu Dortmund vom 26. Oktober bis 13. November 1850. Dortmund o. J.

ausgesprochenen einschränkenden Zusatz von der Geltung der reformatorischen Bekenntnisschriften »nach den in ihnen ausgesprochenen Grundsätzen« und vollzog somit die dadurch angedeutete Unterscheidung zwischen wesentlichen und nicht wesentlichen Bestandteilen nicht nach. Die konservativere Ausrichtung des westfälischen Entwurfs wurde auch in der Auflistung der in Geltung stehenden Bekenntnisschriften sichtbar, die den konfessionellen Sonderbekenntnissen ein stärkeres Gewicht gab: Anders als der rheinische Entwurf verzichtete man im westfälischen auf eine Bezugnahme auf die der ganzen Christenheit gemeinsamen Bekenntnisse und behandelte die Bekenntnisschriften der lutherischen und der reformierten Gemeinden einerseits sowie der unierten andererseits in zwei getrennten Paragraphen. Auch in den übrigen Abschnitten der Kirchenordnungen stimmten der rheinische und der westfälische Entwurf vielfach nicht überein.

3. Die Verhandlungen der Vereinigten Synodalkommission (7.–10. Januar 1851) und der Elberfelder Entwurf

Angesichts der unterschiedlichen Positionen der Rheinischen und der Westfälischen Provinzialsynode, die nicht nur die Bekenntnisparagraphen, sondern auch den eigentlichen Verfassungsinhalt der Kirchenordnung betreffen, trat am 7. Januar 1851 in Elberfeld erneut eine aus Vertretern beider Provinzialkirchen zusammengesetzte Kommission zusammen, um eine gemeinsame Formulierung der revidierten Kirchenordnung auszuarbeiten. Wie in den Verhandlungen der Vereinigten Synodalkommission vom 13./14. März 1850 und der beiden Provinzialsynoden von Oktober/November 1850, so lag auch dem sogenannten »Elberfelder Entwurf« vom 10. März 1851[23] die RWKO in ihrer Gesamtheit zugrunde. Bei den Beratungen über die Bekenntnisparagraphen diente als Diskussionsgrundlage die von der rheinischen Provinzialsynode 1850 verabschiedete Fassung und prägte auch weitestgehend das Ergebnis. So fand in der Frage des Verhältnisses von Wort Gottes und Heiliger Schrift die rheinische Formulierung vom »Wort Gottes, verfaßt in der heiligen Schrift alten und neuen Testaments« Eingang in den gemeinsamen Text. Ebenso wurde der aus der rheinischen Fassung stammende Pas-

---

23 Evangelische Kirchen-Ordnung für Westfalen und die Rhein-Provinz, nach der schließlichen Vereinbarung der vereinigten Synodal-Commission zu Elberfeld, am 7. bis 10. Januar 1851. Elberfeld o. J.

sus von der Geltung der Bekenntnisschriften »nach den in ihnen ausgesprochenen Grundsätzen« in den Elberfelder Entwurf übernommen, ergänzt durch den Verweis auf eine – zum damaligen Zeitpunkt noch gar nicht bestehende – Lehrordnung. Auch in der inhaltlichen Struktur der Bekenntnisparagraphen folgte der Elberfelder Entwurf dem Vorschlag der rheinischen Synode und fasste die Bekenntnisgrundlagen der Gemeinden in nur einem Paragraph (§ 2) zusammen. Explizit erwähnte er allerdings diejenigen westfälischen Gemeinden, in denen lutherischerseits die Konkordienformel und reformierterseits das Augsburger Bekenntnis in Geltung stand. Keinen Eingang in den Elberfelder Entwurf fand hingegen die von der westfälischen Synode gewünschte ausdrückliche Erwähnung derjenigen lutherischen und reformierten Gemeinden, die die Union nicht angenommen haben. Durch die Streichung dieser Passage wurde der aufs Ganze gesehen unionsbetonende Charakter des Elberfelder Entwurfs noch einmal unterstrichen.

So lag binnen eines Jahres ein von beiden Provinzialsynoden getragener Entwurf einer revidierten Rheinisch-Westfälischen Kirchenordnung vor. Hinsichtlich seiner kirchenverfassungsrechtlichen Stoßrichtung – insbesondere mit Blick auf das Verhältnis von landesherrlichem Kirchenregiment und kirchlicher Selbstverwaltung – ließ er zwar noch manche Konflikte erwarten, enthielt aber zugleich eine deutlich unionsfreundliche Formulierung der Bekenntnisgrundlagen der beiden Westprovinzen, die sowohl die überlieferten Einzelbekenntnisse der Reformationszeit wie auch das Bekenntnis zum lutherisch-reformierten Konsens in ihrer Existenz sicherte.

4. Die Denkschrift des Evangelischen Oberkirchenrats vom 28. August 1853

Der Elberfelder Entwurf einer Revision der Rheinisch-Westfälischen Kirchenordnung stieß bei König Friedrich Wilhelm IV. auf Kritik, sah dieser doch in den dem Entwurf zugrunde liegenden Prinzipien der kirchlichen Selbstverwaltung eine Beschränkung seines landesherrlichen Kirchenregiments. Mit der Kabinettsorder vom 13. Juni 1853, in der er das »Streben nach Emancipation vom Staate« als »etwas krankhaft Erregtes« bezeichnete, distanzierte er sich aus Gewissensgründen von den Inhalten des Elberfelder Entwurfs und genehmigte lediglich seine Veröffentlichung, ohne damit eine förmliche und feierliche Sanktion zu verbinden.[24]

Bei dem hier manifest gewordenen grundlegenden Dissens zwischen dem König und den beiden westlichen Kirchenprovinzen stand zwar nicht die Bekenntnis-, sondern die Verfassungsfrage im Zentrum, doch hatte der EOK dennoch verschiedene Kritikpunkte an der im Elberfelder Entwurf enthaltenen Fassung der Bekenntnisparagraphen geäußert und fasste sie in einer Denkschrift vom 28. August 1853 zusammen.[25]

Im Vergleich zum Elberfelder Entwurf setzte die EOK-Denkschrift in der Bekenntnisfrage deutlich konservative Akzente und lag damit eher auf der Linie der westfälischen Synode von 1850, die sich 1851 in den Verhandlungen der Vereinigten Synodalkommission in Elberfeld gegenüber der rheinischen Position nicht hatte durchsetzen können. Insgesamt war die EOK-Denkschrift von der Tendenz geprägt, die dynamischen Elemente, die die Elberfelder Fassung der Bekenntnisparagraphen prägten (Offenheit für aktuelle theologische Fragen, Weiterentwicklung der Union in Richtung auf einen Lehrkonsens), auszubremsen und sich darauf zu beschränken, »den vorhandenen rechtlichen Thatbestand mit Klarheit und Bestimmtheit festzustellen.«[26]

So forderte der EOK in § 1 eine Rücknahme der Differenzierung zwischen Wort Gottes und Heiliger Schrift, weil es ihm bedenklich erschien, »einer noch in Bewegung begriffenen theologischen Streitfrage einen Einfluß auf die Fassung kirchenordnungsmäßiger Bestimmungen einzuräumen.«[27] Ebenso empfahl er im Zusammenhang mit der fortdauernden Geltung der reformatorischen Bekenntnisse die Streichung derjenigen Passagen, in denen von den »in ihnen ausgesprochenen Grundsätzen« die Rede war, weil sie als Einschränkung ihrer uneingeschränkten Gültigkeit empfunden werden und leicht zu »hinterhaltigen [!] Gedanken und Vorbehalten« Raum geben könnten.[28] Auch der Bezug auf eine noch zu erlassende Lehrordnung – der vielleicht deutlichste Hinweise auf eine Fortentwicklung der Union in Richtung Lehrkonsens – sollte entfallen. Demgegenüber schlug das EOK-Gutachten vor, die Bekenntnisgrundlagen der rheinisch-westfälischen Kirche in Anlehnung an das gemeinsame Ordinationsformular und die Gemeindeordnungen für die östlichen Provinzen zu formulieren.

Breiten Raum räumte die EOK-Denkschrift den verschiedenen Typen von unierten Gemeinden ein. Insbesondere beschäftigte sie sich mit der Frage, nach

---

24 Verhandlungen der achten Rheinischen Provinzial-Synode 1853 (wie Anm. 4), S. 13–15.
25 Abgedruckt a.a.O., S. 155–165.
26 A.a.O., S. 156.
27 A.a.O., S. 159.
28 A.a.O., S. 160.

welchen Kriterien im konkreten Einzelfall und insbesondere in Zweifelsfällen zu entscheiden sei, welches die Bekenntnisgrundlage einer unierten Gemeinde ist: das überlieferte lutherische bzw. reformierte Bekenntnis unter Aufgabe der Ausschließlichkeit gegenüber der jeweils anderen Konfession oder das Gemeinsame der beiden Bekenntnisse. Das Gutachten schlug vor, dass im Falle eines Vorhandenseins einer förmlichen Unionsurkunde, in der die Bekenntnisgrundlagen der Gemeinde ausdrücklich formuliert sind, diese Bestimmungen unbedingte Gültigkeit haben. Sollte eine Unionsurkunde nicht vorhanden sein, so sei bei Gemeinden, die aus der Vereinigung zweier Einzelgemeinden verschiedener Konfession hervorgegangen sind oder die von vornherein als Unionsgemeinden gegründet wurden, davon auszugehen, dass sie auf der Grundlage des Gemeinsamen der beiden Bekenntnisse stehen; bei allen anderen müsse dagegen unterstellt werden, dass sie ihren ursprünglichen Bekenntnisstand beibehalten und lediglich das Trennende gegenüber der jeweils anderen Konfession aufgegeben haben.

Die EOK-Denkschrift ging somit in der Frage der verschiedenen Typen von Unionsgemeinden davon aus, dass im Zweifelsfall – und nur diejenigen Gemeinden, die nicht aus einer Gemeindevereinigung hervorgegangen waren und bei denen keine Unionsurkunde vorhanden war, können als solche gelten – keine Konsensunion, sondern die Beibehaltung des früheren Bekenntnisses postuliert werden müsse. Damit lag die Denkschrift auf der gemäßigt konservativen Linie, der sie auch in den anderen Diskussionspunkten gefolgt war. Eine dynamische Fortentwicklung der Union, wie sie insbesondere im Rheinland gewünscht wurde, war nicht in ihrem Blickfeld. Weder erwähnte sie die Möglichkeit, dass auch eine Gemeinde, die bisher reformiert bzw. lutherisch gewesen war, sich nicht mit einer anderskonfessionellen Gemeinde vereinigt hatte aber sich trotzdem zum Gemeinsamen der beiden Konfessionen bekannte, noch ging sie auf die Möglichkeit ein, dass eine Gemeinde im Lauf ihrer Entwicklung von einer zunächst föderativen Union, also dem Nebeneinander beider Bekenntnisse, zu einer stärker konsensual geprägten Union übergehen konnte. In diesen Punkten wurde die EOK-Denkschrift auf den Provinzialsynoden des Jahres 1853 deshalb einer Kritik unterzogen.

5. Die Verhandlungen der Provinzialsynoden von 1853 (8.–26. Oktober 1853 Elberfeld; 8.–27. Oktober 1853 Schwelm)

Die Provinzialsynoden des Jahres 1853 in Elberfeld und Schwelm befassten sich intensiv mit dem EOK-Gutachten. Der Rheinische Synodalpräses Johann Heinrich Wiesmann, der sich auf der Elberfelder Synodalversammlung als erster zu der Sache äußerte, sah klar, dass angesichts der konservativen Tendenz des EOK-Gutachtens Abstriche an der rheinischen Position gemacht werden müssten. Insbesondere diejenigen Passagen, die sich auf die Differenzierung zwischen Wort Gottes und Heiliger Schrift und eine die normative Bedeutung der reformatorischen Bekenntnisschriften relativierende noch zu erlassende Lehrordnung bezogen, »werden fallen zu lassen sein, weil sie bei längerem Festhalten doch keine Bestätigung finden werden.«[29] Auch der Kreuznacher Superintendent Heinrich Eberts als Vorsitzender der mit der Feststellung des Bekenntnisstandes beauftragten Synodalkommission folgte – unter anderem mit dem Hinweis, dass sich auch die westfälische Provinzialsynode in dieser Richtung ausgesprochen habe – dieser Linie, die auch die Zustimmung der Synode fand. Die Kompromissformulierung von der »lutherischerseits« bzw. »reformierterseits« in den unierten Gemeinden geltenden Bekenntnisschriften, mit der man den auf der westfälischen Provinzialsynode aufgetretenen Dissens umgehen konnte, ob von »lutherischen« bzw. »reformierten *Gemeinden*« oder von »der lutherischen *Kirche*« bzw. der reformierten *Kirche* angehörenden Gemeinden« gesprochen werde solle, wurde ebenfalls mehrheitlich angenommen. Wie sehr man aber auf lutherischer Seite das Bedürfnis verspürte, der besonderen Beziehung insbesondere der Gemeinden des Rheinlandes mit dem »Gesamtluthertum« Rechnung zu tragen, wurde deutlich, als ein Separatvotum des Elberfelder Superintendenten Immanuel Friedrich Sander einstimmig angenommen wurde. Es sprach aus, dass die in der Provinzialkirche verbundenen lutherischen bzw. reformierten Gemeinden zwar keine kirchenregimentlich eigenständige Kirche bilden, aber der lutherischen bzw. der reformierten Kirche innerlich verbunden blieben. Dieses Votum wurde zum Protokoll genommen.

Auch auf der westfälischen Provinzialsynode von 1853 in Schwelm kam es zu einem Ausgleich zwischen denjenigen Gemeinden, die stärker den Konsens betonten, und denjenigen, die den Akzent mehr auf die konfessionelle Eigenart leg-

---

29 Verhandlungen der achten Rheinischen Provinzialsynode 1853 (wie Anm. 4), S. 166.

Die Entstehung der Bekenntnisparagraphen der Rheinisch-Westfälischen Kirchenordnung

ten.[30] So war die Grundlage gelegt, dass die Bekenntnisparagraphen der Rheinisch-Westfälischen Kirchenordnung mit den genannten Änderungen von den beiden Synoden angenommen wurden und durch königliche Kabinettsorder vom 25. November 1855[31] Rechtskraft erlangten. Die theologische Debatte über die Fragen nach der Bedeutung des Bekenntnisstandes war damit aber freilich noch nicht beendet, sondern dauerte auch nach Inkrafttreten der Bekenntnisparagraphen weiterhin an.

---

30 Vgl. Danielsmeyer, Kirche (wie Anm. 21), S. 140.
31 Kabinettsordre betr. den Bekenntnisstand (wie Anm. 2), S. 22–24.

Andreas Metzing

Die Generalsynodalordnung (1873–1876)

Mit der Kirchengemeinde- und Synodalordnung für die Provinzen Preußen, Brandenburg, Pommern, Posen, Schlesien und Sachsen vom 10. September 1873 (KGSO)[1] sowie der Generalsynodal-Ordnung für die evangelische Landeskirche der acht älteren Provinzen der Monarchie vom 20. Januar 1876 (GSO)[2] wurde die Einführung von Selbstverwaltungsstrukturen in der preußischen Landeskirche, die seit Einführung der Rheinisch-Westfälischen Kirchenordnung (RWKO) von 1835 nur in den beiden Westprovinzen existiert hatten, auf die gesamte Monarchie ausgedehnt. Im Unterschied zur RWKO, der 1855 drei Bekenntnisparagraphen vorangestellt worden war, enthielten die beiden Kirchenordnungstexte der 1870er Jahre keine materiellen Bekenntnisbestimmungen, sondern stellten explizit und an prominenter Stelle fest, dass der Bekenntnisstand von ihnen nicht berührt werde. So hieß es im Allerhöchsten Erlass, mit dem König Wilhelm I. die KGSO in Kraft setzte: »Die dadurch herbeigeführten Aenderungen beschränken sich auf die kirchliche Verfassung; der Bekenntnißstand und die Union in den genannten Provinzen und den dazu gehörenden Gemeinden werden daher, wie ich ausdrücklich erkläre, durch die neue Ordnung in keiner Weise berührt.«[3] Drei Jahre später stellte § 1 der GSO fest: »Der Verband der Generalsynode erstreckt sich auf die evangelische Landeskirche der acht älteren Provinzen der Monarchie. Der Bekenntnißstand und die Union in den genannten Provinzen und den

---

1 Gesetz-Sammlung für die Königlich-Preußischen Staaten. 1806 bis 1874. Chronologische Zusammenstellung der in der Gesetz-Sammlung für die Königlichen Preußischen Staaten für die Jahr 1806 bis 1874 und in dem Bundes- und Reichs-Gesetzblatte für die Jahre 1867 bis 1874 veröffentlichten Gesetze, Verordnungen, Kabinets-Ordres, Erlasse, Publikanden und Bekanntmachungen. Mit einem vollständigen alphabetischen Sachregister. Bde. I-VII, zahlreiche Auflagen, Berlin 1810–1906, (GS) Nr. 29/1873, S. 417–448.
2 GS 3/1876, S. 7–22.
3 GS 29/1873, S. 417.

dazu gehörenden Gemeinden werden durch dieses Verfassungsgesetz nicht berührt.«[4]

Gerade diese ausdrückliche Ausklammerung der Bekenntnisfrage, die sich außer in den Gesetzestexten selbst auch in zahlreichen Verlautbarungen nicht nur des Königs,[5] sondern auch prominenter Theologen und Juristen findet,[6] lässt den Schluss zu, dass die Bekenntnisproblematik in der Diskussion dieser Jahre ausgesprochen oder unausgesprochen sehr präsent war, dass sie jedoch als ein äußerst sensibles Thema empfunden wurde, mit dem man das angestrebte Verfassungswerk nicht belasten oder gar gefährden wollte. Die Entstehungsgeschichte von KGSO und GSO soll im Folgenden in ihren groben Zügen nachgezeichnet und dabei der Bezug zur Bekenntnisdiskussion der 1860er und 1870er Jahre aufgezeigt werden.

Die Einführung von Selbstverwaltungsstrukturen in den östlichen Provinzialkirchen der preußischen Monarchie, wie sie 1873 mit der KGSO Wirklichkeit wurde, hat ihre Wurzeln in der Revolution von 1848 und der revidierten preußischen Verfassung von 1850. Zeitgleich mit der Einrichtung des Evangelischen Oberkirchenrats 1850 wurden »Grundzüge einer Gemeindeordnung für die evangelischen Kirchengemeinden der östlichen Provinzen« formuliert, die die Gemeinden auf freiwilliger Basis übernehmen konnten. Die »Grundzüge« enthielten auch Bestimmungen zum Bekenntnis. So hieß es in § 1: »Jede evangelische Ge-

---

4 GS 3/1876, S. 8.
5 Vgl. Rogge, Joachim: Die außerordentliche Generalsynode von 1875 und die Generalsynodalordnung von 1876. Fortschritt und Grenzen kirchlicher Selbstregierung, in: Rogge, Joachim/Ruhbach, Gerhard: Die Geschichte der Evangelischen Kirche der Union. Bd. 2: Die Verselbständigung der Kirche unter dem königlichen Summepiskopat (1850–1918), Leipzig 1994, S. 225–233, hier S. 226.
6 Vgl. Goltz, Hermann von der: Befürchtungen und Hoffnungen, in: Goltz, Hermann v[on] d[er]/Wach, Adolf (Hgg.): Synodalfragen. Zur Orientirung über die bevorstehende General-Synode, Bielefeld/Leipzig 1874, S. 7–32, hier S. 21: »Es ist nicht die Absicht, die bei der General-Synode von 1846 gemachten Fehler zu wiederholen. Eine prinzipielle Lösung der Bekenntniß- und Unionsfrage, eine Neugestaltung der kirchlichen Disciplin und Zucht gehört in keiner Weise unter die Aufgaben der bevorstehenden General-Synode.« Der Jurist Adolf Wach stellte mit Blick auf die bevorstehende außerordentliche Generalsynode von 1875 fest: »Selbst wenn die Vorsynode eine passende Form fände, in der sie den Bekenntnißstand etwa ähnlich dem der rheinisch-westfälischen Kirche feststellte, so würden doch damit noch keineswegs alle Wünsche befriedigt sein. Die praktische Bedeutung solches Ausspruchs hängt davon ab, welche Folgen man ihm für das Gemeinschaftsleben in Lehre, Kultus, Disciplin gäbe. Sie aber zu fixiren ist sicherlich jetzt nicht der richtige Zeitpunkt.« Vgl. Wach, Adolf: Die rechtliche Stellung der außerordentlichen Generalsynode, in: Goltz, Hermann v[on] d[er]/Wach, Adolf (Hgg.): Synodalfragen. Zur Orientirung über die bevorstehende General-Synode, Bielefeld/Leipzig 1874, S. 33–56, hier S. 51 f.

meinde hat die Aufgabe, unter der Leitung und Anregung des in ihr bestehenden geistlichen Amtes sich zu einer Pflanzstätte christlicher Gesinnung und christlichen Lebens zu gestalten. Als Glied der evangelischen Kirche bekennt sie sich zu der Lehre, die in Gottes lauterem und klarem Wort, den prophetischen und apostolischen Schriften Alten und Neuen Testaments begründet und in den drei Hauptsymbolen und den Bekenntnissen der Reformation bezeugt ist und unterwirft sich den allgemeinen kirchlichen Gesetzen und Ordnungen.«[7] Als sechs Jahre später auf der Monbijou-Konferenz 1856 über eine Revision der »Grundzüge« diskutiert wurde, stand auch die Frage einer deutlicheren Nennung der einzelnen Bekenntnisschriften zur Diskussion, doch wurde letztlich eine Fassung verabschiedet, die zwar das konfessionelle Erbe der einzelnen Gemeinden schützte, ohne jedoch einzelne Bekenntnisschriften explizit beim Namen zu nennen: »Jede evangelische Gemeinde steht auf dem Boden ihres geschichtlich feststehenden Bekenntnisses. Dieser Bekenntnißstand ist in den zu errichtenden Gemeindestatuten auszusprechen.« Die zurückhaltende Reaktion König Friedrich Wilhelms IV., dem der presbyterial-synodale Umbau der preußischen Kirche suspekt war, verhinderte jedoch die allgemeine Einführung der »Grundzüge« auf dem Verordnungsweg.

Erst der Beginn der »Neuen Ära« unter Prinzregent Wilhelm schuf neue Rahmenbedingungen für die Entwicklung der kirchlichen Selbstverwaltung in den östlichen Provinzen. 1858 wurde zunächst in der Provinz Preußen, 1860 dann auch in den anderen östlichen Provinzen die Einrichtung von Kirchengemeinderäten flächendeckend betrieben.[8] Ausdrücklich wies der Allerhöchste Erlass vom 27. Februar 1860 darauf hin, dass in dem Bekenntnisstande der Gemeinde und in ihrer Stellung zur Union nichts geändert werde. In der von konfessionell-lutherischer Seite geäußerten Kritik an der Einführung der Selbstverwaltung spielte dennoch auch die Bekenntnisfrage eine Rolle, vermutete sie doch in der flächendeckenden Einführung von Gemeindekirchenräten eine Stärkung des reformierten Elements.[9]

---

7 Zitiert nach: Aktenstücke aus der Verwaltung des Evangelischen Oberkirchenraths. Erstes Heft. Berlin 1851, S. 6–14, hier S. 6.
8 Allerhöchster Erlaß vom 27. Februar 1860 betreffend die Fortbildung der evangelischen Kirchenverfassung, zitiert nach Dove, Richard Wilhelm: Sammlung der wichtigeren neuen Kirchenordnungen, Kirchenverfassungsgesetze, Synodal- und kirchlichen Gemeinde-Ordnungen des evangelischen Deutschlands. Urkunden zur Darstellung des gegenwärtigen Zustandes der Verfassung in den deutschen Landeskirchen. Tübingen 1865, S. 54–56.
9 Vgl. Besier, Gerhard: Die »Neue Ära« und die Einleitung eines kirchlichen Verfassungsneubaus (1858–1862), in: Rogge, Joachim/Ruhbach, Gerhard: Die Geschichte der Evangelischen Kirche der Union. Bd. 2: Die Verselbständigung der Kirche unter dem königlichen Summepiskopat (1850–1918), Leipzig 1994, S. 109–119, hier S. 116.

1861 und 1862 erfolgte dann die Anordnung der Einrichtung von Kreissynoden in den sechs östlichen Provinzen[10]. In den entsprechenden Erlassen war im Unterschied zu den Gemeindeordnungen keine Garantie von Union und Bekenntnis ausgesprochen. Dies war von verschiedener Seite auf Kritik gestoßen,[11] so dass der 1867, nach dem preußisch-österreichischen Krieg, vorgelegte Entwurf einer Provinzial-Synodal-Ordnung für die sechs östlichen Provinzen wiederum eine entsprechende Bestimmung enthielt.[12] Vor dem zeitgeschichtlichen Hintergrund, dass der preußische Staat im Jahr 1866 mit Schleswig-Holstein, Hannover und Hessen-Nassau drei neue Provinzen bekommen hatte, die mehrheitlich lutherisch geprägt waren und nicht in die bestehende preußische Landeskirche integriert wurden, bekam diese erneute Bezugnahme auf die Wahrung von Union und Bekenntnis ein besonderes Gewicht. Abermals mussten durch den Krieg von 1870/1871 die Arbeiten an dem Verfassungswerk unterbrochen werden, bis am 10. September 1873 die Kirchengemeinde- und Synodalordnung für die Provinzen Preußen, Brandenburg, Pommern, Posen, Schlesien und Sachsen inkraft treten konnte.[13]

Als Schlussstein der kirchlichen Selbstverwaltungsstruktur ging man schließlich daran, eine Generalsynodalordnung auszuarbeiten, durch die die ältere Selbstverwaltungstradition in den westlichen und die jüngere in den östlichen Provinzen unter ein gemeinsames Dach kamen. Angesichts der sehr unterschied-

---

10 Allerhöchster Erlaß vom 5. Juni 1861, betreffend die Einrichtung von Kreissynoden in der Provinz Preußen (GS 1861, S. 372), Allerhöchster Erlaß vom 5. April 1862, betreffend die Einrichtung von Kreissynoden in der Provinz Posen (GS 1862, S. 219), Allerhöchster Erlaß vom 21. Juni 1862, betreffend die Einrichtung von Kreissynoden in der Provinz Pommern (GS 1862, S. 223), Allerhöchster Erlaß vom 13. Juni 1864, betreffend die Errichtung von Kreissynoden in den Provinzen Brandenburg, Schlesien und Sachsen (GS 1862, S. 350).
11 So berichtete die Neue Evangelische Kirchenzeitung am 6. Juli 1867 im Zusammenhang mit dem Entwurf einer Synodalordnung für die östlichen Provinzen: »Die aus dem ersten Grundsatz [Gliederung der Synoden nicht nach konfessionellen Gesichtspunkten] sich ergebende Folgerung, daß die synodale Organisation den Confessionsstand ihrer Glieder nicht alteriren kann, hat in § 1 [des Entwurfs einer Synodalordnung für die östlichen Provinzen] um deswillen einen Ausdruck gefunden, weil das Fehlen einer ausdrücklichen Bestimmung dieses Inhalts in der Kreissynodalordnung von verschiedenen Seiten Mißdeutung erfahren hat.«
12 § 1: In den Provinzen Preußen, Brandenburg, Pommern, Schlesien, Posen und Sachsen wird für die zur Landeskirche gehörigen Gemeinden des Provinzialbezirks eine Provinzialsynode errichtet, deren Bestimmung es ist, unter Wahrung des Bekenntnißstandes der einzelnen Gemeinden und ihrer Stellung zur Union die kirchlichen Interessen ihres Bezirks in regelmäßig wiederkehrender Versammlung nach Maßgabe der folgenden Bestimmungen zu fördern.
13 GS Nr. 29/1873, S. 417–448.

lich ausgeprägten konfessionellen Rahmenbedingungen im Westen und im Osten musste hier auf die Bekenntnisfrage besonders sorgfältig Rücksicht genommen werden. Der am 24. November 1875 eröffneten außerordentlichen Generalsynode lag ein Entwurf des EOK zugrunde, der im Lauf der Verhandlungen noch an einigen Stellen revidiert wurde. Das betraf auch die das Bekenntnis betreffenden Passagen. So wurde von konfessioneller Seite die Frage aufgeworfen, ob im § 5 der General-Synodalordnung, in dem der Wirkungskreis der Synode skizziert wurde, statt vom »Wachsthum der Landeskirche auf dem Grunde des evangelischen Bekenntnisses« nicht besser im Plural von »den Bekenntnissen« gesprochen werden müsse, während andere, stärker der Union zuneigende Synodale die Formulierung »auf Grund heiliger Schrift und der in den reformatorischen Bekenntnissen bezeugten evangelischen Lehre« vorschlugen.[14] Letztlich wurde die im Entwurf vorgeschlagene Fassung beibehalten, wohl weil man sich nicht auf eine von unüberbrückbaren Gegensätzen gekennzeichnete Grundsatzdiskussion über die Bekenntnisfrage einlassen wollte. Dass das Thema Union und Bekenntnis auf der Generalsynode zwar sehr präsent war, aber gleichzeitig als eine Art »Noli me tangere«[15] behandelt wurde, wurde besonders deutlich durch einen Antrag des Synodalen Hermann Friedrich Krummacher. Den ursprünglich in § 1 nicht vorgesehenen Passus, dass die zu erlassende Ordnung den Bekenntnisstand und die Union in den Provinzen und ihren Gemeinden nicht berühre, wollte er ausdrücklich aufgenommen haben und begründete das folgendermaßen: »Indeß erlaubt sich der Redner zu bemerken, daß in der Ordre vom 10. September 1873, der den Bekenntniß- und Unionsstand wahrende Passus sich streng genommen nur auf die Gemeinde-, Kreis- und Provinzial-Synodal-Ordnung beziehe, und daß insofern eine Herübernahme in die gegenwärtige Ordnung durch die Lage der kirchlichen Gesetzgebung indicirt sei. Das Motiv sei der Wunsch, daß die Ver-

14 Verhandlungen der außerordentlichen Generalsynode der evangelischen Landeskirche Preußens eröffnet am 24. November 1875, geschlossen am 18. Dezember 1875. Berlin 1876, S. 138–143.
15 Diese Formulierung hatte einige Jahre zuvor – im negativen Sinne – der sächsische Konsistorialrat Christoph Ernst Luthardt in seinem auf der zweiten allgemeinen lutherischen Konferenz in Leipzig am 9. Juni 1870 gehaltenen Referat »Ueber die Bedeutung der Lehreinheit für die lutherische Kirche in der Gegenwart« verwendet, indem er formulierte: »Dieser Forderung [nach einer Unterwerfung lutherischer Synoden unter die Autorität der lutherischen Lehre] genügt es nicht, daß einzelne Synodalordnungen erklären und damit das Höchste in dieser Sache geleistet zu haben glauben, das Bekenntnis sei kein Gegenstand der Verhandlung oder Gesetzgebung. Denn es ist zu wenig, das Bekenntnis nur als ein noli me tangere oder als eine heilige Reliquie zu behandeln, welche in den Winkel gestellt wird, da es doch die alles beherrschende und bestimmende Macht und Norm der synodalen Thätigkeit sein soll.« Vgl. Die zweite allgemeine lutherische Conferenz in Leipzig am 9. und 10. Juni 1870, Leipzig 1870, S. 58.

handlungen bewahrt werden mögen vor einer Erörterung der Bekenntniß- und Unionsfrage; wenigstens wünsche Redner dies für die außerordentliche Generalsynode; er fürchte, daß das ganze Werk derselben gefährdet werde, wenn sie sich in die Bekenntniß-Diskussion verlöre.«[16]

In der Frage von Union und Bekenntnis waren die Gegensätze in der preußischen Landeskirche so tiefgehend, dass nur unter bewusster Aussparung dieses Themas das Werk der kirchlichen Selbstverwaltung mit der Generalsynodalordnung, die mit Erlass vom 20. Januar 1876 inkraft gesetzt wurde, vollendet werden konnte.

16 Verhandlungen der außerordentlichen Generalsynode der evangelischen Landeskirche Preußens eröffnet am 24. November 1875, geschlossen am 18. Dezember 1875. Berlin 1876, S. 129.

Hartmut Sander

Die Verfassungsurkunde für die Evangelische Kirche der altpreußischen Union vom 29. September 1922

Beilage 2
Synopse: Zur Entstehung der Einleitung der Verfassungsurkunde der Evangelischen Kirche der altpreußischen Union vom 29. September 1922

Mit der Abdankung Wilhelms II. als König von Preußen im November 1918 war das landesherrliche Kirchenregiment weggefallen. Zum ersten Mal konnte – und musste – die altpreußische Landeskirche vollständig frei sich ihre neuen Ordnungen selbst geben. Die außerordentliche 7. Generalsynode der Evangelischen Landeskirche der älteren Provinzen Preußens, deren Mitglieder 1915 gewählt worden waren, beschloss am 19. Juni 1920 das Gesetz betreffend die außerordentliche Kirchenversammlung zur Feststellung der künftigen Verfassung für die Evangelische Landeskirche der älteren Provinzen Preußens. Im Juni 1921 fanden die Wahlen zur Verfassunggebenden Kirchenversammlung statt, an der sich 75 Prozent der wahlberechtigten Gemeindevertreter (Gemeindekirchenrat und Gemeindevertretung) beteiligten. Ursprünglich hatten sich die Kirchenparteien mit Ausnahme der Kirchenprovinz Brandenburg auf Einheitslisten geeinigt, die gemischt besetzt waren. Kurz vor den Wahlen zerbrachen die Absprachen: Die kirchliche Linke und die kirchlichen Liberalen stellten eigene Listen auf, weil sie nicht überall auf den Einheitslisten berücksichtigt worden waren, und die konservativen Parteien stellten eigene »Bekenntnislisten« auf, um nicht mit den Liberalen zusammengehen zu müssen. Die Vertreter der Positiven Union, der konfessionell-lutherischen Richtung und der pietistischen Gemeinschaften erhielten zwei

Drittel der Stimmen, die Mittelpartei 19 Prozent, die Liberalen 10 Prozent und die Unabhängigen 4 Prozent.[1]

Die Generalsynode hatte dem Evangelischen Oberkirchenrat (EOK) und dem Generalsynodalvorstand (GSV) empfohlen, für die außerordentliche Kirchenversammlung einen Verfassungsentwurf auszuarbeiten.[2] Der EOK stellte alsbald eine hausinterne Verfassungskommission zusammen, die nach intensiven Beratungen[3] am 14. März 1921 ihre Arbeit abschloss. Julius Kaftan, der den erkrankten Geistlichen Vizepräsidenten Lahusen vertrat und am 2. April 1921 sein Nachfolger wurde, war der maßgebliche Theologe.[4] Eckhard Lessing bezeichnet ihn als »eine der führenden Persönlichkeiten« der Volkskirchlichen Evangelischen Vereinigung (Mittelpartei).[5] Der EOKS legte seinen Entwurf im April 1921 dem GSV vor, der ihn mit großer Mehrheit wegen der Bestimmungen über die Organisation der Kirchenprovinzen und der Gesamtkirche ablehnte. Daraufhin setzte man einen Achterausschuss aus je vier Mitgliedern beider Einrichtungen ein, der eine gemeinsame Vorlage für die außerordentliche Kirchenversammlung ausarbeiten sollte. Obwohl der EOK den synodalen Vertretern erhebliche Zugeständnisse machte und seinen Entwurf entsprechend änderte, konnte man sich in mehreren Punkten nicht einigen. So legten der EOK und der GSV getrennte Entwürfe vor, die in den meisten Abschnitten übereinstimmten, aber bei der Organisation der Kirchenprovinzen und der Gesamtkirche stark voneinander abwichen. Zu beiden Entwürfen wurden Begründungen mitgeliefert. Beide Texte wurden am

---

1 Besier, Gerhard: Die verfassunggebende Kirchenversammlung und die Kirchenverfassung, in: Besier, Gerhard/Lessing, Eckhard (Hgg.): Die Geschichte der Evangelischen Kirche der Union. Bd. 3: Trennung von Staat und Kirche. Kirchlich-politische Krisen. Erneuerung kirchlicher Gemeinschaft (1918–1992), Leipzig 1999 (künftig zitiert: Geschichte EKU 3), S. 92.
2 Vgl. zu diesem Absatz Wolff, Walther: Die Verfassung der Evangelischen Kirche der Altpreußischen Union. Einführung, Berlin 1925, S. 11 f., und die Briefe Nrn. 370, 372 und 376 bis 379 von Julius Kaftan in: Kirche, Recht und Theologie in vier Jahrzehnten. Der Briefwechsel der Brüder Theodor und Julius Kaftan. Hg. und kommentiert von Walter Göbell. 2. Teil: 1910–1926, München 1967.
3 Sie tagte anfänglich einmal wöchentlich, ab Ende November 1920 zweimal wöchentlich nachmittags für drei bis vier Stunden (so a.a.O., S. 739).
4 Julius Kaftan schreibt dazu am 21. November 1920 (a.a.O., S. 739): »Ich stehe da unter den Theologen an erster Stelle, was Mitwirkung und Verantwortung betrifft.«
5 Lessing, Eckhard: Zwischen Bekenntnis und Volkskirche. Der theologische Weg der Evangelischen Kirche der altpreußischen Union (1922–1953) unter besonderer Berücksichtigung ihrer Synoden, ihrer Gruppen und der theologischen Begründungen (Unio und Confessio 17), Bielefeld 1992, S. 71.

19. September 1921 im Kirchlichen Gesetz- und Verordnungsblatt veröffentlicht.[6]

Am 24. September 1921 trat die Verfassunggebende Kirchenversammlung im Auditorium Maximum der Berliner Universität zusammen. Von den 221 Synodalen gehörten 145 zur Gruppe »Bekenntnistreue Vereinigung (Vereinigte Rechte)«, 47 zur Gruppe »Volkskirchliche Evangelische Vereinigung« (Mittelpartei)[7], 19 zur Gruppe »Freie Volkskirche« (Liberale oder Linke) und zehn, die keiner Kirchenpartei angehörten, zur Gruppe »Arbeitsgemeinschaft für kirchlichen Aufbau«. In der Bekenntnistreuen Vereinigung hatten sich zirka 75 Synodale der Positiven Union, zirka 45 Synodale der konfessionell-lutherischen Richtung und etwa 25 Synodale der pietistischen Gemeinschaftsbewegung zusammengeschlossen.[8]

Der Kirchenversammlung lagen neben vielen Beschlüssen kirchlicher Instanzen und Eingaben von Verbänden, Vereinen und Einzelnen die beiden Entwürfe des EOK und des GSV, die Rheinisch-Westfälische Kirchenordnung in revidierter Form, die bei der landeskirchlichen Verfassung zu berücksichtigen war, und ein Verfassungsentwurf des Pfarrers Wilhelm Quistorp aus Liepe auf Usedom vor,[9] der, obwohl Quistorp zu den Evangelisch-Lutherischen gehörte, bei diesen keine Anerkennung fand.[10] Der EOK betonte in seinem Anschreiben zu seinem Verfassungsentwurf, dass die Vorlagen des EOK und des GSV nicht wie früher »bereits einen Teil des Gesetzgebungswerks selbst darstellen, sondern [...] nur die Aufgabe haben, der Kirchenversammlung für ihre Beratungen eine gewisse Unterlage darzubieten«.[11]

Der Bekenntnisvorspruch – oder wie man zumeist sagte: die »Präambel« – lautete in den Entwürfen des EOK und des GSV gleich: »Die evangelische Landeskirche der älteren Provinzen Preußens führt hinfort die Bezeichnung Evangelische Kirche Preußens. Getreu dem Erbe der Väter steht sie auf dem in der heiligen Schrift gegebenen, in den Bekenntnissen der Reformation bezeugten Evan-

---

6 Kirchliches Gesetz- und Verordnungsblatt (KGVBl.) 1921, Nr. 7, S. 107–242 (EOK), und Nr. 8, S. 243–298 (GSV).
7 Von den 47 Mitgliedern waren drei »gastweise angeschlossen«.
8 Geschichte EKU 3 (wie Anm. 1), S. 94.
9 Bericht über die Verhandlungen der außerordentlichen Kirchenversammlung zur Feststellung der Verfassung für die Evangelische Landeskirche der Älteren Provinzen Preußens vom 24.–30.9.1921 und 29.8.–29.9.1922, hg. vom Redaktionsausschuß der Verfassunggebenden Kirchenversammlung. 2 Teile, Berlin 1923 (künftig zitiert: VKV, I und VKV, II). Hier: VKV, I, S. 1513–1524. – Wilhelm Quistorp (1856–1923) war Mitbegründer des Bibelbundes.
10 Lessing, Bekenntnis (wie Anm. 5), S. 107, Anm. 372.
11 KGVBl. 1921, Nr. 7, S. 108.

gelium. Dieses Evangelium ist die unantastbare Grundlage für die Lehre, Arbeit und Gemeinschaft der Kirche.

Für ihre äußere Ordnung gibt die Kirche sich nachstehende Verfassung. Der Bekenntnisstand und die Union in der Kirche, den Kirchenprovinzen und Kirchengemeinden werden dadurch nicht berührt.«[12]

Dazu formuliert der reformierte rheinische Synodalpräses Walther Wolff[13], der der Volkskirchlichen Evangelischen Vereinigung angehörte, in seiner Einführung zur Verfassung 1925: »Damit sollte lediglich festgelegt sein, daß es sich nicht um die Verfassung für eine neue Kirche handle, sondern daß der vorhandenen und im Grunde fortbestehenden Landeskirche der älteren Provinzen Preußens für Verfassung und Verwaltung eine neue äußere Ordnung gegeben werde. Es war also klargestellt, daß kein Wechsel im Rechtssubjekt stattfinde, sondern deutlich die Rechtskontinuität festgehalten bleibe, und also auch die neu verfaßte Kirche, ebenso wie ihre Gemeinden und Verbände, im Besitz ihrer bisherigen Rechte und Pflichten, insbesondere auch ihre Rechte gegenüber dem Staat, verharre. Der *Bekenntnisstand* der Kirche, ihr Charakter als Unionskirche, der ohne Kenntnis der Rechtslage von einigen konfessionellen Stimmen bestritten worden war, wurde so ausdrücklich festgehalten.«[14]

Damit folgten die Entwürfe dem Grundsatz, den der Deutsche Evangelische Kirchentag in Dresden 1919 für die Gestaltung der Verfassung aufgestellt hatte: »Ob es sich empfiehlt, an die Spitze der Verfassung prinzipielle Sätze für die Kirche und ihr Bekenntnis zu setzen, mag dahingestellt bleiben. Jedenfalls sollte, sei es an der Spitze der Verfassung oder unter den Bestimmungen über das Gesetzgebungsrecht der Landessynode, zum Ausdruck kommen, daß das Bekenntnis Voraussetzung, nicht Gegenstand der Verfassung ist und daß es daher der Gesetzgebung nicht unterliegt.«[15] Genau so hatte es die Evangelische Landeskirche in Württemberg in ihrem Kirchenverfassungsgesetz vom 24. Juni 1920 formuliert: »§ 1. Die evangelisch-lutherische Kirche in Württemberg, getreu dem Erbe der Väter, steht auf dem in der Heiligen Schrift gegebenen, in den Bekenntnissen der Reformation bezeugten Evangelium von Jesus Christus, unserem Herrn. Dieses Evangelium ist für die Arbeit und Gemeinschaft der Kirche unantastbare Grundlage. § 22. (1) Das Bekenntnis ist nicht Gegenstand der kirchlichen Gesetz-

---

12 KGVBl. 1921, Nr. 7, S. 108 (EOK), und Nr. 8, S. 244 (GSV).
13 Wolff war in der Kirchenversammlung 2. stellvertretender Vorsitzender der Volkskirchlichen Evangelischen Vereinigung und im Verfassungsausschuss 1. stellvertretender Vorsitzender.
14 Wolff, Walther: Die Verfassung der Evangelischen Kirche der Altpreußischen Union: Einführung, Berlin 1925, S. 15.
15 Verhandlungen des Deutschen Evangelischen Kirchentages 1919. Dresden 1.–5.IX.1919, Berlin [1920], S. 154.

gebung.«[16] Die Formulierung der Bekenntnisgrundlage in § 1 entspricht fast wörtlich den Entwürfen des EOK und des GSV, aber das Evangelium wird näher bestimmt »von Jesus Christus, unserem Herrn«. Die fehlende inhaltliche Bestimmung des Evangeliums in der preußischen Präambel spielte in den folgenden Diskussionen eine große Rolle, wobei die Befürworter des EOK/GSV-Entwurfs, zum Beispiel die Theologische Fakultät der Universität Berlin,[17] darauf hinwiesen, dass der Deutsche Evangelische Kirchentag in Stuttgart am 15. September 1921 einmütig diese Formel in seinen Leitsätzen zur Schulfrage angenommen hatte.[18]

In der verfassunggebenden Kirchenversammlung stellten der Vorsitzende des GSV Johann Friedrich Winckler und der Präsident des EOK Reinhard Moeller ihren jeweiligen Entwurf vor. Zur Präambel sagte Moeller, dass die Unterscheidung von äußerer Ordnung, die geregelt werde, und Bekenntnisstand und Union, die unberührt verbleiben sollten, in dem Wesen der Kirche begründet sei. »Die Kirche ist einerseits göttliche Stiftung, berufen zur Wahrnehmung der von dem Herren der Kirche in sie hinein gestifteten Gnadenmittel, und sie ist andererseits nach ihrer weltlichen Erscheinungsform eine Gemeinschaft der Glaubens- und Kirchengenossen, in unserm Vaterlande eine Korporation des öffentlichen Rechts.«[19] Bekenntnisstand und Union sollen »Voraussetzung, nicht Gegenstand der Verfassung und überhaupt der Gesetzgebung sein«. »Auf diesem Grunde baut sich die evangelische Kirche Preußens geschichtlich auf. Ohne Bekenntnis und Union hätten wir unsere Kirche so, wie sie ist und wie sie rechtlich und tatsächlich besteht, nicht, – also auch keine Kirche, der wir eine Verfassung geben könnten. Nicht soll damit die Möglichkeit einer Fortentwicklung auch des Bekenntnisstandes für alle Zukunft ausgeschlossen sein, wohl aber die Möglichkeit einer Fortentwicklung durch die Macht der Gesetzgebung derart, daß dabei durch Majoritäten gegen Minoritäten über Abänderung oder gar Beseitigung des Bekenntnisstandes und der Union beschlossen werden könnte. […] Das Bekenntnis ist nicht dazu da […], ›um in einen heiligen Schrein gesetzt zu werden‹, sondern es ist dazu da, ›um der Lebenswert der Kirche zu sein; es muß sich ausgestalten

---

16 Konsistorial-Amtsblatt der Evangelischen Kirche in Württemberg 19 (1920), S. 199.
17 Schneider, Johannes (Hg.): Kirchliches Jahrbuch für die evangelischen Landeskirchen Deutschlands (künftig zitiert: KJ), 49. Jg., Gütersloh 1922, S. 476.
18 »Normen des christlichen Glaubens und Lebens, wie sie in dem in der Heiligen Schrift gegebenen und in den Bekenntnissen der Reformation bezeugten Evangelium enthalten sind.« Verhandlungen des 2. Deutschen Evangelischen Kirchentages 1921, Stuttgart 11.–15.IX.1921, Berlin 1921, S. 235.
19 VKV, I, S. 51.

in den verschiedensten Richtungen der kirchlichen Ordnungen und des kirchlichen Lebens‹.«[20]

Der Neutestamentler Paul Feine (Halle) lehnte für die Bekenntnistreue Vereinigung die knappe Bekenntnisformel ab und kündigte Erweiterungsanträge an.[21] Dagegen begrüßten die vorliegende Präambel, wenn auch in unterschiedlicher Weise, der Berliner Rechtsprofessor Wilhelm Kahl für die Volkskirchliche Evangelische Vereinigung, der Breslauer Professor für Kirchengeschichte Hans von Soden für die Freie Volkskirche und der Münsteraner Neutestamentler Otto Schmitz für die Arbeitsgemeinschaft für kirchlichen Aufbau.[22] In der allgemeinen Aussprache nahm die Bekenntnisfrage den größten Platz ein.

Da die Verfassung in der Vollsitzung nicht erledigt werden konnte, wurde am 30. September 1921 ein Verfassungsausschuss mit 42 Mitgliedern entsprechend der Stärke der Fraktionen gebildet und ihm die weiteren Arbeiten übertragen und alle Eingänge als Material überwiesen.[23] Danach beendete die Kirchenversammlung ihre Sitzung.

Der Verfassungsausschuss begann seine Arbeit am 1. Oktober 1921 und tagte mit kurzen Pausen bis zum 4. März 1922. Von seinen 42 Mitgliedern gehörten 27 zur Vereinigten Rechten, neun zur Volkskirchlichen Evangelischen Vereinigung (Mittelpartei), vier zur Freien Volkskirche (Liberale) und zwei zur Arbeitsgemeinschaft für kirchlichen Aufbau. Um die Arbeit besser zu erledigen, wurden nach und nach insgesamt neun Unterausschüsse eingerichtet. Der (7.) Unterausschuss für die Einleitung der Verfassung und Bekenntnis hatte 15 Mitglieder: neun von der Vereinigten Rechten, drei von der Mittelpartei, zwei Liberale und einen Überparteilichen. Den Vorsitz hatte der einflussreiche Dozent an der Theologischen Schule in Bethel Walter Michaelis, Vorsitzender des Gnadauer Verbandes.[24] Schriftführer des Unterausschusses (wie auch des Verfassungsausschusses) war der Landgerichtsrat Oskar Tittel aus Elbing.[25] Dieser Unterausschuss, an dessen Sitzungen immer der Präsident des EOK Moeller und der Geistliche Vizepräsident Kaftan teilnahmen, tagte vier Mal im Dezember 1921 und beschloss in der abschließenden Zweiten Lesung am 1. März 1922 mit den neun Stimmen der Vereinigten Rechten eine erhebliche Erweiterung des Satzes über Evangelium und Bekenntnisse:

---

20 A.a.O., S. 52.
21 A.a.O., S. 90–93.
22 A.a.O., S. 101 (Kahl), S. 119 f. (Soden), S. 160 (Schmitz).
23 Vgl. Wolff, Verfassung (wie Anm. 14), S. 12 f.
24 VKV, II, S. 52.
25 A.a.O., S. 52 und S. 49. Seine handschriftlichen Protokolle des Unterausschusses liegen in der Akte EZA Berlin 10/20.

»Getreu dem Erbe der Väter steht die Evangelische Kirche der altpreußischen Union auf dem in der Heiligen Schrift gegebenen Evangelium von Jesus Christus, dem Gekreuzigten und Auferstandenen, unserem Herrn und Heiland, wie ihn die Bekenntnisse der Kirche, insonderheit von den altkirchlichen das Apostolische Glaubensbekenntnis, von den reformatorischen die Augsburgische Konfession, der Kleine Katechismus Luthers und der Heidelberger Katechismus bezeugen und bekennen.«[26]

Der Verfassungsausschuss beriet in seiner Sitzung am 3. März 1922 über die Präambel und die vier Abänderungsvorschläge.[27] In der letzten Sitzung am 4. März 1922 wurden der Antrag, die Vorlage des EOK und des GSV nicht zu ändern, und der Antrag der Mittelpartei, den Begriff Evangelium zu erläutern durch: »von Jesus Christus, ihrem Herrn und Heiland«, mit jeweils 14 Stimmen abgelehnt, ebenso zwei weitere Anträge mit 13 und zwei Stimmen. Der Ausschuss nahm den Entwurf des Unterausschusses, den die Vereinigte Rechte als ihren Antrag einbrachte, mit 23 gegen 18 Stimmen bei einer Enthaltung an.[28] Also hatten vier Synodale der Vereinigten Rechten nicht zugestimmt.

In der Vorlage des EOK und des GSV wurde die Kirche als »Evangelische Kirche Preußens« bezeichnet mit der Begründung: »Der Kirche verbleibt räumlich ihr bisheriger Bereich ohne Rücksicht auf die staatlichen Grenzen, also – vorbehaltlich etwaiger Sonderregelung (Artikel 156) – einschließlich der abgetretenen Gebiete. Die Kirche ist also nicht mehr ›Landes‹kirche im eigentlichen Sinne. So rechtfertigt sich die vorgeschlagene Änderung des Namens.«[29] In der letzten Sitzung des Unterausschusses am 1. März 1922 wurde über den Namen debattiert. Präsident Moeller schlug vor »Evangelische Kirche der altpreußischen Union«, Prof. Kahl, der Vorsitzende der »Volkskirchlichen Evangelischen Vereinigung« (Mittelpartei), »Evangelische Preußische Volkskirche«. Es wurde beschlossen, diese beiden Namen dem Verfassungsausschuss zur Beschlussfassung vorzulegen.[30] Dieser debattierte in seiner Sitzung am 3. März 1922 über den Namen und nahm die Bezeichnung »Evangelische Kirche der altpreußischen Union« mit 17 gegen sieben Stimmen an.[31] Sehr ausführlich berichtete die »Allgemeine Evangelisch-Lutherische Kirchenzeitung« über die Beratung zum Na-

---

26 EZA Berlin 10/20, ungezeichnetes Bl. nach Bl. 23 V.
27 EZA Berlin 10/13, 50. Sitzung.
28 EZA Berlin 10/13, 51. Sitzung, und KJ 49 (1922), S. 470.
29 VKV, II, S. 192.
30 EZA Berlin 10/20, ungezeichnetes Bl. nach Bl. 23 R.
31 So der kurze Eintrag im Protokoll EZA Berlin 10/13, 50. Sitzung, letztes Blatt.

men:³² Gegenüber den durch den Versailler Friedensvertrag vom früheren Preußen abgetrennten Gebieten sei es besonders wichtig erschienen klarzustellen, dass es in Preußen kein Staatskirchentum mehr gebe. Deshalb habe auch der Schein vermieden werden sollen, die neu zu verfassende Kirche sei in demselben Sinn wie früher »Landeskirche«. Gegenüber dem beschlossenen Namen »Evangelische Kirche der altpreußischen Union« hätten die Lutheraner Bedenken erhoben, dass die Union damit zum Bekenntnisprinzip geworden sei. Um diese Zweifel am Charakter der Kirche als föderativer Union auszuräumen, sei hinter dem Satz über den Bekenntnisstand und die Union die Erläuterung eingefügt worden:

> »Demgemäß steht den Gemeinden und ihren Gliedern wie bisher neben der allgemeinen Bezeichnung ›evangelisch‹ auch das Recht auf Gebrauch der besonderen Bezeichnung ›evangelisch-lutherisch‹, ›evangelisch-reformiert‹ oder ›evangelisch-uniert‹ zu.«³³

Zum Namen der Kirche fasste die Kirchenversammlung am 22. September 1922³⁴ folgende Entschließung:

> »Die Kirchenversammlung erklärt einmütig, daß wie durch die Verfassung überhaupt, so insonderheit durch den Namen der Kirche, an dem zu Recht bestehenden Verhältnisse von Bekenntnisstand und Union in der Kirche, den Kirchenprovinzen und Gemeinden nichts geändert wird.«³⁵

Der »Entwurf einer Verfassung der Evangelischen Kirche der altpreußischen Union« wurde am 23. Mai 1922 im Kirchlichen Gesetz- und Verordnungsblatt veröffentlicht.³⁶ Vor allem die neue Fassung der Präambel führte zu einem großen Streit in der kirchlichen Öffentlichkeit, aber auch in der politischen Tagespresse. Das Kirchliche Jahrbuch 1922 widmete dem »Präambelstreit« elf Druckseiten.³⁷ Der EOK nahm in einer offiziellen Denkschrift vom 29. April 1922 Stellung zu der Verfassung und behandelte in einer Anlage »Die Bekenntnisfrage in der Einleitungsformel«.³⁸ Darin wandte er sich gegen das Missverständnis, die Formel solle den Bekenntnisstand der Kirche »fixieren«. Das sei durch den Satz,

---

32 Zur preußischen verfassunggebenden Versammlung. 2. Zum Namen der bisherigen preußischen evangelischen Landeskirche, in: AELKZ 1922, Nr. 14, 7. April 1922, Sp. 213 f.
33 A.a.O., Sp. 214.
34 VKV, I, S. 668.
35 KGVBl. 1924, S. 130.
36 KGVBl. 1922, Nr. 3, S. 19–82.
37 KJ 1922, S. 470–480.
38 VKV, II, S. 53–61; Anlage A, S. 61–64.

dass Bekenntnisstand und Union durch die Verfassung unberührt blieben, ausgeschlossen. Auch sei die außerordentliche Kirchenversammlung dazu gar nicht ermächtigt; ihr Auftrag sei, die neue Verfassung zu beraten und zu beschließen.[39] Auch gebe es »in der evangelischen Kirche überhaupt keinen Raum für eine Stelle, die ihren Bekenntnisstand authentisch zu interpretieren die Befugnis hätte«. Der EOK empfahl dringend, die alte Formel beizubehalten; gegen eine nähere Charakterisierung des Evangeliums als »Evangelium von Jesus Christus unserem Herrn und Heiland« sei nichts einzuwenden. Gegen die vom Verfassungsausschuss vorgeschlagene Formulierung wurde eingewandt, dass sie, wenn sie ein Bekenntnis ausdrücken wolle, nur den »gemeinchristlichen«, nicht den evangelischen Glauben wiedergebe. Sei sie kein Bekenntnis, so sei sie »ein Versuch, auf eine lehrgesetzliche Bindung in unserer Kirche hinzuwirken«[40]. Von allen Seiten sei versichert worden, dass das nicht beabsichtigt sei. Aber die Formulierung werde sicherlich so verstanden werden, doch eine lehrgesetzliche Bindung werde in der Altpreußischen Kirche nicht ertragen. Schließlich spreche das knappe Abstimmungsverhältnis gegen die neue Formulierung. Die Generalsynode werde »jetzt zur allein entscheidenden souveränen Instanz« werden. Sie werde »künftig stets das *Ganze* im Auge haben, d[as] h[eißt] in allen *wichtigen* Entscheidungen tunlichst auf Einstimmigkeit bedacht sein müssen«. Es sei »innerlich unmöglich, daß sie in Angelegenheiten, die Glaube und Bekenntnis betreffen, anders entscheiden sollte«. Was aber von der künftigen Generalsynode gelte, sei erst recht von der verfassunggebenden Kirchenversammlung zu fordern.[41]

Auch die Berliner, Breslauer und Münsteraner Theologische Fakultät sprachen sich gegen die Präambel des Verfassungsentwurfes aus.[42] Dagegen gab es Zustimmung von überzeugten Lutheranern wie dem Greifswalder Neutestamentler Johannes Haußleiter und dem Berliner Strafrechtslehrer Ulrich Stutz.[43]

Am 29. August 1922 trat die verfassunggebende Kirchenversammlung wieder zusammen. Berichterstatter für die Einleitung des Verfassungsentwurfes war der westfälische Generalsuperintendent Wilhelm Zoellner, ein überzeugter Lutheraner eigener Prägung.[44] In seinem sehr polemischen Bericht[45] griff er den »Neuprotestantismus« an, der mehr im Humanismus als in der Reformation wurzele

---

39 Darauf weist auch hin Schoen, Paul: Das neue Verfassungsrecht der evangelischen Landeskirchen in Preußen, Berlin 1929, S. 20.
40 VKV, II, S. 63.
41 A.a.O., S. 64.
42 Geschichte EKU 3 (wie Anm. 1), S. 100, Anm. 118. Die Stellungnahme der Berliner Theologischen Fakultät ausführlich in KJ 1922, S. 476.
43 KJ 1922, S. 473–476 (Haußleiter), und S. 478 (Stutz).
44 Vgl. Lessing, Bekenntnis (wie Anm. 5), S. 115–119.
45 VKV, I, S. 222–232.

und in der evangelischen Kirche kein eigentliches Heimatrecht habe, und die »mühsam ausgeklügelte Formel« von EOK und GSV in ihren Entwürfen von 1921. Großen Wert legte er auf die Aufzählung der einzelnen reformatorischen Bekenntnisse. Entsprechend scharf waren die folgenden Diskussionsbeiträge zur Präambel.

Einen eigenen Änderungsantrag legte Pfarrer Quistorp aus Liepe auf Usedom[46] vor, der sich an § 1 und § 2 der Bekenntnisparagraphen der Rheinisch-Westfälischen Kirchenordnung anlehnte und alle drei altkirchlichen Bekenntnisse namentlich sowie Luthers Großen und Kleinen Katechismus, die Augustana, die Apologie und die Schmalkaldischen Artikel aufführte. Einzigartig waren sein Namensvorschlag und seine Bestimmung der Union:

> »Die Evangelische Kirche Preußens und der bisher zu ihr gehörenden Landesteile ist in dem Sinne eine ›Unions-‹ oder Bündniskirche, als ihre lutherischen und reformierten Gemeinden eine gemeinsame, sich auf alle äußeren Dinge beziehende Verfassung angenommen haben, während jede in Lehre und Kultus ihre Eigenart beibehält. Deshalb hat jede Gemeinde das Recht auf einen Geistlichen ihres Bekenntnisses.«[47]

Nachdem die Fassung des Ausschusses ebenso wie die Anträge auf Wiederherstellung der Formel des EOK abgelehnt worden waren, stellte von Berg (Positive Union) mit 13 Genossen einen Vermittlungsantrag: »Getreu dem Erbe der Väter steht sie auf dem in der Heiligen Schrift gegebenen, in den altkirchlichen und reformatorischen Bekenntnissen bezeugten Evangelium von Jesus Christus, dem Sohn des lebendigen Gottes, dem Gekreuzigten und Auferstandenen, dem Herren der Kirche.«[48] Aber die anderen Mitglieder der Vereinigten Rechten folgten ihnen nicht, und der Antrag erhielt keine Mehrheit.[49]

Für die dritte Beratung brachte die Volkskirchliche Evangelische Vereinigung folgenden Antrag ein:

> »Die verfassunggebende Kirchenversammlung der Evangelischen Landeskirche der älteren Provinzen Preußens, einig in dem Bekenntnis:
>> Einen andern Grund kann niemand legen, außer dem, der gelegt ist, welcher ist Jesus Christus,
>
> gibt kraft ihrer gesetzlichen Vollmacht der Kirche für ihre äußere Ordnung nachstehende Verfassung. Bekenntnis, Bekenntnisstand und Union werden dadurch nicht berührt.

---

46 S. oben Anm. 9.
47 VKV, II, S. 153.
48 A.a.O., S. 169 f.
49 Ergebnis der namentlichen Abstimmung VKV, I, S. 1498 f.

Einleitende Bestimmungen.
Artikel 1
Die Kirche führt den Namen: Evangelische Kirche der altpreußischen Union usw.«[50]

Das Besondere an diesem Vorschlag war, dass als Bekenntnis ein biblisches Wort genommen wurde und dass nicht nur Bekenntnisstand und Union, sondern auch das Bekenntnis garantiert wurden.

Gleichzeitig legte die Gruppe der Vereinigten Rechten einen Antrag[51] vor, der dann in die Verfassungsurkunde vom 29. September 1922 unverändert aufgenommen wurde. Gegenüber dem Verfassungsentwurf wurde der Absatz über den Namen der Kirche von der ersten auf die dritte Stelle verlegt. Der nun erste Absatz brachte Änderungen bei den Aussagen über Jesus Christus und vor allem Ergänzungen bei den Bekenntnissen. Aufgeführt wurden jetzt neben dem Apostolischen die anderen altkirchlichen Bekenntnisse und bei den reformatorischen zusätzlich die Apologie, die Schmalkaldischen Artikel, der Große Katechismus Luthers und die »sonstigen Bekenntnisse, wo solche in Kraft stehen«.

Aber nicht alle von der Vereinigten Rechten waren mit diesem Antrag einverstanden. So traten Gerß, Dobat und Reich am 27. September 1922 aus der Gruppe aus und stellten den Antrag: »Wir beantragen zur Bekenntniseinleitung, zweiter Absatz, Wiederherstellung der Vorlage des Verfassungsausschusses.«[52]

Der 1. stellvertretende Vorsitzende der Vereinigten Rechten, Graf von Seidlitz-Sandreczki, begründete den Antrag seiner Gruppe:

»1. Der Vorspruch stellt durch die Aufzählung aller in Geltung stehenden Bekenntnisschriften fest, daß durch ihn der Bekenntnisstand der Kirche weder verändert noch erweitert wird, also unverändert bleibt. 2. Mit unserer Erklärung des Evangeliums wollen wir vor den Gemeinden und unsrem Volk unsere unerschütterliche Gewißheit von der erlösenden Heilstat Gottes in der Sendung, Dahingabe und Auferweckung seines Sohnes bezeugen und das Wesen des Glaubens als das persönliche Vertrauen auf den lebendigen Gott und seinen Sohn bekunden. 3. Wir nennen das Evangelium die unantastbare Grundlage. Dieses kann seinem Wesen entsprechend nur mit *evangelischen* Mitteln gesichert werden. Der Vorwurf einer sogenannten lehrgesetzlichen Bindung trifft daher auf unsern Bekenntnisvorspruch nicht zu.«[53]

---

50 VKV, II, S. 248 f.
51 A.a.O., S. 248.
52 VKV, I, S. 1340.
53 A.a.O., S. 1349.

Für die Evangelische Volkskirchliche Vereinigung lehnte Kahl den Bekenntnisvorspruch ab, weil die Kirchenversammlung für eine »maßgebende Erklärung über den Inhalt unseres Bekenntnisses *nicht zuständig*« sei und die vorgeschlagene Fassung »in weiten gut kirchlichen Kreisen« den Eindruck hervorrufen müsse, »daß die hier schlechthin anerkannte *fortdauernde Geltung* der namentlich aufgeführten Bekenntnisschriften als eine *rechtlich* und *lehrgesetzlich* bindende zu verstehen ist«.[54] Als Alternative bot Kahl den Antrag seiner Gruppe an.

Der reformierte Münsteraner Neutestamentler Otto Schmitz begründete den Antrag der Arbeitsgemeinschaft für kirchlichen Aufbau: »Nachdem eine Einigung über den Wortlaut einer Bekenntnisformel am Eingang der V[er]f[assung] ausgeschlossen erscheint, beantragen wir, auf eine solche Formel zu verzichten und statt dessen die V[er]f[assung] durch ein Wort der Heiligen Schrift einzuleiten, das den Glaubenszusammenhang der Kirche mit den Vätern zum Ausdruck bringt.«[55] Mit dem Verzicht auf eine solche Formel werde deutlich, »daß es in diesem Präambel-Streit keine *menschlichen* Sieger und keine *menschlichen* Besiegten gebe«.[56]

Für die Freie Volkskirche lehnte der Berliner Pfarrer Paul Luther die Präambel ab, weil sie das Evangelium einenge. Er müsse »noch einmal um der Wahrheit willen sagen, daß es auf dem Boden der Reformation eine glatte Unmöglichkeit ist, die Tiefe und Schönheit des Glaubens in irgendeiner präzisen Formel auszudrücken«.[57]

In namentlicher Abstimmung wurde der Antrag der Vereinigten Rechten bei vier Stimmenthaltungen mit 127 gegen 81 Stimmen angenommen.[58] Daraufhin kündigte die Freie Volkskirche an, dass sie der Gesamtverfassung nicht zustimmen werde.

Vor der Schlussabstimmung über die gesamte Verfassung am 29. September 1922 erklärten die Vorsitzenden der Volkskirchlichen Evangelischen Vereinigung, der Freien Volkskirche und der Arbeitsgemeinschaft für kirchlichen Aufbau, dass sie wegen des Bekenntnisvorspruches nicht zustimmen könnten. So wurde in namentlicher Abstimmung die Verfassung bei zwei Enthaltungen nur mit 126 gegen 77 Stimmen angenommen.[59]

Wie vor 1918 gab es in der Evangelischen Kirche der altpreußischen Union für die Provinz Westfalen und die Rheinprovinz ein Sonderrecht. Artikel 161 VU legte fest, dass in den Westprovinzen die Rheinisch-Westfälische Kirchenord-

---

54 A.a.O., S. 1342.
55 A.a.O., S. 1340.
56 A.a.O., S. 1347.
57 A.a.O., S. 1351.
58 A.a.O., S. 1509 f.
59 A.a.O., S. 1482–1484, und S. 1511 f.

nung anstatt Artikel 4 bis 94 der Verfassungsurkunde galt, soweit diese Sonderrecht enthielten. Die Artikel 1 bis 3 und 95 bis 165 galten auch für die Westprovinzen. Ein Zweifel ergibt sich für den Vorspruch. Nach Artikel 1 Absatz 1 galt er auch für die westlichen Provinzen, doch deren Kirchenordnung hatte ihre bisherige Bekenntniseinleitung (§§ I–III) beibehalten. Lüttgert urteilte dazu:

>»Da sich diese Einleitung von jenem Vorspruch, soweit das Bekenntnis in Frage kommt, in der Sache nicht unterscheidet und ihm zum Muster gedient hat, so ist die Frage für das Leben ohne irgendwelche Bedeutung. Soweit der Vorspruch einen neuen Namen für die Kirche einführt, gilt er auch in den Westprovinzen.«[60]

Über die kritischen Reaktionen auf die Verfassung, vor allem auf die Präambel berichtete ausführlich das Kirchliche Jahrbuch 1923.[61] Wörtlich wurde der Bescheid zitiert, den der Evangelische Landeskirchenausschuß am 9. Mai 1923 auf eine Reihe von Eingaben gegeben hatte, die sich kritisch vor allem mit dem Bekenntnisvorspruch beschäftigten.[62] Otto Thümmel geht in seinem ausführlichen Kommentar zur Präambel auch auf die Verhandlungen im Preußischen Landtag über das Staatsgesetz betreffend die Kirchenverfassungen der evangelischen Landeskirchen in Preußen vom 8. April 1924 im Dezember 1923 und März 1924 ein.[63] Der Staatsrat gab am 27. November 1923 den Entwurf der Verfassung an das Staatsministerium mit der Erklärung:

>»Gegenüber den Bedenken, die hinsichtlich der Verfassung der altpreußischen Union wegen des sie einleitenden Vorspruchs geäußert worden sind, erklärt der Staatsrat ausdrücklich, daß er diesen Vorspruch nicht als einen Teil der Verfassung betrachtet, insbesondere kommt ihm keine lehrgesetzliche Verbindlichkeit zu.«[64]

Fast wortgleich äußerte sich der Landtag in dem beschlossenen Antrag, der von der Deutschnationalen und Deutschen Volkspartei eingebracht worden war.[65]

---

60 Lüttgert, G[ottlieb]: Verfassungsurkunde für die Evangelische Kirche der altpreußischen Union vom 29. September 1922. Für den Handgebrauch erläutert und mit den zugehörigen Gesetzen hg. Ausgabe für Rheinland und Westfalen, Berlin 1925, S. 296.
61 KJ 1923, S. 443–449.
62 A.a.O., S. 446–448.
63 Thümmel, Otto: Evangelisches Kirchenrecht für Preußen. Verfassungsurkunde für die Evangelische Kirche der altpreußischen Union vom 29. September 1922. Aus der Praxis für die Praxis, Berlin 1930, S. 8 f.
64 A.a.O., S. 8.
65 A.a.O., S. 8 f.

Jürgen Kampmann

Die Entstehung evangelischer Kirche in den Hohenzollerischen Landen und deren besondere kirchenrechtliche Einbindung in die preußische Landeskirche bis zur Überführung in die Evangelische Landeskirche in Württemberg

Die Fürsten Friedrich Wilhelm Konstantin von Hohenzollern-Hechingen und Karl Anton von Hohenzollern-Sigmaringen entsagten am 7. Dezember 1849 der Regierung; durch erbvertragliche Regelung ging die Landesherrschaft in den beiden bis dahin konfessionell dezidiert katholisch geprägten Territorien an die preußische Krone über; durch ein Patent König Friedrich Wilhelms IV. vom 12. März 1850 wurde die Vereinigung mit dem preußischen Staat vollzogen.[1] Die zu diesem Zeitpunkt weniger als 500 in den hohenzollerischen Landen lebenden Evangelischen wurden freiwillig durch einen württembergischen Pfarrer in der in Hohenzollern gelegenen württembergischen Exklave Mägerkingen (in der Nähe Gammertingens) betreut,[2] soweit sie sich nicht ihrem jeweiligen Wohnort näher gelegenen anderen evangelischen Kirchengemeinden im württembergischen oder badischen Ausland zugewandt hatten.[3] Nur am Hof in Sigmaringen war in der Schlosskapelle seit 1840 vierzehntäglich ein evangelischer Gottesdienst einge-

---

1 S. Theobald, J[ulius]: Geschichte der evangelischen Gemeinden in den Hohenzollerischen Landen. Festschrift zur Feier des fünfzigjährigen Bestehens evangelischer Kirchengemeinden in Hohenzollern (1861–1911). Im Auftrage der Kreissynode herausgegeben, Sigmaringen 1911, S. [5].
2 Ebd.
3 A.a.O., S. 6.

richtet, der durch einen am Gymnasium in Sigmaringen tätigen und als Hofprediger wirkenden, zuvor badischen Pfarramtskandidaten geleitet wurde.[4]

Nach preußischer Übernahme der Landesherrschaft in Hohenzollern wurde durch Organisationsverordnung vom 7. Januar 1852 dem Konsistorium der Rheinprovinz in Koblenz die aufsichtliche Zuständigkeit für den Bereich der hohenzollerischen Lande übertragen, das noch im gleichen Jahr einen bis dahin in der Rheinprovinz tätigen Pfarrer zur Seelsorge an den Evangelischen in Hohenzollern mit Amtssitz in Sigmaringen entsandte.[5] Eine Verbindung Hohenzollerns zu den Organen der Rheinischen Provinzialsynode wurde indes nicht hergestellt.

1855 wurde in Sigmaringen ein erster vorläufiger, aus sechs vom Konsistorium ernannten Mitgliedern gebildeter Kirchenvorstand eingesetzt,[6] 1857 in Hechingen ein Pfarrvikariat eingerichtet und im gleichen Jahr mit der in Hechingen als Königsgeschenk errichteten Kirche die erste evangelische Gottesdienststätte in Hohenzollern auf eigenem Grundstück in Dienst genommen.[7] Zur förmlichen Einrichtung von zwei Kirchengemeinden in Hohenzollern (in Hechingen und in Sigmaringen) mit der entsprechenden Verleihung von Parochialrechten an die Pfarrer für »die evangelischen Glaubensgenossen« (und damit zwar nicht dezidiert, aber de facto konfessionell auf unierter Basis) kam es erst am 5. Juni 1861.[8] Für die Kirchengemeinden wurde königliches Patronat mit ausschließlich dem Landesherrn zustehenden Recht der Pfarrstellenbesetzung festgesetzt;[9] Superintendenturgeschäfte wurden bis auf Weiteres dem Sigmaringer Pfarrer übertragen.[10] In Anlehnung an die Rheinisch-Westfälische Kirchenordnung vom 5. März 1835 wurden nun Kirchenvorstände gebildet.[11]

---

4 A.a.O., S. 7. Vgl. auch Trugenberger, Volker: Erste Evangelische, in: Trugenberger, Volker/Widmann, Beatus (Hgg.): Evangelisch in Hohenzollern. Katalog zur Ausstellung des Evangelischen Dekanats Balingen und des Staatsarchivs Sigmaringen, Stuttgart 2016, S. 12.
5 Theobald, Geschichte (wie Anm. 1), S. 7. Vgl. auch Trugenberger, Volker: Ein Seelsorger für Hohenzollern, in: Trugenberger, Volker/Widmann, Beatus (Hgg.): Evangelisch in Hohenzollern. Katalog zur Ausstellung des Evangelischen Dekanats Balingen und des Staatsarchivs Sigmaringen, Stuttgart 2016, S. 18.
6 Theobald, Geschichte (wie Anm. 1), S. 9.
7 A.a.O., S. 9–11.
8 A.a.O., S. 22. Die Genehmigung dazu war am 8. August 1860 durch Prinzregent Wilhelm erteilt worden; s. a.a.O., S. 21. Vgl. auch Trugenberger, Volker: Evangelische Pfarrsprengel und Kirchengemeinden, in: Trugenberger, Volker/Widmann, Beatus (Hgg.): Evangelisch in Hohenzollern. Katalog zur Ausstellung des Evangelischen Dekanats Balingen und des Staatsarchivs Sigmaringen, Stuttgart 2016, S. 20.
9 Theobald, Geschichte (wie Anm. 1), S. 22.
10 A.a.O., S. 23.
11 A.a.O., S. 23 f.

Eine weitere kirchliche Strukturentwicklung erfolgte dann erst 1874, als nach der Errichtung einer Parochie in Haigerloch ein »Ephoralsprengel« gebildet wurde und der Sigmaringer Pfarrer für diesen zum Superintendenten ernannt wurde;[12] dieser wurde dann auch »durch besonderes königliches Vertrauen« zum Mitglied der außerordentlichen preußischen Generalsynode 1875 berufen.[13] In Personalunion war der Superintendent auch Rat der für Hohenzollern eingerichteten Bezirksregierung.[14]

Die förmliche Einrichtung einer Kreissynode ließ (trotz intensiver Bemühungen der Kirchengemeinden darum[15]) indes auf sich warten; erst am 31. Dezember 1892 wurde in einem Erlass des Evangelischen Oberkirchenrats anerkannt, dass dies ein »unabweisbares Bedürfnis« sei.[16] Für die weitere Ausformung des rechtlichen Aufbaus wurde nun die für die östlichen Provinzen Preußens 1873 erlassene Ordnung zugrundegelegt, ergänzt um einige Formulierungen aus der Rheinisch-Westfälischen Kirchenordnung über die Rechte und Pflichten der Gemeindeglieder sowie die Pflichten der Mitglieder des Gemeindekirchenrats; ganz verzichtet wurde auf das Pfarrwahlrecht der Kirchengemeinden.[17] Die Kirchengemeindeordnung wurde dann aber auch erst am 1. März 1897 vom König genehmigt.[18] Eine besondere, nach Vorbild der Kirchengemeinde- und Synodalordnung vom 10. Dezember 1873[19] konzipierte Kreissynodalordnung für Hohenzollern erlangte am 2. Juli 1898 Rechtskraft.[20] Durch ein besonderes Gesetz vom 19. September 1898 wurde ermöglicht, dass die Kreissynode unter Überspringen der Provinzialsynode fortan direkt einen Vertreter und einen Stellvertreter in die preußische Generalsynode entsenden konnte, was eine Abänderung von § 2 Absatz 1 der Generalsynodalordnung erforderte und deren Mitgliederbestand von 150 auf 151 gewählte Mitglieder erhöhte.[21] Erst durch Allerhöchsten Erlass vom

---

12 A.a.O., S. 33.
13 A.a.O., S. 34.
14 Ebd.
15 A.a.O., S. [78]–80.
16 A.a.O., S. 80.
17 Ebd.
18 A.a.O., S. 81.
19 S. Uckeley, Alfred (Hg.): Die Kirchengemeinde- und Synodalordnung für die Provinzen Preussen, Brandenburg, Pommern, Posen, Schlesien und Sachsen (Kleine Texte für Vorlesungen und Übungen 103), Bonn 1912.
20 Theobald, Geschichte (wie Anm. 1), S. 81. Vgl. zu der Entwicklung auch Trugenberger, Volker: Selbständiger Kirchenkreis, in: Trugenberger, Volker/Widmann, Beatus (Hgg.): Evangelisch in Hohenzollern. Katalog zur Ausstellung des Evangelischen Dekanats Balingen und des Staatsarchivs Sigmaringen, Stuttgart 2016, S. 24.
21 Theobald, Geschichte (wie Anm. 1), S. 81. S. Kirchliches Gesetz- und Verordnungsblatt 1898, S. 147.

22. März 1899 wurden die in der preußischen Landeskirche geltenden Kirchengesetze vollumfänglich auch in Hohenzollern eingeführt.[22] Eine erste hohenzollerische Kreissynode versammelte sich dort am 7./8. Dezember 1898, ein erster Abgeordneter zur preußischen Generalsynode wurde im Jahr 1900 entsandt.[23]

Zeitgenössisch wurde die besondere kirchenverfassungsrechtliche Stellung Hohenzollerns innerhalb der preußischen Landeskirche damit begründet, dass es sich um einen Bezirk »mit eigenen Lebensbedingungen und Lebensäußerungen« handele; »Hohenzollern ist ein *vorgeschobener Posten* […] und eine *reine Diasporasynode*«:

> »Angehörige der verschiedensten Landeskirchen mit verschiedenem Bekenntnisstand, verschiedenen kirchlichen Sitten und gottesdienstlichen Ordnungen sind hier vertreten. Der Gedanke der Union, ›daß die Unterscheidungslehren des lutherischen und reformierten Bekenntnisses kein Hindernis bilden für die vollständige Gemeinschaft am Gottesdienst, an den Sakramenten und an der Ausübung der Gemeinderechte‹, hatte hier eine Probe zu bestehen und hat sie bestanden. Bekenntnisstreitigkeiten irgend welcher Art hat es in Hohenzollern nie gegeben. In der Zerstreuung liegt sammelnde Kraft, man lernt hier das Trennende zurückstellen, das große Gemeinsame betonen.«[24]

Da die für den Bereich der östlichen Provinzialkirchen Preußens geltenden Ordnungen wesentlich den für Hohenzollern im Einzelnen getroffenen Bestimmungen zugrundegelegt wurden, ist mit Blick auf die dortigen Kirchengemeinden trotz der aufsichtlichen Zuständigkeit des rheinischen Konsistoriums aus kirchenrechtlicher Perspektive mit Recht formuliert worden:

> »Zur rheinisch-westfälischen Kirche gehören daher jene Gemeinden nicht«.[25]

An der besonderen Rechtsstellung Hohenzollerns innerhalb der (alt)preußischen Landeskirche veränderten auch die verfassungsrechtlichen Umgestaltungen nach dem Ende des Summepiskopats nichts grundlegend. In der Verfassungsurkunde

---

22 Theobald, Geschichte (wie Anm. 1), S. 81. – Die besonders für Hohenzollern geltenden rechtlichen Regelungen wurden in einem »Merkbüchlein« veröffentlicht: Die evangelischen Gemeinden in Hohenzollern und die in ihnen geltenden kirchlichen Gesetze, Ordnungen und Grundsätze. Hg. von den Gemeinderäthen, Hechingen 1900.
23 Theobald, Geschichte (wie Anm. 1), S. 82.
24 A.a.O., S. 83.
25 Lüttgert, G[ottlieb]: Evangelisches Kirchenrecht in Rheinland und Westfalen, Gütersloh 1905, S. 10 f. Vgl. auch (nach dem Ende des Summepiskopats): Lüttgert, G[ottlieb]: Verfassungsurkunde für die Evangelische Kirche der altpreußischen Union. Vom 29. September 1922. Für den Handgebrauch erläutert und mit den zugehörigen Gesetzen hg. Ausgabe für Rheinland und Westfalen, Berlin 1925, S. 252.

für die Evangelische Kirche der Altpreußischen Union wurde in Artikel 164 festgehalten: »Die Hohenzollerischen Lande bleiben der Kirche als selbständiger Kirchenkreis eingegliedert.«[26] Die Obliegenheiten des Generalsuperintendenten, des Konsistoriums und Rechtsausschusses blieben den in der Rheinprovinz eingerichteten entsprechenden Institutionen übertragen, für den Erlass der Ordnung für die Wahl zur Kreissynode und für die Bestätigung des Superintendenten war dem Kirchensenat die Zuständigkeit übertragen.[27] Auch die Vertretung Hohenzollerns in der Generalsynode durch einen unmittelbar von der dortigen Kreissynode entsandten Abgeordneten blieb erhalten.[28]

Mit Inkrafttreten der Verfassungsurkunde der Evangelischen Kirche der altpreußischen Union erhielt auch deren Vorspruch mit dessen Aussage über die Anerkennung der »fortdauernde[n] Geltung der Bekenntnisse« für den Kirchenkreis Hohenzollern Rechtskraft.[29] Der grundlegend bestimmten direkten Anbindung des Kirchenkreises Hohenzollern an die Berliner Leitungsebene der APU entspricht, dass auch bei der 1923 erfolgten Überarbeitung der Rheinisch-Westfälischen Kirchenordnung trotz der partiellen aufsichtlichen Zuständigkeit von Institutionen der Rheinprovinz die besonderen Regelungen für Hohenzollern nicht berücksichtigt wurden; insbesondere gewannen so auch die der Rheinisch-Westfälischen Kirchenordnung vorangestellten Bekenntnisparagraphen in Hohenzollern keine Rechtskraft.[30]

Die letztlich nur beschränkt gegebene Zuständigkeit der Rheinprovinz für den Kirchenkreis Hohenzollern gewann ungeahnt eine erhebliche Bedeutung nach dem Ende des Zweiten Weltkrieges. Sowohl die Zuordnung zu verschiedenen alliierten Besatzungszonen – Hohenzollern in der Französischen, Düsseldorf (als Sitz des rheinischen Konsistoriums) in der Britischen, Berlin (als Sitz des preußi-

---

26 S. a.a.O., S. 251.
27 Ebd., s. VU Art. 164 Abs. 2. Zu den getroffenen Sonderregelungen s. Lüttgert, G[ottlieb]: Verfassungsurkunde für die Evangelische Kirche der altpreußischen Union vom 29. September 1922. Für den Handgebrauch erläutert und mit den zugehörigen Gesetzen hg. 2. Aufl., neu bearb. und ergänzt von Friedrich Koch (Handbuch des evangelischen Kirchenrechts 2), Berlin 1932, S. 153.
28 S. VU Art. 117 Abs. 2 Nr. 1; s. Lüttgert, Verfassungsurkunde 1925 (wie Anm. 25), S. 197 f.
29 S. a.a.O., S. [19 f.].
30 S. Noetel, H[...]: Die Kirchenordnung für die evangelischen Gemeinden der Provinz Westfalen und der Rheinprovinz vom 6. November 1923 mit Erläuterungen nebst Ergänzungsbestimmungen im Anhang, Dortmund 1928. S. entsprechend auch die völlige Nichtberücksichtigung Hohenzollerns bei Sellmann, Martin: Die Rheinisch-Westfälische Kirchenordnung in der Fassung vom 6. November 1923 in ihrem Verhältnis zur Verfassungsurkunde für die Evangelische Kirche der altpreußischen Union. Witten (Ruhr) 1928.

schen Evangelischen Oberkirchenrats) aufgeteilt unter den vier Siegermächten, umgeben von der Sowjetischen – als auch die im August 1945 in Treysa vereinbarte, aber bis 1951 nicht endgültige Gestalt gewonnen habende grundlegende Umstrukturierung der APU erschwerten die landeskirchliche Fürsorge für das so weit entfernt gelegene Hohenzollern.

Die neue Rheinische Kirchenleitung wandte sich schon am 20. Juli 1945 an die Württembergische Landeskirche mit der Bitte, die laufende Verwaltung für den Kirchenkreis Hohenzollern treuhänderisch zu übernehmen;[31] das geschah bereits zum 1. September 1945.[32] Ein Vertragsentwurf über die »Eingliederung der evangelischen Kirchengemeinden des selbständigen Kirchenkreises Hohenzollern in die Evangelische Landeskirche in Württemberg« wurde dann 1949 von allen Gemeindekirchenräten der in Hohenzollern gelegenen Kirchengemeinden befürwortet.[33] Erst kurz vor Unterzeichnung des Vertrages wurde dann in Düsseldorf erkannt, dass man aufgrund der besonderen Rechtsstellung Hohenzollerns in der Verfassung der APU gar nicht zuständig war, sondern die in Berlin wirkende altpreußische Kirchenleitung. Diese führte nun die Verhandlungen, und nach Zustimmung der hohenzollerischen Kreissynode am 27. Januar 1950 wurde das Ausscheiden des Kirchenkreises und der ihm zugehörigen Kirchengemeinden sowie deren Eingliederung in die Evangelische Landeskirche in Württemberg zum 1. April 1950 rechtswirksam.[34]

Auch in dieser wurde den hohenzollerischen evangelischen Kirchengemeinden dauerhaft ein besonderer rechtlicher Status zuerkannt, indem im Vertrag ausdrücklich zugesichert wurde, dass die »Besonderheiten der bestehenden Gottesdienstordnung [also die liturgische Gestaltung der Sonn- und Festtagsgottesdienstes nach der Ersten Form A der preußischen Agende von 1895[35]] und der

---

31 Kirchenleitung Rheinprovinz an Evangelischen Oberkirchenrat in Württemberg. Düsseldorf, 20. Juli 1945. Landeskirchliches Archiv Stuttgart, Altregistratur OKR, Gen. 528 I Qu. 72/13.
32 S. Tätigkeitsbericht des Evangelischen Oberkirchenrats. Berlin-Charlottenburg 1950, S. 20.
33 So Trugenberger, Volker: Eingliederung in die Evangelische Landeskirche in Württemberg, in: Trugenberger, Volker/Widmann, Beatus (Hgg.): Evangelisch in Hohenzollern. Katalog zur Ausstellung des Evangelischen Dekanats Balingen und des Staatsarchivs Sigmaringen, Stuttgart 2016, S. 70.
34 S. Amtsblatt der evangelischen Landeskirche in Württemberg 34 (1950), Nr. 5, 21. März 1950.
35 S. Agende für die Evangelische Landeskirche. 1. Teil. Die Gemeindegottesdienste. Berlin 1895, S. [3]–21.

Ordnung des kirchlichen Lebens« den Kirchengemeinden »erhalten« blieben, »solange sie es wünschen«.[36] Ersteres ist bis zur Gegenwart der Fall.[37]

Die Frage des Bekenntnisstandes der hohenzollerischen Gemeinden wurde in dem Vertrag indes in gar keiner Weise thematisiert –[38] was umso erstaunlicher ist, als doch die Frage der Überführung von Kirchengemeinden, die sich einst dezidiert als uniert verstanden haben, in eine Landeskirche lutherischen konfessionellen Bekenntnisses anstand. Allerdings hatte die Evangelische Landeskirche in Württemberg in ihrer Kirchenverfassung auf die namentliche Benennung lutherischer Bekenntnisschriften verzichtet.[39] Dass man den Vertrag auf rein pragmatische Gesichtspunkte des Transfers beschränkte, dürfte auch vor dem kirchenpolitischen Hintergrund zu sehen sein, dass sich die württembergische Landeskirche nicht der VELKD angeschlossen hatte und dass man in Württemberg hinsichtlich des konfessionellen Selbstverständnisses auch nicht von einem »lutherischen Charakter«, sondern lediglich von einem »lutherischen Grundcharakter« der Landeskirche sprach;[40] außerdem war in Vorverhandlungen zwischen Vertretern des

---

36 Trugenberger, Eingliederung (wie Anm. 33), S. 70.

37 S. Kampmann, Jürgen: Die Zukunft des württembergischen Predigtgottesdienstes, in: Eckstein, Hans-Joachim/Heckel, Ulrich/Weyel, Birgit (Hgg.): Kompendium Gottesdienst. Der evangelische Gottesdienst in Geschichte und Gegenwart (UTB 3630), Tübingen 2011, S. 124–144, dort S. 132f. Vgl. Schöberl, Martin: Preußische Liturgie – in Hohenzollern bis heute, in: Trugenberger, Volker/Widmann, Beatus (Hgg.): Evangelisch in Hohenzollern. Katalog zur Ausstellung des Evangelischen Dekanats Balingen und des Staatsarchivs Sigmaringen, Stuttgart 2016, S. 34.

38 Amtsblatt der evangelischen Landeskirche in Württemberg 34 (1950), Nr. 5, 21. März 1950.

39 S. Kirchliches Gesetz, betreffend die Verfassung der evangelischen Landeskirche in Württemberg (Kirchenverfassungsgesetz). Vom 24. Juni 1920, in: Giese, Friedrich/Hosemann, Johannes (Hgg.): Die Verfassungen der Deutschen Evangelischen Landeskirchen. Unter Berücksichtigung der kirchlichen und staatlichen Ein- und Ausführungsgesetze hg. Bd. 1 (Quellen des Deutschen Evangelischen Kirchenrechts 1), Berlin 1927, S. [447]–456, dort S. [447]: »§ 1 | Die evangelisch-lutherische Kirche in Württemberg, getreu dem Erbe der Väter, steht auf dem in der Heiligen Schrift gegebenen, in den Bekenntnissen der Reformation bezeugten Evangelium von Jesus Christus, unserem Herrn. Dieses Evangelium ist für die Arbeit und Gemeinschaft der Kirche unantastbare Grundlage.«

40 S. Wurm, Theophil: Der lutherische Grundcharakter der württembergischen Landeskirche. Zum 70. Geburtstag, 7. Dezember 1938, vom Verein für württembergische Kirchengeschichte dargeboten, Stuttgart 1938, S. 5 f. – Vgl. auch Bossert, Gustav: Die Eigenart der evangelischen Landeskirche Württembergs im Wandel der Zeit, in: Für Volk und Kirche. Zum 70. Geburtstag von Landesbischof Th. Wurm dargeboten vom Evang. Pfarrverein in Württemberg, Stuttgart 1938, S. 33–51, dort S. 39: In der Geschichte der württembergischen Kirche habe man stets »Weitherzigkeit« gekannt: »Um des Evangeliums willen wurden Waldenser und Hugenotten trotz ihres Calvinismus bei

württembergischen Evangelischen Oberkirchenrats und der rheinischen Kirchenleitung seitens der letzteren die Auskunft erteilt worden, es handele sich in Hohenzollern um unierte Gemeinden lutherischer Prägung, so dass deren Eingliederung in die württembergische Landeskirche »ohne Schwierigkeiten möglich« sei.[41]

uns aufgenommen; die Waldensergemeinden feiern heute noch das heilige Abendmahl nach reformiertem Ritus, unter der Leitung eines lutherischen Pfarrers […]. Unsägliche Geduld hatte die württembergische Kirchenleitung mit irrenden und zur Sekte neigenden Einspännern. Wie manchmal steht in den Protokollen über die Wiedertäufer nach vergeblichem Bekehrungsversuch der starrköpfigen Verwerfer der Kindertaufe: ‚Man muß es Gott befehlen.' Der schneidige Norddeutsche wäre hier gleich fertig mit einem strammen Entweder-Oder. Der Schwabe hört und würdigt den Gegner.«

[41] S. den einschlägigen Vermerk über die im Mai 1946 geführten Verhandlungen, in: Landeskirchliches Archiv Stuttgart, Altregistratur OKR, Gen. 528 I Qu. 151/1.

Hartmut Sander

Die Übernahme der Verfassungsurkunde der Evangelischen Kirche der altpreußischen Union in der deutschen evangelischen Kirche in der Freien Stadt Danzig (1919–1924)

Als auf der Pariser Friedenskonferenz im Frühjahr 1919 deutlich wurde, dass die Stadt Danzig und das sie umgebende Gebiet von Deutschland abgetrennt werden sollten, protestierten in Danzig alle Parteien und die Gewerkschaften dagegen und forderten die Anwendung des Selbstbestimmungsrechtes und das Verbleiben bei Deutschland. Doch der Versailler Friedensvertrag, der am 28. Juni 1919 unterzeichnet wurde, bestimmte in Artikel 100, dass Deutschland auf alle Rechte und Ansprüche auf dieses Gebiet verzichtete – und zwar ohne Volksabstimmung, wie sie der Vertrag für Oberschlesien und Teile Ostpreußens vorsah; in Artikel 103 verpflichteten sich die alliierten und assoziierten Hauptmächte[1], die Stadt Danzig nebst dem im Artikel 100 bezeichneten Gebiet als Freie Stadt zu begründen, die unter den Schutz des Völkerbunds gestellt wurde. Der Vertrag trat am 10. Januar 1920 in Kraft, und nach einem Interregnum der alliierten und assoziierten Hauptmächte wurde die Freie Stadt Danzig am 15. November 1920 in Danzig und vor dem Völkerbund in Genf proklamiert. Sie zählte 65 evangelische Kirchengemeinden mit etwa 221.000 Gemeindegliedern und 74 Pfarrstellen.[2]

Die verfassungsmäßigen Organe aller 65 Kirchengemeinden hatten bereits im Sommer 1919 erklärt, dass sie »die uneingeschränkte Zugehörigkeit zur Landeskirche der älteren Provinzen des preußischen Staates forderten, da sie auf der Union und dem Bekenntnisstand der Landeskirche ständen und nur in dauerndem

---

1 Die Vereinigten Staaten von Amerika, das Britische Reich, Frankreich, Italien und Japan.
2 Fretzdorff, Otto: Die Verfassungsurkunde für die evangelische Kirche der altpreußischen Union in der Freien Stadt Danzig, in: Preußisches Pfarrarchiv 15 (1927), S. 1.

Zusammenhang mit ihr ihren Bekenntnisstand gewahrt sähen«[3]. Sie beriefen sich dabei auf das Selbstbestimmungsrecht der Völker und den Artikel 93 des Versailler Vertrages, der bestimmte: »Polen ist damit einverstanden, dass die alliierten und assoziierten Hauptmächte in einem mit ihm zu schließenden Vertrag die Bestimmungen aufnehmen, die sie zum Schutz der Interessen der nationalen, sprachlichen und religiösen Minderheiten in Polen für notwendig erachten, und genehmigt damit diese Bestimmungen.« Adalbert Erler weist zu Recht darauf hin, dass der Vergleich von Danzig und Polen juristisch ungenau war, da es in Danzig nicht um den Schutz einer religiösen Minderheit, sondern um die Anerkennung der Rechte einer religiösen Mehrheit ging.[4]

Im Sommer 1919 wurde beim Magistrat der Stadt Danzig aus Mitgliedern des Magistrats, Vertretern der politischen Parteien, des Danziger Konsistorium, dem Stadtsuperintendenten, Vertretern der katholischen Geistlichkeit und der zahlreichen Mennoniten ein Überleitungsausschuss für Kirchenangelegenheiten gebildet. Die Mehrheit befürwortete den Verbleib der Danziger evangelischen Kirche bei der Landeskirche und erkannte die Freiheit der Kirche bezüglich ihrer Verfassung gegenüber dem Staat an.[5]

Der Evangelische Oberkirchenrat in Berlin ging in seiner »Mitteilung des Evangelischen Oberkirchenrats an die Generalsynode über die Regelung der kirchlichen Verhältnisse in den zur Landeskirche gehörigen, nach dem Friedensvertrag von einer Abtretung betroffenen preußischen Gebietsteilen« vom 31. März 1920 auf die Danziger Verhältnisse ein:

> »Auch für das Freistaatgebiet Danzig wird die Schaffung einer lediglich auf dieses Staatsgebiet beschränkten Kirchenbehörde in Frage kommen. Im Übrigen wird die Bildung der Freistadt und das Vorliegen einer staatlichen Verfassung abgewartet werden müssen, um die kirchlichen Forderungen an maßgebender Stelle erheben zu können. Das Evangelische Konsistorium in Danzig, dessen Tätigkeit bisher nicht gehindert worden ist, wird die entsprechenden Verhandlungen zu führen haben und ist von uns nach eingehender, auch mündlicher Beratung mit der erforderlichen Weisung versehen worden.«[6]

Am 11. August 1920 verabschiedete die Danziger Verfassunggebende Versammlung unter ihrem Präsidenten, dem Danziger Generalsuperintendenten D. Wil-

---

3   A.a.O., S. 2.
4   Erler, Adalbert: Die rechtliche Stellung der evangelischen Kirche in Danzig, Rechts- und staatswissenschaftliche Dissertation Greifswald 1929, Berlin 1929, S. 7. – 1920 zählte die Freie Stadt Danzig 350.636 Einwohner.
5   Fretzdorff, Verfassungsurkunde (wie Anm. 2), S. 3 f.
6   KGVBl. 1920, S. 51.

helm Reinhard, die Verfassung. Reinhard gehörte der DNVP an und war auch Mitglied der Verfassunggebenden preußischen Landesversammlung (1919–1921). Er war auch der erste Präsident des Volkstages, des Parlaments der Freien Stadt Danzig, bis zu seinem Wechsel als Generalsuperintendent nach Stettin am 1. April 1921. In der verfassunggebenden Kirchenversammlung der Landeskirche der älteren Provinzen des preußischen Staates (1921–1922) gehörte er zur Gruppe »Bekenntnistreue Vereinigung (Vereinigte Rechte)« und wurde zum Präsidenten gewählt.

Am 7. Juni 1921 verabschiedete der Volkstag das »Danziger Staatsgesetz betreffend eine außerordentliche Kirchenversammlung zur Feststellung der künftigen Verfassung der evangelischen Landeskirche«.[7] In Artikel I wurde das von der Generalsynode der preußischen Landeskirche beschlossene gleichnamige Kirchengesetz vom 19. Juni 1920 für das Gebiet der Freien Stadt Danzig bestätigt. Bedingung dafür war, dass die evangelischen Kirchengemeinden zu einer besonderen Kirchenprovinz, die einen eigenen Wahlkreis bildet, zusammengefasst würden. Das hatte der Evangelische Oberkirchenrat schon in einer Ausführungsbestimmung vom 2. Mai 1921 zum Kirchengesetz vom 19. Juni 1920 getan.[8] Danach bildeten die Kirchengemeinden einen eigenen Wahlkreis und sollten sechs Mitglieder der außerordentlichen Kirchenversammlung wählen.

Artikel II des Danziger Staatsgesetzes bestimmte:

> »Die von der außerordentlichen Kirchenversammlung [gemeint ist die verfassunggebende Kirchenversammlung der preußischen Landeskirche] festgestellte künftige Verfassung für die evangelische Landeskirche der älteren Provinzen Preußens gelangt im Gebiet der Freien Stadt Danzig zu dem gleichen Zeitpunkt zur Einführung, in dem die Mitglieder der Vorstände der Kreissynoden des Gebiets der Freien Stadt Danzig in gemeinsamer Tagung sich mit der Verfassung durch Mehrheitsbeschluß einverstanden erklärt haben. Die Vorstände der Kreissynoden werden erweitert durch die ordnungsmäßig gewählten Vertreter des Freistaates Danzig zur Kirchenversammlung und je einen Vertreter der Kirchengemeinden des Freistaates, die von den Gemeindeorganen zu ernennen sind.«[9]

Damit sollte, wie es in der Begründung zu dem Staatsgesetzentwurf hieß, verhindert werden, dass durch die verfassunggebende Kirchenversammlung ein Gesetz beschlossen würde, das den Wünschen der Danziger Evangelischen nicht ent-

---

7 Abgedruckt in: Schubert, Ernst: Die deutsche evangelische Kirche im Freistaat Danzig, in: KJ 50 (1923), S. 255 f.
8 KGVBl. 1921, S. 124.
9 Schubert, Kirche (wie Anm. 7), S. 256.

spräche.[10] Damit gab der Staat der Danziger Kirchenversammlung »Blankovollmacht« und bezeugte sein großes Vertrauen zur Evangelischen Kirche.[11]

Von den sechs Danziger Abgeordneten in der verfassunggebenden Kirchenversammlung gehörten vier zur Gruppe »Bekenntnistreue Vereinigung (Vereinigte Rechte)« und zwei und der neue Generalsuperintendent D. Dr. Paul Kalweit zur Gruppe »Volkskirchliche Evangelische Vereinigung«, auch Mittelpartei genannt. Die Bekenntnistreue Vereinigung hatte ihre Fassung des Bekenntnisvorspruches durchgesetzt und stimmte deshalb am 29. September 1922 für die Verfassungsurkunde, während die Volkskirchliche Evangelische Vereinigung diesen Bekenntnisvorspruch ablehnte und gegen die Verfassungsurkunde stimmte.

Nachdem Preußen in dem Staatsgesetz betreffend die Kirchenverfassungen der evangelischen Landeskirchen vom 8. April 1924 die Rechtsgültigkeit der Verfassungen, soweit sie die Vertretung und die Verwaltung des Vermögens und das Steuer- und Umlagerecht regeln, anerkannt hatte, wurde die Danziger Kirchenversammlung entsprechend dem Artikel II des Danziger Staatsgesetz vom 7. Juni 1921 auf den 16. Juli 1924 einberufen.[12] Sie tagte im Altarraum der Marienkirche unter dem Vorsitz des dienstältesten Superintendenten. Nach zwei Berichten über die Verfassungsurkunde und die zugehörigen Gesetze und die Verordnungen des Evangelischen Landesausschusses zur Einführung der Verfassung in der Freien Stadt Danzig wurde der Antrag gestellt:

> »Die Versammlung erklärt sich mit der Verfassungsurkunde der altpreußischen Union, dem kirchlichen Gemeindewahlgesetz, dem Kirchengesetz betr. die Wahl zur Provinzialsynode sowie dem Einführungsgesetz zur Verfassung der evangelischen Kirche der altpreußischen Union, sämtlich vom 29. September 1922, einverstanden und bittet den Evangelischen Landeskirchenausschuß, den Zeitpunkt des Inkrafttretens der Verfassung für das Gebiet der Freien Stadt Danzig auf den gleichen Termin wie für das preußische Gebiet der Kirche festzusetzen.«

Ohne weitere Aussprache wurden die Vorlagen einstimmig angenommen, also auch von den Abgeordneten, die in Berlin gegen die Verfassung gestimmt hatten. Im Danziger Gesetzblatt wurde mit Bezug auf den Beschluss der Danziger Kirchenversammlung die Verfassungsurkunde mit den dazu gehörenden Gesetzen am 1. August 1924 verkündet.[13]

---

10 Fretzdorff, Verfassungsurkunde (wie Anm. 2), S. 7.
11 So a.a.O., S. 8.
12 Ausführlicher Bericht bei Schubert, Ernst: Die deutsche evangelische Kirche im Freistaat Danzig, in: KJ 52 (1925), S. 327 f.
13 Fretzdorff, Verfassungsurkunde (wie Anm. 2), S. 8 f.

Die Übernahme der Verfassungsurkunde der EKapU in der Freien Stadt Danzig

Am 16. September 1924 erließ der Evangelische Kirchenausschuss eine Verordnung zur Einführung der Verfassung der Evangelischen Kirche der altpreußischen Union in der Freien Stadt Danzig.[14] Artikel I bestimmte, dass die Verfassungsurkunde und die drei dazu gehörenden Gesetze im Gebiete der Freien Stadt Danzig am 1. Oktober 1924 in Kraft traten. In Artikel II wurden in 10 Paragraphen die von der Verfassungsurkunde abweichenden Sonderregelungen festgelegt. Der Provinzialsynodalverband hieß Landessynodalverband Danzig und seine Organe Danziger Landessynode und Danziger Landeskirchenrat. Ein Rechtsausschuss wurde nicht gebildet, seine Obliegenheiten wurden bei Ältesten und Gemeindeverordneten vom Landeskirchenrat, im Übrigen vom Konsistorium wahrgenommen.

---

14 KGVBl. 1924, S. 248–251.

Hartmut Sander

Die Übernahme der Verfassungsurkunde der Evangelischen Kirche der altpreußischen Union in der Evangelischen Kirche des Memelgebiets (1919–1925)

1. Die politische Entwicklung

Auf der Pariser Friedenskonferenz legten die alliierten und assoziierten Hauptmächte, die Vereinigten Staaten von Amerika, das Britische Reich, Frankreich, Italien und Japan, am 7. Mai 1919 der deutschen Delegation die Friedensbedingungen vor. Art. 99 verlangte, dass Deutschland zugunsten der alliierten und assoziierten Hauptmächte auf alle Rechte und Ansprüche auf das Memelgebiet[1] verzichtete und sich verpflichtete, die von den alliierten und assoziierten Hauptmächten über dieses Gebiet getroffenen Bestimmungen, insbesondere über die Staatsangehörigkeit der Bewohner anzuerkennen. Weder sollte die Bevölkerung befragt werden noch wurde festgelegt, wer das Gebiet übernehmen sollte. Trotz der Proteste der deutschen Delegation und der Memelländer (einschließlich derer, die Litauisch als Muttersprache sprachen, die sogenannten Kleinlitauer) gegen die Loslösung von Deutschland beharrten die alliierten Hauptmächte auf ihren Bedingungen mit der Begründung, dass dieses Gebiet immer litauisch gewe-

---

1 Das Memelgebiet umfasste nach Art. 28 des Versailler Vertrags das Gebiet zwischen der alten russischen Grenze und der Hauptfahrrinne der Memel (des Njemen) abwärts, dann dem Skirwietharm des Deltas bis zum Kurischen Haff; von dort in einer geraden Linie bis zum Schnittpunkt der Ostküste der Kurischen Nehrung mit der Verwaltungsgrenze etwa 4 km südwestlich von Nidden und entlang dieser Verwaltungsgrenze bis zum Westufer der Kurischen Nehrung. Die Grenze an der Memel entspricht der heutigen Grenze zwischen der Oblast Kaliningrad und Litauen.

sen und die Mehrheit der Bevölkerung nach Ursprung und Sprache litauisch sei,[2] was aber nicht zutraf.[3] Die Verwaltung des Kondominats über das Memelgebiet wurde Frankreich übertragen.

Nach der Unterzeichnung des Versailler Vertrages am 28. Juni 1919 setzte die deutsche Regierung Georg Graf von Lambsdorff zum Reichskommissar für das abzutretende Memelgebiet ein, der es am 15. Februar 1920 dem Befehlshaber der französischen Truppen General Dominique-Joseph Odry übergab. Als Regierung setzte Odry ein Landesdirektorium ein. Die Verwaltung des Gebiets wurde weiterhin durch beurlaubte deutsche Beamte ausgeübt, der Verwaltungsaufbau und der deutsche Rechtszustand blieben erhalten, ebenso die deutsche Währung. Auf General Odry folgte am 1. April 1921 der französische Präfekt Jean Gabriel Petisné als »Oberkommissar«. Die Botschafterkonferenz der alliierten und assoziierten Hauptmächte setzte 1922 eine Kommission ein, die ein Statut für das Memelgebiet ausarbeiten und über dessen Zukunft entscheiden sollte. Sie berief im November 1922 eine litauische, eine polnische und eine memelländische Delegation nach Paris. Die litauische Delegation forderte den Anschluss an Litauen, die polnische die Verlängerung des französischen Mandats um zehn Jahre und die memelländische einen unabhängigen Freistaat.[4]

Seit September 1922 plante die wegen des Grenzstreits mit Polen völkerrechtlich noch nicht anerkannte litauische Regierung das Memelgebiet zu besetzen und übertrug dem Ministerpräsidenten Ernestas Galvanauskas die »Operation Memel« zu organisieren. Dieser beauftragte den Generalstab, einen Plan für einen Aufstand auszuarbeiten und einen militärischen Führer aus dem Memelgebiet zu finden. Als man keinen Kleinlitauer finden konnte, wurde der Chef des Nachrichtendienstes im Verteidigungsministerium Oberst Jonas Polovinskas beauftragt. Zugleich wurde der halbmilitärische litauische Schützenbund einbezogen, um die Aktion zu verdecken.[5] Die alliierten und assoziierten Hauptmächte

---

2 Gornig, Gilbert H[anno]: Das Memelland. Gestern und heute. Eine historische und rechtliche Betrachtung, Bonn 1991, S. 22, und die Tabelle 1 auf S. 264 f.
3 Seit dem Frieden vom Melnosee 1422 gehörte dieses Gebiet dem Deutschen Orden, später zum Herzogtum Preußen, das 1618 mit dem Kurfürstentum Brandenburg dynastisch vereinigt und 1701 zum Königreich erhoben und später Ostpreußen genannt wurde. Nach der Volkszählung von 1910 wohnten im Memelgebiet 140.675 Personen, davon sprachen als Muttersprache 71.114 deutsch, 66.686 litauisch, 69 polnisch, sieben masurisch und 487 eine andere Sprache, die restlichen 2.312 waren deutsch-litauische Muttersprachler; s. Anm. 2. Die litauischen Muttersprachler beherrschten in der Regel die deutsche Sprache, da Deutsch seit 1873 in allen ostpreußischen Elementarschulen alleinige Unterrichtssprache in allen Fächern außer in Religion war.
4 Gornig, Memelland (wie Anm. 2), S. 40 f.
5 Vareikis, Vygantas: Die Rolle des Schützenbundes Litauens bei der Besetzung des Memelgebietes 1923; in: Annaberger Annalen. Jahrbuch über Litauen und deutsch-litaui-

erkannten Litauen de jure am 20. Dezember 1922 an. Zugleich entschied die Botschafterkonferenz vorläufig, das Memelgebiet zu einem Freistaat nach dem Vorbild Danzig zu erklären. Die endgültige Entscheidung sollte die Kommission am 10. Januar 1923 treffen. Jetzt wurden die letzten Vorbereitungen für den Einmarsch getroffen. Es wurde eine Sondereinheit aus 41 Offizieren, 582 Soldaten und 455 Schützen gebildet, eingeteilt in drei Kompanien, die an die Grenze zum Memelgebiet gebracht wurden. In Zivilkleidung mit Armbinde überschritten sie als »kleinlitauische Aufständische« am 10. Januar 1923, als Frankreich und Belgien in das Ruhrgebiet einmarschierten, die Grenze. Polovinskas nahm den memelländischen Namen Jonas Budrys an, das Gleiche taten die Offiziere der litauischen Armee in seinem Stab.[6] Die »Aufständischen« besetzten in zwei Tagen ohne Widerstand das ganze Memelgebiet mit Ausnahme von Memel. Die Stadt, verteidigt von 200 französischen Alpenjägern, 150 Polizisten und 100 Freiwilligen, wurde erst am 15. Januar nach mehreren heftigen Kämpfen erobert. Bei der Besetzung des Memelgebiets fielen zwei litauische Offiziere, sechs Soldaten und vier Schützen sowie zwei Franzosen und ein deutscher Gendarm.[7] Die örtliche Bevölkerung verhielt sich durchweg passiv.

Der »Zentralausschuss zur Verteidigung des Memelgebietes«, der von Memel nach Heydekrug umgezogen war, erklärte am 9. Januar 1923 in einem Manifest, dass er die Macht und die Regierung im Memelgebiet in seine Hände nehme, das bisherige Landesdirektorium abgesetzt sei, und beauftragte Edmonas Simonaitis, ein neues Direktorium zu bilden.[8] Dieses Landesdirektorium ordnete am 16. Januar 1923 die Bildung einer Armee aus den unter den Waffen befindlichen »Freiwilligen« unter der Führung von Jonas Budrys an.[9]

Am 19. Januar 1923 versammelten sich in Heydekrug die Mitglieder der Zweigstellen des Zentralausschusses zur Verteidigung des Memelgebietes und beschlossen einstimmig, sich als autonomer Teil der litauischen Republik anzuschließen, indem sie die Selbstverwaltung für direkte und indirekte Steuern, kulturelle und religiöse Angelegenheiten, Rechtspflege, Land- und Forstwirtschaft, soziale Fürsorge und verschiedene andere innere Angelegenheiten behielten. Sie ermächtigten den Zentralausschuss, auch fernerhin die oberste Vertretung des Memelgebietes zu bleiben.[10]

---

sche Beziehungen 8 (2000), S. 5–29; hier S. 7. Die Untersuchung stützt sich auf Quellen im Litauischen Zentralen Staatsarchiv in Wilna.
6 A.a.O., S. 13 f.
7 A.a.O., S. 15 f.
8 Gornig, Memelland (wie Anm. 2), Text des Manifests a.a.O., S. 163 f.
9 A.a.O., S. 168.
10 A.a.O., S. 168 f.

Die Botschafterkonferenz forderte am 11. Januar 1923 die litauische Regierung auf, alle am Einmarsch beteiligten litauischen Bürger zurückzurufen. Galvanauskas antwortete, seine Regierung könne nicht verantwortlich sein für Personen, die eigenmächtig die lange Grenze zum Memelgebiet überschritten hätten. Die Botschafterkonferenz entsandte eine dreiköpfige Kommission in das Memelgebiet, die eine provisorische Regierung einsetzen, im Einvernehmen mit dem Oberkommissar die Ordnung wiederherstellen und sodann Bericht erstatten sollte. Es gelang der Kommission, am 15. Februar eine neue Regierung unter dem als gemäßigt geltenden Kleinlitauer Viktor Gailius einzusetzen.

Am 16. Februar 1923 beschloss die Botschafterkonferenz, die Souveränität über das Memelgebiet an Litauen zu übertragen. Bedingung dafür seien unter anderem die Schaffung einer Autonomieregierung, die Organisation des freien Durchgangsverkehrs, damit den Interessen der litauischen und polnischen Gebiete Rechnung getragen werde, und die Einrichtung einer Freizone im Hafen von Memel. Auch sollten alsbald in Paris durch die Botschafterkonferenz unter Mitarbeit von Vertretern Litauens und des Memelgebiets ein »Organisches Statut des Memelgebiets« ausgearbeitet und eine Konvention mit Litauen in Übereinstimmung mit den obigen Bedingungen abgeschlossen werden.[11]

Am 19. Februar 1923 verließen die französischen Truppen, die Sonderkommission und der ehemalige Oberkommissar Petisné das Memelgebiet. Am nächsten Tag ernannte die litauische Regierung Antanas Smetona zum Beauftragten für das Memelgebiet, der am 24. Februar die Funktion der Staatsgewalt übernahm. In den folgenden Monaten wurde die litauische Währung, der Litas,[12] eingeführt, die Verwaltung der Post und des Telegrafenamtes und die Eisenbahn von Litauen übernommen und alle amtlichen Vordrucke in litauischer Sprache herausgegeben.[13]

Am 24. März 1923 begannen Verhandlungen in Paris zwischen der Botschafterkonferenz und Litauen über die Memelkonvention, die aber zu keinem Ergebnis führten, weil ein freier Durchgangsverkehr wegen des polnisch-litauischen Konflikts von Litauen nicht akzeptiert wurde. Deswegen wandte sich die Botschafterkonferenz an den Völkerbundsrat, der eine Kommission einsetzte, die am 12. März 1924 den Entwurf einer Memelkonvention vorlegte. Am 8. Mai 1924 wurde in Paris die Konvention über das Memelgebiet einschließlich des Statuts des Memelgebiets zwischen Litauen und den Staaten Großbritannien, Frankreich,

---

11 A.a.O., S. 172–174.
12 Der am 1. Oktober 1922 eingeführte Litas war eine stabile Währung, denn er war zu gut einem Drittel der in Umlauf gebrachten Geldmenge in Gold gedeckt.
13 Gornig, Memelland (wie Anm. 2), S. 47.

Italien und Japan verabschiedet, die den ursprünglich von der Botschafterkonferenz formulierten Bedingungen entsprachen.[14]

2. Die kirchliche Entwicklung bis 1923

1919 gab es im Memelgebiet – die Registratur des Berliner EOK nannte es »Nord-Memelland« – 31 evangelische Kirchengemeinden mit 38 Pfarrstellen in vier Kirchenkreisen mit 127.515 Gemeindegliedern, davon 71.938 deutsche und 55.577 litauische. In 29 der 31 Gemeinden wurden Gottesdienste und andere kirchliche Amtshandlungen sowohl in deutscher als auch in litauischer Sprache vollzogen. In Memel gab es eine reformierte Gemeinde, die übrigen 30 waren lutherisch.[15] 1919 gehörten 88,4 % der Bevölkerung, die damals 144.284 Personen zählte[16], zur Evangelischen Kirche der älteren Provinzen Preußens. Das gemeinsame Bekenntnis verband deutsche und litauische Memelländer und spielte für ihre Identität im Gegenüber zu den katholischen Großlitauern eine entscheidende Rolle.[17]

Am Tag vor der Unterzeichnung des Versailler Vertrages bildete sich am 27. Juni 1919 in Memel der „Vorläufige Evangelische Kirchenausschuss Nordmemelland". Die 13 Mitglieder wählten den Superintendenten des Kirchenkreises Memel Franz Gregor zum Vorsitzenden und beschlossen, dass jede Kirchengemeinde beschließen sollte,

> »dass ihr unter allen Umständen die uneingeschränkte Zugehörigkeit zu der Landeskirche der älteren Provinzen des preußischen Staates dauernd gewährleistet wer-

---

14 A.a.O., S. 48–50 zu den Verhandlungen. Text der Memelkonvention a.a.O., S. 200–205, Text des Statuts des Memelgebietes a.a.O., S. 206–216. Das Statut beginnt mit den Worten: »In Verwirklichung des weisen Entschlusses, dem Memelgebiet Autonomie zu gewähren und die überlieferten Rechte und die Kultur seiner Bewohner zu sichern.«

15 Riechmann, Jens Hinrich: Die Evangelische Kirche Altpreußens in den Abtretungsgebieten des Versailler Vertrags. Eine Untersuchung unter besonderer Berücksichtigung des Memellandes zwischen 1918 und 1939, Nordhausen 2011, S. 252 f. – Riechmann stützt sich für die Darstellung der kirchlichen Entwicklung auf die Akten des Evangelischen Oberkirchenrates (EZA Berlin, Bestand 7). Ich habe zahlreiche zitierte und referierte Dokumente im Original angesehen, die Zitate und Wiedergaben waren immer korrekt. Deshalb halte ich mich an die Darstellung von Riechmann.

16 Gornig, Memelland (wie Anm. 2), Tabelle 2 auf S. 265.

17 Riechmann, Kirche (wie Anm. 15), S. 252.

de. [...] Die Gemeinde steht auf der Union und dem Bekenntnisstande der Landeskirche und kann nur in dem dauernden Zusammenhange mit ihr ihren Bekenntnisstand gewahrt sehen.«[18]

30 Gemeinden fassten den Beschluss ohne Probleme, aber die Kirchengemeinde Deutsch-Crottingen an der Nordspitze des Kreises Memel mit 90 % Litauern weigerte sich beharrlich.

Am 30. Juli 1919 versammelten sich die Kreissynodalen des Memelgebiets unter der Bezeichnung »Synodalvertretung des Nordmemelgebiets« in der reformierten Kirche in Memel. Gregor sprach über die Situation der evangelischen Kirche im Nordmemelgebiet: Die Zukunft sei ungewiss, man habe aber wie die katholische Kirche das Recht, über die neuen politischen Grenzen hinweg die Kirche zu gestalten. Finanziell sei die Kirche allein nicht überlebensfähig, grundsätzlich hoffe man auf eine weitere Verbindung mit der altpreußischen Landeskirche. Er schlug vor, den weiteren Zusammenhang mit der preußischen Landeskirche zu beschließen. In der Diskussion lehnten drei Synodale die weitere Verbindung mit der preußischen Landeskirche ab, da sie bisher nur germanisiert habe. Mit 82 Ja-Stimmen, zwei Gegenstimmen und 13 Enthaltungen beschloss die Synodalvertretung, möglichst bei der Landeskirche der älteren preußischen Provinzen zu verbleiben und einen Ausschuss zu beauftragen, mit der neuen Staatshoheit über die dauerhafte Zugehörigkeit zur altpreußischen Kirche zu verhandeln. Dafür wählte die Synodalvertretung einen Synodalausschuss mit 16 Mitgliedern und Gregor zum Vorsitzenden des Ausschusses und des vierköpfigen geschäftsführenden Synodalvorstandes.[19]

Der Befehlshaber der französischen Truppen Odry empfing den Vorstand des Synodalausschusses am 26. Februar 1920 und gab zu verstehen, dass bis auf Weiteres in kirchlicher Hinsicht alles beim Alten bleiben solle. Am 31. März 1920 bescheinigte Odry den evangelischen Kirchengemeinden des Memelgebiets schriftlich, dass sie die Verbindung zu den Behörden der evangelischen Landeskirche in Königsberg und Berlin weiterhin aufrechterhalten dürften. Odrys Nachfolger Petisné bestätigte diesen Zustand, als er im Mai 1922 erklärte, die endgültige Regelung der kirchlichen Verhältnisse im Memelgebiet erst nach der politischen vorzunehmen.[20]

Nach dem Beginn der litauischen Herrschaft im Januar 1923 und dem Abzug der Franzosen aus Memel am 19. Februar 1923 herrschte Unsicherheit unter den

---

18 A.a.O., S. 254. Der Text stammte offensichtlich vom Evangelischen Oberkirchenrat in Berlin, denn er entspricht wörtlich dem, was die 65 Kirchengemeinden in Danzig im Sommer 1919 beschlossen; siehe oben S. 65 f.
19 A.a.O., S. 258 f.
20 A.a.O., S. 266 f.

Geistlichen, wie es finanziell weitergehen würde. Deshalb baten sie den ostpreußischen Generalsuperintendenten Paul Gennrich, Gregor und Pfarrer Hugo Reydis mit dem neuen Landesdirektorium unter Viktor Gailius über die staatlichen Zuschüsse zu den Pfarrergehältern zu sprechen. Bei der Besprechung am 21. Februar 1923 erklärten die Vertreter des Landesdirektoriums, sie würden die Zuschüsse nur übernehmen, wenn die Kirche des Memelgebiets autonom werde. Das lehnte Gennrich als neues Staatskirchentum, also als Einmischung des Staates in die inneren Angelegenheiten der Kirche ab. Tatsächlich stellte das Landesdirektorium die erforderlichen Mittel bedingungslos ab dem 1. April 1923 zur Verfügung.[21] In den nächsten Monaten verschärfte sich der Ton zwischen dem Landesdirektorium und der evangelischen Kirche. So teilte Viktor Gailius dem EOK am 12. September 1923 mit, dass das Memelgebiet nach der politischen Abtrennung von Preußen nicht in demselben Verhältnis zur preußischen Landeskirche wie zuvor verbleiben könne, und schlug vor, dass man in dieser Angelegenheit umgehend Verhandlungen aufnehmen solle.[22] Am 28. September 1923 trafen sich die beiden Mitglieder des Berliner EOK Bernhard Karnatz und Wilhelm Banke mit dem Landesdirektorium, Mitgliedern des Synodalvorstandes für das Memelgebiet, einigen litauischen Gemeindeältesten und Vertretern der Gemeinschaftsbewegung. Beschlossen wurden Neuwahlen der Gemeindekirchenräte und Gemeindevertretungen sowie der Kreissynoden und Kreissynodalvorstände. Durch den Zusammentritt aller neu gewählten Kreissynoden sollte anschließend eine Landessynode für das Memelgebiet gebildet werden und unter Mitwirkung dieser Landessynode ein unmittelbar dem EOK unterstelltes Verwaltungsorgan für das Memelgebiet, also ein eigenes Konsistorium, geschaffen werden. Alle Neubesetzungen von Pfarrstellen sollten bis zur Neubildung des »memelländischen Konsistoriums« ausgesetzt werden. Der Synodalvorstand sollte um vier litauische Memelländer erweitert und ihm die Zuständigkeit für Kirchenkollekten, Pfarrbesoldung, Kirchensteuer und die Organisation der Wahlen zu den Gemeindeorganen und der Synoden übertragen werden.[23] Bestätigt wurden diese Beschlüsse durch eine Notverordnung des Evangelischen Landeskirchenausschusses in Berlin vom 6. November 1923, die allerdings in § 2 die Einschränkung enthielt »bis zur endgültigen Neuordnung der kirchlichen Verfassung«.[24]

Zusammenfassend kann man sagen, dass die Bildung eines memelländischen Konsistoriums zu einer teilweisen Loslösung von der ostpreußischen Provinzialkirche führte, dass aber gleichzeitig das Landesdirektorium den Fortbestand der

---

21 A.a.O., S. 273 f.
22 A.a.O., S. 283.
23 A.a.O., S. 285 f. und S. 291.
24 KGVBl. 1923, Nr. 7, S. 71–73.

Verbindung der memelländischen Kirchengemeinden mit der Kirchenleitung in Berlin akzeptierte, doch diese Regelungen waren für den EOK vorläufig, da auch die rechtliche Stellung des Memelgebiets noch nicht geklärt war.[25]

3. Der Memelländische Kirchenstreit

Im Amtsblatt des Memelgebiets erschien völlig überraschend am 28. März 1924 eine »Verordnung betreffend den Kirchenkommissar für das Memelgebiet« vom 22. März 1924, unterzeichnet vom Präsidenten des Landesdirektoriums Viktor Gailius und dem Obersten Bevollmächtigten der litauischen Regierung für das Memelgebiet Jonas Budrys. § 1 lautete:

> »Zur Durchführung der Loslösung der evangelischen Kirchengemeinden des Memelgebiets von sämtlichen Verwaltungsorganen der preußischen Landeskirche (Konsistorium zu Königsberg i. Pr., Oberkirchenrat in Berlin sowie den Synoden) wird vom Landesdirektorium ein im Gebiet beamteter Pfarrer als Kirchenkommissar für das Memelgebiet bestellt.«

§ 2 bestimmte:

> »Dieser Kirchenkommissar übernimmt bis zur Bildung der endgültigen kirchlichen Verwaltungsorgane für das Memelgebiet die bisherigen Befugnisse: 1. sämtlicher Superintendenten des Gebiets, 2. des Konsistoriums zu Königsberg, 3. des Evangelischen Oberkirchenrats zu Berlin. Anmerkung I: Die Superintendenten verbleiben als Seelsorger in ihrem bisherigen Pfarramt, hören jedoch auf, Vorgesetzte der Pfarrer ihres bisherigen Kirchenkreises zu sein.«[26]

Zum Kirchenkommissar wurde Valentin Gailius, Pfarrer in Ruß (Kirchenkreis Heydekrug) und Bruder des Präsidenten des Landesdirektoriums Viktor Gailius, ernannt.[27] Als erste Amtshandlung erließ der Kirchenkommissar am 31. März 1924 eine Bekanntmachung an die Kirchengemeinden, veröffentlicht im Amtsblatt am 3. April 1924. Darin hieß es:

---

25 Riechmann, Kirche (wie Anm. 15), S. 286 f.
26 Text der Verordnung im KJ 1924, S. 435.
27 Riechmann, Kirche (wie Anm. 15), S. 310.

»5. Geistliche, die sich in die gegebenen Verhältnisse nicht hinein finden können, mögen die Folgerungen ziehen. Sie werden vor unbesonnenen Schritten gewarnt. Jeder aktive und passive Widerstand wird schwer geahndet werden. [...] 7. Kirchengemeinden, die sich des aktiven und passiven Widerstandes schuldig machen, wird jegliche staatlicher Beihilfe und das Bestehungsrecht, überhaupt jeglicher staatlicher Schutz entzogen. 8. Ebenso wird den Pfarrern, die sich der Widergesetzlichkeit schuldig machen, jede staatliche Beihilfe und jeder Schutz sofort entzogen, ganz abgesehen davon, daß sie noch strafrechtlich zur Verantwortung gezogen oder ausgewiesen werden können.«[28]

Jens Riechmann untersucht ausführlich die möglichen Auslöser des Kirchenstreits: deutsch-nationale Äußerungen Generalsuperintendent Gennrichs und die Beziehungen zum Konsistorium in Königsberg, die Vorgänge im erweiterten Synodalausschuss, vor allem das Verhalten des Vorsitzenden Franz Gregor gegenüber dem Landesdirektorium, den Streit zwischen Valentin Gailius und der Kirchengemeinde Ruß und der Ausgang der Wahlen zu den kirchlichen Körperschaften im Januar 1924, bei denen fast nur Anhänger des bisherigen Zusammenhanges mit der alten Landeskirche gewählt wurden.[29] Der Zeitpunkt für die Bestellung des Kirchenkommissars sei wahrscheinlich günstig gewesen, denn mit der Annahme der Memelkonvention sei eine Konsolidierung der litauischen Herrschaft im Memelgebiet zu erwarten gewesen und zum anderen seien die Vereinbarungen vom 23. September 1923 noch nicht in Gänze umgesetzt worden, vor allem habe das Landesdirektorium dem Zusammentritt der neugewählten Kreissynoden als Landessynode für das Memelgebiet zuvorkommen müssen, um die Eingriffe in die Kirche noch als deren Neuordnung im Zuge der politischen Veränderungen darstellen zu können.[30]

Franz Gregor reagierte umgehend auf die neue Lage und berief zum 3. April 1924 eine Versammlung sämtlicher Geistlicher des Gebiets ein, zu der auch der Kirchenkommissar Valentin Gailius erschien und seine Vorhaben darlegte. Im Anschluss an die Ausführungen von Gailius beschlossen 32 von 34 Pfarrern des Memelgebiets folgende Erklärung:

»Die unterzeichnenden Geistlichen des Memelgebiets erklären einmütig: Wir erkennen die Verordnung des Landesdirektoriums vom 22. März d[ieses] J[ahre]s betreffend Ernennung eines Kirchenkommissars nicht an und können den Verfügun-

---

28 KJ 1924, S. 436.
29 Riechmann, Kirche (wie Anm. 15), S. 288–308.
30 A.a.O., S. 308.

gen dieses Kommissars nur dann nachkommen, wenn unsere rechtmäßige Kirchenbehörde ihre Zustimmung erteilt hat.«[31]

Im Verlauf der nächsten Wochen fassten die Gemeindekörperschaften der memelländischen Kirchengemeinden mit Ausnahme von zweien eine entsprechende Entschließung mit dem zusätzlichen Gelöbnis, der altpreußischen Mutterkirche die Treue zu halten.[32]

Der EOK schrieb am 8. April 1924 an das Landesdirektorium des Memelgebiets, dass er die Verordnung vom 22. März 1924 als rechtsgültig nicht anerkenne und ihre Zurücknahme fordere.

> »Fußend auf den modernen, allgemein anerkannten Grundsätzen der Religions-, Glaubens- und Gewissensfreiheit und insbesondere den Grundsätzen für den Schutz und das Selbstbestimmungsrecht der Völker auf kirchlichem Gebiet, haben die evangelischen Kirchengemeinden des Memelgebiets von Anbeginn der politischen Umwälzungen an unzweideutig den Willen zum Ausdruck gebracht, mit ihrer seit Jahrhunderten angestammten Mutterkirche in Zusammenhang zu bleiben. Über diesen durch göttliches und menschliches Recht geschützten religiösen Willen hat sich das Landesdirektorium mit seinem Erlaß hinweggesetzt. Die Kirche lebt in einer äußeren Ordnung, die sie sich selbst gegeben, und über die allein zu bestimmen ihr historisch gewordenes Recht ist. Der Staat, der von sich aus in diese Ordnung einseitig regelnd eingreift, handelt formell und materiell widerrechtlich und begeht einen Gewaltakt.«[33]

Ein inhaltlich ähnliches Schreiben richtete der EOK am 19. April 1924 an den litauischen Ministerpräsidenten Galvanauskas. In einem zweiten Schreiben an den litauischen Ministerpräsidenten vom 6. Juni 1924[34] wies der EOK darauf hin, dass der altpreußischen Kirche wie der katholischen Kirche das Recht zustehe, den Zusammenhang mit ihren Gemeinden im Memelgebiet zu wahren. Es sei das Recht der Kirche, ihre Angelegenheiten innerhalb der Schranken des für alle geltenden Gesetzes selbstständig zu ordnen. Dieses Recht, die Kirchengewalt (ius in sacra), erkenne die deutsche Verfassung in Art. 137 und die litauische in Art. 83 grundsätzlich an. Dennoch hätten das Landesdirektorium und der Oberste Bevollmächtigte der litauischen Regierung für das Memelgebiet in die inneren Angelegenheiten der memelländischen Kirchengemeinden eingegriffen. Die Kir-

---

31 A.a.O., S. 333.
32 A.a.O., S. 335. Fünf Gemeindeorgane entschieden sich einstimmig und 22 fast einstimmig für den Verbleib bei der altpreußischen Landeskirche, zwei mit schwacher Mehrheit.
33 KJ 1924, S. 435 f.
34 Riechmann, Kirche (wie Anm. 15), S. 316 f.

chenhoheit (ius circa sacra), die dem Staat gegenüber allen Religionsgesellschaften zustehe, habe man dem Landesdirektorium immer zugestanden und sich deshalb am 28. September 1923 bereit erklärt, die kirchlichen Verhältnisse den politischen Veränderungen anzupassen. Deshalb handele es sich bei den Vorgängen im Memelgebiet nicht nur um einen schweren Rechtsbruch, sondern auch um einen Bruch getroffener Vereinbarungen.

Zur Abstimmung im Innenverhältnis fanden am 24. und 25. April 1924 in Berlin Besprechungen zwischen Vertretern des EOK, Generalsuperintendent Gennrich und kirchlichen Vertretern aus dem Memelland (Franz Gregor, Emil Bömeleit und der litauische Pfarrer Hugo Reidys) statt. Man verständigte sich darüber, dass der erweiterte Synodalvorstand auch nach dem Ausscheiden der litauischen Mitglieder weiterhin als aktionsfähig angesehen werde, der Schwerpunkt des Engagements bei den Ortsgemeinden liegen müsse; die Gemeinden hätten den Kirchenkommissar zu ignorieren, staatliche Zahlungen des Landesdirektoriums an die Kirche dürfe man nicht mehr annehmen. Die kirchlichen Stellen des Memelgebiets sollten die Bildung der Kreissynoden und der Landessynode weiter vorantreiben, man müsse erreichen, dass das Memelgebiet eine eigene Landessynode erhalte, aber der Zusammenhang mit der Mutterkirche müsse auf jeden Fall gewahrt bleiben. Die weitere Verbindung mit der Mutterkirche, die Zurücknahme aller Verordnungen und die Entlassung des Kirchenkommissars seien die Voraussetzungen für die Beilegung des Streites.[35] Konkret half der EOK, als der Kirchenkommissar die staatlichen Zuschüsse für die Geistlichen des Memelgebiets Anfang April 1924 strich, indem er umgehend das Geld zur Verfügung stellte.[36] Bereits am 9. April 1924 veranlasste der EOK das Konsistorium in Königsberg, ein Disziplinarverfahren gegen Valentin Gailius einzuleiten mit dem Ziel, ihn aus dem Kirchendienst zu entfernen. Das entsprechende Urteil erging am 30. Juli 1924.[37]

Der Kirchenstreit führte auch innerhalb der memelländischen Kirchengemeinden zu großer Aufregung. So kam es im Mai und Juni 1924 in den Kirchengemeinden Ruß, Wieszen, Wannangen und Kinten zu heftigen, teilweise gewaltsamen Auseinandersetzungen.[38]

Die Wahlen zu den Kreissynoden wurden, wie am 28. September 1923 zwischen EOK und Landesdirektorium vereinbart, vorgenommen. Entgegen den Weisungen des Kirchenkommissars tagten die neugewählten Kreissynoden von Pogegen und Memel im Juni 1924 und verabschiedeten jeweils einstimmig eine

---

35 A.a.O., S. 319–321.
36 A.a.O., S. 321.
37 A.a.O., S. 322–324.
38 A.a.O., S. 340–353, hier S. 340.

Erklärung gegen die Kirchenpolitik des Landesdirektoriums und für die dauernde Verbindung mit der altpreußischen Mutterkirche.[39] Am 25. Juni 1924 traten dann in Memel die drei neugewählten Kreissynoden und die Vertreter der reformierten Gemeinde in Memel zur Landessynode zusammen. Das Landesdirektorium hatte im Vorfeld die Tagung nicht verboten, erst kurz vor Beginn übergab ein Polizeibeamter ein Schreiben des Landesdirektoriums, in dem die Bildung einer Landessynode untersagt wurde. Daraufhin wurde dem Landesdirektorium mitgeteilt, dass man sich seitens der Kirche nicht gegen einen Aufstand der Bevölkerung richten würde, wenn die Synode nicht stattfände. Das Landesdirektorium genehmigte die Synode mit der Auflage, sie solle sich nur über die allgemeine kirchliche Lage verständigen und sich weder als Landessynode konstituieren noch Wahlen zu Verwaltungsorganen der Kirche im Memelgebiet vornehmen. Die Versammlung protestierte gegen diese Einschränkung der Versammlungsfreiheit, setzte aber die Wahl eines neuen Landessynodalausschusses und die sonstige Neuordnung der Kirche aus. Allen Entschließungen der Pfarrer, Gemeinden und Kreissynoden, den Kirchenkommissar und die Verordnungen des Landesdirektoriums abzulehnen, stimmte man voll zu. Für mögliche Verhandlungen forderte man, das Landesdirektorium solle das Selbstverwaltungsrecht der Kirche ebenso akzeptieren wie die von den Kirchengemeinden gewählten Organe; der Kirchenkommissar solle abberufen und die im Zuge seiner Einsetzung erlassenen Verordnungen zurückgenommen werden. Man sei nicht bereit, die Verbindung mit der altpreußischen Kirche aufzugeben. An den von Valentin Gailius ausgeschriebenen Wahlen zu einer Landessynode dürfe sich niemand beteiligen; darauf sei in den Gemeinden hinzuwirken. Entsprechend der Auflage wählte man keinen neuen Landessynodalausschuss, wohl aber einen »Arbeitsausschuss« für eventuelle Verhandlungen mit dem Landesdirektorium.[40]

Die Wahlen zu einer Landessynode hatte der Kirchenkommissar am 29. April 1924 ausgeschrieben. Zur Durchführung sollten in den Gemeinden »Dreimännerkollegien« gebildet werden. Landesdirektorium und Kirchenkommissar beriefen am 18. Juni 1924 eine Versammlung von 200 ihnen ergebenen Personen nach Memel ein. Die Versammlung sprach Valentin Gailius als Kirchenkommissar das Vertrauen aus und wählte ein Kirchenkuratorium aus 80 Personen, das bis zur Wahl der Landessynode deren Funktion ausüben sollte. Zum Vorsitzenden wurde der Kirchenkommissar gewählt. Aus dem Kreis des Kuratoriums wurde ein sechsköpfiges Kirchenkollegium gewählt. Das Kuratorium tagte zum ersten Mal am 30. Juni 1924. Es beschloss, mit Rücksicht »auf die Hetzerei der deutschen Pfarrer« den Obersten Bevollmächtigten der litauischen Regierung für das Me-

---

39 A.a.O., S. 337.
40 A.a.O., S. 337 f.

melgebiet Budrys zu bitten, die Pfarrer mit einem deutschen Pass auszuweisen. Auch sollte Gregor seines Amtes als Vorsitzender des Landessynodalvorstandes enthoben werden. Die Kirchenwahlen sollten bis zum 10. August 1924 stattfinden.[41] Laut Riechmann lässt sich den verfügbaren Quellen nicht entnehmen, wie viele Personen an diesen Wahlen zur sogenannten »Gailiussynode« teilgenommen haben. Es scheinen allerdings nicht sehr viele gewesen zu sein.[42] Am 3. September 1924 konstituierte sich die »Gailiussynode« als Gegensynode zur Landessynode der altpreußischen Kirche im Memeler Lehrerseminar. Sie umfasste 103 Synodale und fand in litauischer Sprache statt; von den Geistlichen des Memelgebiets war niemand anwesend. Die Synode wählte einen Synodalrat und Valentin Gailius zu dessen Vorsitzenden. Dem Synodalrat wurden die Rechte und Pflichten der Kreis-, Provinzial- und Generalsynode der altpreußischen Kirche übertragen. Die evangelische Kirche des Memelgebiets wurde damit als vollkommen von der altpreußischen getrennt angesehen. Sie sollte den Namen »Evangelische Landeskirche des Memelgebiets« tragen. Die Landessynode sollte mindestens einmal im Jahr tagen und vom Landesdirektorium einberufen werden können.[43]

Der Landessynodalvorstand unter Gregors Leitung lehnte in einer vertraulichen Mitteilung an die Gemeinderäte und Geistlichen vom 16. September 1924 die »Gailiussynode« als rechtsungültig ab; zudem sei sie keine repräsentative Vertretung der Kirchengemeinden, weil die Beteiligung an der Wahl äußerst schwach gewesen sei und in vier Gemeinden überhaupt niemand teilgenommen habe. Für die Wahl seien nur Kandidaten »aus einer einzigen politischen Richtung genommen oder ernannt« worden.[44] Mit der Konstituierung der »Gailiussynode« war die Spaltung der evangelischen Kirche in Memelgebiet endgültig vollzogen, was auch Gregor feststellen musste.[45]

---

41 A.a.O., S. 367 f.
42 A.a.O., S. 368.
43 A.a.O., S. 369. Riechmann gibt hier die Berichte der Memelzeitung vom 6., 10. und 11. September 1924 wieder.
44 A.a.O., S. 370.
45 Ebd.

4. Die Beilegung des memelländischen Kirchenstreits

Als Ende Oktober 1924 im Auswärtigen Amt in Berlin die deutsch-litauischen Verhandlungen über die Artikel 8 bis 10 (Staatsangehörigkeit) der Memelkonvention begannen, erklärte der Gesandte der litauischen Regierung in Berlin Vaclovas Sidzikauskas, seine Regierung wünsche die gesamten Verhältnisse der evangelischen Kirchen in Memelgebiet durch unmittelbare Verhandlungen mit dem EOK zu ordnen. Schon am 11. November 1924 kam es im Auswärtigen Amt zu einer ersten informellen Begegnung zwischen Sidzikauskas und dem Vizepräsidenten des EOK Hermann Kapler, am 15. November zu weiteren Gesprächen. Kapler forderte, dass eine Zuständigkeit des EOK und eine Vertretung des Memelgebiets in der Generalsynode erhalten bleiben müssen. Dafür erklärte er sich bereit, mit beiden kirchlichen Lagern im Memelgebiet und mit dem litauischen Staat zu verhandeln. Am 29. Dezember 1924 schrieb das Auswärtige Amt dem EOK, die litauische Regierung sei zu direkten Verhandlungen mit dem EOK in Berlin bereit, wenn weder Valentin Gailius noch Superintendent Franz Gregor daran teilnähmen, was der EOK umgehend dem Landessynodalvorstand in Memel mitteilte.[46] Der Landessynodalvorstand legte am 10. Januar 1925 seine Verhandlungsposition fest und bestimmte die memelländischen Mitglieder der Verhandlungsdelegation. Auch der EOK bereitete sich gründlich auf die Verhandlungen vor, wie eine Referentenaufzeichnung belegt.[47] Dieses Positionspapier des EOK wurde am 17. April 1925 in Berlin mit den drei Superintendenten und den fünf Delegierten des Memelgebiets abgestimmt. Selbstverständliche Voraussetzung für eine Einigung sei, dass die Gailiussynode verschwinde.[48]

Am 18. April 1925 begannen in Berlin die Verhandlungen zwischen dem EOK und den memelländischen Vertretern der altpreußischen Landeskirche auf der einen Seite und der litauischen Regierung, dem memelländischen Landesdirektorium und Vertretern der »Gailiuskirche« auf der anderen Seite. Man einigte sich darauf, dass im Memelland nicht zwei evangelische Kirchen nebeneinander bestehen könnten und deshalb der Kirchenstreit beendet werden müsse und dass die memelländischen Gemeinden aus dem Verband der ostpreußischen Provinzialkirche ausschieden und eine eigene Landessynode und eine eigene Verwaltungsbehörde bildeten. Über die Kernfrage, ob die Kirchengemeinden auch künftig einen Teil der altpreußischen Kirche bilden sollten, konnte man sich nicht einigen. Man beschloss, dass beide Seiten ihre Positionen schriftlich niederlegten,

---

46 Riechmann, Kirche (wie Anm. 15), S. 377–379.
47 A.a.O., S. 385–388.
48 A.a.O., S. 388 f.

und diskutierte zwei Tage lang über diese Richtlinien. Am 25. April 1925 wurden die Verhandlungen ohne abschließendes Ergebnis beendet. Die Verhandlungen sollten bis spätestens 15. Juli 1925 wieder aufgenommen werden; bis dahin sollte ein Burgfrieden zwischen beiden Parteien gelten.[49]

5. Das Abkommen vom 31. Juli 1925

Am 10. Juni 1925 schrieb der EOK dem Landesdirektorium des Memelgebiets, man sei bereit, auf der Grundlage der Entschließung der Landessynode vom 27. Mai 1925 die Verhandlungen fortzusetzen. Sie wurden am 16. Juli in Berlin wieder aufgenommen und dauerten bis zum 23. Juli 1925.[50] Verhandlungspartner waren der litauische Gesandte in Berlin Vaclovas Sidzikauskas, Präsident Heinrich Borchert und Landesdirektor Schultz vom Landesdirektorium des Memelgebiets und Vertreter des EOK, angeführt von Präsident Hermann Kapler. Grundlage für ein Abkommen betreffend die Evangelische Kirche des Memelgebiets, eine Kirchenordnung der Evangelischen Kirche des Memelgebiets und ein Staatsgesetz betreffend die Verfassung der Evangelischen Kirche des Memelgebiets waren die entsprechenden Entwürfe des EOK. Der Zusammenhang der memelländischen Gemeinden mit der Evangelischen Kirche der altpreußischen Union (EKapU) wurde nicht mehr infrage gestellt, jetzt ging es um die konkrete Ausgestaltung. Die litauische Seite bestand darauf, dass die von der Landessynode des Memelgebiets beschlossenen Gesetze dem EOK nur zur Kenntnisnahme und nicht zur Bestätigung vorgelegt werden sollten und dass der erste Geistliche des Memelgebiets den Titel Generalsuperintendent und nicht Landessuperintendent tragen sollte. Der EOK bestand darauf, dass die Mitglieder der Kirchenleitung des Memelgebiets durch die EKapU bestätigt werden sollten und er im Rechtsausschuss der memelländischen Kirche mit einem Mitglied vertreten sein sollte. An diesen Forderungen des EOK drohten die Verhandlungen zu scheitern, sie wurden aber zwischen dem 18. und 23. Juli 1925 nur ausgesetzt. Am 23. Juli 1925 traf man sich wieder, beide Seiten waren zu Zugeständnissen bereit und die drei Entwürfe des EOK wurden mit geringen Veränderungen angenommen. Zusätzlich einigte man sich in einem Schlussprotokoll darauf, dass die kirchlichen Gemeindekörperschaften innerhalb des ersten Vierteljahres, die Kreissynoden

---

49 A.a.O., S. 390–394.
50 A.a.O., S. 402. Riechmann schreibt hier irrtümlicherweise zweimal »18. Juli« statt »16. Juli« 1925.

und die Synode des Memelgebiets innerhalb des zweiten Vierteljahres nach dem Inkrafttreten des Abkommens am 1. Oktober 1925 gebildet werden. Mit der Durchführung der kirchenaufsichtlichen Anordnungen sollte ein Kirchenkollegium aus einem Vorsitzenden und sechs Mitgliedern beauftragt werden. Je drei Mitglieder sollten vom EOK und dem Direktorium des Memelgebiets, der Vorsitzende durch Übereinkunft der beiden Einrichtungen ernannt werden. Der wechselseitige Verkehr der evangelischen Kirche des Memelgebiets, ihrer Gemeinden, Geistlichen und Kirchenbeamten mit der EKapU sowie mit kirchlichen Einrichtungen, Anstalten und Vereinen außerhalb des Memelgebiets sollte keinen besonderen Beschränkungen unterliegen. Insbesondere sollten die Synode und der Kirchenrat des Memelgebiets das Recht haben, in innerkirchlichen Angelegenheiten Beratung oder Besuch des ersten Geistlichen der EKapU zu erbitten. Der litauische Gesandte Sidzikauskas unterzeichnete sofort für die Regierung der Litauischen Republik, EOK-Präsident Kapler musste erst die Ermächtigung des Landeskirchenausschusses einholen, so dass er und der Präsident des Landesdirektoriums Borchert am 31. Juli 1925 unterzeichneten.[51]

Im »Abkommen betreffend die Evangelische Kirche des Memelgebiets vom 31. Juli 1925« zwischen dem Evangelischen Oberkirchenrat in Berlin und dem Direktorium des Memelgebiets[52] wurde vereinbart: Die staatliche Kirchenhoheit wird gemäß dem Staatsgesetz betreffend die Verfassung der Evangelischen Kirche des Memelgebiets (EKMG) ausgeübt (Art. 1), das Recht der EKMG, ihre Angelegenheiten innerhalb des für alle geltenden Gesetzes selbstständig zu ordnen und zu verwalten, wird staatlicherseits anerkannt (Art. 2), die evangelischen Kirchengemeinden des Memelgebiets werden zu einem Landessynodalverband gemäß der Kirchenordnung vereinigt, seine Grenzen sollen den neuen politischen Grenzen entsprechen (Art. 3), der Vorsitzende der kirchlichen Verwaltungsbehörde des Memelgebiets wird im Benehmen mit dem Direktorium berufen (Art. 4), die litauische und die deutsche Sprache werden als kirchliche Amtssprachen im Memelgebiet anerkannt; die Geistlichen des Memelgebiets sollen sich innerhalb von zwei Jahren die Kenntnis beider Amtssprachen aneignen (Art. 5), bis zum 1. Januar 1932 kann die EKMG so viele Geistliche und Kirchenbeamte fremder Staatsangehörigkeit anstellen, wie sie meint zu brauchen, um die kirchliche Versorgung der Gemeinden sicherzustellen (Art. 6), die Kirchengemeinden und ihre Geistlichen und Kirchenbeamten sowie deren Witwen und Hinterbliebene verbleiben im Verband der bestehenden kirchlichen Versorgungskassen, das Memelgebiet nimmt die Erfüllung der ihm als Rechtsnachfolger des preußischen

---

51 A.a.O., S. 402–405. Das Schlussprotokoll in Deutsch und Litauisch nebeneinander ist abgedruckt im KGVBl. 1925, Nr. 11 vom 17. Oktober 1925, S. 140–143.
52 KGVBl. 1925 (wie Anm. 51), S. 115–121.

Staates obliegenden Pflichten auf (Art. 7), die im Memelgebiet aufkommenden kirchlichen Umlagen werden ausschließlich im Memelgebiet verwaltet und verwendet, ausgenommen die Beiträge für die Generalsynode und die kirchlichen Versorgungskassen (Art. 8), das Abkommen tritt mit seinen Anlagen am 1. Oktober 1925 in Kraft (Art. 9).

Das »Staatsgesetz betreffend die Verfassung der Evangelischen Kirche des Memelgebiets vom 17. September 1925«, unterzeichnet vom Gouverneur Budrys und Borchert und Reisgys für das Direktorium des Memelgebiets,[53] lehnte sich an das entsprechende preußische Staatsgesetz vom 8. April 1924 an. Es regelte die finanziellen Beziehungen zwischen der EKM und dem memelländischen Staat und die Grenzen des kirchlichen Disziplinarrechts. Alle Kirchengesetze sollten im Memelgebiet erst in Geltung treten, wenn der Gouverneur und das Direktorium keinen Einspruch gegen sie erhoben haben; Einspruch sollte nur möglich sein, wenn kirchliche Gesetze im Widerspruch zu staatlichen Stellen ständen. § 16 bestimmte, dass alle diesem Gesetz und dem Abkommen betreffend die EKM entgegenstehenden Bestimmungen außer Kraft treten. Damit wurden unter anderem alle während des Kirchenstreits vom Direktorium und dem »Kirchenkommissar« in kirchlichen Angelegenheiten erlassenen Verordnungen hinfällig.[54]

Die »Kirchenordnung der Evangelischen Kirche des Memelgebiets vom 31. Juli 1925«, unterzeichnet von Kapler, Sidzikauskas und Borchert,[55] legte fest, dass die Verhältnisse der Kirchengemeinden und Kirchenkreise des Memelgebiets sich nach der Verfassungsurkunde der EKapU vom 29. September 1922, dem Kirchlichen Gemeindewahlgesetz vom 29. September 1922 und dem Kirchengesetz betr. die Wahl zur Provinzialsynode mit den aus dieser Kirchenordnung sich ergebenden Besonderheiten regeln. Die evangelischen Kirchengemeinden des Memelgebiets scheiden aus ihrem bisherigen Zusammenhang mit der Kirchenprovinz Ostpreußen aus und werden zu einem rechtsfähigen Synodalverband des Memelgebiets zusammengefasst. Die Organe des neuen Verbandes sind die Synode des Memelgebiets und der Kirchenrat des Memelgebiets. Die Synode des Memelgebiets hat die Rechte und Pflichten, die nach der Verfassungsurkunde den Provinzialsynoden zukommen. Sie kann kirchliche Gesetze für das Memelgebiet beschließen und auf diesem Wege auch die Kirchenordnung abändern. Die von der Synode beschlossenen Gesetze sind einen Monat vor ihrer Verkündung dem EOK zur Kenntnis vorzulegen. Die Generalsynode regelt auch für das Memelgebiet die kirchliche Lehrfreiheit und Lehrverpflichtung der Geistlichen, die

---

53 A.a.O., S. 122–131.
54 Das wurde ausdrücklich bestätigt in dem Vollzugsprotokoll zum Abkommen vom 31. Juli 1925 betr. die EKMG vom 5. September 1925, s. a.a.O., S. 144.
55 A.a.O., S. 130–141.

gottesdienstliche Ordnung, die Kirchenzucht, die kirchlichen Bedingungen der Trauung und die Ordnung der Konfirmation. Im Übrigen werden die Beschlüsse der Generalsynode erst mit der Zustimmung der Synode des Memelgebiets wirksam. Die Synode des Memelgebiets hat das Recht, drei Vertreter mit beratender Stimme zur ostpreußischen Provinzialsynode zu entsenden, das gleiche Recht hat umgekehrt die ostpreußische Provinzialsynode. Die Synode des Memelgebiets entsendet drei Vertreter zur Generalsynode, die entscheidet, ob und bei welcher Gelegenheit die Vertreter mitbeschließen dürfen. Die Synode des Memelgebiets besteht aus 27 gewählten Vertretern der Gemeinden und drei Fachvertretern. Dem Kirchenrat des Memelgebiets gehören an der Präses der Synode, fünf weitere von der Synode gewählte Mitglieder, der Vorsitzende sowie je ein geistliches und ein rechtskundiges weltliches Mitglied des Konsistoriums. Die Organe der allgemeinen kirchlichen Verwaltung im Memelgebiet sind der Generalsuperintendent und das Evangelische Konsistorium des Memelgebiets. Das Konsistorium des Memelgebiets besteht aus dem Generalsuperintendenten als Vorsitzenden und einem geistlichen und einem rechtskundigen weltlichen Mitglied, vorbehaltlich der Verstärkung im Falle des Bedürfnisses. Der Vorsitzende und die Mitglieder des Konsistoriums werden von den Organen des Synodalverbandes (das erste Mal von der Synode, später vom Kirchenrat) auf die Dauer von zwölf Jahren gewählt. Soweit durch diese Kirchenordnung Rechte und Pflichten der Generalsynode für den Bereich des Memelgebiets auf dessen Synode übertragen sind, geht die Zuständigkeit des Kirchensenats auf den Kirchenrat des Memelgebiets, die des EOK auf das Konsistorium des Memelgebiets über. Die Zuständigkeit der Rechtsausschüsse nach der Verfassungsurkunde überträgt die Kirchenordnung in erster Instanz dem Konsistorium, in zweiter Instanz dem Rechtsausschuss des Memelgebiets mit Sitz in Memel. Diesem Rechtsausschuss gehören an ein weltlicher Vorsitzender, zwei geistliche und zwei weltliche Mitglieder, welche die Synode wählt. Der Vorsitzende und ein weiteres Mitglied sollen die volle wissenschaftliche Vorbildung zum Richteramt oder zum höheren Verwaltungsdienst besitzen. Der Rechtsausschuss ist verpflichtet, vor Endentscheidungen einem von der EKaPU zu bestimmenden rechtskundigen Mitglied der kirchlichen Verwaltung Gelegenheit zur Äußerung zu geben, und zwar auf seinen Wunsch auch in mündlicher Verhandlung.

Bei den Verhandlungen über den Vollzug des Kirchenabkommens am 5. September 1925 in Memel zwischen dem Präsidenten des Direktoriums des Memelgebiets Borchert und den Mitgliedern des EOK Hundt und Karnatz wurde vereinbart, dass das Kirchenkollegium schleunigst gebildet werden sollte.[56] Man verständigte sich auf Amtsgerichtsrat Ernst Loerke aus Memel als Vorsitzenden und

---

56 S. zu diesem Abschnitt Riechmann, Kirche (wie Anm. 15), S. 413–415.

jede Seite benannte drei Personen, die im Kirchenstreit keine Rolle gespielt hatten. Am 11. September 1925 nahm das Kirchenkollegium seine Arbeit auf und bereitete die Wahlen zu den Gemeindekörperschaften vor. Sie fanden im Dezember 1925 statt und der EOK stellte fest, dass durchgängig »kirchentreue Persönlichkeiten«[57] gewählt worden waren. Superintendent Franz Gregor schrieb am 18. Dezember 1925 an den EOK:

> »Jedenfalls wird in die zu bildende neue Landessynode kein Großlitauer hineinkommen.«[58]

Am 7. April 1926 trat die neue Landessynode des Memelgebiets zusammen. Zum Präses der Synode wurde Pfarrer Emil Bömeleit gewählt, zum Generalsuperintendenten Franz Gregor, der sofort die Zustimmung des anwesenden Landespräsidenten Edmonas Simonaitis erhielt.

6. Die politische Entwicklung 1924 bis 1939

Das Statut des Memelgebietes vom 8. Mai 1924 bestimmte in Art. 1:

> »Das Memelgebiet bildet unter der Souveränität Litauens eine Einheit, die, auf demokratischen Grundsätzen aufgebaut, in Gesetzgebung, Rechtsprechung, Verwaltung und Finanzen innerhalb der in dem vorliegenden Statut umschriebenen Grenzen Autonomie genießt.«

Und in Art. 2 hieß es:

> »Der Präsident der Litauischen Republik ernennt einen Gouverneur des Memelgebietes.«

Die Memelländer, vertreten durch den memelländischen Landtag, bestanden auf der Autonomie, also der Selbstverwaltung, die eine Einmischung von außen nicht gestattet. Litauen sah das Memelgebiet nur als litauische Provinz innerhalb eines dezentralisierten Einheitsstaates an und die Autonomie als eine Übergangslö-

---

57 A.a.O., S. 414.
58 Ebd.

sung, die eine Evolution durchmachen und dann verschwinden müsse.[59] So fuhr Litauen 1924 »mit der rücksichtslosen Litauisierung des Memelgebietes« fort, ohne auf die Interessen und Nöte der Bevölkerung einzugehen.[60] Deutsche Kultur und Sprache sollten verdrängt und der deutsche Einfluss auf die Verwaltung beseitigt werden.[61]

Das Wahlgesetz zum memelländischen Landtag vom 19. Juni 1925 war eine Nachbildung des litauischen Sejm-Wahlgesetzes. Es entstanden die Memelländische Landwirtschaftspartei, die Memelländische Volkspartei und die Sozialdemokratische Partei des Memellandes, die gegenüber den Gegnern der Autonomie eine Einheitsfront bildeten. Bei der Wahl am 19. Oktober 1925 erhielt die Einheitsfront 94 % und 27 der 29 Sitze. Nun hatte der Gouverneur den Präsidenten des Landesdirektoriums zu ernennen, der nach Art. 17 des Statuts so lange im Amt blieb, wie er das Vertrauen des Landtages hatte. Und gleich dem ersten Landespräsidenten sprach der Landtag das Misstrauen aus, so dass der Gouverneur einen neuen Regierungschef ernennen musste.[62] Dieser Vorgang wiederholte sich bis 1939 immer wieder, weil die Gouverneure meist Litauer ernannten, die Litauer aber bei den folgenden fünf Landtagswahlen nur vier, höchstens fünf der 29 Sitze errangen.[63]

Die schwerwiegendsten Folgen für das Memelgebiet hatte der Staatsstreich in Litauen, als in der Nacht zum 17. Dezember 1926 Offiziere der litauischen Armee in das Parlament eindrangen und den Staatspräsidenten und die Regierung absetzten. Die neue Regierung aus Nationaler Union und Christlich-Demokratischer Partei machte Antanas Smetona zum Staatspräsidenten und Augustinas Voldemaras zum Ministerpräsidenten.[64] Gleichzeitig wurden der Belagerungs- und Kriegszustand über ganz Litauen, auch über das Memelgebiet, verhängt; der Belagerungszustand wurde nach einigen Tagen wieder aufgehoben. Der Kriegszustand wurde am 20. Dezember 1926 auf Antrag des Ministerpräsidenten Voldemaras durch Staatspräsident Smetona bestätigt und dauerte bis zum 1. Novem-

---

59 So der litauische Gesandte in London Sidzikauskas 1932 vor dem Internationalen Gerichtshof in Den Haag; Plieg, Ernst-Albrecht: Das Memelland 1920–1939. Deutsche Autonomiebestrebungen im litauischen Gesamtstaat (Marburger Ostforschungen 19), Würzburg 1962, S. 216.
60 Gornig, Memelland (wie Anm. 2), S. 50.
61 Ebd.
62 A.a.O., S. 51.
63 Tabelle bei Plieg, Memelland (wie Anm. 59), S. 218.
64 Am 15. Mai 1928 schaltete Smetona mit Hilfe einer neuen Verfassung das litauische Parlament aus. 1929 setzte Smetona Voldemaras ab und übernahm die Führung des Landes als alleiniger Diktator.

ber 1938.⁶⁵ Ins Memelland zogen ein Kriegskommandant mit weitreichenden Vollmachten und litauische Staatssicherheitspolizei ein.

Im Frühjahr und Sommer 1933 entstanden im Memelgebiet zwei Parteien, die vom Nationalsozialismus beeinflusst waren, ohne organisatorisch von der NSDAP abhängig zu sein: die Christlich-Sozialistische Arbeitsgemeinschaft (CSA) unter Pastor Theodor Freiherr von Saß und die Sozialistische Volksgemeinschaft (Sovog) unter dem Memeler Kreistierarzt Dr. Ernst Neumann, die im August 1933 das eindeutige Übergewicht über die radikalere CSA besaß.⁶⁶ Pastor von Saß scheiterte mit seinen politischen Plänen und in seinem Amt als Geistlicher.⁶⁷

Obwohl das Programm der Sovog in entscheidenden Punkten vom Programm der NSDAP abwich, zum Beispiel in der Judenfrage, stieg Dr. Neumann später mit dem von ihm Ende Oktober 1938 gegründeten Memeldeutschen Kulturverband zum unbestrittenen »Führer« der Memeldeutschen auf.⁶⁸

Am 8. Februar 1934 trat das »Gesetz zum Schutz von Nation und Staat« in Kraft. Unter Strafe standen: Jede Beleidigung der litauischen Nation, des litauischen Staates und seiner Symbole, die Unterdrückung und Schwächung der staatlichen Treue litauischer Staatsangehöriger, jede Verbindung mit der Regierung eines fremden Staates oder mit einer öffentlich-rechtlichen Organisation eines fremden Staates ohne Vollmacht der litauischen Regierung, die Mitgliedschaft in ausländischen Organisationen, die Litauen schaden konnten, der Militärdienst in ausländischen Heeren und die Weigerung, den Bestimmungen eines litauischen Gesetzes nachzukommen. Die Ermittlung bei Verstößen gegen dieses Gesetz oblag ausschließlich der litauischen Polizei (Staatssicherheitspolizei). Fast jeder Pa-

---

65 Plieg, Memelland (wie Anm. 59), S. 38.
66 A.a.O., S. 91.
67 Das Konsistorium des Memelgebiets als Rechtsausschuss der Kirchenprovinz entschied am 19. August 1933, Pfarrer von Saß »wegen Schädigung der Interessen der Evangelischen Kirche des Memelgebiets und wegen Beharrens im Ungehorsam gegen seine vorgesetzte Dienstbehörde« mit Dienstentlassung zu bestrafen. Durch sein Auftreten als »absoluter Führer« der CSA in der Öffentlichkeit in einer Form, die eines Pfarrers unwürdig sei, habe er die Interessen der Evangelischen Kirche des Memelgebiets geschädigt. Dem Evangelischen Konsistorium des Memelgebiets, das ihn durch Mahnungen, Verweis am 3. Juni 1933 und Verbot am 3. Juli 1933 von der für die Kirche in dieser Form schädlichen politischen Tätigkeit in der Öffentlichkeit abzuhalten bemüht war, verweigere er bis heute den Gehorsam. Von Saß legte Berufung ein, doch der Rechtsausschuss des Memelgebiets verwarf am 11. Juni 1934 die Berufung und bestätigte die Dienstentlassung, weil von Saß »seine Pflicht als Pfarrer – sich durch sein Verhalten in und außer dem Amt der Achtung, des Ansehens und des Vertrauens würdig zu zeigen, welches sein Beruf erfordert – verletzt« habe. S. EZA Berlin 7/D/857.
68 Plieg, Memelland (wie Anm. 59), S. 198.

ragraph drohte Zuchthaus oder Gefängnis an. Dementsprechend wurden unter Strafe gestellt: Jeder Verkehr mit deutschen Dienststellen, mit der NSDAP und mit dem Volksbund für das Deutschtum im Ausland (VDA) und selbst mit dem Evangelischen Oberkirchenrat.[69]

Bereits 24 Stunden nach dem Erlass des Staatsschutzgesetzes ließ der Kriegskommandant die ersten Mitglieder der Sovog, darunter Dr. Neumann, verhaften und am 22. Februar die Büros der Sovog und der CSA schließen und versiegeln.[70]

Am 14. Dezember 1934 wurde der Prozess vor dem Obersten Litauischen Kriegsgericht in Kaunas eröffnet. Angeklagt waren 126 Memelländer, von der CSA 33, von der gemäßigteren Sovog 93. Sie wurden beschuldigt, einen bewaffneten Aufstand vorbereitet und einen Fememord begangen zu haben. Das Kriegsgericht verhängte am 3. April 1935 viermal die Todesstrafe, zweimal lebenslänglich Zuchthaus und insgesamt 435 $^1/_2$ Jahre Zuchthaus; Dr. Neumann erhielt zwölf Jahre Zuchthaus. Staatspräsident Smetona wandelte die Todesurteile in lebenslängliche Zuchthausstrafen um, konnte aber den niederschmetternden Eindruck des Urteils in Deutschland und im Ausland nicht mehr ändern. Im Februar 1936 reichten alle Gefangenen Gnadengesuche ein, drei wurden amnestiert, die restlichen wurden bis zum Sommer 1938 nach und nach aus der Haft entlassen.[71]

Auf die Verschärfung der litauischen Politik gegenüber dem Memelgebiet reagierte Hitler am 21. Mai und am 15. September 1935 vor dem Reichstag mit deutlichen Warnungen an Litauen, was Wirkung zeigte.[72]

Als am 11. März 1938 ein polnischer Soldat an der polnisch-litauischen Grenze erschossen wurde, kam es in Polen zu Kundgebungen, meist von Studenten, die einen Marsch auf Kaunas forderten. Daraufhin verlangte Polen ultimativ von Litauen die Wiederaufnahme diplomatischer Beziehungen, die Litauen im Oktober 1920 abgebrochen hatte, als Polen das damals zu Litauen gehörende Wilnagebiet besetzte, das am 20. April 1922 Teil des polnischen Staatsgebietes wurde. Der deutsche Außenminister Joachim von Ribbentrop empfahl auf Anfrage die bedingungslose Annahme des polnischen Vorschlages, der die Aufgabe des litauischen Anspruchs auf das Wilnagebiet bedeutete, was die litauische Regierung auch tat. Die Reichsregierung nutzte die missliche Lage Litauens aus, um die deutschen Wünsche bezüglich des Memelgebietes vorzutragen. Am 25. März

---

69 A.a.O., S. 97. S. auch Riechmann, Kirche (wie Anm. 15), S. 240.
70 Plieg, Memelland (wie Anm. 59), S. 119.
71 A.a.O., S. 121–137.
72 Gornig, Memelland (wie Anm. 2), S. 54 und S. 229–231.

1938 überreichte der Staatssekretär im Auswärtigen Amt Ernst von Weizsäcker dem litauischen Gesandten in Berlin eine Liste mit elf Beschwerdepunkten.[73]

In den folgenden Monaten versuchten litauische Diplomaten über die künftige deutsche Politik gegenüber Litauen und dem Memelgebiet Klarheit zu erlangen. Das Auswärtige Amt betonte immer wieder, Vorbedingung für eine Verständigung sei die restlose Erfüllung des Memelstatuts und die Erledigung der elf Beschwerdepunkte. Als ersten Schritt hob die litauische Regierung am 1. November 1938 den Kriegszustand auf und erklärte in den folgenden Wochen mehrmals ihre Bereitschaft, über alle schwebenden Fragen in Berlin zu verhandeln, doch die deutsche Regierung wartete die memelländische Landtagswahl am 11. Dezember ab.[74]

Diese Wahl wurde bewusst zu einer Schicksalswahl für das Memelgebiet hochstilisiert. Alle deutschen Parteien hatten sich zu einer Einheitsliste zusammengeschlossen, die von Dr. Neumann als dem »Führer« der Memeldeutschen angeführt wurde. Der Wahlkampf stand unter der Parole »Heim ins Reich«. Bei einer Wahlbeteiligung von 97 % stimmten 87,2 % der Wähler für die deutsche Einheitsliste und 12,8 % für die litauischen Listen. Von den 29 Abgeordneten waren 25 deutsch und 4 litauisch.[75]

Am 20. Januar 1939 wurde das neue Direktorium aus dem Bankdirektor Willy Bertuleit als Präsidenten und den Landesdirektoren Dr. Böttcher, Sziegaud und Monien gebildet. Bertuleit übernahm die Geschäftsführung »mit dem Ziel, unsere Heimat auf der Grundlage der nationalsozialistischen Weltanschauung einer glücklicheren Zukunft entgegen zu führen«.[76] Gegen dieses Bekenntnis zum Nationalsozialismus und den erstrebten Anschluss an Deutschland wurden keine Proteste erhoben. In der Bevölkerung wuchs die Stimmung für den Anschluss. Am 15. März 1939, als die deutschen Truppen in die Rest-Tschechoslowakei einmarschierten, erbat Dr. Neumann, da die Zeit schnelle Entscheidungen erfordere, das Vertrauen der Abgeordneten der Einheitsliste, damit er selbständige Entschlüsse fassen könne, und erhielt die Vollmacht, »in und mit unserm Namen Er-

---

73 Plieg, Memelland (wie Anm. 59), S. 191 f. Die Beschwerdepunkte betrafen vor allem 1. die Aufrechterhaltung des Kriegszustandes seit 1926, 2. die übermäßige Anwendung des Vetorechts durch den Gouverneur, 3. die Entziehung des passiven Wahlrechts für Mitglieder früherer memelländischer Parteien, 4. die Nichtanerkennung von Reisepässen, 5. Eingriffe in die Schulaufsicht des Direktoriums, 6. den ausschließlichen Gebrauch der litauischen Sprache durch litauische Behörden.
74 A.a.O., S. 192–200.
75 Gornig, Memelland (wie Anm. 2), S. 55 f.
76 Plieg, Memelland (wie Anm. 59), S. 203.

klärungen abzugeben und die erforderlichen Maßnahmen zu treffen«.[77] Diese Erklärung Dr. Neumanns veranlasste Litauen, die englische und die französische Regierung zu fragen, wie sie zu einem Anschluss des Memelgebietes stehe; beide Regierungen erklärten, sie würden keine Aktion im Falle eines deutschen Vorgehens unternehmen. Daraufhin erteilte die litauische Regierung ihrem Außenminister Juozas Urbšys die Vollmacht, in Berlin Verhandlungen zu führen, doch war er nicht ermächtigt, Verträge zu unterzeichnen.

Außenminister von Ribbentrop empfing Urbšys am 20. März 1939 und erklärte, dass das Memelland zu Deutschland zurückwolle. Dafür gebe es eine friedliche Lösung, die zu einem freundschaftlichen Verhältnis zwischen den beiden Ländern führen würde. Sollte die litauische Regierung diese Regelung ablehnen und sollten insbesondere im Memelgebiet Unruhen auftreten, so würden nicht mehr die Politiker, sondern die Militärs die Situation bestimmen. Von Ribbentrop erklärte sich bereit, bevollmächtigte Vertreter der litauischen Regierung zu empfangen, um eine vertragliche Regelung zu finden. Urbšys entgegnete, er sei nicht allein zuständig, er werde aber noch am gleichen Tage nach Kaunas abreisen und am nächsten Tag seine Regierung sofort informieren. Urbšys versuchte, eine Frist auszuhandeln, innerhalb deren sich die litauische Regierung über ihre Entschlüsse klar werden könnte. Von Ribbentrop entgegnete, die Entwicklung der Verhältnisse liege nicht in deutscher Hand, daher sei es nicht möglich, eine Frist zu setzen, doch möge Litauen im Hinblick auf den für den 25. März vorgesehenen Zusammentritt des Landtags »möglichst schnell« Bevollmächtigte entsenden.[78]

Urbšys kam am 21. März mittags in Kaunas an, wo das Parlament bereits ohne die drei memelländischen Abgeordneten in geheimer Sitzung tagte. Das Kabinett trat sofort zusammen und nahm nach Urbšys' Bericht und fünfstündiger Beratung die deutschen Vorschläge an. Dieser Beschluss wurde dem Parlament zugeleitet, das ebenfalls seine Zustimmung erklärte.[79] Die Verhandlungen um den Abschluss des deutsch-litauischen Vertrages begannen am Abend des 22. März unter dem Vorsitz von Staatssekretär von Weizsäcker. Am 23. März um 1 Uhr früh unterzeichnete Urbšys den Staatsvertrag, der sofort in Kraft trat und durch den das Memelgebiet mit Wirkung vom 22. März 1939 innerhalb seiner alten Grenzen an Deutschland zurückgegeben wurde. Durch das »Reichsgesetz über die Wiedervereinigung des Memellandes mit dem Deutschen Reich« vom 23. März 1939 wurde das Memelland mit Wirkung ab 22. März 1939 Bestandteil des Deutschen Reiches und in das Land Preußen und in die Provinz Ostpreußens einge-

---

77 A.a.O., S. 205.
78 A.a.O., S. 207.
79 A.a.O., S. 209 f.

gliedert. Der deutsch-litauische Staatsvertrag wurde vom litauischen Parlament am 30. März 1939 einstimmig und ohne Stimmenthaltung angenommen.[80]

7. Die kirchliche Entwicklung zwischen 1926 und 1933

Trotz der politischen Umwälzungen in Litauen war die Lage der Evangelischen Kirche des Memelgebiets (EKMG) zwischen 1926 und 1933 ziemlich friedlich, wie es die Tätigkeitsberichte des Generalsuperintendenten und des Konsistoriums für die Landessynode bestätigen.[81] Aber die Auseinandersetzungen um den deutschen Charakter der EKMG gingen weiter. Dabei spielte die Auslegung des Artikels 6 des Kirchenabkommens vom Juli 1925[82] eine wichtige Rolle. Da es absehbar war, dass die Neubesetzung der Pfarrstellen nach dem 1. Januar 1932 schwierig werden würde, empfahl Generalsuperintendent Gregor in einem Schreiben an den EOK vom 1. Dezember 1928 so viele Pfarrstellen wie möglich bis zu diesem Datum »mit jungen, widerstandfähigen Geistlichen zu besetzen«.[83] Der EOK hatte bereits am 28. April 1927 alle Konsistorien der EKapU vertraulich aufgefordert, ihre Pfarramtskandidaten auf eine mögliche Anstellung im Memelgebiet hinzuweisen, und diesen besondere Garantien zugesagt.[84] Theologiestudenten aus dem Memelgebiet, die in Königsberg (Ostpreußen) studierten, konnten vom EOK ein Stipendium von 200.– RM und zusätzlich von der Gustav-

---

80 A.a.O., S. 211 f.
81 Riechmann, Kirche (wie Anm. 15), S. 416.
82 »Bis zum 1. Januar 1932 kann die Evangelische Kirche des Memelgebiets Geistliche und Kirchenbeamte fremder Staatsangehörigkeit in dem Umfange anstellen, den sie für nötig erachtet, um die kirchliche Versorgung der Gemeinden des Gebiets sicherzustellen. Die Einreiseerlaubnis und die Aufenthaltsgenehmigung sollen nur versagt werden, wenn Tatsachen vorliegen, welche die Annahme rechtfertigen, dass der Berufene in Ausübung seines Amtes die staatliche Ordnung gefährden werde. Nach Ablauf der vorerwähnten Frist dürfen Geistliche und Kirchenbeamte, die nicht im Besitze der litauischen Staatsangehörigkeit sind, von der Evangelischen Kirche des Memelgebiets mit staatlicher Zustimmung angestellt werden.« KGVBl. 1925 (wie Anm. 51), S. 118.
83 Riechmann, Kirche (wie Anm. 15), S. 424.
84 Die den Geistlichen zugesagten Garantien bezogen sich auf »die Erhaltung ihrer Besoldungsansprüche, ihrer Ruhegehalts- und Hinterbliebenenversorgungsanwartschaften sowie ihre und ihrer Angehörigen Sicherstellung im Falle einer Verdrängung aus dem Gebiet«; EZA Berlin 7/2995.

Adolf-Stiftung 100.– RM je Semester erhalten; dafür sollten sie später mindestens zehn Jahre im Memelgebiet tätig sein.[85]

Die EKMG wurde finanziell von der EKapU und anderen deutschen Stellen, unter anderem vom »Verein für das Deutschtum im Ausland« und vom Reichspräsidenten Hindenburg unterstützt.[86] Am bekanntesten ist die Unterstützung für den Bau der Kirche in Heydekrug. Nach dem Entwurf des einheimischen Architekten Curt Gutknecht wurde mit dem neugotischen Bau am 27. August 1924 begonnen. Am 10. November 1926 wurde die Kirche feierlich vom geistlichen Vizepräsidenten des EOK und höchsten Geistlichen in der EKapU Paul Conrad eingeweiht. Das Besondere an dieser, bis heute erhaltenen Kirche ist die aufwändige Ausmalung durch den Königsberger Künstler und Kunstprofessor Richard Pfeiffer.[87] Die Bedeutung des künstlerischen Schmuckes formulierte Pfeiffer so:

> »Eine künstlerisch interessante Kirche im Memellande bedeutet heute eine mächtige moralische Demonstration deutsch-evangelischen Wesens und schafft einen starken kulturellen Stützpunkt für dasselbe."[88]

Der EOK unterstützte den Bau aus landeskirchlichen Mitteln mit 60.000 RM, die Kollekte in allen Gemeinden der EKapU erbrachte 45.600 RM, das Reich bewilligte 30.000 RM und Preußen 45.000 RM.[89]

8. Die kirchliche Entwicklung zwischen 1933 und 1944

Generalsuperintendent Gregor ging zum 1. Juli 1933 in den Ruhestand. Sein Nachfolger wurde der Superintendent des Kirchenkreises Pogegen Otto Obereigner.[90] Am 22. August 1933 teilte der litauische Gouverneur des Memelgebiets dem Konsistorium in Memel mit, die litauische Regierung sehe die rechtliche Stellung der EKapU in Folge des Inkrafttretens der Verfassung der Deutschen Evangelischen Kirche (DEK) am 23. Juli 1933 so grundlegend verändert, dass

---

85 Riechmann, Kirche (wie Anm. 15), S. 428.
86 S. zu diesem Absatz a.a.O., S. 441–447.
87 Schoenborn, Ulrich: Das Überflüssigste ist das Allernotwendigste. Richard Pfeiffer und die Fresken in der Kirche von Heydekrug; in: Annaberger Annalen über Litauen und deutsch-litauische Beziehungen 15 (2007), S. 177–246.
88 Pfeiffer an den EOK am 8. Oktober 1925; Riechmann, Kirche (wie Anm. 15), S. 445.
89 A.a.O., S. 443 f.
90 A.a.O., S. 452.

man das »Abkommen betreffend die Evangelische Kirche des Memelgebiets« vom 31. Juli 1925 als erloschen betrachte; er wies das Konsistorium an, die Verwaltung der EKMG unabhängig von den kirchlichen Körperschaften in Deutschland zu organisieren. Der litauische Gesandte in Berlin teilte am 24. August 1933 dem EOK diesen Beschluss seiner Regierung mit.[91] In enger Abstimmung mit dem Auswärtigen Amt antwortete der EOK dem litauischen Gesandten am 26. August 1933, das Kirchenabkommen von 1925 sei unbefristet und zudem nicht einseitig kündbar; auch sei die litauische Regierung aufgrund der autonomen Rechte des Memelgebiets in religiösen Fragen nicht berechtigt, in die dortigen religiösen Angelegenheiten einzugreifen. Deshalb erkenne der EOK die einseitige Kündigung des Kirchenabkommens nicht an und sehe dieses immer noch als wirksam an.[92] In der Tat änderte sich in der Folgezeit nichts:

> »Der EOK, das Konsistorium in Memel und die memelländischen Gemeinden arbeiten so weiter, als wenn das Kirchenabkommen durch die Litauer nie in Frage gestellt worden wäre. Auch zahlt das Direktorium des Memelgebiets nach wie vor ungeschmälert seine Staatsleistungen an die evangelische Kirche.«[93]

Am 8. Februar 1934 trat das »Gesetz zum Schutz von Nation und Staat« in Kraft, das jeden mit Zuchthausstrafe bedrohte, der Verbindung mit öffentlich-rechtlichen Organisationen in anderen Staaten aufnimmt oder unterhält.[94] Das betraf auch die memelländischen Kirchengemeinden und ihre Beziehungen zur Kirchenleitung in Berlin. Heimlich reisten Generalsuperintendent Obereigner und Konsistorialrat Loerke nach Berlin zu einer Besprechung im EOK am 21. Februar 1934. Dem Auswärtigen Amt teilte der EOK am 23. März 1934 mit, dass man trotz einseitiger Kündigung und des neuen Gesetzes am Kirchenabkommen vom Juli 1925 weiter festhalte; mit den Vertretern des memelländischen Konsistoriums sei vereinbart worden,

> »dass aber dem Bedürfnis und den Wünschen der memelländischen evangelischen Bevölkerung gemäß die engen Beziehungen zwischen der Evangelischen Kirche des Memelgebiets und ihrer Mutterkirche, der Evangelischen Kirche der altpreußischen Union, wenn auch jetzt in besonders vorsichtig gewählten Formen, unverändert weiter gepflegt werden sollen«.[95]

---

91 A.a.O., S. 452 f.
92 A.a.O., S. 455 f.
93 Aktenvermerk des EOK vom 14. Oktober 1933; a.a.O., S. 457.
94 S. oben S. 91.
95 Riechmann, Kirche (wie Anm. 15), S. 458.

Die Kontakte zwischen dem EOK und Obereigner liefen nun über die Superintendentur der deutschen Grenzstadt Tilsit, wohin Obereigner ohne Gefahr reisen konnte.[96] Der EOK stellte der EKMG monatlich 9.000 RM zur Verfügung, die anscheinend über die Sparkasse Tilsit abgewickelt, dann in kleinen Mengen umgetauscht und über die Grenze gebracht wurden.[97] Im September 1934 wurden neun der zehn deutschen Pfarrer und zum 1. Oktober 1934 Konsistorialrat Loerke vom litauischen Gouverneur ausgewiesen:[98] Nachdem Hitler in seinen Reden vor dem Reichstag am 21. Mai und 15. September 1935 Litauen deutlich gewarnt hatte und es zu Neuwahlen des memelländischen Landtages und der Einsetzung des prodeutschen Landesdirektoriums unter August Baldschus gekommen war, nahm der Druck auf die EKMG ab und es entwickelte sich ein gutes Einvernehmen zwischen der Leitung der EKMG und dem neuen Landesdirektorium.[99]

Mit dem Wiederanschluss des Memelgebiets an das Deutsche Reich am 22. März 1939 endete auch der Sonderweg der EKMG. Am 12. und 13. April 1939 wurde in Memel über die Wiedereingliederung der memelländischen Kirchengemeinden in die ostpreußische Provinzialkirche verhandelt, die zum 1. Mai 1939 vollzogen wurde. Die Organe der EKMG wurden aufgelöst, aber die Ordnung der Kirchenkreise des Memelgebiets blieb erhalten.[100]

Als Anfang Oktober 1944 die sowjetischen Truppen auf das Memelgebiet vorstießen, flohen die meisten Memelländer und mit ihnen auch ihre Pfarrer. Damit endete faktisch die Geschichte der EKapU im Memelgebiet.[101]

---

96 A.a.O., S. 460.
97 Ebd.
98 A.a.O., S. 461.
99 A.a.O., S. 462 f.
100 A.a.O., S. 465. Vgl. Gesetzblatt der Deutschen Evangelischen Kirche Nr. 16 vom 1. August 1939: »Verordnung über die Evangelische Kirche im ehemaligen Memelland vom 1. Mai 1939«.
101 A.a.O., S. 466.

Jürgen Kampmann

Die Verfassung der Deutschen Evangelischen Kirche vom 11. Juli 1933

Verfassung der Deutschen Evangelischen Kirche
vom 11. Juli 1933

Veröffentlicht in: Gesetzblatt der Deutschen Evangelischen Kirche 1933. Nr. 1, S. 2–6.

In der Stunde, da Gott unser deutsches Volk eine große geschichtliche Wende erleben läßt, verbinden sich die deutschen evangelischen Kirchen in Fortführung und Vollendung der durch den Deutschen Evangelischen Kirchenbund eingeleiteten Einigung zu einer einigen

Deutschen Evangelischen Kirche.

Sie vereinigt die aus der Reformation erwachsenen gleichberechtigt nebeneinanderstehenden Bekenntnisse in einem feierlichen Bunde und bezeugt dadurch: »Ein Leib und ein Geist, ein Herr, ein Glaube, eine Taufe, ein Gott und Vater unser aller, der da ist über allen und durch alle und in allen.«

Die Deutsche Evangelische Kirche gibt sich nachstehende Verfassung:

Jürgen Kampmann

Abschnitt I

Artikel 1

Die unantastbare Grundlage der Deutschen Evangelischen Kirche ist das Evangelium von Jesus Christus, wie es uns in der Heiligen Schrift bezeugt und in den Bekenntnissen der Reformation neu ans Licht getreten ist. Hierdurch werden die Vollmachten, deren die Kirche für ihre Sendung bedarf, bestimmt und begrenzt.

Abschnitt II

Artikel 2

(1) Die Deutsche Evangelische Kirche gliedert sich in Kirchen (Landeskirchen).
(2) Bekenntnisverwandte Kirchengemeinschaften können angeschlossen werden. Die Art des Anschlusses wird durch Gesetz bestimmt.
(3) Die Landeskirchen bleiben in Bekenntnis und Kultus selbständig.
(4) Die Deutsche Evangelische Kirche kann den Landeskirchen für ihre Verfassung, soweit diese nicht bekenntnismäßig gebunden ist, durch Gesetz einheitliche Richtlinien geben. Sie hat die Rechtseinheit unter den Landeskirchen auf dem Gebiete der Verwaltung und Rechtspflege zu fördern und zu gewährleisten.
(5) Eine Berufung führender Amtsträger der Landeskirchen erfolgt nach Fühlungnahme mit der Deutschen Evangelischen Kirche.
(6) Alle kirchlichen Amtsträger sind beim Amtsantritt auf die Verfassung der Deutschen Evangelischen Kirche zu verpflichten.

Abschnitt III

Artikel 3

(1) Die Deutsche Evangelische Kirche regelt das deutsche gesamtkirchliche Rechtsleben.
(2) Sie ordnet ihr Verhältnis zum Staat.
(3) Sie bestimmt ihre Stellung zu fremden Religionsgesellschaften.

Artikel 4

(1) Die Deutsche Evangelische Kirche will die in ihr geeinte deutsche evangelische Christenheit für die Erfüllung des göttlichen Auftrages der Kirche rüsten und einsetzen. Sie hat deshalb von der Heiligen Schrift und den reformatorischen Bekenntnissen her sich um eine einheitliche Haltung in der Kirche zu bemühen und der kirchlichen Arbeit Ziel und Richtung zu weisen.
(2) Ihre besondere Fürsorge widmet sie dem deutschen Volkstum, vornehmlich der Jugend.
(3) Die freie kirchliche Arbeit von gesamtkirchlicher Bedeutung, insbesondere auf dem Gebiete der inneren und äußeren Mission, nimmt sie unter ihre fördernde Obhut.
(4) Die Verbundenheit mit den evangelischen Deutschen im Ausland hat sie zu wahren und zu festigen.
(5) Sie pflegt die Beziehungen zu den befreundeten Kirchen des Auslandes.

Abschnitt IV

Artikel 5

(1) An der Spitze der Kirche steht der lutherische Reichsbischof.
(2) Dem Reichsbischof tritt ein Geistliches Ministerium zur Seite.
(3) Eine Deutsche Evangelische Nationalsynode wirkt bei der Bestellung der Kirchenleitung und bei der Gesetzgebung mit.
(4) Beratende Kammern verbürgen den im deutschen evangelischen Volkstum lebendigen Kräften die freie schöpferische Mitarbeit im Dienst der Kirche. [...]

Die Verfassung der Deutschen Evangelischen Kirche vom 11. Juli 1933 stellt für die Geschichte des deutschen Protestantismus ein bis dahin nie gekanntes Novum dar: Mit ihr wurde erstmals seit der Reformation eine bis dahin die legislativ wie exekutiv allein maßgebliche Ebene der Landeskirchen übergreifende, das gesamte Gebiet des Deutschen Reiches umfassende, kirchenleitende Struktur geschaffen. Im Zuge der weit verbreiteten Aufbruchsstimmung in der Bevölkerung nach der nationalsozialistischen Machtergreifung, die seitens der NSDAP in ebenso geschickter wie gezielter Propaganda als »nationale Erhebung« proklamiert und dann auch im beabsichtigten Sinne rezipiert wurde, fand die Idee, die »Zersplitterung« des deutschen Protestantismus in 28 eigenständige Landeskirchen unterschiedlichster Größe endlich überwinden zu wollen, breite Zustimmung. Die Idee war seitens der Glaubensbewegung »Deutsche Christen« (DC) gleich im zweiten Punkt ihrer 1932 erstellten, vom Berliner Pfarrer Joachim Hossenfelder[1] formulierten Richtlinien als zentrale Forderung erhoben worden:

> »Wir kämpfen für einen Zusammenschluß der im ›Deutschen Evangelischen Kirchenbund‹ zusammengefaßten 29 Kirchen zu einer evangelischen Reichskirche und marschieren unter dem Ruf und Ziel: ›Nach außen eins und geistgewaltig, um Christus und sein Wort geschart, nach innen reich und vielgestaltig, ein jeder Christ nach Ruf und Art!‹[2] (nach Geibel[3]).«

Auch die sich gegen die kirchenpolitischen Ziele der Deutschen Christen im Frühjahr 1933 formierende Jungreformatorische Bewegung war für das Anliegen, eine Reichskirche schaffen zu wollen, aufgeschlossen. In einem überhasteten Prozess suchte man dann ab April 1933 die Verfassung für eine solche Reichskirche zu schaffen, an deren Spitze ein lutherischer Reichsbischof stehen sollte.[4] Noch bevor die Verfassung ausformuliert, geschweige denn angenommen war, kamen die an dem Prozess beteiligten führenden Vertreter der Landeskirchen überein, den reichsweit bekannten, weithin hohes Ansehen genießenden Leiter der Von-Bodelschwinghschen-Anstalten in Bethel bei Bielefeld, Pastor Friedrich (genannt Fritz) von Bodelschwingh,[5] für das Amt des Reichsbischofs zu designieren – und diesen dem Königsberger Wehrkreispfarrer und Bevollmächtigten Adolf Hitlers für die Angelegenheiten der evangelischen Kirche Ludwig Müller,[6] der von den Deutschen Christen unterstützt wurde, vorzuziehen. Nach einer gezielt gegen Bodelschwingh seitens der DC mit Unterstützung der NSDAP entfachten Kampagne und einer seitens der nationalsozialistisch geführten preußischen Staatsregierung angezettelten Auflösung sämtlicher kirchenleitender Gremien der dortigen Landeskirchen zugunsten staatlicherseits eingesetz-

---

1 Zum Wirken Hossenfelders s. Aring, Paul Gerhard: [Art.:] Hossenfelder, Joachim, in: BBKL 15, Herzberg 1999, Sp. 733–735.
2 Zitat bei Geibel konnte nicht nachgewiesen werden.
3 Emanuel Geibel (1815–1884), national-konservativer Lyriker; Professor der Ästhetik in München, seit 1868 in Lübeck. Haupt des Münchener Dichterkreises. S. [Art.:] Geibel, Emanuel, in: Der große Brockhaus. Kompaktausgabe. Bd. 8. Gasthörer bis Grimaud. Aktualisierte 18. Aufl. in 26 Bänden, Wiesbaden 1984, S. 47.
4 S. dazu Scholder, Klaus: Die Kirchen und das Dritte Reich. Bd. 1. Vorgeschichte und Zeit der Illusionen. 1918–1934, Frankfurt (Main)/Berlin/Wien 1977, S. 356.394–403.
5 Zum Wirken Friedrich (genannt Fritz) von Bodelschwinghs s. Bautz, Friedrich Wilhelm: [Art.:] Bodelschwingh, Friedrich von, in: BBKL 1, Hamm 1990, Sp. 649–651.
6 Zum Wirken Müllers s. Schneider, Thomas Martin: [Art.:] Müller, Ludwig (Johann Heinrich Ludwig), in: BBKL 6, Herzberg 1993, Sp. 294–299.

ter Kommissare trat Bodelschwingh von der Designation zum Reichsbischof am 24. Juni 1933 zurück.

Damit wurde der Weg frei zu nunmehr unter großem Zeitdruck geführten Verhandlungen über die Gestalt der Kirchenverfassung für die Reichskirche. Als wesentliche Elemente wurden eine herausragende Stellung des Reichsbischofs (Art. 6) und der Reichskirchenregierung (»Geistliches Ministerium«) mit legislativen Kompetenzen bestimmt (Art. 7 Abs. 1), aber zugleich auch festgeschrieben, dass die Existenz der Landeskirchen durch die Bildung der Reichskirche ebensowenig in Frage gestellt werden sollte (Art. 2 Abs. 1) wie der Bekenntnisstand der Kirchen und Gemeinden angetastet werden sollte (Art. 2 Abs. 3). Der neu zu bildenden Nationalsynode (Art. 8 Abs. 1) wurde hingegen nur eine ausgesprochen schwache Funktion zugebilligt – legislativ war ihre Kompetenz mit der des Geistlichen Ministeriums gleichgestellt (Art. 10) (ohne Klärung, wie im Konfliktfall zwischen diesem und ihr zu verfahren sei), zudem sollte sie weder das Recht haben, den Reichsbischof frei zu wählen (das Vorschlagsrecht dazu lag bei »den im leitenden Amt stehenden Führern der Landeskirchen in Gemeinschaft mit dem Geistlichen Ministerium«; Art. 6 Abs. 5), noch hatte sie irgendein Mitwirkungsrecht bei der Bestellung der Mitglieder des Geistlichen Ministeriums; diese zu ernennen (Art. 7 Abs. 4) und in ihr Amt einzuweisen (Art. 6 Abs. 2), kam dem Reichsbischof allein zu. Dies unterstreicht, wie weitgehend in dieser Verfassung dem nationalsozialistisch proklamierten Führerprinzip Rechnung getragen wurde. Als weiteres Indiz dafür ist auch zu vermerken, dass die Zahl der Mitglieder der Nationalsynode auf 60 beschränkt wurde, von denen ein Drittel nicht einmal von den Landeskirchen entsandt, sondern von der DEK selbst berufen werden sollte (Art. 8 Abs. 1). Auch diese Regelung unterstreicht den außerordentlich begrenzten landeskirchlich-synodalen Einfluss auf die neu gebildete Reichskirche.

Am 11. Juli 1933 nahmen die dazu bevollmächtigten Vertreter der deutschen evangelischen Landeskirchen den so gearbeiteten Verfassungsentwurf an – und nur drei Tage später, am 14. Juli 1933, wurde diese Verfassung von der Reichsregierung für das Deutsche Reich anerkannt und im Reichsgesetzblatt veröffentlicht (RGBl 1933 S. 471). Ausdrücklich war dabei in Art. 2 Abs. 2 des Reichsgesetzes bestimmt, dass die Rechte und Pflichten des (seit 1922 bestehenden) Deutschen Evangelischen Kirchenbundes auf die »Deutsche Evangelische Kirche« (DEK) übergehen sollten. Die von den Landeskirchen bisher in dieser Weise geordnete Zusammenarbeit fand mit dem Inkrafttreten der Reichskirchenverfassung also unmittelbar ein Ende. Durch das Reichsgesetz wurde auch der DEK der Status einer Körperschaft öffentlichen Rechts verliehen. Mit Wirkung vom 15. Juli 1933 trat die neue Reichskirchenverfassung bereits in Kraft – das bisher geltende Recht blieb in Kraft, soweit es dieser Verfassung nicht entgegenstand.

Für die Verfassungsinterpretation aufschlussreich ist die äußerst zeitnah – nämlich bereits am 20. Juli 1933 – veröffentlichte, vom bayerischen Oberkirchenrat Hans Meinzolt[7] verfasste Darstellung »Die Deutsche Evangelische Kirche. Ihr Wesen und ihre Verfassung«. Allen anderen Aspekten voran betont Meinzolt den »Vertragscharakter« dieser Verfassung –[8] und interpretiert deren Art. 2 Satz 1, dass die DEK sich »in Kirchen (Landeskirchen) gliedere«, mittels des wie eine Faustformel formulierten Satzes »es gibt keine Reichskirche außerhalb der Landeskirchen«.[9] Erläuternd fügt er zur Abweisung jeder anderen Interpretation hinzu: »Die Landeskirchen sind also nicht etwa unselbständige Teile (Provinzen) der Reichskirchen, sondern entsprechend der geschichtlichen Entwicklung behalten die Landeskirchen ihr Eigenleben, ihr Bund bildet die Reichskirche.«[10] »Das ›Bürgerrecht‹ in der Reichskirche geht nur über das ›Bürgerrecht‹ in einer Landeskirche; ein unmittelbares Reichskirchen-Bürgerrecht gibt es nicht.«[11]

Diese Interpretation, die eine weitere Stütze darin findet, dass die Reichskirchenverfassung ausdrücklich den Landeskirchen zusichert, dass diese »in Bekenntnis und Kultus selbständig« bleiben (Art. 2, Abs. 3), steht indes in einer nicht zu übersehenden Spannung zu der in der Einleitung zu den sieben Abschnitten der Verfassung gewählten Formulierung, dass sich die deutschen evangelischen Landeskirchen »in Fortführung und Vollendung [!] der durch den Deutschen Evangelischen Kirchenbund eingeleiteten Einigung zu einer einigen [!] Deutschen Evangelischen Kirche« verbänden. Dieser wird dann nicht nur die Kompetenz zuerkannt, den Landeskirchen für ihre Verfassung (»soweit diese nicht bekenntnismäßig gebunden ist«) »durch Gesetz einheitliche Richtlinien« zu geben (Art. 2 Abs. 4 Satz 1) und »die Rechtseinheit unter den Landeskirchen auf dem Gebiete der Rechtspflege zu fördern«, sondern diese auch »zu gewährleisten« (Art. 2 Abs. 4 Satz 2). Schon Meinzolt hält diesbezüglich fest, dass der Reichskirche damit zwar keine »fortlaufende Einwirkung auf die Verwaltung der

---

7 Hans Meinzolt war seit 1933 Leiter der Rechtsabteilung des Evangelisch-lutherischen Landeskirchenrats München, dem er zunächst als Oberkirchenrat und von 1935 an als Vizepräsident angehörte; seit 1936 nahm er auch das Amt des Vorsitzenden der Kammer für Verfassungsangelegenheiten der DEK wahr. S. Der Kompromiß von Treysa. Die Entstehung der Evangelischen Kirche in Deutschland (EKD) 1945. Eine Dokumentation. Hg. von Gerhard Besier, Hartmut Ludwig, Jörg Thierfelder. Bearbeitet von Michael Losch, Christoph Mehl, Hans-Georg Ulrichs (Schriftenreihe der Pädagogischen Hochschule Heidelberg 24), Weinheim 1995, S. 431.
8 S. Meinzolt, Hans: Die Deutsche Evangelische Kirche. Ihr Wesen und ihre Verfassung. 3. vermehrte Auflage, München 1933, S. 4.
9 A.a.O., S. 5.
10 Ebd.
11 A.a.O., S. 6.

Landeskirchen eingeräumt« werde,[12] dass gleichwohl damit aber »doch die Möglichkeit geschaffen« sei, »mit Maßnahmen von Fall zu Fall dann unmittelbar in die Verwaltung der Landeskirchen einzugreifen, wenn sie es aus Gründen der Herbeiführung oder Aufrechterhaltung der Rechtseinheit für notwendig hält«.[13] Meinzolt zögert denn auch nicht, deutlich zu machen, dass der Reichskirche damit eine Kompetenz zukomme, die über die des Reiches gegenüber den Ländern hinausgehe, und die darin steckende Gefahr unverhohlen zu markieren: »Ob diese weitgehende Übermacht-Stellung der Reichskirche gegenüber den Landeskirchen den letzteren den nötigen Spielraum für Eigenleben und freie Kraftentfaltung läßt, muß die Zukunft lehren«,[14] ja generell festzustellen: »Die juristische Formung, mit der die Verfassung die Aufgabe der Reichskirche umschreibt, ist außerordentlich dehnbar. [...] Der praktische Vollzug der Verfassung wird erkennen lassen, inwieweit die Reichskirche auf eine Uniformierung des kirchlichen Lebens Wert legt und inwieweit den Landeskirchen das Recht der selbständigen Ordnung ihres Lebens verbleibt.«[15] – Die nur wenig später massiv aufbrechenden kirchenpolitischen Konflikte sollten Meinzolts im Juli 1933 sofort notierten, diesbezüglichen Fragen und Befürchtungen als nur zu sehr berechtigt erweisen – umso mehr, als die Verfassung keinerlei Aussage darüber machte, wie groß die Anzahl der Landeskirchen in der DEK hinkünftig (mindestens) sein solle. Fusionen von Landeskirchen (die ja kirchenpolitisch allgemein erstrebt wurden) auch gegen den Willen der Betroffenen war damit kein juristischer Riegel vorgeschoben – mit Ausnahme dessen, dass dabei das Bekenntnis dieser Kirchen berücksichtigt werden musste (Art. 1; Art. 2 Abs. 3; Art. 4 Abs. 1 Satz 2; Art. 7 Abs. 3; Art. 12 Abs. 1).

Der in der Verfassung der DEK wiederholt festgehaltenen Bekenntnisbindung sollte damit größte Bedeutung zukommen. Schon in der Einleitung der Verfassung war von den »aus der Reformation erwachsenen gleichberechtigt nebeneinanderstehenden Bekenntnisse[n]« die Rede – Art. 1 formulierte sodann als »unantastbare Grundlage der Deutschen Evangelischen Kirche« »das Evangelium von Jesus Christus, wie es uns in der Heiligen Schrift bezeugt und in den Bekenntnissen der Reformation neu ans Licht getreten ist« und klassifizierte dies zudem als Bestimmung und Begrenzung der Vollmachten, »deren die Kirche für ihre Sendung bedarf«.

Zum Verständnis der hier begegnenden Formulierungen ist wichtig, dass diese unverkennbar an entsprechende einleitende Bestimmungen in den Kirchenverfas-

---

12 A.a.O., S. 7.
13 Ebd.
14 Ebd.
15 A.a.O., S. 10.

sungen deutscher evangelischer Landeskirchen anknüpften, zum Beispiel an die der Evangelischen Kirche der altpreußischen Union (»Getreu dem Erbe der Väter steht die evangelische Landeskirche der älteren Provinzen Preußens auf dem in der Heiligen Schrift gegebenen Evangelium von Jesus Christus [...] und erkennt die fortdauernde Geltung ihrer Bekenntnisse an [...] Das in diesen Bekenntnissen bezeugte Evangelium ist die unantastbare Grundlage für die Lehre, Arbeit und Gemeinschaft der Kirche.«[16]) und die der württembergischen Landeskirche (»Die evangelisch-lutherische Kirche in Württemberg, getreu dem Erbe der Väter, steht auf dem in der Heiligen Schrift gegebenen, in den Bekenntnissen der Reformation bezeugten Evangelium von Jesus Christus [...] Dieses Evangelium ist für die Arbeit und Gemeinschaft der Kirche unantastbare Grundlage.«[17]) Zwar ist auch hier zu vermerken, dass bereits Meinzolt darauf aufmerksam gemacht hat, dass »eine Gewähr für den Fortbestand dieser Bekenntnisse« mit der Anerkennung ihrer Gleichberechtigung in der Einleitung zur Verfassung der DEK nicht verbunden sei – er hält aber auch fest, dass »eine Beseitigung der Bekenntnisse und ihre Ersetzung durch ein gemeinsames Bekenntnis von Reichskirchen wegen« ausgeschlossen sei.[18] Dies ist um so bedeutsamer, als damit der zeitgenössisch immerhin auch erwogene Gedanke, ein eigenes Bekenntnis der Reichskirche schaffen zu wollen, im Verfassungsbildungsprozess abgewiesen wurde.[19] Gleichfalls bot die Reichskirchenverfassung keinen Ansatz dafür, eine »die beiden großen christlichen Bekenntnisse umfassende Reichskirche« zu konstituieren;[20] sie war festgelegt, evangelische Konfessionskirche und nicht etwa überkonfessionelle Nationalkirche zu werden. Dass dieses Ziel auch politisch von der Reichsregierung 1933 nicht erstrebt wurde, belegen die gleichzeitig mit dem Heiligen Stuhl geführten Verhandlungen über den Abschluss eines Reichskonkordates.

Für die sich nach den kirchenpolitischen Auseinandersetzungen mit der deutschchristlich bestimmten Reichskirchenregierung im Frühjahr 1934 formie-

---

16 Verfassungsurkunde für die Evangelische Kirche der altpreußischen Union vom 29. September 1922 (Kirchl. Ges.- u. VOBl. 1924 S. 57). Abgedruckt in: Kraus, Dieter: Evangelische Kirchenverfassungen in Deutschland. Textsammlung mit einer Einführung, Berlin 2001, S. 935–984; Zitat a.a.O., S. 935 f.
17 Kirchliches Gesetz, betreffend die Verfassung der evangelischen Landeskirche in Württemberg (Kirchenverfassungsgesetz). Vom 24. Juni 1920; s. Amtsblatt des württembergischen Evangelischen Konsistoriums 1920, Bd. 19, Nr. 37, S. 199). Abgedruckt in: Giese, Friedrich/Hosemann, Johannes (Hgg.): Die Verfassungen der Deutschen Evangelischen Landeskirchen. Unter Berücksichtigung der kirchlichen und staatlichen Ein- und Ausführungsgesetze. Bd. 1 (Quellen des Deutschen Evangelischen Kirchenrechts 1), Berlin 1927, S. 447– 456; Zitat a.a.O., S. 447.
18 So Meinzolt, Kirche (wie Anm. 8), S. 5.
19 S. a.a.O., S. 4.
20 A.a.O., S. 5.

rende »Bekennende Kirche« wurde der Rekurs auf Art. 1 der Verfassung der DEK zum tragenden Moment. Die erste Bekenntnissynode der Deutschen Evangelischen Kirche, die sich vom 29. bis 31. Mai 1934 in Wuppertal-Barmen versammelte, nahm in der Einleitung zu der von ihr angenommenen »Theologischen Erklärung« unmittelbar unter wörtlicher Aufnahme der betreffenden Formulierungen darauf Bezug und erklärte: »Wir, die zur Bekenntnissynode der Deutschen Evangelischen Kirche vereinigten Vertreter lutherischer, refomierter und unierter Kirchen, freier Synoden, Kirchentage und Gemeindekreise erklären, daß wir gemeinsam auf dem Boden der Deutschen Evangelischen Kirche als eines Bundes der deutschen Bekenntniskirchen stehen. Uns fügt dabei zusammen das Bekenntnis zu dem einen Herrn der einen, heiligen, allgemeinen und apostolischen Kirche.« Die theologische Voraussetzung zur Bildung der DEK sei durch das 1933 gebildete (deutschchristliche) Kirchenregiment »dauernd durch fremde Voraussetzungen durchkreuzt und unwirksam gemacht« worden.[21] In der gleichfalls von dieser Synode am 31. Mai 1934 abgegebenen »Erklärung zur Rechtslage der Deutschen Evangelischen Kirche« wurde dieser Vorwurf dahingehend expliziert, dass »im Namen der Deutschen Evangelischen Kirche rechtmäßig zu sprechen und zu handeln […] nur die berufen« seien, »welche an der Heiligen Schrift und dem Bekenntnis der Kirche als ihrer unantastbaren Grundlage festhalten und beidem die maßgebende Geltung in der Deutschen Evangelischen Kirche wieder verschaffen wollen«.[22] In der Kirche sei »eine Scheidung der äußeren Ordnung vom Bekenntnis nicht möglich« – und insofern sei die in der Verfassung der DEK festgelegte Gliederung der DEK in Landeskirchen »bekenntnismäßig begründet«.[23] Die zwischenzeitlich seitens des Reichsbischofs auf dem Verwaltungsweg und mit Zwang verfügten Eingliederungen von Landeskirchen in die DEK[24] entbehrten daher der Rechtswirksamkeit –[25] wie auch eine hierarchische Gestaltung der Kirche (die ihre Rechtfertigung dem der Kirche wesensfrem-

---

21 Kraus, Dieter: Evangelische Kirchenverfassungen in Deutschland. Textsammlung mit einer Einführung, Berlin 2001, S. 919.
22 Germann, Michael: Staatskirchenrecht und Kirchenrecht. Textauswahl. Ausgabe für Tübingen 2007 in Zusammenarbeit mit Karl-Hermann Kästner. Halle 2007. Text 53 Nr. 1 Abs. 3, S. 548.
23 Ebd.
24 Hier ist insbesondere auf die Eingliederung der Evangelischen Kirche der altpreußischen Union in die DEK vom 1. März 1934 zu verweisen, aber auch auf Nassau-Hessen, Sachsen, Schleswig-Holstein und Thüringen; s. dazu Scholder, Klaus: Die Kirchen und das Dritte Reich. Bd. 2. Das Jahr der Ernüchterung 1934. Barmen und Rom, Berlin 1985, S. 87–90.162–171.
25 Ebd.

den weltlichen Führerprinzip entnehme) dem reformatorischen Bekenntnis widerspreche.[26]

Der hier markierte fundamentale Dissens über die seitens der DEK zu beachtenden Grenzen ihrer Rechtsetzung zwischen Deutschen Christen und Bekennender Kirche konnte bis zum Ende der nationalsozialistischen Zeit nicht überwunden werden. Auch bei der im August 1945 in Treysa zusammentretenden Kirchenversammlung gelang es noch nicht, für die Zukunft klar zu umreißen, in welcher Weise das doppelte evangelisch-kirchenrechtliche »Erbe« der nationalsozialistischen Zeit – die Verfassung der DEK vom 11. Juli 1933 und die Rechtsetzung der Bekennenden Kirche vom Mai 1934 an – angemessen weiterzuführen sei – die am 31. August 1945 beschlossene »Vorläufige Ordnung der Evangelischen Kirche in Deutschland« markiert nur die zu lösende Aufgabe und beschreibt die bis zu einer Klärung erfolgende Bildung einer interimistischen Leitung durch einen zwölfköpfigen »Rat der Evangelischen Kirche in Deutschland«.[27]

Im Vorspruch zu der 1948 verabschiedeten Grundordnung der EKD sind dann Art. 1 der Verfassung der DEK wie die Grundeinsichten der Barmer Bekenntnissynode der Sache nach vollkommen aufgenommen worden (»Grundlage der Evangelischen Kirche in Deutschland ist das Evangelium von Jesus Christus, wie es uns in der Heiligen Schrift Alten und Neuen Testaments gegeben ist. Indem sie diese Grundlage anerkennt, bekennt sich die Evangelische Kirche in Deutschland zu dem Einen Herrn der einen heiligen und apostolischen Kirche. Gemeinsam mit der alten Kirche steht die Evangelische Kirche in Deutschland auf dem Boden der altkirchlichen Bekenntnisse. Für das Verständnis der Heiligen Schrift wie auch der altkirchlichen Bekenntnisse sind in den lutherischen, reformierten und unierten Gliedkirchen die für sie geltenden Bekenntnisse der Reformation maßgebend.«[28]); die Wirksamkeit der Bekenntnisse für die kirchliche Rechtsetzung und Lebensgestaltung wurde zudem in Art. 1 Satz 2 als für alle Zukunft anerkannt festgeschrieben (»Sie [die EKD] achtet die Bekenntnisgrundlage der Gliedkirchen und Gemeinden und setzt voraus, daß sie ihr Bekenntnis in Lehre, Leben und Ordnung der Kirche wirksam werden lassen.«[29]).

---

26 Germann, Staatskirchenrecht (wie Anm. 22), Nr. 5, S. 548.
27 Verordnungs- und Nachrichtenblatt der EKD Nr. 38/39, 11. Dez. 1946; abgedruckt bei Brunotte, Heinz: Die Grundordnung der Evangelischen Kirche in Deutschland. Ihre Entstehung und ihre Probleme, Berlin 1954, S. 300–302; Zitat S. 300.
28 S. Brunotte, Heinz: Die Grundordnung der Evangelischen Kirche in Deutschland. Ihre Entstehung und ihre Probleme, Berlin 1954, S. 110.
29 A.a.O., S. 118.

Hartmut Sander

Die Beschlüsse der altpreußischen Bekenntnissynode in Halle (Saale) zu den Fragen des Bekenntnisstandes (1937)

Der erste Beschluss der Bekenntnissynode der Evangelischen Kirche der altpreußischen Union in Halle 1937[1]

A. Zur konfessionellen Frage in der Evangelischen Kirche der altpreußischen Union

Die Bekenntnissynode der Deutschen Evangelischen Kirche von Barmen hat in ihrer theologischen Erklärung die unumgängliche Voraussetzung bezeugt, ohne welche die bei uns geltenden Bekenntnisse nicht recht gelehrt und wahrhaft bekannt werden können. Die Bekenntnissynode der Evangelischen Kirche der altpreußischen Union hat sich diese Erklärung zu eigen gemacht und damit die Voraussetzung geschaffen, unter der allein die Evangelische Kirche der altpreußischen Union in Übereinstimmung mit den in ihr geltenden Bekenntnissen auf dem Grunde der Heiligen Schrift gebaut werden kann.

---

1 Beschlüsse der 2. Tagung der vierten Bekenntnissynode der Evangelischen Kirche der Altpreußischen Union, Halle a. Saale 10.–13. Mai 1937. Herausgeber: Der Bruderrat der evangelischen Kirche der Altpr. Union, Berlin-Lichterfelde, Druck: F. W. Köhler, Wuppertal-Elberfeld, S. 3–10. Niemöller, Gerhard (Hg.): Die Synode zu Halle 1937. Die zweite Tagung der vierten Bekenntnissynode der Evangelischen Kirche der altpreußischen Union. Text – Dokumente – Berichte (Arbeiten zur Geschichte des Kirchenkampfes 11), Göttingen 1963, S. 436–442.

Hartmut Sander

Als Gemeinde von Brüdern, in der Jesus Christus in Wort und Sakrament durch den Heiligen Geist als der Herr gegenwärtig handelt, weiß sie, daß sie sich im Bekenntnis zu dem einen Herrn der Einen Heiligen Apostolischen Kirche, unter Abwehr aller Irrlehren, als Kirche Jesu Christi erbaut. Als ein Zusammenschluß von Gemeinden mit verschiedenen reformatorischen Bekenntnissen weiß sie, daß sie sich der mit dieser Verschiedenheit gestellten Aufgabe nicht entziehen, noch ihren Gemeinden die damit gegebene Not und Verheißung vorenthalten darf.

Wir bezeugen, daß uns die verschiedenen unter uns in Geltung stehenden reformatorischen Bekenntnisse in dem uns aufgetragenen Kampfe Trost und Weisung gegeben haben, ohne daß über der Verschiedenheit der Bekenntnisse unsere Gemeinschaft zerbrochen wäre. Wir bitten Gott, daß er uns im gemeinsamen Bekennen und Bezeugen wachsen lasse an dem, der das Haupt ist, Christus. Wir fordern die Gemeinden auf, die Gemeinschaft unter dem Wort fest zu behalten.

Die Synode weiß sich verpflichtet, dafür Sorge zu tragen, daß das verantwortliche Gespräch zwischen Lutheranern, Unierten und Reformierten in gemeinsamer Beugung unter die Heilige Schrift und in gemeinsamer Bitte um Erleuchtung durch den Heiligen Geist mit allem Ernst weitergeführt wird.

Die Synode beauftragt die Kirchenleitung, unter Mitwirkung der Konvente der Geltung der Bekenntnisse für Lehre und Ordnung durch Ausführung der nachstehenden Beschlüsse zur Wirksamkeit zu verhelfen.

B. Zur Frage der Bekenntnisse

I.

1. In der Evangelischen Kirche der altpreußischen Union ist in den lutherischen, reformierten und unierten Gemeinden die Heilige Schrift Alten und Neuen Testaments die einige Regel und Richtschnur der Lehre und Ordnung, nach der alle Lehren und Lehrer zu richten sind.

Für die Auslegung der Heiligen Schrift in Lehre und Ordnung gelten folgende Bekenntnisse, die wiederum beständig an der Heiligen Schrift zu prüfen sind:

Die drei allgemeinen Bekenntnisse der ganzen Christenheit, nämlich das Apostolische, das Nicaenische und das Athanasianische;

in den lutherischen Gemeinden:

Das unveränderte Augsburgische Bekenntnis, die Apologie des Augsburgischen Bekenntnisses, der Kleine und der Große Katechismus Martin Luthers und die Schmalkaldischen Artikel;

in den reformierten Gemeinden:
Der Heidelberger Katechismus und in Französisch-reformierten Gemeinden außerdem die Confession de Foi;
in den unierten Gemeinden;
Die genannten Bekenntnisse der Reformation, die beiderseitig verantwortlich zu befragen sind, sofern diese Gemeinden nicht ihrerseits ausdrücklich einem der beiden evangelischen Sonderbekenntnisse zugewandt sind, ohne sie exklusiv zu verstehen.

Wo sonstige Bekenntnisse in Kraft stehen, sind sie von den Pfarrern innerhalb eines halben Jahres dem Bruderrat der Evangelischen Kirche der altpreußischen Union mitzuteilen. Müssen gegen solche Bekenntnisse von der Heiligen Schrift her Bedenken erhoben werden, so ist die Entscheidung der Bekenntnissynode einzuholen, ob die weitere Geltung aufrechterhalten werden darf.

Wo die Bindung an die Heilige Schrift und die Bekenntnisse der Kirche, wie sie in der Theologischen Erklärung der Bekenntnissynode der DEK in Barmen zur Abwehr der gegenwärtigen Irrlehren bezeugt worden ist, nicht anerkannt wird, kann auch die Geltung eines reformatorischen Bekenntnisses nicht zu Recht behauptet werden.

2. Die Gemeinden der Evangelischen Kirche der altpreußischen Union haben von jeher das Recht, neben der allgemeinen Bezeichnung »evangelisch« sich »evangelisch-lutherisch«, »evangelisch-reformiert« oder »evangelisch-uniert« zu nennen.

Die Gemeinde soll einen dahingehenden Beschluß nur fassen, wenn der Bekenntnisstand zweifelsfrei ist. Der Beschluß bedarf der Genehmigung durch den Provinzialbruderrat.

Gegen die Entscheidung des Provinzialbruderrates steht der Gemeinde und jedem Bekenntniskonvent der Provinzialsynode die Beschwerde an den Bruderrat der Evangelischen Kirche der altpreußischen Union zu. Die Beschwerde ist binnen einer Frist von einem Monat schriftlich bei dem Provinzialbruderrat einzulegen. Die Frist beginnt mit dem Tage, an dem die Entscheidung des Provinzialbruderrates der Gemeinde bzw. den Konventen zugestellt wird.

Der Bruderrat der Evangelischen Kirche der altpreußischen Union hat Richtlinien für die Beschlußfassung der Gemeinde, für das Genehmigungs- und das Beschwerdeverfahren zu erlassen. Die Richtlinien haben sicherzustellen, daß im Genehmigungs- und im Beschwerdeverfahren eine sorgfältige Prüfung unter Anhörung der Konvente der Provinzialbekenntnissynoden erfolgt.

Ist so die Feststellung getroffen, daß die Gemeinde evangelisch-lutherisch oder evangelisch-reformiert ist, so ist die Gemeinde an die Benutzung des dem festgestellten Bekenntnis entsprechenden Katechismus gebunden und hat ein

Recht darauf, daß bei Besetzung[2] ihrer Pfarrstellen dem festgesetzten Bekenntnis entsprechend verfahren wird.

II.

Über die Einzelentscheidungen hinaus, die nach I. 2 zur Feststellung des Bekenntnisstandes von Gemeinden getroffen werden, hält die Synode es für erforderlich, daß die Frage des Bekenntnisses gründlich und entschlossen in Angriff genommen wird, und zwar:
1. statistisch in bezug auf Katechismus, Kultus und Ordnung. Es sind Querschnitte zu geben für die Gegenwart und für kirchengeschichtlich entscheidende Daten der Vergangenheit (z[um] B[eispiel] 1817);
2. juristisch durch Feststellung der Entwicklung des Bekenntnisstandes in kirchenrechtlicher, gegebenenfalls in staatsrechtlicher Hinsicht;
3. theologisch:
    a) in den Konventen. Diese sollen zunächst innerhalb der einzelnen Provinzen getrennt und vereint in die exegetische und dogmatische Arbeit eintreten (insbesondere betr. das Verhältnis von Bekenntnis und Heiliger Schrift). Ergebnisse sind ebenso in den Gesamtkonventen zu behandeln;
    b) in allen kirchlichen Ausbildungsstätten durch eindringende vergleichende Symbolik und in Arbeitsgesprächen zwischen Angehörigen der verschiedenen Bekenntnisse;
    c) in den Bruderschaften junger Theologen und in den Pfarrkonventen;
4. katechetisch durch Einführung der Gemeinde in den Katechismus (unter gelegentlicher Heranziehung anderer Katechismen)
    im Kindergottesdienst,
    im Konfirmandenunterricht,
    in der Jugendlehre,
    in den Gemeindekörperschaften und in den Gemeindegruppen,
    in Katechismuspredigten.

---

2   Im Protokoll und in einer früheren Vervielfältigung des Bruderrats heißt es »Neubesetzungen«. EZA Berlin 619/18.

III.

Auf Antrag des reformierten Konventes hat der Synodale Asmussen im Einvernehmen[3] mit dem erweiterten Vorstand des lutherischen Konventes eine Vorlage betreffend den Consensus de doctrina evangelii[4] unterbreitet. Diese Vorlage ist von der Synode zur Kenntnis genommen. Sie hat sie von einem Ausschuß gründlich durchberaten lassen.

Angesichts der Beschlüsse der Synode über die kirchliche Einheit und Bekenntnisverschiedenheit der Evangelischen Kirche der altpreußischen Union bittet die Synode den unierten und den reformierten Konvent, bald verantwortliche Äußerungen zu Teil C der Vorlage des Synodalen Asmussen der kirchlichen Öffentlichkeit vorzulegen. Sie weist die Bruderräte, Pfarrer und Pfarrkonvente an, die Vorlage zusammen mit den Gegenäußerungen des unierten und reformierten Konventes verantwortlich durchzuarbeiten, an der Schrift zu prüfen und ihre Ergebnisse den Provinzialbruderräten zuzuleiten. Die Synode ist willens, auf einer späteren Tagung eine Entscheidung über die Vorlage herbeizuführen.[5]

C. *Von der Ordination*

1. Die Ordnung zum Predigtamt in der Evangelischen Kirche der altpreußischen Union setzt die Prüfung zum Predigtamt voraus und umfaßt:
   Die Berufung in ein kirchliches Amt,
   die Lehrverpflichtung,
   das Ordinationsgespräch und die Ordination.
2. Die schriftlich zu vollziehende Lehrverpflichtung hat folgenden *Wortlaut*:
   a) für die Lutheraner:
   »Ich gelobe vor Gott, daß ich das mir aufgetragene Amt führen will in Bindung an das Wort Gottes, wie es verfaßt ist in der Heiligen Schrift Alten und Neuen Testaments als der alleinigen und vollkommenen Richtschnur für die Lehre, wie es bezeugt ist in den altkirchlichen Glaubensbekenntnissen, dem Apostolikum, dem Nicaenum und dem Athanasianum, sowie in

---

3 Im Protokoll und in einer früheren Vervielfältigung des Bruderrats heißt es »Einverständnis«. EZA Berlin 619/18.
4 Übersetzt: »Übereinkunft über die Lehre des Evangeliums«.
5 Im Protokoll und in einer früheren Vervielfältigung des Bruderrats folgt ein neuer Absatz: »Dieser Beschluß setzt voraus, dass Artikel B 7–11 vor der Veröffentlichung durch einen von der Synode bestimmten Ausschuss neu zu gestalten sind. Dem Ausschuß gehören an die Brüder Asmussen, Albertz, Jacob, Niesel, Perels und von Rabenau.« EZA Berlin 619/18.

der ungeänderten Augsburgischen Konfession, dem Kleinen und Großen Katechismus Luthers und den Schmalkaldischen Artikeln und wie es gegenüber den Irrlehren unserer Zeit aufs neue als bindend bekannt ist in der Theologischen Erklärung der ersten Bekenntnissynode der Deutschen Evangelischen Kirche in Barmen.«

b) für die Reformierten:
»Ich gelobe vor Gott, daß ich das mir aufgetragene Amt führen will in Bindung an das Wort Gottes, wie es verfaßt ist in der Heiligen Schrift Alten und Neuen Testaments als der alleinigen und vollkommenen Richtschnur für die Lehre, wie es bezeugt ist in den altkirchlichen Glaubensbekenntnissen, dem Apostolikum, dem Nicaenum und dem Athanasianum, sowie im Heidelberger Katechismus (in Französisch-reformierten Gemeinden auch in der Confession de Foi) und wie es gegenüber den Irrlehren unserer Zeit[6] als bindend bekannt ist in der Theologischen Erklärung der ersten Bekenntnissynode der Deutschen Evangelischen Kirche in Barmen.«

c) für die Unierten:
»Ich gelobe vor Gott, daß ich das mir aufgetragene Amt führen will in Bindung an das Wort Gottes, wie es verfaßt ist in der Heiligen Schrift Alten und Neuen Testaments als der alleinigen und vollkommenen Richtschnur für die Lehre, wie es bezeugt ist in den altkirchlichen Glaubensbekenntnissen, dem Apostolikum, dem Nicaenum und dem Athanasianum, sowie in den Bekenntnissen der Reformation, und wie es gegenüber den Irrlehren unserer Zeit aufs neue als bindend bekannt ist in der Theologischen Erklärung der ersten Bekenntnissynode der Deutschen Evangelischen Kirche in Barmen.«

3. Die Ordination erfolgt im Auftrag der Kirchenleitung und findet in einem Gemeindegottesdienst statt.
Bei der Ordination ist ausdrücklich auf die übernommene Lehrverpflichtung Bezug zu nehmen.
Dies gilt auch für jede Einführung in ein neues Amt. Es ist darauf zu dringen, daß die Ordination möglichst in der Gemeinde vollzogen wird, für die der Ordinand bestimmt ist.

3a. Auf die Ordination von Missionaren finden die Bestimmungen der Ziffern 1–3 sinngemäße Anwendung.

4. Der Kandidat der Theologie ist von der Kirchenleitung vor der Erteilung der licentia concionandi auf die Bedeutung und den verpflichtenden Charakter der Bekenntnisse für seinen Dienst in der Kirche hinzuweisen.

---

6 Im Protokoll und in einer früheren Vervielfältigung des Bruderrats folgt hier wie in a) und c) »aufs neue«. EZA Berlin 619/18.

5. Die Kirchenleitung hat bei Einweisungen in Lehrvikariate und Predigerseminare auch die Bekenntniszugehörigkeit zu berücksichtigen.
Dabei soll auch weiterhin die Einweisung von Kandidaten in Gemeinden und Seminare mit anderem Bekenntnisstand möglich sein.
6. Bei der Ordination hat der Ordinand das Recht, sein Ordinationsgelübde vor einem Ordinator seines Bekenntnisses abzulegen; ebenso soll kein Ordinator verpflichtet sein, einen Ordinanden anderen Bekenntnisses zu ordinieren. Eine bindende Regelung wird nicht getroffen.

D. Zur Frage der Abendmahlsgemeinschaft

Angesichts der Not und Frage, ob wir vor der Schrift und den sie bezeugenden Bekenntnissen recht tun, wenn wir Lutheraner, Reformierte und Unierte untereinander das Heilige Abendmahl feiern, stellt sich die Synode unter das Wort der Heiligen Schrift 1 Kor 10,16.17: »Der gesegnete Kelch, welchen wir segnen, ist der nicht die Gemeinschaft des Blutes Christi? Das Brot, das wir brechen, ist das nicht die Gemeinschaft des Leibes Christi? Denn ein Brot ist's, so sind wir viele ein Leib, dieweil wir alle eines Brotes teilhaftig sind.«

Auf Grund dieses Wortes bezeugt die Synode in Einmütigkeit:
1. Jesus Christus, unser Herr und Heiland, der um unsertwillen in das Fleisch gekommen ist, sich selbst am Kreuz einmal für uns geopfert hat und leiblich auferstanden ist vom Tode, ist selber die Gnadengabe des von ihm eingesetzten Abendmahls seiner Gemeinde.
2. Daraus folgt für die Frage der Abendmahlsgemeinschaft:
Abendmahlsgemeinschaft zwischen Lutheranern, Reformierten und Unierten ist nicht durch den in der Union bestehenden Zustand gerechtfertigt.
Abendmahlstrennung zwischen Lutheranern, Reformierten und Unierten ist nicht durch die Gegensätze des 16. Jahrhunderts gerechtfertigt.
Abendmahlsgemeinschaft hat ihren Grund nicht in unserer Erkenntnis des Abendmahls, sondern in der Gnade dessen, der der Herr des Abendmahls ist.
3. Die unter uns bestehenden Unterschiede in der Lehre vom heiligen Abendmahl betreffen die Art und Weise der Selbstmitteilung des Herrn im Abendmahl. Sie beziehen sich nicht darauf, daß der Herr selbst die Gabe des Abendmahls ist.
4. Darum bildet die Zugehörigkeit zum reformierten Bekenntnis keinen Grund zum Ausschluß von der Abendmahlsfeier einer Gemeinde lutherischen Bekenntnisses.

5. Darum bildet die Zugehörigkeit zum lutherischen Bekenntnis keinen Grund zum Ausschluß von der Abendmahlsfeier einer Gemeinde reformierten Bekenntnisses.
6. Darum stehen gemeinsame Abendmahlsfeiern zwischen uns Lutheranern, Reformierten und Unierten nicht im Widerspruch zu der schriftgemäßen Verwaltung des heiligen Abendmahls.[7]

Bericht über die Bekenntnissynode der Evangelischen Kirche der altpreußischen Union in Halle, 9.–12. Mai 1937[8]

I. Die konfessionelle Frage in der Evangelischen Kirche der ApU.

1. Die konfessionelle Frage in der Evangelischen Kirche der altpreußischen Union ist die Frage nach der Bedeutung der Tatsache, daß in dieser Kirche <u>Bekenntnisse verschiedenen Lehrinhaltes</u> nebeneinander in Geltung stehen (vgl. § I–III Kirchenordnung[9]). Im Grunde besteht ja für die DEK dieselbe Frage, wenn auch hier nicht in der gleichen Schärfe, da man die DEK trotz ihrer Selbstbezeichnung als Kirche immerhin auch noch als Kirchenbund von verschiedenen Bekenntniskirchen verstehen kann. In der Evangelischen Kirche der ApU stehen wir noch ganz anders als in der DEK vor der Frage, in welchem Sinn wir das Recht haben, uns als Kirche zu bezeichnen und zu verstehen, trotzdem in dieser Kirche kein ausdrücklich vollzogener consensus de doctrina evangelii in Gestalt einer Bekenntnisschrift vorhanden ist, vielmehr

---

7 Im Protokoll und in einer früheren Vervielfältigung des Bruderrats folgen eine Trennlinie -.-.-.-.- und ein neuer Absatz: »Soweit durch die vorstehenden Beschlüsse Bestimmungen der rheinisch-westfälischen Kirchenordnung betroffen werden, treten sie im Gebiet der Kirchenordnung erst in Kraft, nachdem die Bekenntnissynode der beiden Kirchenprovinzen ihnen zugestimmt haben.« EZA Berlin 619/18.
8 LkA EKvW Bielefeld 5.1–60 F 1, Bl. 118–119. Auch EZA Berlin 619/18. Abdruck bei Niemöller, Halle 1937 (wie Anm. 1), S. 448–452. Niemöller bezeichnet den Bericht (a.a.O., S. 448) als amtlichen Bericht, herausgegeben vom Preußischen Bruderrat.
9 Gemeint ist die Präambel der »Kirchenordnung für die evangelischen Gemeinden der Provinz Westfalen und der Rheinprovinz vom 6. November 1923«.

die in ihrer Verschiedenheit anerkannten reformatorischen Bekenntnisse als in Geltung stehend behauptet werden.
2. Die hier vorliegende Frage ist in ihrem Gewicht erst wieder seit dem Jahre 1933 durch die Wiederentdeckung der reformatorischen Bekenntnisse, ihres verbindlichen Lehrinhaltes und ihrer grundlegenden Bedeutung für die Kirche in der Abwehr gegen die deutschchristliche Irrlehre erkannt worden. Es ist daher auf den Tagungen der altpreußischen Bekenntnissynode seit 1934, wie in verschiedenen Provinzialsynoden die Frage von Union und Bekenntnis immer wieder zur Sprache gekommen und die Beschlüsse dieser Synoden zeigen die ersten Versuche, dem Ernst dieses Problems Rechnung zu tragen. Außerdem sah sich die Evangelische Kirche der ApU durch die mannigfachen Fragen und Angriffe aus den konfessionellen Kirchen vor die Notwendigkeit gestellt, in selbständiger Arbeit Antwort zu geben, wie sie selbst dem Anspruch des Bekenntnisses, für Lehre und Kultus, Verkündigung und Ordnung maßgebend zu sein, Rechnung zu tragen gedächte. Dies wurde um so notwendiger, als ihr wiederholt in aller Form ihre Existenz als Kirche von namhaften Theologen bestritten wurde.
3. Für unsere Arbeit an der Lösung der uns gestellten konfessionellen Frage muß nun aber auf die grundsätzliche Bedeutung der Barmer Theologischen Erklärung hingewiesen werden. Sie ist einerseits ein gemeinsames Wort, ja »Bekenntnis zu dem einen Herrn«, gesprochen von Lutheranern, Reformierten und Unierten, andererseits zugleich eine Bezeugung der Treue zu den verschiedenen reformatorischen Bekenntnissen, indem sie sagt: »Gemeinsam dürfen und müssen wir als Glieder lutherischer, reformierter und unierter Kirchen heute in dieser Sache reden. Gerade weil wir unseren verschiedenen Bekenntnissen treu sein und bleiben wollen, dürfen wir nicht schweigen, da wir glauben, daß uns in einer Zeit gemeinsamer Not und Anfechtung ein gemeinsames Wort in den Mund gelegt ist. Wir befehlen es Gott, was dies für das Verhältnis der Bekenntniskirchen untereinander bedeuten mag.«

Von hier aus ist uns eine Beantwortung der konfessionellen Frage unserer Kirche unausweichlich geboten, die einerseits damit Ernst macht, daß uns in der Bekennenden Kirche eine kirchliche Einheit neu geschenkt ist, und die andererseits damit Ernst macht, daß in unserer Kirche die lutherischen und reformierten Bekenntnisse, denen wir treu sein und bleiben wollen, in Geltung stehen. Auf Grund unserer Anerkennung der Barmer Theologischen Erklärung ist uns ebensosehr ein orthodoxer Konfessionalismus wie ein biblizistischer Unionismus verwehrt, andererseits aber eine Neuordnung unserer Kirche nach Maßgabe der bei uns geltenden Bekenntnisse gefordert, wobei wir von der Voraussetzung ausgehen, wie sie auch in Barmen ausgesprochen wurde, daß die kirchliche Geltung von Bekenntnissen verschiedenen Lehrinhaltes in einer Kirche ein in den verschiedenen

Bekenntnissen gemeinsames Bekenntnis zu dem Herrn der Kirche voraussetzt, dessen einigende Kraft die vorhandenen Lehrunterschiede umschließt. Die Gültigkeit dieser Voraussetzung ist allerdings von entscheidender Bedeutung und muß daher mit radikalem Ernst auf ihre Wahrheit geprüft werden, denn »wir sagen, daß nur diejenigen eine einträchtige Kirche heißen, die an einen Christus glauben, ein Evangelium, einen Geist, einen Glauben, einerlei Sakrament haben« (Apol[ogie] VII).

II. Die Vorbereitung der Synode.

1. Zum erstenmal wurde auf der Synode zu Breslau vom 16.–18. Dezember 1936 die konfessionelle Frage ausführlich beraten. Es kam hier zur Bildung der drei Konvente, welchen die Aufgabe zugewiesen wurde, die Vorlagen der Synode vor der endgültigen Beschlußfassung von ihrem Bekenntnis her zu prüfen und außerdem den Bruderrat von ihrem Bekenntnis her zu beraten. Da die Vorlage des konfessionellen Ausschusses in Breslau nicht erledigt werden konnte, wurde die Einberufung einer Synode zur Erledigung dieser Sache »zwischen Ostern und Pfingsten« beschlossen. Immerhin sah sich die Synode zu Breslau zu folgendem wichtigen Beschluß veranlaßt:

   »Der Bekennenden Kirche der altpreußischen Union und ihrer Kirchenleitung sind im Laufe der kirchlichen Notjahre Aufgaben kirchlicher Neuordnung gezeigt worden, die sich nicht mehr im Rahmen der bisherigen Verfassung durchführen lassen. Insbesondere ist ihr die Aufgabe, die Ordnungen der Kirche nach den bestehenden Bekenntnissen auszurichten, dringende Forderung geworden. Das Notkirchenregiment der Bekennenden Kirche in Altpreußen ist daher entschlossen, der Tatsache, daß nach der Verfassungs-Urkunde der Evangelischen Kirche der altpreußischen Union die fortdauernde Geltung der reformatorischen Bekenntnisse anerkannt ist, auch für die Neuordnung der Kirche Rechnung zu tragen. Diese bekenntnisgemäße Neuordnung der Evangelischen Kirche der altpreußischen Union kann jedoch angesichts des durch die hundertjährige Geschichte der Union geprägten kirchlichen Lebens der Gemeinden nur Schritt für Schritt durchgeführt werden. Sie kann aber aus Gründen, die in der Sache liegen, auch nur unter fortschreitender theologischer Klärung von der die Kirche tragenden Verkündigung her in Angriff genommen werden. Denn von der Verkündigung her ist das Handeln des Kirchenregimentes bestimmt. Bei solcher kirchlichen Neuordnung der Evangelischen Kirche der altpreußischen Union ist zu beachten, daß die reformatorischen Bekenntnisse heute dort preisgegeben wer-

den, wo man die in der Theologischen Erklärung von Barmen genannten Wahrheiten nicht anerkennt und die in ihr genannten Irrtümer nicht verwirft.«
2. Die Synode wurde durch eine Anzahl wichtiger <u>Vorarbeiten</u> des lutherischen und reformierten Konventes und ein Wort der unierten Arbeitsgemeinschaft zugerüstet, darüber hinaus aber wurde eine <u>Ausarbeitung Asmussens</u> über die Theologische Erklärung von Barmen, die er zunächst für den lutherischen Konvent der deutschen Bekenntnissynode in Aussicht genommen hatte, in die Vorarbeiten und dann auch in die Synode selbst aufgenommen. Damit nahm die altpreußische Bekenntnissynode die schon länger geforderte Arbeit an der verbindlichen Auslegung der Barmer Theologischen Erklärung in Angriff.
3. Es soll nicht verschwiegen werden, daß sich vor der Synode bei vielen Brüdern <u>Sorgen und Bedenken</u> erhoben. Es wurde die Notwendigkeit des zu verhandelnden Gegenstandes bezweifelt. Es wurden Befürchtungen laut, ob nicht auf diesem Wege die Einheit der Bekennenden Kirche gefährdet werden könnte, was angesichts der Totalbedrohung der Kirche unverantwortlich wäre. Man fragte, ob es nicht zu einer Aufspaltung der Evangelischen Kirche der altpreußischen Union kommen würde und ob nicht im Grunde die Fragestellung von außen her an unsere Kirche herangetragen worden sei. Der Verlauf der Synode hat gezeigt, daß diese Sorgen und Bedenken zwar verständlich, aber nicht berechtigt waren.

<u>III.</u> <u>Der Verlauf der Synode.</u>

Die Synode begann am Sonntag Exaudi abends 8 Uhr mit einer Predigt von Pfarrer lic. Dr. Harder–Fehrbellin über das Evangelium des Sonntags (Joh. 15,26-16,4). Die Verhandlungen der Synode begannen Montag morgen im Laurentius-Gemeindehaus unter <u>Leitung von Präses D. Koch</u>. Am Montag wurden die Vorlagen in 10 Referaten der Synode dargeboten, und zwar von: Beckmann/Albertz, Vogel/Niesel, Rendtorff/Steiner, Asmussen/Baumann und Asmussen/Hesse. Im Anschluß daran wurden zwei Hauptausschüsse gebildet: Ausschuß I zur Beratung der konfessionellen Frage mit vier Unterausschüssen, Ausschuß II zur Beratung der Vorlage Asmussens (Auslegung der Barmer Theologischen Erklärung). Die Ausschüsse konnten in angestrengter Arbeit Dienstagabend ihre Ergebnisse den Konventen der Synode vorlegen, die gegen 1 Uhr nachts ihre Beratungen abschlossen. Mittwochmorgen wurden dann die vorgeprüften Ergebnisse der Vollversammlung der Synode zur nochmaligen Durchberatung und Beschlußfassung vorgelegt. Die Beratungen zogen sich bis Donnerstagmorgen 3 Uhr hin. Außer dem Hauptgegenstande wurden noch einige aktuelle Angelegenheiten der Synode zur Beschlußfassung unterbreitet, z[um] B[eispiel] eine Stellungnahme zu der »Vereinbarung zwischen dem Preußischen Bruderrat und dem Landeskirchenausschuß«, sowie ein Wort in Sachen der Inneren und Äußeren Mission.

IV. Die Bedeutung der Beschlüsse.

1. Eine sorgfältige Durcharbeitung der Beschlüsse wird erkennen lassen, daß in Halle die bislang immer wieder vertagte verantwortliche Behandlung der konfessionellen Frage in der Evangelischen Kirche der altpreußischen Union ebenso besonnen wie entschlossen in Angriff genommen worden ist. In aller Kürze läßt sich das Ergebnis der Synode in folgenden Sätzen zusammenfassen:
   a) Die <u>Einheit</u> der Bekennenden Kirche der altpreußischen Union ist auf dem Boden der Barmer Theologischen Erklärung aufs neue bezeugt und befestigt worden, indem insbesondere das Recht unserer <u>Abendmahlsgemeinschaft</u> als in Übereinstimmung mit schriftgemäßer Verwaltung der Sakramente festgestellt wurde.
   b) Die auf dem Boden dieser Einheit bestehende <u>Verschiedenheit</u> der reformatorischen Bekenntnisse in ihrer verpflichtenden Geltung für die Gemeinden und die Träger des geistlichen Amtes (Katechismus oder Ordination) ist ernst genommen, ohne daß eine konstruktive Lösung in Form einer Repristination versucht worden wäre.
   c) Die uns angesichts dieser bekenntnisbestimmten Verschiedenheit in der Einheit gegenwärtigen Bekennens gewiesene <u>Verpflichtung</u>, zu einem voll ausgesprochenen consensus de doctrina evangelii zu kommen, ist als kirchlich-theologisch zu lösende Aufgabe anerkannt und als verantwortlich in Angriff zu nehmende Arbeit den Amtsträgern der Kirche auferlegt worden.
2. Die Beschlüsse zeigen, wie eine um ihre Existenz kämpfende Bekennende Kirche mitten im Kampf sich an Aufgaben innerkirchlicher Aufbau- und Ordnungsarbeit gewiesen weiß, die sie nicht auf sog[enannte] bessere Tage der Ruhe und des Friedens verschiebt, sondern um des im gegenwärtigen Kampf gebotenen vollen Einsatzes willen durchzuführen sich bemüht. Sie weiß, daß sie den Angriffen unserer Zeit auf die Dauer nur durch eine theologisch begründete Neuordnung der Kirche widerstehen kann. Sie weiß, daß sie ihren Auftrag nur dann recht ausrichten kann, wenn sie in einer wahrhaft <u>kirchlichen Ordnung</u> steht.

Die konfessionelle Frage beschäftigte die Evangelische Kirche der altpreußischen Union (EKapU) seit der ersten preußischen Bekenntnissynode in Barmen 1934. Wie die Barmer Bekenntnissynode der Deutschen Evangelischen Kirche (DEK) sah sie die Bildung von Bekenntniskonventen vor.[10] Lutherische, reformierte und unierte Bekenntniskonvente wurden auf der dritten Preußensynode in Steglitz 1935, der vierten in Breslau 1936 und auf der Synode in Halle 1937 abgehalten.[11] Treibende Kraft dafür waren lutherische Theologen innerhalb der Union und seit Mitte 1934 der Lutherische Rat, der am 25. August 1934 in Hannover gegründet worden war und unter der Leitung des Hannoverschen Bischofs August Marahrens stand. Sein Mitglied Hermann Sasse, Professor in Erlangen, trat im November 1934 in einem Aufsatz »Zur künftigen Gestaltung der DEK« für die völlige oder teilweise Auflösung der Union ein. Im gleichen Sinn argumentierten im Frühjahr 1935 der Erlanger Professor Friedrich Ulmer und der Dozent in Bethel Georg Merz für eine konfessionelle Aufspaltung der EKapU.[12] Sprachrohr der lutherischen Kritik an der EKapU war die »Allgemeine Evangelisch-Lutherische Kirchen-Zeitung« und hier besonders Christian Stoll. Innerhalb der EKapU gab es einige lutherische Zusammenschlüsse, zum Beispiel die »Vereinigung der Evangelisch-Lutherischen innerhalb der preußischen Landeskirche« (Vorsitzender Detlev von Arnim-Kröchlendorff), die »Bekenntnistreue Lutherische Vereinigung – Steglitz« (sie hielt monatliche Versammlungen ab, Heinrich Vogel war Hauptredner) und die am 29. Dezember 1936 in Düsseldorf gegründete, sehr aktive »Arbeitsgemeinschaft lutherischer Pastoren im Rheinland« (Vorstand: Joachim Beckmann, Peter Brunner, Hermann Lutze, Heinrich Schlier).[13]

Auf der Reichsbekenntnissynode in Bad Oeynhausen im Februar 1936 spaltete sich die Bekennende Kirche (BK) in Befürworter und Gegner der Kirchenausschüsse.[14] Eine Zusammenarbeit mit den Kirchenausschüssen lehnte der neue

---

10 Vgl. Neuser, Wilhelm H[einrich]: Die konfessionelle Frage 1935–1937, in: Die Geschichte der Evangelischen Kirche der Union. Bd. 3. Trennung von Staat und Kirche. Kirchlich-politische Krisen. Erneuerung kirchlicher Gemeinschaft (1918–1992), Leipzig 1999, S. 368–382.
11 Vgl. a.a.O., S. 373.
12 Vgl. a.a.O., S. 374 f.
13 Vgl. Niemöller, Halle 1937 (wie Anm. 1), S. 21 f.
14 Am 16. Juli 1935 wurde Hanns Kerrl zum Reichs- und Preußischen Minister für kirchliche Angelegenheiten ernannt. Dieses neu geschaffene Ministerium sollte vor allem eng mit der evangelischen Kirche zusammenwirken und deren kirchenpolitische Spaltung überwinden helfen. Dafür bildete Kerrl am 3. Oktober 1935 einen Reichskirchenausschuss, der die bisherige Reichskirchenregierung mit dem Reichsbischof Müller ablöste, und einen Landeskirchenausschuss für die EKapU mit entsprechenden Provinzialkirchenausschüssen. Die Mitglieder waren meist gemäßigte Vertreter der Bekennenden Kirche und der DC. Der Bruderrat der EKapU lehnte die Mitarbeit in den Kir-

Reichsbruderrat strikt ab; er wählte am 12. März 1936 die 2. Vorläufige Kirchenleitung der DEK mit Fritz Müller-Dahlem als Vorsitzendem, in der die »intakten« lutherischen Landeskirchen Hannover, Bayern und Württemberg nicht mehr vertreten waren. Diese bildeten zusammen mit Bruderräten aus anderen lutherischen Kirchen Mitte März 1936 den Rat der Evangelisch-Lutherischen Kirche Deutschlands (Lutherrat), der den Lutherischen Rat von 1934 ablöste. Nun musste auch die BK der EKapU die konfessionelle Frage angehen. Der altpreußische Bruderrat beschloss am 6. Juli 1936, auf der nächsten Synode in Breslau das Thema Union und Bekenntnis zu behandeln. Dafür setzte er am 26. November 1936 einen vorbereitenden Ausschuss zur konfessionellen Frage unter dem Vorsitz von Hans Asmussen und einen zu Kirche und Kirchenleitung unter dem Vorsitz von Wilhelm Niesel ein.[15] Die Vorlage des konfessionellen Ausschusses in ihrer letzten Form hatte vier Abschnitte:
I. Allgemeines,
II. Ordination,
III. Konvente und
IV. Abendmahlsgemeinschaft.[16]

Die Synode zu Breslau vom 16. bis 18. Dezember 1936 beschloss nur die Bildung von drei Bekenntniskonventen der Evangelischen Kirche der altpreußischen Union, deren Aufgabe es sei, »die Vorlagen der Synode vor der endgültigen Beschlußfassung von ihrem Bekenntnis her zu prüfen« und »außerhalb der Synodaltagungen den Bruderrat [...] von ihrem Bekenntnis her zu beraten«[17], und überwies ihnen zur weiteren Durcharbeitung die Vorlagen, die der Synodalausschuss für die konfessionelle Frage in der EKapU erarbeitet hatte und die von der Synode nicht erledigt worden waren, nämlich die Abschnitte I (Bekenntnisstand), II und IV. Die Konfessionsfrage sollte auf einer besonderen mehrtägigen Arbeitstagung der Synode zwischen Ostern und Pfingsten 1937 behandelt werden.[18]

Der lutherische Konvent der Breslauer Bekenntnissynode wählte in den Vorstand Hans Asmussen als Vorsitzenden, Siegfried Knak, Detlev von Arnim-

---

chenausschüssen ab, und es kam zur Spaltung innerhalb der Bekennenden Kirche. Da dem Reichskirchenausschuss die Einigung der evangelischen Kirchen nicht gelang, verschlechterte sich sein Verhältnis zu Kerrl, und er trat am 12. Februar 1937 zurück. Die Eingriffe des Kirchenministeriums, in dem jetzt der DC-Staatssekretär Hermann Muhs das Sagen hatte, veranlassten in den folgenden Monaten immer mehr Mitglieder des Landeskirchenausschusses und der Provinzialkirchenausschüsse zum Rücktritt. Am 23. August 1937 berief Muhs die letzten Mitglieder des Landeskirchenausschusses ab und übertrug dessen Befugnisse auf den Präsidenten des EOK, Friedrich Werner.

15 Vgl. Niemöller, Halle 1937 (wie Anm. 1), S. 27 f.
16 A.a.O., S. 42–47.
17 A.a.O., S. 29 f.
18 Vgl. ebd. und den Abschnitt 2 des »Berichts über die Bekenntnissynode [...]«.

Kröchlendorff, Hermann Ehlers, Heinrich Vogel und Prof. Ernst Wolf. Neben dem Vorstand wurde ein erweiterter aus den Vorsitzenden der Provinzialkonvente gebildet.[19] Vorsitzender des reformierten Konventes war Karl Immer, Barmen-Gemarke.[20] Während Asmussen und der erweiterte Vorstand des lutherischen Konventes die Arbeitstagung zielstrebig vorbereiteten, überwog bei den Reformierten und Unierten Zweifel und Sorge, ob nicht vorschnell Beschlüsse gefasst würden über Fragen, die theologisch nicht ausreichend erörtert und geklärt seien. Besonders im Rheinland und Westfalen fürchtete man, die EKapU könne auseinanderbrechen. So wandte sich der Rat der Evangelischen Bekenntnissynode im Rheinland am 27. April 1937 an den Rat der EKapU mit dem Antrag:

> »Der Rheinische Rat schlägt statt der geplanten Synode vor, zunächst lediglich zur sachgemäßen Vorbereitung einer solchen Synode eine theologische Konferenz einzuberufen, mit dem Auftrag, folgende Frage zu behandeln: ›Die konfessionelle Frage innerhalb der Evangelischen Kirche der altpreußischen Union auf Grund der Barmer Theologischen Erklärung.‹«[21]

Das von Hermann Schlingensiepen, dem Direktor des Kirchlichen Auslandsseminars in Ilsenburg, und Eitel-Friedrich von Rabenau verfasste »Wort der Unierten Arbeitsgemeinschaft zur Warnung vor einer Aufgliederung der Altpreußischen Union«[22] nahm zwar keinen direkten Bezug auf die Synode, gehörte aber zu den »Sorgen und Bedenken«, die der offizielle Bericht unter II,3 in einem eigenen Abschnitt behandelt. Zu den im Bericht unter II,2 erwähnten wichtigen Vorarbeiten sind auch die Vorträge über das Abendmahl von Hans Asmussen, Wilhelm Niesel, Ernst Käsemann, Helmut Gollwitzer und Friedrich Wilhelm Hopf zu zählen, die auf zwei Theologischen Konferenzen in Essen und Frankfurt (Main) im Februar 1937 gehalten worden waren.[23]

Die zweite Tagung der vierten Bekenntnissynode der Evangelischen Kirche der altpreußischen Union fand vom 9. bis 12. Mai 1937 in Halle statt. Ein zentrales Dokument für die Synode war die im Einverständnis mit dem erweiterten Vorstand des Lutherischen Konvents von Hans Asmussen als Entwurf vorgelegte »Bezeugung der Wahrheit in Auslegung der Theologischen Erklärung der ersten

---

19 Vgl. Niemöller, Halle 1937 (wie Anm. 1), S. 30–32.
20 A.a.O., S. 52.
21 A.a.O., S. 77.
22 A.a.O., S. 86–92.
23 Die Konferenz in Essen am 22. und 23. Februar 1937 wurde vom Bruderrat der Evangelischen Bekenntnissynode im Rheinland, die Konferenz in Frankfurt am 23. und 24. Februar 1937 vom Landesbruderrat Nassau-Hessen veranstaltet. Die Vorträge erschienen im Juli 1937 gedruckt als Beiheft 3 zur »Evangelischen Theologie«, herausgegeben von Ernst Wolf.

Bekenntnissynode der DEK in Barmen«[24], die er ursprünglich für den Lutherischen Konvent der Bekenntnissynode der DEK verfasst hatte.[25] Der reformierte Konvent hatte beantragte, dass Asmussen die Vorlage, die jetzt den Namen »Consensus de doctrina evangelii« erhielt, der Synode unterbreite. Hermann Hesse begrüßte für die Reformierten in seinem Korreferat zu Asmussens Einbringung »diesen Entwurf einer synodalen Bezeugung der Wahrheit des Evangeliums an die heilsbedürftige Welt und an die trostbedürftige Kirche«[26]. Nach gründlicher Beratung im Ausschuss wurde beschlossen:

> »Sie [die Synode] weist die Bruderräte, die Pfarrer und ihre Konvente an, die Vorlage zusammen mit den Gegenäußerungen des unierten und reformierten Konventes verantwortlich durchzuarbeiten, an der Schrift zu prüfen und ihre Ergebnisse den Provinzialbruderräten zuzuleiten. Synode ist willens, auf einer späteren Tagung einen Beschluss über die Vorlage herbeizuführen.«[27]

Der offizielle Bericht beginnt in seinem Abschnitt über die Bedeutung der Beschlüsse mit der Einheit der Bekennenden Kirche der altpreußischen Union, insbesondere in der Abendmahlsgemeinschaft. Nach dem Urteil von Wilhelm Neuser »faßte die Synode klare und zukunftsweisende Beschlüsse, die jeder Auflösung der Union entgegentraten«.[28] Die Gabe des Abendmahls wird personal gefasst:

> »Jesus Christus […] ist selber die Gnadengabe des von ihm eingesetzten Abendmahls seiner Gemeinde«.

Deshalb ist die Abendmahlsgemeinschaft zwischen Lutheranern, Reformierten und Unierten nicht durch den in der Union bestehenden Zustand und die Abendmahlstrennung zwischen ihnen nicht durch die Gegensätze des 16. Jahrhunderts gerechtfertigt.

---

24 Niemöller, Halle 1937 (wie Anm. 1), S. 156–180.
25 Der erweiterte Vorstand prüfte Asmussens Thesen in einer Sitzung in Berlin am 30. Oktober 1936. Der Bericht darüber a.a.O., S. 181–186.
26 A.a.O., S. 113.
27 Beschlüsse B III. Im Protokoll folgte noch ein Absatz, dass vor der Veröffentlichung die Artikel B VII bis XI, die von der Obrigkeit, dem Volk, den guten Werken, dem Gottesdienst und den Geboten handelten, von einem Ausschuss, dem Asmussen, Albertz, Jacob, Perels und von Rabenau angehörten, »neu zu gestalten« seien; s. a.a.O., S. 132. Text der Synodenvorlage a.a.O., S. 133–156, Text der überarbeiteten Vorlage mit Angabe der Bibelstellen zur Begründung in »Abendmahlsgemeinschaft?« München 1937 (Beiheft 3 zur »Evangelischen Theologie«, herausgegeben von Ernst Wolf).
28 Neuser, Konfessionelle Frage (wie Anm. 10), S. 381.

Die Beschlüsse der altpreußischen Bekenntnissynode in Halle (Saale) zum Bekenntnisstand 1937

»Die unter uns bestehenden Unterschiede in der Lehre betreffen die Art und Weise der Selbstmitteilung des Herrn im Abendmahl. Sie beziehen sich nicht darauf, daß der Herr selbst die Gabe des Abendmahls ist. [...] Darum stehen gemeinsame Abendmahlsfeiern zwischen uns Lutheranern, Reformierten und Unierten nicht im Widerspruch zu der schriftgemäßen Verwaltung des heiligen Abendmahls.«

Für Eckhard Lessing ist die Antwort der Hallenser Synode zur Frage der Abendmahlsgemeinschaft

»freilich noch nicht viel mehr als ein von der Christologie aus gewonnenes theologisches Regulativ. [...] Gleichwohl bedeutet dieses Regulativ einen Durchbruch. Besonders dadurch, daß zwischen Geber/Gabe des Abendmahls und der Art und Weise der Selbstmitteilung unterschieden wird, sind die seit der Reformationszeit immer wieder um das Verständnis der Elemente kreisenden konfessionellen Abendmahlstheologien nicht mehr von ausschlaggebender Bedeutung. Die Synode in Halle bedeutet insofern den Auftakt zu den zahlreichen Abendmahlsgesprächen in der Ökumene.«[29]

Er verweist dann auf die Arnoldshainer Abendmahlsthesen von 1957, die zum Teil wörtlich in die Leuenberger Konkordie 1973 eingegangen sind.

Im offiziellen Bericht heißt es dann:

»Die [...] Verschiedenheit der reformatorischen Bekenntnisse in ihrer verpflichtenden Geltung für die Gemeinden und die Träger des geistlichen Amtes (Katechismus oder Ordination) ist ernst genommen, ohne daß eine konstruktive Lösung in Form einer Repristination versucht worden wäre.«[30]

Bei der Feststellung des Bekenntnisstandes der Gemeinden folgte die Synode der Vorlage des lutherischen Konventes, auch bei der verbindlichen Benutzung des jeweiligen Katechismus, wenn festgestellt worden ist, dass eine Gemeinde evangelisch-lutherisch oder evangelisch-reformiert ist. Bei der Ordination aber wurde die Vorlage des lutherischen Konventes, die weitgehend der Vorlage des konfessionellen Ausschusses auf der Breslauer Synode glich und die bei den Reformierten und Unierten die Angst geschürt hatte, sie könne zur Aufspaltung der EKapU führen, deutlich abgeschwächt. So wurde bei »5. Die Kirchenleitung hat bei Einweisungen in Lehrvikariate und Predigerseminaren den Bekenntnisstand der

---

29 Lessing, Eckhard: Die Union in theologischer Perspektive. I. Die Entwicklung von 1817 bis 1953, in: Die Geschichte der Evangelischen Kirche der Union. Bd. 3. Trennung von Staat und Kirche. Kirchlich-politische Krisen. Erneuerung kirchlicher Gemeinschaft (1918–1992), Leipzig 1999, S. 852–867; hier S. 862.
30 Gemeint ist hier die Rückkehr zum orthodoxen Konfessionalismus, siehe oben S. 120.

Kandidaten zu berücksichtigen.« ein »auch« eingefügt und ergänzt: »Dabei soll auch weiterhin die Einweisung von Kandidaten in Gemeinden und Seminare mit anderem Bekenntnisstand möglich sein.« Die lutherischen Forderungen »6. Ein Ordinator muss die Verpflichtung, die er einem Ordinanden abnimmt, als für sich selbst verbindlich anerkennen.« und »8. Einführen kann einen Geistlichen in ein Amt der Kirche nur, wer sich unter die gleiche Verpflichtungsformel wie der Einzuführende gestellt weiß.« wurden ersetzt durch »6. Bei der Ordination hat der Ordinand das Recht, sein Ordinationsgelübde vor einem Ordinator seines Bekenntnisses abzulegen; ebenso soll kein Ordinator verpflichtet sein, einen Ordinanden anderen Bekenntnisses zu ordinieren. Eine bindende Regelung wird nicht getroffen.« Dieser Abänderungsantrag stammte von Martin Niemöller, der ihn in einer langen und lebhaften Diskussion durchsetzte.[31] Damit wurde an den bestehenden Verhältnissen – vor allem im Rheinland und Westfalen – nicht gerührt.

Die konfessionelle Frage trat in den folgenden Jahren (zumal nach Ausbruch des Krieges 1939) zurück und wurde erst wieder auf der 11. Bekenntnissynode der Evangelischen Kirche der altpreußischen Union in Hamburg-Hamm am 17./18. Oktober 1942 teilweise aufgenommen, als die Synode den Preußischen Bruderrat beauftragte, einen Ausschuss zu bilden, der die Fragen der Ordination, des Kirchenregimentes (geistliche Leitung) und der Kirchenordnung (kirchlicher Aufbau) theologisch durcharbeiten und der nächsten Synode darüber eine Vorlage machen sollte. Der Ausschuss erarbeitete eine Denkschrift, die den Namen »Von rechter Kirchenordnung« bekam und die der preußische Bruderrat am 7. November 1944 mit Ausnahme der Richtlinien für das Verhältnis der lutherischen und reformierten bzw. unierten Gemeinden annahm. Die Richtlinien beschloss der Bruderrat dann am 9. Januar 1945.

---

31 Vgl. Niemöller, Halle 1937 (wie Anm. 1), S. 387–397.

Hartmut Sander

Das Verhältnis der lutherischen, reformierten und unierten Gemeinden zueinander in der Denkschrift »Von rechter Kirchenordnung« (1944/1945)

Von rechter Kirchenordnung
Eine Denkschrift II. Teil Ergebnisse VI.

Der hier relevante Abschnitt der Denkschrift liegt in einem Entwurf vom 7. November 1944[1] und in einer weiteren Fassung vom 9. Januar 1945[2] vor.

Entwurf vom 7. November 1944	Fassung vom 9. Januar 1945
Das Verhältnis der lutherischen und reformierten bzw. unierten Gemeinden zueinander wird für jede Provinz durch be-	Das Verhältnis der lutherischen und reformierten bzw. unierten Gemeinden zueinander wird für jede Provinz durch be-

1 EZA Berlin 50/489, Bl. 38 und Bl. 78 R, und EZA Berlin 50/528, Bl. 39 R.
2 EZA Berlin 50/528, Bl. 14 V, EZA Berlin 50/86, Bl. 21 V+R, EZA Berlin 50/42, Bl. 23/24, und EZA Berlin 50/690, Bl. 48 R. Stein, Albert: Die Denkschrift des altpreußischen Bruderrates »Von rechter Kirchenordnung«: Ein Dokument zur Rechtsgeschichte des Kirchenkampfes, in: Zur Geschichte des Kirchenkampfes: Gesammelte Aufsätze II (Arbeiten zur Geschichte des Kirchenkampfes 26), Göttingen 1971, S. 164–196, druckt diesen Abschnitt nicht ab und behauptet (S. 169, Anm. 26): »Die endgültige Fassung endet mit dem überarbeiteten Abschnitt V des Zweiten Hauptteils; offenbar sind die strittigen, ursprünglichen Schlußabschnitte gestrichen worden.«

sonderes Statut geregelt. Dabei sind folgende Grundsätze verbindlich: a) Ob eine Gemeinde lutherisch, reformiert oder uniert ist, bestimmt sich nach dem Katechismus, der bei ihr herkömmlich im Gebrauch gewesen ist. b) Die Angehörigen der verschiedenen Bekenntnisse stehen miteinander in Abendmahlsgemeinschaft, d.h.: es darf niemandem die Teilnahme an der Abendmahlsfeier einer Gemeinde verwehrt werden, weil er der anderen Konfession zugehört. Wenn bei der Austeilung des Abendmahls mehrere Diener am Wort zusammenwirken, so sollen diese, von ganz besonderen Ausnahmen abgesehen, derselben Konfession angehören. c) Die angehenden Diener am Wort werden von einem Amtsträger ihres Bekenntnisses ordiniert. d) Es steht den Gemeinden der Minderheit frei, ob sie sich in die Kreissynode ihres Bezirks eingliedern oder ob sie mit Gemeinden ihres Bekenntnisses innerhalb oder außerhalb ihres Kirchenkreises eine eigene Kreissynode bilden wollen. Es steht den Kreissynoden der Minderheit frei, ob sie sich in die Provinzialsynode ihrer Kirchenprovinz eingliedern oder ob sie sich einer benachbarten Provinzialsynode anschließen oder mit anderen Kreissynoden ihres Bekenntnisses zu einer eigenen Synode zusammentreten wollen. e) Es steht den Gemeinden der Minderheit frei, ob sie sich der Visitation des Bischofs unterstellen oder einen Amtsträger des eigenen Bekenntnisses mit diesem Dienst betrauen wollen. f) Wenn die Minderheit sich in die Provinzialsynode ihrer Kirchenprovinz eingliedert, muß auch dem Synodalrat ein Mitglied ihres Bekenntnisses angehören.	sonderes Statut geregelt. Dabei sollen folgende Richtlinien gelten: a) Ob eine Gemeinde evangelisch-lutherisch, evangelisch-reformiert oder evangelisch-uniert ist, bestimmt sich nach dem Katechismus, der bei ihr herkömmlich im Gebrauch gewesen ist. b) Die Angehörigen der verschiedenen Bekenntnisse stehen miteinander in Abendmahlsgemeinschaft, d.h.: es darf niemandem die Teilnahme an der Abendmahlsfeier einer Gemeinde verwehrt werden, weil er der anderen Konfession zugehört. Wenn bei der Austeilung des Abendmahls mehrere Diener am Wort zusammenwirken, so sollen diese, von ganz besonderen Ausnahmen abgesehen, derselben Konfession angehören. c) Die angehenden Diener am Wort werden von einem Amtsträger ihres Bekenntnisses ordiniert. d) Es steht den Gemeinden der Minderheit frei, ob sie sich in die Kreissynode ihres Bezirks eingliedern oder ob sie mit Gemeinden ihres Bekenntnisses innerhalb oder außerhalb ihres Kirchenkreises eine eigene Kreissynode bilden wollen. Es steht den Kreissynoden der Minderheit frei, ob sie sich in die Provinzialsynode ihrer Kirchenprovinz eingliedern oder ob sie sich einer benachbarten Provinzialsynode anschließen oder mit anderen Kreissynoden ihres Bekenntnisses zu einer eigenen Synode zusammentreten wollen. e) Es steht den Gemeinden der Minderheit frei, ob sie sich der Visitation des Bischofs unterstellen oder einen Amtsträger des eigenen Bekenntnisses mit diesem Dienst betrauen wollen. f) Wenn die Minderheit sich in die Provinzialsynode ihrer Kirchenprovinz eingliedert, muß auch dem Synodalrat ein Mitglied ihres Bekenntnisses angehören.

g) In Fragen, die das Bekenntnis oder den Kultus betreffen, werden die Entscheidungen für beide Bekenntnisse getrennt durch die den verschiedenen Bekenntnissen angehörenden Mitglieder der Kirchenleitung getroffen. h) Die allgemeinen finanziellen Angelegenheiten wie Pfarrbesoldung, Ausgleich für leistungsschwache Gemeinden und dergleichen, an größeren Orten auch die Kirchensteuern und -beiträge, werden für beide Bekenntnisse gemeinsam verwaltet.	g) In Fragen, die das Bekenntnis oder den Kultus betreffen, sollen die Entscheidungen für beide Bekenntnisse grundsätzlich getrennt durch die den verschiedenen Bekenntnissen angehörenden Mitglieder der Kirchenleitung getroffen werden.

Am 17./18. Oktober 1942 beschloss die 11. Bekenntnissynode der Evangelischen Kirche der altpreußischen Union in Hamburg-Hamm:

»Synode beauftragt den Preußischen Bruderrat, einen Ausschuß zu bilden, der die Fragen der Ordination, des Kirchenregimentes (geistliche Leitung) und der Kirchenordnung (kirchlicher Aufbau) theologisch durcharbeiten und der nächsten Synode darüber eine Vorlage machen soll.«[3]

Der preußische Bruderrat bildete bald darauf diesen Ausschuss und berief Otto Dibelius (als Vorsitzenden), Hans Asmussen, Joachim Beckmann (Düsseldorf), Leopold Beckmann (Königsberg), Hans Böhm, Peter Brunner, Günther Harder, Heinrich Held, Wilhelm Niesel, Friedrich Justus Perels, Eitel-Friedrich von Rabenau, Heinrich Schlier, Edmund Schlink, Julius Schniewind und Ernst Wolf (Halle).[4] Am 12. April 1943 trat der Ausschuss in Babelsberg zu seiner konstituierenden Sitzung zusammen. Ein Unterausschuss unter dem Vorsitz von Dibelius mit Brunner und Schlink für die Lutheraner, Harder für die Unierten, Niesel für die Reformierten, Perels als Justitiar und Karl Lücking als Protokollführer erarbeitete in sieben Sitzungen zwischen Mai 1943 und Mai 1944 einen Entwurf,

---

3 Niesel, Wilhelm (Hg.): Um Verkündigung und Ordnung der Kirche: Die Bekenntnissynoden der Evangelischen Kirche der altpreußischen Union 1934–1943, Bielefeld 1949, S. 98 Nr. 7.
4 Stein, Denkschrift (wie Anm. 2), S. 166.

der am 26. Juni 1944 in Potsdam abgeschlossen wurde.[5] Sechs Sitzungen fanden in Bielefeld bei Edmund Schlink statt, der die Auffassungen der Lutheraner in der Evangelischen Kirche der altpreußischen Union vertrat.

An ihn wandte sich auch Otto Dibelius Ostern 1944 mit einem elfseitigen Brief über Union, Bekenntnis und Kirchenordnung.[6] Ausgehend von der Generalsynode 1846 erklärte er:

> »Was die Theologen so sehr beschäftigte und was theologisch und grundsätzlich auch wirklich ein notvolles Problem war, nämlich wie sich eine Kirche auf zwei Gruppen von Bekenntnisschriften gründen könne, die sich gegenseitig widersprechen und verdammen – das war für die Kirche als Ganzes eine uninteressante und bedeutungslose Angelegenheit. Die Kirche lebt nicht von theologischen Begriffen.« (Bl. 68) »Die Kirche lebt von der Bibel und vom Gesangbuch, die beide nichts von Prinzipien wissen, und sie lebt daneben von den ganz schlichten Formulierungen des Katechismus.« (Bl. 69) »Die Union samt allen Problemen, die sie stellt, interessiert in grobem Deutsch gesagt, keinen Menschen. Und die Frage der Bekenntnisschriften interessiert vollends nicht.« (Bl. 69). Und: »Wenn es möglich wäre, die Union zu liquidieren, ohne damit zugleich die Kirchengemeinschaft zwischen Lutheranern und Reformierten preiszugeben, so würde keine Träne fließen.« (Bl. 73).

Für Dibelius ist in sechs altpreußischen Kirchenprovinzen die Union niemals wirklich vollzogen worden, sie seien lutherisch geblieben, die Ausnahme sei die rheinische (Bl. 74) und die bisherigen Erörterungen über die konfessionelle Frage in Altpreußen seien immer mit dem Blick auf das Rheinland und die vielen unierten Gemeinden dort geführt worden (Bl. 76). Jede Kirchenprovinz solle eine eigene Kirchenordnung bekommen (Bl. 75). Wie die Kirchenleitung der Provinzen aussehen soll, erörtert Dibelius nicht.

Edmund Schlink antwortete Dibelius am 29. August 1944 mit einem achtseitigen Brief, der wie dessen Brief an viele Empfänger gehe und nicht nur seine persönliche Stellungnahme sei; sondern auch die Ansichten der Lutheraner innerhalb der Bekennenden Kirche der Altpreußischen Union wiedergebe.[7] Er widerspricht Dibelius' Behauptung, die Frage der Bekenntnisschriften interessiere nicht.

> »In den Nöten dieser Jahre ist an vielen Orten eine Gemeinde entstanden, die nach klarer Lehre in vollem Umfang begierig ist. [...] . Die lebendige Gemeinde ver-

---

5 Zu den Daten und Orten Niemöller, Wilhelm: Die Evangelische Kirche im Dritten Reich. Handbuch des Kirchenkampfes, Bielefeld 1956, S. 154–156. Die genannten Daten stimmen nicht immer.
6 EZA Berlin 50/528, Bl. 67–77.
7 LkA EKvW Bielefeld, 5.1–150 F 2, Bl. 40–47; hier Bl. 40.

Die Denkschrift »Von rechter Kirchenordnung« 1944/1945

langt heute nach nichts so sehr, wie nach Klarheit über das Bekenntnis ihrer Kirche.« (Bl. 43)

Die Kernfrage für Schlink ist, wie man zu einer bekenntnisgebundenen Neuordnung der Evangelischen Kirche der APU kommen solle. Wie Dibelius sind er und seine »lutherischen Freunde in Altpreußen« der Meinung, dass es in absehbarer Zeit keinen Consensus zwischen Lutheranern und Reformierten in den strittigen Lehren von Gesetz und Evangelium und den Sakramenten geben werde (Bl. 44). Ausgehend von den beiden unterschiedlichen Bekenntnissen schlagen sie vor, dass in Gemeinden lutherischen Bekenntnisses nur Amtsträger lutherischen und in Gemeinden reformierten Bekenntnisses nur Amtsträger reformierten Bekenntnisses berufen werden sollen und dass Prüfungen, Ordinationen, Einführungen und Visitationen nur von einem Kirchenregiment vollzogen werden, das die gleiche Bekenntnisbindung hat wie die betreffenden Diener am Wort und die betreffenden Gemeinden. Die lutherischen Gemeinden bedürften darum einer lutherischen und die reformierten Gemeinden einer reformierten Kirchenleitung. Die beiden Kirchenleitungen könnten räumlich und sachlich zusammenarbeiten in gemeinsamer finanzieller Verwaltung, in gemeinsamer Vertretung gemeinsamer Belange gegenüber dem Staat und in gemeinsamen theologischen Erklärungen gegenüber den Irrlehren dieser letzten Zeit (Bl. 45). Die bisherige Evangelische Kirche der APU wird umgewandelt in einen »Bund der lutherischen und reformierten Kirchen in Altpreußen«. Die beiden Kirchen haben die Freiheit, in Bindung an ihr eigenes Bekenntnis und in Gemeinschaft mit den außerpreußischen Kirchen gleichen Bekenntnisses sich ihre eigene Kirchenordnung zu geben. Die unierten Gemeinden sind dem Bund angeschlossen. Der in Gebrauch stehende Katechismus ist entscheidend, welcher Kirchenleitung sie sich anschließen (Bl. 46).

Über den Entwurf der Denkschrift vom 26. Juni 1944, der bereits die Überschrift »Von rechter Kirchenordnung« trug, beriet dann der Preußische Bruderrat in mehreren Sitzungen.[8]

Am 7. November 1944 beschloss der preußische Bruderrat:

»Die unter Einbeziehung der Berliner Vorschläge[9] weiterbearbeitete Denkschrift von rechter Kirchenordnung wird nach Vornahme einiger Änderungen und Ergän-

---

8 Stein, Denkschrift (wie Anm. 2), S. 167.
9 EZA Berlin 50/489, Bl. 28 V–29 R. Auf Bl. 28 V »Änderungen zur Denkschrift« und in der Handschrift von Harder »Berlin«.

zungen (vgl. anliegendes Protokoll) mit Ausnahme des Abschnittes VI der ›Ergebnisse‹ angenommen. VI wird Gegenstand abschließender Beratungen sein.«[10]

In dem Protokoll heißt es:

»Es fehlen bisher noch Sätze über die Regelung der konfessionellen Frage in Altpreußen, die mit etwa noch zu VI zu erwartenden ergänzenden Sätzen dem Ganzen anzuarbeiten sind.«[11]

Ursprünglich sollte die Denkschrift der für Dezember 1944 geplanten Bekenntnissynode vorgelegt werden, doch konnte die Bekenntnissynode wegen der Kriegsverhältnisse nicht mehr einberufen werden.[12] So verabschiedete der Preußische Bruderrat die endgültige Fassung der Denkschrift auf seiner Sitzung in Potsdam am 9. Januar 1945[13]:

»Teil VI der ›Denkschrift von rechter Kirchenordnung‹ wird verabschiedet. An den inzwischen vorgenommenen Änderungen werden nur geringfügige Ergänzungen angebracht (Anlage 1 und 2).«[14]

Anlage 1 sind die folgenden »Änderungen zur Denkschrift«, die allerdings im starken Gegensatz zum beschlossenen Text der Denkschrift im Abschnitt VI stehen, da der oder die Verfasser an der Einheit der Lutheraner, Reformierten und Unierten in einer Kirche festhalten wollen.[15]

---

10 EZA Berlin 50/42, Bl. 31.
11 EZA Berlin 50/489, Bl. 4.
12 Stein, Denkschrift (wie Anm. 2), S. 168.
13 Es fehlten bei dieser Sitzung die Mitglieder aus dem Rheinland und der Provinz Sachsen, Ostpreußen aber war vertreten; s. Niesel, Wilhelm: Kirche unter dem Wort. Der Kampf der Bekennenden Kirche der altpreußischen Union 1933–1945 (Arbeiten zur Geschichte des Kirchenkampfes Ergänzungsreihe 11), Göttingen 1978, S. 302.
14 EZA Berlin 50/86, Bl. 22.
15 EZA Berlin 50/489, Bl. 25 trägt die von Harder stammenden handschriftlichen Bemerkungen: »abgelehnt, aber: Dabei sollen folgende Richtlinien gelten – g noch umzuformulieren wie Halle«. Deshalb vermute ich die Verfasser im Berliner Kreis.

Änderungen zur Denkschrift[16]

VI

Für die Frage der konfessionellen Gestaltung innerhalb Altpreußens ist von folgenden Überlegungen und Grundsätzen auszugehen:

1) Die gleiche Bedrohung ihrer Bekenntnisse hat auf der 1. Bekenntnissynode zu Barmen Lutheraner, Reformierte und Unierte zu gemeinsamen Bekennen zusammengeführt. Die auf dieser Synode von Gott geschenkte Einmütigkeit bedeutet für die verschiedenen Bekenntnisse die Verpflichtung, nicht preiszugeben, was Gott unter ihnen angefangen hat.

2) Die gleiche Bedrohung ihrer Bekenntnisse hat Lutheraner wie Reformierte zu einer Neubesinnung auf die Schrift und ihre Auslegung durch die Bekenntnisse der Väter geführt. Die Neubesinnung hat die Konfessionen zu einer echten Begegnung gebracht. Darum müssen wir es Gott überlassen, was das gemeinsame Sprechen in Barmen für die Sondergestaltung der Konfessionen und ihr Verhältnis zueinander bedeutet.

3) Der gemeinsame Weg, den beide Konfessionen von der Barmer Theologischen Erklärung zu den Hallenser Beschlüssen geführt wurden, hat die Abendmahlsgemeinschaft zwischen den verschiedenen Bekenntnissen bestätigt und dadurch bekundet, daß Lutheraner, Reformierte und Unierte trotz ihrer Sonderbekenntnisse in Altpreußen eine Kirche sind.

4) Der Bekenntnisstand der Gemeinde bestimmt sich nach den in den Gemeinden geltenden Bekenntnissen, wie sie in der Berufungsurkunde des Pfarrers angeführt sind.

5) Um die seit der 1. Bekenntnissynode zu Barmen geschenkte Gemeinsamkeit des Bekennens und Sprechens nicht eigenmächtig wieder aufzuheben, werden in vorwiegend lutherischen Kirchenkreisen die reformierten Gemeinden und in vorwiegend reformierten Kirchenkreisen die lutherischen Gemeinden aufgefordert, sich in <u>einer</u> Kreissynode mit den überwiegend lutherischen bzw. reformierten Gemeinden ihres Kirchenkreises zusammenzuschließen.

6) Dasselbe gilt entsprechend für die Provinzialsynoden und den Provinzialkirchenrat.

7) Fragen, die den Gottesdienst, die Kirchenzucht und die Lehre betreffen, werden – soweit erforderlich – für beide Bekenntnisse getrennt durch die den verschiedenen Bekenntnissen angehörigen Mitglieder der Kreis- bzw. Provinzial-

---

16 EZA Berlin 50/86, Bl. 23. Ebenfalls vorhanden in EZA Berlin 50/489, Bl. 24 und Bl. 25, sowie EZA Berlin 50/690, Bl. 49 V+R.

synode bzw. Kirchenleitung entschieden. Darüber hinaus bleibt es den lutherischen wie den reformierten Synodalen einer Kreis- bzw. Provinzialsynode unbenommen, sich zur Beratung dieser Fragen mit den Synodalen ihres Bekenntnisses anderer Kreis- bzw. Provinzialsynoden zusammenzutun. Wenn Gemeinden der Minderheit glauben, ihre besonderen Anliegen in der Kreissynode nicht ausreichend vertreten zu sehen, so steht ihnen frei, mit Gemeinden ihres Bekenntnisses innerhalb oder außerhalb des Kirchenkreises eine eigene Kreissynode zu bilden.

8) Die angehenden Diener am Wort werden auf ihren Wunsch von einem Amtsträger ihres Bekenntnisses ordiniert (siehe hierzu I,3).

9) Die Visitationen der Gemeinden werden durch die Visitatoren ihres Bekenntnisses geleitet.

10) Die allgemeinen finanziellen Angelegenheiten wie Pfarrbesoldung, Ausgleich für leistungsschwache Gemeinden, an größeren Orten auch die Kirchenbeiträge werden für beide Bekenntnisse gemeinsam verwaltet.

Anlage 2 ist die Denkschrift, die auf Anregung von Wilhelm Niesel auf dem Titelblatt den ihren wahren Sinn verschleiernden Vermerk[17] erhielt: »Auf Beschluß der Tagung der Bekenntnissynode der Evangelischen Kirche der altpreußischen Union vom ... dem Herrn Reichsminister für die kirchlichen Angelegenheiten vorgelegt.«[18]

Vergleicht man den Text des Abschnittes VI mit dem Entwurf vom 7. November 1944, so kann man sagen, dass er weniger rigoros ist. So heißt es im ersten Absatz: Dabei sollen folgende Richtlinien gelten statt Dabei sind folgende Grundsätze verbindlich. In g) heißt es nun: »[...] sollen die Entscheidungen für beide Bekenntnisse grundsätzlich [...] getroffen werden« statt »[...] werden die Entscheidungen [...] getroffen«. Auch die Ergänzung der drei Gemeindebezeichnungen in a) um »evangelisch-« kann als Betonung des Gemeinsamen, Verbindenden gewertet werden. Absatz h) über die gemeinsame Verwaltung der allgemeinen finanziellen Angelegenheiten ist weggefallen. Einen plausiblen Grund dafür kann ich nicht erkennen

Der Abschnitt VI setzt die Abschnitte IV und V der Denkschrift voraus, in denen die Neuordnung der Evangelischen Kirche der altpreußischen Union beschrieben wird. Kirchen gibt es nur noch auf der Ebene der Provinz, zur Erfüllung gemeinsamer Aufgaben schließen sie sich in einer Generalsynode zusammen. Diesem Zusammenschluss können auch andere Kirchen beitreten. Die not-

---

17 Stein, Denkschrift (wie Anm. 2), S. 168.
18 EZA Berlin 50/86, Bl. 10–21 R, hier Bl. 10.

wendigen Verwaltungsarbeiten für die Generalsynode und die Konferenz der Vorsitzenden der Provinzialkirchenräte werden in der Kanzlei des Provinzialkirchenratsvorsitzenden erledigt. Der Evangelische Oberkirchenrat fällt fort. Die Provinzkirchen sind unbeschadet ihrer Zugehörigkeit zur Generalsynode Glieder der Deutschen Evangelischen Kirche und sind in deren Organen selbständig vertreten.

Im Abschnitt VI wird zwar noch von Kirchenprovinzen gesprochen, doch gemeint sind die eigenständigen Provinzkirchen aus den vorhergehenden Abschnitten. Im ersten Satz und im Absatz a) werden unierte Gemeinden erwähnt, doch im Absatz g) wird nur noch von den »beiden Bekenntnissen« gesprochen, ebenso in den »Änderungen zur Denkschrift«, die ausschließlich lutherische und reformierte Gemeinden und Synodale nennt. Alle Bestimmungen der Denkschrift sind geprägt von dem Willen, die Bekenntnisminderheit zu schützen. Dafür wird die Aufgliederung der Provinzkirche nach den Bekenntnissen, ja sogar die Auflösung in bestimmten Fällen vorgesehen. Damit gehen die Richtlinien weit über den Beschluss der Bekenntnissynode von Halle »Zur Frage der Bekenntnisse« hinaus.[19]

Die Abendmahlsgemeinschaft der Angehörigen der verschiedenen Bekenntnisse wird zwar ausdrücklich festgestellt, doch:

> »Wenn bei der Austeilung des Abendmahls mehrere Diener am Wort zusammenwirken, so sollen diese, von ganz besonderen Ausnahmen abgesehen, derselben Konfession angehören.«

Im Beschluss der Bekenntnissynode von Halle »Zur Frage der Abendmahlsgemeinschaft« heißt es dagegen unter 6.:

> »Darum stehen gemeinsame Abendmahlsfeiern zwischen uns Lutheranern, Reformierten und Unierten nicht im Widerspruch zu der schriftgemäßen Verwaltung des heiligen Abendmahls.«[20]

Auch bei der Ordination stellt die Denkschrift ohne jede Ausnahmeregelung fest:

> »c) Die angehenden Diener am Wort werden von einem Amtsträger ihres Bekenntnisses ordiniert.«

Dagegen hatten die Synodalen in Halle beschlossen:

---

19 So auch das Urteil von Wilhelm Niesel, Kirche (wie Anm. 13), S. 295.
20 Siehe oben S. 116.

»Bei der Ordination hat der Ordinand das Recht, sein Ordinationsgelübde vor einem Ordinator seines Bekenntnisses abzulegen; ebenso soll kein Ordinator verpflichtet sein, einen Ordinanden anderen Bekenntnisses zu ordinieren. Eine bindende Regelung wird nicht getroffen.«[21]

---

21 Siehe oben S. 115.

Axel Noack

Von der Verfassungsurkunde der Evangelischen Kirche der altpreußischen Union zur Grundordnung der Evangelischen Kirche der Union (1945–1953)

Beilage 3
Synopse: Von der Verfassungsurkunde der EKapU zur Grundordnung der EKU (1945–1953)

1. Allgemeine Einleitung

Die Neuordnung der Evangelischen Kirche der altpreußischen Union zur Evangelischen Kirche der Union im Zeitraum vom Juni 1945 bis zum Dezember 1953 gestaltete sich als ein komplizierter Prozess in großer Abhängigkeit von den parallellaufenden Prozessen zur Bildung der EKD, der VELKD und der rechtlichen Neuordnung der einzelnen Landeskirchen. Außerdem war dieser Prozess unter ständiger Veränderung der politischen Rahmenbedingungen zu gestalten. Zunächst ging es bei den Auseinandersetzungen nicht vorrangig um theologische Fragen. In dieser Hinsicht war schon zu Zeiten des Kirchenkampfes intensiv vorgedacht worden.¹ Umstritten war, ob die APU überhaupt als Kirche (oder als lockerer Zusammenschluss von Gliedkirchen) überleben sollte.

Hinsichtlich der »Qualität« einer Kirche waren vor allem drei Themen in der Diskussion:

a) Das Gesetzgebungsrecht der ehemaligen »Landeskirche« (EKapU; APU) mit rechtsverbindlicher Wirkung für die Kirchenprovinzen bzw. Provinzialkirchen.

b) Finanzausgleich zwischen den Provinzialkirchen, besonders im Blick auf die Mitarbeiter aus den ehemaligen Ostgebieten.

c) Das Mitspracherecht der Gesamtkirche bei Personalentscheidungen in den Leitungsorganen der Provinzialkirchen.

Theologische Fragestellungen und Debatten, etwa um die Formulierung von Präambel bzw. Grundartikeln für die neue Ordnung der APU, kamen erst auf, nachdem im Januar 1949 die Entscheidung, die APU als Kirche zu erhalten, gefallen war.

Als »Faustformel« kann gelten: Während die westlichen Gliedkirchen der APU vor allem einer Stärkung der Unabhängigkeit der einzelnen Gliedkirchen und der Dezentralisierung das Wort redeten, votierten die östlichen Gliedkirchen für den Erhalt eines starken Zusammenschlusses. Die Gründe waren naheliegend: Die östlichen Gliedkirchen waren – besonders in den alten Provinzen Schlesien und Pommern, aber auch in Brandenburg – von den territorialen Veränderungen des Potsdamer Abkommens der Siegermächte besonders stark betroffen. Sie mussten sich neu organisieren und waren auf Rat und Hilfe angewiesen. Das gilt wiederum mit besonderem Gewicht für die aus den ehemaligen Ostgebieten der APU zuströmenden Pfarrfamilien. Die Verantwortung für Besoldung und Versorgung konnten die Provinzialkirchen von »Restschlesien« und »Restpommern« nicht allein tragen. Auch die anderen aufnehmenden Landeskirchen sahen sich darin überfordert.² Die Gesamtverantwortung der ehemaligen Landeskirche war also besonders gefragt.

Für die Erarbeitung von Präambel und Grundartikeln kann gelten: Erst nach der Veröffentlichung eines ersten Entwurfes einer neuen Ordnung der APU, erarbeitet von dem dafür eingesetzten Neuordnungsausschuss in Bethel am 21./22. Juni 1949, und besonders nach der Beratung in erster Lesung in der Generalsynode der APU im Dezember 1950 wurde – nicht zuletzt ausgelöst durch hefti-

---

1 Vgl. oben den Beitrag von Hartmut Sander zum Verhältnis der lutherischen, reformierten und unierten Gemeinden zueinander in der Denkschrift »Von rechter Kirchenordnung« (1944/1945), S. 127–136.

2 Es sollte noch eine Zeit dauern, bis die sogenannte »Ostpfarrerversorgung« zu einer Gemeinschaftsaufgabe der ganzen Evangelischen Kirche in Deutschland wurde.

gen Widerspruch aus Kreisen der VELKD – eine wirkliche Debatte über den theologischen Charakter der Union generell und den »Status« der APU geführt.

Andererseits erarbeitete schon 1948 ein »konfessioneller Ausschuss« im Auftrag der Kirchenleitung der APU (östliche Seite) einen Vorschlag für die möglichst vergleichbare Gestaltung der Präambeln der einzelnen gliedkirchlichen Grundordnungen (siehe unten).

In den Debatten um Art und Weise der Neuordnung der APU lassen sich sinnvollerweise zwei Argumentationsrichtungen unterscheiden, wenn sie sich auch nicht vollkommen voneinander trennen lassen:

1. Es wird die (theologische) *Möglichkeit* der Fortsetzung einer Verwaltungsunion nach den Erfahrungen des Kirchenkampfes mit seiner neuen Betonung der Bedeutung der Bekenntnisse (»Bekennende Kirche«) bestritten.
2. Es wird die *Notwendigkeit* des Erhaltes eines gliedkirchlichen Zusammenschlusses unter dem Dach der sich herausbildenden EKD bestritten.

Bei allem muss dem zeitlichen Faktor große Bedeutung beigemessen werden. Es kann – wiederum im Sinne einer Faustformel – gelten, dass der Wille zur Wiederherstellung der Einheit der APU als Kirche (auch in den westlichen Gliedkirchen) in dem Maße wuchs, wie die EKD und vor allem die VELKD entwickelt wurden. Immer stärker zeigten sich Enttäuschungen über diese Entwicklungen, die wiederum die Provinzialkirchen der alten APU enger zusammenrücken ließen.

Dieser Prozess soll im Folgenden beschrieben werden.

2. Der zeitlich erste Neuansatz in Berlin[3]

Der zeitlich und inhaltlich erste Ansatz zur Neuordnung der APU geschah in Berlin. Konsistorialpräsident Walter Tröger beruft am 4. Juni 1945 einen »Beirat

---

3 Über die hier darzustellenden Ereignisse gibt es zahlreiche Veröffentlichungen. S. besonders: Kampmann, Jürgen: Von der altpreußischen Provinzial- zur westfälischen Landeskirche (1945–1953) (Beiträge zur Westfälischen Kirchengeschichte 14), Bielefeld 1998; Kampmann, Jürgen: Neuorientierung nach dem Zweiten Weltkrieg [= Kapitel VIII.1], in: Besier, Gerhard/Lessing, Eckhard (Hgg.): Die Geschichte der Evangelischen Kirche der Union. Bd. 3: Trennung von Staat und Kirche. Kirchlich-politische Krisen. Erneuerung kirchlicher Gemeinschaft (1918–1992), Leipzig 1999, S. 561–603. Hier werden auch die einschlägige Literatur und die aktenmäßige Überlieferung genau nachgewiesen. Vgl. auch: Tyra, Ralf: Neue Forschungsergebnisse zur ersten deutschen Kirchenversammlung nach dem Krieg, in: KZG 2 (1989), S. 239–275.

beim EOK«. Er war dazu vom abwesenden Vizepräsidenten Oskar Evers ermächtigt worden. Die Aufgabe des Beirates war es, die »der Berliner Dienststelle des Oberkirchenrates zufallenden Kirchenleitungsaufgaben« zu übernehmen. Dem Beirat gehörten an: Propst Walter Borrmann, Pfarrer Wilhelm Brandt, Pfarrer Otto Dilschneider, Dr. Heinrich von der Gablentz und Missionsdirektor Siegfried Knak. Der Vorsitz wurde Generalsuperintendent Otto Dibelius angetragen.[4]

Am 7. August 1945 wird vom so erweiterten EOK eine »Verordnung über die Leitung der Evangelischen Kirche der altpreußischen Union«, unterzeichnet von Otto Dibelius, erlassen. Es wird festgestellt, dass Kirchensenat und Generalsynode nicht mehr bestehen. Unter Berufung auf Art. 131 der Verfassungsurkunde der Evangelischen Kirche der altpreußischen Union von 1922 (VU) wird eine »Kirchenleitung der altpreußischen Union« gebildet, die im Wesentlichen aus dem EOK und dem neuen Beirat besteht. Sie »nimmt die verfassungsmäßigen Aufgaben des Kirchensenates und der Generalsynode« wahr.[5] Dieser Neuansatz sah sich selbst in der Kontinuität der Verfassungsurkunde der APU von 1922/1924.

3. Der zweite Neuansatz in Treysa in Hessen

Ein zweiter, inhaltlich und in seinem Rechtsverständnis ganz anderer Ansatz gewann in Treysa (Hessen) am 31. August 1945 Gestalt: Am Rande der dort stattfindenden »Kirchenführerkonferenz«, die nach nicht einfachen Auseinandersetzungen über die Zukunft der DEK einen vorläufigen Rat der EKD benannt hatte, tagten die Vertreter Altpreußens in einer gesonderten Konferenz am 31. August 1945. Auf dieser Tagung wurde – ohne einen direkten Bezug zum Berliner Neu-

---

4 Später wieder abgedruckt im ABl. EKD Berlin 1947, S. 28. Dabei belegen im Umfeld nicht wenige Dokumente: Otto Dibelius hat sich sehr massiv in dieses Amt gedrängt. Ihm lag an der Personalunion der Leitung der Berlin-brandenburgischen Provinzialkirche und der APU. Er schreibt schon am 4. Juli 1945 an den in Stolberg (Harz) amtierenden Präsidenten des EOK: »Denn nirgends kennt man eine Oberleitung, die von den Kirchenprovinzen abgelöst lediglich in einer Oberetage wohnt; sondern der Erzbischof ist immer zugleich Bischof einer Provinzial-Diözese [...]« (zitiert nach Kampmann, Neuorientierung [wie Anm. 3], S. 591).

5 Später wieder abgedruckt im ABl. EKD Berlin 1947, S. 28.

ansatz vom Juni – ein »Beschluss der vertretenen Provinzialkirchen in der Altpreußischen Union« verabschiedet.[6]

Darin wird festgestellt, dass die (gesamte) »Leitung der Kirche im Sinne des Vorspruches« der Verfassung untauglich geworden sei. Die Funktionen der Leitung hätten damit aufgehört. Das gelte auch für den EOK: »lässt [...] die Übernahme der alleinigen Kirchenleitung durch ihn (den EOK) nicht zu.« Dagegen erklären die in Treysa Versammelten »einmütig«: »Im Notstand der Evang[elischen] Kirche der APU nehmen wir die kirchenleitenden Befugnisse der Generalsynode und des Kirchensenates stellvertretend wahr und bestimmen über die Leitung der Evang[elischen] Kirche der APU was folgt:«.[7]

Hier wurde also vom Notrecht her argumentiert und die Möglichkeit einer Kontinuität der kirchenleitenden Organe bestritten. Indirekt wird damit der Berliner Neuansatz nicht nur kritisiert, sondern für unwirksam erklärt. Zum Hintergrund mag gehören, dass diese Konferenz sehr stark von Vertretern der westlichen Gliedkirchen der APU dominiert war, die das Ergebnis prägten.

In Treysa wurde festgestellt:

> »Die kirchenleitenden Funktionen, die nach der Verfassungsurkunde dem Kirchensenat und dem EOK zustehen, werden für ihren Bereich von den Kirchenleitungen der Provinzen wahrgenommen«.

Dennoch soll eine Kirchenleitung mit dem Namen »Leitung der Evangelischen Kirche der APU«[8] bestehend aus Vertretern der Kirchen der Provinzen gebildet

---

6 Der Text trägt im Original keine Überschrift. Vgl. die faksimilierte Wiedergabe des Originals mit den Unterschriften der Beteiligten in: Kampmann, Neuorientierung (wie Anm. 3), S. 599 ff., und Kampmann, Westfalen (wie Anm. 3), S. 265 ff. – Das Fehlen eines Titels führte in der Folgezeit dazu, dass in verschiedenen Veröffentlichungen eigene Überschriften gefunden wurden. Bei Söhlmann, Fritz (Hg.): Die Konferenz der Evangelischen Kirchenführer 27.–31. August 1945, Lüneburg 1946, heißt das Dokument »Beschluß der vertretenen Provinzialkirchen in der APU«. Im Kirchlichen Jahrbuch 72.–78. Jg. (1945–1948), S. 119 f., trägt es die Überschrift »Neuordnung der Evangelischen Kirche der Altpreußischen Union«.

7 Treysaer Vereinbarung, Textziffer 3 (s. Kampmann, Neuorientierung [wie Anm. 3], S. 599.

8 Diese Bezeichnung hat sich im praktischen Alltag nicht durchgesetzt. Die Bezeichnung »Kirchenleitung der APU« fand wesentlich weitere Verbreitung. Sie wird auch in der Treysaer Vereinbarung selbst verwendet (Textziffer 8; a.a.O., S. 600). – Auch die Bezeichnungen »Gesamtkirchenleitung« und »Landeskirchenleitung« lassen sich nachweisen; vgl. a.a.O., S. 606 f., wobei auch der Name einer »Gesamtkirchenleitung« in der Treysaer Vereinbarung selbst schon zu finden ist (Textziffer 6; a.a.O., S. 600). – Hinweis von Gerhard Lindemann vom 30. Oktober 2012: »In den Protokollen der APU-Kirchenleitung Berlin heißt es seit der Sitzung am 4.12.1945 mit einer Ausnahme

werden. Die Anzahl der Vertreter der einzelnen Provinzialkirchen wird dabei genau benannt.[9] Sie reicht von einem bis zu vier Mitgliedern je Provinzialkirche. Außerdem sind je zwei Plätze für Vertreter des Oberkirchenrates (EO), die aber von der Leitung der Kirche bestimmt werden sollen, und für »Vertreter des Bruderrates der bekennenden Kirche der APU« vorgesehen. Die (noch zu bildende) Kirchenleitung »bestimmt diejenigen Beamten des EO die zur Erfüllung der Aufgaben bis auf weiteres im Amt bleiben.« Und: »Der EO bleibt bis auf weiteres Verwaltungsstelle der Kirchenleitung und arbeitet nach deren Weisung.« Der Vorsitz in der Leitung soll jährlich wechseln.

Die »Schwierigkeiten des Verkehrs« zwischen den Provinzen machten eine besondere – leider etwas komplizierte – Lösung nötig, die dann auch zu Verwirrungen führen sollte. Für die östlichen Provinzen wird bestimmt: Die Mitglieder der Leitung, »die in den östlichen Provinzen wohnen, üben die Funktionen der Leitung für dieses Gebiet selbständig aus.« Das entspricht einer »klassischen« Bereichsregelung, wie sie für die Evangelische Kirche der Union in den siebziger Jahren noch wichtige Bedeutung erlangen sollte.[10] Für den Westen hingegen wird festgelegt:

> »In den westlichen Provinzen geschieht dies gemeinsam durch die Kirchenleitungen von Westfalen und der Rheinprovinz«.[11]

Versäumt wurde eine alltagstaugliche Regelung für den in Berlin bzw. zum Teil immer noch nach Stolberg (Harz) ausgelagerten EOK. Wie hätte er als »Verwaltungsstelle der Kirchenleitung« praktisch für die Westprovinzen arbeiten können? Und: Wie sollte er die westlichen Kirchen im »rechtsgeschäftlichen Verkehr, sowie vor Gerichten und Behörden« im Alltagsgeschäft vertreten? Entsprechend wurden dann auch die praktischen Aktivitäten des EOK und seines Präsi-

---

stets ›Landeskirchenleitung‹ (Einzige Abweichung: ›Protokoll über die Sitzung der Kirchenleitung der Evangelischen Kirche der altpreußischen Union am 16. und 17. Juli 1947.‹« – Allerdings: Bis weit in die 1950er Jahre hinein lässt sich im Schriftverkehr auch die Bezeichnung »Preußische Kirchenleitung« belegen.

9 Treysaer Vereinbarung, Textziffer 3 (s. Kampmann, Neuorientierung [wie Anm. 3], S. 600.
10 Beschluss der Synode der Evangelischen Kirche der Union (Bereich Ost) auf ihrer Tagung in Magdeburg 22.–24. Mai 1970 zur Regionalisierung, in: Kirchliches Jahrbuch 97 (1970), S. 20.
11 Treysaer Vereinbarung, Textziffer 4 (s. Kampmann, Neuorientierung [wie Anm. 3], S. 600.

denten, Otto Dibelius, westlicherseits als ungerechtfertigte Einmischung verstanden.[12]

Bei allem wird deutlich: Im Grunde wurde in Treysa dem (Rest-)EOK in Berlin die Kompetenz zur Leitungsbildung bestritten. Jedenfalls sollte der EOK auf Weisung einer noch zu bildenden Leitung arbeiten und nicht auf Weisung des Berliner Beirates des EOK.

Aus dem Osten war auch Otto Dibelius selbst in Treysa anwesend. Die Entscheidungen müssen gegen seinen Widerspruch getroffen worden sein.[13] Er kommentiert später das Treysaer Treffen in seinen Lebenserinnerungen:

»Man hatte hinter meinem Rücken einen Beschluß ausgearbeitet, um ihn mir in dem Augenblick, wo der allgemeine Aufbruch begann, noch schnell zur Unterschrift vorzulegen. Das war wirklich die böseste Zumutung, die mir in meinem ganzen Leben gestellt worden ist. Hier brach endgültig und eindeutig durch, daß diese meine Freunde einen alten Generalsuperintendenten, der sich nicht zu Karl Barth bekannte, im Grund ihres Herzens niemals als einen der Ihrigen angesehen hatten.«[14]

Im Folgenden sollten die hier sichtbar werdenden Differenzen lange nachwirken und ihren Niederschlag auch in den ersten Ordnungsentwürfen finden.

4. Die Berliner »Verknüpfung« der beiden Neuansätze

Zunächst reagiert der EOK und der bei ihm gebildete Beirat, also die neue Berliner Kirchenleitung der APU: Schon am 11. September 1945 lädt sie die Vertreter der Provinzialkirchen zu einer Sitzung der »Kirchenleitung der Evangelischen

---

12 Schreiben von Präses Karl Koch an Präsident Otto Dibelius vom 27. Dezember 1945, zitiert bei Kampmann, Neuorientierung (wie Anm. 3), S. 613.
13 Das Originaldokument trägt seine Unterschrift an erster Stelle, obwohl er berichtet, dass ihm das Papier, als schon alles fertig und unterschrieben war, zur nachträglichen Unterzeichnung vorgelegt worden sei. Vgl. Anm. 14.
14 Dibelius, Otto: Ein Christ ist immer im Dienst – Erlebnisse und Erfahrungen in einer Zeitenwende, 2. Aufl., Stuttgart 1963, S. 216.

Kirche der altpreußischen Union« zum 2. Oktober nach Berlin ein.[15] Für die Tagesordnung wird vorgesehen:

> »Gegenstand der Erörterung wird in erster Linie die Stellungnahme zu einer Vereinbarung sein, die gelegentlich der Kirchenversammlung in Treysa die dort anwesenden Vertreter der altpreußischen Kirchenprovinzen und des altpreußischen Bruderrates mit einander getroffen haben.«

Eine Abschrift der Treysaer Vereinbarung wird der Einladung beigefügt.[16] In Magdeburg wird daraufhin von der »Vorläufigen Geistlichen Leitung« (VGL) beschlossen:

> »Es wird beschlossen, dass Superintendent Müller und Professor Heinzelmann die VGL. in Berlin ständig vertreten und dort den Anspruch auf völlige Gleichberechtigung fordern sollen.«[17]

Die dann versammelte Kirchenleitung der altpreußischen Union unternimmt einen mutigen und erstaunlichen Schritt: Sie setzt aus eigener Vollmacht den Treysaer Beschluss »in Kraft«: »Zweite Verordnung zur Leitung der Evangelischen Kirche der altpreußischen Union vom 2. Oktober 1945.«[18] Der Treysaer Beschluss ist dieser Verordnung als Anlage (korrekt und ohne Überschrift) beigefügt. Eine weitere Anlage trägt die Überschrift: »Erklärung zur Treysaer Vereinbarung vom 31.8.1945«. Damit wurde de facto ignoriert, dass Treysa sich als ein Neuansatz auf der Basis des kirchlichen Notrechtes verstand und eigentlich nicht hätte in Kraft gesetzt werden müssen, schon gar nicht vom Beirat des EOK.

Zur Verdeutlichung der vorhandenen Spannungen sei aus der »Erklärung zur Treysaer Vereinbarung« zitiert:

> »Unter diesen Umständen müssen wir in Anspruch nehmen, dass die Maßnahmen, die bisher im Bereich der östlichen Kirchenprovinzen getroffen wurden, um den Notstand des Fehlens einer verfassungsgemäßen Kirchenleitung zu beheben, recht-

---

15 Schreiben des Vorsitzenden »Kirchenleitung der Evangelischen Kirche der altpreußischen Union« (»In Vertretung« gezeichnet von Dr. Tröger) vom 11. September 1945; Archiv der Evangelischen Kirche der Kirchenprovinz Sachsen (AKPS), Rep. B 1 Nr. 35: Neuordnung der Altpreußischen Union 1945–1953.
16 Ebd.
17 Protokollauszug der 4. Sitzung der VGL vom 19. September 1945; AKPS, Rep. A Gen. 3582: Kirchenleitung: Vertreter der Kirchenprovinz Sachsen im Rat der Evgl. Kirche der Union, Bd. I., 1945 bis 1959.
18 Später wieder abgedruckt im ABl. EKD Berlin 1947, S. 28.

mäßig und kirchlich legitim sind. Das ist auch in Treysa von Herrn Bischof Dibelius wiederholt zum Ausdruck gebracht worden.«[19]

Schließlich wird festgestellt, dass die Berliner Leitung der APU bereit ist, nach den Vorgaben der Treysaer Erklärung zu arbeiten und also auch der Umbildung der Kirchenleitung nach dem Treysaer Vorschlag zustimmt.

Im Blick auf den Osten Deutschlands wird festgehalten, dass die

»Verhältnisse des östlichen Besatzungsraumes dagegen und die finanzielle Lage der meisten östlichen Kirchenprovinzen (es dringend erfordern), das Verhältnis der Kirchenprovinzen zur Gesamtkirche hier nicht so weitgehend zu lockern, wie die Treysaer Vereinbarung es grundsätzlich vorsieht.«

Entsprechend werden für die östlichen Kirchenprovinzen Zusätze zu Treysa festgelegt. Sie betreffen das Notverordnungsrecht, Personalia der Verwaltung, das Verhältnis zur staatlichen Verwaltung und Finanzfragen.

Auch die Vorläufige Geistliche Leitung (VGL) in Magdeburg stimmt nun ihrerseits der Treysaer Vereinbarung zu:

»Die VGL. beschließt einmütig, die Beschlüsse von Treysa grundsätzlich anzuerkennen, mit der Maßgabe, daß der Kirchenprovinz Sachsen mindestens 3 Vertreter in der Kirchenleitung zugebilligt werden.«[20]

In der Folgezeit hat die Kirchenleitung der APU in der Tat einige Notverordnungen mit Wirkung für die östlichen Gliedkirchen erlassen. Da die gewählten Vertreter der neuen Kirchenleitungen im Osten dem ausdrücklich zugestimmt haben (die Provinz Sachsen etwas verhaltener als etwa Pommern), war dieses Vorgehen auch von der Treysaer Vereinbarung gedeckt. Unumstritten hingegen war es auch im Osten nicht.

Unter dem 11. August 1947 legte Konsistorialrat Wilhelm Grenzdörfer in Magdeburg ein Gutachten zu der Frage vor:

»Sind die in den ›Amtlichen Mitteilungen aus der Evangelischen Kirche der altpreußischen Union‹ in den Stücken Nr. 1 bis 4 enthaltenen Rechts- und Notverord-

---

19 A.a.O., S. 30.
20 Protokollauszug der 5. Sitzung der VGL vom 5. Oktober 1945; AKPS, Rep. A Gen. 3582: Kirchenleitung: Vertreter der Kirchenprovinz Sachsen im Rat der Evgl. Kirche der Union, Bd. I., 1945 bis 1959.

nungen rechtsgültig? Über die Rechtsmäßigkeit und Rechtswirksamkeit der Verkündung von kirchlichen Gesetzen und Verordnungen«.[21]

Auch wenn KR Grenzdörfer sehr formal argumentiert und vor allem darauf insistiert, dass zum Inkrafttreten von Gesetzen und Verordnungen eine (vorher) geregelte Form der Verkündung bzw. Veröffentlichung gehört, so bestreitet er in seinem dringlich gemachten Gutachten die Möglichkeit, die bisher geübte Gesetzgebung der APU damit zu verteidigen, »daß es sich um Vorgänge handele, die gleichsam wie die revolutionären Umwälzungen im staatlichen Raum hier zu neuem Recht und zu neuer Rechtssetzung gedrängt haben.«[22]

Da KR Grenzdörfer befürchtet, dass seine Feststellungen, »wenn sie zutreffen sollten, von außerordentlicher Bedeutung sein« müssen, berät das Kollegium des Konsistoriums am 3. Januar 1948 sehr grundsätzlich das Gutachten und vor allem die darin aufgeworfene Thematik der rechtlichen Gültigkeit aller bisherigen Gesetze und Verordnungen.[23]

Die von der Vikarin Ingeborg Zippel sehr ausführlich protokollierte Aussprache im Konsistorium zeigt deutlich, dass auch im Jahr 1948 die Problematik der in Berlin und Treysa vorgenommenen Ansätze zur Neuordnung nicht zur Ruhe gekommen war.

Ein Zitat aus dem Protokollauszug soll das verdeutlichen:

»Die Debatte gipfelt in der Frage, ob der Evangelische Oberkirchenrat die Bekenntnisgrundlage (durch aktives eigenes Handeln oder Ermöglichung bekenntniswidrigen Handelns nachgeordneter Stellen) verlassen habe, worüber kein consensus erzielt wird. Durch Abstimmung wird festgestellt, daß 8 stimmberechtigte Mitglieder des Konsistoriums der Überzeugung sind, ein Notverordnungsrecht des Evangelischen Oberkirchenrates habe nicht bestanden, 5 der Überzeugung, daß es bestanden habe.«[24]

Noch deutlicher wird das in der Debatte des Verhältnisses des Berliner »Beirates« des EOK und der Treysaer Vereinbarung:

---

21 Rechtsgutachten zur Diskussion im Kollegium des Konsistoriums von KR Grenzdörfer. Maschinenschrift, 4 Seiten; AKPS, Rep. B 1 Nr. 35.
22 A.a.O., S. 4.
23 Auszugsweise Abschrift aus dem Protokoll der Sitzung des Konsistoriums am 3. Januar 1948; AKPS, Rep. B 1 Nr. 35, Bl. 3b.
24 A.a.O., Bl. 3b, Vorderseite. Da die Stimmberechtigung eines neuen Mitgliedes des Konsistoriums nicht zweifelsfrei festgestellt werden konnte, hatte sich in der Abstimmung selbst ein Stimmenverhältnis von acht zu sechs Stimmen ergeben.

»Dabei wird von der einen Seite ausgeführt, daß mit der Anerkennung der altpreußischen Union als Trägerin der Verordnungsgewalt auch die Verordnung vom 7.8.1945 Gültigkeit habe. [...]

Von der anderen Seite wird nicht bestritten, daß der »Beirat« das gleiche Recht zur »originären Rechtsschaffung« gehabt habe, wie das in Treysa August 1945 versammelte Gremium. Das geltende Recht aber konnte nur durch die Zustimmung der Provinzialkirchen geschaffen werden. Diese wurde der Treysaer Vereinbarung erteilt, nicht dem Beirat. Damit ist der Beirat hinfällig, da durch Erklärung der Provinzialkirchen eine von zwei im Prinzip gleichberechtigten Möglichkeiten ergriffen und damit die andere abgelehnt wurde. Zudem hat die Vereinbarung von Treysa die Zustimmung der Bruderräte, ohne die – da sie 1933–1945 durch die Führung Gottes, dem sie im Gehorsam antworteten, als eigentlicher Träger des Kirchenregimentes geschichtlich erwiesen sind – die Neubildung eines Kirchenregimentes nicht mehr möglich sein konnte. [...]

Es ergibt sich Einmütigkeit in der grundsätzlichen Zustimmung zur Treysaer Vereinbarung, wobei einzelne Herren Bedenken gegen einzelne Bestimmungen anmelden. Es wird die Frage aufgeworfen, wie gleichzeitig der durch den Evangelischen Oberkirchenrat beschrittene Weg bejaht und die grundsätzliche Zustimmung zu Treysa I erklärt werden könne, da durch Treysa I ja die Auffassung des Evangelischen Oberkirchenrates abgelehnt ist. Die Debatte wird wegen Zeitmangels 15:30 Uhr abgebrochen.«[25]

In einem weit ausführlicheren Rechtsgutachten unter dem Titel »Rechtmäßigkeit und Rechtsvollmachten der neuen Kirchenleitungen in der Evangelischen Kirche der altpreußischen Union«[26] hatte OKR Dr. Erich Dalhoff aus dem Rheinland seine Sicht auf die neue Rechtslage dargelegt und vor allem die Rheinische Kirchenleitung der Überschreitung »der ihr als Notkirchenregiment zustehenden Rechtsvollmachten« geziehen. Er bezog sich dabei vor allem auf beamtenrechtliche Anordnungen im Blick auf die Pfarrer der Landeskirche.[27]

Hinsichtlich der Neuordnung der APU sieht er allerdings kein sonderliches Problem zwischen den beiden Ansätzen in Berlin und Treysa:

»Die Beschlüsse der Kirchenversammlung von Treysa vom 31.August 1945, die für den Bereich der APU noch ausdrücklich durch Verordnung des Evangelischen

---

25 A.a.O., Bl. 3b, Vorder- und Rückseite.
26 Dalhoff, Erich: Rechtmäßigkeit und Rechtsvollmachten der neuen Kirchenleitungen in der Evangelischen Kirche der altpreußischen Union, Maschinenschrift, 15 Seiten; Evangelisches Zentralarchiv in Berlin (EZA) 4/23.
27 A.a.O., Bl. 15.

Oberkirchenrates in Berlin vom 2.Oktober 1945 für verbindlich erklärt sind, stellen den Rahmen und vorläufigen Abschluss der Neuordnung dar.«[28]

Insgesamt waren die Kirchenprovinzen allerdings selbst sehr stark mit der eigenen Konstituierung als selbständige Provinzialkirchen bzw. Landeskirchen beschäftigt. Die Jahre 1947 und 1948 stellten die heiße Phase der Erarbeitung eigener Kirchenordnungen dar. Immerhin – und das darf nicht unterschätzt werden! – hat eine Arbeitsgruppe der APU, bezeichnet als »Ordnungsausschuß der Evangelischen Kirche der altpreußischen Union für die östlichen Provinzen« unter Federführung des OKR Ernst Viktor Benn eine »Denkschrift« unter dem Titel »Aufgaben neuer Kirchenordnungen für die östlichen Provinzialkirchen Altpreußens« im Jahre 1947 als Flugschrift veröffentlicht.[29]

Ein Ergebnis der Arbeit dieses Ausschusses war ein Formulierungsvorschlag für die Präambeln der in den Gliedkirchen zu erarbeitenden neuen Kirchenordnungen.[30]

Dieser Text könnte als eine erste gemeinsam erarbeitete Präambel angesehen werden und in die Synopse aufgenommen werden, auch wenn er nicht für eine Ordnung der APU erstellt worden war. Ihm ist es zu verdanken, dass die Erarbeitung der östlichen provinzialkirchlichen Grundordnungen in den Jahren 1946 bis 1951 in großem Gleichklang geschah und zu sehr vergleichbaren Ergebnissen führte. Hier war also im praktischen Vollzug eine weitreichende Gemeinsamkeit erzielt worden.

Auch einige personelle Entscheidungen der Berliner Kirchenleitung mit Wirkung für die Gliedkirchen wurden noch getroffen. So war zum Beispiel die Besetzung des Amtes des Konsistorialpräsidenten des Konsistoriums in Magdeburg mit Dr. Lothar Kreyssig im Spätherbst 1945 von Dibelius vorgenommen worden. Schon die Absetzung bzw. Zurücksetzung des Vorgängers, Otto Fretzdorff, war auf Verlangen und Nachdruck von Dibelius durch die Vorläufige Geistliche Leitung entschieden worden.

Die Berliner Kirchenleitung verstand sich also als »Leitung der Evangelischen Kirche der APU« im Sinne von Treysa. Was ihre Beschlüsse im Blick auf die östlichen Gliedkirchen betrifft, so war das auch in Ordnung. Dass diese Kirchenleitung aber auch in eigner Zuständigkeit die Vertreter des EOK (die Herren Dibelius und Tröger) in die Leitung berufen hat, war von der Treysaer Vereinba-

---

28 A.a.O., Bl. 1.
29 Benn, [Ernst Viktor] (Hg.): Aufgaben neuer Kirchenordnungen für die östlichen Provinzialkirchen Altpreußens – Denkschrift des Ordnungsausschusses der Evangelischen Kirche der altpreußischen Union für die östlichen Provinzen, im Auftrag des Vorsitzenden des Ausschusses herausgegeben. Berlin/Stuttgart 1947.
30 Text vom 13. April 1948; EZA Berlin 7/1001, Bl. 90.

rung nicht gedeckt. Schwierig blieb auch, wer nun für die in Treysa der »Leitung der Evangelischen Kirche der APU« vorbehaltenen Regelungsgegenstände zuständig war: Vertretung der Gesamtkirche nach außen, Regelung finanzieller Fragen, Ausübung kirchenleitender Funktionen für diejenigen Kirchenprovinzen, in denen noch keine bekenntnisgebunden Leitungen bestehen, und der »Erlass von Notverordnungen auf den der Gesamtkirche vorbehaltenen Gebieten«.[31]

Vermutlich war in Treysa mit der baldigen Bildung einer gemeinsamen Leitung gerechnet worden, die aber noch zwei Jahre auf sich warten lassen sollte.

Die Berliner Kirchenleitung hatte auch den in Treysa vorgeschriebenen Wechsel im Vorsitz[32] zu regeln. Auch hier zog sie sich geschickt aus der Affäre, indem man diesen Wechsel schlicht auf die Sitzungsleitung bezog.[33]

Für einen längeren Zeitraum sollte es also einige Verwirrung in der Terminologie geben. In Berlin gab es eine »Kirchenleitung der APU« mit dem Anspruch, für alle Provinzialkirchen zu sprechen. Treysa hatte ebenfalls eine Kirchenleitung vorgesehen, die aber noch nicht gebildet worden war.

Auch von den beiden westlichen Provinzialkirchen wurde eine »Kirchenleitung« gebildet, allerdings mit einer klaren Kompetenzbegrenzung auf eben die westlichen Kirchen. Auch dieser Schritt entsprach formal betrachtet nicht der Treysaer Vereinbarung. Praktisch handelt es sich dabei um additive, gemeinsame Tagungen der Rheinischen und der Westfälischen Kirchenleitung bzw. um die gemeinsame Tagung von Delegationen dieser Kirchenleitungen. Immerhin gab es einen eigenen Stempel der Kirchenleitung,[34] auch wenn die Protokolle von den beiden Vorsitzenden der gliedkirchlichen Kirchenleitungen unterschrieben worden sind.

Es ist deutlich, dass beide Seiten – Ost und West – die Treysaer Vereinbarung je in ihrem Sinne interpretierten und ausgestalteten. Beide Seiten verzichten darauf, sich jeweils als »Abteilung« der »Leitung der Evangelischen Kirche der APU« zu bezeichnen, und streiten fortan über den jeweiligen Namen. Die westliche Seite führt – um die Bedeutung der Treysaer Vereinbarung zu unterstreichen – die Bezeichnung »Artikel« für die Textziffern der Vereinbarung ein.[35] Die öst-

---

31 Treysaer Vereinbarung, Textziffer 8 (s. Kampmann, Neuorientierung [wie Anm. 3], S. 600).
32 Treysaer Vereinbarung, Textziffer 4 (s. Kampmann, Neuorientierung [wie Anm. 3], S. 600).
33 Vgl. Kampmann, Neuorientierung (wie Anm. 3), S. 606.
34 Der Text des Stempels lautete: »Leitung der Evgl. Kirche der altpr. Union für die Westprovinzen«. Beispiel des Abdrucks: EZA Berlin 4/23. Das gestempelte Dokument ist auf den 30. April 1946 datiert.
35 Diese Bezeichnung wird in dem damals von Joachim Beckmann herausgegebenen Kirchlichen Jahrbuch aufgegriffen; vgl. Anm. 6.

liche Seite bemüht sich hingegen, die Bedeutung von Treysa herunterzuspielen. Das alles führte zu Spannungen im Verhältnis der Gliedkirchen untereinander[36] und auch zu persönlichen Verwerfungen, besonders zwischen den Brüdern Koch, Held und Dibelius, deren Nachwirkungen sich noch 1949 deutlich nachweisen lassen.[37]

5. Die gemeinsame Kirchenleitung der APU

Erst am 4. März 1947 nahmen erstmals auch westliche Vertreter an der Sitzung der Berliner Kirchenleitung der APU in Berlin teil. Dass dies vorher nicht der Fall gewesen ist, lag ganz sicher auch, aber eben nicht nur an den schwierigen Verkehrsverhältnissen.

Ausführlich wurde auf dieser Sitzung das Verständnis der Treysaer Vereinbarung debattiert. Die Vertreter der westlichen Gliedkirchen behaupteten – aus ihrer Sicht sehr konsequent –, dass eine Kirchenleitung der APU überhaupt noch nicht gebildet worden sei und ihre Bildung auf der Grundlage der unveränderten Treysaer Vereinbarung zu erfolgen habe. Gleichzeitig wurde aber versichert, dass auch die rheinische und die westfälische Kirche sich dem »Ruf nach Einheit der APU« nicht verschließen wollten und bereit seien, ihren Beitrag dazu zu leisten. Schließlich wurde ein Ausschuss berufen, der über das »Selbstverstvändnis der APU und ihre gegenwärtigen Aufgaben« beraten sollte.[38]

Ein Motiv zur Neuordnung der APU wird auch schon auf dieser Sitzung deutlich: Wilhelm Niesel betont, dass das Zusammenbleiben der APU auch »gegenüber den Absonderungsbestrebungen eines Teils der lutherischen Kirchen« nötig

---

36 Vgl. das gesonderte Kapitel in der Geschichte der EKU, Bd. III, S. 604–617: »Das Zerwürfnis zwischen APU-Ost und APU-West: Die Berliner Zusätze zur Treysaer Vereinbarung vom 2. Oktober 1945 und die Reaktionen der Westprovinzen.«
37 Vgl. Bischof Dibelius an Bischof Müller vom 7. Juli 1949; siehe Anm. 58.
38 Mitglieder des Ausschusses: Knak, Vogel, Kreyssig, Held. Weitere westliche Mitglieder des Ausschusses sollten später noch benannt werden. – »D. Held schlug die Bildung eines Ausschusses vor, der über das Selbstverständnis der altpreußischen Kirche und ihre gegenwärtigen Aufgaben beraten und eine Vorlage für die Kirchenleitung erarbeiten solle. Dem Vorschlage wurde zugestimmt und zu Mitgliedern des Ausschusses gewählt: D. Knak, Prof. Vogel und Dr. Kreyssig. Die westlichen Provinzialkirchen werden einen Vertreter benennen und einen schriftlichen Beitrag zu den Beratungen geben.« (Protokoll der Sitzung der altpreußischen Kirchenleitung am 4. März 1947, zitiert nach Zuschrift Gerhard Lindemann an den Vf. vom 30. Oktober 2012).

sei. Missionsdirektor Siegfried Knak antwortet auf die Frage, was die APU zusammenhalte: »Gemeinsam sei die Ablehnung der geplanten lutherischen Absonderung.«[39]

In den Jahren 1946 bis 1949 wurden die Schwierigkeiten bei der Begründung der EKD und der parallel erfolgenden Gründung der VELKD immer handfester. Mehrmals war das ganze Projekt vom Scheitern bedroht. In diesem Klima reifte auch in den westlichen Gliedkirchen der APU der Wunsch nach einem stärkeren Zusammenhalt der ehemals altpreußischen Kirchenprovinzen heran.

Die nächsten Wochen waren mit der Diskussion des Entwurfes einer Grundordnung der EKD gefüllt. Auch die Kirchenleitung der APU (16./17. Juli 1947) nahm sich dieses Themas an und bat darum, einen eigenen Vertreter in den Grundordnungsausschuss der EKD entsenden zu dürfen, was wiederum seitens der westlichen Kirchenleitungen kritisiert wurde.

Bei der Kirchenversammlung der EKD in Eisenach im Juli 1948 wurde der Berliner Teil der Kirchenleitung der APU offiziell durch Konsistorialpräsident Walter Tröger vertreten. Einen Vertreter der westlichen Teil-Kirchenleitung der APU hat es nicht gegeben.

6. Die neue Ordnung der APU

Auf der Sitzung der (erweiterten Berliner) Kirchenleitung der APU am 16. Dezember 1947 wurde dann die Frage aufgeworfen, ob es nicht Zeit sei, sich über »ein vorläufiges Statut« für die APU zu einigen. Es wird vorgeschlagen, die von den Gliedkirchen der APU zu wählenden Synodalen für die EKD-Synode zu einer gesonderten Beratung zusammenkommen zu lassen. Diese Zusammenkunft wird dann allerdings mehrmals verschoben und findet schließlich erst im Anschluss an die erste ordentliche Synodaltagung der EKD-Synode im Januar 1949 in Bethel statt.

Schon vorher, auf der Sitzung der Kirchenleitung der APU am 2. März 1948, wird ein Entwurf einer Ordnung der APU durch den EOK vorgelegt (»Referentenentwurf«) (vgl. Spalte 1 der Synopse).[40] Er versteht sich formal als ein Kirchengesetz zur Änderung der Verfassungsurkunde der EKapU und will schon allein damit an einer Rechtskontinuität festhalten. Natürlich konnte in einem sol-

---

39 Aus dem Protokoll der Sitzung der altpreußischen Kirchenleitung am 4. März 1947.
40 EZA Berlin 7/1001, Bl. 78–83.

chen Änderungsgesetz auf die Treysaer Vereinbarung vom 31. August 1945 keine Rücksicht und kein Bezug genommen werden.

Vertreter westlicher Gliedkirchen waren auf dieser Sitzung nicht anwesend, dennoch erfolgte der Protest dieser Kirchen umgehend. Zunächst ging in Berlin ein ablehnendes Telegramm, unterzeichnet von Beckmann und Mensing, ein.[41]

Es folgte am 3. April 1948 ein ausführliches Schreiben mit der Begründung der Ablehnung. Es wird die vollständige Eigenständigkeit der »Gliedkirchen« betont, wobei sogar der Ausdruck »Gliedkirchen« als missverständlich bezeichnet wird und der Terminus »Westkirchen« benutzt wird. Auffällig ist die Betonung, dass die »Westkirchen« nicht mehr (wie vor dem Krieg) als »reiche« Kirchen gelten können und deshalb finanzielle Verpflichtungen von sich weisen.[42] Der Entwurf findet auch anderenorts eine sehr kritische Aufnahme. In der Aussprache der Kirchenleitung der Kirchenprovinz Sachsen kommt das deutlich zum Ausdruck.[43]

Kurze Zeit später legten die Kirchen von Rheinland und Westfalen einen eigenen Entwurf vor. Das Anschreiben bei der Übersendung datiert vom »Juni 1948«.[44] (Vgl. Spalte 2 der Synopse.) Der Platz für eine Präambel wird angedeutet, aber kein Text dazu ausgeführt. Wichtig scheinen vor allem die »Einzelordnungen« zu sein. Dieser Entwurf stellt praktisch eine Auflösung der APU dar und regelt im Wesentlichen nur noch die Fragen der Rechtsnachfolge.

Eine »Vermittlung« zwischen den verschiedenen Ansätzen schien fast nicht möglich.[45] Nach Kompromissen wurde gesucht. Gleich im April 1948 wird von

---

41 Telegramm: »Leitung der Evg Kirche der Rheinprovinz kann den [!] Entwurf eines altpreußischen Verfassungsgesetzes in vorliegender Form nicht zustimmen. Brief folgt = Dr. Joachim Beckmann und Dr. Karl Mensing, Oberkirchenräte.« EZA Berlin 7/1001, Bl. 84.
42 EZA Berlin 7/1001, Bl. 83.
43 Sitzung der Kirchenleitung am 21. April 1948, TOP: Bericht Präsident Hofmann über die Kirchenleitung der APU: »Der Verfassungsentwurf des Evgl. O[ber]K[irchenrats] für die Ev[angelische] K[irche der] a[lt]p[reußischen] U[nion] ist bisher nur den Mitgliedern der altpr[eußischen] K[irchen]l[eitung] ausgehändigt mit der ausdrücklichen Anordnung, ihn streng vertraulich zu behandeln. Daher dürfe er den Mitgliedern der Provinzialkirchenleitungen nicht zugänglich gemacht werden. [!] Sämtliche Provinzialkirchen, auch Rh[einland] und Westf[alen], haben sich für die Aufrechterhaltung der Preuß[ischen] Landeskirche ausgesprochen. Der Entwurf des EOK wird von den Provinzialkirchen abgelehnt. Rheinl[and] und Westf[alen], Berlin und die KPS sind beauftragt (Propst Böhm) (Präsident Hofmann)[,] einen Gegenentwurf zu erarbeiten.« AKPS, Rep. C 2 Kirchenleitung Nr. 1, Protokolle 1945 bis 1950, S. 403.
44 EZA Berlin 7/1001, Bl. 89.
45 In einem Rundbrief des Präses (Lothar Kreyssig an die Synodalen der Kirchenprovinz vom Juni 1948) berichtet der Präses über diesen Dissens: »Hierzu hat der Evangelische Oberkirchenrat der preußischen Kirchenleitung einen Entwurf, ein Kreis leitender Brü-

der Gesamtkirchenleitung der APU eine Gruppe, besetzt mit Vertretern von vier Gliedkirchen (Rheinland, Westfalen, Berlin-Brandenburg und Kirchenprovinz Sachsen) beauftragt, einen Gegenentwurf zu erarbeiten. Im Bericht von Konsistorialpräsident Bernhard Hofmann an die Kirchenleitung der KPS über diesen Vorgang[46] werden namentlich zwei Personen als beauftragt benannt: Probst Böhm und Präsident Hofmann.

Ob, wie und mit welchem Ergebnis die Beauftragten zusammenkamen, ist nicht eindeutig zu ermitteln. Es liegen bald mehrere neue Entwürfe vor. Der radikalste Entwurf bleibt der von den Westkirchen vorgelegte Text (Spalte 2 der Synopse). (Es bleibt offen, ob er sich als der erbetene »Gegenentwurf« versteht und ob Vertreter von BB und KPS an der Erarbeitung irgendwie beteiligt waren.) Dieser Entwurf wurde – lief er doch auf die faktische Auflösung der APU zu – ebenfalls kritisch gesehen. Besonders den Kirchen im Osten ging es darum, alle Gliedkirchen in Ost und West in dem gemeinsamen (durchaus lockeren) Verband der APU zu halten.

In großer zeitlicher Nähe zu der sich anbahnenden Debatte um beide Entwürfe entstand eine umfängliche Denkschrift des Konsistorialpräsidenten Walter Tröger zur Gesamtthematik mit dem Titel: »Bemerkungen zur Frage eines kirchlich-altpreußischen Verfassungsgesetzes«, 19 Seiten Maschinenschrift, datiert auf den 6. Juli 1948.[47]

Tröger macht aus seinen persönlichen Ansichten kein Hehl. Seine Bemerkungen »beruhen weder auf ressort-egoistischen Interessen noch auf einseitigem Konservativismus.«

> »Ich beschränke mich darauf, hervorzuheben, daß die Erhaltung der altpreuß[ischen] Kirche um der Provinzialkirchen willen und um der Ev[angelischen] Kirche in Deutschland willen geboten ist.«[48]

Sein Votum für den Zusammenhalt der APU kommt von Herzen und geht zu Herzen. Er hadert mit der nun nicht mehr zu vermeidenden Dezentralisierung und möchte immer noch erreichen, dass wenigsten alle leitenden Geistlichen in

---

der der Westprovinzen einen Gegenentwurf vorgelegt. Sie werden in unserer Kirchenleitung demnächst eingehend beraten werden. Die völlig verschiedene Grundhaltung beider Entwürfe hat wohl den letzten Zweifel behoben, daß Abkommen und Zusatzabkommen von Treysa 1945 um der Wahrheit und Klarheit willen im Blick auf die Gemeinschaft der Gliedkirchen altpreußischer Herkunft überprüft und fortgebildet werden müssen.« AKPS, Rep. B 1 Nr. 81.

46 Vgl. Anm. 43.
47 EZA Berlin 7/1001, Bl. 97–115.
48 A.a.O., Bl. 98.

den Gliedkirchen und die leitenden Mitarbeiter in den gliedkirchlichen Konsistorien (bis hinab zum gehobenen Dienst) durch die APU-Kirchenleitung bei Wahrung eines Widerspruchsrechts der Gliedkirchen ernannt werden.

Eine APU ohne Gesetzgebungsrecht ist für ihn nicht vorstellbar und auch eine starke Verwaltungsinstanz wird die APU nötig brauchen. Diesem Thema widmet er den breitesten Raum neben der Erörterung der Frage, ob die künftige Landeskirche eine echte »Bundeskirche« oder nur ein »Kirchenbund« werden soll. Ausführlich wird auch der Frage nachgegangen, ob es recht sei, die Kompetenz der Verwaltung so stark zu beschneiden, ob es überhaupt recht sei, die Konsistorien nur als Verwaltungsinstanzen anzusehen.

Auffällig interessant ist seine Bewertung der Treysaer Vereinbarung. Er sieht jetzt, dass die Verselbständigung der Kirchenprovinzen zu Provinzialkirchen »einer der wertvollsten Grundgedanken der Treysaer Vereinbarung vom 31. August 1945« sei.

> »Die Notwendigkeit dieses Fortschritts war alsbald nach dem staatlichen Zusammenbruch auch im Osten allgemein – insbesondere auch von der Anfang Juni 1945 in Berlin gebildeten Landeskirchenleitung – erkannt worden.«[49]

Trotz dieser Einschränkung bleibt deutlich, wie Tröger die Treysaer Vereinbarung letztendlich wertet:

> »Ohne daß ich irgend einen Vorwurf erheben möchte, kann ich mich der Überzeugung nicht entschlagen, daß die Treysaer Vereinbarung in ihrer Entleerung der landeskirchlichen Einheit objektives Unrecht enthält. Dieses Unrecht gilt es wieder gut zu machen durch Wahrung des Restbestandes an zentraler Verantwortung, der der Landeskirche um objektiver Werte willen verbleiben muß, und zugleich zu verhüten, daß unzähligen Kirchengliedern die Kirche genommen wird, die sie als ihre kirchliche Heimat empfinden.«[50]

In den folgenden Debatten wird immer wieder – so etwa noch in der Stellungnahme aus Pommern aus dem Jahr 1949[51] – gefragt, ob im Text der Ordnung überhaupt ein Bezug auf Treysa aufgenommen werden soll und wie das geschehen soll. Die Kirchenleitung in Pommern schreibt zur Präambel des Ordnungsentwurfes:

---

49 Ebd.
50 A.a.O., Bl. 115.
51 Kirchenleitung der Evangelischen Kirche in Pommern an Kirchenleitung der Evangelischen Kirche der Altpreußischen Union vom 29.Oktober 1949; EZA Berlin 7/1001, Bl. 232–234.

»Die im Entwurf vorgesehene gleichrangige Nebenordnung [...] der VU [...] und [...] der Treysa-Vereinbarung muß nach unserer Meinung unbedingt vermieden werden. Wir verkennen nicht, daß 1945 in der altpreußischen Union ein Notstand gegeben war, der eine notrechtliche Übergangslösung unvermeidlich notwendig machte. Wir haben aber schon durch unsere an die damalige Berliner Kirchenleitung der Altpreußischen Union gerichtete Erklärung vom 19.9.1945 darauf hingewiesen und seitdem wiederholt betont, daß die Treysa-Vereinbarung nach unserer Auffassung weit über das hinaus ging, was zur Wiederherstellung einer geordneten Leitung der Altpreußischen Union durch den damaligen Notstand geboten war. Die Zweifel an der Legalität dieser Vereinbarung werden im kirchlichen Raum nie ganz zu beseitigen sein.«[52]

Das alles verdichtet sich schließlich zu der Feststellung, dass ein schriftlicher Austausch über die ohnehin nur unter schweren Bedingungen zu vervielfältigenden Ordnungsentwürfe nicht ausreichen wird. Die Magdeburger Kirchenleitung regt daher an, dass »ein größerer Kreis (ca. 75 Personen)« zur Klärung zusammengerufen wird.[53] Dieses Treffen findet – mehrmals verschoben – dann am Rande der ersten ordentlichen EKD-Synodaltagung am 14. Januar 1949 in Bethel statt.

Diese zeitliche Verschiebung ist dem Zusammenhalt der APU-Provinzialkirchen sehr zugutegekommen.[54] Denn im Januar 1949 geschah dieses Treffen zu einem Zeitpunkt mit einem stark veränderten Kontext: Die Spannungen zwischen den Besatzungsmächten waren deutlich gewachsen. Die westdeutsche Währungsreform und die daraufhin erfolgte Blockade Berlins durch die Sowjetunion brachten Europa an den Rand eines militärischen Konfliktes. Eine »Zwei-Staaten-Lösung« für Deutschland rückte in greifbare Nähe. Die Offenheit der ersten Nachkriegsjahre war vorbei. Die SED hielt ebenfalls im Januar 1949 ihre erste Parteikonferenz ab. Dabei wurde die aus KPD und SPD zusammengeschlossene Partei zur Partei »neuen Typus«, also zur leninistischen Kaderpartei umgestaltet. »Sozialdemokratismus« sollte für Jahrzehnte zum Schimpfwort in der Partei werden.

Auch der Verlauf der im unmittelbaren Vorfeld stattfindenden EKD-Synode trug »zum Gelingen« der Betheler Zusammenkunft deutlich bei. In der EKD-

---

52 A.a.O., Bl. 233.
53 Schreiben vom 27. Juli 1948; EZA Berlin 7/1001, Bl. 92.
54 Kampmann, Neuorientierung (wie Anm. 3), S. 630, zitiert einen Brief des damaligen westfälischen Superintendenten Hermann Kunst vom 21. Januar 1949, der von der seit 1945 veränderten Einstellung in den Westkirchen zur Gemeinschaft in der APU berichtet.

Synode waren die Spannungen zwischen Lutheranern und Unierten besonders massiv bei dem zähen Ringen um die Ratswahl deutlich geworden.[55]

In einem Vermerk über dieses Treffen am 14. Januar 1949, am Rande der EKD-Synode, verfasst von Konsistorialpräsident Tröger, heißt es:

>»Am Schluß wurde mehrfach betont, daß der Verlauf sehr befriedigend gewesen sei und für gewisse Enttäuschungen der gesamtdeutschen Synode entschädigen könne.«[56]

In Bethel wurde auch die theologische Frage nach dem Kirchesein der Union aufgeworfen. Dazu heißt es im gleichen Vermerk:

>»Nur vereinzelt wurde der Charakter der altpreußischen Kirche als wirklicher Kirche in Zweifel gezogen. Fast durchweg war die Aussprache von dem Bewußtsein getragen, daß die altpreußische Kirche nach wie vor eine lebendige, weil auf einem fortbestehenden Auftrag beruhende Einheit ist, deren Erhalt oder Preisgabe nicht menschlicher Willkür anheimsteht, und daß in ihr Werte beschlossen sind, deren sorgsame Wahrung der Mühe lohnt.«

Schließlich werden in Bethel »Richtlinien« für die Weiterarbeit erstellt:[57]

>»Die in Bethel am 14. Januar 1949 versammelten Mitglieder der Kirchen der altpreußischen Union geben folgende Richtlinien für die Arbeit des Ausschusses, der die künftige Gestaltung der Kirche vorbereiten soll:
>1. Wir wissen uns verpflichtet, das Werk der in Treysa 1945 begonnenen Neuordnung der Evangelischen Kirche der altpreußischen Union fortzuführen und weiter zu gestalten.
>2. Die Voraussetzungen für eine Ordnung der APU ist die durch Treysa grundsätzlich festgestellte Selbständigkeit der Gliedkirchen der APU.
>3. Die Aufgabe des gemeinsamen Handelns in der APU besteht wesentlich in der Arbeit der Koordinierung des Dienstes und der Ordnungen der Gliedkirchen.
>4. Wir wollen ein Organ (Generalsynode? Kirchenleitung?), das dieser Aufgabe dient, das daher vorwiegend ratsgebenden [!] Charakter hat. Sollten ihm auch gesetzgeberische Befugnisse gegeben werden, so nur in dem Maße, daß jede Gliedkirche Freiheit hat, solche Gesetze anzunehmen oder für eigenes Kirchengebiet abzulehnen.

---

55 Vgl. Bethel 1949 – Bericht über die erste Tagung der ersten Synode der Evangelischen Kirche in Deutschland vom 9. bis 13. Januar 1949, hg. im Auftrag des Rates von der Kirchenkanzlei der Evangelischen Kirche in Deutschland, Göttingen 1953.
56 Vermerk zu E.O.I. 2568/48; EZA Berlin 7/1001, Bl. 124V.
57 EZA Berlin 7/1001, Bl. 128.

5. Eine etwa notwendig werdende Vermögensauseinandersetzung und die Frage der gegenseitigen finanziellen Verpflichtungen ist im Sinne einer brüderlichen Verbundenheit zu lösen.
6. Die Verwaltungsbehörde hat unter der Kontrolle der Organe der altpreußischen Kirche zu stehen. Der Umfang soll den der APU zugewiesenen Aufgaben entsprechend sein.
7. Es ist zu prüfen, ob der Name APU durch einen dem Charakter der jetzigen Kirche entsprechenden Namen ersetzt werden kann.
8. Im Sinne dieser Richtlinien wird dem Ausschuß die Aufgabe gestellt, den baldigen Zusammentritt einer Synode (Kirchentag?) vorzubereiten, die über die künftige Ordnung der APU zu beschließen hätte.«

Als Arbeitsgrundlage für die mit der »Neuordnung« der APU beauftragte Gruppe entsteht im Frühjahr 1949 auf der Basis der in Bethel verabredeten »Richtlinien« – vermutlich vorrangig in Berlin und möglicherweise in Magdeburg – ein weiterer, sich als ein deutlicher Kompromiß ausweisender Entwurf für eine Ordnung für die APU (vgl. Spalte 3 der Synopse). Dieser Entwurf nennt keinen Verfasser und ist undatiert.[58] In einer Juristenrunde am 16. Mai 1949 steht dieser Entwurf (erstmalig) zur Debatte. Konsistorialpräsident Hofmann, der einen Vermerk über das Gespräch angefertigt hat, bezeichnet ihn als einen neuen Entwurf Trögers.[59]

Formal ist dieser Text eine Kirchenordnung (Grundordnung), gegliedert in Artikel. Hier wird expressis verbis auf die Treysaer Vereinbarung von 1945 Bezug genommen und dennoch an einer Gemeinschaft der Kirchen innerhalb der altpreußischen Union festgehalten. Da auch hier die Selbständigkeit der Gliedkirchen deutlich betont wird, ist die geschichtlich gewachsene Gemeinschaft vor allem durch das Miteinander der Konfessionen in der Union begründet und gerechtfertigt.

Es wird der Versuch gemacht, der altpreußischen Kirche konkrete Aufgaben zuzuweisen. An vornehmer Stelle – und das gilt letztlich bis zur Konstituierung

---

58 In der Aktenüberlieferung des Düsseldorfer Landeskirchenamts findet sich ein Exemplar mit dem handschriftlichen Vermerk: »Entwurf (Juni 1949 von OKR Lic. Dr. Söhngen)«. AEKR Düsseldorf, 1OB 017, 11-2-2, Bd. 1; Hinweis von Gerhard Lindemann.
59 Im Vermerk Bernhard Hofmanns vom 19. Mai 1949 (AKPS, Rep. B 1 Nr. 35, unpaginiert, gezeichnet: Hofmann) heißt es: »In der Präsidenten-Besprechung vom 16.5.1949 wurde von Präsident Tröger als 1. Punkt der Tagesordnung die Frage des altpreuß[ischen] Statuts vorgetragen. Er gab einen kurzen Rückblick auf die notkirchlichen Maßnahmen von 1945, nämlich auf die Berliner Fassung mit dem Beirat des E.O. und auf Treysa vom August 1945. Bei letzterer bemerkte er, daß sie eine zu weitgehende Entleerung der APU. darstelle. Die Zwischenstadien überging er und trug seinen Entwurf vor. Er bat um eingehende Erörterung dieses Entwurfes.«

der Union Evangelischer Kirchen im Jahre 2003[60] – findet sich die Aufgabe der APU zur Stärkung der EKD:

> »Die altpreußische Kirche sieht es als eine wesentliche Aufgabe an, den äußeren und inneren Zusammenschluss der evangelischen Kirchen in der Evangelischen Kirche in Deutschland zu pflegen und zu fördern.«

Die eingesetzte Gruppe[61] zur Neuordnung tagt daraufhin ebenfalls in Bethel (21./22. Juni 1949) und erarbeitet den Entwurf einer Ordnung als Vorlage für eine künftige Generalsynode (vgl. Spalte 4 der Synopse.) Dieser Entwurf wurde den Kirchenleitungen der Gliedkirchen zur Beratung zugeleitet.[62]

Die Gruppe unterbreitet der Kirchenleitung der APU auch den Vorschlag, die Generalsynode für Ende November/Anfang Dezember (1949!) einzuberufen und hat dazu schon eine »Notverordnung« vorbereitet. Ebenfalls war ein Kirchengesetz über Versorgungsansprüche und Vermögensauseinandersetzungen »aus Anlaß der Neuordnung der Evang[elischen] Kirche der altpreuß[ischen] Union« entworfen worden. Das Zusammentreten der Generalsynode sollte sich allerdings noch um ein Jahr verzögern.

Der EOK sandte das ganze Gesetzespaket mit einem längeren, 15 Seiten umfassenden Anschreiben an die Gliedkirchen.[63] Darin wird die Debatte in der Kirchenleitung und in der Arbeitsgruppe kommentierend wiedergegeben.

Der Kernsatz (der erste inhaltliche Satz des Anschreibens) lautet:

> »Es bestand Einverständnis darüber, daß es Pflicht ist, die *Evang[elische] Kirche der altpr[eußischen] Union als wirkliche Kirche* – nicht als einen bloßen Kirchenbund – *zu erhalten*, weil sie, unabhängig von den staatlichen Grundlagen ihrer Entstehung, nach wie vor als Kirche von geprägter Eigenart lebendig ist und weiterhin im Rahmen der Evang[elischen] Kirche in Deutschland wichtige Aufgaben hat.«

---

60 Vertrag über die Bildung einer Union Evangelischer Kirche in der EKD vom 26. Februar 2003 (ABl. EKD 2003, S. 315–316). § 7 dieses Vertrages (a.a.O., S. 316) lautet: »Jeweils ein Jahr vor Ablauf der Amtszeit wird die Vollkonferenz prüfen, ob die Verbindlichkeit des gemeinsamen Lebens und Handelns innerhalb der Evangelischen Kirche in Deutschland so weit verwirklicht worden ist, dass ein Fortbestand der Union in ihrer bisherigen Form entbehrlich ist. Für die Feststellung dieses Tatbestandes bedarf es einer Mehrheit von zwei Dritteln der anwesenden Mitglieder der Vollkonferenz und mindestens zwei Dritteln der Mitgliedskirchen.«

61 Diese Gruppe wurde schon damals gelegentlich als »Verfassungsausschuß APU« bezeichnet. So Präsident Lücking in einem Vermerk vom 21. Juni 1949. Zitiert nach Kampmann, Neuorientierung (wie Anm. 3), S. 630, Anm. 117.

62 »Entwurf Ordnung der Evangelischen Kirche der altpreußischen Union vom ... 1949« (Entwurf des Neuordnungsausschusses vom Juni 1949); EZA Berlin 7/1001, Bl. 189 f.

63 Schreiben vom 15. August 1949; EZA Berlin 7/1001, Bl. 207 ff.

Von der Verfassungsurkunde der EKapU zur Grundordnung der EKU (1945–1953)

In dem Anschreiben wird auch noch einmal die Entwicklung seit 1945 skizziert. Es wird festgestellt, dass die Treysaer Vereinbarung vom 31. August 1945 der östlichen Zusätze vom 2. Oktober 1945 wirklich bedurfte und nur unter der Aussicht beschlossen worden sei, die EKD könne bald die Aufgaben der Gesamtkirche übernehmen und so die APU überflüssig machen. Jetzt habe sich aber herausgestellt, dass die EKD diese Aufgabe noch nicht zu übernehmen in der Lage ist:

»Inzwischen hat sich ergeben, daß sich die Ev[angelische] Kirche in Deutschland erst auf dem Wege vom Kirchenbunde zur Kirche befindet, und daß die Evang[elische] Kirche der altpr[eußischen] Union noch für geraume Zeit ganzheitliche Aufgaben zu erfüllen haben wird.

Mehrfach ist ausgesprochen worden, daß die Neuordnung der Evang[elischen] Kirche der altpreußischen Union [...] *keine Blockbildung* ist, die in irgend einer Hinsicht der weiteren Entwicklung der Ev[angelischen] Kirche in Deutschland im Wege stünde.[64] Vielmehr bejaht die Ev[angelische] Kirche der altpr[eußischen] Union das Werden der Ev[angelischen] Kirche in Deutschland so stark, daß [...] sie bereit wäre, im geeigneten Zeitpunkt das Ganze ihrer Einheitsaufgaben jener zu überlassen.«

Mit dem Versand des Ordnungsentwurfes an die Gliedkirchen war erstmalig die Öffentlichkeit für den ganzen Vorgang hergestellt.

Aber auch in der (Berliner) Kirchenleitung der APU gingen die Debatten weiter. Ein Thema der Auseinandersetzung war der Zeitpunkt des Zusammentretens der Generalsynode der APU, der die Weiterarbeit an der Ordnung vorbehalten war. Auffällig ist, dass nun die westlichen Kirchen zur Eile drängen und der Osten eher noch zögert. Besonders Bischof Dibelius versucht immer wieder die »westliche Eile« zu bremsen. Er konnte schon deutlich absehen, dass die Neubegründung der APU das Ende des EOK in seiner bisherigen Form bedeuten würde. Das wollte er noch hinauszögern. Er berichtet am 7. Juli 1949 über die voran-

---

64 Im November 2015 hat die Synode der EKD die Änderung ihrer Grundordnung beschlossen. Artikel 1 Absatz 1 erhielt demnach folgende Fassung: »(1) Die Evangelische Kirche in Deutschland ist die Gemeinschaft ihrer lutherischen, reformierten und unierten Gliedkirchen. Sie versteht sich als Teil der einen Kirche Jesu Christi. Sie achtet die Bekenntnisgrundlage der Gliedkirchen und Gemeinden und setzt voraus, dass sie ihr Bekenntnis in Lehre, Leben und Ordnung der Kirche wirksam werden lassen. Sie ist als Gemeinschaft ihrer Gliedkirchen Kirche.« S. Grundordnung der Evangelischen Kirche in Deutschland. Vom 13. Juli 1948 (ABl. EKD 1948 S. 233) in der Bekanntmachung der Neufassung vom 1. Januar 2020 (ABl. EKD 2020, S. 2, Berichtigung S. 25).

gegangene Sitzung der altpreußischen Kirchenleitung an Bischof Müller in Magdeburg:[65]

> »Ich [Otto Dibelius] habe [...] erklärt, daß ich [...] mich mit allen Mitteln dagegen wehren würde, daß es noch in diesem Jahr zu einer [...] Generalsynode kommt. Br[uder] Böhm, der zusammen mit Held in dieser ganzen Sache die treibende Kraft ist, hat sich nun offenbar, ohne mir genaueres darüber zu sagen, mit Held in Verbindung gesetzt und dieser hat heute telegrafiert, daß die westlichen Landeskirchen darauf bestehen, daß am 26. Juli die Dinge zum Schwur kommen.
> Ich bin nun nicht willens, mich in dieser Weise treiben zu lassen. Ich habe gute Miene zum bösen Spiel gemacht, als man mir 1945 in Treysa ohne jede Vorbereitung plötzlich einen Vertragsentwurf vorlegte, den ich ohne weitere Besinnung mit unterzeichnen sollte. Ich habe auch nicht Einspruch erhoben, als man, ohne mich des Näheren zu befragen, im Januar in Bethel eine Sitzung abhielt, an der ich, weil ich in Hamburg gebunden war, nicht teilnehmen konnte. Aber jetzt ist für mich der Punkt gekommen, an dem ich widerstehen muß.
> Im Ziel bin ich mit den Brüdern völlig einig. Der Oberkirchenrat hat unter den neuen Verhältnissen kein Recht auf dauernde Existenz mehr. Sein Verschwinden bedeutet das Ende der altpreußischen Kirche. Denn alles was jetzt an Querverbindungen zwischen den Provinzen festgelegt wird, ist nicht viel mehr als bedrucktes Papier. Auch das wird man als unvermeidlich hinnehmen müssen. Ich vermag aber nicht einzusehen, warum das plötzlich mit einer solchen Eile betrieben werden muß. Der gegenwärtige Stand der Dinge tut niemanden weh. Der Oberkirchenrat ist keine Aufsichtsbehörde mehr. Die westlichen Kirchen tragen, abgesehen von ihren Kollekten, die sie sehr unregelmäßig einsammeln, keine altpreußischen Lasten mehr. [...] Ich möchte aber auch gewisse Kompetenzen des Oberkirchenrates erst in Ruhe abgebaut haben und meine auch, dass zunächst einmal die östlichen Provinzen sich untereinander darüber klar werden müssen, wie sie es für sich in Zukunft halten wollen, ohne daß ihnen Rheinland-Westfalen in die Sache hineinredet. Was gegenwärtig vor sich geht, ist ein Diktat des Rheinlandes in einer Sache, die das Rheinland nur am Rande angeht, mit Unterstützung bestimmter Kräfte in Berlin. Das ist das Bild, das ich seit Jahrzehnten kenne; aber hier mache ich nicht mehr mit.«

Die Generalsynode tagte erstmalig – Dr. Lothar Kreyssig wurde zu ihrem Präses gewählt – im Dezember 1950. Die Veröffentlichung der Synodalvorlage hatte schon zu kritischen Stellungnahmen geführt, und die lutherische Arbeitsgemeinschaft in Berlin-Brandenburg hatte einen weitreichenden Abänderungsantrag zu den theologischen Grundbestimmungen eingebracht (vgl. Spalte 6 der Synopse). Auf der Synodaltagung selbst wurde immer noch vor allem um die »harten Fakten« der Gestalt der neugeordneten Kirche (Gesetzgebungsrecht der Gesamtkir-

---

65 Otto Dibelius an Ludolf Müller vom 7. Juli 1949; AKPS, Rep. B 1 Nr. 35.

che) gerungen. Die synodale Arbeit führte zur Aufnahme der Präambel der Ordnung und der »Grundartikel«, die auch in der zweiten Lesung im Februar 1951 nicht mehr verändert wurden (vgl. Spalte 7 der Synopse). Einzig wurde ein »Vorsatz« vor die Präambel gestellt:

> »Die Evangelische Kirche der altpreußischen Union weiß sich gerufen, in Buße und Dank auch über ihrer besonderen Geschichte die Gnade Gottes zu glauben, deren sie sich in ihrer gegenwärtigen Entscheidung getröstet.«

In einem persönlichen Bericht von Joachim Beckmann über die Synodaltagung vom Dezember 1950 wird festgehalten:[66]

> »Am schwierigsten waren die Verhandlungen im zweiten Ausschuß, der die Aufgabe hatte, die einzelnen Artikel der Ordnung durchzuarbeiten. Erst in den frühen Morgenstunden des Mittwoch wurde das zähe Ringen der verschiedenen Standpunkte beendet und eine von einer großen Mehrheit des Ausschusses bejahte Vorlage verabschiedet.
>
> Die Verhandlungen über den »Grundartikel« dagegen, die dem ersten Ausschuß zugewiesen waren, bereiteten – ganz gegen die Erwartungen vieler – nur unwesentliche Schwierigkeiten. Man wurde ziemlich bald einig über die gemeinsame Basis, die für die EKapU Geltung haben sollte.«

Zum Hintergrund und zum Verständnis dessen, was noch kommen sollte, gehört auch, dass auf der Synodaltagung sowie in Beckmanns Bericht einen breiten Raum die Forderung der Regierung des Landes Brandenburg einnahm, den Sitz der Kirchenleitung der Berlin-brandenburgischen Provinzialkirche von Westberlin nach Brandenburg zu verlegen. Die sich neu ordnende APU konnte in dieser Situation deutlich ihre Einheit über die innerdeutsche Grenze hinweg betonen:

> »Die außerordentliche Generalsynode der Evangelischen Kirche der altpreußischen Union, zu ihrer Tagung in Berlin vom 10. bis 13. Dezember 1950 versammelt, bekundet mit Freude die unveränderliche Einheit ihrer Gliedkirchen und Gemeinden im Westen und im Osten Deutschlands. Wir sind dankbar für diese aus der Geschichte überkommene und auch jetzt über die Zonengrenzen hinweg bewährte

---

66 Beckmann, Joachim: Um den Fortbestand der Evangelischen Kirche der altpreußischen Union, Maschinenschrift, 10 Seiten. Beckmanns Text wurde auch als Anlage 1 zu A-15/51 in einem konsistorialen Rundschreiben aus Magdeburg verschickt; AKPS, Rep. B1 35.

Verbundenheit des Glaubens und des gegenseitigen Dienstes, in der wir als eine Kirche zusammenstehen dürfen.«[67]

Die nächste Änderung erfuhr die Ordnung erst durch die Namensänderung der Kirche im Jahre 1953. Nicht zuletzt auf Druck der DDR-Regierung war es nötig, die Bezeichnung »altpreußische Union« zu verändern und auf den Bezug auf den von den Alliierten aufgelösten Staat Preußen zu verzichten.[68] Die neue Ordnung der Evangelischen Kirche der Union vom Dezember 1953 (vgl. Spalte 9 der Synopse) hatte diese Namensänderung zu begründen (Vorsatz vor den Grundartikeln) und beschrieb die räumliche Erstreckung der Kirche neu. Artikel 2 Abs. 1 erhielt folgenden Wortlaut:

»(1) Gliedkirchen der Evangelischen Kirche der Union sind die Kirchen, die in ihrer Ordnung die Gliedschaft festgestellt haben, und solche Kirchen, die auf ihren Antrag im Benehmen mit der Evangelischen Kirche in Deutschland durch die Synode der Evangelischen Kirche der Union aufgenommen werden.«

Die theologischen Debatten über die EKU waren damit aber noch nicht zur Ruhe gekommen. Schon auf der 2. Tagung der außerordentlichen Generalsynode der APU im Februar 1951 hatte Präses Beckmann in einem ausführlichen Referat Stellung zu den veröffentlichten Kritiken an der Ordnung der APU bzw. an dem Vorgang ihrer Erneuerung genommen.[69] Er setzt sich mit den Kritiken auseinander, die in der persönlichen Verantwortung ihrer Verfasser standen. Andererseits hatte nach der ersten Lesung im Dezember 1950 Präses Kreyssig das Ergebnis dieser Lesung allen Gliedkirchen förmlich zugesandt und um brüderlichen Rat gebeten. Von den angesprochenen Kirchen hat nur die VELKD in Form eines Schreibens ihres Leitenden Bischofs, Bischof Meiser aus München, reagiert. Auf der Synodaltagung selbst stand dieses Schreiben noch nicht zur Debatte. Es wurde aber allen Synodalen ausgehändigt. Im Nachgang zur Synodaltagung beantwortete Präses Kreyssig diesen Brief dann ausführlich. Es entspann sich ein auch öffentlich bekannt werdender Briefwechsel,[70] der schließlich zum Ausgangspunkt

---

67 Einstimmiger Beschluss der außerordentlichen Generalsynode der Evangelischen Kirche der Altpreußischen Union, zitiert nach Beckmann, Fortbestand (wie Anm. 65), S. 2.
68 Vgl. zum Hintergrund: Winter, Friedrich: Die Evangelische Kirche der Union und die Deutsche Demokratische Republik (Unio und Confessio 22), Bielefeld 2001.
69 Beckmann, Joachim: Die Neuordnung der Evangelischen Kirche der altpreußischen Union – Antwort an ihre Kritiker, Gütersloh 1951.
70 Der Briefwechsel ist im Kirchlichen Jahrbuch wiedergegeben:
   1. 15. Februar 1951:   Meiser an Kreyssig   KJ 78 (1951), S. 48 f.
   2. 18. Mai 1951:   Antwort Kreyssig   KJ 78 (1951), S. 50 f.

der Lehrgespräche zwischen EKU und VELKD wurde, die – etliche Jahre später – auch zu bedeutsamen Ergebnissen geführt haben. Das gilt in besonderer Weise für die Gespräche in den Kirchen der DDR.[71] Die EKU selbst setzte die Debatte in der Begründung einer Schriftenreihe fort, deren Name Programm geworden ist: Unio und Confessio.

Von besonderer Bedeutung sind darüber hinaus synodale Beschlüsse und Arbeitsergebnisse von Gruppen, die im synodalen Auftrag handelten. Ein besonders gelungenes, heute leider nahezu vergessenes Beispiel gibt es aus Westfalen: Schon im Zusammenhang mit der Verabschiedung der Westfälischen Kirchenordnung hatte die Landessynode von Westfalen einen Ausschuss zum Thema »Bekenntnis und Einheit der Kirche« eingesetzt. Nach fünfjähriger Tätigkeit legte dieser Ausschuss 1959 ein Papier gleichen Titels vor.[72]

---

3. 13. September 1951:	2. Brief Meiser	KJ 78 (1951), S. 57 f.
4. 18. Januar 1952:	2. Antwort Kreyssig	(unveröffentlicht; der Inhalt lässt sich aus dem dritten Brief Bischof Meisers rekonstruieren.)
5. 8. Januar 1953:	3. Brief Meiser	KJ 80 (1953), S. 116 f.
6. ohne Datum:	3. Antwort Kreyssig	KJ 80 (1953), S. 117 f.

[71] Vgl. Beintker, Michael: Der theologische Ertrag der Lehrgespräche im Bund der Evangelischen Kirchen in der DDR, epd-Dokumentation 2005/21, S. 36–43; durchgesehene und erweiterte Fassung: Beintker, Michael: Der theologische Ertrag und die bleibende Bedeutung der Lehrgespräche im Bund der Evangelischen Kirchen in der DDR, in: Hüffmeier, Wilhelm (Hg.): Rechtfertigung und Kirchengemeinschaft. Die Lehrgespräche im Bund der Evangelischen Kirchen in der DDR, Leipzig 2006, S. 9–28.

[72] Bekenntnis und Einheit der Kirche. Zusammenfassender Bericht des von der Landessynode der Evangelischen Kirche von Westfalen im Jahre 1953 eingesetzten Ausschusses, Witten (Ruhr) 1959.

Hartmut Sander

Die Grundordnung der Evangelischen Kirche in Berlin-Brandenburg 1948/1996

Entwürfe des Landeskirchlichen konfessionellen Ausschusses 1947/1948

Entwurf des landeskirchlichen konfessionellen Ausschusses, 2.7.1947	Entwurf des landeskirchlichen konfessionellen Ausschusses, 27.2.1948	Entwurf des Verfassungsausschusses der Provinzialsynode 27.7.1948
		I. Von Schrift und Bekenntnis.
1. Die Evangelische Kirche der ... (Mark Brandenburg) steht in der Einheit mit der einen, heiligen, allgemeinen christlichen Kirche, die überall da ist, wo das Wort Gottes lauter verkündigt wird und die Sakramente recht verwaltet werden.	1. Die Evangelische Kirche der ... (Mark Brandenburg) steht in der Einheit mit der einen, heiligen, allgemeinen christlichen Kirche, die überall da gegenwärtig ist, wo das Wort Gottes lauter verkündigt wird und die Sakramente recht verwaltet werden.	1. Die Evangelische Kirche in Berlin-Brandenburg steht in der Einheit der einen, heiligen, allgemeinen, christlichen Kirche, die überall da ist, wo das Wort Gottes lauter verkündigt wird und die Sakramente recht verwaltet werden.

Entwurf des landeskirchlichen konfessionellen Ausschusses, 2.7.1947	Entwurf des landeskirchlichen konfessionellen Ausschusses, 27.2.1948	Entwurf des Verfassungsausschusses der Provinzialsynode 27.7.1948
2. Sie weiß sich gegründet allein auf Jesus Christus, den Herrn, in dem das ewige Wort Gottes Fleisch geworden ist, die Heilige Schrift Alten und Neuen Testaments als das prophetische und apostolische Zeugnis von Ihm ist die Norm, an der alle Lehre und alles Leben in ihr gemessen werden muß.	2. Sie weiß sich als Kirche der Reformation gegründet allein auf Jesus Christus, das Fleisch gewordene Wort Gottes, den gekreuzigten und auferstandenen Herrn, dessen sie wartet. Die Heilige Schrift Alten und Neuen Testaments als das prophetische und apostolische Zeugnis von ihm ist die Norm, an der alle Lehre und alles Leben in ihr gemessen werden muß.	2. Eins unter ihrem Haupte Jesus Christus, dem Fleisch gewordenen Worte Gottes, dem gekreuzigten und auferstandenen Herrn, dessen sie wartet, ist sie gegründet auf das prophetische und apostolische Zeugnis der Heiligen Schrift Alten und Neuen Testaments, an der allein Lehre und Leben zu messen sind.
3. Sie bezeugt ihren Glauben gemeinsam mit der alten Kirche durch die altkirchlichen Symbole: das Apostolikum, Nicaenum und Athanasianum.	3. Sie bezeugt im Sinne der Reformation ihren Glauben gemeinsam mit der alten Kirche durch die altkirchlichen Symbole: das Apostolikum, Nicaenum und Athanasianum.	3. Sie bezeugt als Kirche der Reformation ihren Glauben gemeinsam mit der alten Kirche durch die altkirchlichen Symbole des Apostolicum, Nicaenum und Athanasianum.

Die Grundordnung der Evangelischen Kirche in Berlin-Brandenburg 1948/1996

Entwurf des landeskirchlichen konfessionellen Ausschusses, 2.7.1947	Entwurf des landeskirchlichen konfessionellen Ausschusses, 27.2.1948	Entwurf des Verfassungsausschusses der Provinzialsynode 27.7.1948
4. Sie bekennt mit den Vätern der Reformation, daß allein Jesus Christus unser Heil ist, offenbart allein in der Heiligen Schrift Alten und Neuen Testaments, dargeboten allein aus Gnaden, geschenkt allein durch den Glauben. Im Verständnis des von den Reformatoren bezeugten Evangeliums wissen sich Die lutherischen Gemeinden gebunden an die Augsburgische Konfession, die Apologie, die Schmalkaldischen Artikel, den Kleinen und Großen Katechismus Luthers und, wo sie in Kraft steht, die Konkordienformel; die reformierten Gemeinden an den Heidelberger Katechismus und die Theologische Erklärung der Ersten Freien Reformierten Synode von Barmen 1934, außerdem die französisch-reformierten Gemeinden an die Confession de foi und die discipline ecclésiastique, die ev.-unierten Gemeinden an die bei ihnen in Kraft stehenden Bekenntnisse.	4. Sie bekennt mit den Vätern der Reformation, daß Jesus Christus allein unser Heil ist, offenbart allein in der Heiligen Schrift Alten und Neuen Testaments, geschenkt allein aus Gnaden, empfangen allein im Glauben. Im Verständnis des von den Reformatoren gemeinsam bezeugten Evangeliums wissen sich Die ev.-lutherischen Gemeinden gebunden an die Augsburgische Konfession, die Apologie, die Schmalkaldischen Artikel, den kleinen und großen Katechismus Luthers und, wo sie in Kraft steht, die Konkordienformel; die ev.-reformierten Gemeinden an den Heidelberger Katechismus, außerdem die französisch-reformierten Gemeinden an die Confession de foi und die discipline ecclésiastique, die ev.-unierten Gemeinden an die bei ihnen in Kraft stehenden Bekenntnisse.	4. Sie bekennt mit den Vätern der Reformation, daß Jesus Christus allein unser Heil ist, offenbart allein in der Heiligen Schrift Alten und Neuen Testaments, geschenkt allein aus Gnaden, empfangen allein im Glauben. Im Verständnis des von den Reformatoren gemeinsam bezeugten Evangeliums wissen sich die evangelischen Gemeinden lutherischen Bekenntnisses gebunden an die augsburgische Konfession, die Apologie, die Schmalkaldischen Artikel, den kleinen und großen Katechismus Luthers und, wo sie in Kraft steht, die Konkordienformel, die evangelischen Gemeinden reformierten Bekenntnisses an den Heidelberger Katechismus, außerdem die französisch-reformierten Gemeinden an die Confession de foi und die discipline ecclésiastique, die ev.-unierten Gemeinden an die bei ihnen in Kraft stehenden Bekenntnisse.

Entwurf des landeskirchlichen konfessionellen Ausschusses, 2.7.1947	Entwurf des landeskirchlichen konfessionellen Ausschusses, 27.2.1948	Entwurf des Verfassungsausschusses der Provinzialsynode 27.7.1948
5.	5. Sie weiß sich gerufen und verpflichtet, ihre Bekenntnisse immer von neuem an der Heiligen Schrift zu prüfen und dadurch lebendig und gegenwärtig zu erhalten.	5.
Sie steht mit ihren lutherischen und reformierten und unierten Gemeinden auf dem Boden der in der Ersten Bekenntnissynode von Barmen 1934 getroffenen Entscheidungen und sieht in ihrer »Theologischer Erklärung« die von der Schrift und den Bekenntnissen her gebotene, die Kirche auch künftig verpflichtende Abwehr der Irrtümer unserer Zeit.	Sie steht mit ihren lutherischen und reformierten und unierten Gemeinden auf dem Boden der in der ersten Bekenntnissynode von Barmen 1934 getroffenen Entscheidungen und sieht in deren „Theologischer Erklärung" ein von der Schrift und den Bekenntnissen her auch fernerhin gebotenes Zeugnis der Kirche.	Sie bejaht mit ihren lutherischen, reformierten und unierten Gemeinden die von der ersten Bekenntnissynode von Barmen 1934 getroffenen Entscheidungen und sieht in deren theologischer Erklärung ein von der Schrift und den Bekenntnissen her auch fernerhin gebotenes Zeugnis der Kirche.
		6. Sie weiß sich verpflichtet, ihre Bekenntnisse immer wieder an der Heiligen Schrift zu prüfen und ihre Lehre und Ordnung gegenwärtig und lebendig zu erhalten. Immer neu zum Zeugnis gerufen, wird sie durch ihre Bekenntnisse zur Schrift geführt und zum rechten Bekennen geleitet.

Entwurf des landeskirchlichen konfessionellen Ausschusses, 2.7.1947	Entwurf des landeskirchlichen konfessionellen Ausschusses, 27.2.1948	Entwurf des Verfassungsausschusses der Provinzialsynode 27.7.1948
	6. Sie pflegt und fördert die geschenkte Kirchengemeinschaft der in ihr verbundenen lutherischen, reformierten und unierten Gemeinden, indem sie zugleich der Entfaltung der einzelnen Konfessionen in ihr freien Raum gewährt.	7. Sie pflegt die geschenkte Kirchengemeinschaft der in ihr verbundenen Gemeinden, indem sie zugleich der Entfaltung der einzelnen Konfessionen freien Raum gewährt. Sie gewährt den Gliedern aller Gemeinden Anteil an der Gemeinschaft des Gottesdienstes und der Sakramente. Durch das Miteinander der verschiedenen reformatorischen Bekenntnisse weiß sich die Kirche verpflichtet, ihre Glieder immer neu zu rufen, auf das Glaubenszeugnis der Brüder zu hören.
	7. Sie pflegt Bekenntnisgemeinschaft mit den Kirchen und Gemeinden innerhalb der EKiD, die den Bekenntnissen ihrer Gemeinden entsprechen. Sie bemüht sich durch ihre Zusammenarbeit mit den Kirchen der Oekumene um die Verwirklichung einer echten Gemeinschaft auf Erden.	8. Sie fördert die kirchliche Gemeinschaft in der Evangelischen Kirche in Deutschland und nimmt durch ihre Zusammenarbeit mit den Kirchen der Ökumene teil an der Verwirklichung der Gemeinschaft der Christenheit auf Erden.

Beilage 4
Synopse: Vorspruch der Grundordnung der Evangelischen Kirche in Berlin-Brandenburg (1948)

1. Die vorläufige Kirchenleitung 1945

Am 2. Mai 1945 kapitulierte Berlin. Für den ehemaligen Generalsuperintendenten der Kurmark Otto Dibelius war es nun wichtig, dass die Evangelische Kirche möglichst rasch ihren Neuanfang organisierte, damit sie der russischen Besatzungsmacht als Einrichtung gegenübertreten konnte, »in der alles klar, alles einwandfrei, alles unbestritten war. Auch die rechtliche Form!«[1] Die 10. Generalsynode der Evangelischen Kirche der altpreußischen Union am 5./6. September 1933 hatte das Amt der Generalsuperintendenten aufgehoben, doch deren Beschlüsse waren nicht rechtsgültig, da die Kirchenwahlen 1933 »ohne Zweifel nicht ordnungsmäßig vonstatten gegangen« waren.[2] Also bestanden noch die Generalsuperintendenturen. Von den alten Generalsuperintendenten in Berlin und Brandenburg waren zwei tot, der dritte Emil Karow, geboren 22. August 1871, nach dem Urteil von Dibelius zu alt[3], so dass nur er übrig blieb. Nach der Verfassungsurkunde von 1922 hatte der Generalsuperintendent den Vorsitz im Konsistorium. Am 7. Mai 1945 traf sich die Leitung der BK im Pfarrhaus von Otto Dilschneider in Berlin-Zehlendorf, Kirchstraße 4, mit Konsistorialräten, die nicht zu den DC gehörten, und Dibelius konstituierte das Konsistorium von Neuem[4] oder leitete die Neukonstituierung in die Wege.[5] Doch Konsistorialpräsident Johannes Heinrich, überzeugter DC, verweigerte die Herausgabe der Dienstsiegel und trat

---

1 Dibelius, Otto: Ein Christ ist immer im Dienst. Erlebnisse und Erfahrungen in einer Zeitenwende, 2. Aufl., Stuttgart 1963, S. 207.
2 A.a.O., S. 208.
3 Ebd.
4 A.a.O., S. 112.
5 Kampmann, Jürgen: Neuorientierung nach dem Ende des Zweiten Weltkrieges, in: Besier, Gerhard/Lessing, Eckhard (Hgg.): Die Geschichte der Evangelischen Kirche der Union. Bd. 3: Trennung von Staat und Kirche. Kirchlich-politische Krisen. Erneuerung kirchlicher Gemeinschaft (1918–1992), Leipzig 1999, S. 561–603, hier S. 578.

erst nach langen Verhandlungen zurück.⁶ Dibelius berief einen Beirat für das Konsistorium; die meisten Mitglieder gehörten zu den Bruderräten von Berlin und Brandenburg: Pfarrer Dr. Hans Böhm, Superintendent Max Diestel, Pfarrer Heinrich Grüber, Dr. Wilhelm Jannasch, Missionsdirektor D. Hans Lokies, Regierungsrat Dr. Reinhard Moeller, Superintendent a.D. Ernst Pätzold, Oberingenieur Hugo Stoessinger und Pfarrer Dr. Theodor Wenzel.⁷ Damit war eine vorläufige Kirchenleitung der Kirchenprovinz Berlin-Brandenburg mit Dibelius an der Spitze gebildet. Zusätzlich übernahm er die Verwaltung der Generalsuperintendentur Berlin und führte in dieser Funktion den Titel »Evangelischer Bischof von Berlin«.⁸

Die erste Synode der BK von Berlin nach dem Kriege, die vom 29. bis 31. Juli 1945 in Berlin-Spandau tagte, beschloss:

»Die Synode legitimiert den Generalsuperintendenten D. Dr. Dibelius in seinen Ämtern, legitimiert ebenso das Konsistorium und den Beirat vorbehaltlich einer Erweiterung und erforderlichen Umbesetzung und unabhängig von späterer Legalisierung durch eine Synode. Die Erweiterung und erforderliche Umbesetzung hat unter maßgeblicher Beteiligung der zuständigen Bruderräten zu erfolgen.«⁹

Weiter beschloss die Synode:

»Diese Zustimmung zu den bisherigen Maßnahmen der neuen Leitung der Berliner Kirche geschieht in der Erwartung, daß die weiteren Schritte dieser Leitung dem gleichen Ziele, der Herstellung einer dem Bekenntnis der Kirche entsprechenden Gesamtordnung dienen.«¹⁰

Die Bekenntnissynode der Mark Brandenburg vom 22. bis 24. Oktober 1945 in Berlin-Spandau beschloss:

»Die Bekenntnissynode ist zur Zeit die einzige legitime Vertretung der Gemeinden Brandenburgs. Als solche gibt sie der neugebildeten vorläufigen Kirchenleitung ihre Legitimation und überträgt ihr die bisher vom brandenburgischen Bruderrat

---

6 Dibelius, Christ (wie Anm. 1), S. 209 f.
7 Seidel, J[…] Jürgen: »Neubeginn« in der Kirche? Die evangelischen Landes- und Provinzialkirchen in der SBZ/DDR im gesellschaftspolitischen Kontext der Nachkriegszeit (1945–1953), Göttingen 1989, S. 198, Anm. 341.
8 Kampmann, Neuorientierung (wie Anm. 5), S. 578 f.
9 Söhlmann, Fritz (Hg.): Treysa 1945. Die Konferenz der evangelischen Kirchenführer 27.–31. August 1945, Lüneburg 1946, Anhang I. Die Spandauer Synode (29. bis 31. Juli 1945), S. 168.
10 Ebd.

wahrgenommenen Befugnisse der Leitung. Es geschieht dies in dem brüderlichen Vertrauen, daß die weiteren Schritte dieser Leitung der Herstellung einer dem Bekenntnis der Kirche entsprechenden endgültigen Ordnung dienen.«[11]

Indem die beiden Bekenntnissynoden die vorläufige Kirchenleitung legitimierten, konnte nun eine Provinzialsynode einberufen werden, die eine neue Verfassung erarbeiten sollte.

2. Die erste Tagung der Provinzialsynode Berlin-Brandenburg vom 6. bis 9. Oktober 1946

Die Kirchenleitung der Evangelischen Kirche der altpreußischen Union in Berlin ermächtigte durch Notverordnung vom 14. Mai 1946 die Provinzialsynoden von Berlin-Brandenburg, Sachsen und Pommern, ihren Kirchen eigene Provinzialkirchenordnungen zu geben. Zur Vorbereitung berief die altpreußische Kirchenleitung im Sommer 1946 einen landeskirchlichen Ordnungsausschuss für die östlichen Provinzen, der im Herbst 1946 die Denkschrift »Aufgaben neuer Kirchenordnungen für die östlichen Provinzialkirchen Altpreußens« vorlegte. An der Gestaltung der Denkschrift wirkten von theologischer Seite insbesondere die Professoren D. Dr. Friedrich Karl Schumann (Halle) und D. Heinrich Vogel (Berlin) und die Oberkonsistorialräte Lic. Dr. Oskar Söhngen und Propst Dr. Hans Böhm mit, von juristischer Seite der Vorsitzende des Ausschusses Präsident Dr. Walther Tröger und Oberkonsistorialrat Dr. Ernst-Viktor Benn.[12]

Zu den Grundlagen der kirchlichen Ordnung gehören nach der Denkschrift Bekenntnisstand und Union. Für die lutherischen Gemeinden und die reformierten Gemeinden sind die verbindlichen Bekenntnisse aufzuführen, ebenso für die Gemeinden, die sich weder zu den lutherischen noch zu den reformierten Gemeinden zählen.

---

11 Kruse, Martin: Zur Bekenntnisbestimmtheit der Evangelischen Kirche in Berlin-Brandenburg. Eine Skizze anhand der Synodalverhandlungen 1945 bis 1948, in: Besier, Gerhard/Lohse, Eduard (Hgg.): Glaube – Bekenntnis – Kirchenrecht. Festschrift für Vizepräsident i.R., D. theol. Hans Philipp Meyer zum 70. Geburtstag, Hannover 1989, S. 104–113, hier S. 105.

12 Benn, [Ernst-Viktor] (Hg.): Aufgaben neuer Kirchenordnungen für die östlichen Provinzialkirchen Altpreußens – Denkschrift des Ordnungsausschusses der Evangelischen Kirche der altpreußischen Union für die östlichen Provinzen, im Auftrag des Vorsitzenden des Ausschusses hg., Stuttgart 1947, S. 2.

»Der Erklärung über den Bekenntnisstand hätte eine Erklärung zu folgen über die
Bereitschaft, unbeschadet der nicht verschleierten Lehrdifferenzen das Wagnis
einer Gemeinschaft kirchlichen Lebens und Dienens in Fortführung der Union auf
sich zu nehmen.«[13]

Dazu gehört

»die Bereitschaft zur Abendmahlsgemeinschaft, [...] die Bereitschaft, bisher erfahrene Glaubensgemeinschaft als Gemeinschaft weiteren Dienstes, insbesondere weiteren gemeinsamen Zeugnisses zu bewahren, [...] und die Bereitschaft, ständig in theologischer Forschung die Überwindung bisheriger Lehrgegensätze vom Schriftwort her ins Auge zu fassen. Bei der Gestaltung der Kirchenordnung wird im Blick auf den ganz überwiegend lutherischen Charakter der östlichen Provinzen vom lutherischen Bekenntnis auszugehen sein.«[14]

Die »brüderliche Gemeinschaft unter den Konfessionen« habe »in der Erklärung von Barmen einen besonderen Ausdruck gefunden«. Sie sei »kein gelegentliches, sondern ein in statu confessionis von der Kirche gesprochenes Wort«.[15]

»Der Ausschuss mißt den Fragen des Bekenntnisstandes im Zusammenhang mit der Neuordnung der Kirche entscheidende Bedeutung bei. Er meint, daß ihre weitere Klärung durch einen besonderen bei der Kirchenleitung der Evangelischen Kirche der altpreußischen Union zu bildenden Arbeitskreis notwendig wäre.«[16]

Diese Denkschrift lag den Teilnehmern der Provinzialsynode vor.[17] Sie wurde geleitet von dem erfahrenen Verwaltungsjuristen Dr. Reinhard Moeller, Direktor des Berliner Stadtsynodalverbandes und Mitglied der Kirchenleitung. Für die Arbeit an der Kirchenordnung im weitesten Sinn wurde der Ordnungsausschuss eingesetzt, der sich in acht Unterausschüsse gliederte. Der erste war der eigentliche Verfassungsausschuss, der die Aufgabe hatte, für die nächste Sitzung der Provinzialsynode eine Ordnung der Kirche zu erarbeiten. Der fünfte Unterausschuss hatte speziell die konfessionelle Frage zu behandeln,

---

13 A.a.O., S. 8.
14 A.a.O., S. 9.
15 Ebd.
16 A.a.O., S. 10.
17 Verhandlungen der Berlin-Brandenburgischen Provinzialsynode. 1. Tagung (vom 6. bis 9. Oktober 1946) im Gemeindehaus der Elias-Kirchengemeinde zu Berlin N 58, Göhrener Straße 11, herausgegeben vom Büro der Provinzialsynode Berlin-Brandenburg, Berlin W 15, Lietzenburger Straße 36[III], Berlin 1947, S. 88.

»da hier ein Antrag von reformierter Seite auf Zusammenfassung der reformierten Gemeinden im Gebiet von Berlin-Brandenburg zu eigenen Kreissynoden vorliegt, so daß die Frage der Eigengestaltung der reformierten Gemeinden und ihrer Abgrenzung gegenüber den anderen Gemeinden hier zur Debatte steht und damit die konfessionelle Frage im Blick auf dieses Ordnungsgefüge zu besprechen wäre.«[18]

Der Vorsitzende, Missionsdirektor der Berliner Missionsgesellschaft D. Siegfried Knak, berichtete, dass sich im Unterausschuss zwei verschiedene Meinungen zu dem Antrag gezeigt hätten, wonach die Reformierten aus den Kreissynoden ausscheiden, aber der Provinzialsynode und der Gesamtkirche angehören würden. Für die einen ginge der Antrag in die falsche Richtung, weil wir nicht auf eine Trennung, sondern auf Einheit hinzustreben und zu arbeiten hätten, für die anderen sei es ein Missverständnis zu glauben, dass die Reformierten auf eine Aufspaltung der Kirche der Union hinstrebten.[19]

»Wir müssen die Verschiedenheiten der Sonderkonfessionen als charismatische Verschiedenheiten verstehen lernen. Dann werden wir dem andern nicht gegenübertreten wie im 16. Jahrhundert, auch nicht einmal so, wie es die Situation zwischen dem Großen Kurfürsten und Paul Gerhardt ergab, sondern wir werden dem andern gegenüberstehen mit der Zuerkennung, daß auch er sein relatives Recht hat, daß wir voneinander zu lernen haben, aber nicht so, daß wir jenseits dieser Unterschiede eine Basis suchen, bei der die Unterschiede vergessen oder verweichlicht, versandet, verkümmert sind. Dann eben würden wir gerade das Charisma zerstören, das der einzelnen Kirche gegeben worden ist.«[20]

Der Unterausschuss »Konfessionelle Frage« wurde zum Dauerausschuss erklärt. Am 17. März 1947 schrieb Knak an den Ordnungsausschuss der Provinzialsynode zu Händen von Herrn Propst Böhm:

»Als Vorsitzender des Ausschusses zur konfessionellen Frage berichte ich dem Ordnungsausschuß, daß die Arbeit des Ausschusses vorläufig zum Abschluß gekommen ist, da weitere Aussprachen über die bisherigen 5 oder 6 Besprechungen hinaus keine Aussicht auf eine wesentliche Änderung des bisherigen Ergebnisses darbieten. Das Ergebnis der bisherigen Besprechungen liegt in einer Reihe von Entwürfen zum Vorspruch zur Kirchenordnung vor. Sie spiegeln die verschiedenen Richtungen, die innerhalb unseres Ausschusses auftraten, wider. Ich übergebe daher dem Ordnungsausschuß 1) 1 Entwurf von Pfarrer Lic. Dr. [Johannes] Pfeiffer, der den strengen konfessionalistischen Standpunkt vertritt; 2) 1 Entwurf von Professor Superintendent [Martin] Albertz, der den Standpunkt der reformierten Ge-

18 Ebd.
19 A.a.O., S. 172.
20 A.a.O., S. 173.

meinden vertritt, mit dem sich im wesentlichen die Ansichten der ausgesprochenen Unionsfreunde decken wird. 3) 2 Entwürfe von mir im Sinn einer Aufrechterhaltung der Union, in der zwar die Lehrunterschiede zwischen den beiden Sonderbekenntnissen nicht als kirchentrennend angesehen werden, wohl aber ein klarer bekenntnismäßiger Aufbau der lutherischen und reformierten Gemeinden ins Auge gefaßt wird. Der 1. Entwurf ist ausführlicher gehalten, als eine Präambel zur Kirchenordnung es ertragen würde. Das geschah, um die Tendenz dieses Entwurfs recht deutlich werden zu lassen. Der 2. Entwurf entsteht aus dem Bemühen, dem Entwurf Albertz so weit als es vom lutherischen Bekenntnis aus irgend möglich ist, entgegenzukommen. Die Hoffnung, daß Professor Albertz sich mit diesem Entwurf im wesentlichen einverstanden erklären könnte, hat sich nicht erfüllt. Er hat mit einem Wortlaut geantwortet, der sich bis auf wenige redaktionelle Änderungen mit seinem 1. Entwurf vollständig deckt und von den Anregungen meines zusammenarbeitenden Entwurfes nicht einen einzigen Gesichtspunkt aufnimmt. Das geschieht, nachdem der Entwurf mit dem reformierten Moderamen vereinbart worden ist. Prof. Albertz bittet den Ordnungsausschuß, diesen Entwurf mit den anderen getrennt vorzulegen. Ein nochmaliges Zusammentreten des Konfessionellen Ausschusses oder eines engeren Kreises von ihm hat keine Aussicht, ein einheitlicheres Ergebnis als das bisherige zu erzielen und würde unnötig Zeit vergeuden. Die Gründe, weshalb von der lutherischen Seite aus der Albertz'sche Entwurf, so wie er vorliegt, nicht angenommen werden kann, werden am besten mündlich vorgetragen. Der Ausschuss zur Konfessionellen Frage wartet nun auf die Stellungnahme des Ordnungsausschusses zu diesem Ergebnis.«[21]

Während der Ausschuss zur konfessionellen Frage der Provinzialsynode kein Ergebnis vorlegen konnte, erarbeitete OKonsR Dr. Benn, der schon die Denkschrift des landeskirchlichen Ordnungsausschusses für die östlichen Provinzen vom Oktober 1946 verfasst hatte, den Entwurf einer Provinzialkirchenordnung, der an einigen Stellen, vor allem in dem Abschnitt über den Bischof und die Pröpste, Vorschläge von Bischof Dibelius neben dem Referentenvorschlag enthielt. Der Entwurf ließ, da die notwendigen Vorarbeiten hierfür noch nicht durchgeführt waren, die – der Kirchenordnung voranzustellende oder sie begleitende – Erklärung über die Bedeutung von Schrift und Bekenntnis für Leben und Ordnung der Kirche und über den Bekenntnisstand offen. Dieser Referentenentwurf vom 15. Februar 1947 wurde den Kirchenleitungen von Berlin-Brandenburg (60 Exemplare), der Kirchenprovinz Sachsen (60 Exemplare) und von Pommern (30 Exemplare) für die Ausschussberatungen ihrer Provinzialsynoden zur Verfügung gestellt.[22]

21 Evangelisches Landeskirchliches Archiv in Berlin (ELAB) 107/7 (Ausfertigung) und BMW 1/8723 (Durchschlag).
22 EZA Berlin 7/20198, EOK an die drei Kirchenleitungen EO I 238/47 vom 27. Februar 1947.

Die Landeskirchenleitung nahm jetzt den Vorschlag aus der Denkschrift vom Oktober 1946 auf und beschloss in ihrer Sitzung am 4. Februar 1947, nachdem Knak über die Arbeit des konfessionellen Ausschusses von Berlin-Brandenburg, insbesondere über den Entwurf für eine Präambel zur Kirchenordnung, berichtet hatte,

> »einen landeskirchlichen konfessionellen Ausschuß zu bilden, der unter anderem eine einheitliche Behandlung der mit dem Präambelentwurf zusammenhängenden Fragen in den Kirchenordnungen der östlichen Provinzen vorbereiten soll. Die Provinzialkirchen sollen gebeten werden, in den Ausschuß bis zu vier Vertreter zu entsenden. Seitens der Landeskirchenleitung wurden in den Ausschuß berufen: Prof. Albertz, Prof. Vogel, Obering. Stössinger, OKR Söhngen und Präsident Tröger.«[23]

Berlin-Brandenburg benannte vier Vertreter, Pommern zwei und die KPS fünf, weil der Kirchenleitung daran lag, dass die lutherische Vereinigung durch ihren Vorsitzenden, Sup. Paul Hoffmann, und die reformierte Kirche durch ihren Superintendenten KonsR Paul Gabriel vertreten waren.[24]

Eine neue Wendung nahm dieser geplante Ausschuss, als am 4. März 1947 Karl Lücking und Wilhelm Brandes für die westfälische und Joachim Beckmann und Heinrich Held für die rheinische »Provinzialkirche« erstmals an einer Sitzung der Landeskirchenleitung der EKapU-Ost in Berlin teilnahmen.[25] Held schlug die Bildung eines Ausschusses vor, der über das Selbstverständnis der altpreußischen Kirche und ihre gegenwärtigen Aufgaben beraten und eine Vorlage für die Kirchenleitung erarbeiten sollte. Dem Vorschlage wurde zugestimmt und D. Knak, Prof. Vogel und Dr. Kreyssig zu Mitgliedern des Ausschusses gewählt. Die westlichen Provinzialkirchen sagten zu, einen Vertreter zu benennen und einen schriftlichen Beitrag zu den Beratungen zu geben.[26]

Die erste Sitzung des »Landeskirchlichen konfessionellen Ausschusses« fand am 2. und 3. Juli 1947 im Johannesstift in Berlin-Spandau statt.[27] Vom EOK waren Tröger, Söhngen und Benn erschienen, aus Berlin kamen Böhm, Martin Albertz, Pfarrer Dr. Johannes Pfeiffer und Oberregierungsrat i.R. Dr. Franz Varrentrapp, aus der KPS Prof. Friedrich Karl Schumann und die Konsistorialräte Paul Gabriel und Wilhelm von Rohden, aus Pommern KonsR Hans Faißt und Sup. Hans Schulz aus Ziethen. Propst Böhm wurde zum Vorsitzenden gewählt. Aufgabe des Ausschusses war es, für die neu zu schaffenden Provinzialkirchenord-

---

23 EZA Berlin 7/20198, Auszug aus dem Protokoll EO I 196/47 vom 13. Februar 1947.
24 EZA Berlin 7/20198, Konsistorium KPS an EOK am 28. Februar 1947.
25 Kampmann, Neuorientierung (wie Anm. 5), S. 620.
26 BMW 1/8723, EOK an Knak am 14. April 1947.
27 Einladung des EOK vom 3. Juni 1947, BMW 1/8723.

nungen eine einheitliche Präambel vorzuschlagen. Für die Beratung wurden die Berliner Entwürfe von Knak, Albertz und Thiel-Perels zugrunde gelegt und der Entwurf einer Präambel beschlossen.[28] Für die folgenden Sitzungen sind in den Akten keine Niederschriften zu finden gewesen, nur Einladungen und drei weitere Entwürfe, von denen zwei in der Synopse dargestellt sind. Später nahmen auch Karl Lücking und Wilhelm Niesel für die westfälische und Joachim Beckmann und Heinrich Held für die rheinische Kirche an den Beratungen teil.[29]

Vergleicht man den zweiten Präambelentwurf vom 22. und 23. Januar 1948[30] mit dem ersten vom 2. Juli 1947, so fallen als erstes die hinzugefügten Ziffern 6 und 7 auf, die die Pflege der Kirchengemeinschaft der in ihr verbundenen Gemeinden und die Bekenntnisgemeinschaft mit den Kirchen und Gemeinden innerhalb der EKD behandeln. In Ziffer 5, der von der Barmer Bekenntnissynode 1934 handelt, wurde der neue erste Absatz eingefügt:

»Sie [die Kirche] weiß sich gerufen und verpflichtet, ihre Erkenntnisse immer von neuem an der Heiligen Schrift zu prüfen und dadurch lebendig und gegenwärtig zu erhalten.«

Und im letzten Satz wurde »Abwehr der Irrtümer unserer Zeit« durch »Abwehr kirchenzerstörender Irrlehre« ersetzt. In Ziffer 6 wurde bei der Bezeichnung der Gemeinden die Abkürzung »ev.-« hinzugesetzt, wie es die Verfassungsurkunde von 1922 zugestand. Am 3. Februar 1948 berichtete Böhm der Landeskirchenleitung über die Arbeit des konfessionellen Ausschusses und legte den 2. Präambelentwurf vor. Die Kirchenleitung

»bat, den Entwurf unter Berücksichtigung der in der Aussprache geltend gemachten Gesichtspunkte und Wünsche im Ausschuss nochmals zu überprüfen und in einer der nächsten Sitzungen der Kirchenleitung über das Ergebnis zu berichten«.[31]

Das Ergebnis der Überprüfung war der 3. Präambelentwurf vom 27. Februar 1948.[32] In Ziffer 2 wurde der erste Satz verändert und erweitert. Statt »Sie weiß sich gegründet allein auf Jesus Christus, den Herrn, in dem das Wort Gottes Fleisch geworden ist.« hieß es nun:

---

28 Niederschrift und Entwurf einer Präambel vom 2. Juli 1947, ELAB 107/7.
29 Sie sind aufgeführt auf der Adressenliste der Einladung des EOK vom 24. Januar 1948 zur Sitzung am 2. Februar 1948, EZA Berlin 7/20198.
30 EZA Berlin 7/20198.
31 EZA Berlin 7/20198, Auszug aus dem Protokoll EO I 396/48 vom 11. Februar 1948.
32 BMW 1/8723.

> »Sie weiß sich als Kirche der Reformation gegründet allein auf Jesus Christus, das Fleisch gewordene Wort Gottes, den gekreuzigten und auferstandenen Herrn, dessen sie wartet.«

In Ziffer 3 wurde hinter »Sie bezeugt« eingefügt »im Sinne der Reformation«. In Ziffer 4 wurde im ersten Satz aus »dargeboten allein aus Gnaden, geschenkt allein durch den Glauben« nun »geschenkt allein aus Gnaden, empfangen allein im Glauben«. Im zweiten Satz wurde vor »bezeugten« eingefügt »gemeinsam«. In Ziffer 5 hieß es nun von der Barmer Theologischen Erklärung »ein von der Schrift und den Bekenntnissen her auch fernerhin gebotenes Zeugnis der Kirche« anstelle von »die von der Schrift und den Bekenntnissen her gebotene, die Kirche auch künftig verpflichtende Abwehr kirchenzerstörender Irrlehre«. In Ziffer 6 wurden vor Kirchengemeinschaft »die geschenkte« eingefügt und »in dem Maße, in dem ihnen Gemeinschaft im Hören des Wortes Gottes geschenkt wird« ersetzt durch »indem sie zugleich der Entfaltung der einzelnen Konfessionen in ihr freien Raum gewährt«. In Ziffer 7 trat an die Stelle der schlichten Feststellung »Sie hält mit den Kirchen der Ökumene lebendige Verbindung.« die Absichtserklärung »Sie bemüht sich durch ihre Zusammenarbeit mit den Kirchen der Oekumene um die Verwirklichung einer echten Gemeinschaft der Christenheit auf Erden.« Schon in der nächsten Sitzung am 2. März 1948 stellte Böhm der Landeskirchenleitung den 3. Präambelentwurf vor. Im Protokoll hieß es:

> »Er [Böhm] wird Sorge tragen, daß die zu einigen Punkten gegebenen Anregungen verarbeitet werden, und in der nächsten Sitzung darüber berichten. Der vorliegende Entwurf wird den Vertretern der Westprovinzen mitgeteilt werden.«[33]

Der 4. Präambelentwurf, die endgültige Fassung, wurde am 14. April 1948 beschlossen.[34]

Ziffer 2 wurde grundlegend geändert. Hieß es vorher »Sie weiß sich […] gegründet allein auf Jesus Christus«, stand nun »Eins unter ihrem Haupte Jesus Christus […] ist sie gegründet auf das prophetische und apostolische Zeugnis der Heiligen Schrift Alten und Neuen Testaments, an der allein Lehre und Leben zu messen sind«. In Ziffer 3 wurde »im Sinne der Reformation« durch »als Kirche der Reformation« ersetzt. In Ziffer 4 hießen die evangelisch-lutherischen Gemeinden nun evangelische Gemeinden lutherischen Bekenntnisses und die evangelisch-reformierten Gemeinden evangelische Gemeinden reformierten Bekenntnisses. Der erste Absatz in Ziffer 5 des 3. Entwurfs wurde in Ziffer 6 des neuen Entwurfs verschoben und erhielt statt »dadurch« die Konkretisierung »in Lehre

---

33 EZA Berlin 7/20198, Auszug aus dem Protokoll EO I 698/48 vom 13. März 1948.
34 EZA Berlin 7/20198.

und Ordnung«. Hinzugefügt wurde der zweite Absatz »Immer neu zum Zeugnis gerufen, wird sie durch ihre Bekenntnisse zur Schrift geführt und zum rechten Bekennen geleitet«. In Ziffer 5 wurde der Ausdruck »Sie steht auf dem Boden« durch »Sie bejaht« ersetzt. In Ziffer 7 wurde im ersten Absatz Konfessionen durch den Singular ersetzt und zwei Absätze hinzugefügt:

> »Sie gewährt den Gliedern aller Gemeinden Anteil an der Gemeinschaft des Gottesdienstes und der Sakramente. Durch das Miteinander der verschiedenen reformatorischen Bekenntnisse weiß sich die Kirche verpflichtet, ihre Glieder immer neu zu rufen, auf das Glaubenszeugnis der Brüder zu hören.« In Ziffer 8 hieß es statt des konfessionalistischen ersten Absatzes des 3. Entwurfs »Sie fördert die kirchliche Gemeinschaft in der Evangelischen Kirche in Deutschland« und statt der früheren Absichtserklärung »und nimmt durch ihre Zusammenarbeit mit den Kirchen der Oekumene teil an der Verwirklichung der Gemeinschaft der Christenheit auf Erden«.

Da auch Vertreter der Westprovinzen Rheinland und Westfalen an den Beratungen teilgenommen hatten, war die gemeinsam beschlossene Präambel »Von Schrift und Bekenntnis« im Entwurf des Verfassungsausschusses der Provinzialsynode Berlin-Brandenburg, abgeschlossen am 27. Juli 1948[35], die künftig vor sämtliche Verfassungen und Ordnungen der Provinzkirchen gesetzt werden sollte, nach dem Urteil von Propst Böhm »gewissermaßen das geistliche Band [...], das die Kirchenprovinzen der Altpreußischen Union auch über die Zonengrenzen hinweg miteinander verbindet«.[36]

---

35 Der Entwurf des Verfassungsausschusses wich an drei Stellen vom 4. Präambelentwurf ab: in Ziffer 3 »Symbole *des*« statt »Symbole, *das*«, in Ziffer 6 »*ihre* Lehre« statt »*in* Lehre« (sinnverändernd!) und in Ziffer 7 »Konfession*en*« statt »Konfession«.
36 Verhandlungen der Berlin-Brandenburgischen Provinzialsynode. Zweite Tagung vom 4. bis 8. Oktober 1948 im Evangelischen Johannesstift in Berlin-Spandau. Herausgegeben vom Büro der Provinzialsynode Berlin-Brandenburg, Berlin W 15, Lietzenburger Straße 36[III], Berlin 1950, S. 46.

Hartmut Sander

3. Die zweite Tagung der Provinzialsynode Berlin-Brandenburg vom 4. bis 8. Oktober 1948

Zwei Jahre nach der ersten Tagung trat die Provinzialsynode Berlin-Brandenburg zu ihrer zweiten Tagung im Evangelischen Johannesstift in Berlin-Spandau zusammen. In seinem Tätigkeitsbericht ging Bischof Dibelius auch auf die für die Kirche verheerenden Folgen der Währungsreform ein, die die Westalliierten am 20. Juni 1948 in ihren Besatzungszonen und den Westsektoren Berlins ohne Absprache mit der Sowjetunion eingeführt hatten, die daraufhin am 23. Juni in ihrer Besatzungszone und Groß-Berlin ebenfalls eine neue Währung einführte und am 24. Juni 1948 die Blockade West-Berlins verhängte. Geldguthaben wurden in den Westsektoren im Verhältnis 100 : 6,5 und im sowjetischen Bereich im Verhältnis 100 : 20, ab 1.000 Reichsmark 100 : 10 umgetauscht.

Die Sacharbeit begann mit dem Hauptberatungsgegenstand der Tagung, der Grundordnung der Evangelischen Kirche in Berlin-Brandenburg (EKiBB). Der Vorsitzende des Verfassungsausschusses, Propst Böhm, berichtete ausführlich über die Arbeit an der neuen Grundordnung. In dem Teil I des Vorspruchs »Von Schrift und Bekenntnis« habe man versucht, für die lutherische und die reformierte Konfession die Bekenntnisse zu fixieren, die heute hier in Geltung ständen. Lange habe man über die Bedeutung gerungen, die die theologische Erklärung von Barmen für die EKiBB habe. Es sei klar, dass sie nicht den Stand eines formellen Bekenntnisses haben könne, aber sie sei mehr als eine sehr wichtige Aussage, nämlich »ein von der Schrift und den Bekenntnissen her auch fernerhin gebotenes Zeugnis der Kirche«.[37] Auch von der Union könne man ein Doppeltes sagen.

> »Wir sind uns alle bewußt, daß die Union so, wie sie uns von unseren Vätern überliefert ist, und mit dem Ansatz, den sie im vergangenen Jahrhundert gehabt hat, heute in mancherlei Weise in Frage gestellt ist und daß wir dieses Infragegestelltsein auch dahin verstehen müssen, daß wir hier ganz neu, auch theologisch, an dieser Frage zu arbeiten haben, um hier ev[en]t[ue]l zu einer neuen Antwort zu kommen. Auf der anderen Seite sind wir uns alle einig in dem großen Dank gegen die Führung Gottes, der uns Lutheraner und Reformierte in über hundert Jahren zu gemeinsamem Leben und Dienst zusammengeführt hat, so daß in diesem langen Zusammenleben beide viel voneinander gelernt haben, sowohl, was die Verkündigung, wie auch, was die Ordnung der Kirche anbelangt. Aus diesen beiden Überlegungen ergibt sich dann die doppelte Aufgabe, die auch unserer Ordnung gestellt

---

37 A.a.O., S. 47 f.

ist: nämlich entsprechend der Infragestellung der Union unsere Ordnung so zu gestalten, daß sie einer freien Entwicklung der Bekenntnisse in unserer Kirche Raum gibt.«[38]

Selbstverständlich bestehe in der EKiBB die Gottesdienst- und Abendmahlsgemeinschaft zwischen Reformierten und Lutheranern und die Zusammenarbeit in einer Kirchenleitung.[39] Im Vorspruch werde von unierten Gemeinden gesprochen; damit seien Gemeinden gemeint, die ein eigenes Bekenntnis haben neben dem lutherischen oder dem reformierten Bekenntnis. Dazu erklärte Böhm:

»Wenn ich recht unterrichtet bin, gibt es in unserer Kirche Berlin-Brandenburg solche Gemeinden mit einem eigenen unierten Bekenntnis nicht.«[40]

Dann berichtete Böhm, wie es zu dem Teil II des Vorspruchs »Von Amt und Gemeinde« gekommen sei. Der Entwurf einer Provinzialkirchenordnung von OKonsR Dr. Benn

»sah eine Zweiteilung der ganzen Ordnung vor, nämlich erstens einen gewissermaßen geistlichen Teil und zweitens einen rechtlichen Teil. Der geistliche Teil umfasste im wesentlichen eine Ämterordnung und der rechtliche Teil eine Ordnung der Organe. Im Verlauf der Besprechung sind wir schließlich von diesen Plänen wieder abgegangen, weil die Trennung zwischen geistlichen und rechtlichen Fragen in dieser Weise nicht durchführbar ist. [...] Wir sind daher doch dazu gekommen, den Aufbau unserer Grundordnung nach dem Aufbau der Verfassungsurkunde von 1922 zu gestalten. Dementsprechend haben wir Gemeinden, Kreise und Gesamtkirche und haben innerhalb dieses Aufbaus nun die Scheidung zwischen Ämtern und Organen vorzunehmen. Bei dieser Aufgabe wurde uns aber immer deutlicher wie notwendig es ist, sich Klarheit darüber zu verschaffen, was eigentlich die Ämter in unserer Kirche bedeuten und in welchem Verhältnis sie zur Gemeinde bzw. zur Gesamtkirche stehen. So zieht sich durch die ganze Ordnung das Problem Amt und Gemeinde hindurch, und wir meinten, in einigen wenigen Sätzen die Grundzüge dieses Problems hier aufzeigen zu sollen. Ich muss dabei gestehen, [...] wie schwer es heute ist, über dieses Problem Amt und Gemeinde für Reformierte und Lutheraner gemeinsame Aussagen zu machen, die wirklich biblisch und theologisch einwandfrei begründet sind. Ich glaube, daß hier noch eine ganz beträchtliche theologische Arbeit nötig ist, um das Problem noch besser zum Ausdruck zu bringen, als es hier in diesen Sätzen niedergelegt ist.«[41]

38 A.a.O., S. 48.
39 A.a.O., S. 49.
40 A.a.O., S. 50.
41 Ebd.

Diese Sätze waren von dem am 28. Januar 1948 gebildeten Unterausschuss des Theologischen Ausschusses über »Amt und Gemeinde« erarbeitet und in der Vollsitzung des von Generalsuperintendent Dr. Friedrich-Wilhelm Krummacher geleiteten Theologischen Ausschusses am 25. Februar 1948 besprochen worden.[42]

Als nach der Generaldebatte über die Grundordnung die Spezialdebatte, also die Erörterung des Vorspruchs und der 156 Artikel Satz für Satz begann, beantragte der Synodale Walter Pachali die Ziffer 1 zu ergänzen um »mit Ausnahme der beiden reformierten Kirchen«. Da es sich um eine grundsätzliche Änderung handelte, beantragte Bischof Dibelius, den Vorspruch an ein kleines Gremium zu überweisen, was angenommen wurde.[43] Da es noch zwei weitere strittige Themen gab, wurden am Morgen des 6. Oktober der Präambelausschuss (Vorsitz: Bankier und Finanzberater Dr. Friedrich Ernst), der Ausschuss Hirtenamt (Vorsitz: GenSup. Krummacher) und der Ausschuss Gemeindeliste (Vorsitz: OKonsR Erich Andler) eingesetzt. Im Präambelausschuss wurden die ursprünglich acht Mitglieder um einen Reformierten und die Gäste aus Magdeburg (Kirchenprovinz Sachsen), Dresden (Evang.-luth. Landeskirche Sachsens) und Görlitz (Schlesien) ergänzt; er begann sofort mit seiner Arbeit.[44]

In der Abendsitzung desselben Tages teilte Ernst das einmütige Ergebnis der Beratungen über den Vorspruch I mit: Ziffer 1 wird nicht geändert, in Ziffer 4 wird das Wort »außerdem« bei den französisch-reformierten Gemeinden und die beiden letzten Zeilen »die evangelisch-unierten Gemeinden an die bei ihnen in Kraft stehenden Bekenntnisse« gestrichen, in Ziffer 5 wird am Anfang »mit ihren lutherischen, reformierten und unierten Gemeinden« ersetzt durch »mit allen ihren Gemeinden« und in Ziffer 8 wird am Ende hinzugesetzt »und an der Ausbreitung des Evangeliums in der Völkerwelt«.[45] Gegen die Streichung der evangelisch-unierten Gemeinden wandte der sehr sachkundige Dr. Franz Varrentrapp, der im Sommer 1948 eine 24 Seiten umfassende Denkschrift »Vom brandenburgischen Bekenntnisstand in altpreußischer Union« veröffentlicht hatte, ein, dass in Berlin-Brandenburg Gemeinden existierten,

> »die genau in der Form des latenten Konsensus, wie Holstein[46] das nennt, uniert sind. [...] In diesem Sinne unierte Gemeinden sind bei uns in einer ganz erheblichen Zahl vorhanden, schon mindestens in den Fällen, in denen lutherische und re-

---

42 Krummacher an Knak am 9. Februar 1948, BMW 1/8723.
43 Verhandlungen 2. Tagung (wie Anm. 36), S. 138 f.
44 A.a.O., S. 236 f.
45 A.a.O., S. 359–361.
46 Holstein, Günther: Die Grundlagen des evangelischen Kirchenrechts, Tübingen 1928, S. 253–256.

formierte Pfarrstellen und lutherische und reformierte Gemeinden im Laufe des 19. Jahrhunderts miteinander vereinigt sind zu einer Gemeinde.«[47]

Für Varrentrapps Antrag stimmten zehn, der Stimme enthielten sich neun, so dass der Antrag mit großer Mehrheit abgelehnt wurde.[48]

Dann trug Ernst die Vorschläge für den Teil II Amt und Gemeinde vor, über die an einigen Punkten von Dibelius und Böhm ausführlich diskutiert wurde. Zum Schluss einigte man sich auf folgende Änderungen: In Ziffer 2 wird der zweite Absatz neu formuliert, ohne den Inhalt zu verändern; »geistlich qualifizierte Helfer« wird durch »geistlich besonders dazu berufene Glieder« ersetzt, in Ziffer 3 wird »der Willkür einer Gemeinde« durch »Willkür der Gemeinde« ersetzt und der Hinweis auf Barmen 4 gestrichen. In Ziffer 4 wird Abs. 1 neu gefasst, um die Grundgedanken besser auszudrücken; zu dem Dienst der öffentlichen Verkündigung des Evangeliums wird hinzugefügt »und der Sakramentsverwaltung« und »beruht auf dem der Kirche innewohnenden Recht« wird ersetzt durch »beruht auf dem Auftrag der Kirche«. In den beiden letzten Sätzen wird »steht der Gemeinde das Notrecht zu. Sie hat« geändert in »steht den Gemeinden das Notrecht zu. Sie haben«. Auf Antrag von Krummacher wurde die Beschlussfassung zu Ziffer 1 bis zum nächsten Tag ausgesetzt.[49] Dann brachte er als Vorsitzender des Ausschusses über das Hirtenamt den Antrag ein, in Ziffer 1 einen neuen 4. Absatz einzufügen:

»Ein solches Amt ist das Hirtenamt, das die Gemeinde unter dem Wort leitet. Es ist nicht auf den Pfarrer beschränkt, sondern liegt auch den Ältesten mit ob.«

GenSup. Gerhard Jacobi hatte beantragt, davor den Satz »Zu diesen Ämtern gehört vor allem das öffentliche Predigtamt.« einzufügen. Darüber entspann sich eine lebhafte Diskussion über das Verhältnis von öffentlichem Predigtamt und Hirtenamt, bis schließlich Böhm die Formulierung für den zweiten Satz vorschlug:

»Es ist nicht auf das öffentliche Predigtamt des Pfarrers beschränkt, sondern liegt auch den Ältesten mit ob.«

Sie fand die Zustimmung aller, ebenso wie sein Vorschlag, am Ende des 2. Absatzes »verkündigt« anstelle von »predigt« zu schreiben, der die lange Diskus-

---

47 Verhandlungen 2. Tagung (wie Anm. 36), S. 361 f.
48 A.a.O., S. 362.
49 A.a.O., S. 362–367.

sion über das »Amt der Versöhnung« beendete. Die Ziffer 1 wurde gegen vier Stimmen bei einer Stimmenthaltung angenommen.[50]

Die gesamte Grundordnung wurde am 7. Oktober 1948 um 23.47 Uhr gegen zwei Stimmen bei vier Enthaltungen in erster Lesung angenommen.[51]

Um den Bekenntnisstand der Kirche kam es zu heftigen Diskussionen. So waren die leitenden Ämter (Superintendent, Generalsuperintendent, Bischof) im Entwurf des Verfassungsausschusses ausdrücklich Pfarrern lutherischen Bekenntnisses vorbehalten. In der ersten Lesung wurde dann die Formulierung »soll« beschlossen, die grundsätzlich Ausnahmen zulässt. Doch selbst dagegen wandten sich bei der zweiten Lesung 17 Synodale, darunter Martin Fischer, von Rabenau, Ringhandt und Varrentrapp mit der Erklärung:

> »Die Synode hat bei der Fassung der Art. 81 und 109 Absatz 3 beschlossen, daß Superintendenten, Generalsuperintendenten und der Bischof lutherischen Bekenntnisses sein sollen. Durch die Häufung dieser Bestimmungen wird das Wesen unserer Kirche außerhalb der reformierten Kirchenkreise in starkem Maße als rein lutherisch gekennzeichnet. Wir besorgen, daß durch diese nach unserer Auffassung zu starke Betonung des konfessionellen Problems eine Entwicklung in der Grundordnung festgelegt wird, die voraussichtlich einen großen Teil unserer Gemeinden in Gewissensnot bringen wird.«[52]

Nachdem die Synode einstimmig bei acht Enthaltungen beschlossen hatte zuzusichern, dass bei der dritten Lesung reichlich Raum für die Aussprache über diese Fragen sein werde, wurde die nur an einer Stelle redaktionell veränderte Präambel einstimmig bei vier Stimmenthaltungen angenommen.[53]

Die gesamte Grundordnung wurde am 8. Oktober 1948 gegen eine Stimme bei drei Enthaltungen in zweiter Lesung angenommen.[54] Zum Abschluss dankte Präses Moeller Bischof Dibelius, dass er der Synode »mit seinem erfahrenen Rat zu Hilfe gekommen« sei; Propst Böhm, dem Berichterstatter für die Grundordnung, hatte er schon am Vortag »für seine emsige Arbeit« gedankt. Dann dankte er vor allen Dingen OKonsR Benn, der

---

50 A.a.O., S. 413–422.
51 A.a.O., S. 547.
52 A.a.O., S. 646.
53 A.a.O., S. 650. In der gedruckten Grundordnung 2. Lesung, abgeschlossen am 8. Oktober 1948, die in der Synopse aufgeführt ist, gibt es im ersten Absatz von Ziffer 4 des Vorspruchs II die kursiv geschriebenen Änderungen: »*zunächst* ohne besonderen Auftrag übernehmen. Die Gültigkeit und Wirksamkeit der in solcher Wahrnehmung vollzogenen Handlungen *ist in dem der ganzen Kirche eingestifteten Amt begründet.*«
54 A.a.O., S. 716.

Die Grundordnung der Evangelischen Kirche in Berlin-Brandenburg 1948/1996

»der geistige Vater dieser Grundordnung ist. [...] Er hat eine ungeheuer große und gewissenhafte Arbeit getan und hat uns heute und in den Tagen vorher mit seinen sorgfältigen und klugen Ratschlägen hervorragende Dienste geleistet.«[55]

4. Die dritte Tagung der Provinzialsynode Berlin-Brandenburg vom 13. bis 15. Dezember 1948

Zu Beginn der dritten Tagung der Provinzialsynode, die vom 13. bis 15. Dezember 1948 im Evangelischen Johannesstift in Berlin-Spandau stattfand, erläuterte Propst Böhm, was der Verfassungsausschuss seit dem Ende der zweiten Tagung gemacht hatte: Er veranstaltete zwei Sitzungen des landeskirchlichen Ordnungsausschusses mit Vertretern der Kirchenprovinz Sachsen, von Pommern und Schlesien; dabei wurde die gesamte Grundordnung in gründlicher Aussprache durchgegangen. Um das konfessionelle Problem mit allen seinen Ausstrahlungen sehr gründlich zu erörtern, lud die Kirchenleitung etwa 20 Synodale, die zu dieser Frage etwas Besonderes zu sagen hatten, zu einer zweitägigen Freizeit nach Potsdam ein. Mit diesem Material erarbeitete der Verfassungsausschuss die Vorlage für die dritte Tagung.[56] Die Ziffer 4 der Präambel wurde umfassend geändert. Böhm bezeichnete sie als »das Kernstück unserer ganzen Beratungen auf dieser Synode«; sie sei auch das Kernstück der Beratungen im provinzialkirchlichen[57] Ordnungsausschuss gewesen.[58] Warum der erste Satz jetzt lautete: »Sie ist eine Kirche lutherischer Prägung, in der weit überwiegend die lutherischen Bekenntnisschriften in Geltung stehen.«, erläuterte Böhm so:

»Wir wollten aus der Not herauskommen, die Gemeinden selbst befragen zu müssen, wie sie heute konfessionell eigentlich stehen, wo ja die Pastoren an den Gemeinden, die ja wesentlich ihre Laien beraten würden, selbst nicht einmal wissen, wo sie eigentlich stehen. Wir glaubten, es sei besser, dort, wo von der Kirche Berlin-Brandenburg im Ganzen die Rede ist, zu sagen, daß diese Kirche im Ganzen dieses Gepräge dadurch hat, dass in dieser Kirche fast überall der Kleine Katechis-

---

55 A.a.O., S. 717.
56 Verhandlungen der Berlin-Brandenburgischen Provinzialsynode. Dritte Tagung vom 13. bis 15. Dezember 1948 im Evangelischen Johannesstift in Berlin-Spandau. Herausgegeben vom Büro der Provinzialsynode Berlin-Brandenburg, Maschinenschrift vervielfältigt, Berlin-Charlottenburg o. J., S. 6 f.
57 Offensichtlicher Versprecher oder Schreibfehler; muss »landeskirchlichen« heißen.
58 A.a.O., S. 17.

mus Luthers gelehrt wird, und zwar nicht nur in der Schule, bei den Konfirmanden, sondern daß das, was dort steht, auch weithin die Grundlage der Verkündigung in dieser Gemeinde ist, und zweitens, dass die Gottesdienstform dieser Gemeinde nun doch eben dem Ursprung nach lutherisches Gepräge trägt, natürlich mit starker Abänderung zu den reformierten Auffassungen hin.«[59]

Die Synodalen diskutierten viele Stunden über die Ziffer 4 und machten einige Vorschläge, die Böhm notierte. Zum Schluss trug er vor, dass in Art. 81 und Art. 109 Abs. 3 die Formulierung, dass Superintendenten, Generalsuperintendenten und der Bischof lutherischen Bekenntnisses sein sollen, nun nicht mehr nötig sei und wegfallen könne.[60] Die Abstimmung über den Vorspruch, der jetzt nur noch »Schrift und Bekenntnis« enthielt – das war auch der Wunsch der anderen Kirchenprovinzen, um möglichst den gleichen Wortlaut zu haben[61] –, wurde auf den nächsten Tag verschoben.

Es folgte die Beratung über die »Grundsätze über Amt und Gemeinde«. Böhm erklärte:

»Am schwierigsten war Ziffer 1 dieser Aussagen. Hier war ja von der Synode in ihrer zweiten Lesung der Ausdruck Hirtenamt eingearbeitet worden, und von da aus wurden dann die weiteren Aussagen in den einzelnen Artikeln – also 15, 16 usw. – gemacht, die das gemeinsame Hirtenamt zwischen Pfarrer und Ältesten betrafen. [...] Die Schwierigkeit [...] war die, daß das Wort Hirte und Hirtenamt hier in einer Weise unter Bezugnahme auf den Psalm 23 verwendet worden ist, wie wir glauben, es doch neutestamentlich und vielleicht auch alttestamentlich nicht verantworten zu können.«[62]

Nach einer längeren Diskussion sagte Böhm abschließend:

»Die Formulierung, die hier in ›Amt und Gemeinde‹ Ziffer 1 gefunden worden ist, ist ja auch das Ergebnis einer Zusammenarbeit von Brüdern gewesen, einmal lutherischer, zum anderen reformierter und zum dritten, sagen wir einmal unierter Tradition. Dieser Kreis hat dies gemeinsam erarbeitet, und ich glaube, wenn uns hier diese Zustimmung versichert wird, [...] dann sollten wir uns möglichst auf diesen Wortlaut festlegen. Es ist ungeheuer schwer, diesen Punkt zu formulieren: das eine Amt in der Kirche und dort die Ämter in der Entfaltung dieses Amtes. Ich glaube,

---

59 A.a.O., S. 21 f.
60 A.a.O., S. 46.
61 A.a.O., S. 48.
62 A.a.O., S. 49 f.

daß das geglückt ist, was der kleine Ausschuß in den letzten Tagen hier noch erarbeitet hat.«[63]

Bei der Abstimmung über den Vorspruch »Von Schrift und Bekenntnis« wurde bei nur einer Gegenstimme am 14. Dezember 1948 die Ziffer 4 des Vorspruchs beschlossen.[64] »Ein erstaunliches Ergebnis, wenn man die leidenschaftlichen kontroversen Verhandlungen der drei Tagungen der Berlin-Brandenburgischen Synode vor Augen hat«, urteilt Martin Kruse.[65]

Eingefügt war in Abs. 2: »Sie ist eine Kirche der lutherischen Reformation, in der weit überwiegend die lutherischen Bekenntnisschriften in Geltung stehen«; Abs. 3: »Sie hat ihren besonderen Charakter in der Gemeinschaft kirchlichen Lebens mit den zu ihr gehörigen reformierten Gemeinden, in denen die reformierten Bekenntnisschriften gelten«; Abs. 4: »weiß sie sich verpflichtet, das Bekenntnis ihrer Gemeinden zu schützen und zugleich dahin zu wirken, dass ihre Gemeinden in der Einheit des Bekennens beharren und wachsen«. In Ziffer 5 wurde gestrichen »mit allen ihren Gemeinden«, in Ziffer 6 »ihre« vor Lehre und Ordnung ersetzt durch »in«.

In »Grundsätze über Amt und Gemeinde« wurde in Ziffer 1 Abs. 1 »in seinen Dienst nimmt« ersetzt durch »zu Zeugen ihres Herrn und zu Dienern ihres Nächsten macht«, in Abs. 2 »Sie sind alle Entfaltung des einen der Kirche eingestifteten Amtes, das die Versöhnung verkündigt« ersetzt durch

> »Sie dienen alle dem einen der Kirche eingestifteten Amt, das die Versöhnung verkündigt: teils entfalten sie das Predigtamt in einer Mannigfaltigkeit von Ämtern der Verkündigung und Lehre; teils fördern sie in der Leitung und Verwaltung der Kirche den Dienst der Verkündigung und wachen darüber; teils lassen sie das Wort von der Versöhnung in Lob und Dank und einem Leben der brüderlichen Liebe Tat werden«.

Eingefügt wurde ein neuer Abs. 3:

> »Alle Leitung in der Kirche ist demütiger, brüderlicher Dienst im Gehorsam gegen den guten Hirten. Sie wird von Pfarrern und Ältesten gemeinsam ausgeübt.«

Im letzten Absatz wurde »Darum ist es auch geboten, denen, so mit Ernst Christen sein wollen, besondere Verantwortung aufzuerlegen, auch in der Mitwirkung an der Leitung der Gemeinde« ersetzt durch

---

63 A.a.O., S. 69.
64 A.a.O., S. 74.
65 Kruse, Bekenntnisbestimmheit (wie Anm. 11), S. 113.

»Darauf gründet es sich, daß denjenigen, ›so mit Ernst Christen sein wollen‹, besondere Verantwortung auferlegt wird, auch in der Mitwirkung an der Leitung der Gemeinde. Die Ausübung der Dienste bedarf grundsätzlich eines Auftrags der Gemeinde.«

In Ziffer 3 Abs. 1 wurden einzelne Sätze umgestellt und »gemäße« durch »entsprechende« Amtsführung ersetzt. In Ziffer 4 Abs. 1 wurde vor »ohne besonderen Auftrag« eingesetzt »auch«. Der in der erster und zweiter Lesung beschlossene Abs. 2 über das Notrecht der Gemeinden im Falle der Zerstörung der Rechtsordnung der Kirche wurde nach langer Diskussion gestrichen.

Am 15. Dezember 1948 wurde die Grundordnung in dritter Lesung bei drei Gegenstimmen und zwei Enthaltungen angenommen.[66] Vor sie gesetzt wurde:

»In Jesu Namen«.

5. Die 14. Tagung der Zehnten Landessynode der Evangelischen Kirche in Berlin-Brandenburg vom 12. bis 16. November 1996

Beilage 5
Synopse: Vorspruch der Grundordnung der Evangelischen Kirche in Berlin-Brandenburg 1996

Der Vorspruch »Von Schrift und Bekenntnis« und die »Grundsätze über Amt und Gemeinde« wurden während der durch den Bau der Berliner Mauer 1961 erzwungenen Regionalisierung der Synoden nicht geändert. Erst die 10. Landessynode, die 1991 ihre 1. Tagung abhielt, hat sie auf ihrer 14. Tagung 1996 geändert.

Nachdem der Grundordnungsausschuss der Landessynode unter dem Vorsitz von Leopold Esselbach, Generalsuperintendent des Sprengels Eberswalde, die 108 Artikel der neuen Grundordnung für die wiedervereinigte EKiBB erarbeitet

---

66 Verhandlungen 3. Tagung (wie Anm. 56), S. 335.

hatte, die am 19. November 1994 beschlossen wurden, wandte er sich dem Vorspruch zu. Wenn die 10. Landessynode noch über den Vorspruch entscheiden sollte, die zum letzten Mal im November 1996 tagte, musste ein fester Zeitplan eingehalten werden, denn vor einer Veränderung des Vorspruchs musste den Gemeinden und Kirchenkreisen Gelegenheit zur Diskussion und Stellungnahme gegeben werden, und diese Stellungnahmen mussten bis Juni 1996 vorliegen. Dementsprechend musste im November 1995 der an die Gemeinden und Kirchenkreise zu versendende Änderungsvorschlag beschlossen werden. So vereinbarte der Grundordnungsausschuss am 24. September 1994, eintägige Sitzungen am 14. Januar, 11. Februar, 22. April und 20. Mai 1995 abzuhalten.[67] Später folgten Sitzungen am 1. Juli, 9. September und 18. November 1995 und am 20. April, 10. August und 21. September 1996. Über alle Sitzungen liegen Protokolle vor, die meistens von OKonsRätin Dr. Frauke Hansen-Dix oder Propst Dr. Karl-Heinrich Lütcke vom Konsistorium verfasst wurden. Sie geben den Verlauf genau wieder und fassen oft die Ergebnisse in einer aktuellen Fassung des gesamten Vorspruchs zusammen. Ständiger Gast war OKirchenR Hans-Georg Hafa, Jurist in der Kirchenkanzlei der EKU, der in der ersten Sitzung über den Vorspruch in die Regelungen der Grundartikel der EKU-Kirchen einführte. Die Bezeichnungen seien sehr unterschiedlich, ebenso die Regelungen über das Bekenntnis; für die Änderung der Grundbestimmungen fordere die rheinische Kirche den magnus consensus, in der Kirchenprovinz Sachsen werde der Vorspruch in gleicher Weise geändert wie der Text der Grundordnung. Der Ausschuss einigte sich darauf, dass der Vorspruch selbst keinen Bekenntnischarakter habe, vielmehr werde das Bekenntnis dort nur definiert; die Landessynode könne den Vorspruch mit der Mehrheit verändern, die auch sonst für Grundordnungsänderungen erforderlich sei, allerdings müssten die Gemeinden und Kirchenkreise zuvor Gelegenheit zur Stellungnahme erhalten haben. Der Ausschuss verständigte sich auch darauf, folgende Aspekte in die Änderung einzubeziehen:

»1. die inklusive Sprache, 2. das Verhältnis zum Judentum, 3. die Feststellung, dass es unierte Kirchengemeinden in unserer Kirche gibt und geben kann, 4. den Konziliaren Prozess, 5. Leuenberg, 6. eine sprachliche Überarbeitung.«

Mehrheitlich wollte der Ausschuss keine Neufassung, sondern die Überarbeitung sollte vom bestehenden Text mit der Zweiteilung ausgehen.[68] Am umstrittensten war die Beschreibung des Verhältnisses zum Judentum, da hier eine einvernehm-

---

67 Protokoll über die 25. Sitzung des Grundordnungsausschusses der Landessynode am 24. September 1994. EZA Berlin 8/06/1016.
68 Protokoll über die 26. Sitzung des Grundordnungsausschusses der Landessynode am 14. Januar 1995, EZA Berlin 8/06/1016.

liche Lösung mit dem Theologischen und dem Ökumene-Ausschuss gefunden werden musste. Pünktlich konnte der Ausschuss am 27. September 1995 einen Entwurf vorlegen. Die Landessynode beschloss am 18. November 1995 bei 15 Stimmenthaltungen, den Entwurf des zweigeteilten Vorspruchs den Kirchenkreisen und -gemeinden, den Einrichtungen und Werken sowie der Evangelischen Kirche der Union mit der Bitte um Beratung und Stellungnahme zuzusenden; insbesondere wurden die Kirchengemeinden aufgefordert zu erklären, ob bei ihnen die Konkordienformel in Kraft stehe, und, wenn das der Fall sei, ob sie die Erwähnung der Konkordienformel in einer Fußnote der Grundordnung für wesentlich ansähen. Stellungnahmen zu der Neufassung wurden bis spätestens 30. Juni 1996 erbeten.[69]

Gegenüber der Grundordnung vom 15.12.1948 wurden in diesem Entwurf folgende Änderungen im Vorspruch »Von Schrift und Bekenntnis« vorgenommen. In Ziffer 1 wurde vor christlichen »allgemeinen« gestrichen, hinter lauter wurde »und unverfälscht« eingefügt und am Ende »recht verwaltet werden« durch »gemäß ihrer Einsetzung durch Jesus Christus vollzogen werden« ersetzt. In Ziffer 2 wurde ersetzt »dem Fleisch gewordenen Wortes Gottes« durch »in dem Gott Mensch geworden ist«, »dessen sie wartet« durch »auf den sie wartet« und am Ende »zu messen sind« durch »Richtschnur«. In Ziffer 3 wurden »Symbole« durch »Glaubensbekenntnisse« und die lateinischen Namen durch die deutschen ersetzt. In Ziffer 4 Abs. 1 wurde »Vätern der Reformation« ersetzt durch »Reformatoren«, in Abs. 2 stehen die lutherischen Bekenntnisschriften nicht mehr weit überwiegend in der Kirche in Geltung, sondern die Kirche umfasst überwiegend Gemeinden mit lutherischem Bekenntnis, in denen die dann aufgeführten Bekenntnisschriften in Geltung stehen. Statt »Sie hat ihren besonderen Charakter in der Gemeinschaft kirchlichen Lebens mit den zu ihr gehörigen reformierten Gemeinden« hieß es »ihr besonderer Charakter besteht in der Gemeinschaft kirchlichen Lebens mit den zu ihr gehörenden reformierten und unierten Gemeinden«. Bei der Apologie wurde hinzugesetzt »der Augsburger Konfession« und bei der Discipline ecclésiastique »des églises reformées de France«. Eingefügt wurde der neue Absatz »In den unierten Gemeinden gelten die lutherischen und die reformierten Bekenntnisschriften.« Im letzten Satz wurde »beharren« ersetzt durch »bleiben« und hinzugefügt »und ihre Glieder auf das Glaubenszeugnis der Schwestern und Brüder hören«, was aus dem letzten Satz der Ziffer 7 der Kirchenordnung von 1948 stammte. Gestrichen wurde die Fußnote »Und wo sie in

---

69 Verhandlungen der 12. Tagung der Zehnten Landessynode der Evangelischen Kirche in Berlin-Brandenburg vom 15. bis 19. November 1995. Hergestellt und herausgegeben vom Büro der Landessynode der Evangelischen Kirche in Berlin-Brandenburg. Berlin, den 1. März 1996, Drucksache 2 mit Anlage.

Kraft steht, die Konkordienformel«. In Ziffer 5 wurde gestrichen »getroffenen Entscheidungen«, bei der Theologischen Erklärung wurde hinzugefügt »der Bekenntnissynode der Deutschen Evangelischen Kirche« und »ein von der Schrift und den Bekenntnissen her auch fernerhin gebotenes Zeugnis der Kirche« wurde verstärkt zu »eine schriftgemäße, für den Dienst der Kirche verbindliche Bezeugung des Evangeliums«. Neu eingefügt wurde als Ziffer 6

> »Sie steht durch die Konkordie reformatorischer Kirchen in Europa (Leuenberger Konkordie) in Kirchengemeinschaft mit allen Kirchen, die dieser Konkordie zugestimmt haben.«[70]

In Ziffer 7 wurde aus »wird sie durch ihre Bekenntnisse zur Schrift geführt« im Schlusssatz nun der Anfang »Sie wird durch ihre Bekenntnisse an die Heilige Schrift gewiesen« und aus dem »zum rechten Bekennen geleitet« nun »läßt sich zum Wagnis stets neuen Bekennens herausfordern«. Die Ziffer 7 der Kirchenordnung von 1948 wurde vollständig gestrichen. In Ziffer 8 wurde die »kirchliche Gemeinschaft« ersetzt durch »Zeugnis- und Dienstgemeinschaft« und »in der Völkerwelt« durch »in aller Welt«. Hinzugefügt wurden die Sätze

> »Sie weiß sich zu ökumenischem Lernen und Teilen verpflichtet. Im Eintreten für Gerechtigkeit, Frieden und Bewahrung der Schöpfung sucht sie das Gespräch und die Verständigung auch mit Menschen anderer Religionen und Weltanschauungen.«

Die heiß umstrittene Beschreibung des Verhältnisses zum jüdischen Volk folgte in Ziffer 9:

> »Sie erinnert, daß Gottes Verheißung für sein jüdisches Volk gültig bleibt: Gottes Gaben und Berufung können ihn nicht gereuen. Sie weiß sich zur Anteilnahme am Weg des jüdischen Volkes verpflichtet und bleibt in der Verantwortung für die Welt und in der Hoffnung auf die Vollendung der Gottesherrschaft mit ihm verbunden.«

Die Überschrift für den zweiten Teil hieß nun »Von Amt und Gemeinde«. In Ziffer 1 Abs. 1 wurde »und die von Ihm Berufenen zu Zeugen ihres Herrn und zu Dienern ihres Nächsten macht« ersetzt durch »und sie zum Zeugnis für ihren Herrn und zum Dienst an ihren Nächsten beruft«. In Abs. 2, erste Zeile, wurde

---

70 Die Formulierung stammte von Dr. Wilhelm Hüffmeier, dem Leiter der Kirchenkanzlei der EKU; Protokoll der 30. Sitzung des Grundordnungsausschusses der Landessynode am 1. Juli 1995; EZA Berlin 8/06/1016.

die Reihenfolge »leitet und erbaut« umgedreht; aus »in einer Mannigfaltigkeit von Ämtern« wurde »in vielerlei Diensten«. In Ziffer 1 Abs. 2 der Grundordnung von 1948 wurde der letzte Satz »Die Kirche kann und darf nicht ohne solche Dienste und Ämter sein« gestrichen, ebenso in Abs. 4 der Satz »Darauf gründet es sich, daß denjenigen, ›so mit Ernst Christen sein wollen‹, besondere Verantwortung auferlegt wird, auch in der Mitwirkung an der Leitung der Gemeinde«. Aus »brüderlichen« wurde jetzt »geschwisterlichen«, aus »Sie wird von Pfarrern und Ältesten gemeinsam ausgeübt« jetzt »Sie wird von Pfarrerinnen und Pfarrern sowie Ältesten und anderen dazu Berufenen gemeinsam ausgeübt«. Der Satz »Die Ausstattung von Leitungsämtern mit Herrschaftsbefugnissen verstößt gegen die Heilige Schrift« im letzten Absatz war die Neufassung des Satzes »Die Errichtung besonderer, mit Herrschaftsbefugnissen ausgerüsteter Führungsämter verstößt gegen die Heilige Schrift« in Ziffer 3 der Kirchenordnung von 1948. Ganz neu war die Regelung »In gewählten Leitungsgremien haben ehrenamtlich Tätige die Mehrheit«.

Die Ziffer 2 der versandten Fassung war deutlich kürzer als die Ziffer 2 der Grundordnung von 1948 und erwähnte die »Zuchtübung an den Amtsträgern« nicht mehr. Der Satz »Dies geschieht in der Zuversicht, daß in den rechtlich ausgestalteten Verfahren Gott selber Menschen in seinen Dienst beruft« war konkreter als der erste Absatz in der alten Kirchenordnung und enthielt den neuen Gedanken der Zuversicht.

In Ziffer 3 unterschied sich der zweite Satz in den beiden Fassungen in der Aussage, woran die Amtsträger gebunden sind: »allein an Jesus Christus« an Stelle von »an diesen Auftrag«. Neu eingefügt wurde der Satz

> »Verweigerung von Zusammenarbeit widerspricht dem Zeugnis der Schrift ebenso wie Verhaltensweisen, mit denen Herrschaft über die Gemeinde ausgeübt wird«.

In Ziffer 4 wurde aus »Die Verpflichtung [...] muß sich in Notzeiten auch darin bewähren« jetzt »Die Verpflichtung [...] bewährt sich in Notzeiten«.

In der Sitzung am 18. November 1995 wies der Vorsitzende Esselbach darauf hin, dass er zum 1. August 1996 aus dem Amt des Generalsuperintendenten des Sprengels Eberswalde ausscheiden werde und damit auch seinen Sitz in der Synode und der Kirchenleitung verlieren werde; zwangsläufig werde er dann auch nicht mehr Mitglied des Grundordnungsausschusses sein können. Er schlug vor, dass seine Stellvertreterin Eva Schirmer das Amt der Vorsitzenden bis zum Ende der Amtszeit dieser Synode wahrnehme.[71] Am 20. April 1996 bat der Ausschuss

---

71 Protokoll der 32. Sitzung des Grundordnungsausschusses der Landessynode am 18. November 1995, EZA Berlin 8/06/1016.

Esselbach, nach seinem Ausscheiden »zur Wahrung der Kontinuität weiter an den Beratungen des Ausschusses teilzunehmen«, wozu er sich bereiterklärte.[72]

Am 10. August 1996 beschäftigte sich der Ausschuss unter dem Vorsitz von Eva Schirmer – Esselbach nahm als sehr aktiver Gast teil – mit den rund 50 eingegangenen Stellungnahmen.[73] Propst Lütke gab eine Einführung zum Teil »Von Schrift und Bekenntnis« und wies bei der Beratung jeweils zu jeder Bestimmung auf die eingegangenen Quoten hin. So wurde die Fußnote, die die Konkordienformel betraf, nicht wieder aufgenommen. Zu Ziffer 9 verständigte sich der Ausschuss auf folgende Grundsätze:

> »1. Es wird nicht zurückgegangen hinter die bisher gefundene Formulierung. 2. Die Judenmission wird nicht thematisiert. 3. Die Schuldfrage wird an dieser Stelle nicht erwähnt, da sie bereits in Artikel 7 Abs. 3 des Grundordnungstextes angesprochen ist.«[74]

In Satz 1 wurde »erinnert« ersetzt durch »erkennt« und »können ihn nicht gereuen« durch »sind unwiderruflich«. In Satz 2 wurde eingefügt

> »Sie sucht Versöhnung mit dem jüdischen Volk.«

Satz 3 wurde neu formuliert:

> »Sie bleibt im Hören auf Gottes Gebote und in der Hoffnung auf das kommende Reich Gottes mit ihm verbunden.«

Schirmer wurde beauftragt, dem Theologischen Ausschuss und dem Ökumene-Ausschuss diesen neuen Vorschlag mitzuteilen.

Über die Stellungnahmen zum Teil »Von Amt und Gemeinde« berichtete Esselbach und führte jeweils in die Voten zu den einzelnen Ziffern ein. Er wies darauf hin, dass die Stellungnahmen vielfach auf Missverständnisse des Textes zurückgingen. In Ziffer 1 Abs. 1 wurde »ihren Herzen« ersetzt durch »ihnen«. In Abs. 2 Satz 1 wurde »mannigfaltige« ersetzt durch »vielfältige«. Esselbach wurde gebeten, für Satz 2 eine neue Formulierung vorzuschlagen. Der bisherige Abs. 3 wurde zur neuen Ziffer 2, in die die Bestimmungen der bisherigen Ziffer 4 aufgenommen wurden; dabei sollte »Notzeiten« in »Notlagen« geändert werden.

---

72 Protokoll der 33. Sitzung des Grundordnungsausschusses der Landessynode am 20. April 1996, EZA Berlin 8/06/1016.
73 Protokoll der 34. Sitzung des Grundordnungsausschusses der Landessynode am 10. August 1996, EZA Berlin 8/06/1016.
74 Ebd.

Der bisherige Abs. 4 wurde zur neuen Ziffer 3. In Satz 1 wurde »gegen den guten Hirten« ersetzt durch »gegenüber dem guten Hirten«. In Satz 2 wurde die Reihenfolge der Ausübenden umgedreht:

> »Sie wird von Ältesten und anderen dazu Berufenen gemeinsam mit den Pfarrerinnen und Pfarrern ausgeübt.«

Die bisherige Ziffer 2 wurde zur neuen Ziffer 4. In Satz 1 wurde »Amtsträgerinnen und Amtsträger« ersetzt durch »alle, die ein Amt wahrnehmen« – und in Satz 2 »ausgestalteten« durch »geordneten«. Die bisherige Ziffer 3 wurde zur neuen Ziffer 5. In Satz 1 wurde »Amtsträgerinnen und Amtsträger« ersetzt durch »alle, die ein Amt wahrnehmen«, in Satz 2 »des Auftrages Gottes, die Versöhnung zu verkündigen sind sie allein an Jesus Christus gebunden und darum« ersetzt durch »ihres Auftrages«. In Satz 4 wurde hinter »Zusammenarbeit« eingefügt »mit anderen Personen und Gremien in Gemeinde und Kirche« und »Verhaltensweisen, mit denen Herrschaft über die Gemeinde ausgeübt wird« ersetzt durch »eine Verhaltensweise, mit der Macht über die Gemeinde ausgeübt wird«.

Das Ergebnis der Beratung wurde in einem Entwurf Stand 23. August 1996 dokumentiert. Er enthielt auch den Vorschlag Esselbachs für Ziffer 1 Abs. 2 Satz 2:

> »Sie dienen alle dem einen Amt, dem sich die Kirche verdankt und das ihr aufgetragen ist: der Bezeugung der in Christus geschehenen Versöhnung Gottes mit der Welt (Alternative: [...] dem einen Amt, das die Kirche begründet und ihr zugleich aufgetragen ist: der Bezeugung [...]) Alle Ämter, ob in Verkündigung oder Lehre, in Diakonie oder Kirchenmusik, in der Leitung oder der Verwaltung, sind Entfaltungen des einen Amtes.«

Mit diesem Entwurf des Vorspruchs vom 23. August 1996 beschäftigten sich Kollegium und Kirchenleitung und regten mehrere Veränderungen an, die das Konsistorium den Mitgliedern des Grundordnungsausschusses sowie den an seinen Sitzungen als Gäste Teilnehmenden am 12. September 1996 mitteilte. Am 21. September 1996 beriet der Ausschuss erneut über den Vorspruch.[75] Er beschloss, die beiden Teile mit römischen Ziffern zu unterteilen. Im Teil I »Von Schrift und Bekenntnis« erörterte der Ausschuss zu Ziffer 4 Abs. 1 ausführlich den Änderungsvorschlag des Konsistoriums, nahm ihn aber nicht an. Dagegen übernahm der Ausschuss wörtlich den Vorschlag für Ziffer 5 zur Theologischen Erklärung von Barmen und ersetzte »verbindliche Bezeugung des Evangeliums«

---

75 Protokoll der 35. Sitzung des Grundordnungsausschusses der Landessynode am 21. September 1996, EZA Berlin 8/06/1016.

durch »verbindliches Bekenntnis«. Zu Ziffer 9 über das Verhältnis zum Judentum informierte Esselbach über die Voten des Theologischen Ausschusses und des Ökumene-Ausschusses. Beide plädierten dafür, die Fassung vom 27. September 1995 wiederherzustellen. Der Ausschuss erörterte die Vorschläge der Kirchenleitung und der anderen Ausschüsse. Er stellte den ursprünglichen Text des Zitats aus dem Römerbrief wieder her, strich den Hinweis auf die Aufgabe der Versöhnung, folgte dem Vorschlag der Kirchenleitung, statt »Gebote« »Gebot« zu schreiben und stellte mit der Kirchenleitung und den beiden Ausschüssen die alte Fassung »Hoffnung auf die Vollendung der Gottesherrschaft« wieder her. Auf Vorschlag der Kirchenleitung wurde in Satz 1 hinter »erkennt« eingefügt »und erinnert«. Im Teil II »Von Amt und Gemeinde« beschloss der Ausschuss, aus dem Abs. 2 von Ziffer 1 die neue Ziffer 2 zu machen. In ihrem Satz 1 wurde, wie von der Kirchenleitung vorgeschlagen, ergänzt »und Dienste« und in Satz 2 »und zur Versöhnung mit Gott zu rufen«. In der neuen Ziffer 3 wurde der bisherige Satz 3 gestrichen und die bisherigen Sätze 2 und 4 umgestellt und geringfügig verändert, »um Missverständnisse zu vermeiden«.[76] In der neuen Ziffer 4 wurde in Satz 3 »haben [...] die Mehrheit« abgeschwächt zu »sollen [...] die Mehrheit haben«, wie es die Kirchenleitung erbeten hatte. In der neuen Ziffer 6 wurde in Satz 3 »göttlichen Auftrag« ersetzt durch »Auftrag Gottes«. Der letzte Satz wurde stilistisch geändert und »Macht« wieder wie in der Fassung vom 27. September 1995 durch »Herrschaft« ersetzt, wie es die Kirchenleitung wegen der Parallele zur neuen Ziffer 4 und im Hinblick auf These 4 der Theologischen Erklärung von Barmen empfohlen hatte. Im Anschluss an die Beratung berichtete Esselbach, das Präsidium habe ihn gebeten, die Änderung des Vorspruchs in der Landessynode einzubringen, auch wenn er nicht mehr Mitglied der Landessynode sei. Er habe Probleme mit dieser Bitte. Die Ausschussvorsitzende und der gesamte Ausschuss baten Esselbach dringend, die Einbringung zu übernehmen; er erklärte sich dazu bereit.

Auf der 14. Tagung der Zehnten Landessynode brachte Esselbach diesen Text am 13. November 1996 ein. In der Begründung hieß es:

> »Die wichtigsten Neuerungen stehen in den Punkte 4 und 9 des ersten Teils (Von Schrift und Bekenntnis). Unter 4. wird davon ausgegangen, dass es in der Evangelischen Kirche in Berlin-Brandenburg auch unierte Gemeinden gibt. Unter 9. ist eine Aussage über das Verhältnis zum jüdischen Volk neu aufgenommen worden. Dieses Thema hat in der Diskussion das größte Echo gefunden, wobei die Einfügung grundsätzlich durchweg begrüßt worden ist, während die Formulierung strittig geblieben ist. Die Theologische Erklärung von Barmen wird aufgewertet, indem sie

---

76 Ebd. Die Kirchenleitung hatte gebeten, den Zusammenhang zwischen der Notlagensituation und Dienst ohne Auftrag zu verdeutlichen.

(in Aufnahme eines Vorschlags der Kirchenleitung) unter 5. als Bekenntnis bezeichnet wird. Die von der Synode gewünschter Aufnahme der Leitworte des konziliaren Prozesses ist unter 8. erfolgt.«

Der Entwurf wurde ausführlich beraten und mit den Anträgen an den auf der Synode tagenden Ständigen Grundordnungsausschuss überwiesen.[77] Er tagte zum ersten Mal am 14. November.[78] Das Ergebnis seiner Beratungen war die Drucksache 138, die Esselbach am 16. November 1996 einbrachte. In der Aussprache wurden mehrere Änderungsanträge gestellt, von denen zwei angenommen wurden. Die Änderungen gegenüber der Drucksache 38 vom 13. November waren die folgenden: In I. Von Schrift und Bekenntnis wurde in Ziffer 4 der Satz 1 geändert. Er lautete jetzt:

»Sie bekennt mit den Reformatoren, daß allein Gott in Jesus Christus unser Heil ist, geschenkt allein aus Gnaden, empfangen allein im Glauben, wie es grundlegend bezeugt ist allein in der Heiligen Schrift Alten und Neuen Testaments.«

In Ziffer 9 wurde in Satz 1 hinter »erinnert« das Wort »daran« eingefügt und »jüdisches Volk« durch »Volk Israel« ersetzt. In Satz 3 wurde »Gottes Gebot« durch »Gottes Weisung« ersetzt. Die Überschrift des 2. Teils des Vorspruchs wurde geändert in »II. Von Gottes Auftrag und der Verantwortung der Gemeinde«.

Dieser Text wurde von der Landessynode am 16. November 1996 bei 16 Gegenstimmen und 13 Stimmenthaltungen unter Beachtung von Artikel 72 Abs. 4 der Grundordnung mit der erforderlichen Zweidrittelmehrheit (es waren 192 Synodale zur Abstimmung anwesend) in 2. Lesung beschlossen.[79] Das Erste Kirchengesetz zur Änderung der Grundordnung der Evangelischen Kirche in Berlin-Brandenburg trat am 1. Dezember 1996 in Kraft.

---

77 Verhandlungen der 14. Tagung der Zehnten Landessynode der Evangelischen Kirche in Berlin-Brandenburg vom 12. bis 16. November 1996. Hergestellt im Wichern-Verlag. Herausgegeben vom Büro der Landessynode der Evangelischen Kirche in Berlin-Brandenburg. Berlin, den 15. März 1997, Drucksache 38 und S. 15–17.
78 A.a.O., S. 39.
79 A.a.O., Drucksache 138 und S. 60–62.

Axel Noack

Die Grundordnung der Evangelischen Kirche der Kirchenprovinz Sachsen (1945–1950)

Die Neubildung der Evangelischen Kirche der Kirchenprovinz Sachsen (EKPS) nach 1945 ist zum einen der Prozess der Herauslösung aus der großen Landeskirche der altpreußischen Union und zum anderen der Prozess der Neugestaltung der kirchlichen Leitung auf einer neuen bekenntnismäßigen Grundlage. Beide Prozesse bedingen einander und sind ineinander verflochten. Beide Prozesse spielen sich außerdem in dem gemeinsamen Kontext ab, zu dem auch die anderen ehemaligen Provinzialkirchen der APU gehören.

Wie auf der Ebene der APU, so lassen sich auch für die Kirchenprovinz Sachsen (KPS) Personen benennen, die bestimmte Positionen entschieden vertreten haben, und wie auf der Ebene der APU endet die Sache schließlich mit einem Kompromiss, der Extreme ausschließt.

Der wichtigste Streitpunkt lässt sich auf beiden Ebenen in die Frage kleiden, ob nach dem Ende der nationalsozialistischen Herrschaft eine Lage für die Kirche entstanden sei, die sich wieder reparieren (oder restaurieren lasse), oder ob man völlig neu, gewissermaßen von Null an, damit beginnen müsse, Kirchenleitung zu bilden.

Die Position einer vorhandenen Reparaturmöglichkeit wurde jeweils von den (Resten) der vorhanden Verwaltungsstellen (Evangelischer Oberkirchenrat in Berlin [EOK] bzw. in Magdeburg vom Konsistorium) vertreten. Bruderrätlich bestimmte Gruppen hingegen plädierten für einen völligen Neubeginn. Und auch in der Provinz Sachsen gab es Gruppen und Personen, die einen Kompromiss zwischen den Positionen zu finden suchten.

Axel Noack

1. Die Vorläufige Geistliche Leitung 1945

Die Bildung der »Vorläufigen Geistlichen Leitung« (VGL) vom 8. August 1945 für die KPS ist schon formal ein solcher Kompromiss, nämlich eine Art Vertrag zwischen dem Bruderrat der BK, dem Einigungsausschuss für die Provinz Sachsen und den amtierenden Resten des Magdeburger Konsistoriums (repräsentiert zunächst noch durch den Konsistorialpräsidenten Dr. Otto Fretzdorff).

Dieser Kompromiss wurde in sehr langen und dem Vernehmen nach auch sehr schwierigen Verhandlungen erzielt. Einen guten Eindruck von den Debatten vermitteln die Lebenserinnerungen des späteren Bischofs Ludolf Müller (1882–1959) – die vier Bände sind im Archiv der Evangelischen Kirche der Kirchenprovinz Sachsen vorhanden und auszugsweise veröffentlicht.[1]

Anschaulich berichtet Müller über die Gespräche zur Bildung der VGL, die in der Tat nur aus »Geistlichen« bestand, im Frühsommer 1945. Er beschreibt die besonders schwierigen Verhandlungen mit dem Konsistorium und dessen Präsidenten Otto Fretzdorff. Das Konsistorium konnte Neuerungen nicht zustimmen und verwies auf fehlende Weisung durch den EOK in Berlin.

Der 7. und 8. August 1945 brachten schließlich den Durchbruch: Die entscheidenden Verhandlungen fanden in Aschersleben (Bruderrat der Bekennenden Kirche) und Halle (Gespräch aller Beteiligten) statt. Ludolf Müller urteilt:

> »So vorbereitet zogen wir in die Verhandlungen mit dem Konsistorium, die mehr als sechs Stunden dauerten. Wieder schien die Verhandlung ergebnislos zu verlaufen, als fast gegen Ende der Besprechung der vor Nässe triefende Pfarrer Gloege erschien, der gerade von Berlin kam und uns von der neusten Entwicklung in Berlin berichten konnte. In Berlin war am 7. August eine Notkirchenleitung der Evangelischen Kirche der altpreußischen Union gebildet: D. Dibelius, der jetzt die Amtsbezeichnung Bischof führte, war Präsident des Oberkirchenrates und Vorsitzender der Notkirchenleitung geworden. Diese Mitteilung Gloeges veranlasste die Mitglieder des Konsistoriums zu der Bitte, eine Beratung unter sich abhalten zu dürfen. Diese Beratung dauerte nur ganz kurze Zeit. Dann erklärten sie, dass das Konsistorium unsere Vorschläge annähme. So kam es zu der Einigung zwischen dem Bruderrat und dem Einigungsausschuss für die Provinz Sachsen einerseits und dem Konsistorium andererseits […]«.[2]

---

1 Scholz, Margit (Hg.): Im Dienste der Evangelischen Kirche der Kirchenprovinz Sachsen – Zeitzeugenberichte aus dem Magdeburger Konsistorium (1944–2004), Magdeburg 2012; der Auszug aus Müllers Lebenserinnerungen findet sich a.a.O., S. 30–48.
2 Ebd.

Diese Vereinbarung enthielt sechs Punkte und kann als die erste »Ordnung« der Kirche in der Provinz Sachsen nach dem Zweiten Weltkrieg angesehen werden. Sie datiert vom 8. August 1945:

> »1. Es wird eine Vorläufige Geistliche Leitung der Kirchenprovinz Sachsen gebildet, die aus vier Vertretern der Bekennenden Kirche (Gloege–Erfurt, Müller–Heiligenstadt, Schapper–Groß Möhringen und Zuckschwer[d]t–Magdeburg), einem Vertreter des Einigungsausschusses (Professor D. Schuhmann[3]) und zwei vom Konsistorium benannten Vertretern (Professor D. Heinzelmann und Pfarrer Dr. Gross[e]–Stapelburg) bestehen soll.
> 2. Diese VGL soll die nach der Verfassungsurkunde der Evangelischen Kirche der altpreußischen Union von 1922 den Generalsuperintendenten und dem Provinzialkirchenrat zustehenden Funktionen erhalten. Sie soll die nötigen Anordnungen zur Neubildung der kirchlichen Organe treffen (Gemeindekirchenräte, Kreissynoden, Provinzialsynode).
> 3. Den Vorsitz im Konsistorium führt der Vorsitzende der VGL.
> 4. Gegen die Beschlüsse des Konsistoriums steht der VGL ein Einspruchsrecht zu.
> 5. In wesentlichen Verwaltungsgeschäften finanzieller Art handelt des Konsistorium im Einvernehmen mit der VGL.
> 6. Im Übrigen bleiben die Befugnisse des Konsistoriums bestehen.«[4]

Diese Vereinbarung trägt drei Unterschriften: Schumann, Müller, Fretzdorff.

Am gleichen Tage erging in Berlin bekanntlich eine »Verordnung über die Leitung der Evangelischen Kirche der altpreußischen Union«. Nach Konstatierung des kirchlichen Notstandes wird unter Rückgriff auf die Verfassungsurkunde (VU) von 1922/1924 (Art. 131) festgestellt, dass nun der EOK die Leitung der Kirche wahrzunehmen habe. In Übereinkunft mit dem Beirat wird allerdings beschlossen, dass EOK und Beirat gemeinsam die Kirchenleitung bilden. Über eine mögliche Dezentralisierung bzw. über die Einbeziehung von etwa schon gebildeten oder noch zu bildenden Leitungen in den Kirchenprovinzen ist in der Verordnung nichts zu finden.

Damit sollte es aber nicht sein Bewenden haben: In Treysa in Hessen trafen sich am Rande der »Kirchenführerkonferenz« auf der Ebene der späteren EKD auch die anwesenden Vertreter der APU. Sie ignorierten trotz des anwesenden Otto Dibelius den Berliner Neuansatz zur Bildung einer Leitung der APU. Das Übergewicht in Treysa lag vor allem auf westlichen, der BK nahestehenden Vertretern, und im Unterschied zum Berliner Neuansatz wurde dort festgestellt, dass

---

3 Falsche Schreibung des Namens; gemeint ist Friedrich Karl Schumann.
4 Text in AKPS Magdeburg, Rep. A, Generalia, Nr. 2927, zitiert nach Müller, Lebenserinnerungen (wie Anm. 1), S. 32.

»durch die kirchenfeindliche Politik der NS.-Staatsführung der Kirchensenat als verfassungsmäßiges Organ der Leitung in seiner Zusammensetzung so verändert worden ist, daß er zur Leitung der Kirche [...] untauglich wurde. Danach haben seine Funktionen überhaupt aufgehört. Er kann sie heute ebenso wenig wie die Generalsynode wieder aufnehmen. Die verfassungsmäßige Bindung des EO an diese Organe läßt nach deren Fortfall die Übernahme der alleinigen Kirchenleitung durch ihn nicht zu.«[5]

Dieser für die Berliner ziemlich schockierende Beschluss von Treysa am 31. August 1945 stellte eine neue Herausforderung dar. Die VGL in Magdeburg, die in Treysa selbst nicht vertreten war, stellte sich hinter diese Vereinbarung. In der Treysaer Vereinbarung war im Blick auf die ehemaligen Provinzen formuliert worden:

> »1. Die Kirchenleitung in den Provinzen durch die bisherigen Konsistorien hat aufgehört. Wo Konsistorien noch bestehen, arbeiten sie als Verwaltungsstelle der Kirchenleitung. Als Kirchenleitung sind an die Stelle der Konsistorien in den Kirchenprovinzen Rheinland, Westfalen, Berlin-Brandenburg und Schlesien neue bekenntnisgebundene Leitungen getreten. In den übrigen Provinzen sind solche Leitungen noch zu bilden.«

Nur Rheinland, Westfalen, Schlesien und Berlin-Brandenburg wurden namentlich genannt. Das heißt: In Treysa hatte man von dem Neuanfang in Magdeburg in der Provinz Sachsen (und auch von einem möglichen Neuanfang in Pommern) noch keine Kenntnis, bzw. Dibelius, der sehr wohl über die Magdeburger Ereignisse informiert war und in Treysa ja anwesend war, hat den Magdeburger Neubeginn noch nicht wirklich ernst genommen.

Dabei hatte die praktische Umsetzung der Magdeburger Vereinbarung vom 8. August 1945 unverzüglich begonnen. Schon am 15. August 1945 (also noch gut 14 Tage vor dem entscheidenden Treffen in Treysa) kam die VGL zu ihrer konstituierenden Sitzung zusammen. Ludolf Müller berichtet darüber:

> »Am 24. August [1945] fand die erste Sitzung des Konsistoriums unter meinem Vorsitz statt. Es war mir doch eigen ums Herz und wohl etwas bange, als ich nun den Vorsitz in einer Behörde hatte, gegen die ich 12 Jahre hindurch einen oft leidenschaftlichen Kampf geführt hatte. Ich muss gestehen, dass mir die Mitglieder des Konsistoriums, auch die, denen mein Kampf vornehmlich gegolten hatte, die

---

5 Zum genauen Text vgl. den Beitrag von Axel Noack „Von der Verfassungsurkunde der Evangelischen Kirche der altpreußischen Union zur Grundordnung der Evangelischen Kirche der Union (1945–1953)", s. oben S. 137–163.

Zusammenarbeit leicht machten; ich habe nie auch nur von einer versteckten Opposition etwas gemerkt.«[6]

Aus Kirchenkreisen und Gemeinden der Provinz hingegen gab es manchen kräftigen Protest. Müller berichtet von »mancherlei Einsprüchen« gegen die Vereinbarung vom 8. August, die »eine einseitige Machtergreifung[,] wie sie in der Zeit der kirchenpolitischen Kämpfe üblich waren und dem kirchlichen Leben schweren Schaden zugefügt haben«, kritisierten.[7]

Für die Gesamtkirche (im Osten Deutschlands) und damit auch für die künftige Kirche der Kirchenprovinz Sachsen fand die entscheidende Sitzung in Berlin am 2. Oktober 1945 statt. An ihr nahm auch Ludolf Müller teil. Bei dieser wurde die Treysaer Vereinbarung förmlich »in Kraft« gesetzt und wurden östliche Zusatzbestimmungen festgelegt. Müller berichtet ausführlich über die Sitzung und ihre Rahmenbedingungen. Es ist nicht zu erkennen, dass er den östlichen Zusatzvereinbarungen widersprochen hätte bzw. sie besonders gefordert habe. Besonders hält er aber fest:

> »Die Gesamtkirchenleitung wird jedoch leitende kirchliche Ämter erst besetzen, nachdem sie sich mit der Provinzialkirchenleitung hierüber verständigt hat.«

Das war noch mehr Theorie als schon gelebte Praxis: Am 31. Oktober 1945 waren nämlich Otto Dibelius und Walter Tröger persönlich in Magdeburg und forderten Konsistorialpräsident Fretzdorff zum »freiwilligen« Rücktritt auf. Dabei wurde beschlossen, der Jurist sei »unter Beibehaltung seiner bisherigen Amtsbezeichnung und seines bisherigen Diensteinkommens in die freiwerdende weltliche Oberkonsistorialratsstelle des Konsistoriums Magdeburg zu berufen«. Fretzdorff blieb dann bis zu seinem Tod als Mitarbeiter des Konsistoriums tätig.[8] Entsprechend den alten Zuständigkeiten brachte Dibelius auch gleich einen neuen Konsistorialpräsidenten für Magdeburg mit: den Juristen und Mitglied des Bruderrates der BK von Sachsen und Brandenburg, Lothar Kreyssig. Müller schreibt dazu:

---

6 Müller, Lebenserinnerungen (wie Anm. 1), S. 33.
7 Ebd.
8 1947, als Lothar Kreyssig zum Präses der Synode gewählt worden und die Stelle des Konsistorialpräsidenten neu zu besetzen war, kandidierte Otto Fretzdorff erneut für dieses Amt. Berufen wurde – in einem Miteinander der VKL und der Berliner Kirchenleitung – Bernhard Hofmann.

>>Dass wir damals gegen diese Eigenmächtigkeiten von D. Dibelius keinen Einspruch erhoben haben[,] ist mir heute ein Rätsel.<<[9]

In einem Brief an seine Frau hatte Müller am 2. Oktober 1945 geschrieben, dass die Berliner »uns«

>>stark an das Gängelband nehmen. Sie denken dort an einen Bischof für uns und haben dafür verschiedene Persönlichkeiten ins Auge gefaßt. Ich soll nach den Wünschen der Berliner hier im Konsistorium Oberkonsistorialrat werden, werde mich aber wohl dafür recht bedanken.<<[10]

Schon drei Tage nach der Rückkehr aus Berlin, also unmittelbar nach dem Beschluss über die 2. Verordnung der APU-Kirchenleitung vom 2. Oktober 1945, wurde in Magdeburg am 5. Oktober beschlossen, die VGL um »nichtgeistliche« Mitglieder zu erweitern. Dieser Beschluss verstand sich als »im Sinne der Treysaer Beschlüsse«. Hier wurde auch der Name »Kirchenleitung« explizit verwendet. Die Umgestaltung der VGL war ein paralleler Vorgang, wie er auch zum Beispiel in Schlesien und in Berlin entsprechend stattfand. Auch hier sollte aus einer Kirchenprovinz eine selbständige Provinzial- bzw. Landeskirche entstehen, die nun ihrerseits ordentliche Vertreter für den gliedkirchlichen Zusammenschluss in der APU zu benennen hatte.

Die im Oktober 1945 beschlossene Bildung einer Vorläufigen Kirchenleitung (VKL) wurde allerdings erst im Januar 1946 mit deren Konstituierung in Magdeburg wirklich vollzogen.

2. Die Vorläufige Kirchenleitung 1946

Die erste Sitzung der VKL vom 10./11. Januar 1946, die in Magdeburg stattfand, war gründlich vorbereitet worden. Sie traf erstaunlich viele Beschlüsse; sie bildete »Kammern« und »Ämter«: eine Jugendkammer, eine Pressekammer, eine Kammer für Volksmission und eine Kammer für den kirchlichen Unterricht; außerdem das Amt für Kirchenmusik.

Der wohl weitreichendste Beschluss für die Neuausrichtung der Kirche war die Schaffung des Propstamtes; dieses trat an die Stelle das der früheren drei Ge-

---

9 Müller, Lebenserinnerungen (wie Anm. 1), S. 36.
10 A.a.O., S. 35.

Die Grundordnung der Evangelischen Kirchenprovinz Sachsen (1945–1950)

neralsuperintendenten. Gleich bei der ersten Tagung der VKL wurden sieben Propststellen errichtet und personell besetzt; von der VKL wurden berufen:

Pfarrer Helmuth Schapper für Altmark
Superintendent Oskar Zuckschwer[d]t für Magdeburg
Pfarrer Franz-Reinhold Hildebrandt für Halberstadt-Quedlinburg
Professor Dr. Julius Schniewind für Halle-Merseburg
Superintendent Wolfgang Staemmler die Propstei Kurkreis (Wittenberg)
Pfarrer Gerhard Gloege für die Provinz Erfurt
Superintendent Max Müller für Naumburg

Auf der zweiten Tagung der Synode (15.–16. April 1947 in Halle) wurde dann noch eine weitere Propstei »Südharz« (»entlang der Bahn Sangerhausen–Heiligenstadt«) errichtet. Zum dortigen Propst wurde – nun schon nach dem geltenden Ämtergesetz – Pfarrer Fritz Führ berufen.

Das neugeschaffene Propstamt erwies sich als Motor der kirchlichen Neuordnung. Es war vornehmlich als ein Seelsorgeamt gedacht, daher wurde auf eine institutionelle Untersetzung mit »Propsteisynoden« oder »Bezirkskirchenämtern« verzichtet. Mit dem Propstamt wurde also keine neue Ebene der kirchlichen Strukturen eingezogen, obwohl zunächst noch daran gedacht worden war. Die kirchliche Erneuerung durch das Propstamt lässt sich vor allem an Propst Professor Dr. Julius Schniewind verdeutlichen. Er hat dieses Amt (trotz der kurzen Zeit, die es ihm auszuüben vergönnt war) wesentlich geprägt.

Schniewind schrieb nach seinem Amtsantritt an die Pfarrerschaft seines Sprengels:

> »Mit dem Amt der Pröpste wird keine neue Behörde geschaffen, die Pröpste gehören als solche der VGL und der VKL nicht an. Wohl aber soll uns die ›theologische und seelsorgerliche‹ Aufgabe am Herzen liegen, für Pfarrer und Gemeinden. Nur weil das neue Amt so orientiert ist, konnte ich es übernehmen. [Erinnerung an Schniewinds Lehrer August Tholuck und Martin Kähler; diese] haben es uns vor Augen geführt, dass für das Gespräch mit dem Einzelnen keine Zeit zu kostbar ist, keine Zurückhaltung zart genug, und doch kein Wort je zureichend, das nicht die Entscheidung über Leben und Tod in sich bärge. [...] Nur als Zuspruch Gottes ins Herz hinein wird das Evangelium recht aufgenommen.«[11]

---

11 Rundschreiben des Propstes Julius Schniewind vom 29. März 1946, zitiert nach Fotokopie des Originals.

Der neuen VKL oblag es, die Voraussetzungen für die Tagung der provinzsächsischen Synode zu schaffen. Sie wurde (erstmalig nach 1929) wieder im Oktober 1946 nach Halle einberufen.[12]

3. Die erste Synodaltagung im Oktober 1946

Erstmalig trat die neu gebildete Synode in der Zeit vom 21.–24. Oktober 1946 in Halle (Saale) zusammen. Zum Präses wurde Ludolf Müller gewählt. Er erläuterte in einem Bericht den Weg von VGL und VKL bis zum Tag des Zusammentritts der Synode:

> »Die am 8. August 1945 eingesetzte geistliche Leitung und die seit dem 10. Januar 1946 bestehende Kirchenleitung haben sich mit vollem Bedacht als vorläufig bezeichnet. Es sollte damit zum Ausdruck gebracht werden, daß wir uns nur zu einem Notdienst berufen wissen, der sobald wie nur irgend möglich, einer neuen rechtlich fundierten Regelung des kirchlichen Aufbaues Platz machen sollte. Wir haben unser in dieser Richtung gegebenes Wort durch die Notverordnung über die Bildung neuer Kreissynodalvorstände und Gemeindekirchenräte, durch die Notverordnung über die Bildung von Kreissynoden und schließlich durch die Notverordnung über die Bildung einer Provinzialsynode eingelöst. Wir waren uns bei allen diesen Maßnahmen bewußt, daß die Neuordnung auf völlig legalem Wege nicht möglich war. Die Zerschlagung des kirchlichen Rechtes in den vergangenen 12 Jahren war zu gründlich gewesen, als daß eine einfache Restitution der Verfassung von 1922 möglich gewesen wäre. Wir haben uns jedoch mit Fleiß davon zurückgehalten, die Grundlinien des kirchlichen Neuaufbaues schon festzulegen. Nur an einem Punkte haben wir davon eine Ausnahme gemacht, und das ist mit der Begründung des Propstamtes geschehen. Dieses Amt ist nach langen Erwägungen in der ersten Sitzung der Vorläufigen Kirchenleitung am 10. Januar [1946] ins Leben gerufen. Die Kirchenleitung der APU hat diesem Beschlusse ihre Zustimmung gegeben. Freilich ist auch dieses Amt nicht ganz neu, sondern eine Anknüpfung an die Verfassung von 1922 ist durchaus möglich. Der Artikel 99 der Verfassung sah vor, daß eine Provinz auch mehrere Generalsuperintendenten haben könne. Die Provinz Sachsen hatte 3 Generalsuperintendenten, die aber alle in Magdeburg wohnten und bei der weiten Entfernung der Generalsuperintendenten von ihren Sprengeln nicht wohl in der Lage waren, die ihnen nach Artikel 101 der Verfassung obliegenden Aufgaben

---

12 Zur Tagung der Synode: Schultze, Harald (Hg.): Berichte der Magdeburger Kirchenleitung zu den Tagungen der Provinzialsynode 1946–1989 (Arbeiten zur Kirchlichen Zeitgeschichte A 10), Göttingen 2005, S. 33–51.

wirklich zu erfüllen. Nun mag man das Propstamt so ansehen, daß wir statt der 3 jetzt 7 Generalsuperintendenten berufen und ihren Wohnsitz in ihre Sprengel verlegt haben. Selbstverständlich untersteht auch diese Maßnahme der endgültigen Entscheidung der Provinzialsynode. Wir haben allerdings den Wunsch und die Zuversicht, daß diese Entscheidung zustimmend ausfallen wird, denn wir haben dies Amt nicht geschaffen, um damit Machtpositionen zu beziehen, sondern weil wir der Meinung waren, daß die Aufgaben der inneren Erneuerung der Kirche und der inneren Erneuerung des Pfarrerstandes es gebieterisch forderten. Wir sind der Ansicht, daß das Amt in den neun Monaten seines Bestehens sich bereits voll bewährt hat. Wenn die Synode es bestätigt, so darf an der personellen Besetzung nichts geändert werden, wie wir der Synode auch nicht das Recht zugestehen können, an der von uns vollzogenen personellen Besetzung der Superintendenturen etwas zu ändern. Ich sage das, weil ich weiß, daß gerade die pers[onelle] Besetzung der Propstämter vielfach kritisiert wird. Es wird darauf hingewiesen, daß 6 von den 7 Pröpsten zur Bekennenden Kirche gehören. Ich muß aber darauf hinweisen, daß auch alle Beschlüsse über die Besetzung der Propsteien von der Vorläufigen Kirchenleitung einstimmig gefaßt sind. Ich weise weiter darauf hin, daß nicht nur die Propstei Naumburg, sondern auch die [!] Propsteien Halberstadt und Halle zuerst Persönlichkeiten angeboten worden sind, die nicht zur Bekennenden Kirche gehörten. Nur dann würde ich die Kritik für berechtigt halten, wenn uns von irgendeiner der zum Propstamt berufenen Persönlichkeiten nachgewiesen würde, daß sie für ihr Amt ungeeignet sei. Ich habe das feste Vertrauen zur Synode, daß sie ihre Entscheidung nicht nach kirchenpolitischen Schlagworten treffen wird, sondern daß sie sich allein von der Frage leiten läßt, wie der kirchlichen Erneuerung der uns anvertrauten Provinz am besten gedient ist.«[13]

Müllers Bericht, der auch noch etwas von den Protesten gegen die Bildung von VGL und VKL im Lande deutlich werden lässt, widmete sich zwangsläufig in besonderer Breite dem neugeschaffenen Propstamt. Hier sind schon vor dem Zusammentritt der Synode entscheidende Weichen gestellt worden. Die Synode selbst arbeitete dann an einem »Kirchengesetz über das Amt der Pröpste, des Bischofs und des Präses der Provinzialsynode« (»Ämtergesetz«). Hier werden wiederum neue Wege beschritten. Besonders die Art der Wahl des Bischofs und der Pröpste durch ein »Kurkollegium« (»Wahlkollegium«) ist ein Spezifikum der Kirchenprovinz Sachsen. Vor dem Inkrafttreten einer neuen Grundordnung wird damit ein Detail sichtbar, das die neue Ordnung der Kirchenprovinz längere Zeit prägen sollte: Die deutliche Unterscheidung von Sach- und Personalentscheidungen.

---

13 Zitiert nach: Schultze, Berichte (wie Anm. 12), S. 46 f.

Für die Berufung des Bischofs durch die Synode wurde folgende Festlegung getroffen:[14]

> »Der erwählte Bischof wird von der Provinzialsynode berufen. Die Berufung gilt als abgelehnt, wenn auf seine Predigt oder auf seine Ansprache in der Vollsitzung der Synode mehr als 30 Synodale ihm das zustimmende Zeugnis ausdrücklich verweigern. Während seiner Amtsdauer kann die Provinzialsynode den Bischof abberufen, wenn mehr als die Hälfte der Mitglieder es fordert.«

Die Synode hatte zunächst aber eine »Übergangsordnung« zu verabschieden. Knapp, auf zwei Seiten bemessen, sind darin die wichtigsten Festlegungen getroffen. Die Übergangsordnung ist noch nicht »synopsenfähig«, denn sie enthält weder eine Präambel noch einen Grundartikel, sondern schafft nach den »vorläufigen« Leitungen (VGL und VKL) die »Kirchenleitung der Kirchenprovinz Sachsen«.[15] Sie bestätigt die von der VKL bisher getroffenen Entscheidungen und die erlassenen Verordnungen. Auch die – und das ist wiederum ein Novum – von der Berliner Kirchenleitung der Evangelischen Kirche der APU erlassenen Notverordnungen werden expressis verbi bestätigt.

Interessant ist dabei eine unwesentlich scheinende Differenz zwischen dem Entwurf der Übergangsordnung, wie er der Synode von der VKL zur Beratung und Beschlussfassung vorgelegt worden war, und dem letztlich verabschiedeten Text. Beide Texte unterscheiden sich wesentlich in ihrer Bezugnahme auf die Treysaer Vereinbarungen. Im Entwurf heißt es:

> »§ 1
>
> a) Die am 8.8.1945 gebildete ›Vorläufige Geistliche Leitung der Kirchenprovinz Sachsen‹ und die am 10.1.1946 erweiterte ›Vorläufige Kirchenleitung der Kirchenprovinz Sachsen‹ wird als rechtmässige Kirchenleitung anerkannt.
> b) Die Treysaer Deklaration für die Evangelische Kirche der altpreußischen Union vom 31.8.1945 (Nr. 1 der Amtl[ichen] Mitteilungen aus der Evangelischen Kirche der APU vom 29.12.1945 S. 3 ff.) und die Übergangsordnung für die Evangelische Kirche in Deutschland vom 22.3.1946 (Verordnungs- und Nachrichtenblatt Nr. 14) werden als geltendes Recht anerkannt.«

Die »Treysaer Deklaration« (= Treysaer Vereinbarung) wird hier als geltendes Recht anerkannt. Im von der Synode verabschiedeten Text hingegen tritt an diese

---

14 § 11 des Kirchengesetzes über das Amt der Pröpste, des Bischofs und des Präses der Provinzialsynode.
15 Noch trägt die Kirchenleitung nicht ihren späteren Namen »Kirchenleitung der Evangelischen Kirche der Kirchenprovinz Sachsen«.

Stelle die Berliner Verordnung vom 2. Oktober 1945 »für den Bereich der östlichen Kirchenprovinzen«. »Treysa« findet keine Erwähnung mehr:

»§ 1
1. Die am 8.8.1945 gebildete ›Vorläufige Geistliche Leitung der Kirchenprovinz Sachsen‹ und die am 10.1.1946 erweiterte ›Vorläufige Kirchenleitung der Kirchenprovinz Sachsen‹ wird als rechtmässige Kirchenleitung anerkannt.
2. Die 2. Verordnung über die Leitung der Ev[angelischen] Kirche der APU erlassen von der Kirchenleitung der Ev[angelischen] Kirche der APU vom 2. Oktober 1945 für den Bereich der östlichen Kirchenprovinzen (Nr. 1 der Amtl[ichen] Mitteilungen aus der Evang[elischen] Kirche der APU vom 29.12.[19]45 Seite 3) nebst Anlage 1 und die Übergangsordnung für die Ev[angelische] Kirche in Deutschland vom 22.3.[19]46 (Verordnungs- und Nachrichtenblatt Nr. 14) werden für die Kirchenprovinz Sachsen als geltendes Recht anerkannt.«[16]

Auf der Synodaltagung wurden darüber hinaus entscheidende Schritte hin auf »den Erlass einer Kirchenordnung für die Kirchenprovinz Sachsen« unternommen.[17] In einem Grundsatzreferat zu Übergangsordnung und Bischofswahlgesetz wurden die kirchenrechtlichen Grundsätze dargelegt. Den Synodalen lag eine vier Blätter umfassende, namentlich nicht gekennzeichnete Ausarbeitung mit dem Titel »Bemerkungen zu den Gesetzentwürfen über die leitenden Ämter und die Verwaltungsreform« vor.[18]

Besonders in dem ausführlichsten grundsätzlichen Teil (= Teil A, »Allgemein«, mit zehn Unterpunkten) wurden die Grundzüge eines Bekennenden Kirchenrechts nachgebildet und ein besonderes Schwergewicht auf das rechte Miteinander der synodalen, episkopalen und konsistorialen Organe gelegt. Dabei wurde davon ausgegangen, dass die Kirche eine grundlegende Erneuerung dringend brauche:

»a. Aufgabe: Evangelische Kirche in Deutschland ist zur Besinnung auf ihr Wesen geführt. Sie findet dabei die ihr überkommenen Verfassungen, Ordnungen und Einrichtungen so weithin unvollständig und von wesensfremden Bestandteilen beeinträchtigt, dass eine aus Erneuerung an Haupt und Gliedern wachsende Neuordnung vom Grunde aus als unvermeidlich erkannt ist.

---

16 Der Bezug auf die Treysaer Vereinbarung wird auch die Diskussion um die neue Ordnung der gesamten altpreußischen Kirche wesentlich bestimmen; vgl. oben den Beitrag von Noack, S. 137–163.
17 § 4 der Übergangsordnung nimmt den Erlass einer »Kirchenordnung für die Kirchenprovinz Sachsen« in Aussicht.
18 Zitiert nach den originalen Synodalunterlagen des Synodalen Zahnarzt Dr. Thörmer, KK Merseburg (im Besitz des Vf.).

b. Maß und Ziel: Es wird das Erbe der Väter mit Ehrfurcht aber mit Entschiedenheit auf Verbindlichkeit des biblisch-reformatorischen Ansatzes zu prüfen und die verwandelte Gestalt der irdischen Gegebenheiten (Staat, Obrigkeit) zu bedenken sein. Es gilt nicht[,] Gewünschtes zu konstruieren, sondern Wachsendes recht zu leiten. Mit eigenmächtigen Vorstellungen vorzugreifen, wäre ebenso verfehlt, wie wild Wachsendes sich in falschem Maß oder falscher Richtung verfestigen zu lassen.

c. Reihenfolge: Das Äussere folgt dem Inneren, nicht umgekehrt. Die Kirche kann sich nicht rechtlich verfassen, ohne stete Ausrichtung auf ihr, aus dem Wort quellendes Leben.

d. Ordnungselemente: Die das Leben der Kirche schaffende, erneuernde und ordnende Kraft des Wortes Gottes wird Gestalt in Amt und Gemeinde. Entsprechend bildet die Kirche episkopale und synodale Organe. Sie in rechte Beziehung und gesundes Gleichmass der Kräfte zu setzen, ist Aufgabe der Kirchenordnung, sie darin zu erhalten und ihnen die erforderlichen Kräfte, Einrichtungen und Mittel zuzuführen[,] Aufgabe des äusseren Dienstes (Konsistoriale Organe).«

Ausführlich waren auch die Darlegungen zum neuen Propstamt:

»6. Dynamik: das Propstamt hat sich trotz erst $^3/_4$-jähriger Wirksamkeit als gestalterisches Element von bewegender Kraft erwiesen. Vollmacht des Hirtenamtes ist in einem Aufgabenkreis zum Einsatz gekommen, wie er optimaler menschlicher Reichweite entspricht. Mit ihm ist das Generalsuperintendentenamt der bisherigen Verfassung in dem erforderlichen Mindestmaß dezentralisiert. Das hat ein starkes Gefälle aller kirchenleitenden Funktionen zum Propstamt hin zur Folge. Fehlt zum Ausgleich allzu lange die Gewähr für Einheit und Zusammenfassung durch das Bischofsamt, so ist eine Fehlentwicklung zu befürchten. Zum anderen muss die Verwaltung, wenn sie nicht lähmen soll, der Dezentralisierung der geistlichen Kräfte von Stufe IV nach Stufe III folgen. […]

Es muss eine Form gefunden werden, das synodale Element und mit ihm die Berufung des Laientums in der aktiven Persönlichkeit und in der täglichen Arbeit der Leitung zur Geltung zu bringen. Das geschieht, indem der Präses der Synode hauptamtlich neben den Bischof und den Konsistorial-Präsidenten tritt und in der Person dieser drei Männer (Rat) in den täglichen Geschäften der Leitung das episkopale, das synodale und das konsistoriale Element der Kirche zusammenwirkt.«

Im speziellen Teil (Teil B: »Im Besonderen«) wird erläuternd auf die Besonderheiten der Wahl des Bischofs und der Pröpste eingegangen:

»4. Wahl: Im Unterschied zum Präses der Provinzialsynode geht der Bischof nicht aus der Synode hervor, ist vielmehr im Organismus der Kirche auf derselben

Die Grundordnung der Evangelischen Kirchenprovinz Sachsen (1945–1950)

Stufe wie die Synode das ihr entsprechende episkopale Organ. Seine Wahl muss ihn daher als eine Funktion der ganzen Kirche erweisen. Der Synode tritt er so gegenüber, dass sie ihm auf seine Predigt oder Ansprache Zeugnis gibt, ein geistlicher Vorgang, der als Berufung des Bischofs bis in die Sphäre des Rechtes aufsteigt und dort Gestalt finden muss. Eine rechte Abstimmung der mannigfachen Komponenten aufeinander ist in § 10 versucht. – Eine auf mehrere Jahre befristete Amtsperiode ist abzulehnen. Dagegen ist Abberufung unter Vorkehrungen vorzusehen, welche der Besonderheit solchen Vorganges entsprechen.

Die Propstwahl ist der Bischofswahl angeglichen (§ 11) mit der Maßgabe, dass sie Angelegenheit der Kirchenprovinz bleiben, die etwaige Abberufung nicht ohne Zustimmung der Provinzialsynode möglich sein sollte.«

Großes Gewicht wurde außerdem auf die nötige Dezentralisierung der Verwaltung gelegt. Aussagen zum Bekenntnisstand der Kirche wurden in einem eigenen kurzen Abschnitt der Vorlage gemacht, die § 2 im Entwurf des Bischofswahlgesetzes[19] erläuterten:

»D Bekenntnisstand.
Die Beschreibung der drei Ämter des Bischofs, des Propstes und des Präses der Provinzialsynode läßt die Frage offen, was die so gesehenen Ämter vom Standpunkt der verschiedenen Bekenntnisse aus bedeuten möchten. Es darf ihnen überlassen werden darzutun, ob und inwiefern eines der Ämter nach seinem Verständnis der Schrift so unrichtig oder wesentlich unvollständig beschrieben sei. Es wird aber vorgeschlagen, die konfessionelle Klärung durch die Vorschrift in § 2 zu befördern in der Annahme, daß die dezidiert reformierten Gemeinden sich in eigener Synode unter Wahrung des kirchlichen Zusammenhanges ausgliedern und neben ihrem Moderator die Leitung durch Propst und Bischof nicht wünschen werden. Es wird erstrebt, daß die Union ihre bekenntnismäßige Ausprägung dergestalt vorsichtig vorantreibt. Sie wirkt damit Tendenzen der Aufspaltung von Seiten eines gewissen statischen und selbstgenügsamen Konfessionalismus entgegen. Doch kann § 2, ohne die Sache selbst zu beeinträchtigen, fortbleiben, wenn das Anliegen auf diesem Wege zu verfolgen, nicht allgemeine Billigung findet.«

Hier wird deutlich, dass im Zusammenhang der »Bekennenden Kirche« dem Bekenntnis im konfessionellen Sinne eine stärkere Bedeutung eingeräumt wird und

---

19 § 2 des Entwurfs des Bischofswahlgesetzes lautete: »Der Bischof und die Pröpste sind lutherischen Bekenntnisses.« Diese Bestimmung galt in der Kirchenprovinz Sachsen bis zur Einführung der neuen Grundordnung von 1982.

dass es durchaus kritische Stimmen zur »Union« in der Kirchenprovinz gegeben hat.[20]

4. Die neue Grundordnung

Auf der so beschriebenen Grundlage und auf dem Hintergrund der nun geltenden gesetzlichen Regelungen zu Bischof (Ludolf Müller wurde von der Synodaltagung im April 1947 zum Bischof der Kirchenprovinz berufen und am 26. Juli 1946 im Merseburger Dom in sein Amt feierlich eingeführt) und Präses (Lothar Kreyssig verließ 1947 sein Amt als Konsistorialpräsident und wurde von der Synode zum hauptamtlichen Präses gewählt; sein Nachfolger im Amt des Konsistorialpräsidenten wurde der dem Bruderrat der BK angehörende Rechtsanwalt Bernhard Hofmann) wurde eine neue Kirchenordnung erarbeitet. Der entsprechende synodale Ausschuss wurde vom Propst des Sprengels Halberstadt-Quedlinburg, Franz Reinhold Hildebrandt,[21] bis zur endgültigen Fertigstellung der neuen »Grundordnung der evangelischen Kirche der Kirchenprovinz Sachsen« im Juni 1950 geleitet.[22]

Im November 1949, als die neue »Grundordnung« (diese Bezeichnung findet sich bei dem Entwurf, der der Synode im Herbst 1949 schon in gedruckter Form vorgelegt wurde) von der Synode selbst beraten wurde, hatte der Vorsitzende des zuständigen Ausschusses, Franz Reinhold Hildebrandt, vor dem Plenum der Synode die Leitlinien für die neue Ordnung thesenartig dargestellt. Er nannte fünf Grundorientierungen:[23]

1. Recht verstandene Konfession bedingt eine echte Union!
2. Die Grundordnung ist geistlich und inhaltlich getragen von der Barmer Theologischen Erklärung.

---

20 Auch Präses Müller widmete dem Thema »Union« einen Abschnitt in seinem Bericht, vgl. Schultze, Berichte (wie Anm. 12), S. 49 f.
21 Hildebrandt übernahm nach einer Übergangszeit, in der Lothar Kreyssig das Amt des Präsidenten der Kirchenkanzlei der Evangelischen Kirche kommissarisch versehen hatte, dieses Amt in Berlin.
22 Von Franz-Reinhold Hildebrandt stammt auch das Vorwort zur Grundordnung in der Druckausgabe. Es datiert vom November 1950.
23 Hildebrandt, Franz-Reinhold: Vortrag vor der 7. Tagung der Provinzialsynode in der Zeit vom 21.11. bis 25.11.1949, zitiert nach maschinenschriftlichem Bericht des Synodalen Zahnarzt Dr. Thörmer, KK Merseburg (Bericht, MS, 2 S., im Besitz des Vf.).

Die Grundordnung der Evangelischen Kirchenprovinz Sachsen (1945–1950)

3. Im Verhältnis zur »Volkskirche« gewinnt die »Kerngemeinde« eine besondere Bedeutung.
4. Die Verantwortung der »Laien« wird deutlich gestärkt.
5. Die Kirchenleitung beruht auf bruderschaftlich-synodalen Grundsätzen.

Auffällig ist die nun so deutlich positive Bewertung der »Union«. Hier war seit 1946 ein deutlicher Wandel eingetreten. Die Streitigkeiten um die Begründung der EKD und die Verstimmungen im Blick auf die Gründung der VELKD hatten ein Übriges getan. Das gilt für den Bereich der gesamten APU, aber auch für die Bewertung der Union in der Kirchenprovinz Sachsen. Dass die reformierten Gemeinden sich möglicherweise nicht »unter« einem lutherischen Bischof würden finden können, wurde nicht mehr erwogen.[24]

Die Erarbeitung der Grundordnung geschah in Abstimmung mit den anderen östlichen Gliedkirchen der APU. Eine Arbeitsgruppe der APU, bezeichnet als »Ordnungsausschuß der Evangelischen Kirche der altpreußischen Union für die östlichen Provinzen« unter Federführung des OKR Ernst-Viktor Benn veröffentlichte eine »Denkschrift« unter dem Titel »Aufgaben neuer Kirchenordnungen für die östlichen Provinzialkirchen Altpreußens« 1947 als Flugschrift.[25] Im Ergebnis wurden daher die neuen kirchlichen Ordnungen der ehemaligen östlichen Provinzen sehr vergleichbar gestaltet.

Im Kirchlichen Jahrbuch, das nach Fertigstellung wesentliche Passagen der Grundartikel und der Bestimmungen über das Bischofsamt der Grundordnung nachdruckte, hieß es kommentierend dazu:

> »Der Grundriß und Aufbau der Ordnung ist wie Berlin-Brandenburg und die meisten Kirchenordnungen: Gemeinde (einschließlich Pfarramt, Ältestenamt, Gemeindekirchenrat usw.), Kirchenkreis, Kirchenprovinz (= Landeskirche). Etwas Eigenartiges jedoch stellen die Bestimmungen über das Bischofsamt dar, insofern hier die Frage der Bischofswahl eine sonst nicht übliche Regelung erfährt. Die wichtigsten Artikel darüber lauten: […]«.[26]

---

24 Im Entwurf von 1949 heißt es im Artikel 106 (er wird in den endgültigen Text 1950 als Artikel 113 wortgleich übernommen): »(1) Die leitenden Träger des geistlichen Amtes sind der Bischof und die Pröpste […] (2) Sie sind lutherischen Bekenntnisses. Zu ihnen tritt für Aufgaben der geistlichen Leitung der reformierten Gemeinden der reformierte Senior.«
25 Benn, [Ernst Viktor] (Hg.): Aufgaben neuer Kirchenordnungen für die östlichen Provinzialkirchen Altpreußens – Denkschrift des Ordnungsausschusses der Evangelischen Kirche der altpreußischen Union für die östlichen Provinzen, im Auftrag des Vorsitzenden des Ausschusses hg. Berlin/Stuttgart 1947.
26 KJ 77 (1950), S. 78 ff.

Axel Noack

Schritte zur Grundordnung der Evangelischen Kirche der Kirchenprovinz Sachsen (1949–1950)

1949	1950
Entwurf der Grundordnung der Evangelischen Kirche der Kirchenprovinz Sachsen	**Grundordnung der Evangelischen Kirche der Kirchenprovinz Sachsen – Verabschiedeter Text –**
Zeit: Herbst 1949 = Vorlage für die Tagung der Provinzialsynode Quelle: Gedruckte Ausgabe (EVA Berlin), Lizenznummer 352 der Sowjetischen Militärverwaltung	Zeit: Juni 1950 (Vorwort) Quelle: Druckausgabe 1950
VORSPRUCH! Vom Bekenntnisstand der Kirche.	Vorspruch
1. Die Evangelische Landeskirche der Kirchenprovinz Sachsen steht in der Einheit der einen, heiligen, allgemeinen christlichen Kirche, die überall da ist, wo das Wort Gottes lauter verkündigt wird und die Sakramente recht verwaltet werden.	I. Die Evangelische Kirche der Kirchenprovinz Sachsen steht in der Einheit der einen, heiligen, allgemeinen christlichen Kirche, die überall da ist, wo das Wort Gottes lauter verkündigt wird und die Sakramente recht verwaltet werden.
2. Eins unter ihrem Haupte Jesus Christus, dem Fleisch gewordenen Worte Gottes, dem gekreuzigten und auferstandenen Herrn, dessen sie wartet, ist sie gegründet auf das prophetische und apostolische Zeugnis in der Heiligen Schrift Alten und Neuen Testamentes, an der allein Lehre und Leben zu messen sind.	2. Eins unter ihrem Haupte Jesus Christus, dem Fleisch gewordenen Worte Gottes, dem gekreuzigten und auferstandenen Herrn, dessen sie wartet, ist sie gegründet auf das prophetische und apostolische Zeugnis in der Heiligen Schrift Alten und Neuen Testamentes, an der allein Lehre und Leben zu messen sind.

Die Grundordnung der Evangelischen Kirchenprovinz Sachsen (1945–1950)

3. Sie bezeugt als Kirche der Reformation ihren Glauben gemeinsam mit der alten Kirche durch die altkirchlichen Symbole: das Apostolicum, Nicaenum und Athanasianum.	3. Sie bezeugt als Kirche der Reformation ihren Glauben gemeinsam mit der alten Kirche durch die alt-kirchlichen Symbole: das Apostolicum, Nicaenum und Athanasianum.
4. Sie bekennt mit den Vätern der Reformation, daß Jesus Christus allein unser Heil ist, offenbart allein in der Heiligen Schrift Alten und Neuen Testamentes, geschenkt allein aus Gnaden, empfangen allein im Glauben. Sie ist eine lutherische Kirche, in der die lutherischen Bekenntnisschriften in Geltung stehen: die Augsburgische Konfession, die Apologie, die Schmalkaldischen Artikel, der Kleine und Große Katechismus Luthers, und, wo sie in Kraft steht, die Konkordienformel. Sie hat aber ihren besonderen Charakter in der Gemeinschaft kirchlichen Lebens mit den reformierten Gemeinden ihres Bereiches, in denen der Heidelberger Katechismus gilt. Im Verständnis des von den Reformatoren gemeinsam, bezeugten Evangeliums weiß sie sich verpflichtet, das Bekenntnis ihrer Gemeinden zu schützen und zugleich dahin zu wirken, daß ihre Gemeinden in der Einheit des Bekennens beharren und wachsen.	4. Sie bekennt mit den Vätern der Reformation, daß Jesus Christus allein unser Heil ist, offenbart allein in der Heiligen Schrift Alten und Neuen Testamentes, geschenkt allein aus Gnaden, empfangen allein im Glauben. Sie ist eine Kirche der lutherischen Reformation, in der weit überwiegend die lutherischen Bekenntnisschriften in Geltung stehen: Die Augsburgische Konfession, die Apologie, die Schmalkaldischen Artikel, der Kleine und Große Katechismus Luthers und, wo sie anerkannt ist, die Konkordienformel. Sie hat ihren besonderen Charakter in der kirchlichen Gemeinschaft mit den reformierten Gemeinden ihres Bereiches, in denen der Heidelberger Katechismus gilt. Im Verständnis des von den Reformatoren gemeinsam bezeugten Evangeliums weiß sie sich verpflichtet, das Bekenntnis ihrer Gemeinden zu schützen und zugleich dahin zu wirken, daß ihre Gemeinden in der Einheit des Bekennens beharren und wachsen.

5. Sie bejaht mit ihren lutherischen und reformierten Gemeinden die von der ersten Bekenntnissynode der Deutschen Evangelischen Kirche in Barmen 1934 getroffenen Entscheidungen und sieht in deren theologischer Erklärung ein von der Schrift und den Bekenntnissen her auch fernerhin gebotenes Zeugnis der Kirche.	5. Sie bejaht mit ihren lutherischen und reformierten Gemeinden die von der ersten Bekenntnissynode .der Deutschen Evangelischen Kirche in Barmen 1934 getroffenen Entscheidungen und sieht in deren theologischer Erklärung ein von der Schrift und den Bekenntnissen her auch fernerhin gebotenes Zeugnis der Kirche.
6. Sie weiß sich verpflichtet, ihre Bekenntnisse immer wieder an der Heiligen Schrift zu prüfen und in Lehre und Ordnung gegenwärtig und lebendig zu erhalten. Immer neu zum Zeugnis gerufen, wird sie durch ihre Bekenntnisse zur Schrift geführt und zum rechten Bekennen geleitet.	6. Sie weiß sich verpflichtet, ihre Bekenntnisse immer wieder an der Heiligen Schrift zu prüfen und in Lehre und Ordnung gegenwärtig und lebendig zu erhalten. Immer neu zum Zeugnis gerufen, wird sie durch ihre Bekenntnisse zur Schrift geführt und zum rechten Bekennen geleitet.
7. Sie pflegt die geschenkte Kirchengemeinschaft der in ihr verbundenen Gemeinden, indem sie zugleich der Entfaltung der einzelnen Konfessionen freien Raum gibt. Sie gewährt den Gliedern aller Gemeinden Anteil, an der Gemeinschaft des Gottesdienstes und der Sakramente. Durch das Miteinander der verschiedenen reformatorischen Bekenntnisse weiß sie sich verpflichtet, ihre Glieder immer wieder zu rufen, auf das Glaubenszeugnis der Brüder zu hören.	7. Sie pflegt die geschenkte Kirchengemeinschaft der in ihr verbundenen Gemeinden, indem sie zugleich der Entfaltung der beiden Konfessionen freien Raum gibt. Sie gewährt den Gliedern aller Gemeinden Anteil an der Gemeinschaft des Gottesdienstes und der Sakramente. Durch das Miteinander der verschiedenen reformatorischen Bekenntnisse weiß sie sich verpflichtet, ihre Glieder immer wieder zu rufen, auf das Glaubenszeugnis der Brüder zu hören.

8. Sie fördert die kirchliche Gemeinschaft in der Evangelischen Kirche in Deutschland und nimmt durch ihre Zusammenarbeit mit den Kirchen der Oekumene teil an der Verwirklichung der Gemeinschaft der Christenheit auf Erden und an der Ausbreitung des Evangeliums in der Völkerwelt.	8. Sie ist Gliedkirche der Evangelischen Kirche der altpreußischen Union und der Evangelischen Kirche in Deutschland. Sie nimmt durch ihre Zusammenarbeit mit den Kirchen der Ökumene teil an der Verwirklichung der Gemeinschaft der Christenheit auf Erden und an der Ausbreitung des Evangeliums in der Völkerwelt.
Grundsätzlicher Teil Artikel 1. Wir glauben und bekennen, daß in der Evangelischen Landeskirche der Kirchenprovinz Sachsen die Gemeinde Jesu Christi gegenwärtig ist, die Er aus allen Völkern und Zeiten in Glaube, Hoffnung und Liebe sammelt und eint durch die lautere Verkündigung des Wortes Gottes und die Darreichung seiner heiligen Sakramente.	**Grundsätzlicher Teil** Artikel 1 Wir glauben und bekennen, daß. in der Evangelischen Kirche der Kirchenprovinz Sachsen die Gemeinde Jesu Christi gegenwärtig ist, die Er aus allen Völkern und Zeiten in Glaube, Hoffnung und Liebe sammelt und eint durch die lautere Verkündigung des Wortes Gottes und die Darreichung seiner heiligen Sakramente.
Artikel 2. Aller Dienst der Kirche geschieht im Gehorsam gegen ihr Haupt Jesus Christus. In solchem Gehorsam ist die Kirche frei, ihre Lehre und Ordnung zu bestimmen in der Bindung allein an das Wort Gottes, wie es in der Heiligen Schrift enthalten und in den Bekenntnissen der Väter bezeugt ist.	Artikel 2 Aller Dienst der Kirche geschieht im Gehorsam gegen ihr Haupt Jesus Christus. In solchem Gehorsam ist die Kirche frei, ihre Lehre und Ordnung zu bestimmen in der Bindung allein an das Wort Gottes, wie es in der Heiligen Schrift enthalten und in den Bekenntnissen der Väter bezeugt ist.
Artikel 3. Der Mittelpunkt des kirchlichen Lebens ist der Gottesdienst der Gemeinde. Die ganze Kirche lebt in der örtlich versammelten Gemeinde, die örtliche Kirchengemeinde steht in der Einheit der ganzen Kirche.	Artikel 3 Der Mittelpunkt des kirchlichen Lebens ist der Gottesdienst der Gemeinde. Die ganze Kirche lebt in der örtlich versammelten Gemeinde, die örtliche Kirchengemeinde steht in der Einheit der ganzen Kirche.

Artikel 4. Glieder unserer Kirche sind alle in einer evangelischen Gemeinde auf den Namen des dreieinigen Gottes Getauften, die im Bereich unserer Kirche ihren ständigen Wohnsitz haben. Christen, die nicht in einer evangelischen Gemeinde getauft sind, können nach eingehender Unterweisung Glieder unserer Kirche werden.	Artikel 4 Glieder unserer Kirche sind alle in einer evangelischen Gemeinde auf den Namen des dreieinigen Gottes Getauften, die im Bereich unserer Kirche ihren Wohnsitz haben. Christen, die nicht in einer evangelischen Gemeinde getauft sind, können nach eingehender Unterweisung Glieder unserer Kirche werden.
Artikel 5. 1. Mit dem Vollzug des Austritts aus der Kirche scheidet sich der Austretende von der Gemeinschaft unserer Kirche. Damit erlischt jedoch nicht der in der Taufe begründete Anspruch des Herrn Jesus Christus. 2. Ein aus der Kirche Ausgetretener kann nach Unterweisung und Bewährung wieder in die Gemeinschaft der Kirche aufgenommen werden. Das Nähere bestimmt die Ordnung des kirchlichen Lebens.	Artikel 5 (1) Mit dem Vollzug des Austritts aus der Kirche scheidet sich der Austretende von der Gemeinschaft unserer Kirche. Damit hört jedoch der in der Taufe begründete Anspruch des Herrn Jesus Christus nicht auf. (2) Ein aus der Kirche Ausgetretener kann nach Unterweisung und Bewährung wieder in die Gemeinschaft der Kirche aufgenommen werden. Das Nähere bestimmt die Ordnung des kirchlichen Lebens
Artikel 6. Die Kirchengemeinde ist ein örtlich oder anderweit begrenzter Kreis von Gliedern der Kirche, in dem der Dienst des öffentlichen Predigtamtes regelmäßig nach Bekenntnis und Ordnung der Kirche versehen wird. Jedes Glied der Kirche gehört einer Kirchengemeinde an. Seine kirchlichen Rechte und Pflichten regelt die Ordnung des kirchlichen Lebens.	Artikel 6 Die Kirchengemeinde ist ein örtlich oder anderweit begrenzter Kreis von Gliedern der Kirche, in dem der Dienst des Öffentlichen Predigtamtes regelmäßig nach Bekenntnis und Ordnung der Kirche versehen wird. Jedes Glied der Kirche gehört einer Kirchengemeinde an. Seine kirchlichen Rechte und Pflichten regelt die Ordnung des kirchlichen Lebens.

Artikel 7. 1. Um der Liebe willen ist die Kirchengemeinde schuldig, sich in die Ordnung der ganzen Kirche einzufügen. 2. Die Kirchengemeinden stehen in der Ordnung des Kirchenkreises, der Propstei und der Landeskirche. In dieser Ordnung unterstützen sich die Kirchengemeinden untereinander und nehmen kirchliche Aufgaben wahr, die nur gemeinschaftlich erfüllt werden können. Darum können die Kirchengemeinden, Kirchenkreise und Propsteien sich nicht einseitig aus dem gesamtkirchlichen Zusammenhang lösen.	Artikel 7 (1) Um der Liebe willen ist die Kirchengemeinde schuldig, sich in die Ordnung der ganzen Kirche einzufügen. Um der Wahrheit willen ist die Kirchengemeinde schuldig, jedem Mißbrauch der Ordnung, durch den die Kirche an fremde Mächte und Gewalten, gebunden werden soll, zu widerstehen. (2) Die Kirchengemeinden stehen in der Ordnung des Kirchenkreises und der Evangelischen Kirche der Kirchenprovinz Sachsen. In dieser Ordnung helfen die Kirchengemeinden einander und nehmen kirchliche Aufgaben wahr, die nur gemeinschaftlich erfüllt werden können. Darum können die Kirchengemeinden und Kirchenkreise sich nicht einseitig aus dem gesamtkirchlichen Zusammenhange lösen.
Artikel 8. Die Kirchengemeinde trägt in ihrer Mitte das Predigtamt, das die öffentliche Verkündigung des Evangeliums und die Verwaltung der Sakramente im Auftrage Jesu Christi zum Inhalt hat. Die Kirche bedarf über die einzelne Gemeinde hinausgreifender Ämter des Wortes und der Leitung. Auch diese sind Ausprägungen des einen der ganzen Kirche anvertrauten und befohlenen Dienstes, den jedes Gemeindeglied auf Grund des allgemeinen Priestertums aller Gläubigen in Wort und Leben auszurichten verpflichtet ist.	Artikel 8 (1) Die Kirchengemeinde hat in ihrer Mitte das Predigtamt, das von Gott selbst eingesetzt ist, und das sich im Amt der Öffentlichen Verkündigung des Evangeliums und der Verwaltung der Sakramente sowie in mannigfachen Diensten der Wortverkündigung entfaltet. (2) Die Kirche hat über die einzelne Gemeinde hinausgreifende Ämter des Wortes und der Leitung. Auch diese sind Ausprägungen des einen der ganzen Kirche anvertrauten und befohlenen Dienstes. (3) Auf Grund des allgemeinen Priestertums aller Gläubigen ist jedes Gemeindeglied verpflichtet, in Wort und Leben den Auftrag Jesu Christi auszurichten.

In der Zeit des Entwurfes von 1949 (= Synopse, Sp. 1) bis zur Feststellung des verabschiedeten Textes der Grundordnung im Juni 1950 (= Synopse, Sp. 2) wurden noch einige Änderungen im Vorspruch und in den Grundartikeln vorgenommen:

a. Es entfiel die Überschrift »Vom Bekenntnisstand der Kirche«.
b. 1949 lautete der Name der Kirche noch »Evangelische Landeskirche der Kirchenprovinz Sachsen« (Vorspruch Ziff. 1; Art. 1.; Art. 7). Am Ende lautete der Name (bis zur Fusion mit der Kirche in Thüringen am 1. Januar 2009): »Evangelische Kirche der Kirchenprovinz Sachsen«.
c. In Ziffer 4 des Vorspruchs veränderte sich die Aussage zum Bekenntnisstand noch einmal grundlegend:
1949: »Sie ist eine lutherische Kirche, in der die lutherischen Bekenntnisschriften in Geltung stehen […]«.
1950: »Sie ist eine Kirche der lutherischen Reformation, in der weit überwiegend die lutherischen Bekenntnisschriften in Geltung stehen: […]«.
d. In Ziffer 8 des Vorspruches wurde nun deutlich, dass die Kirche »Gliedkirche der Evangelischen Kirche der altpreußischen Union und der Evangelischen Kirche in Deutschland« ist. 1950 zeichnete sich klar ab, dass die APU erneut Gestalt annehmen würde.
e. In Artikel 7 wurde 1950 noch eine Verpflichtung der Kirchengemeinde zum Widerstand eingefügt: »Um der Wahrheit willen ist die Kirchengemeinde schuldig, jedem Mißbrauch der Ordnung, durch den die Kirche an fremde Mächte und Gewalten, gebunden werden soll, zu widerstehen.«

Das fertige Werk der Grundordnung 1950 erfuhr dann eine Würdigung durch das Kirchliche Jahrbuch:

> »Die 187 Artikel umfassende Grundordnung der Evangelischen Kirche der Kirchenprovinz Sachsen ist nicht nur von einer großen Ausführlichkeit, sie ist auch mit einer besonderen Hingabe in geistlicher und theologischer Hinsicht gearbeitet. Das wird in der Fassung aller Bestimmungen sichtbar, kommt aber natürlich an grundlegend wichtigen Stellen stärker heraus, wie z[um] B[eispiel] in den Artikeln des grundsätzlichen Teils: […]«.[27]

1956 unternahm es die Synode der Kirchenprovinz, kritische Rückschau auf das vergangene Jahrzehnt mit der neuen Grundordnung zu halten. In einer Sondersynode, auf der der Verfassungsjurist der Kirchenprovinz, OKR Herbert Hemp-

---

27 KJ 77 (1950), S. 77.

Die Grundordnung der Evangelischen Kirchenprovinz Sachsen (1945–1950)

rich, zu den Erfahrungen mit der neuen Grundordnung ein Grundsatzreferat hielt,[28] führte Präses Lothar Kreyssig, der vom November 1945 an bei allen Überlegungen mit dabei war, aus:

> »Erst später wird man würdigen können, wie exemplarisch es für das Ordnungsvermögen, für die Bildkraft, für die Integrationskraft, für das Zusammenwachsen der Ökumene ist, dass im Mutterland der Reformation, unter den eigenbrötlerischen Deutschen, die alle verhinderte Systematiker sind, und in der Loslösung von einer vierhundertjährigen staatskirchlichen Tradition, solches möglich war. Das Wunder der Kirche. Der Bildevorgang der Gliedkirche ist nicht minder eindrucksvoll. Im episkopalen Sektor ist das Bischofsamt nach sehr gründlichem Bedacht erneuert worden. Wir sind die einzige Kirche, die sich vor der Grundordnung ein Gesetz über die leitenden Ämter gegeben hat. Ich mache mich anheischig zu erläutern, dass das Bischofsamt unserer Kirche nach Wahlvorgang wie nach der Summe und Ausgewogenheit seiner leitenden Befugnisse sich lutherischer versteht und gebärdet als irgendein anderes in Deutschland. Wir haben dasselbe Amt, und lassen Sie es mich ebenso bildlich wie ärgerlich sagen, vervielfältigt in den Gestalten von acht Pröpsten. Dezentralisiertes Bischofsamt, cum grano salis, [...] Eine breite gottesdienstliche Neubesinnung ist im Gange, das Sakrament des Altars will sich wieder zu einem festen zweiten Brennpunkt des gottesdienstlichen Lebens entwickeln, die Kirchenmusik hat ganze Schichten echten gemeindlichen Liedgutes und Kunstübung wieder erschlossen, die unter Sentimentalität, Romantik und selbstgenügsamer Frömmigkeit wie verschüttet waren. Schöpferisches Musizieren ist im Gange wie seit Jahrhunderten nicht. Ein neues Gesangbuch hat sich allen Geburtshelfersorgen zum Trotz wie von alleine eingeführt und ist dabei[,] die Gemeinde nicht mehr die eigene Frömmigkeit[,] sondern Gottes große Taten besingend zu machen.«[29]

---

28 Hemprich, Herbert: Erfahrungen mit der Grundordnung, besonders in kirchenleitender Hinsicht. Referat auf der Sondertagung der Synode der Kirchenprovinz im Herbst 1956 in Magdeburg, Tonbandmitschnitt in: AKPS Magdeburg, Synode Herbst 1956, Mp3-Datei A085g.
29 Kreyssig, Lothar: »Was können wir wollen?« Referat vor der außerordentlichen Tagung der Provinzialsynode am 13.11.1956, Tonbandmitschnitt in: AKPS Magdeburg, Synode Herbst 1956, Mp3-Dateien A085r und A086g.

Axel Noack

Die neue Grundordnung der Evangelischen Kirche der Kirchenprovinz Sachsen von 1980

Die Grundordnung, wie sie im Juni 1950 in Kraft gesetzt worden war, hatte sich bewährt. Der schon damals festgestellten »großen Ausführlichkeit«[1], die im Unterschied zu einer knappen Kirchenverfassung sehr viele Einzelfragen regelte, war es geschuldet, dass in den folgenden Jahren etliche Grundordnungsänderungen vorzunehmen waren. Bis zur Neufassung 1980 sollte die Provinzialsynode mehr als zwanzig Änderungsgesetze verabschieden. Diese betrafen – bis auf zwei Ausnahmen – aber weder die Präambel noch die Grundartikel. Die Ausnahmen waren:

1. 1954 wurde die Bezeichnung »Evangelische Kirche der altpreußischen Kirche der Union« (Vorspruch, Ziffer 8) an den veränderten Namen »Evangelische Kirche der Union« angepasst.[2]
2. 1970 wurde »mit Rücksicht auf das Inkrafttreten der Ordnung des Bundes der Evangelischen Kirchen in der Deutschen Demokratischen Republik [...] die Grundordnung [...] geändert.«[3] Damit wurde die Mitgliedschaft in der Evangelischen Kirche in Deutschland (EKD) aus der Grundordnung »gestrichen« und die Mitgliedschaft im Kirchenbund (BEK) in der DDR festgeschrieben.[4]

---

1   KJ 77 (1950), S. 77.
2   ABl. EKD 1954, S. 6. Vgl. zum Hintergrund: Winter, Friedrich: Die Evangelische Kirche der Union und die Deutsche Demokratische Republik (Unio und Confessio 22), Bielefeld 2001, S. 40 f.
3   Kirchengesetz über die 15. Änderung der Grundordnung der Evangelischen Kirche der Kirchenprovinz Sachsen vom 30. Juni 1950 vom 10. November 1970, in: ABl. Magdeburg 1971, Heft 1, S. 1.
4   Ähnlich war in den anderen Landeskirchen der DDR verfahren worden. Das heißt, es gab auf der Ebene der EKD keine förmlich vorgenommene »Regionalisierung«, wie sie bei der EKU und auch in der Evangelischen Kirche von Berlin-Brandenburg vorgenommen wurde. Das sollte bei der »Wiedervereinigung« der EKD erhebliche rechtli-

Axel Noack

1. Gesellschaftliche Veränderungen bilden den Hintergrund für eine neue Grundordnung

Gesellschaftliche und kirchliche Veränderungen, wie sie sich in der sich verfestigenden Teilung Deutschlands und der letztlich kirchenfeindlichen Politik der DDR-Regierung zeigten, konnten der vom Geist der Bekennenden Kirche geprägten Grundordnung (noch) nichts anhaben.

Gegen staatliche Angriffe, etwa auf die kirchliche Jugendarbeit in den Jahren 1952/1953[5] und auch gegen die von der Mitte der 1950er Jahre an einsetzende Politik der Zurückdrängung der Kirche mit administrativen Maßnahmen[6] schien

    che Probleme mit sich bringen. Auch die VELKDDR hatte sich durch einen revolutionären Akt aus der VELKD herausgelöst. Vgl. Henkys, Reinhard: Bund der Evangelischen Kirche in der DDR – Dokumente zu seiner Entstehung ausgewählt und dokumentiert (epd-Dokumentation 1), Witten/Frankfurt/Berlin 1970; vgl. weiter: Beschluß der regionalen Tagung Ost der Generalsynode der Vereinigten Ev.-Luth. Kirche Deutschlands zum Kirchengesetz über die Vereinigte Ev.-Luth. Kirche in der DDR vom 30. August 1968, abgedruckt in: KJ 95 (1968), S. 250 f.

5 Literatur zum Thema: Köhler, Günter (Hg.): Pontifex nicht Partisan. Kirche und Staat in der DDR von 1949 bis 1958. Dokumente aus der Arbeit des Bevollmächtigten des Rates der EKD bei der Regierung der DDR, Propst Heinrich Grüber, Stuttgart 1974. Noack, Axel: Die evangelischen Studentengemeinden in der DDR. Ihr Weg in Kirche und Gesellschaft 1945–1985, Merseburg 1985 (Maschinenschrift, 500 Seiten); Stappenbeck, Christian: »Tarnorganisation für Kriegshetze und Spionage«. Der geheime Plan zur Liquidierung der Jungen Gemeinde, in: Utopie konkret 1 (1990), S. 66 ff. – Heise, Joachim: Die Auseinandersetzung um die Junge Gemeinde in den Jahren 1952 und 1953, in: Der Dritte Weg 1991, Heft 4. – Wentker, Hermann: »Kirchenkampf« in der DDR – Der Konflikt um die Junge Gemeinde 1950–1953, in: Vierteljahreshefte für Zeitgeschichte 1 (1994), S. 95–127. – Jostmeier, Friedhelm: SED und Junge Gemeinde im Bezirk Leipzig (1950–1963) – Kirchliche Jugendarbeit und Resistenz. Magisterarbeit der Universität Bielefeld, Fakultät für Geschichtswissenschaft und Philosophie, Bielefeld 1994. – Spurensuche – Junge Gemeinde 1953. Hg. vom Landesjugendpfarramt der Evang.-Luth. Kirche in Thüringen, Eisenach 1992. – Schmutzler, Siegfried: »Opposition« in der frühen DDR. Die Ev. Studentengemeinde (ESG) Leipzig in den [19]50er Jahren, in: Kaiser, Gert/Frie, Ewald: Christen, Staat und Gesellschaft in der DDR. Vorträge und Diskussionen 1993/94. Düsseldorf 1994, S. 59–68. – Kaufmann, Christoph: Agenten mit dem Kugelkreuz. Leipziger Junge Gemeinde zwischen Aufbruch und Verfolgung 1945–1953, Leipzig 1995.

6 Hier ist als besonders wichtiger Einschnitt vor allem der Beschluss des Politbüros der SED vom 7. Februar 1956 zu »Kirchenfragen« zu nennen. Die Festlegungen sollten die ganze Kirche treffen. Es wurde eine Pressekampagne gegen Bischof Dibelius angeordnet, in der gezeigt werden sollte, dass Dibelius mit seinem Papstbesuch (»Canossagang« im Sinne des Politbüros) »gegen die lutherische Auffassung verstößt.« Es sollte

die Kirche einigermaßen stabil zu sein. Selbst gegen die sich abzeichnende finanzielle Katastrophe (Abschaffung der Kirchensteuer als Steuer und deutliche Kürzung der Staatsleistungen) schien die Kirche – nicht zuletzt durch westliche Unterstützung – fest bleiben zu können.

Grundlegend anders wurde das, als die kirchliche Basis zu erodieren begann, was sich im Wesentlichen an zwei Punkten festmachen lässt: Zum einen war es die massive Flucht in den Westen, die – nicht zuletzt auch im Blick auf die Flucht von Pfarrern – zu einem Dauerthema[7] der kirchlichen Arbeit und kirchenleitender Überlegungen und Entscheidungsnotwendigkeiten wurde. Hier ist aus heutiger Sicht sehr deutlich: Der Verlust von zirka vier Millionen Menschen aus der DDR hatte (und hat!) erhebliche Auswirkungen auf das kirchliche Leben in der DDR bzw. auf die Kirchen im Osten Deutschlands, waren es doch in den Anfangsjahren (bis zum Mauerbau 1961) vornehmlich »bürgerliche«, also kirchennahe und kirchentragende Schichten, die die DDR in Richtung Westen verließen. Von diesem Aderlass konnten sich die Kirchen bis heute nicht erholen. Ja, es muss als ein bleibender »Erfolg« der DDR-Politik gesehen werden, dass es der SED gelungen ist, das Land zu »entbürgerlichen«.

Die zweite bis ins Mark reichende Schädigung ist mit der Einführung und der letztlich vollständigen Akzeptanz der Jugendweihe als »Gegenkonfirmation« verbunden.[8] Mit einer massiv einsetzenden atheistischen Propaganda ging sie einher,

---

über die Staatsleistungen in 14 Tagen eine Vorlage erarbeitet werden (sie wurden danach massiv gekürzt), und die Kirchensteuer als »Steuer« sollte abgeschafft werden. Es wurde bestimmt: »jede Unterstützung von Kirchenneubauten wird abgelehnt«. Schließlich (Punkt 7) wurde die »Anordnung zur Sicherung von Ordnung und Stetigkeit im Erziehungs- und Bildungsprozeß der allgemeinbildenden Schulen« in Auftrag gegeben, die unter dem Namen des Minsters für Volksbildung Fritz Lange als »Langeerlaß« in die Geschichte eingegangen ist. Sie verursachte eine massive Behinderung der kirchlichen Bildungsarbeit (»Christenlehre«). – Text des Politbürobeschlusses: Hartweg, Frédéric (Hg.): SED und Kirche – Eine Dokumentation ihrer Beziehungen. Bd. 1. SED 1946–1967, bearb. von Joachim Heise (Historisch-Theologische Studien zum 19. und 20. Jahrhundert/Quellen 2/1), Neukirchen 1995, S. 186 f.

7 Noch 1976, 15 Jahre nach dem Mauerbau, wandte sich der Bischof der Evangelischen Kirche der Kirchenprovinz Sachsen, Dr. Werner Krusche, in einem Rundschreiben zum Sonntag Sexagesimae (12. Februar) 1976 an alle Pfarrerinnen und Pfarrer und rief eindringlich zum Verbleiben in der DDR auf. S. Rundschreiben »an die Mitarbeiter im Verkündigungsdienst«, Maschinenschrift, vervielfältigt, 4 S., zitiert nach einem Original.

8 Die Wiedereinführung der Jugendweihe in der DDR geschah 1954. Schon allein die Tatsache, dass die DDR der einzige Staat im Ostblock war, in dem es eine solche »Weihe« gegeben hat, zeigt: Hier wurde in dem mehrheitsprotestantischen Land eine Art »Gegenkonfirmation« neu und mit Nachdruck eingeführt, nachdem 1950 alle Jugendweihen verboten und freireligiöse Gruppen hart unterdrückt worden waren. Vgl.

die eine Fülle atheistischer Streitschriften hervorbrachte.[9] Zunächst schien es den Kirchen zu gelingen, Gemeindeglieder von der Teilnahme ihrer Kinder an der Jugendweihe abzuhalten. Maßnahmen der »Kirchenzucht« wurden – getreu dem Geist der Bekennenden Kirche – überall diskutiert. Heute liegt offen zutage: Die damals noch nahezu zu 100 % BK-geprägten Kirchenleitungen sind einer völligen Fehleinschätzung der realen »Glaubensstärke« der Gemeindeglieder erlegen. Wie an keinem anderen Punkt sollte deutlich werden, dass es eben nicht so ist, dass die Kirche vornehmlich aus glaubensstarken, bekennenden Christen besteht. Helden sind immer nur wenige. Das gilt auch unter den Christen. Von 1958 an ist davon auszugehen, dass – abgesehen von wenigen Ausnahmen – sich die Teilnahme an der Jugendweihe vollständig durchgesetzt hat. Das sollte bis nach 1989 so bleiben. Harte Kirchenzuchtmaßnahmen (in der Kirchenprovinz Sachsen galt offiziell bis 1971,[10] dass Kirchenälteste die ihre Kinder zur Jugendweihe schickten, ihr Ältestenamt niederzulegen hatten) führten zu einem immensen Verlust von Kirchenmitgliedern. Das geschah im Wesentlichen weniger durch Kirchenaustritte als dadurch, dass Eltern ihre Kinder – man wollte ihnen ja keine Schwierigkeiten in Schule und Ausbildung bereiten – nicht mehr zur Taufe brachten und/oder zur Konfirmation anhielten. Nach zwei Generationen war dann klar: Die Kirche hatte große Teile ihre Mitglieder verloren bzw. es stand zu erwarten, dass nur wenige neue Gemeindeglieder »nachwachsen« würden. Die Zahlen der Konfirmationen brachen geradezu ein.

Diese Erkenntnis, verbunden mit dem Säkularisierungsschub der Jahre nach 1968, bildeten die Ausgangslage für Überlegungen zu einer neuen Grundord-

---

zum Hintergrund: Ueberschär, Ellen: Junge Gemeinde im Konflikt. Evangelische Jugendarbeit in SBZ und DDR 1945–1961, Stuttgart 2003.
9 Die zeitlich erste dieser Schriften war: Kolonitzki, P[…] F[…]: Kommunistische und religiöse Moral, hg. vom Zentralrat der FDJ, Berlin 1953. Besonders bekannt wurde: Rochhausen, Rudolf: Der Sputnik und der liebe Gott, Berlin 1958. (Im Oktober 1957 hatte die Sowjetunion den ersten »Sputnik« ins All geschossen.) Die chronologisch letzte Schrift zu dieser Thematik erschien 1973: Lenzmann, Jakow: Wie das Christentum entstand. 2. Aufl., Berlin 1974. – Zum Ganzen: Heise, Joachim: »… die Arbeit auf dem Gebiet des Atheismus intensivieren und qualifizieren«. Zum Wandel in der atheistischen Propaganda und Lehre in der DDR von den Anfängen bis Ende der siebziger Jahre, in: Dähn, Horst/Gotschlich, Helga (Hgg.): »Und führe uns nicht in Versuchung …«. Jugend im Spannungsfeld von Staat und Kirche in der SBZ/DDR 1945 bis 1989 Institut für zeitgeschichtliche Jugendforschung (Hg.): Die Freie Deutsche Jugend: Beiträge zur Geschichte der Massenorganisation. Bd. 4, Berlin 1998, S. 150–167.
10 Vgl. das Rundschreiben der Kirchenleitung der Evangelischen Kirche der Kirchenprovinz Sachsen vom 30. März 1971 an Pröpste und Superintendenten: »B[e]tr. Ältestenamt und Jugendweihe«, gez[eichnet] W. Krusche, Maschinenschrift, 2 S. (Zitiert nach einem Original).

nung. Sie fallen in die Zeit, in der sich die Kirchen in der DDR vom Selbstverständnis einer »Volkskirche« zu verabschieden begannen. Wegweisend und theologisch bahnbrechend und im gewissen Sinne auch tröstend war in diesem Zusammenhang das Synodalreferat von Bischof Werner Krusche vom Herbst 1973: »Die Gemeinde Jesu Christi auf dem Wege in die Diaspora«.[11]

Drastisch wurde die Situation beschrieben – »Diaspora« bedeute für die Gemeinde:

> »schwerste Anfechtung, Bedrängnis und Beängstigung. Das Gefühl schutzlosen Ausgeliefertseins greift Platz. Es ist die Situation, in der die Frage ›Wollt ihr auch weggehen?‹ (Joh 6,67) sich nicht mehr abweisen läßt.«

Sehr sachlich werden einerseits die Chancen (»Konzentration auf das Entscheidende«; »Steigerung des Verlangens nach Gemeinschaft«; »Machtlosigkeit« als Chance für Minderheiten zu verstehen etc.), aber andererseits auch die Gefahren (»[…] dass der Gedanke der Selbsterhaltung beherrschend wird und die Gemeinde sich abschirmt vor allem, was ihren Bestand und ihre Identität gefährden könnte […]«) benannt.

Es folgt die Orientierung bzw. die Ausrichtung auf die »Kleine Schar« und damit auf die »Kerngemeinde«. Das wird zum Teil als eine wirkliche Tröstung, als eine Verheißung verstanden. Gott kann sein Reich auch mit der kleinen Schar bauen.

In sachlichem und zeitlichem Zusammenhang wurde nun deutlich: Die Grundordnung entsprach diesem Bild von Kirche nicht. Schon im Vorwort eines Neudrucks der Grundordnung aus dem Jahr 1973 machte Bischof Krusche klar:

> »Das heutige Bild der Kirche ist bereits ein sehr anderes, als es die Väter dieser Ordnung vor Augen hatten. Wir müssen die Erarbeitung einer neuen Grundordnung in Angriff nehmen.«[12]

---

11 Krusche, Werner: »Die Gemeinde Jesu Christi auf dem Wege in die Diaspora«, Vortrag auf der 3. Tagung der VII. Synode, November 1973. Text: Krusche, Werner: Verheißung und Verantwortung – Orientierungen auf dem Weg der Kirche, Leipzig 1990. S. 94–113.
12 Vorwort der (letzten) Druckausgabe der (alten) Grundordnung der KPS von 1973. Wieder zitiert im Vorwort von Bischof Werner Krusche zur Druckausgabe der (neuen) Grundordnung der Evangelischen Kirche der Kirchenprovinz Sachsen vom 16. März 1980. Broschüre ohne Ort, ohne Jahr [1980], S. 3.

Axel Noack

2. Die Erarbeitung der neuen Grundordnung

Diese Aufgabe kam der VIII. Synode zu, deren Legislaturperiode (1976–1979) in Gänze mit der Erarbeitung einer neuen Grundordnung gefüllt war. Dabei ist es – so die ernüchternde Feststellung des Synodalpräses, Helmut Waitz[13] – im Wesentlichen nicht gelungen, die Gemeinden an dieser Aufgabe zu beteiligen. Das Interesse dafür war – anders als bei der Erarbeitung der Grundordnung nach 1945 – nicht sehr verbreitet. Immer wieder haben sich andere Themen in den Vordergrund gedrängt, und die Arbeit an der neuen Grundordnung geriet zum Diskussionsthema von Experten. Der gewählte Weg zu einer neuen Grundordnung verrät, dass sich längst nicht alle sicher waren, eine neue Ordnung wirklich zu brauchen.

Es wurde zunächst – schon von den Synodalen der vorhergehenden Legislaturperiode – ein »Arbeitskreis Grundordnung«[14] unter der Leitung von Prof. Dr.

---

13 Waitz, Helmut: Einbringungsreferat 1979, Maschinenschrift, vervielfältigt, 9 Seiten, S. 2, in: Synodalunterlagen: AKPS Magdeburg, Rep. C 1, Nr. 113. Zur Biographie von Präses Helmut Waitz: Rechtsanwalt, Synodalpräses der EKU und der KPS, * 4. April 1910, † 12. März 1993 Magdeburg, bis 1931 Jurastudium, Referendar Amtsgericht Gommern und Oberlandesgericht Naumburg, Assessor Magdeburg, 1939–1945 Kriegsdienst und -gefangenschaft, 1947 Zulassung zum Rechtsanwalt, schloss sich nicht dem Magdeburger Kollegium der Rechtsanwälte an, vertrat kirchliche Körperschaften und unangepasste DDR-Bürger, 1952 Mitglied, 1964–1980 Präses der Synode der KPS und Mitglied der KL der KPS, 1970–1976 Präses der Synode der EKU (Bereich DDR), 1969–1973 Vizepräses der Synode der BEK. Zitiert nach einem Biogramm bei Schultze, Harald (Hg.): Berichte der Magdeburger Kirchenleitung zu den Tagungen der Provinzialsynode 1946–1989 (Arbeiten zur Kirchlichen Zeitgeschichte A 10), Göttingen 2005, S. 718.

14 Zum »Arbeitskreis Grundordnung« gehörten: Propst Bernhard Brinksmeier, der reformierte Pfarrer Dr. Martin Gabriel, Superintendent August-Friedrich Grüneisen, Pfarrer Martin Kramer, zugleich Mitglied im Präsidium der Provinzialsynode, OKR Hartwin Müller, der reformierte Pfarrer Ernst Jürgen Reuter, OKR Dr. Harald Schultze; Propst Rolf Stubbe, Synodalpräses Dr. Helmut Waitz, Rechtsanwalt Wiedemann, OKR Heinrich Ammer († 3. August 1976) Pfarrer Dr. Hermann Winde (seit 1. April 1977 OKR in Görlitz), OKR Hans-Georg Hafa für die Kirchenkanzlei der EKU. Vgl. AKPS Magdeburg, Aktenbestand 14/324 Theologischer Ausschuss der Synode, Bd. III (1971–1981), enthält auch Protokolle des Arbeitskreises Grundordnung. – Auf der Synodaltagung im Herbst 1976 wurde die Nachwahl für Ammer und Winde nötig. Gewählt wurden Provinzialpfarrer i.R. D. Johannes Hamel und Pfarrer Manfred Wiefel; vgl. Tonbandmitschnitt der Plenarsitzungen der Synode, AKPS Magdeburg, mp3-Datei: 480g.

Die neue Grundordnung der Evangelischen Kirche der Kirchenprovinz Sachsen von 1980

Erich Hoffmann[15] eingesetzt. So sah bereits die Tagesordnung der Synodaltagung vom Herbst 1972 vor:[16]

»Wahl eines Sonderausschusses zur Vorarbeit für eine Revision oder Neufassung der Grundordnung.«

Dieser Arbeitskreis sollte also vornehmlich prüfen, ob eine gänzlich neue Grundordnung nötig sei. Nach zögerlichem Start – die eigentliche Arbeit wurde erst 1974 aufgenommen – unterzog er sich einem gewaltigem Programm: Bis zur Beschäftigung der Synode mit diesem Thema im Herbst 1976 absolvierte der Arbeitskreis »vier eintägige Plenartagungen und zwei, etwa zweieinhalbtägige Klausurtagungen des Plenums, die durch Beratungen von Untergruppen mit unterschiedlichen Aufträgen jeweils vorbreitet wurden.«[17] Diesem aufwendigen Vorgehen entsprach ein ehrgeiziges Arbeitsprogramm. Es umfasste folgende Punkte:[18]

»1. Materialsammlung
2. Definition der Probleme mit Arbeitshypothesen für die Prinzipien für die Problemlösungen [...]
3. Prüfung der Grundentscheidungen, Festlegung der Gestaltungsprinzipien nach vorheriger Berichterstattung in der Kirchenleitung, Zentralem Arbeitskreis, Ständigen Ordnungsausschuss der Synode. Danach gegebenenfalls Eröffnung der Diskussion in Kirchenkreisen und Gemeinden.

---

15 Zur Biographie von Erich Hoffmann: Dr. sc. nat., Agrarwissenschaftler, Vizepräses der Synode der KPS, * 29. September 1904 Halle (Saale), † 16. Oktober 1989 ebd., Lehre als Landwirt, Studium der Landwirtschaft Frankfurt (Main), Halle (Saale), 1929 Vorsitzender der Deutschen Studentenschaft, 1929 Dr. sc. nat., 1933–1945 Landwirt in Mecklenburg, Kriegsdienst und -gefangenschaft, 1946 Enteignung, 1948 habilitiert und Professor und Institutsdirektor für Agrarwesen bzw. Landwirtschaftliche Betriebs- und Arbeitslehre Halle (Saale), 1958 aus politischen Gründen aus der Universität entfernt (»Spirituskreis«), 1958–1969 Leiter einer Filiale des Instituts der Akademie der Landwirtschaftswissenschaften der DDR in Bad Lauchstädt, ab 1952 Mitglied der Synode der KPS, später deren Vizepräses und Mitglied der Synode der EKU, 1960–1972 Mitglied der KL der KPS, Teilnahme an der Weltkonferenz »Kirche und Gesellschaft« in Genf (1966). Zitiert nach Biogramm bei Schultze, Berichte (wie Anm. 13), S. 693.
16 2. Tagung der VII. Synode der Evangelischen Kirche der Kirchenprovinz Sachsen vom 17. bis 21.November 1972 in Halle: Tagesordnung: Drucksache 11/72, Top: 4.6.
17 Waitz, Helmut: Zwischenbericht über den Stand der Arbeiten des Arbeitskreises Grundordnung [...]. Maschinenschrift, 3 Bl. Ohne Datum (im Vorfeld der Synodaltagung im Herbst 1976), in: Synodalunterlagen: AKPS Magdeburg, Rep. C 1, Nr. 110, zitiert nach dem Original.
18 A.a.O., S. 1.

4. Danach Erstellung von Textentwürfen für die Kirchenleitung, Konsistorium und Ständigen Ordnungsausschuß mit dem Ziel einer Vorlage (bzw. von Einzelvorlagen) an die Synode.
5. Beratung und Verabschiedung durch die Synode.«

Diese Vorlage – allerdings ohne vorherige Diskussion in Kirchenkreisen und Kirchengemeinden – erreichte die Synode auf ihrer Herbsttagung 1976[19] als Drucksache Nr. 23/76.[20] Der erste »Leitsatz« enthält knapp die eigentliche Festlegung: »1. Ziel der Arbeit ist eine neue Grundordnung.«

Weiter sind enthalten: Ein genauer Zeitplan (Ziffer 1.1), Leitlinien für »Aufbau und Inhalt« (Ziffer 2) und ein Abschnitt (Ziffer 3) überschrieben: »In folgenden ausführlich besprochenen Fragen ist eine endgültige Sachentscheidung noch nicht getroffen worden.« Hier werden zwei gewichtige Themen genannt, die auch in der späteren Diskussion noch eine Rolle spielen sollten:

3.1 Entscheidungsfindung durch »Organe« in Spannung zur Verantwortlichkeit Einzelner.
3.2 Neue Funktionsbeschreibung für die mittlere Ebene (Kirchenkreis).

Der Vorlage waren zwei Anlagen beigefügt, die nicht Gegenstand der Beratung waren. Sie enthielten einen ersten möglichen Entwurf für eine »Basiserklärung« (sie sollte möglicherweise einmal Präambel und Grundartikel ersetzen).

Außerdem wurde ein Entwurf »Rechtsgrundsätze« angehängt, der den Einzelbestimmungen der Grundordnung vorangestellt werden sollte.

Die Synodaltagung selbst wurde allerdings heftig von der Diskussion um die kirchlichen und staatlichen Reaktionen auf die Selbstverbrennung von Pfarrer Oskar Brüsewitz im August 1976[21] geprägt und nahm sich des Themas der Spannungen zwischen Pfarrerschaft und Kirchenleitung auf dem Hintergrund dieser Selbstverbrennung an. Dazu wurden drei Kurzreferate zum Thema »Wie bleibt die Kirche bei Ihrer Sache?«[22] gehalten und diskutiert. Außerdem standen unter anderem die Wahlen zur Bundessynode, ein Kirchengesetz zu der damals sehr drängenden Frage des kirchlichen Wohnraumes und die Ausbildungskonzeption

---

19 2. Tagung der VIII. Synode vom 28. bis 31. Oktober 1976 in Magdeburg.
20 Synodal-Drucksache 23/76, Maschinenschrift, 3 Blatt mit der Überschrift »Leitsätze für die Weiterarbeit an einer neuen Grundordnung«, in: Synodalunterlagen: AKPS Magdeburg, Rep. C 1, Nr. 110.
21 Vgl. Schultze, Harald (Hg.): Das Signal von Zeitz – Reaktionen auf die Selbstverbrennung von Oskar Brüsewitz – Eine Dokumentation, Leipzig 1993.
22 Referenten waren: Propst Dr. Friedrich-Carl Eichenberg, Landesjugendpfarrer Günter Buchenau und die Synodale Frau Gisela Hartmann. Referate: Tonbandmitschnitt der Plenarsitzungen der Synode, AKPS Magdeburg, mp3-Datei: 477r.

auf der Tagesordnung. So geschah die Arbeit an der Vorlage zur neuen Grundordnung vor allem in den synodalen Ausschüssen (Ordnungs- und Theologischer Ausschuss). In diesen Ausschüssen wurde besonders zur Frage, ob die Erarbeitung einer neuen Grundordnung überhaupt nötig sei, diskutiert. Im Theologischen Ausschuss ergab sich als Kompromiss der Wunsch, diese Frage bis zur Vorlage eines fertigen Referentenentwurfs (nach Zeitplan war das für den Herbst 1977 vorgesehen) aufzuschieben. Als Gründe gegen eine neue Grundordnung wurden angeführt:[23]

- die »Umwälzungen« in der Kirche seien so massiv, dass bestimmte Entwicklungen erst abgewartet werden müssen;
- die zugrunde gelegten Prinzipien seien noch nicht erprobt;
- es gebe so viele andere dringende Aufgaben;
- Strukturfragen stießen in den Gemeinden auf »Verdruss«;
- es werde überlegt, ob die Erarbeitung der neuen Grundordnung nicht besser auf zwei Legislaturperioden zu verteilen sei.

Entsprechend wurde der Zeitplan besonders kritisch betrachtet. Der Theologische Ausschuss votierte für die Streichung aller Termine nach dem Herbst 1977. Dies wurde in der Synode bei 29 Zustimmungen dennoch abgelehnt. Es setzte sich ein Vorschlag des Ordnungsausschusses durch: In den Zeitplan wurde neu eingefügt: »Herbstsynode 1977: Vorlage des überarbeiteten Referentenentwurfes«[24].

Die inhaltlichen Punkte der Vorlage (Ziffer 2) wurden von der Synode auf Vorschlag des Ordnungsausschusses geändert und schließlich angenommen. Sie sind eine entscheidende Weichenstellung für die Weiterarbeit.[25]

»2. Für den Aufbau und Inhalt zeichnen sich folgende Leitlinien ab:
2.1. Zum Aufbau:
2.1.1. Die durch die Grundordnung zu regelnden Sachverhaltes sollen sich auf das Grundsätzliche beschränken. Die Grundordnung hat dabei vorzuschreiben, auf welche Art und Weise grundsätzliche Aufgaben zu konkretisieren sind. (Hinweis auf kirchengesetzliche Regelungen u.a.).
2.1.2. Für die Abschnitte der Grundordnung ›Kirchengemeinde – Kirchenkreis – Kirchenprovinz‹ sollen folgende einheitliche Gliederungsgrundsätze Anwendung finden:

23 Einbringung des Berichterstatters des Ordnungsausschusses (Propst Rolf Stubbe) in das Plenum der Synode. Tonbandmitschnitt der Plenarsitzungen der Synode, AKPS Magdeburg, mp3-Datei: 481g.
24 Überarbeitete Fassung der Drucksache 29/76, in: Synodalunterlagen: AKPS Magdeburg, Rep. C 1, Nr. 110.
25 Ebd.

(1) Beschreibung des Auftrages der jeweiligen Ebene
(2) Beschreibung der Organe und ihrer Aufgaben
(3) Beschreibung der Dienste.

2.1.3. An die Stelle des ›Vorspruchs‹ soll eine ›Basiserklärung‹ stehen (s. Anlage). Änderungen dieses Teiles sollen nur unter der Beteiligung der gesamtkirchlichen Zusammenschlüsse und der Kreissynoden möglich sein.

2.1.4. Den Einzelbestimmungen der Grundordnung soll ein Abschnitt ›Rechtsgrundsätze‹ (s. Anlage) vorangestellt sein.

2.1.5. Allgemeine Aussagen über ›Dienste‹ (Mitarbeiter) sollen in einem besonderen Kapitel den Abschnitten über Kirchengemeinde – Kirchenkreis – Kirchenprovinz vorgeordnet werden.

2.2. Zum Inhalt

2.2.1. Gemeinsames Leitbild für den Dienst in der Kirche ist: Jeder Dienst, jede Funktion eines ›Organs‹ der Kirche geschieht in Partnerschaft, das heißt Einzelentscheidungen nicht[26] ohne angemessene Beteiligung. Diesem Leitbild unterliegt auch das ›Pfarramt‹ ebenso wie alle anderen.

Es ist auf eine sachgemäße Ausgewogenheit zwischen dem Grundsatz des partnerschaftlichen Handelns und der berechtigten Einzelverantwortung zu achten.[27]

2.2.2. Der Begriff der Gemeinde ist in der Grundordnung einheitlich zu gebrauchen. Die territorial begrenzte Gemeinde und die reformierte Gemeinde bleiben die häufigste Form für die kleinste selbständig geleitete Einheit im Bereich der Kirche.[28] Daneben tritt aber auch die ›Funktionalgemeinde‹. Sie soll[29] rechtliche Handlungsfähigkeit erhalten.

2.2.3. Die Begriffe ›Dienste‹ und ›Mitarbeiter‹ sind in der Grundordnung einheitlich wie folgt zu verwenden: Der Begriff ›Dienste‹ ist im Zusammenhang mit der sachlichen Beschreibung oder Erwähnung bestimmter Aufgabenbereiche zu gebrauchen. Geht es dagegen um die Kennzeichnung der Verantwortlichkeit von Personen, die bestimmte Aufgabenbereiche wahrzunehmen haben, so ist der einheitliche Oberbegriff für diese Personen ›Mitarbeiter‹ (demgemäß ist unter ›Mitarbeiter‹ auch der ›Pfarrer‹ zu fassen).«

Die Synode nahm diese Leitlinien mit großer Mehrheit bei 15 Stimmenthaltungen an.[30]

Damit war der offizielle Startschuss zur Erarbeitung einer neuen Grundordnung gegeben.

---

26 Von der Synode geändert: »nie« in »nicht«.
27 Synode fügt diesen letzten Satz in die Vorlage ein.
28 Von Synode gestrichen: »Gleichberechtigt«.
29 Von Synode gestrichen »volle«.
30 Protokoll der Synodaltagung: 4. Sitzungstag, Nachmittagssitzung, S. 2, in: Synodalunterlagen: AKPS Magdeburg, Rep. C 1, Nr. 110.

Den Leitlinien ist im Wesentlichen gefolgt worden. Auch wenn im Blick auf das »Leitbild« für den kirchlichen Dienst bis zur endgültigen Fertigstellung der Ordnung noch manche Abstriche vorgenommen wurden: Hier liegt einer der Schwerpunkte der Veränderungen der neuen Grundordnung gegenüber der alten.

Nahezu einmalig ist die Bestimmung – die in den weiteren Beratungen allerdings auf der Strecke geblieben ist –, nach der bei Änderungen der Bestimmungen der Basiserklärung (Vorspruch) die Kirchenkreise und gliedkirchlichen Zusammenschlüsse, also EKU und Kirchenbund, hätten beteiligt werden müssen.[31]

Der Fortgang der Entwicklung war folgender: Ein Jahr später, im Herbst 1977[32], wurde der erbetene Referentenentwurf der Synode vorgelegt.[33] Er folgte den Leitsätzen und führte die neue Systematik ein: Der Vorspruch wurde durch eine »Basiserklärung« ersetzt. »Rechtsgrundsätze« wurden vorgeschaltet. Trotz heftiger Kritik des Theologischen Ausschusses wurde auf Antrag des Ordnungsausschusses der Entwurf »als brauchbare Diskussionsgrundlage« anerkannt und die Kirchenleitung mit der Entscheidung über das weitere Verfahren beauftragt.[34]

Diese Entscheidung sollte getroffen werden, nachdem in einer gemeinsamen Klausurtagung zwischen Grundordnungsarbeitskreis und Ständigem Theologischem Ausschuss die Bedenken des Theologischen Ausschusses vor allen gegen die Basiserklärung und Rechtsgrundsätze abgehandelt wären. Die gemeinsame Beratung Ende Februar 1978 in Halle war für den Arbeitskreis äußerst hilfreich. Sie brachte eine Annäherung der Auffassungen, wenngleich grundsätzliche Bedenken mehrerer Mitglieder des Ständigen Theologischen Ausschusses blieben.«[35]

Den Synodalen wurde im Vorfeld der Synodaltagung von 1977 eine schriftliche »Vorschau« auf die Synodaltagung zugesandt, in der der Verfassungsjurist

---

31 Vgl. Ziffer 2.1.3 der Leitlinien.
32 3. Tagung der VIII. Synode: 3. bis 6. November 1977 in Erfurt.
33 Vorlage für Provinzialsynode November 1977: Entwurf des Arbeitskreises Grundordnung, Drucksache Nr. 18/77. Maschinenschrift, vervielfältigt, 30 S. Synodalunterlagen: AKPS Magdeburg, Rep. C 1, Nr. 111.
34 Synodale Drucksache 18/2/77, ebd.
35 Waitz, Helmut: Einbringungsreferat 1979, Maschinenschrift, vervielfältigt, 9 S., dort S. 2, in: Synodalunterlagen: AKPS Magdeburg, Rep. C 1, Nr. 113. Vgl. Gemeinsame Tagung des Arbeitskreises Gr[und]O[rdnung] und des Ständigen Theologischen Ausschusses vom 24.–26.2.[19]78 in Halle, Maschinenschrift, 7 Bl. (von verschiedenen Protokollanten), in: AKPS Magdeburg, Aktenbestand 14/324 Theologischer Ausschuss der Synode, Bd. III (1971–1981), enthält auch Protokolle des Arbeitskreises Grundordnung.

der Kirche, OKR Hartwin Müller, »Einige Unterschiede zwischen geltender Grundordnung und neuem Entwurf« beleuchtete.[36] Darin hieß es:

> »Der Entwurf stellt die rechtstheologischen Aussagen in einem grundsätzlichen Teil voran. Der Arbeitskreis ist der Auffassung, daß bei den Einzelabschnitten die theologische Konzeption nicht immer wieder ausdrücklich genannt sein braucht, sondern daß sie an dem Gesamtzusammenhang der Regelungen deutlich werden muß. Mit seiner Sparsamkeit in theologischen Begründungen nähert sich der Entwurf von den äußeren Merkmalen her dem Bild einer ›Kirchenverfassung‹ – wie sie etwa in lutherischen Landeskirchen existiert – und verläßt ein wenig die Tradition unserer Grundordnung von 1950, die bewußt mehr sein wollte als eine Kirchenverfassung.«[37]

Neben den in den »Grundsätzen« genannten Schwerpunkten wurde von Müller noch darauf verwiesen, dass nun auch das Konsistorium (wieder) eine Organstellung erhalte, was aber den Gepflogenheiten der letzten Jahre entspreche, in denen die Kirchenleitung dem Konsistorium wiederholt Aufgaben zur Erledigung übertragen habe. Hier deutete sich geradezu ein Paradigmenwechsel an. Bedenkt man, welche Mühe beim Erarbeiten der alten Grundordnung auf das Verhältnis von synodalen, konsistorialen und episkopalen Aspekten des kirchlichen Leitungshandelns verwendet worden ist und wie stark die Ordnung von 1950 besonders den konsistorialen Aspekt zugunsten von synodalen und episkopalen Aspekten zurückstufte, so ist hier ein Wandel nicht zu übersehen. Nicht nur von »den äußeren Merkmalen« her ähnelte die neue Grundordnung einer Kirchenverfassung, auch in der Leitungsstruktur wurde gewissermaßen eine Rückwärtsbewegung sichtbar: Die Verwaltung erhielt wiederum einen Organstatus, auch wenn dieser noch lange nicht so stark ausgeprägt war wie in der altpreußischen Verfassungsurkunde von 1922/1924. Hierin wird dennoch eine Neuorientierung aus der Zeit des Kirchenkampfes deutlich nivelliert.

Hingewiesen wurde von Müller auch auf die neue, durchgängige Amtszeitbegrenzung für alle kirchlichen Leitungsämter auf acht Jahre (für Superintendenten) bzw. auf zehn Jahre (für Bischof, Propst und Konsistorium). Diese Amtszeitbegrenzung löste besonders bei den jüngeren, von 1968 geprägten Synodalen keinerlei Bedenken aus.

---

36 Müller, Hartwin: Einige Unterschiede zwischen geltender Grundordnung und neuem Entwurf, in: Vorschau zur 3. Tagung der VIII. Synode der Kirchenprovinz Sachsen in Erfurt, 3. bis 6. November 1977, hg. von der Pressestelle beim Evangelischen Konsistorium am 3. Oktober 1977, Maschinenschrift, vervielfältigt, 8 Seiten, S. 2 f. (Sammlung Axel Noack).
37 A.a.O., S. 2.

Die Debatte während der Synodaltagung in Erfurt war nicht wirklich weiterführend. Präses Waitz resümierte:[38]

»Die ausführliche Prüfung des für die Synode 1977 in Erfurt vorgelegten Entwurfs fand nicht statt. Sie erinnern sich, die Zeit, die in der Vorplanung für die Grundordnung vorgesehen war, wurde durch eine sehr ausführliche Aussprache zu dem Kirchenleitungsbericht[39] in Anspruch genommen, und der Appell an Sie alle, dem Arbeitskreis schriftliche Meinungsäußerungen zukommen zu lassen, fand nur ein sehr geringes Echo. Und im Jahr 1978 war es der Ordnungsausschuß, der in gewissenhafter Ausführung eines Grundsatzbeschlusses der vorigen Synode die Beratung und Entscheidung über das Gesetz zur Leitung des Kirchenkreises wenigstens in erster Lesung durchsetzte. Die Beratung beanspruchte einen großen Teil der Zeit, die wir für eine ausführliche Grundsatzaussprache benötigt hätten.«

Das hier beschriebene Desinteresse ist sehr verwunderlich: Im Blick auf das bis heute immer wieder zu beobachtende sehr bedachte und zurückhaltende Vorgehen bei Veränderungen von Präambeln und Grundartikeln, in Sonderheit in Bezug auf den Bekenntnisstand der Kirche muss das Vorgehen von Arbeitsgruppe und Ordnungsausschuss geradezu als revolutionär bezeichnet werden.

Im Frühjahr 1978 (das war die Zeit des Gespräches Erich Honeckers mit dem Vorstand der Konferenz der Kirchenleitungen des Bundes der Evangelischen Kirchen am 6. März 1978!)[40], nach der benannten Klausurtagung zwischen dem

---

38 Waitz, Helmut: Einbringungsreferat 1979, Maschinenschrift, vervielfältigt, 9 S., S. 1, in: Synodalunterlagen: AKPS Magdeburg, Rep. C 1, Nr. 113 (zitiert nach Original).
39 Der Bericht der Kirchenleitung hatte im Blick auf die gesellschaftlichen Themen folgende Schwerpunkte: Möglicher Beitrag der Kirche in der Gesellschaft (Friedens-, Menschenrechts- und Ausreiseproblematik; Gespräche mit staatlichen Organen), zitiert nach: Schultze, Berichte (wie Anm. 13), S. 363. – Schultze hält fest: »Über diesen Kirchenleitungsbericht ist in der Presse der Bundesrepublik ungewöhnlich ausführlich berichtet worden: Am 1.12.1977 erschien im epd Landesdienst Berlin Nr. 189 ein längerer Bericht, der nicht nur im ›Berliner Sonntagsblatt‹ (11.12.[19]77), sondern auch in der Berliner ›Morgenpost‹ (2.12.), im ›Tagesspiegel‹ (2.12.; Schlagzeile: ›Scharfe Kritik der evangelischen Kirche an den Praktiken in der DDR/Verstärkte Werbung in den Schulen mit Verpflichtungen für die DDR-Armee/Diskriminierung von Antragstellern für die Übersiedlung in den Westen‹), in der ›Frankfurter Allgemeinen Zeitung‹ (5.12.) übernommen wurde; die ›Rheinische Post‹ brachte schon am 29.11.[19]77 einen Bericht.«
40 Vgl. die Titelzeile der SED-Zeitung »Neues Deutschland« vom 7. März 1978: »Konstruktives, freimütiges Gespräch beim Vorsitzenden des Staatsrates – Erich Honecker empfing den Vorstand der Konferenz der Evangelischen Kirchenleitungen in der DDR […]«.

Arbeitskreis für die Grundordnung und dem Theologischen Ausschuss der Synode, sollte die Diskussionsbasis verbreitert werden.

Mit einem Rundschreiben des Konsistoriums vom 28. März 1978[41] wurden nun alle kirchlichen Amts- und Dienststellen sowie die Synodalen eingeladen, bis zum 31. Januar 1979 Stellungnahmen zur neuen Grundordnung einzureichen. Es wurde außerdem mitgeteilt, dass die Kirchenleitung selbst noch keine Stellungnahme abgeben wolle. Ohne Verfassernamen und ohne Datum wurde den Synodalen außerdem noch ein Papier mit dem Titel »Anregungen für eine kritische Lektüre des Grundordnungsentwurfs«[42] übersandt. Es schloss mit der grundlegenden Frage:

> »Kann der vorliegende Entwurf als eine ausreichende Grundlage für die Erarbeitung einer neuen Grundordnung angesehen werden?«

Auch wenn das Echo auf die Bitte um schriftliche Stellungnahmen quantitativ nicht sonderlich groß gewesen ist, einige zum Teil heftige Reaktionen gab es dennoch. So ist zum Beispiel die Stellungnahme des Dozentenkollegiums der wichtigsten kirchlichen Ausbildungsstätte »Katechetisches Oberseminar« in Naumburg zu nennen. Gewissermaßen legten die Naumburger Dozenten ein »Fakultätsgutachten« vor, das in der DDR von staatlichen Fakultäten nicht zu erwarten war. Die Naumburger äußerten sich sehr ausführlich auf 39 Seiten und kamen zu einem mehr als kritischen Urteil. Ihre Zusammenfassung lautete:[43]

> »1. Die Überprüfung des Entwurfs des Arbeitskreises Grundordnung hat ergeben, dass gegenwärtig nicht die Möglichkeit zu bestehen scheint, zu einer in ihren Grundlagen genügend ausgereiften und in ihren Aussagen genügend durchdachten und klaren Neufassung der kirchlichen Grundordnung zu gelangen. Daher hält das Kollegium es für richtig und angemessen, dass die gegenwärtige gültige Grundordnung so lange beibehalten wird, bis ein überzeugender Entwurf möglich ist.
> 2. Für den Fall, dass dieser Ansicht nicht gefolgt werden sollte, bringt das Kollegium die Überzeugung zum Ausdruck, dass der Entwurf einer gründlichen

---

41 Rundschreiben des Konsistoriums (Signatur: I–182/78) vom 28. März 1978, gezeichnet von Dr. Harald Schultze, vervielfältigt, 1 Bl. (Sammlung Axel Noack).
42 Anregungen für eine kritische Lektüre des Grundordnungsentwurfs, ohne Verf., ohne Jahr, Maschinenschrift, vervielfältigt, 4 Bl. (Sammlung Axel Noack).
43 Votum des Kollegiums des Katechetischen Oberseminars zum Entwurf des Arbeitskreises Grundordnung für eine Grundordnung der Evangelischen Kirche der Kirchenprovinz Sachsen, Naumburg, Januar 1979, Maschinenschrift, vervielfältigt für den Innerkirchlichen Gebrauch, Signatur 141172/3/79, gezeichnet: Schröter, 39 S., zitiert nach Original (Sammlung Axel Noack).

Die neue Grundordnung der Evangelischen Kirche der Kirchenprovinz Sachsen von 1980

Überarbeitung mit dem Ziel zu größerer Kontinuität, Klarheit und Geschlossenheit bedarf.
3. Bei einer solchen Umarbeitung sollten einerseits die Veränderungen in der Gemeindesituation und in den theologischen und soziologisch-strukturellen Grundauffassungen Berücksichtigung finden, andererseits aber die Überzeugungen und Erfahrungen beachtet bleiben, die in die Grundordnung von 1950 eingegangen sind.
4. Eine neu ausgearbeitete Grundordnung sollte nicht den Charakter einer Kirchenverfassung, sondern den Charakter einer theologische und juristische Aussagen zusammenführenden Grundordnung anstreben.«

Nicht nur aus Naumburg wurde damit die Grundfrage gestellt: Brauchen wir eine neue Grundordnung? Im Sommer und Herbst 1979 lag dann ein neuer Entwurf vor,[44] nachdem schon der Plan einer Sondersynodaltagung für das Frühjahr 1979 aufgegeben[45] worden war.

Neue Formulierungen für »Vorspruch« und »Allgemeine Bestimmungen« waren vorgenommen worden. Die Bezeichnungen »Basiserklärung« und »Rechtsgrundsätze« sollten nicht wieder auftauchen. Ja, das quasi »revolutionäre« Vorgehen der Arbeitsgruppe wurde kräftig zurückgeschnitten. Dennoch waren gerade die Aussagen zum Bekenntnisstand und zum Miteinander von reformierten und lutherischen Gemeinden bis hin zur zweiten Lesung der neuen Grundordnung im Frühjahr 1980 von Umformulierungen betroffen, wie noch dargestellt werden soll.

Aber auch im Herbst 1979[46] wurde immer noch darüber debattiert, ob die Synode willens sei, nun in die erste Lesung der neuen Grundordnung einzutreten. Präses Waitz warb in seinem Einbringungsbeitrag vehement dafür:[47]

»Sollten Sie jedoch beschließen, die erste Lesung von der Tagungsordnung dieser Tagung abzusetzen, würden wir ohne Groll daraus schließen müssen, daß Sie das Ergebnis unserer Arbeit nicht nur für verbesserungsfähig, sondern für nicht zureichend halten. Darauf könnten wir dann nur mit der Erklärung antworten: Wir haben uns bemüht, nach unseren Kräften unser Bestes zu geben. Besser können wir es nicht. Deshalb müsste in diesem Fall die Synode einen neuen Ausschuß oder Ar-

---

44 Entwurf des Arbeitskreises Grundordnung (überarbeitete Fassung, August 1979), Maschinenschrift, vervielfältigt, 36 S., zitiert nach Original. Dieser Text wurde die Grundlage der ersten Lesung der Synodaltagung vom November 1979. S. Synodalunterlagen: AKPS Magdeburg, Rep. C 1, Nr. 113.
45 Rundverfügung Nr. 12/9 vom 8. Mai 1979, AKPS Magdeburg (Signatur: I–266/79 Az 14/2), Maschinenschrift, 2 S. (Sammlung Axel Noack).
46 5. Tagung der VIII. Synode vom 14. bis 18. November 1979 in Halle (Saale).
47 Waitz, Helmut: Einbringungsreferat 1979, Maschinenschrift, vervielfältigt, 9 S., S. 8, Synodalunterlagen: AKPS Magdeburg, Rep. C 1, Nr. 113 (zitiert nach Original).

beitskreis beauftragen[,] der die Weiterarbeit der neuen Synode und der zu beteiligenden Kreise der Kirchenprovinz begleitet.«

Unter Verweis auf die schon angefallenen Kosten und Mühen fragte der Einbringer schließlich:

> »Ist es dann nicht verantwortlicher, sich auf den von der Kirchenleitung beschlossenen Versuch der Verabschiedung in dieser Legislaturperiode einzulassen und dabei den von dem einen oder anderen vielleicht gehegten Wunsch nach größerer Perfektion unberücksichtigt zu lassen?«

Unter diesen etwas bedrückenden Aussichten wurde dann so verfahren. Die erste Lesung erfolgte im Herbst 1979 und die zweite und endgültige Lesung dann im Frühjahr 1980, kurz vor dem Ende der Legislaturperiode, auf einer Sondertagung der Synode[48]. Zwischen den beiden Lesungen erfuhr der Entwurf – was durchaus ungewöhnlich war – noch einmal eine kräftige Überarbeitung, sogar im Blick auf Präambel und Grundartikel. Unter dem 16. März 1980 wurde die neue Grundordnung beschlossen und zum 1. Januar 1981 in Kraft gesetzt.[49]

Dass sie nicht der »große Wurf« geworden ist, ist deutlich. Das mag auch an der überragenden Qualität der alten Grundordnung von 1950 gelegen haben. Dadurch war die Latte sehr hoch gelegt. Immerhin hat sie dann bis zur Vereinigung der Evangelischen Kirche der Kirchenprovinz Sachsen mit der Evangelisch-lutherischen Kirche in Thüringen am 1. Januar 2009 »gehalten«.

Im Vorwort zur Druckfassung der neuen Grundordnung schrieb Bischof Krusche:

> »Im Umgang mit der alten Grundordnung haben wir gelernt, daß sie eine Ordnung für eine Kirche ist, die sich auf dem Weg befindet und sich auf immer wieder neue Situationen einstellen muß – in der alten Grundordnung sind in den 30 Jahren 21 Änderungen notwendig geworden. Deswegen hat die neue Grundordnung es sich

---

48 Für diese Tagung gab es eine überarbeitete Vorlage: Vorlage des Sonderausschusses Grundordnung, Drucksache Nr. 2/80, Maschinenschrift, vervielfältigt, 36 S., zitiert nach Original. Synodalunterlagen: AKPS Magdeburg, Rep C 1, Nr. 114.
49 Grundordnung der Evangelischen Kirche der Kirchenprovinz Sachsen vom 16. März 1980, in: ABl. Magdeburg, Sondernummer S. 2, zitiert nach: Druckausgabe der Grundordnung der Evangelischen Kirche der Kirchenprovinz Sachsen vom 16. März 1980. Broschüre, ohne Ort, ohne Jahr [1980].

versagt, alles einzelne festzulegen, sondern hat Spielräume offen gehalten, damit die Kirche beweglich bleiben und auf neue Situationen schneller eingehen kann.«[50]

3. Die wichtigsten Akzentverschiebungen, die auch in Präambel und Grundartikeln ihren Niederschlag gefunden haben

Aufgrund der Planung, dass der eigentliche Ordnungsteil der Grundordnung von theologischen und rechtstheologischen Festlegungen dadurch zu entlasten sei, »daß bei den Einzelabschnitten die theologische Konzeption nicht immer wieder ausdrücklich genannt zu sein braucht«,[51] erfuhr der voranstehende Abschnitt »I. Grundsätzlicher Teil« eine deutliche Ausweitung und umfasste nun 21 Artikel. 1950 waren es nur acht Artikel gewesen.

Die Ordnung ist gekennzeichnet durch den spürbaren Rückbau von geistlicher und pastoraler »Amtsautorität«. Die bruderschaftliche Leitungsform stand im Vordergrund, wie das besonders in dem parallel zur neuen Grundordnung verhandelten und verabschiedeten Kirchengesetz zur Leitung des Kirchenkreises deutlich wurde.[52] Überhaupt sprach die Ordnung nicht mehr vom »Amt«, was einen deutlichen Bruch mit der lutherischen Tradition bedeutete und als eine Abschwächung des episkopalen Aspektes unter Aufwertung des synodalen und vor allem des konsistorialen Aspektes gesehen werden kann. Vielmehr wurde nun von »Dienst« und »Diensten« (inklusive des »Pfarrdienstes«) gesprochen. Dabei wurden – und hier kam der Kirchenprovinz eine gewisse Vorreiterrolle zu – alle »Mitarbeiter im Verkündigungsdienst« einschließlich der Pfarrerinnen und Pfarrer stärker zusammen gesehen und sollten auch dienstrechtlich gleichgestellt werden. Später sollte festgestellt werden können: Bei den Gemeindepädagogen hat es gut geklappt, diese sind – jedenfalls die ordinierten Gemeindepädagogen – den

---

50 Vorwort von Bischof Werner Krusche zur Druckausgabe der (neuen) Grundordnung der Evangelischen Kirche der Kirchenprovinz Sachsen vom 16. März 1980. Broschüre, ohne Ort, ohne Jahr [1980], S. 3.
51 S. Müller; vgl. Anm. 34.
52 Kirchengesetz zur Ergänzung der Bestimmungen der Grundordnung über die Leitung des Kirchenkreises vom 26. April 1980, in: ABl. Magdeburg 1980, Sondernummer, S. 16.

Pfarrern rechtlich gleichgestellt,[53] was auch für Prediger und Pfarrverwalter gilt. Bei den Kirchenmusikern wurde auf halbem Weg stehengeblieben. Aber das sollte (eigentlich) die Ausbildungsreform im Bund der evangelischen Kirchen in der DDR regeln – und hat es nicht geschafft. In der Grundordnung von 1980 jedenfalls wurden diese Dienste alle sehr eng aneinander gerückt.

Dass dennoch ein ganzer Abschnitt die Überschrift »II. Allgemeine Bestimmungen über Ämter und Dienste« (Artikel 11–21) trägt, ist verwunderlich, kam doch ein »Amt« in der ganzen Grundordnung nicht mehr vor.

Wichtig wurde, dass »das brüderliche Zusammenwirken der Glieder der Kirche und die Ausübung persönlicher Verantwortung in der Leitung der Kirchengemeinde, des Kirchenkreises und der Kirchenprovinz«[54] genau in ihrem Verhältnis zueinander zu bestimmen waren. Die unterschiedlichsten Formulierungen wurden in den verschiedenen Entwürfen dazu versucht. Auch Rolle und Funktion des Pfarrers bei der Leitung der Gemeinde waren nicht einfach zu bestimmen. Er sollte einerseits an der Leitung mitwirken. Besonders umstritten war dabei die Frage, ob er den Vorsitz im Gemeindekirchenrat führen dürfe oder nicht. (In einer späteren Änderung von Artikel 34 wurde dann festgelegt, dass ein Pfarrer nur im Ausnahmefall den Gemeindekirchenrat leiten darf).[55]

Andererseits galt:[56]

> »(2) Der Pfarrer nimmt in seinem Dienst eine besondere Verantwortung für die Anrede der ganzen Gemeinde mit dem Wort Gottes, für ihre Auferbauung und für ihre Einheit wahr; er hat darauf zu achten, dass alle Verkündigung in der Gemeinde dem Zeugnis der Schrift und den Bekenntnissen entspricht.«

In dem 1978 zur öffentlichen Aussprache gestellten Entwurf hatte es noch geheißen:[57]

> »(3) Wie in den Organen der Leitung selbst die Bruderschaft unter dem Herrn der Gemeinde Gestalt gewinnen will, so begründet die Teilnahme an der Leitung nicht einen Vorrang oder Machtverwaltung, sondern ist Dienst an der ganzen Kirchengemeinde, dem Kirchenkreis, der Kirchenprovinz. Sie hat die spezifische Weise von Zeugnis und Dienst der Kirchenglieder ebenso zu respektieren, wie alle Kirchen-

---

53 Vgl. Kirchengesetz über die dienstrechtlichen Verhältnisse der Gemeindepädagogen vom 22. September 1981, ABl. EK KPS 1982, S. 41.
54 Artikel 9, Abs. 1 Grundordnung der KPS vom 16. März 1980 (wie Anm. 49).
55 Vgl. Artikel 34 Abs. 2 in der Fassung der Bekanntmachung vom 2. Juli 2004 (ABl. EK KPS S. 78), zuletzt geändert durch Gesetz vom 19. November 2004 (ABl. S. 157).
56 Artikel 17 Abs. 2 Grundordnung der KPS vom 16. März 1980 (wie Anm. 19).
57 Artikel 9 Abs. 3 und 4 des Entwurfs vom Frühjahr 1978; s.o. Anm. 33.

Die neue Grundordnung der Evangelischen Kirche der Kirchenprovinz Sachsen von 1980

glieder auf den Dienst der Leitung verwiesen sind. Hier gilt keine Rangordnung, sondern der wechselseitige Dienst und die gegenseitige Achtung.
(4) Die Verantwortung der Leitungsorgane kann die Verantwortung des Pfarrdienstes nicht aufheben. Die mit der Verantwortung des Pfarrdienstes Beauftragten sollen sich in die Bruderschaft der Leitungsorgane einfügen. Die besondere Verantwortung des Pfarrdienstes bedeutet nicht eine alleinige Verantwortung für die Gemeinde.«

Durchgängig wurde auf die Bezeichnung »Laie« in Unterscheidung vom »Geistlichen« verzichtet. »Laie« erschien damals als ein abwertender Begriff. Die Ordnung unterschied nur noch zwischen »Ältesten« und »Mitarbeitern«. Die Begriffsbestimmung war zunächst sehr eindeutig geplant:[58]

»Älteste im Sinne dieser Ordnung sind diejenigen, die ehrenamtlich in der Leitung von Kirchengemeinde, Kirchenkreis und Kirchenprovinz einschließlich der Synoden tätig sind. Mitarbeiter im Sinne dieser Ordnung sind alle, die haupt- oder nebenberuflich Dienste in der Kirche wahrnehmen.«

Das hat sich so klar nicht durchhalten lassen. In der endgültigen Fassung heißt es:[59]

»Mitarbeiter im Sinne dieser Grundordnung sind alle Gemeindeglieder, die Dienste in der Kirche wahrnehmen. Der Dienst der Mitarbeiter geschieht ehrenamtlich, neben- oder hauptberuflich. In der Leitung von Kirchengemeinde, Kirchenkreis und Kirchenprovinz ehrenamtlich tätige Glieder der Gemeinde, die weder haupt- noch nebenberuflich Dienst in der Kirche wahrnehmen, sind im Sinne dieser Ordnung Älteste.«

Besonders auffällig ist, dass es für die ehrenamtlich Tätigen, die nicht ein spezielles »Ältestenamt« versahen, keine wirkliche Bezeichnung gab. Sollte das ein Hinweis darauf sein, dass gerade diese Sparte (ehrenamtliche Chorleiter, Organisten, Jugendkreisleiter etc.) deutlich ausgedünnt war?
Für die Zeit nach 1989 sollte diese Terminologie allerdings kräftig zu Verwirrung beitragen, wurden doch in den westlichen Kirchen vornehmlich die ehrenamtlich Tätigen als »Mitarbeiter« bezeichnet.

---

[58] Artikel 10 Abs. 2 im Entwurf für die erste Lesung für den November 1979 (s.o. Anm. 44).
[59] Artikel 10 Abs. 3 Grundordnung der KPS vom 16. März 1980 (wie Anm. 49).

Axel Noack

4. Bekenntnisschriften und Verhältnis zur Reformation

Besonderes Interesse verdient die Entwicklung der Aussagen zum Bekenntnisstand, zu den Bekenntnisschriften der Reformationszeit und zum Miteinander von reformierten und lutherischen Kirchengemeinden bzw. Bekenntnissen.

Hier war selbstverständlich zu bedenken, dass durch die Verabschiedung der Leuenberger Konkordie von 1973 eine entscheidende sachliche Änderung eingetreten war.[60] Entsprechend nehmen alle Entwürfe die Zustimmung zur Konkordie und die damit begründete »Kirchengemeinschaft« in den Vorspruch auf. Diskutiert wurde die Aufnahme der Bekenntnisschriften. Hier hat es die meisten Veränderungsvorschläge gegeben, bis man sich schließlich (fast) wieder auf die Formulierungen von 1950 einigte.

Hier die Texte im Vergleich:

1. Grundordnung von 1950:

> »4.
> Sie bekennt mit den Vätern der Reformation, daß Jesus Christus allein unser Heil ist, offenbart allein in der Heiligen Schrift Alten und Neuen Testamentes, geschenkt allein aus Gnaden, empfangen allein im Glauben.
> Sie ist eine Kirche der lutherischen Reformation, in der weit überwiegend die lutherischen Bekenntnisschriften in Geltung stehen:
> Die Augsburgische Konfession, die Apologie, die Schmalkaldischen Artikel, der Kleine und Große Katechismus Luthers und, wo sie anerkannt ist, die Konkordienformel.

---

60 Konkordie reformatorischer Kirchen in Europa vom 16. März 1973. Im Vorspruch dieser Konkordie heißt es: »Die dieser Konkordie zustimmenden lutherischen, reformierten und aus ihnen hervorgegangenen unierten Kirchen sowie die ihnen verwandten vorreformatorischen Kirchen der Waldenser und der Böhmischen Brüder stellen aufgrund ihrer Lehrgespräche unter sich das gemeinsame Verständnis des Evangeliums fest, wie es nachstehend ausgeführt wird. Dieses ermöglicht ihnen, Kirchengemeinschaft zu erklären und zu verwirklichen. Dankbar dafür, dass sie näher zueinander geführt worden sind, bekennen sie zugleich, daß das Ringen um Wahrheit und Einheit in der Kirche auch mit Schuld und Leid verbunden war und ist.« Zitiert nach: Mau, Rudolf (Hg.): Evangelische Bekenntnisse – Bekenntnisschriften der Reformation und neuere Theologische Erklärungen, hg. im Auftrag des Rates der Evangelischen Kirche der Union. Bielefeld 1997, Teilbd. 2, S. 289.

Die neue Grundordnung der Evangelischen Kirche der Kirchenprovinz Sachsen von 1980

Sie hat ihren besonderen Charakter in der kirchlichen Gemeinschaft mit den reformierten Gemeinden ihres Bereiches, in denen der Heidelberger Katechismus gilt.«

2. »Basiserklärung« im Entwurf von 1977:

»2.
Die Evangelische Kirche der Kirchenprovinz Sachsen ist mit ihren lutherischen und reformierten Gemeinden eine Kirche der Reformation, die sich allein gründet auf das Zeugnis der Heiligen Schrift, daß Jesus Christus allein unser Heil ist, in dem wir die Gnade der Zuwendung Gottes erfahren und das wir allein im Glauben annehmen. Von diesem Verständnis des Evangeliums her
– bekennt sie gemeinsam mit der alten Kirche (altkirchliche Bekenntnisse) ihren Glauben,
– weiß sie sich dem Zeugnis der Väter verpflichtet, wie es in den reformatorischen Bekenntnisschriften seinen Ausdruck gefunden hat,
– bejaht sie die Barmer theologische Erklärung und
– stimmt sie den Aussagen der Leuenberger Konkordie reformatorischer Kirchen in Europa zu.«

3. Überarbeiteter (2.) Entwurf vom Frühjahr 1978

»2.
Sie bezeugt als Kirche der Reformation ihren Glauben gemeinsam mit der alten Kirche durch die altkirchlichen Symbole: Das Apostolicum, Nicaenum und Athanasianum.
Sie ist eine Kirche der luth[erischen] Reformation und hat ihren besonderen Charakter in der kirchlichen Gemeinschaft mit den reformierten Gemeinden ihres Bereiches.
Sie weiß sich den in ihren Gemeinden geltenden Bekenntnissen:
Der Augsburgischen Konfession,
der Apologie,
den Schmalkaldischen Artikeln,
dem Kleinen und Großen Katechismus Luthers,
wo sie anerkannt ist, der Konkordienformel
oder
dem Heidelberger Katechismus und der Confessio Sigismundi verpflichtet.«

Axel Noack

4. Überarbeiteter (3.) Entwurf vom August 1979
(= Vorlage für die erste Lesung)

»2.
Sie bezeugt als Kirche der Reformation ihren Glauben gemeinsam mit der alten Kirche durch die alt-kirchlichen Symbole: das Apostolicum, Nicaenum und Athanasianum.

3.
Sie bekennt mit den Vätern der Reformation, daß Jesus Christus allein unser Heil ist, offenbart allein in der Heiligen Schrift Alten und Neuen Testamentes, geschenkt allein aus Gnaden, empfangen allein im Glauben.

Sie ist eine Kirche der lutherischen Reformation und hat ihren besonderen Charakter in der kirchlichen Gemeinschaft mit den reformierten Gemeinden ihres Bereiches.

Sie weiß sich den in ihren Gemeinden geltenden Bekenntnissen:
Der Augsburgischen Konfession,
der Apologie,
den Schmalkaldischen Artikeln,
dem Kleinen und Großen Katechismus Luthers,
wo sie anerkannt ist, der Konkordienformel
oder
dem Heidelberger Katechismus und der Confessio Sigismundi verpflichtet.«

5. Überarbeitete Textfassung vom Frühjahr 1980 (= Vorlage für zweite Lesung):

»2.0
Sie bezeugt als Kirche der Reformation ihren Glauben gemeinsam mit der alten Kirche durch die alt-kirchlichen Symbole: das Apostolicum, das Nicaenum und das Athanasianum.

3.
Sie bekennt mit den Vätern der Reformation, daß Jesus Christus allein unser Heil ist, offenbart allein in der Heiligen Schrift Alten und Neuen Testamentes, geschenkt allein aus Gnaden, empfangen allein im Glauben.

Sie ist eine Kirche der lutherischen Reformation und hat ihren besonderen Charakter in der kirchlichen Gemeinschaft ihrer lutherischen und reformierten Gemeinden.

Sie weiß sich den in ihren Gemeinden geltenden Bekenntnissen verpflichtet:
Der Augsburgischen Konfession,
der Apologie,
den Schmalkaldischen Artikeln,
dem Kleinen und Großen Katechismus Luthers,

Die neue Grundordnung der Evangelischen Kirche der Kirchenprovinz Sachsen von 1980

wo sie anerkannt ist, der Konkordienformel
oder
dem Heidelberger Katechismus*.
*Herkommen und Geschichte der reformierten Gemeinden sind bestimmt von der Geltung der Confessio Sigismundi, der Confession de foi und der Discipline Ecclésiastique.«

6. Text der verabschiedeten Grundordnung vom 16.3.1980:

»2.
Sie bezeugt als Kirche der Reformation ihren Glauben gemeinsam mit der alten Kirche durch die alt-kirchlichen Symbole: das Apostolicum, das Nicaenum und das Athanasianum.

3.
Sie bekennt mit den Vätern der Reformation, daß Jesus Christus allein unser Heil ist, offenbart allein in der Heiligen Schrift Alten und Neuen Testamentes, geschenkt allein aus Gnaden, empfangen allein im Glauben.
    Sie ist eine Kirche der lutherischen Reformation und hat ihren besonderen Charakter in der kirchlichen Gemeinschaft mit den reformierten Gemeinden ihres Bereiches.
    Sie weiß sich den in ihren Gemeinden geltenden Bekenntnissen verpflichtet:
Der Augsburgischen Konfession,
der Apologie,
den Schmalkaldischen Artikeln,
dem Kleinen und Großen Katechismus Luthers,
wo sie anerkannt ist, der Konkordienformel
oder
dem Heidelberger Katechismus*.
*Herkommen und Geschichte der reformierten Gemeinden sind bestimmt von der Geltung der Confessio Sigismundi, der Confession de foi und der Discipline Ecclésiastique.«

Auch wenn mit der unterschiedlichen Aufzählung der reformatorischen Bekenntnisschriften Unterschiede sichtbar werden, so darf doch darin nicht eine Veränderung des Bekenntnisstandes gesehen werden. Immer ging es darum, den (feststehenden) Bekenntnisstand praktikabel auszudrücken und zu belegen.
    Etwas anders verhält es sich mit den Bestimmungen zu »Union«, also zum Zusammenleben reformierter und lutherischen Gemeinden.
    Es macht einen Unterschied, ob in der versuchten »Basiserklärung« gesagt wird:

> »Die Evangelische Kirche der Kirchenprovinz Sachsen ist mit ihren lutherischen und reformierten Gemeinden eine Kirche der Reformation […].«

Im Entwurf vom Frühjahr 1980 heißt es dann:

> »Sie ist eine Kirche der lutherischen Reformation und hat ihren besonderen Charakter in der kirchlichen Gemeinschaft ihrer lutherischen und reformierten Gemeinden.«

Die endgültig (verabschiedete Fassung) wird lauten:

> »Sie ist eine Kirche der lutherischen Reformation und hat ihren besonderen Charakter in der kirchlichen Gemeinschaft mit den reformierten Gemeinden ihres Bereiches.«

Dieser endgültige Text findet sich auch in der heutigen Fassung der Kirchenverfassung der EKM:[61]

> »Die Evangelische Kirche in Mitteldeutschland ist eine Kirche der lutherischen Reformation und hat ihren besonderen Charakter in der kirchlichen Gemeinschaft mit den reformierten Gemeinden in ihrem Bereich.«

Das entspricht sachlich der Textfassung der Grundordnung von 1950, auch wenn hier eine andere Systematik Verwendung findet:

> »Sie ist eine Kirche der lutherischen Reformation, in der weit überwiegend die lutherischen Bekenntnisschriften in Geltung stehen:
> Die Augsburgische Konfession, die Apologie, die Schmalkaldischen Artikel, der Kleine und Große Katechismus Luthers und, wo sie anerkannt ist, die Konkordienformel.
> Sie hat ihren besonderen Charakter in der kirchlichen Gemeinschaft mit den reformierten Gemeinden ihres Bereiches, in denen der Heidelberger Katechismus gilt.«

Es ist also in der Debatte um die Neufassung der Grundordnung versucht worden, die beiden reformatorischen Konfessionen »gleichgewichtiger« zu behandeln, gelungen ist das letztlich nicht.

---

61 Verfassung der Evangelischen Kirche in Mitteldeutschland vom 5. Juli 2008, in: Amtsblatt der Föderation Evangelischer Kirchen in Mitteldeutschland 2008, Nr. 8, 15. August 2008, S. 183–200, dort: Präambel Ziffer 4, erster Satz.

Die neue Grundordnung der Evangelischen Kirche der Kirchenprovinz Sachsen von 1980

Mit der Neufassung ihrer Grundordnung in den Jahren 1976 bis 1980 beschritt die Evangelische Kirche der Kirchenprovinz Sachsen durchaus einen besonderen Weg im Kontext der evangelischen Landeskirchen in der DDR. Sie hat das aber in Beratung zumindest mit der Evangelischen Kirche in Berlin-Brandenburg getan. Bei der Einbringung der Vorlage in die Synode (Tagung im November 1979) führte der Präses aus:

»Die zweite große Gliedkirche der Ev[angelischen] Kirche der Union, die Ev[angelische] Kirche Berlin-Brandenburg, ist uns auf dem Weg der Reform vorangegangen. Nachdem wir in den Anfängen unserer Arbeit getrennt marschierten, ist es, nicht zuletzt dank der aufopfernden Mitarbeit des Vorsitzenden des Grundlinienausschusses der Kirche Berlin-Brandenburg[62] in den letzten zwei Jahren gelungen, die beiden Neufassungen einander weitgehend anzupassen. Wer sich die Mühe der vergleichenden Lektüre der bereits verabschiedeten Berlin-Brandenburger Gr[und]O[rdnung] und unseres Entwurfs vom August 1979 macht, wird das speziell in den Bestimmungen über den Dienst in den Gemeinden bestätigt finden.«[63]

---

62 Gemeint ist der damalige Ruppiner Superintendent Leopold Esselbach, * 1931 Karbitz (Chabarovice) bei Usti nad Labem (jetzt Tschechien), Pfarrer 1960–1970 in Kloster Chorin, 1970–1983 in Neuruppin, 1983–1996 Generalsuperintendent in Eberswalde.
63 Waitz, Helmut: Einbringungsreferat 1979, Maschinenschrift, vervielfältigt 9 S., S. 9, Synodalunterlagen: AKPS Magdeburg, Rep. C 1, Nr. 113 (zitiert nach Original).

Hans-Martin Harder

Zur Entstehung und Fortentwicklung von Präambel und Grundbestimmungen der pommerschen Kirchenordnung (1945–2012)

1. Ausgangslage

Wie in den anderen ehemaligen Kirchenprovinzen der Evangelischen Kirche der altpreußischen Union hatte auch in der pommerschen Kirche nach 1945 die neu zu entwickelnde Kirchenordnung im Wesentlichen drei Wurzeln, aus denen Struktur und Inhalt abgeleitet wurden:

Bis dahin geltendes Recht war die Verfassungsurkunde für die Evangelische Kirche der altpreußischen Union (APU) von 1922, in Kraft getreten durch Staatsgesetz von 1924. Sie war geprägt durch die Entstehung presbyterial-synodaler Formen des Kircheseins im Laufe des 19. Jahrhunderts, insbesondere die Rheinisch-Westfälische Kirchenordnung von 1835. In Auseinandersetzung mit dem landesherrlichen Kirchenregiment und dem aufgeklärten Königtum Preußens waren nach und nach Verfassungsstrukturen in der Kirche entstanden, die auf diesem Wege in die Kirchenordnungen eingingen und bis heute nachwirken. Fromme Monarchen nahmen selbst Anteil und Einfluss auf die kirchlichen Verhältnisse und ergriffen die Initiative. Hervorzuheben ist die Bemühung um eine angemessene Verbindung von lutherischer und reformierter Kirche zu einer Union, wie diese dann in der preußischen Landeskirche ihre verfassungsmäßige Gestalt erhielt.[1]

---

[1] S. dazu Hüffmeier, Wilhelm: Die Evangelische Kirche der Union. Eine kurze geschichtliche Orientierung, in: »… den großen Zwecken des Christentums gemäß«, Bielefeld 1992, S. 13–28.

Ausgehend von diesem Grundbestand legte die APU durch eine Notverordnung vom 14. Mai 1946[2] fest, dass die bisherigen Kirchenprovinzen jeweils eigene Kirchenordnungen zu erarbeiten hätten. Ein von den Gliedkirchen Berlin-Brandenburg, Sachsen und Pommern gebildeter »Landeskirchlicher Ausschuß für die kirchliche Ordnung« entwickelte in einer Denkschrift Grundsätze, nach denen in den einzelnen Gliedkirchen vorgegangen werden sollte.[3] Der Ausschuss stellte den Gliedkirchen »Stoff und Gliederung einer Provinzialkirchenordnung« zur Verfügung und dazu ausführliche Erläuterungen und Erwägungen zur Konzipierung einer Kirchenordnung.[4] Im Vorwort zu der als Broschüre gedruckten Ausarbeitung wird ausgeführt, dass diese allen Mitgliedern der Provinzialsynoden zugänglich gemacht werden könne. Es ist daher davon auszugehen, dass auch in der Pommerschen Provinzialsynode diese »Grundsätze« in genügender Anzahl zur Verfügung standen. Außerdem ging den Provinzialsynoden ein Schreiben des Ausschusses unter dem 27. September 1946 zu,[5] das mit einer ausführlicheren Anlage zur »Aufgabe der neuen Kirchenordnungen« Stellung nahm. Im Schreiben selbst wurde empfohlen, »dass die 3 Provinzen gleichzeitig und in enger Fühlungnahme miteinander zu einer Neuordnung übergehen und dabei – unbeschadet der künftigen Gestaltung ihrer Beziehungen zueinander – ihre besondere Verbundenheit als Frucht ihrer bisherigen engen Gemeinschaft wirksam werden lassen«.[6]

Diese vorbildliche Initiative zur Aufrechterhaltung einer einheitlichen Ordnung in den ehemaligen Kirchenprovinzen der altpreußischen Union hat dann zunächst auch zu einer weitgehenden Übereinstimmung in den neuen Gliedkirchen geführt. Ende der 1970er/Anfang der 1980er Jahre ist diese dann allerdings verlorengegangen, nicht zuletzt dadurch, dass die Kirchenprovinz Sachsen sich eine völlig neue Ordnung gab und es weder Kraft gab noch wohl auch Bereitschaft bestand, innerhalb der Evangelischen Kirche der Union – Bereich DDR – dies zu einer erneut aufeinander abgestimmten neuen Ordnung auch für die anderen Gliedkirchen weiterzuführen.

---

2 Notverordnung über die Bildung von Provinzialsynoden vom 14. Mai 1946, in: Amtliche Mitteilungen aus der Evangelischen Kirche der altpreußischen Union 1945/46, ausgegeben in Berlin am 15. August 1946, S. 37–40.
3 Siehe dazu Benn, [Ernst Viktor]: Aufgaben neuer Kirchenordnungen für die östlichen Provinzialkirchen Altpreußens. Denkschrift des Ordnungsausschusses der Evangelischen Kirche der Evangelischen Kirche der altpreußischen Union für die östlichen Provinzen, Stuttgart 1948.
4 A.a.O., S. 33–40 und S. 3–6.
5 S. Landeskirchliches Archiv der Ev.-Luth. Kirche Norddeutschlands/Zweigstelle Greifswald (LkA ELKN-G), Bestand 2, Landessynoden, Provinzialsynode 1946, S. 1–12.
6 Ebd.

Zu Präambel und Grundbestimmungen der pommerschen Kirchenordnung (1945–2012)

Zu diesen beiden Voraussetzungen, die vordergründig rechtliche Vorgaben darstellten, aber beide auch prinzipielle theologische Erwägungen nahelegten, kam weiterhin das dazu, was die kirchenpolitischen Auseinandersetzungen der Zeit zwischen 1933 und 1945 zur Folge hatten. Diese Konflikte waren in den einzelnen preußischen Provinzialkirchen verschieden vehement vor sich gegangen. In Pommern hatte zwischen den Deutschen Christen einerseits und der Bekennenden Kirche andererseits sowie unter Einschluss der verschiedenen Gruppierungen dazwischen (Wittenberger Bund und andere) zwar eine spürbare Differenzierung stattgefunden. Ein Vorgehen, das aus heutiger Sicht als »Kirchenkampf« zu bezeichnen wäre, ist aber eigentlich nicht festzustellen. Bei den beteiligten Personen ist sogar im Nachhinein mitunter nicht mehr eindeutig erkennbar (und wird gelegentlich auch falsch dargestellt), wer genau welcher Gruppierung zuzurechnen war. So folgert Kai Steffen Völker in einem Aufsatz 2005,[7] dass die spätere Berufung von Superintendent a. D. Krause als einzigem Vertreter der früheren Bekennenden Kirche (BK) in die Kirchenleitung »nur punktuell« zu einer Verbindung der neuen Kirchenleitung mit der ehemaligen BK geführt habe. Er verkennt dabei, dass in dieser Kirchenleitung mit Carl von Scheven, Dietrich Labs und Hans Naß bereits Vertreter der früheren BK vertreten waren. Und Martin Onnasch führt 2006 in einem Vortrag vor der pommerschen Landessynode[8] aus, die neue Kirchenleitung habe »Homogenität der theologischen und kirchlichen Ordnung« angestrebt und dafür weniger Einfluss der früheren Mitglieder aus der BK in Kauf genommen. Dabei wäre gerade in Bezug auf Carl von Scheven mindestens darauf hinzuweisen gewesen (siehe unten die Erörterung zu »Barmen«), dass er in einem zwar kurzen, aber sehr entscheidenden Beitrag auf die Aufnahme der Barmer Beschlüsse in die Präambel der Pommerschen Kirchenordnung Einfluss genommen hat.[9]

Jedenfalls hatte jene Zeit das Verständnis dafür geschärft, dass den Bekenntnissen gerade auch im Kirchenrecht und im kirchlichen Verfassungsrecht ein angemessener Stellenwert einzuräumen ist. Eine besondere Stellung nahm dabei das Ergebnis der Bekenntnissynode in Barmen vom 31. Mai 1934 ein.

---

7 Völker, Kai Steffen: Konstitution einer Landeskirche: Zur Entstehung der Pommerschen Kirchenordnung von 1950, in: Zeitgeschichte regional. Mitteilungen aus Mecklenburg-Vorpommern 9 (2005), S. 51–64, dort insbesondere S. 54.
8 Vortrag vom 13. Oktober 2006, Amtsblatt Pommersche Evangelische Kirche (ABl. PEK) 2006, S. 3–5, insbesondere S. 4.
9 Siehe dazu auch Harder, Hans-Martin: Das pommersche Konsistorium im Wandel der Zeiten und Systeme, in: Ehricht, Christoph (Hg.): 487 Jahre Rechtsprechung, Organisation, Leitung und Verwaltung der Pommerschen Evangelischen Kirche, Schwerin 2012, S. 55–93, insbesondere S. 58, und Heyden, Hellmuth: Kirchengeschichte Pommerns, Bd. II, Köln 1957, S. 241.264, insbesondere S. 251 f.

Dabei fällt allerdings bis heute auf, dass hier nur allgemein von der »Theologischen Erklärung von Barmen« gesprochen wird, während tatsächlich sowohl das dazu verfasste einleitende Wort »An die evangelischen Gemeinden und Christen in Deutschland« wie auch die »Erklärung der Bekenntnissynode zur Rechtslage der Deutschen Evangelischen Kirche« von Bedeutung sind. Beide werden bei der inhaltlichen Wiedergabe dessen, was bei der Barmer Bekenntnissynode beschlossen wurde und von da an gelten sollte, mit wiedergegeben und offensichtlich auch gemeint, meistens jedoch ohne einen ausdrücklichen Verweis darauf. So wird zum Beispiel in der Präambel der Verfassung der Evangelisch-Lutherischen Kirche in Norddeutschland die »Theologische Erklärung der Bekenntnissynode von Barmen« genannt, wo aber mindestens auch das Wort »An die evangelischen Gemeinden« und sicher auch die »Erklärung zur Rechtslage« gemeint sein dürfte. Anders ergibt der Zusammenhang der Wiedergabe in der neuen Präambel keinen Sinn.

2. Bezeichnung als »Kirchenordnung«

Zu den Fragen, die gewissermaßen im Vorfeld der Entstehung einer Kirchenordnung zu klären waren, gehörte, welche Bezeichnung dafür künftig zu wählen sei. Grundsätzliche Überlegungen dazu hatte der bereits erwähnte »Landeskirchliche Ordnungsausschuss« der APU angestellt. Nach Ausführungen dazu, dass es sachgemäß sei, auch für die Gliedkirchen die Rechtsform der »Körperschaft des öffentlichen Rechts« als »ein ihr dargebotenes Werkzeug und unter den gegebenen Umständen wohl das brauchbarste, das sie haben kann«,[10] beizubehalten, wurde auf die Unverwechselbarkeit des kirchlichen Dienstes und auf die besondere Bedeutung der Bekenntnisse hingewiesen. Weiter wurde ausgeführt: »Eine so gewonnene Ordnung darf die dem säkularen Leben entlehnte Bezeichnung einer ›Verfassung‹ ablegen und sich wieder wie in den Zeiten der Reformation eine ›Kirchenordnung‹ nennen«[11]. Dementsprechend verfuhr die Pommersche Kirche, indem sie die »Pommersche Kirchenordnung« verabschiedete.

Es besteht allerdings die Gefahr, die formale Bezeichnung als »Kirchenordnung« oder als »Verfassung« oder »Kirchenverfassung« schließlich auch als »Grundordnung« oder ähnlich überzuinterpretieren. Jedenfalls erscheint es nicht sachgemäß, dahinter prinzipielle Aussagen von besonderem kirchenverfassungs-

---

10 Benn, Aufgaben (wie Anm. 3), S. 5.
11 A.a.O., S. 6.

rechtlichem Gewicht zu vermuten. Ein Vergleich der Texte zeigt, dass es sich in jedem Fall um Grundsätze handelt, die für die jeweilige Kirche gelten sollen sowie um eine Wiedergabe der in dieser Kirche bestehenden ordnungsbestimmenden Struktur.

3. Präambel

Hinsichtlich der Stellung einer Präambel als Teil der kirchlichen Ordnung besteht allgemeine Übereinstimmung darüber, dass die darin getroffenen Festlegungen nur sehr bedingt zur Disposition stehen. Bereits bei der Kommentierung der Verfassungsurkunde der APU von 1922/1924 ist festgestellt worden, dass nach der Entstehungsgeschichte und Bewertung des Bekenntnisvorspruchs seit dem Deutschen Evangelischen Kirchentag in Dresden 1919 für künftige Kirchenverfassungen angeregt worden ist, zum Ausdruck zu bringen, dass das Bekenntnis Voraussetzung, nicht Gegenstand der Verfassung sei und daher der Gesetzgebung nicht unterliege.[12] Ähnliches wird bei der Kommentierung der Grundordnung der Evangelischen Kirche in Deutschland (EKD) festgestellt, wenn darin ausgeführt wird, dass die im Vorspruch enthaltenen Aussagen von Dingen reden, die der Grundordnung vorgegeben sind, »bei denen also nichts festzusetzen, sondern nur etwas festzustellen ist«.[13] Und in der Denkschrift, die für die Gliedkirchen der APU herausgegeben wurde, heißt es, dass mit der Nennung von Schrift und Bekenntnis in der Präambel zum Ausdruck gebracht werde, dass diese als »vorgegeben nicht Bestandteil der Verfassung seien und dass im besonderen auch das Bekenntnis deshalb nicht auf dem selben Wege wie die Verfassung abänderbar sei«.[14]

Oft wird daraus – besonders von Theologen – allerdings der Schluss gezogen, Präambelbestimmungen, insbesondere solche über das Bekenntnis, könnten nur in einem »magnus consensus«, also eigentlich überhaupt nicht verändert werden und entzögen sich damit weitgehend der Erörterung. Demgegenüber ist darauf

---

12 Lüttgert, G[ottlieb]: Verfassungsurkunde für die Evangelische Kirche der altpreußischen Union. Vom 29. September 1922. Für den Handgebrauch erläutert und mit den zugehörigen Gesetzen hg. Ausgabe für Rheinland und Westfalen, Berlin 1925, S. 20.
13 Brunotte, Heinz: Die Grundordnung der Evangelischen Kirche in Deutschland. Ihre Entstehung und ihre Probleme, Berlin 1954, S. 111.
14 Siehe dazu Benn (wie Anm. 3), S. 6 f., und Anlage in: LkA ELKN-G, Bestand 2, Landessynoden, Provinzialsynode 1946, S. 8.

hinzuweisen, dass die »klassischen« Bekenntnisse wie etwa die Confessio Augustana ja keineswegs Ergebnisse eines »magnus consensus« waren. Ihr Zustandekommen ist vielmehr als Ergebnis von über Strecken geradezu erbittert geführten Auseinandersetzungen im Verlauf der Reformation anzusehen.[15] Die Erkenntnis, dass auch Formulierungen von Präambeln einer sachgerechten Auseinandersetzung bedürfen und dass sie erst im Ergebnis, also in der angenommenen endgültigen Präambelformulierung als abgeschlossen gelten können, war denn auch bestimmend bei einzelnen Elementen der Präambel und dann auch der Grundbestimmungen der Pommerschen Kirchenordnung.

Zum verhältnismäßig unstrittigen Bestand der Präambeln der neuen Gliedkirchen der APU gehörte außer dem Verweis auf die Heilige Schrift Alten und Neuen Testaments die Aufzählung der Bekenntnisschriften als Grundlagen der kirchlichen Ordnung, wie wir sie bereits substanziell in der Verfassungsurkunde der APU vorfinden. So sind auch in der Pommerschen Kirchenordnung in der Präambel die Heilige Schrift und die Bekenntnisschriften aufgeführt. Der entsprechende Entwurf aus dem pommerschen Provinzialkirchlichen Ordnungsausschuss, der mit Schreiben vom 20. September 1948[16] an den Synodalpräses ging, enthielt denn auch eine Fassung, die alle Beratungen und Abstimmungen in der Provinzialsynode unverändert passierte:

> »Die Evangelische Kirche in Pommern bekennt sich zu Jesus Christus, dem Sohn des lebendigen Gottes, dem für uns gekreuzigten und auferstandenen Herrn. Damit steht sie in der Einheit der einen heiligen allgemeinen christlichen Kirche, die überall da ist, wo das Wort Gottes lauter verkündigt wird und die Sakramente recht verwaltet werden.
>
> Ihre unantastbare Grundlage ist das Evangelium, wie es in der Heiligen Schrift Alten und Neuen Testaments bezeugt ist. Sie erkennt die fortdauernde Geltung ihrer Bekenntnisse an: des apostolischen und der anderen altkirchlichen, ferner der Augsburgischen Konfession, der Apologie, der Schmalkaldischen Artikel und des Kleinen und Großen Katechismus Luthers«.

---

15 Es sind hier zu erwähnen die (unüberbrückten) Kontroversen zwischen Luther und seinen Anhängern, den Oberdeutschen (Straßburgern), Schweizern (Zwinglianern), Täufern, Spiritualisten etc., im späteren Fall der Konkordienformel solche zwischen Philippisten (Anhängern Melanchthons) und Gnesiolutheranern (Flacianern), wobei es jeweils ganz unterschiedliche Streitpunkte waren (Abendmahlsauffassung, Willenslehre, Kindertaufe etc. etc.), die eine innerprotestantische (bzw. innerlutherische) Lehr- und Bekenntniseinheit unmöglich machten. Zu den früh einsetzenden »tragischen Absonderungen der Reformation« vgl. Stupperich, Robert: [Art.:] Bucer, Martin (1491–1551), in: TRE 7, Berlin/New York 1981, S. 258–270, dort S. 260. S. dazu auch Sauter, Gerhard: [Art.:] Consensus, in: TRE 8, Berlin/New York 1981, S. 182–189, dort S. 185 f.
16 LkA ELKN-G, Best. 2, Provinzialsynode 1948, S. 293–299.

Lediglich der Beginn änderte sich im Laufe der Erörterungen. Aus »Die Evangelische Kirche in Pommern« wurde »Die Pommersche Evangelische Kirche«.[17]

Dass die Konkordienformel in der Präambel der Pommerschen Kirchenordnung unter den Bekenntnisschriften nicht mit aufgezählt wird, erklärt sich mit der in Pommern bestehenden Bekenntnissituation. Bereits im Kommentar zur Verfassungsurkunde der APU von Gottlieb Lüttgert ist dies erläutert.[18] Und Prof. Schott führte bei der Einbringung der Präambel in die pommersche Provinzialsynode 1950 dazu aus:

> »Von den reformatorischen Bekenntnissen, die dann aufgezählt sind, ist die Konkordienformel nicht erwähnt, weil diese in der pommerschen Kirche niemals in Geltung gestanden hat, jedenfalls nicht in vollem Umfange. Einzelne Artikel sind gelegentlich angenommen worden, und zwar gerade die anti-calvinistischer Art, aber die Konkordienformel als Ganze hat bei uns nicht in Geltung gestanden, und wir sehen keine Veranlassung, sie jetzt hier besonders zu erwähnen, weil sie ja auch ein Bekenntnis der zweiten Generation ist.«[19]

4. Barmen

Deutlich komplizierter war es, den Bezug auf die Ergebnisse der Bekenntnissynode von Barmen 1934 in angemessener Weise herzustellen. Damit stand die Pommersche Synode allerdings nicht alleine. Im Ergebnis der in den einzelnen Gliedkirchen recht unterschiedlich geführten Diskussionen finden wir nicht zwei Ordnungen, in denen die Rezeption in gleicher Weise zustande gekommen und in die Ordnung eingebracht worden ist.[20]

Allerdings verlief die Diskussion darüber in der Pommerschen Kirche verhältnismäßig intensiv. Grund dafür war, dass in der Theologischen Fakultät der Greifswalder Universität hierzu gründlich gearbeitet wurde. Diese Fakultät stand

---

17 Während der abschließenden Beratung auf der Synode 1950, siehe dazu LkA ELKN-G, Bestand 2, Provinzialsynode 1950, S. 435.
18 Wie Anm. 11.
19 Siehe LkA ELKN-G, Bestand 2. Landessynode 1950, S. 297.
20 Siehe dazu Winter, Friedrich: Die Geltungsformel der Theologischen Erklärung von Barmen in den Ordnungen der evangelischen Kirchen in der DDR – Ein Beitrag zum Dialog um Barmen, in: Schulze, Rudolf (Hg.): Barmen 1934–1984, Berlin 1983, S. 141–164.

zur Provinzialkirche in einer besonders produktiven Verbindung. Die Mitgliedschaft bzw. Mitarbeit der Theologieprofessoren in den verschiedenen Organen und Arbeitsgruppen der Landeskirche war selbstverständlich, wie auch die Landeskirche zur Theologischen Fakultät eine deutlich über die Ausbildung und Wissenschaft hinausgehende Verbindung pflegte. So lange die Pommersche Kirche bestand, gehörten nicht nur mindestens ein Mitglied der Theologischen Fakultät zu ihrer Landessynode, sondern ein weiteres der Kirchenleitung an und saß damit ebenfalls in der Landessynode. In den Ausschüssen, und zwar nicht nur im Theologischen Ausschuss, arbeiteten Theologieprofessoren mit. Begünstigt war dies natürlich auch dadurch, dass Fakultät und Landeskirche im gleichen Ort ihren Sitz hatten. Und so fanden regelmäßige Konsultationen zwischen Kirchenleitung und Theologischer Fakultät statt, in der die verschiedensten Belange der Landeskirche und der Fakultät zur Sprache gebracht werden konnten. Dies ist ein bemerkenswerter Unterschied zu anderen Landeskirchen wie zum Beispiel der Mecklenburgischen mit Sitz in Schwerin, wo die Einbindung der Lehrstuhlinhaber an der Theologischen Fakultät der Rostocker Universität in die Organe und Ausschüsse der Landeskirche traditionell weniger stark ist.

So wurde auch der lutherische Charakter der Landeskirche in der wissenschaftlichen Arbeit der Greifswalder Theologischen Fakultät besonders gepflegt. Hier ist vor allem auf Rudolf Hermann zu verweisen, dessen Handschrift sowohl in einer »Erklärung der Theologischen Fakultät zur Frage der Unionskirche« vom August 1947[21] wie auch in einem »Gutachten der Theologischen Fakultät zur konfessionellen Frage« vom 5. Februar 1948[22] gut zu erkennen ist. Der Herausgeber der Schriften Rudolf Hermanns weist darauf hin, dass dieser selbst zunächst aktiv an den kirchenpolitischen Auseinandersetzungen auf Seiten der BK beteiligt war, sich dann aber aus verschiedenen Gründen distanzierte und schließlich 1935 seinen Austritt aus der Bekenntnissynode erklärte.[23] Nicht nur aus diesem Grund stand er der Barmer Theologischen Erklärung kritisch gegenüber. Ihm ging es vor allem darum, zur Vorsicht zu mahnen, wenn es um die Etablierung neuer Bekenntnisse gehen sollte. In dem zuerst genannten Gutachten wurde daher Zurückhaltung empfohlen, um zu vermeiden, dass Barmen in die Nähe der Bekenntnisse gebracht wurde:

---

21 Hermann, Rudolf: Nachgelassene und Gesammelte Werke (hg. von G. Krause), Bd. 6, o. O. 1977, S. 239–249.
22 A.a.O., S. 246–249.
23 A.a.O., S. 19.

> »Möchte daher die Erwähnung von Barmen, falls sie für die Präambel als unerlässlich angesehen wird, so vertrauensvoll weit gefasst werden, dass niemand sich unter ein Joch gebeugt fühlen kann und die Freude an Barmen verliert«.[24]

Und es wurde noch zugesetzt:

> »Zum Schluß weisen wir nochmals auf unseren Eingang zurück und bitten, die Neuordnung der Kirche vor aller Gefahr der Gesetzlichkeit bewahren zu helfen«.[25]

Hinsichtlich der »Barmer Formel« enthielt das zweite genannte Gutachten das Bedenken:

> »Würde dagegen das Ja zur ihr in die Verfassung aufgenommen, so würde die Formel in weiten Kreisen, besonders der Pfarrerschaft nur mit Beklemmung und nicht ohne Gewissensbedenken von mancherlei Art, als kirchliche Verpflichtungsformel übernommen werden«.[26]

In Bezug auf die Aufnahme von Barmen war jedoch in der Landessynode bereits eine Entscheidung getroffen worden, bevor die Präambel der Kirchenordnung zur Abstimmung kam. Im Zusammenhang mit der Stellungnahme zum Entwurf der Grundordnung der EKD hatte die Synode bereits am 27. November 1947 eine Entschließung von grundsätzlicher Bedeutung getroffen, die auch in Bezug auf die Präambel der Kirchenordnung präjudizierend wirken musste.[27] Ohne die Barmer Beschlüsse wörtlich zu erwähnen, wurde darin auffällig oft die dort verwendete Terminologie (»freudig ergreifen«, »mutig bekennen«, »innerhalb der Ordnungen des politischen, wirtschaftlichen, sozialen und kulturellen Lebens wirksam […] mitzugestalten«) aufgenommen und abschließend festgestellt:

> »Die Synode weiß sich mit den in der Evangelischen Kirche der Altpreußischen Union zusammengefassten Kirchengebieten nicht nur durch geschichtliche Führung, sondern auch durch Gemeinschaft des Glaubens und des brüderlichen Dienstes ebenso wie mit der EKiD verbunden und wünscht mit beiden als Gliedkirche lutherischen Bekenntnisses mit eigener Verantwortung verbunden zu bleiben und gemeinsam zu wachsen an dem, der das Haupt ist, Christus«.[28]

---

24 A.a.O., S. 240.
25 A.a.O., S. 242.
26 A.a.O., S. 247.
27 Siehe Amtliche Mitteilungen der Evangelischen Kirche, Verwaltungsbezirk Evangelisches Konsistorium Greifswald 1949, S. 9.
28 Ebd.

So standen in der Pommerschen Synode Befürworter der Barmer Beschlüsse, die diese in die Nähe eines Bekenntnisses rücken wollten, anderen gegenüber, die nicht nur deren Charakter als Bekenntnis völlig zurückwiesen, sondern auch prinzipielle Bedenken gegen eine Aufnahme in die Präambel der Kirchenordnung vertraten. In der Abwehr der Irrlehren wurde das die Gliedkirchen in der APU zusammenhaltende Moment an den Barmer Beschlüssen gesehen:

> »Gegen ihre Erklärung als Bekenntnis kann nicht geltend gemacht werden, dass der Bekenntnisstand ein für alle Mal abgeschlossen sei. Auch steht außer Zweifel, dass sie kein gelegentliches, sondern ein in statu confessionis von der Kirche gesprochenes Wort ist. […] Wohl aber ist zu fragen, ob der theologische Gehalt und das Gewicht der Erklärung in der kirchlichen Öffentlichkeit schon so erarbeitet und ihr Anliegen in der Allgemeinheit der evangelischen Kirche durchgedrungen ist, dass eine endgültige Entscheidung über die Anerkennung als Bekenntnisschrift möglich wäre«.[29]

In der Synode setzte sich schließlich der Vorschlag durch, den der pommersche Ordnungsausschuss noch bei seinem ersten Entwurf in Klammern gesetzt hatte:

> »Sie weiss sich zu immer neuer Vergegenwärtigung und Anwendung dieser Bekenntnisse verpflichtet, wie dies auf der Bekenntnissynode in Barmen 1934 beispielhaft geschehen ist«.[30]

Die Klammer wurde damit begründet, dass der Ordnungsausschuss diese Fassung zwar empfehle. Er sei jedoch der Meinung, dass darüber, ob und gegebenenfalls in welcher Form die Barmer Bekenntnissynode in der Präambel erwähnt werden solle, nur die Synode selbst entscheiden solle. Im Ergebnis der Beratungen zwischen 1946 und 1950 wurde lediglich das Wort »beispielhaft« eingefügt. Die übrige Formulierung blieb bei aller kontroversen Beratung letzten Endes so erhalten.[31] Zur Rezeption von Barmen hatte Bischof von Scheven in der Synodendebatte selbst in einem sehr persönlichen und werbenden Votum Stellung genommen.[32] Die Präambel wurde 1950 bei drei Enthaltungen einstimmig angenommen.[33] Die Kirchenordnung der pommerschen Kirche begann danach mit folgendem Text:

---

29 Benn, Aufgaben (wie Anm. 3), S. 9, und Anlage, LkA ELKN-G, Bestand 2, Provinzialsynode 1946, S. 11.
30 LkA ELKN-G, Best. 2, Provinzialsynode 1948, S. 225.
31 Siehe dazu auch Winter (wie Anm. 19), S. 145; vgl. Winter, Friedrich: Bischof Karl von Scheven, Ein pommersches Pfarrerleben in vier Zeiten, Berlin 2009, S. 187.
32 Ebd., sowie LkA ELKN-G, Bestand 2, Provinzialsynode 1948, S. 333.
33 LkA ELKN-G, Bestand 2, Provinzialsynode 1950, S. 303.

»Das walte Gott Vater, Sohn und Heiliger Geist!
›Alles ist euer, ihr aber seid Christi‹ 1. Kor. 3,22-23.

Die Pommersche Evangelische Kirche bekennt sich zu Jesus Christus, dem Sohn des lebendigen Gottes, dem für uns gekreuzigten und auferstandenen Herrn. Damit steht sie in der Einheit der einen heiligen allgemeinen christlichen Kirche, die überall da ist, wo das Wort Gottes lauter verkündigt wird und die Sakramente recht verwaltet werden.

Ihre unantastbare Grundlage ist das Evangelium, wie es in der Heiligen Schrift Alten und Neuen Testaments bezeugt ist. Sie erkennt die fortdauernde Geltung ihrer Bekenntnisse an: des apostolischen und der anderen altkirchlichen, ferner der Augsburgischen Konfession, der Apologie, der Schmalkaldischen Artikel und des Kleinen und Großen Katechismus Luthers.

Sie weiß sich zu immer neuer Vergegenwärtigung und Anwendung dieser Bekenntnisse verpflichtet, wie dies auf der Bekenntnissynode in Barmen 1934 beispielhaft geschehen ist.

Im Gehorsam des Glaubens an den Gott, der ein Gott der Ordnung und des Friedens ist und will, daß alles ehrbar und ordentlich zugehe, hat sie sich folgende Ordnung gegeben.«

5. Evangelische Kirche der altpreußischen Union (APU)

Ebenfalls von kontroversen Debatten begleitet wurde die Frage, wie in der Kirchenordnung mit der Frage einer künftigen Zugehörigkeit der Pommerschen Landeskirche zur APU zu verfahren sei. An den Entscheidungen zur Zukunft der APU am Rande des Treffens von Kirchenleitern in Treysa Ende August 1945 war die pommersche Kirche gar nicht unmittelbar beteiligt gewesen.[34] Das dort erzielte Ergebnis, die APU wenigstens zu einem gewissen Grade aufrechtzuerhalten, wurde in Pommern jedoch geteilt, wie sich am Verhalten der Landeskirche bei Gestaltung ihrer Kirchenordnung wie auch in den vielfältigen Bezügen zur Evangelischen Kirche der Union im Laufe der Jahre immer wieder zeigte.

Dabei werden die verschiedensten Überlegungen eine Rolle gespielt haben, darunter auch einige, die (über Jahrzehnte mit wachsender Tendenz) dafür sprachen, dass Pommern den Zusammenhalt innerhalb der APU und später der EKU nicht aufgeben mochte. Dazu zählten sicherlich Erfahrungen mit der gemeinsamen Geschichte in Preußen, die gemeinsamen Ordnungen und Agenden sowie die Tradition theologischer Arbeit.

---

34 Siehe dazu Harder, Konsistorium (wie Anm. 8), S. 67.

Nach 1945 aber kam besonders dazu, dass eine klein gewordene Landeskirche den allgemeinen Aufwand, den die Existenz einer Kirche nun einmal erfordert, gar nicht alleine bestreiten kann. Schon die Betrachtung der vorhandenen Kapazitäten in den Synoden und Kirchenleitungen wie auch in der Verwaltung dieser kleineren Landeskirchen zeigt die Begrenztheit der gestalterischen Möglichkeiten. Während in den größeren Landeskirchen zum Beispiel mehrere Juristen vorhanden waren, die sich um den Bestand an Kirchengesetzen usw. kümmern konnten, stand in der Pommerschen Kirche zeitweilig nur noch ein Jurist für diese Aufgabe zur Verfügung.

So war es auch zur Zeit der Erstellung der Kirchenordnung: Gerade noch die Kirchenordnung wurde in der Pommerschen Landeskirche mit eigenen Kräften entworfen und fertiggestellt. Und auch dabei wurde die intensive Vorarbeit einer Zentrale gerne genutzt und umgesetzt. Der gesamte übrige Bedarf an rechtlichen Regelungen übergreifender Art, an Agenden, Handreichungen, theologischer Grundsatzarbeit usw. konnte in dieser kleinen Kirche nicht aus eigener Kraft abgedeckt werden. In schnell steigendem Maße leistete das die APU und dann EKU für ihre Gliedkirchen. Hier waren die größeren Landeskirchen eher in der Lage, für die Abdeckung ihres Bedarfs eigenständig zu sorgen. Auch sie nahmen aber die EKU gerne in Anspruch und beteiligten sich an der gemeinsamen Arbeit zum Wohl aller Gliedkirchen. Die kleinen Kirchen aber haben allein schon aus diesem Grund allen späteren Bemühungen, die EKU aufzulösen, widerstanden.

Das gilt auch für die zu Zeiten der DDR angestellten Überlegungen, die dortigen Kirchen im Bund der evangelischen Kirchen in der DDR unter Aufgabe von EKU und VELK dichter zusammenzuführen. Hier wurde vor allem geltend gemacht, dass es gerade für die kleineren Kirchen unerlässlich sei, in einem Zusammenschluss die gleiche Zusammenarbeit und Verbindlichkeit vorzufinden, wie sie die EKU leiste. Und dies wurde auch nach der Wiederherstellung der deutschen Einheit vorgetragen, als es erneut darum ging, die EKU aufzugeben. Und so sollte dies auch Maßstab bei der Bildung der UEK sein.[35]

Bei der Erörterung unmittelbar nach 1945 stand jedoch die Frage im Vordergrund, wie man über einen Fortbestand der APU grundsätzlich dachte. Otto Dibelius hatte hier die Initiative ergriffen.[36] Die Haltung der Pommerschen Kirche

---

35 Zum Vorgang während der DDR-Zeit siehe Richter, Martin: Kirchenrecht im Sozialismus. Die Ordnung der evangelischen Landeskirchen in der DDR (Jus Ecclesiasticum 95), Tübingen 2011, S. 26. Zum Übergang der EKU in die UEK siehe Rohde, Jürgen: Ein langer Weg – Union gestern, heute, morgen, in: Dill, Riccarda [u.a.] (Hg.): Im Dienste der Sache. Liber amicorum für Joachim Gärtner (Schriften zum Staatskirchenrecht 8), Frankfurt (Main) 2003, S. 597–603, insbesondere S. 601 f.
36 Lebhaft geschildert wird dies von Stupperich, Robert: Otto Dibelius – Ein evangelischer Bischof im Umbruch der Zeiten, Göttingen 1989, S. 372–381.

dazu war sicher auch nicht unbeeinflusst von der persönlichen Freundschaft, die zwischen den Bischöfen Dibelius und von Scheven bestand.[37]

So wurde bei aller Betonung des lutherischen Bekenntnisstandes die Zugehörigkeit zur APU in Pommern dennoch nicht infrage gestellt.

An dieser Stelle liegt die Frage nahe, ob die Gemeinden Pommerns nicht »unierter« waren, als die entsprechende Bezeichnung nach der Kirchenordnung dies ausweist. Es gab in Pommern nur sehr vereinzelt Gemeinden, die sich als »uniert« in dem Sinne bezeichneten, dass in ihnen bewusst lutherische und reformierte Gemeindeteile vereinigt worden waren.[38] Norbert Buske weist zu Recht darauf hin, dass die orthodox lutherischen Gemeinden sich selbständig gemacht hatten und dass in der übrigen Landeskirche die preußische Union in jeder Hinsicht präsent war.[39] Daran anschließend und auch in Anbetracht der allgemeinen konfessionellen Durchmischung der Gemeinden in Deutschland nach 1945 hätte es nahegelegen, die Landeskirche nicht ausdrücklich als »lutherisch«, sondern nur allgemein als »evangelisch« zu bezeichnen.

Zur Zeit der Neuordnung der Kirche nach 1945 mit einer entsprechenden Kirchenordnung wäre jedenfalls davon auszugehen gewesen, dass die Pommersche Kirche weit über 100 Jahre Teil der Unionskirche war, wie sie sich in Preußen gebildet hatte. Das bezog sich durchaus nicht nur auf die Geltung des Unionsaufrufes von 1817 und später eine gemeinsame Verfassung. Vielmehr vollzog sich in Preußen eine umfängliche Kirchenreform, die alle Bereiche kirchlichen Lebens betraf. Das Verhältnis zu den reformierten Gemeinden war darin nur ein geringer Aspekt. Im Ergebnis der Veränderungen innerhalb der Gesamtkirche bestanden Übereinstimmungen auf vielen Gebieten, die über einen langen Zeitraum erprobt und eingeführt waren.[40] Seit diese Kirche bestand, war für sie typisch, dass die in ihr verbundenen Gemeinden unabhängig von ihrer konfessionellen Bestimmtheit Gemeinsamkeit in wesentlichen Bereichen kirchlichen Lebens und Handelns pflegten.[41] Das machte die preußische Union aus. Die APU selbst – wie auch dann die EKU – war Kirche im Vollsinn und als solche von vornherein Mitglied der EKD als eine ihrer Gliedkirchen.[42] Es hätte also durchaus nahegelegen, für die Pommersche Kirche auf den Zusatz »lutherisch« zu verzichten.

---

37 Siehe dazu die Traueransprache von Otto Dibelius im Greifswalder Dom am 13. Oktober 1954, abgedruckt bei Winter, Scheven (wie Anm. 31), S. 254.
38 Siehe dazu Heyden, Kirchengeschichte (wie Anm. 9), S. 95–97.
39 Siehe dazu Buske, Norbert: Das evangelische Pommern – Bekenntnis im Wandel, Schwerin 2009, insbesondere S. 79–83.
40 Siehe dazu Hüffmeier, Union (wie Anm. 1), insbesondere S. 16–18.
41 Hierauf macht der letzte leitende Jurist der EKU, Jürgen Rohde, aufmerksam in: Rohde, Weg (wie Anm. 35), S. 597–603.
42 Siehe dazu Brunotte, Grundordnung (wie Anm. 13), S. 123.

Bei der Neukonzipierung der Kirchenordnung in Pommern war dies aber offensichtlich nicht im Blick – hingegen dürfte die schon erwähnte besondere lutherische Prägung der Theologischen Fakultät in Greifswald eine Rolle gespielt haben. So wurde die Bezeichnung der Pommerschen Kirche als »lutherisch« nicht nur nicht infrage gestellt, sondern immer wieder deutlich betont.[43]

Bei der Diskussion der Kirchenordnung stellte sich in Bezug auf die Zugehörigkeit der Landeskirche zur APU wie dann auch hinsichtlich ihrer Bezeichnung als »lutherisch« lediglich die Frage, ob die Präambel dafür der angemessene Ort sei. Einiges sprach dafür, die Zugehörigkeit zur APU und die Bezeichnung als »lutherisch« an anderer Stelle festzuhalten, etwa dort, wo auch die Zugehörigkeit zur EKD zu finden war, also bei den Artikeln der Kirchenordnung, die die Landeskirche als solche betrafen.

Sowohl die Vorarbeiten aus der APU selbst wie auch die Festlegungen durch die Entschließung von 1947 sicherten, dass die auch künftige Zugehörigkeit zur APU nicht zur Disposition stand. Es wurde aber sehr bald deutlich, dass der Ort, dies in der Kirchenordnung zu formulieren, nicht der Kontext der Präambel sein sollte, sondern der der Grundbestimmungen zur Beschreibung der Landeskirche.

So wurde in Art. 108 der Kirchenordnung die Zugehörigkeit zur APU zusammen mit der Bezeichnung als »lutherisch« festgehalten. Art. 108 Absatz 1 erhielt folgende Fassung:

> »(1) Die Pommersche Evangelische Kirche ist eine Kirche lutherischen Bekenntnisses. Sie ist aufgrund ihrer Geschichte Gliedkirche der Evangelischen Kirche der Union und ist Gliedkirche der Evangelischen Kirche in Deutschland«.[44]

Am 2. Juni 1950 wurde die Kirchenordnung ohne Gegenstimmen verabschiedet, womit auch die Präambel und diese Grundbestimmung ihre endgültige Form erhielten.[45]

---

43 So bei Heyden, Kirchengeschichte (wie Anm. 9), S. 255 f.
44 Fassung gemäß Beschluss der Landessynode über die Kirchenordnung vom 2. Juni 1950.
45 Kirchenordnung der Pommerschen Evangelischen Kirche vom 2. Juni 1950, ABl. Greifswald 1950, Nr. 3, S. 30–47, ABl. EKD 1950, Heft 9, Nr. 133, S. 271–288.

6. Lutherischer Weltbund

Die Grundbestimmungen erhielten dann 1955 einen geringfügigen, wenn auch gewichtigen Zusatz: Es wurde die Zugehörigkeit der Landeskirche zum Lutherischen Weltbund aufgenommen.

Ausgangspunkt dafür war der lutherische Charakter der Landeskirche. Dieser lässt sich kirchengeschichtlich auf die Zeit der Reformation zurückführen. Jedenfalls stellt Hellmuth Heyden dies so dar, wenn er ausführt, dass »seit der von Johannes Bugenhagen verfassten Pommerschen Kirchenordnung von 1535 hierzulande die Kirche lutherischen Bekenntnisses gewesen ist«.[46] Im Anschluss daran stellt er die Auseinandersetzungen seit Mitte des 19. Jahrhunderts zu dieser Frage dar – und schließlich fest, dass der Beitritt zum Lutherischen Weltbund »der Schlußstrich unter ein mehr denn einhundertjähriges Ringen um den lutherischen Charakter der pommerschen Kirche« war.[47]

Schon kurz nach dem Ende des Zweiten Weltkriegs gab es in der Pommerschen Kirche Bemühungen, den lutherischen Bekenntnisstand auch durch eine engere Bindung an die übrigen lutherischen Kirchen zu dokumentieren. Bereits im September 1951 stellte der Kirchenkreis Loitz einen Antrag an die Synode, demzufolge die Landeskirche dem Lutherischen Weltbund beitreten solle.[48] Danach setzten verschiedenste Bemühungen ein, bei denen eine Minderheit auch einen Wechsel des Kirchenbundes von der APU zur Vereinigten Evangelisch-Lutherischen Kirche Deutschlands (VELKD) favorisierte. Wer im Einzelnen welche Position dabei vertrat, lässt sich heute leider nicht mehr unmittelbar erheben und entsprechend belegen, sondern nur noch allgemein aus den später dazu geführten Debatten auf der Synode erschließen.

1951 wurde Bischof von Scheven vom Lutherischen Weltbund als »offizieller Besucher« zu einer »Lutherischen Woche« im Jahr 1952 nach Hannover eingeladen und nahm diese Einladung dankbar an.[49] Am 29. Oktober 1953 erfolgte die erste Anfrage der Pommerschen Kirchenleitung beim Nationalkomitee des Lutherischen Weltbundes wegen einer Aufnahme in den Lutherischen Weltbund.

---

46 Heyden, Hellmuth: Zur Geschichte der Kämpfe um Union und Agende in Pommern, in: Pommersche Jahrbücher 23 (1926), S. 1 ff., erneut abgedruckt in: Zeitschrift für Kirchengeschichte 71 (1960), S. 287–323, insbesondere S. 323.
47 Ebd.
48 Nach Winter, Friedrich [dessen Vater zu dieser Zeit Superintendent des Kirchenkreises Loitz war]: Friedrich-Wilhelm Krummacher – Ein pommerscher Bischof in den Umbrüchen des 20. Jahrhunderts, in: Baltische Studien NF 90 (2004), S. 237–252, insbesondere S. 247 f.
49 LkA ELKN-G, Bestand 3 (Nachlass von Scheven), LWB 1952/54.

Diese selbst ging aber durchaus nicht so unkompliziert vonstatten, wie dies von der Pommerschen Kirche wohl erwartet worden war. Am 22. Juli 1954, also neun Monate nach der offiziellen Anfrage beim zuständigen Organ des Lutherischen Weltbundes, erreichte die Kirchenleitung erst einmal ein längeres Schreiben mit Briefkopf des Leitenden Bischofs der VELKD (also nicht des Nationalkomitees des Lutherischen Weltbundes!), in dem eine Reihe von Fragen gestellt wurde, die es zunächst zu beantworten galt. Ausgehend von der Bestimmung der inzwischen verabschiedeten Kirchenordnung der Pommerschen Kirche, in der es in Art. 108 Abs. 2 hieß: »Sie gewährt allen Angehörigen der Gliedkirchen der Evangelischen Kirche in Deutschland Anteil an der Gemeinschaft des Gottesdienstes und der Sakramente«, wurde mitgeteilt, man habe inzwischen unabhängig voneinander »einige deutsche lutherische Theologen zu einer gutachtlichen Äußerung aufgefordert und solche inzwischen erhalten«. Dabei ging es um die Tatsache, dass in der Pommerschen Kirche gemäß dieser Bestimmung der Kirchenordnung auch Mitgliedern reformierter Gemeinden Kanzel- und Abendmahlsgemeinschaft gewährt werden konnte. Und weiter hieß es:

> »Die Frage, die vor weiteren Schritten einer eingehenden Klärung bedarf, ist die, wie die verfassungsmässigen Organe der Pommerschen Evangelischen Kirche ihr Verhältnis zur Evangelischen Kirche der Union ansehen. Haben die Bestimmungen der Ordnung der EKU vom 20.2.1951 eine unmittelbare Wirkung auch für die Pommersche Kirche im Zweifelsfalle von den Organen der EKU ausgelegt? Ist die Pommersche Kirche an den Wortlaut und Sinn der Verfassung der EKU gebunden, in dem Sinn, dass die Bestimmungen der Ordnung der EKU denjenigen der pommerschen Kirchenverfassung vorgehen bzw. in dem Sinn, dass die Bestimmungen der pommerschen Kirchenordnung nach denen der EKU zu interpretieren sind? Oder besteht für die pommersche Kirche die Möglichkeit, die Auslegung der eigenen Verfassung unmittelbar und unabhängig selbst zu vollziehen und notfalls abweichende Bestimmungen in der Ordnung der EKU von der eigenen Kirchenordnung aus zu interpretieren? Wären die verfassungsmässigen Organe der Pommerschen Evangelischen Kirche etwa in der Lage und bereit, eine öffentliche und bindende Erklärung abzugeben, durch die sie bekunden, dass sie als eigenständige Kirche den kirchenordnungsmässig festgelegten lutherischen Bekenntnisstand grundsätzlich und praktisch allen Festlegungen und Massnahmen der EKU im Einzelfall von ihrem lutherischen Bekenntnisstand her vorbehalten?«[50]

In ihrer Antwort vom 8. September 1954[51] machte die Pommersche Kirchenleitung deutlich, dass sie für die Art und den Inhalt dieser Rückfragen nur begrenzt Verständnis aufbringen könne. Unter Hinweis auf die Präambel der Kirchenord-

---

50 Ebd.
51 Ebd.

nung und die Aufnahme anderer Kirchen (zum Beispiel der Württembergischen und der Batak-Kirche) in den Lutherischen Weltbund wurde lediglich die Anfrage hinsichtlich der Zugehörigkeit zur EKU für sachgemäß angesehen. Und dazu wurde deutlich auf die Autonomie der Landeskirchen innerhalb der EKU hingewiesen. Anhand eines Zitats aus der Confessio Augustana wurde betont, dass »das Wirken des Glaubens« davon abhänge, »ubi et quando visum est deo«. Dies zu verdeutlichen und wirksam werden zu lassen, sei nach der Pommerschen Kirchenordnung Aufgabe des Bischofs und der Pröpste. Wenn das nicht ausreiche, müsse man den gestellten Antrag auf Aufnahme zurückziehen.

Auf der Tagung der Pommerschen Landessynode im Februar 1955 (Bischof von Scheven war inzwischen verstorben und Bischof Dr. Krummachers Wahl war soeben durch die Landessynode bestätigt worden) wurde dann folgender Antrag der Kirchenleitung an die Landessynode gestellt:

> »Die Landessynode macht sich den Antrag der Kirchenleitung an das Exekutivkomitee des Lutherischen Weltbundes in Genf zur Aufnahme der Pommerschen Evangelischen Kirche in den Lutherischen Weltbund zu eigen.«[52]

Dabei wurde ausdrücklich vorgetragen, die Zugehörigkeit zur EKU stehe damit nicht zur Disposition. Vielmehr seien ein wichtiger Grund für diesen Schritt die seit Langem bestehenden und gerade in letzter Zeit wieder besonders wirksamen Verbindungen zu den skandinavischen Kirchen.

Die Debatte in der Synode wurde dann noch einmal recht grundsätzlich geführt, wobei vor allem vorgetragen wurde, dass für diesen wichtigen Schritt der Landeskirche eigentlich mehr Zeit erforderlich sei. Gerade aber die Verfechter eines Beitritts zum Lutherischen Weltbund wiesen mit Nachdruck darauf hin, dass damit die Zugehörigkeit zur EKU auf keinen Fall zur Disposition stehen solle.[53]

Schließlich wurde D. Franz-Reinhold Hildebrandt, Präsident der Kirchenkanzlei der EKU, der auf der Tagung als Gast anwesend war, um ein Votum gebeten. Er hatte bereits das auf einer Synodaltagung für einen Gast übliche Grußwort gesagt, ohne diesen Tagesordnungspunkt auch nur zu erwähnen. Nun aber leistete er einen recht ausführlichen Beitrag zur Sache.[54] Er trug vor, dass er nur für sich

---

52 LkA ELKN-G, Bestand 2, Landessynode 1955, S. 187; gemeint war der Antrag (s.o.) von 1953.
53 Wie zum Beispiel Hellmuth Heyden; siehe LkA ELKN-G, Best. 2, Landessynode 1955, S. 97–99.
54 A.a.O., S. 101–108 und S. 110–113, nach einem längeren Votum von Präses Dr. Rautenberg (als amtierendem Vorsitzenden der Kirchenleitung während der Vakanz im Bischofsamt).

persönlich sprechen könne, zumal bei der Einladung zur Tagung der Landessynode dieser Tagesordnungspunkt noch gar nicht mitgeteilt worden sei. Vor allem aber sei die EKU mit der Sache bisher überhaupt noch nicht offiziell befasst worden. Bei allem Verständnis für die vorgetragenen Gründe für einen solchen Antrag sei aber eine solche Verständigung seiner Meinung nach unerlässlich. In Bezug auf die laufende Formierung der Ökumene zwischen Unio und Confessio müsse ein solcher Schritt einer Gliedkirche der EKU zu Irritationen führen.

Dazu führte er aus, dass noch ungewiss sei,

> »wie sich die Ökumene weiterentwickeln wird. Es gibt auch in der Ökumene verschiedene Kräfte. Es gibt Kräfte, die die Ökumene von der Konfession her gestalten möchten, sehr ernsthafte und wohl auch sehr starke Kräfte. Es gibt aber auch Kräfte in der Ökumene – und auch in zunehmendem Maße –, die das Verhältnis von Confessio und Unio der Kirche so bestimmt sein lassen möchten, dass sie die Unio, die Einheit der Kirche als den gemeinsamen und übergeordneten Blickpunkt über die Differenziertheit der Konfessionen für das Entscheidende halten. Ich weiß nicht, wie diese Dinge in der Ökumene ausgehen werden. Ich weiß aber, dass die Grundrichtung der Evangelischen Kirche der Union auch für die Ökumene in diese Richtung gehen muß, ihrer eigenen Struktur nach, und ich weiß nicht, ob Ihr Antrag, in den Lutherischen Weltbund aufgenommen zu werden, hier nicht eine der Grundrichtung unserer Kirche der Union widersprechende Tendenz ist. Die sich dann irgendwie in Schwierigkeiten ausdrücken wird. Ich habe jedenfalls diese Befürchtung.«[55]

Dabei wies er ausdrücklich auch auf die Bestrebungen der VELKD hin, neue Gestalt zu gewinnen, und erwähnte dazu auch die Gestaltung des Verhältnisses der EKU zur EKD:

> »Sie sagen: Wir wollen Brücke sein. Ich habe dafür sehr viel übrig. Übrigens, ich bin lutherischer Konfession, und zwar bewusst, und von da aus habe ich auch für diesen Gedanken sehr viel übrig. Ich glaube aber, so wie die Funktion der Brücke bei Ihnen gesehen wird oder jetzt dargestellt worden ist, ist sie falsch. Sie können Brücke sein, wenn Sie es im Einvernehmen mit den anderen Gliedkirchen sind, dann kann ich mir das vorstellen. Meiner Meinung nach ist es aber so, dass es nicht gut ist, wenn eine Gliedkirche meint, Brücke sein zu müssen innerhalb der Union zur VELK oder zum Lutherischen Weltbund, sondern nur dann, wenn wir ernsthaft daran gehen – und wir sind dabei und helfen Sie uns bitte mit dem lutherischen Bekenntnisstand Ihrer Kirche –, dass wir als ganze Kirche der Union oder vielleicht

---

55 A.a.O., S. 103.

als Gesamtheit der unierten Kirchen innerhalb der EKiD überhaupt zur Vereinigten Evangelisch-Lutherischen Kirche in ein rechtes Verhältnis kommen.«[56]

Sein Votum lief darauf hinaus, die Sache zu vertagen und das Gespräch mit der EKU zu suchen. Nach einer etwas komplizierten Geschäftsordnungsdebatte wurde dann ein Ausschuss aus 16 Synodalen gebildet, der während der Tagung zum Fortgang in der Sache beraten sollte. Dabei wurden auch Gäste der Synode beteiligt, so dass davon ausgegangen werden kann, dass auch Präsident Hildebrandt dort anwesend war. Das ist zwar nicht belegt, da kein Ausschussprotokoll vorhanden ist, entspräche aber der in der Synode geübten Praxis und wäre ja auch sachlich geboten gewesen.

Das Ergebnis der Beratung trug Prof. Alfred Jepsen sorgfältig vor.[57] Nach erneuter längerer Debatte wurde über den im Ausschuss abgeänderten Text des Antrags »Die Landessynode billigt den Antrag der Kirchenleitung an das Exekutivkomitee des Lutherischen Weltbundes in Genf um Aufnahme der Pommerschen Evangelischen Kirche in den Lutherischen Weltbund« abgestimmt; 60 Synodale stimmten zu, ein Synodaler dagegen, 17 enthielten sich der Stimme.[58]

Nach vollzogener Aufnahme der Pommerschen Kirche durch das Exekutivkomitee des LWB erfolgte dann auf der Tagung der Landessynode im Februar 1956 die förmliche Zustimmung zum Beitritt. Zunächst wurde jedoch keine Änderung der Pommerschen Kirchenordnung vorgenommen, sondern es wurde nur eine Fußnote zu Art. 108 beigefügt, so dass nach »(3) Sie steht durch die Evangelische Kirche in Deutschland in der Ordnung des Ökumenischen Rates der Kirchen« angefügt wurde: »29) Beschluß der Landessynode vom 15. Februar 1956 betr. Aufnahme in den Lutherischen Weltbund«.[59]

Für den neu in die Landeskirche gekommenen Bischof Dr. Krummacher war dies zweifellos eine gute Entscheidung. Er bemühte sich in seinem ganzen Dienst, die nach den Verlusten im Ergebnis des Zweiten Weltkrieges relativ klein gewordene Pommersche Kirche in den großen Zusammenhang der Ökumene zu führen. Neben Funktionen im Ökumenischen Rat übernahm er lange Jahre Verantwortung im Exekutivkomitee des Lutherischen Weltbundes. Er pflegte intensiv die im Nordisch-Deutschen Kirchenkonvent vorgefundenen Kontakte und Möglichkeiten. Und die partnerschaftlichen Beziehungen zu den skandinavischen Kirchen wirkten sich jahrzehntelang positiv auf die Landeskirche aus.[60]

56 A.a.O., S. 104.
57 A.a.O., S. 344–354.
58 A.a.O., S. 370.
59 LkA ELKN Bestand 2, Landessynode 1956, S. 34.
60 Siehe dazu Mäkinen, Aulikki: Der Mann der Einheit. Bischof Friedrich-Wilhelm Krummacher als kirchliche Persönlichkeit in der DDR in den Jahren 1955–1969

7. Namensänderung

1968 erfolgte eine relativ einfache Änderung der Kirchenordnung, die sich auch auf die Präambel und die Grundbestimmungen auswirkte. Ihr war allerdings eine lange und intensive Auseinandersetzung vorausgegangen: Sollte sich die Landeskirche als »Evangelische Kirche in Pommern«[61] bezeichnen? Dies wäre sicher all denen entgegengekommen, die um den schlimmen Verlust ihrer pommerschen Heimat trauerten und noch unter dem frischen Eindruck der Schrecken des Zweiten Weltkriegs standen. Schon damals war dieser Bezug etwas abgeschwächt worden, indem sich die Landeskirche »Pommersche Evangelische Kirche« nannte.[62] Aber auch dies hatte Missfallen erregt, denn sowohl die damals noch zuständige Landesregierung in Schwerin als auch die sich bildende Regierung der DDR hielten diese Bezeichnung für unzulässig und forderten eine Änderung.[63] Daneben bestand allerdings auch bei der EKD im Zusammenhang mit der Veröffentlichung der Pommerschen Kirchenordnung in ihrem Amtsblatt Unsicherheit. Sie setzte in Klammern die Ortsbezeichnung »Ostmecklenburg« hinzu, was den Präses der Pommerschen Landessynode, Dr. Rautenberg, veranlasste, darauf hinzuweisen, dass korrekt ohnehin nur »Ostmecklenburg/Nordost-Brandenburg« gewesen wäre. Beides aber solle unterbleiben, sonst werde die Pommersche Kirche in absehbarer Zeit möglicherweise zur »Ostmecklenburgischen Kirche«. Die EKD lehnte aber eine Korrektur in ihrem Amtsblatt ab.[64]

Schließlich führte die in den Kirchen der DDR gepflogene Aussprache im Gefolge der neuen Verfassung der DDR von 1968 zu der fragwürdigen Feststellung des Thüringer Bischofs Mitzenheim, die »Staatsgrenzen der Deutschen Demokratischen Republik bilden auch die Grenze für die kirchlichen Organisationsmöglichkeiten«. Damit brach die Debatte über die Bezeichnung der Landeskirche neu auf, und die Landessynode der Pommerschen Kirche beschloss am 31. März

---

(Greifswalder theologische Forschungen 5), Frankfurt (Main) 2002, S. 26 und S. 133–135, sowie Winter, Friedrich: Kirche zwischen den Fronten – Der ökumenische Aufbruch der Pommerschen Evangelischen Kirche nach 1945, in: Zeitgeschichte Regionale Mitteilungen aus Mecklenburg-Vorpommern, 2004, 1. S. 52–63.
61 Wie im ersten Entwurf ihres Ordnungsausschusses von 1946.
62 Siehe oben (Beratung auf der Landessynode 1950).
63 Auf die mühevollen Verhandlungen der EKU wegen ihrer eigenen Ordnung sowie bezüglich der Gliedkirchen Schlesien und Pommern weist hin Winter, Friedrich: Die Evangelische Kirche der Union und die Deutsche Demokratische Republik (Unio und Confessio 22), Bielefeld 2001, S. 30, S. 32, S. 50, S. 52.
64 Siehe dazu Völker, Konstitution (wie Anm. 7), S. 61.

1968 das 5. Kirchengesetz zur Änderung der Kirchenordnung mit der lapidaren Bestimmung:

> »§ 1 (1) Die Pommersche Evangelische Kirche führt unter Fortbestand ihrer Rechtspersönlichkeit hinfort den Namen »Evangelische Landeskirche Greifswald«.
>
> (2) Der bisherige Name wird in der Überschrift, der Inhaltsübersicht, im Vorspruch sowie in sämtlichen Artikeln der Kirchenordnung, in denen der bisherige Name vorkommt, entsprechend geändert. Dasselbe gilt für alle in Kraft stehenden Kirchengesetze und Verordnungen.
>
> § 2 Dieses Kirchengesetz tritt am 1. April 1968 in Kraft.«[65]

Danach begann die Präambel fortan mit der Formulierung:

> »Die Evangelische Landeskirche Greifswald bekennt sich [...].«

1970 erfolgte eine weitere Änderung der Kirchenordnung, mit der eine ganze Reihe von kleineren Anpassungen und redaktionellen Glättungen eingeführt wurden. Mit dem 6. Kirchengesetz zur Änderung der Kirchenordnung vom 8. November 1970 wurde auch Art. 108 neu gefasst und lautete nun:

> »(1) Die Evangelische Landeskirche Greifswald ist eine Kirche lutherischen Bekenntnisses. Sie ist Gliedkirche der Evangelischen Kirche der Union und des Bundes der Evangelischen Kirchen in der Deutschen Demokratischen Republik.
> (2) Sie gewährt allen Gliedern evangelischer Kirchen Anteil an der Gemeinschaft des Gottesdienstes und der Sakramente.
> (3) Sie ist Mitgliedskirche des Lutherischen Weltbundes und des Ökumenischen Rates der Kirchen.«[66]

Die Leuenberger Konkordie vom 16. März 1973 führte zu keiner förmlichen Änderung der Kirchenordnung. Sie wurde durch Beschluss der Landessynode für die Landeskirche angenommen.[67] Eine Änderung der Kirchenordnung an irgendeiner Stelle hielt die Landessynode nicht für erforderlich. Die in der Leuenberger Konkordie getroffenen Festlegungen und Vereinbarungen wurden als mit dem bestehenden Text der Kirchenordnung in Einklang stehend angesehen.

---

65 ABl. EK Greifswald 1968, Nr. 4, S. 23.
66 ABl. EK Greifswald 1970, S. 121, siehe auch Neufassung der Kirchenordnung ABl. EK Greifswald 1971, S. 16–38.
67 Beschluss der Landessynode vom 4. November 1973, ABl. EK Greifswald 1974, S. 54.

Es folgte eine längere Zeit ohne Veränderungen an der Präambel oder an den Grundbestimmungen der Kirchenordnung, bis 1990 unverzüglich die ehemaligen Bezeichnungen »Pommersche Evangelische Kirche« und folglich auch »Pommersche Kirchenordnung« wieder eingeführt wurden.[68]

8. Verhältnis zum Judentum

1997 wurde die Präambel in sachlich wichtiger Hinsicht geändert: Es wurde nun eine Aussage zum Verhältnis der Landeskirche zum Judentum aufgenommen. Damit stellte sich die Landeskirche in den Zusammenhang anderer Gliedkirchen der EKU wie zum Beispiel des Rheinlands und Berlin-Brandenburgs, die ebenfalls entsprechende Veränderungen in ihrer Grundordnung beschlossen hatten.[69] Die Mitglieder der Landessynode wurden über Arbeitsergebnisse zu dieser Frage informiert, die bereits seit längerer Zeit vorlagen und die innerhalb der Landeskirche zu einer verstärkten Beschäftigung mit diesem Thema geführt hatten. So wurde auf eine Erklärung der Vollversammlung des Lutherischen Weltbundes in Budapest vom 1. August 1984 »Luther, das Luthertum und die Juden«[70] hingewiesen. Und die Landessynode wurde an ihren eigenen Beschluss vom 3. November 1985 erinnert, mit dem sie zu Zeiten der DDR öffentlich die einseitige Berichterstattung in der DDR über Palästina und Israel kritisiert hatte.[71]

Insgesamt konnte auf Vorarbeiten in einem seit Langem bestehenden Arbeitskreis »Kirche und Judentum« zurückgegriffen werden. Dessen Mitglied und gleichzeitig zuständiger Referent im Konsistorium, Christoph Ehricht, trug in der

---

68 16. Kirchengesetz zur Änderung der Kirchenordnung vom 19. Mai 1990, ABl. PEK 1990, S. 45.
69 Siehe Kirchengesetz zur Änderung des Grundartikels der Kirchenordnung der Evangelischen Kirche im Rheinland. Vom 11. Januar 1996, in: Kirchliches Amtsblatt der Evangelischen Kirche im Rheinland 1996, Nr. 1 vom 25. Januar 1996, S. 2, und 1. Kirchengesetz zur Änderung der Grundordnung der Evangelischen Kirche in Berlin-Brandenburg vom 19. November 1994. Vom 18. November 1996, in: Kirchliches Amtsblatt der Evangelischen Kirche in Berlin-Brandenburg 1996, S. 170–171, und ABl. EKD 1997, S. 73–74.
70 Mau jr., Carl H. (Hg.): Budapest 1984: In Christus – Hoffnung für die Welt. Offizieller Bericht der Siebten Vollversammlung des LWB (LWF Report No. 19/20), Stuttgart 1985.
71 Diese Kritik konnte im Amtsblatt nicht veröffentlicht werden, siehe aber: Greifswalder Informationsdienst der Pressestelle der Ev. Landeskirche Greifswald Nr. 5/85, S. 14 f.

Landessynode drei Gründe vor, eine entsprechende Änderung der Kirchenordnung vorzunehmen: Diese solle

> »Ausdruck dafür sein, dass unsere Kirche aus der Schuld der Vergangenheit lernt, an der auch evangelische Christen Anteil hatten. Sie soll ein neues Verhältnis zu den jüdischen Mitbürgerinnen und Mitbürgern ermöglichen. Und sie soll dazu helfen, dass wir Reichtum und Wahrheit unseres Glaubens im Wissen um die Verbundenheit mit den Juden tiefer verstehen und glaubwürdiger bezeugen«.[72]

In seiner eindrucksvollen Einbringung nannte er als Stelle, an der ein entsprechender Satz einzufügen sein würde, auch deswegen die Präambel unmittelbar nach deren Aussagen zu Barmen, weil die Barmer Erklärung vom 31. Mai 1934 dieses Thema nicht aufgenommen habe, obwohl doch der »Arierparagraph« mit Reichsgesetz vom 1. April 1933 eingeführt worden sei. Und auch die Stuttgarter Schulderklärung habe dieses Thema übergangen. Als Vorlage 6 wurde vorgeschlagen, an Absatz 2 der Präambel anzufügen:

> »Sie weiß um die besondere Verbundenheit mit dem jüdischen Volk und bezeugt die bleibende Erwählung der Juden und Gottes Bund mit ihnen.«[73]

Als Ergebnis einer intensiven Beratung auf der Synode wurde dieser Vorschlag dann noch erweitert und beschlossen, die entsprechende Einfügung aus der Berlin-Brandenburger Grundordnung, die dort vor Kurzem vorgenommen worden war, ohne deren zweiten Satz zu übernehmen:

> »In der Präambel wird an Absatz 2 folgender neuer Text angefügt:
> Sie erkennt und erinnert daran, dass Gottes Verheißung für sein Volk Israel gültig bleibt. Sie weiß sich zur Anteilnahme am Weg des jüdischen Volkes verpflichtet. Sie bleibt im Hören auf Gottes Weisung und in der Hoffnung auf die Vollendung der Gottesherrschaft mit ihm verbunden.«[74]

---

72 LkA ELKN-G, Bestand Landessynode 1997, Einbringung zum 21. Kirchengesetz zur Änderung der Kirchenordnung, Landessynode 14.–16. November 1997, Vorlage 6.
73 Ebd.
74 Ebd., Vorlage 6a, und 21. Kirchengesetz zur Änderung der Kirchenordnung vom 16. November 1997, ABl. PEK 1997, S. 146. Der hier nicht übernommene zweite Satz aus der Änderung der Grundordnung in Berlin-Brandenburg war dort so formuliert: »[…] gültig bleibt: Gottes Gaben und Berufung können ihn nicht gereuen. Sie weiß […]« (siehe Anm. 69).

Dieses Kirchengesetz wurde in erster Lesung einstimmig bei einer Enthaltung und in zweiter Lesung einstimmig verabschiedet.[75]

Auf der gleichen Tagung der Landessynode 1997 wurde noch eine weitere Änderung der Kirchenordnung vorgenommen, die die Präambel und die Grundbestimmungen substanziell nicht berührte, aber das Erscheinungsbild der Landeskirche als Ganze betraf. Einem Auftrag der Synode von 1996 entsprechend wurde die gesamte Kirchenordnung (neben redaktionellen Änderungen) weiblich-männlich durchformuliert.[76] Die Pommersche Kirche nahm als erste evangelische Kirche im deutschen Sprachraum eine solche Änderung vor; mittlerweile ist dies Standard im evangelischen Verfassungsrecht und wird auch in der allgemeinen Gesetzgebung beachtet.[77]

Im Zuge der dabei erforderlichen redaktionellen Überarbeitung der Kirchenordnung wurde in den Grundbestimmungen in Artikel 108 der »Bund der Evangelischen Kirchen der Deutschen Demokratischen Republik« (da inzwischen überholt) durch die »Evangelische Kirche in Deutschland« ersetzt.[78]

9. Der Weg von der Pommerschen Evangelischen Kirche zur Evangelisch-Lutherischen Kirche in Norddeutschland

Die Pommersche Evangelische Kirche als eigenständige Landeskirche gibt es nun nicht mehr, so dass auch die Pommersche Kirchenordnung nicht mehr in Kraft ist. Wo sind deren Präambel und Grundbestimmungen inhaltlich weiterhin berücksichtigt, und was ist aus der Zugehörigkeit zur Evangelischen Kirche der Union geworden, nachdem die Pommersche Kirche mit der Mecklenburgischen und der Nordelbischen Kirche zu einer neuen Landeskirche fusioniert wurde?

Die Präambel der Verfassung der Evangelisch-Lutherischen Kirche in Norddeutschland (wie die fusionierte Landeskirche nun heißt) enthält den Hinweis auf

---

75 Ebd.
76 22. Kirchengesetz zur Änderung der Kirchenordnung vom 16. November 1997, veröffentlicht in Form der Neufassung der Kirchenordnung, ABl. EK Pommern 1998, Heft 1, S. 1–40, siehe auch Sonderdruck: Kirchenordnung mit Anmerkungen, a.a.O., S. 1–40.
77 Siehe Ziff. 1.1.2. Handbuch der Rechtsförmlichkeit (3. Auflage) des Bundesministeriums der Justiz.
78 Wie Anm. 76.

die Barmer Theologische Erklärung in ihrem zweiten Satz in auffälliger Nähe zur Nennung der bekenntnisbestimmenden Schriften, also dem Alten und Neuen Testament sowie den altkirchlichen und den lutherischen Bekenntnisschriften. Damit wird die Barmer Theologische Erklärung »als Teil des Bekenntnisstandes identifiziert«.[79] Das ist für eine dezidiert lutherische Kirche neu. Dass es ein Durchbruch im evangelischen Kirchenrecht überhaupt sei, wie vor einiger Zeit in der Theologischen Fakultät in Greifswald zu hören war,[80] wäre jedoch übertrieben. Die Barmer Erklärung ist in den unierten Kirchen und so auch in Pommern vielfach rezipiert und vor allem ja auch bearbeitet worden. Einen Durchbruch stellt dies allenfalls für die lutherischen Kirchen in Deutschland dar.

Die der Präambel zugefügte Aussage über den Bezug auf die Juden, die die Pommersche Kirchenordnung enthielt, hat ebenfalls den Weg in die neue Verfassung der »Nordkirche« gefunden – in der Formulierung ähnlich wie in der pommerschen Fassung, allerdings ohne deren zweiten Satz.[81] Die bedeutungsvolle Nähe zur Aussage über Barmen ist allerdings nicht erhalten geblieben.

Die Mitgliedschaft der neu gebildeten Evangelisch-Lutherischen Kirche in Norddeutschland in der VELKD ergab sich einigermaßen selbstverständlich aus der bisherigen dortigen Mitgliedschaft der Nordelbischen und der Mecklenburgischen Kirche.

Bedauerlich und nicht ganz verständlich ist aber, dass die neu gebildete Kirche die bisherige Gliedschaft der Pommerschen Evangelischen Kirche in der EKU bzw. der Union Evangelischer Kirchen [UEK] nicht aufgenommen hat. Von der ursprünglichen Zuordnung zur EKU ist lediglich übrig geblieben, dass in Teil I § 4 des Einführungsgesetzes zur Verfassung der Evangelisch-Lutherischen Kirche in Norddeutschland[82] unter »Zwischenkirchliche und ökumenische Partnerschaften« in Absatz 1 bestimmt wird, dass die Nordkirche »als Gastkirche [...] die Kirchengemeinschaft der Pommerschen Evangelischen Kirche mit den Gliedkirchen der Union Evangelischer Kirchen« fortführt. Die ohnehin in der

---

79 Unruh, Peter: Die Verfassung der Nordkirche, in: Das Recht der Evangelisch-Lutherischen Kirche in Norddeutschland, Sonderdruck März 2012, S. 21–32, insbesondere S. 23.
80 So bei der Ringvorlesung 2013 Bekennen, Bekenntnis, Bekenntnisse unter dem Titel: Hart am Wind Segeln – Die Nordkirche als Vorreiter im Bekenntnis. Offenbar unter dem Eindruck der daran anschließenden Diskussion hat der Referent für die Veröffentlichung eine Änderung vorgenommen, siehe Assel, Heinrich: Hart am Wind Segeln – Die Nordkirche als Vorreiterin im Bekenntnis, in: Kuhn, Thomas (Hg.): Bekennen – Bekenntnis – Bekenntnisse (Greifswalder Theologische Forschungen), Leipzig 2014, S. 213–228. Danach wird der »Durchbruch« zutreffend für die lutherischen Kirchen festgestellt.
81 Siehe Verfassung der Nordkirche (wie Anm. 78), S. 40.
82 Siehe a.a.O., S. 135–262, insbesondere S. 152.

UEK im Vergleich mit der EKU deutlich losere Verbindung zwischen den beteiligten Landeskirchen ist also nur in Form eines Gaststatus erhalten und damit spürbar abgesetzt zur Mitgliedschaft in der VELKD. Praktisch wird dieser Gaststatus namens der Nordkirche von ihrem Pommerschen Kirchenkreis (also dem »Rest« der ehemaligen Pommerschen Kirche) wahrgenommen. Von dort aus erfolgt auch eine Beteiligung an der aus der EKU hervorgegangenen »EKU-Stiftung«.

Über die Bezeichnung der fusionierten Kirche als »lutherisch« gab es im Zuge der Verhandlungen längere Auseinandersetzungen. Zeitweilig schien es, als würde der Gesichtspunkt einer nach 1945 erfolgten gründlichen konfessionellen Durchmischung aller drei beteiligten Kirchen zu der einfachen Bezeichnung als »Evangelische Kirche Norddeutschlands« führen. Letztlich setzte sich aber die Meinung durch, dass der Zusatz »-Lutherische« unerlässlich sei, wie die beschlossene Verfassung mit dieser Bezeichnung zeigt. Dass dafür wirklich ernsthafte theologische Gründe ausschlaggebend waren, war in der öffentlich geführten Debatte nicht zu erkennen; Beharrungsvermögen und Gesichtspunkte des gegenseitigen Gebens und Nehmens dürften sich durchgesetzt haben. Auch für die in Pommern geübte Praxis der Benennung der Kirche als »Evangelische Kirche« und ihrer Beschreibung als »lutherisch« in den Grundbestimmungen der Verfassung fand sich offenbar keine Mehrheit.

Im Übrigen ist in der Verfassung der Nordkirche die Tradition, Präambeln möglichst kurz und auf das Wesentliche beschränkt zu formulieren, verlassen.[83]

---

83 Siehe dazu Verfassung der Nordkirche, Sonderdruck (wie Anm. 78), S. 41–44, im Unterschied zu: Präambel und Grundbestimmungen der Pommerschen Kirchenordnung wie auch der Verfassung der Nordelbischen Evangelisch-Lutherischen Kirche vom 12. Juni 1976 i. d. F. vom 9. November 2001, in: Präambel und Grundbestimmungen der Pommerschen Kirchenordnung wie auch der Verfassung der Nordelbischen Evangelisch-Lutherischen Kirche vom 12. Juni 1976 i. d. F. vom 9. November 2001, in: Blaschke, Klaus (Hg.): Das Verfassungsrecht der Nordelbischen Evangelisch-Lutherischen Kirche. Verfassung der Nordelbischen Evangelisch-Lutherischen Kirche, Einführungsgesetz zur Verfassung, Schleswig-Holsteinischer Staatskirchenvertrag, Grundgesetz für die Bundesrepublik Deutschland (Auszug), Kooperationsvereinbarung zwischen der Nordelbischen Ev.-Luth. Kirche, der Ev.-Luth. Landeskirche Mecklenburgs und der Pommerschen Ev. Kirche. Sonderausgabe anlässlich des 25-jährigen Bestehens der Nordelbischen Evangelisch-Lutherischen Kirche. Mit einer Einleitung und Hinweisen der zu beachtenden kirchengesetzlichen Regelungen, 8., neu bearb. Aufl., Kiel 2002, S. 28; und auch: Verfassung der Evangelischen Kirche in Mitteldeutschland vom 5. Juli 2008, in: Amtsblatt der Föderation Evangelischer Kirchen in Mitteldeutschland 2008, Nr. 8, 15. August 2008, S. 183–200, dort S. 183. – In der Evangelisch-Lutherischen Kirche Mecklenburgs gab es bis zur Fusion keine vergleichbare Kirchenordnung oder Verfassung mit einer Präambel.

Hans-Jochen Kühne

Das Ringen um die Evangelische Kirche von Schlesien und ihre Kirchenordnung (1945–1951)

Kirchenordnung der Evangelischen Kirche von Schlesien – Entwurfstext[1] und Kirchenordnung von 1951[2]

Entwurfstext 1951	Von der Provinzialsynode am 14. November 1951 beschlossene Kirchenordnung
Vorspruch	Vorspruch
1. Die Evangelische Kirche von Schlesien steht in der Einheit der einen, heiligen, allgemeinen, christlichen Kirche, die überall da ist, wo das Wort Gottes lauter verkündet wird und die Sakramente recht verwaltet werden.	1. Die Evangelische Kirche von Schlesien steht in der Einheit der einen, heiligen, allgemeinen, christlichen Kirche, die überall da ist, wo das Wort Gottes lauter verkündet wird und die Sakramente recht verwaltet werden.

1 EKAG 10-378.
2 (EKAG 10-380; abgedruckt in: Merzyn, [Friedrich]: Das Verfassungsrecht der Evangelischen Kirche in Deutschland und ihrer Gliedkirchen (Loseblatt-Sammlung), Bd. 1, Abschnitt VIII/1, 1957–1965)

Entwurfstext 1951	Von der Provinzialsynode am 14. November 1951 beschlossene Kirchenordnung
2. Eins unter ihrem Haupte Jesus Christus, dem Fleisch gewordenen Worte Gottes, dem gekreuzigten und auferstandenen Herrn, dessen sie wartet, ist sie gegründet auf das prophetische und apostolische Zeugnis der Heiligen Schrift Alten und Neuen Testamentes, an der allein Lehre und Leben der Kirche zu messen sind.	2. Eins unter ihrem Haupte Jesus Christus, dem Fleisch gewordenen Worte Gottes, dem gekreuzigten und auferstandenen Herrn, dessen sie wartet, ist sie gegründet auf das prophetische und apostolische Zeugnis der Heiligen Schrift Alten und Neuen Testamentes, an der allein Lehre und Leben zu messen sind.
3. Sie bezeugt als Kirche der Reformation ihren Glauben gemeinsam mit der alten Kirche durch die altkirchlichen Glaubensbekenntnisse: Das Apostolische, das Nicaenische und das Athanasianische Glaubensbekenntnis.	3. Sie bezeugt als Kirche der Reformation ihren Glauben gemeinsam mit der alten Kirche durch die altkirchlichen Glaubensbekenntnisse: das Apostolische, das Nicaenische und das Athanasianische Glaubensbekenntnis.
4. Sie bekennt mit den Vätern der Reformation, daß Jesus Christus allein das Heil ist, offenbart allein in der Heiligen Schrift Alten und Neuen Testamentes, geschenkt allein aus Gnaden, empfangen allein im Glauben.	4. Sie bekennt mit den Vätern der Reformation, daß Jesus Christus allein das Heil ist, offenbart allein in der Heiligen Schrift Alten und Neuen Testamentes, geschenkt allein aus Gnaden, empfangen allein im Glauben.

Das Ringen um die Evangelische Kirche von Schlesien und ihre Kirchenordnung (1945–1951)

Entwurfstext 1951	Von der Provinzialsynode am 14. November 1951 beschlossene Kirchenordnung
In diesem Verständnis des von den Reformatoren gemeinsam bezeugten Evangeliums sind die evangelischen Gemeinden lutherischen Bekenntnisses gebunden an die augsburgische Konfession, die Apologie, die Schmalkaldischen Artikel und den kleinen und großen Katechismus Luthers und, wo sie in Kraft steht, die Konkordienformel, die evangelischen Gemeinden reformierten Bekenntnisses an den Heidelberger Katechismus.	*Sie ist eine Kirche der lutherischen Reformation und hat ihren besonderen Charakter darin, daß sie mit den reformierten Gemeinden ihres Bereichs in Kirchengemeinschaft steht. In ihr* sind die evangelischen Gemeinden lutherischen Bekenntnisses gebunden an die augsburgische Konfession, die Apologie, die Schmalkaldischen Artikel und den kleinen und großen Katechismus Luthers und, wo sie in Kraft steht, die Konkordienformel, die evangelischen Gemeinden reformierten Bekenntnisses an den Heidelberger Katechismus.
5. Sie erkennt die von der ersten Bekenntnissynode von Barmen 1934 getroffenen Entscheidungen an und sieht in deren theologischer Erklärung ein von der Schrift und den Bekenntnissen her auch fernerhin gebotenes Zeugnis der Kirche.	5. Sie erkennt die von der ersten Bekenntnissynode von Barmen 1934 getroffenen Entscheidungen an und sieht in deren theologischer Erklärung ein von der Schrift und den Bekenntnissen her auch fernerhin gebotenes Zeugnis der Kirche.
6. Sie weiß sich verpflichtet, ihre Bekenntnisse immer wieder an der Heiligen Schrift zu prüfen und in Lehre und Ordnung gegenwärtig und lebendig zu erhalten. Immer neu zum Zeugnis gefordert, wird sie durch ihre Bekenntnisse an die Schrift gewiesen und zum rechten Bekennen gerufen.	6. Sie weiß sich verpflichtet, ihre Bekenntnisse immer wieder an der Heiligen Schrift zu prüfen und in Lehre und Ordnung gegenwärtig und lebendig zu erhalten. Immer neu zum Zeugnis gefordert, wird sie durch ihre Bekenntnisse an die Schrift gewiesen und zum rechten Bekennen gerufen.

Entwurfstext 1951	Von der Provinzialsynode am 14. November 1951 beschlossene Kirchenordnung
7. Sie pflegt die geschenkte Kirchengemeinschaft der in ihr verbundenen Gemeinden, indem sie zugleich der Entfaltung der einzelnen Konfessionen freien Raum gewährt. Sie gewährt den Gliedern aller Gemeinden Anteil an der Gemeinschaft des Gottesdienstes und der Sakramente. Durch das Miteinander der verschiedenen reformatorischen Bekenntnisse weiß sich die Kirche verpflichtet, ihre Glieder immer neu zum Hören auf das Glaubenszeugnis der Brüder zu rufen.	7. Sie pflegt die geschenkte Kirchengemeinschaft der in ihr verbundenen Gemeinden, indem sie zugleich der Entfaltung der einzelnen Konfessionen freien Raum gewährt. Sie gewährt den Gliedern aller Gemeinden Anteil an der Gemeinschaft des Gottesdienstes und der Sakramente. Durch das Miteinander der verschiedenen reformatorischen Bekenntnisse weiß sich die Kirche verpflichtet, ihre Glieder immer neu zum Hören auf das Glaubenszeugnis der Brüder zu rufen.
8. Sie fördert die kirchliche Gemeinschaft in der Evangelischen Kirche in Deutschland und nimmt durch ihre Zusammenarbeit mit den Kirchen der Oekumene und durch die Ausbreitung des Evangeliums in der Völkerwelt teil an der Verwirklichung der Gemeinde Christi auf Erden.	8. Sie fördert die kirchliche Gemeinschaft in der Evangelischen Kirche in Deutschland und nimmt durch ihre Zusammenarbeit mit den Kirchen der Oekumene und durch die Ausbreitung des Evangeliums in der Völkerwelt teil an der Verwirklichung der Gemeinde Christi auf Erden.

Entwurfstext 1951	Von der Provinzialsynode am 14. November 1951 beschlossene Kirchenordnung
Einleitende Bestimmungen	Einleitende Bestimmungen
Artikel 1 1) Die Evangelische Kirche von Schlesien umfaßt kirchlich die Gemeinden der bisherigen Kirchenprovinz Schlesien. (2) Sie ist Gliedkirche der Evangelischen Kirche der altpreußischen Union und Gliedkirche der Evangelischen Kirche in Deutschland. (3) Sie steht durch die Evangelische Kirche in Deutschland in der Gesamtordnung des Oekumenischen Rates der Kirchen.	Artikel 1 (1) Die Evangelische Kirche von Schlesien umfaßt kirchlich die Gemeinden der bisherigen Kirchenprovinz Schlesien. (2) Sie ist Gliedkirche der Evangelischen Kirche der altpreußischen Union und Gliedkirche der Evangelischen Kirche in Deutschland. (3) Sie steht durch die Evangelische Kirche in Deutschland in der Gesamtordnung des Oekumenischen Rates der Kirchen.
Artikel 2 (1) Die Ordnungen der Evangelischen Kirche von Schlesien müssen mit der im Vorspruch gegebenen Grundlage im Einklang stehen. (2) Über ihre Lehre und Ordnung urteilt die Kirche allein. Sie ist unabhängig in der Aufstellung ihrer Grundsätze, in der Gestaltung ihrer Einrichtungen, in der Verleihung und Entziehung ihrer Ämter und in der Erfüllung ihrer Aufgaben. (3) Die Evangelische Kirche von Schlesien leitet sich selbst im Rahmen der gesamtkirchlichen Ordnung.	Artikel 2 (1) Die Ordnungen der Evangelischen Kirche von Schlesien müssen mit der im Vorspruch gegebenen Grundlage im Einklang stehen. (2) Über ihre Lehre und Ordnung urteilt die Kirche allein. Sie ist unabhängig in der Aufstellung ihrer Grundsätze, in der Gestaltung ihrer Einrichtungen, in der Verleihung und Entziehung ihrer Ämter und in der Erfüllung ihrer Aufgaben. (3) *Sie* leitet sich selbst im Rahmen der gesamtkirchlichen Ordnung.

Entwurfstext 1951	Von der Provinzialsynode am 14. November 1951 beschlossene Kirchenordnung
Artikel 3 Im allgemeinen Rechtsleben nehmen die Kirchengemeinden und Gemeindeverbände, die Kirchenkreise und die Kirchenprovinz als selbständige öffentliche Körperschaften teil. Entsprechendes gilt für ihre rechtsfähigen Anstalten und Stiftungen.	Artikel 3 Im allgemeinen Rechtsleben nehmen die Kirchengemeinden und Gemeindeverbände, die Kirchenkreise und die Kirchenprovinz als selbständige öffentliche Körperschaften teil. Entsprechendes gilt für ihre rechtsfähigen Anstalten und Stiftungen.

Kirchenordnung der Evangelischen Kirche von Schlesien – Änderungen 1968 bis 1992

Änderungen 1968 bis 1971	Änderungen 1991 und 1992 Gültige Fassung bis 31.12.2003
Vorspruch 1. Die Evangelische Kirche *des Görlitzer Kirchengebietes*[3] steht in der Einheit der einen, heiligen, allgemeinen, christlichen Kirche, die überall da ist, wo das Wort Gottes lauter verkündet wird und die Sakramente recht verwaltet werden.	Vorspruch 1. Die Evangelische Kirche *der schlesischen Oberlausitz*[4] steht in der Einheit der einen, heiligen, allgemeinen, christlichen Kirche, die überall da ist, wo das Wort Gottes lauter verkündet wird und die Sakramente recht verwaltet werden.
2. – 7.: Keine Abänderungen vorgenommen	

3 Kirchengesetz vom 25. März 1968 zur 7. Änderung der Kirchenordnung (Änderung des Kirchennamens).
4 Kirchengesetz vom 11. Oktober 1992 zur 25. Änderung der Kirchenordnung (u.a. Änderung des Kirchennamens).

Änderungen 1968 bis 1971	Änderungen 1991 und 1992 Gültige Fassung bis 31.12.2003
8. Sie fördert die *besondere Gemeinschaft der evangelischen Christenheit in Deutschland und nimmt*[5] durch die Ausbreitung des Evangeliums in der Völkerwelt teil an der Verwirklichung der Gemeinde Christi auf Erden	8. Sie fördert die besondere Gemeinschaft der evangelischen Christenheit in Deutschland und nimmt durch die Ausbreitung des Evangeliums in der Völkerwelt teil an der Verwirklichung der Gemeinde Christi auf Erden.
Einleitende Bestimmungen Artikel 1 (1) Die Evangelische Kirche *des Görlitzer Kirchengebietes* umfaßt kirchlich die Gemeinden der bisherigen Kirchenprovinz Schlesien. (2) Sie ist Gliedkirche der Evangelischen Kirche der Union[6] und Gliedkirche des *Bundes der Evangelischen Kirchen in der Deutschen Demokratischen Republik*[7]. (3) *Sie ist Mitgliedskirche des Ökumenischen Rates der Kirchen.*[8]	Einleitende Bestimmungen Artikel 1 (1) Die Evangelische Kirche *der schlesischen Oberlausitz* umfaßt kirchlich die Gemeinden der bisherigen Kirchenprovinz Schlesien *westlich der Neiße*[9]. (2) Sie ist Gliedkirche der Evangelischen Kirche der Union und Gliedkirche *der Evangelischen Kirche in Deutschland*[10]. (3) Sie ist Mitgliedskirche des Ökumenischen Rates der Kirchen.

5 Kirchengesetz vom 29. März 1971 zur 11. Änderung der Kirchenordnung (u.a. Vorspruch 8 aufgrund der erfolgten Zugehörigkeit zum Bund Evangelischer Kirchen in der DDR statt EKD). – Dieser Wortlaut blieb auch nach der 1991 wieder aufgenommenen Gemeinschaft mit der EKD unverändert.
6 Kirchengesetz vom 25. März 1968 zur 8. Änderung der Kirchenordnung (u.a.: Streichung des Wortes »altpreußischen«).
7 Kirchengesetz vom 5. April 1970 zur 10. Änderung der Kirchenordnung (Bund Evangelischer Kirchen in der DDR statt EKD).
8 Mit dem Kirchengesetz vom 5. April 1970 wurde zugleich in Art. 1 (3) die unmittelbare Mitgliedschaft im ÖRK zum Ausdruck gebracht.
9 Im Zusammenhang mit der Namensänderung 1992 (Kirchengesetz vom 11. Oktober 1992) erfolgte zugleich die Ergänzung in Art. 1 Abs. 1.
10 Kirchengesetz vom 15. April 1991 zur 24. Änderung der Kirchenordnung.

Änderungen 1968 bis 1971	Änderungen 1991 und 1992 Gültige Fassung bis 31.12.2003
Artikel 2 (1) Die Ordnungen der Evangelischen Kirche *des Görlitzer Kirchengebietes* müssen mit der im Vorspruch gegebenen Grundlage im Einklang stehen.	Artikel 2 (1) Die Ordnungen der Evangelischen Kirche *der schlesischen Oberlausitz* müssen mit der im Vorspruch gegebenen Grundlage im Einklang stehen.
Art. 2 Abs. 2 und 3 sowie Art. 3: Keine Abänderungen vorgenommen.	

1. Neuorientierung 1945–1946

Da Breslau im Januar 1945 zur Festung erklärt und die Evakuierung befohlen worden war, hatte das Konsistorium die Stadt am 22. Januar verlassen. Unter den in Breslau verbliebenen Pfarrern befand sich Ernst Hornig, stellvertretender Vorsitzender des Provinzialbruderrates der Bekennenden Kirche und stellvertretender Präses der Schlesischen Bekenntnissynode (»Naumburger Synode«), die sich 1936 von der Schlesischen Synode der Bekennenden Kirche (»Christophori-Synode«) getrennt hatte.[11] Hornig betrieb 1945 zielgerichtet die Bildung einer neuen Kirchenleitung, ein Plan, der – wie er später schrieb – »wegen der Gewaltherrschaft von Partei und Staatspolizei in der eingeschlossenen Stadt« zunächst noch geheim bleiben musste.[12] Aufschlussreich ist die Deutung, mit der Hornig 1946

---

11 Zur Situation und Spaltung der Bekennenden Kirche in Schlesien siehe insbesondere: Hornig, Ernst: Die Bekennende Kirche in Schlesien 1933–1945. Geschichte und Dokumente (Arbeiten zur Geschichte des Kirchenkampfes Ergänzungsreihe 10), Göttingen 1977; Ehrenforth, Gerhard: Die schlesische Kirche im Kirchenkampf 1932–1945, Göttingen 1968.

12 Hornig, Ernst: Die Schlesische Kirche in der Nachkriegszeit 1945–1951, in: JSKG 51 (1972), S. 110 f. – Dieses zielstrebige Vorgehen erklärt sich aus der klaren Verfechtung des von der BK der Evangelischen Kirche der altpreußischen Union vertretenen Grundsatzes, dass allein die Bekennende Kirche die rechtmäßige Kirche ist, der dann in Dahlem zur Formulierung des kirchlichen Notrechtes führte. Hornig sah das als die besondere Stärke der BK an. Er litt unter der später erfolgten teilweisen Preisgabe dieses Grundsatzes. Vgl. hierzu: Hornig, Bekennende Kirche (wie Anm. 11), S. 341, Anm. 1

bei der Synode in Breslau, von der noch zu berichten sein wird, auf diese Zeit zurückblickt:

> »In dieser Stunde der Not trat das Notkirchen-Regiment der Bekennenden Kirche auf den Plan sowohl in der Festung Breslau als auch unabhängig davon im Hirschberger Kirchenkreis. Männern, die sich unter der Bedrückung durch den Nationalsozialismus und gleichzeitiger Bedrängung durch das Konsistorium mit den Aufgaben der Kirchenleitung vertraut machten und sie unter schwierigsten Verhältnissen durchführen mußten, wurde nun von dem Herrn der Kirche die Schlesische Kirchenleitung übergeben.«[13]

Von den zwölf evangelischen Geistlichen, die in Breslau noch amtieren konnten, schlossen sich die vier, die bisher nicht zur Bekennenden Kirche gehörten, Mitte Februar dieser an, so dass man nun gemeinsam eine »Pfarrerschaft der Bekennenden Kirche« bildete. Dieser Schritt wurde in einem Protokoll festgehalten in der Annahme, »daß es für die Weiterarbeit der Kirche nach der Kapitulation von Bedeutung sein könnte«.[14] Unmittelbar nach der Kapitulation Breslaus erfolgte zwischen dem 7. und 9. Mai 1945 die Bildung einer neuen Kirchenleitung für die Kirchenprovinz Schlesien. Den Pfarrern und Gemeinden wurde mitgeteilt:

> »Der Provinzialbruderrat der Bekennenden Kirche Schlesiens hat nach dem Abtreten des Evangelischen Konsistoriums in Breslau die Kirchenleitung der Kirchenprovinz Schlesien und damit die Leitungsbefugnis sowie die Vermögensverwaltung über die Kirchenprovinz übernommen. Die Evangelische Kirchenleitung der Kirchenprovinz Schlesien hat die maßgebenden Besatzungs- und Verwaltungsbehörden von der Übernahme des Kirchenregiments unterrichtet. Daher unterstehen Pfarrer und Kirchengemeinden nunmehr unserem Kirchenregiment.«[15]

Aus der Mitte der Kirchenleitung heraus wurde Pfarrer Ernst Hornig als Vorsitzender der Kirchenleitung mit der Dienstbezeichnung »Präses« gewählt.[16] Sie

---

(gleichsam ein »Schlüsseltext«, um das kirchenleitende Handeln Hornigs zu verstehen).
13 Rechenschaftsbericht der Kirchenleitung auf der Synode der Evangelischen Kirche von Schlesien, Breslau 1946, in: Hornig, Ernst: Die schlesische evangelische Kirche 1945–1964, hg. von Manfred Jacobs, Görlitz 2001, S. 155.
14 Hornig, Bekennende Kirche (wie Anm. 11), S. 344.
15 Amtliches Mitteilungsblatt der Evangelischen Kirchenleitung der Kirchenprovinz Schlesien Nr. 2/1945 vom 4. Juni 1945 (EKAG 11-815). Siehe auch: Bericht der Evangelischen Kirchenleitung der Kirchenprovinz Schlesien an Generalsuperintendent D. Dr. Dibelius vom 28. Juni 1945, in: Hornig, Kirche 1945–1964 (wie Anm. 13), S. 13 f.
16 Beschluss der Kirchenleitung vom 6. August 1945 (Kirchenleitungsprotokolle, EKAG 11-821); siehe auch: Hornig, Bekennende Kirche (wie Anm. 11), S. 345 f.

war damit die erste, die sich innerhalb der Evangelischen Kirche der altpreußischen Union neu bildete.[17]

Aus der Sicht der handelnden Personen ging es bei der Bildung der Kirchenleitung um eine klare Orientierung an der Theologischen Erklärung von Barmen einerseits und um einen wirklichen Neuanfang andererseits. Hornig und seine Mitstreiter waren von einer neu geschenkten Gemeinschaft überzeugt. Die Kirchenleitung, heißt es,

> »war zwar von Männern des Provinzialbruderrates gebildet worden, rief jedoch auch Mitglieder der Christophori-Synode in ihre Mitte. Sie wollte nicht eine bestimmte Richtung der Bekennenden Kirche vertreten, sondern lediglich eine bekenntnisgebundene Kirchenleitung sein und allen Pfarrern und kirchlichen Mitarbeitern Raum geben, die bereit waren, auf der Grundlage von Schrift und Bekenntnis mit ihr am Aufbau der Kirche zu arbeiten.«[18]

Von den Pfarrern erwartete man,

> »daß sie ihr Amt ausrichten in der Bindung an die Heilige Schrift Alten und Neuen Testaments und die Bekenntnisse der Reformation in der Auslegung durch die Barmer Theologische Erklärung. Zu der Ausrichtung des Amtes gehört die Anerkennung der Erklärung von Barmen, insbesondere des Satzes 1 als eines für die Kirche verbindlichen Zeugnisses.«[19]

Dieser Erwartung der Kirchenleitung wurde bei einer Zusammenkunft von schlesischen Superintendenten und Vertretern der schlesischen Kirchenkreise vom 19. bis 22. März 1946 in Schweidnitz mit einer »Verpflichtung der Ephoren auf die

---

17 Vgl. hierzu: Die Geschichte der Evangelischen Kirche der Union, Bd. 3, Leipzig 1999, S. 568 ff.
18 Hornig, Kirche Nachkriegszeit (wie Anm. 12), S. 113. Ganz ähnlich heißt es in dem 1972 von Fränkel, Hornig und Konrad verfassten Gedächtnisprotokoll: »Vom 7. bis 9. Mai wurde aus Mitgliedern der Notkirchenleitung des Provinzialbruderrates, Synodalen der Bekenntnissynoden und bewährten Männern der Kirche wie Konsistorialrat Büchsel die Kirchenleitung der Evangelischen Kirche für Nieder- und Oberschlesien gebildet.« In: Hornig, Bekennende Kirche (wie Anm. 11), S. 345.
19 Amtliches Mitteilungsblatt der Evangelischen Kirchenleitung der Kirchenprovinz Schlesien Nr. 2/1945 vom 4. Juni 1945, EKAG 11-815.

Erklärung von Barmen« entsprochen.²⁰ Allerdings ging auch die »Schweidnitzer Erklärung« auf Hornigs Initiative zurück.²¹ In der Erklärung heißt es:

> »In der ernsten Stunde gnädiger Heimsuchung unserer Kirche erklären wir in Schweidnitz versammelten Ephoren und Vertreter der schlesischen Kirchenkreise in Einmütigkeit des Glaubens und des Bekennens, daß wir uns in der Ausübung unseres Amtes als Prediger und Ephoren gebunden wissen an die Heilige Schrift des Alten und Neuen Testamentes, wie sie bezeugt ist in den Bekenntnissen der Reformation, in Anerkennung der theologischen Erklärung von Barmen. Wir bitten den Dreieinigen Gott, daß er dieses unser Zeugnis als Werkzeug zur Neuordnung der Evangelischen Kirche Schlesiens und der Evangelischen Kirche in Deutschland segnen möge. Wir Ephoren bitten die uns anbefohlenen Pfarrer unserer Kirchenkreise, unsere Entscheidung vor dem Herrn der Kirche zu prüfen und ihr Amt als Diener des göttlichen Wortes in der gleichen Verpflichtung zu führen.«²²

Auch wenn der Text der Erklärung hinter den Aussagen der Kirchenleitung zurückblieb, war sie doch von grundlegender Bedeutung als

> »tief innerliche Bezeugung der Einigkeit des Geistes, in dem die ganze Kirchenprovinz, zusammengeschweißt durch die Not der Zeit, in ihren verantwortlichen Vertretern ihr Amt auszurichten gewillt ist«.²³

Im Amtsblatt wurde mit der Schweidnitzer Erklärung zugleich das Wort der Schlesischen Bekenntnissynode vom August 1943 »Zum Weg der Kirche« den Pfarrern und Gemeinden mitgeteilt und damit die Ausrichtung auf Barmen noch einmal deutlich unterstrichen. Beide Texte zusammen »kennzeichnen in besonderer Weise den Weg der schlesischen Kirche«, hieß es seitens der Kirchenleitung.²⁴

---

20 Einen ausführlichen Bericht über diesen zweiten Ephorenkonvent hat Dekan Lic. Dr. Ulrich Bunzel verfasst, in: Hornig, Kirche 1945–1964 (wie Anm. 13), S. 129–133.
21 Darauf weist Hornig selbst in seiner Zusammenstellung über den »Weg des Bruderrats der Bekennenden Kirche Schlesiens 1948–1950« hin, abgedruckt in: JSKG 91/92 (2012/2013), S. 234–249, siehe S. 249.
22 Vollständiger Text der Erklärung mit den Namen der Unterzeichner in: Hornig, Kirche 1945–1964 (wie Anm. 13), S. 97 f.
23 Ulrich Bunzel, a.a.O., S. 132.
24 Mitteilungen der Evangelischen Kirchenleitung für Nieder- und Oberschlesien, Nr. 4/1946 vom 10. April 1946, EKAG 11-815. – Das Wort der Schlesischen Bekenntnissynode (August 1943) war von der preußischen Bekenntnissynode, die im Oktober 1943 in Breslau tagte, übernommen worden und hat außerdem inhaltlich und formal auch die »Zehn Artikel über Freiheit und Dienst der Kirche« der Konferenz der Kirchenleitungen in der DDR 1963 beeinflusst. Siehe hierzu auch: Hornig, Bekennende Kirche

Eine Veränderung des Bekenntnisstandes sah man mit der Ausrichtung auf die Barmer Theologische Erklärung nicht gegeben. In einer für die Kirchen in der EKD und APU verfassten Denkschrift vom 3. Juli 1946 über die Lage der Evangelischen Kirche von Schlesien wird durch die Kirchenleitung ausdrücklich festgestellt:

> »Die Schlesische Kirche ist gemäß den in ihr in Kraft stehenden Bekenntnissen der Reformation lutherischen Bekenntnisses. […] Wie die Synode von Barmen es Gott überlassen hat, was in der Kirche in Zukunft aus der Erklärung von Barmen werden wird, so stellt auch die Schlesische Kirchenleitung die Barmer Erklärung nicht auf eine Stufe mit den Bekenntnissen der Reformation. Sie erklärt jedoch, daß die Bekenntnisse der Reformation im Sinne der Theolog[ischen] Erklärung der Barmer Bekenntnis-Synode zu verstehen und im Geiste dieser Erklärung in der Kirche des Evangeliums in Kraft stehen sollen.«[25]

Das kirchenleitende Handeln von Breslau aus fand an der Neiße seine Grenze. Doch sehr frühzeitig finden sich auch grundsätzliche Äußerungen im Blick auf die westlich der Neiße gelegenen fünf schlesischen Kirchenkreise.[26] Denn wenn man gegenüber den polnischen Stellen zur Begründung der unveränderten Zugehörigkeit der schlesischen evangelischen Kirche zur Evangelischen Kirche der altpreußischen Union glaubwürdig den Grundsatz, dass »politische Grenzen keine Kirchengrenzen darstellen«, postulieren und vertreten wollte, durfte das eigene Handeln keine Gegenargumente liefern. Weil also viel mehr auf dem Spiel stand, als mancher im ersten Augenblick erkennen konnte, sah sich die Kirchenleitung bereits im September 1945 veranlasst zu erklären:

> »Wie uns berichtet worden ist, sind die Kirchenkreise der Kirchenprovinz Schlesien, die westlich der Lausitzer Neiße liegen, zur Zeit der Kirchenleitung der Kirchenprovinz Brandenburg zugeordnet. Da es jedoch von größter Wichtigkeit ist, daß im Blick auf die gesamte schlesische Kirchenprovinz der Grundsatz durchgeführt wird, daß politische Grenzen keine Kirchengrenzen darstellen, geben wir die Kirchenleitung über dieses Gebiet nicht auf. Wir müssen vielmehr aus diesen Erwägungen Wert darauf legen, daß die abgetrennten Kirchenkreise in ihrer Zugehö-

---

(wie Anm. 11), S. 28; Fränkel, Hans-Joachim: Der Kirchenkampf in Schlesien, in: JSKG 66 (1987), S. 184.

25 Denkschrift über die Lage der Evangelischen Kirche Schlesiens vom 3. Juli 1946, in: Hornig, Kirche 1945–1964 (wie Anm. 13), S. 139–152, Zitat: S. 142. – In der Kirchenordnung vom 14. November 1951 bezeichnet sich entsprechend die Evangelische Kirche von Schlesien in Vorspruch 4 als »Kirche der lutherischen Reformation«.

26 Die fünf Kirchenkreise waren nach damaliger Benennung: Görlitz I und II (später Görlitz und Reichenbach), Rothenburg I und II (später Niesky und Weißwasser), Hoyerswerda.

rigkeit zur Kirchenprovinz Schlesien grundsätzlich und soviel als möglich auch praktisch erhalten bleiben. Wir legen Wert darauf, daß die schlesische Kirchenleitung die vorgesetzte Kirchenbehörde dieser Kirchenkreise bleibt.«[27]

Eine erhebliche Rolle spielte von Anfang an die Frage der Legitimierung der neuen Kirchenleitung, weniger nach außen gegenüber den russischen und polnischen Behörden als vielmehr nach innen. Was für den Provinzialbruderrat selbstverständliche Konsequenz aus den Erkenntnissen und Entscheidungen der Bekennenden Kirche zum kirchlichen Notrecht war, stellte sich für eine im Kirchenkampf gespaltene und nun außerdem durch Flucht und Vertreibung zerrissene Pfarrerschaft und Kirche viel differenzierter dar. Schon im Juni 1945 wurde von daher von Oberkonsistorialrat Walter Lintzel ein »Rechtsgutachten über die Frage der Rechtmäßigkeit der Evangelischen Kirchenleitung von Nieder- und Oberschlesien«[28] erstellt, auf das seitens der Kirchenleitung in der Anfangszeit immer wieder zurückgegriffen wurde. Lintzel war im Auftrag des EOK bei der Kirchbuchstelle des Schlesischen Konsistoriums tätig gewesen und nicht Mitglied der BK, jedoch von Anfang (und nach Unterbrechung später wieder) in der neuen Kirchenleitung. Seine Ausführungen gleichen jedoch mehr einem zielgerichteten Argumentationspapier als einem unterschiedlichen Rechtspositionen nachgehenden Gutachten.

Von entscheidender Bedeutung wurde die Teilnahme von zwei Vertretern der neuen Kirchenleitung an der Kirchenführerkonferenz Ende August 1945 in Treysa. Aufgebrochen waren Stadtdekan Dr. Konrad und Ingenieur Milde eigentlich nach Berlin, um mit dem Evangelischen Oberkirchenrat Kontakt aufzunehmen. Hier erfuhren sie von der Einladung von Landesbischof Wurm zu einer Konferenz führender kirchlicher Persönlichkeiten, und es gelang ihnen, »trotz der in damaliger Zeit abenteuerlichen Reisebedingungen rechtzeitig in Treysa einzutreffen«.[29] Angereist waren auch die bisherigen Repräsentanten der schlesischen Kir-

---

27 Schreiben der Kirchenleitung vom 26. September 1945 an den Kirchensenat der APU, in: Hornig, Kirche 1945–1964 (wie Anm. 13), S. 40.
28 Wortlaut innerhalb des beim ersten Superintendentenkonvent nach dem Krieg am 12. September 1945 in Waldenburg vorgelegten Berichts zur Lage, in: Hornig, E[rnst]: Zur schlesischen Kirchengeschichte 1945/46. Vier Berichte, in: JSKG 46 (1967), S. 91–151, dort S. 96–98. Auch der Bericht von Lintzel an den EOK über die kirchliche Entwicklung in Schlesien von Anfang September 1945 deckt sich in der ersten Hälfte inhaltlich mit dem Rechtsgutachten, in: Hornig, Kirche 1945–1964 (wie Anm. 13), S. 36–40.
29 Fränkel, Hans-Joachim: Die Evangelische Kirche von Schlesien nach 1945, in: JSKG 67 (1988), S. 185. Die Reise nach Berlin und Treysa schildert Joachim Konrad eindrücklich in seinem Aufsatz »Als letzter Stadtdekan von Breslau«, in: JSKG 42 (1963), S. 129–172, insbesondere S. 151 ff.

chenprovinz, Konsistorialpräsident Hosemann und der geistliche Dirigent Oberkonsistorialrat Schwarz. Damit wurde Treysa ganz unerwartet nicht nur zur ersten Begegnung mit den Vertretern der anderen Landeskirchen, sondern auch zur ersten Entscheidung über die rechtmäßige schlesische Kirchenleitung. Im Unterschied zu Konrad und Milde wurden Hosemann und Schwarz nur als Gäste, nicht aber als offizielle Vertreter anerkannt. Da in Treysa zugleich auch durch Vertreter des Bruderrats der Evangelischen Kirche der APU und »Vertreter derjenigen Kirchenleitungen von Kirchenprovinzen der APU, die sich im Notstand der Kirche inzwischen auf bekenntnismässiger Grundlage gebildet haben«, die Neuordnung der Evangelischen Kirche der altpreußischen Union verhandelt und hierzu schließlich am 31. August 1945 die »Treysaer Vereinbarung« unterzeichnet wurde, kam es in diesem Dokument zur erstmaligen Benennung und Anerkennung der neuen bekenntnisgebundenen Leitung der Evangelischen Kirche von Schlesien, die – wie in den anderen drei genannten Kirchen – an die Stelle des bisherigen Konsistoriums getreten ist.[30]

Vermutlich hatten die Nachrichten von Treysa Präses Hornig noch nicht erreicht, als er am 28. September 1945 von Berlin aus im Namen der Kirchenleitung ein Schreiben an die Kirchenleitung der Evangelischen Kirche der APU richtete, in dem er insbesondere über den Weg seit Januar 1945 und die Übernahme der Kirchenleitung durch den Provinzialbruderrat mit Nennung der Kirchenleitungsmitglieder informierte. Er schloss das Schreiben mit der ausdrücklichen Bitte, »unsere Kirchenleitung alsbald anzuerkennen und uns darüber eine schriftliche Erklärung geben zu wollen«.[31] Von geflüchteten bzw. vertriebenen schlesischen Pfarrern war allerdings inzwischen über den Schlesischen Pfarrerverein ein »Ausschuss zur Wahrnehmung der fehlenden Kirchenleitung« gebildet und Bischof i.R. Zänker gebeten worden, sein Amt wieder aufzunehmen und damit erneut die Leitung der Kirche zu übernehmen.[32] Eine Aussprache zwischen Bischof

---

30 Zu Entstehung und Wortlaut der Treysaer Vereinbarung s. Kampmann, Jürgen: Neuorientierung nach dem Zweiten Weltkrieg, in: Besier, Gerhard/Lessing, Eckhard (Hgg.): Die Geschichte der Evangelischen Kirche der Union. Bd. 3: Trennung von Staat und Kirche. Kirchlich-politische Krisen. Erneuerung kirchlicher Gemeinschaft (1918–1992), Leipzig 1999, S. 561–603, dort S. 597–603. Ausdrücklich wurde in der Treysaer Erklärung unter anderem festgestellt: »Als Kirchenleitung sind an die Stelle der Konsistorien in den Kirchenprovinzen Rheinland, Westfalen, Berlin-Brandenburg und Schlesien neue bekenntnisgebundene Leitungen getreten. In den übrigen Provinzen sind solche Leitungen zu bilden.«
31 EZA Berlin Nr. 7/14151.
32 Bischof Otto Zänker war 1939 zunächst beurlaubt und 1941 mit der Erreichung der Altersgrenze zwangspensioniert worden. 1945 hatte er nach dem Evakuierungsbefehl Breslau verlassen.

i.R. Zänker und Präses Hornig im April 1946 brachte keinerlei Klärung.³³ Das ganze Fragenbündel zur »Schlesischen Kirchenleitung« thematisierte Hornig im Anschluss an den Besuch bei Zänker in der Beratung des Preußischen Bruderrates Anfang Mai 1946 in Treysa. Dabei empfahl man Hornig, zur Klärung der »Legalität der Schlesischen Kirchenleitung« ungeachtet aller Schwierigkeiten »alsbald eine Provinzial-, nicht Bekenntnissynode« durchzuführen.³⁴

Ein erster Nachweis für die Planung und Vorbereitung einer Synode, die für die Zeit vom 22. bis 24. Juli 1946 »in Aussicht« genommenen wurde, findet sich im Kirchenleitungsprotokoll vom 21. Juni 1946.³⁵ Es war vermutlich für eine Kirchenleitung, die sich als legitim gebildet, in Treysa von den Kirchen sowie von den Besatzungsbehörden als anerkannt und und im Rahmen einer Kirchenversammlung wie dem Schweidnitzer Ephorenkonvent als bestätigt verstand, nicht einfach, »noch eine Legitimierung darüber hinaus« als notwendig zu akzeptieren. Doch bejahte man den Ratschlag des Preußischen Bruderrates und versuchte, in der bereits erwähnten Denkschrift vom 3. Juli 1946 Verständnis für die Haltung der Kirchenleitung zu wecken:

> »Es ist der kirchlich gewiesene und von der Bekennenden Kirche stets angestrebte Weg, die Kirche auf Grund von Synoden, in denen die Stimme der Gemeinde zu Gehör kommt, neu zu ordnen. Zu diesem Weg sind wir in Schlesien immer bereit gewesen und wären ihn, wenn ihm nicht besondere Schwierigkeiten technischer und politischer Art entgegenstünden, längst gegangen. Zu Zeiten war er unter unseren Verhältnissen geradezu unmöglich. Ob er jetzt, im Sommer 1946, noch wird gegangen werden können, muß die nächste Zukunft zeigen.«³⁶

Mit etwa 70 Synodalen als den Vertretern von fast 40 Kirchenkreisen (östlich der Neiße) und der kirchlichen Arbeitszweige tagte am 22. und 23. Juli 1946 in der

---

33 Hornig berichtet von seinem Besuch bei Zänker: »Er hat tatsächlich dem Pfarrervereinsvorstand erklärt, er nähme sein Amt wieder auf. […] Sein Schritt solle nur vorläufig sein, wie unsere Kirchenleitung auch nur vorläufig sei. […] Der Widerstand gegen die Kirchenleitung ist größer geworden. […] Man will eine schlesische Kirchenleitung mit Zänker und Schwarz, bestreitet, daß die Schlesische Kirchenleitung rechtens sei[,] und wird darin anscheinend von diesen beiden, aber auch von anderen, z[um] B[eispiel]. Meiser, bestärkt, der in der Frage der Pfarrerrückkehr zu uns steht.« Hornig, Kirche 1945–1964 (wie Anm. 13), S. 115 f.
34 A.a.O., S. 116 f.
35 EKAG 11-822.
36 Denkschrift (wie Anm. 25), S. 143.

Hofkirche[37] zu Breslau die einzige Synode einer evangelischen Kirchenprovinz nach dem Ende des Zweiten Weltkrieges östlich von Oder und Neiße. In einer Situation, in der die Evakuierung der deutschen Bevölkerung immer weiter voranschritt und allen vor Augen stand, dass in Schlesien alsbald höchstens noch Restgemeinden bleiben würden, standen nicht Schuld und Versagen vor Gott und den Menschen in den zurückliegenden Jahren, nicht die existenzielle Not der Menschen in der Gegenwart, sondern die Probleme der Kirche im Vordergrund. Zugleich zeugte es aber von Leitungsverantwortung, die für das Handeln der Kirche notwendigen Fragen klar und konsequent anzugehen.[38] Pfarrer Alfred Kellner[39], Präses der Schlesischen Bekenntnissynode, wurde zum Präses auch dieser Synode der Evangelischen Kirche von Schlesien gewählt.

Die für unseren Zusammenhang wichtigen Beschlüsse sind (1) die Bestätigung der »im Mai 1945 im Notstand der Kirche erfolgte[n] Bildung der Evangelischen Kirchenleitung für Nieder- und Oberschlesien und die in der Folgezeit notwendig gewordenen Berufungen in die Kirchenleitung«, (2) die Zustimmung zur Schweidnitzer Erklärung vom März 1946, die die Synode ausdrücklich »als biblisch-reformatorisches Zeugnis« anerkannte und darum alle Pfarrer und Gemeinden verpflichtete, »in ihrem kirchlichen Handeln der in dieser Erklärung bezeugten Bindung in Buße, Glauben und Gehorsam eingedenk zu sein«, (3) die Bekräftigung der Zugehörigkeit der fünf Kirchenkreise westlich der Neiße »zum Kirchengebiet der Evangelischen Kirche von Schlesien« mit der klaren Anweisung an die Kirchenleitung, »im Falle ihrer Evakuierung ihren Amtssitz sofort« innerhalb dieser Kirchenkreise zu nehmen, (4) die Übertragung ihrer Befugnisse aufgrund der voranschreitenden Evakuierungen »auf die von ihr als rechtmäßig bestätigten Kirchenleitung«, dabei soll diese unter anderem »für die Erhaltung des organischen Zusammenhangs in der Schlesischen Kirche« Sorge tragen, außerdem wurde ihr auferlegt für den Fall, dass auch nach zwei Jahren die Synode »infolge allgemeinen Notstandes« nicht einberufen werden kann, »vor der Syn-

---

37 Die ehemals evangelisch-reformierte Hofkirche ist heute als »Kirche der göttlichen Vorsehung« ein zentrales Gotteshaus der Diözese Breslau der Evangelisch-Augsburgischen Kirche in Polen.

38 Zur Hofkirchensynode insgesamt siehe unter anderem: Bericht über die Synode, in: Verordnungs- und Nachrichtenblatt der EKD 1946, Nr. 31; Rechenschaftsbericht der Kirchenleitung sowie Beschlüsse und Teilnehmer der Synode, in: Hornig, Kirche 1945–1964 (wie Anm. 13), S. 154–181; Kühne, Hans-Jochen: Die Hofkirchensynode 1946. Neuanfang in der Kirchenprovinz Schlesien, in: JSKG 86 (2007), S. 99–156.

39 Pfarrer Kellner wird im Verzeichnis der Synodalen (siehe Hornig, a.a.O., S. 180), zwar als Pfarrer von Tiefenfurt geführt, jedoch dem Kirchenkreis Rothenburg I zugeordnet, da er kriegsbedingt als Pfarrer in Petershain tätig und von der Breslauer Kirchenleitung, deren Mitglied er war, als ihr Vertreter in der Oberlausitz bestimmt war (s.u.). Von 1946 bis 1954 war Kellner Pfarrer in Rengersdorf (Kodersdorf).

ode der Evangelischen Kirche altpreußischer Union Rechenschaft über ihre Arbeit zu geben«. Im Blick auf die Eingabe des Schlesischen Pfarrervereins, »einen Weg der kirchlichen Zusammenarbeit mit Herrn Bischof D. Zänker zu finden«, verwies die Synode darauf, dass Bischof Zänker sich entweder mit dem Verlassen der Kirchenprovinz im Januar 1945 selbst des »Anspruchs, rechtmäßiger Bischof zu sein, begeben« oder einst »seine Pensionierung anerkannt« habe, so dass ihm aus dem »Verlassen der Kirchenprovinz kein Vorwurf zu machen«, gleichzeitig »aber auch sein Anspruch auf das Amt eines Bischofs von Breslau gegenstandslos« sei. Vielleicht steht es mit dieser Auseinandersetzung um Bischof D. Zänker in Zusammenhang, dass die Synode als letztes beschloss, dass der Vorsitzende der Kirchenleitung fortan »die Amtsbezeichnung Bischof« führen soll, was »weder eine Änderung des synodalen Charakters seines Amtes noch eine Erweiterung seiner Amtsbefugnisse« bedeute.[40]

Eine Neuordnung im Sinn der Bekennenden Kirche erwartete man auch von der Evangelischen Kirche der altpreußischen Union und trat dabei sehr bewusst einem »Zentralismus von Berlin« entgegen. In der Denkschrift von 1946 heißt es unter »Die Schlesische Kirchenleitung und die Evangelische Kirche Preußens«:

> »Wir haben von Schlesien her gegenüber der Preußischen Kirche bestimmte Anliegen, die sich aus unserem Verständnis einer rechten Neuordnung der Kirche ergeben. Wir anerkennen, daß Zeiten des Überganges gewöhnlich noch die Spuren alter Ordnung an sich tragen und daß sich auch in der Preußischen Kirche führende Männer der Kirche tatkräftig für ihre Sache eingesetzt haben. Das schließt aber nicht aus, daß man aus der Übergangszeit heraus und zu einer wirklichen Neuordnung zu kommen trachtet. Zu einer solchen gehört vordringlich, daß mit der im vorigen Abschnitt geschilderten notwendigen Zuordnung der kirchlichen Verwaltungsbehörde zur Kirchenleitung Ernst gemacht wird. Es kann und darf in der Kirche des Evangeliums eine Verwaltungsbürokratie, d[as] h[eißt] doch eine Herrschaft der Verwaltung neben oder gar über dem Amt der Leitung der Kirche nicht geben. Die Verwaltungsbehörden können und dürfen nichts anderes als die Kanzleien der Kirchenleitungen sein, die an ihre Weisungen und Beschlüsse gebunden sind. Das gilt auch und gerade von den obersten Kirchenbehörden, also der Kirchenleitung der Evangelischen Kirche der Altpreußischen Union und dem Evangelischen Oberkirchenrat in Berlin.«[41]

Von daher überrascht keineswegs eine zuvor Mitte Mai 1946 zu Papier gebrachte Bemerkung Hornigs:

---

40 Zum Wortlaut der Beschlüsse siehe Hornig, Kirche 1945–1964 (wie Anm. 13), S. 168–178.
41 Denkschrift Kirche Schlesiens (wie Anm. 25), S. 146.

»Preußische Kirchenleitung. Bedarf großer Aufmerksamkeit und Umsicht. Westfalen und Rheinprovinz gehen mit uns in Ablehnung des Zentralismus von Berlin und waren überrascht, daß wir mit Preußischer Kirchenleitung, Verselbständigung des EOK u[nd] a[nderem] nicht einverstanden.«[42]

2. Klärungsprozesse 1947–1949

Die westlich der Neiße gelegenen Kirchenkreise sollten sehr bald nach der Breslauer Synode von zentraler Bedeutung für die Evangelische Kirche von Schlesien werden. Vorausahnend hatte man schon argumentiert:

»Von einem Aufhören des Amtes der Schlesischen Kirchenleitung kann daher auch bei einer Gesamtevakuierung des Gebietes östlich der Neiße nicht die Rede sein, da ihr ja die Leitung der Oberlausitz verbleibt. Sie wird daher in einem solchen Falle ihren Sitz von Breslau nach Görlitz zu verlegen haben.«[43]

Doch in den schlesischen Kirchenkreisen der Oberlausitz hatte man sich nach Berlin-Brandenburg orientiert und wollte keineswegs eine Kirchenleitung »aus Männern der radikalen Naumburger Richtung«.[44] Man wehrte sich gegen eine Installierung von Präses Kellner als Dekan und damit Beauftragten der Schlesischen Kirchenleitung in der Oberlausitz. Nach der Ausweisung von Präses Hornig am 4. Dezember 1946 aus Breslau war eine Klärung bezüglich der Oberlausitzer Kirchenkreise unumgänglich, auch wenn Breslau nach wie vor als Sitz der Kirchenleitung bestimmt war. Auf einer Bezirkssynode in Görlitz am 24. Februar 1947[45] einigte man sich schließlich auf eine Modifizierung der Kirchenleitung durch eine zusätzliche Berufung von vier Mitgliedern aus der Oberlausitz und eine Gliederung in die zwei Abteilungen »Ost und Reich« und »Oberlausitz« sowie die Beendigung der treuhänderischen Verwaltung durch Berlin-Brandenburg. Bischof Hornig hatte zuvor in einer eindringlichen Ansprache den unauflösbaren

---

42 Hornig, Kirche 1945–1964 (wie Anm. 13), S. 117.
43 Denkschrift Kirche Schlesiens (wie Anm. 25), S. 144.
44 So Sup. Langer, Görlitz, in einem Schreiben vom 24. Oktober 1945 an Bischof D. Dibelius (EZA Berlin 7/14151).
45 Zur Bezirkssynode Görlitz 1947 und zu den Auseinandersetzungen um die Oberlausitz siehe u.a. Kühne, Hans-Jochen: Bischof D. Dibelius als »Geburtshelfer« einer Kirche in der schlesischen Oberlausitz. Die Bezirkssynode vom 24. Februar 1947 in Görlitz, in: Jahrbuch für Berlin-Brandenburgische Kirchengeschichte 67 (2009), S. 295–323.

Zusammenhang mit der kämpfenden und leidenden Kirche Schlesiens und die Erwartung der schlesischen Flüchtlinge auf Erhaltung der »Heimatkirche« in den Oberlausitzer Kirchenkreisen beschworen.[46] Zum 1. Mai 1947 erfolgte die Übernahme der fünf schlesischen Kirchenkreise westlich der Neiße in die Verantwortung der Kirchenleitung der Evangelischen Kirche von Schlesien.

Die zunächst als Befriedung wahrgenommene Lösung barg unvorhersehbare Konflikte. Die zunächst in Breslau verbliebenen Mitglieder der Kirchenleitung, des »Kollegiums der Kirchenräte«, standen kritisch zu den Ergebnissen der Görlitzer Bezirkssynode. Nach ihrer Ausweisung im Mai bzw. August 1947 widersetzten sie sich vor allem einer immer stärkeren Fokussierung der Kirchenleitungsarbeit auf das Kirchengebiet der Oberlausitz. Zu ersten großen Auseinandersetzungen kam es im Oktober 1947.[47] Diese waren wohl mit Auslöser für einen Antrag des emeritierten Görlitzer Superintendenten Bornkamm im Namen mehrerer Pfarrer und Gemeindeglieder im Januar 1948 an die Kirchenleitung der APU zum Erlass einer Notverordnung zur »Bildung einer Provinzialsynode im Kirchengebiet westlich der Neisse«, um den »Eindruck der Willkür, der Rechtsunsicherheit und Rechtlosigkeit in der Kirchenleitung für Schlesien« wenigstens zu mildern oder gar zu vermeiden. Da dieser Antrag von Berlin an Bischof Hornig weitergeleitet wurde, kam es zu Krisensitzungen und Verhören in Görlitz sowie zu einem Vermittlungsversuch durch die Kirchenleitung der APU. Diese Kontroversen wurden überlagert durch den Konflikt zwischen dem Bruderrat der Bekennenden Kirche Schlesiens und den übrigen Mitgliedern der Kirchenleitung.

Den Impuls zur Wiederaufnahme der Arbeit der Bekennenden Kirche in Schlesien hatte Bischof Hornig selbst im Oktober 1947 in der Hoffnung auf Überwindung gegensätzlicher Beurteilungen gegeben.[48] Doch der Bruderrat der BK Schlesiens orientierte sich seit seiner ersten Sitzung im April 1948 an dem Beschluss der Hofkirchensynode1946 zur Bevollmächtigung der Kirchenleitung und ihrer Verantwortung »für die geistliche Betreuung der schlesischen Gemeinden innerhalb und der schlesischen Gemeindeglieder außerhalb Schlesiens sowie für die Erhaltung des organischen Zusammenhanges in der Schlesischen Kirche« und an der Notverordnung vom 14. November 1946, die ebenso von der Wahrung der »Einheit der Evangelischen Kirche ostwärts und westwärts der Neisse« ausging und mit der dem »Kollegium ostwärts der Neisse, das die Kirchenleitung

---

46 Wortlaut in: Hornig, Kirche 1945–1964 (wie Anm. 13), S. 217–223.
47 Rengersdorfer Konferenz 13. Oktober 1947 und Kirchenleitungssitzungen am 14. und 15. Oktober 1947. Siehe hierzu u.a. Meyer, Dietrich: Bischof Ernst Hornig und sein Umfeld in der Nachkriegszeit (1945–1949), in: JSKG 91/92 (2012/2013), S. 185–250, insbesondere S. 201 ff.
48 Siehe hierzu: Hornig, Ernst: Der Weg des Bruderrats der Bekennenden Kirche Schlesiens 1948–1950, abgedruckt bei Meyer, Bischof (wie Anm. 37), S. 234–249.

der Ev[angelischen] Kirche von Schlesien repräsentiert«, dazu die Verantwortung übertragen worden war. Der Bruderrat widersprach entschieden der am 4. November 1947 durch die Kirchenleitung mehrheitlich erfolgten Aufhebung der Notverordnung vom November 1946[49] und forderte die Einberufung der Synode von 1946, auf deren Wahlperiode bis 1950 man sich berief. Schließlich erklärte die Schlesische Bekennende Kirche in ihrer Stellungnahme zum Weg der Schlesischen Kirche vom 22. Februar 1949:

> »Eine künftige Synode der Schlesischen Kirche wie die von ihr gebildete Kirchenleitung müssen in ihrer Zusammensetzung wie in ihren Aufgaben der gesamtschlesischen Verantwortung gerecht werden. Eine Synode und Kirchenleitung als Interessenvertretung des Oberlausitzer Kirchenvolkes lehnen wir als Ungehorsam und Verleugnung der uns geschenkten und anbefohlenen Gemeinschaft mit unseren Brüdern in der Zerstreuung ab.«[50]

Wie der Bruderrat plädierte auch der Ordnungsausschuss der Evangelischen Kirche von Schlesien für eine Einberufung der Synode von 1946. Leitender Gedanke für den Ordnungsausschuss war, dass die Kirchenleitung ihre Vollmacht von dieser Synode empfangen hat und »dass die Autorität jeder künftigen Schlesischen Synode die Würdigung der Autorität dieser Synode zur Voraussetzung hat«.[51] Obwohl auch Bischof Hornig selbst wie viele andere im Blick auf die schlesische Kirche und ihr Flüchtlingsgeschick die besondere Führung Gottes betonen konnte, die sie wie »keine andere Kirche in Deutschland« erfahren habe, und zunächst ähnlich wie der Bruderrat von einer Sprengung des rein territorial bestimmten Landeskirchentums und einer »Entschränkung« sprach, »die unsere Kirche und die Kirchen in Deutschland vor ganz neue Fragen und Entscheidungen stellt«,[52] orientierte er sich letztendlich doch am gültigen kirchlichen Rechtsrahmen und konnte damit auch die Mehrheit der Kirchenleitungsmitglieder überzeugen. Sein Kampf für die Neuwahl einer Synode aus Vertretern der fünf schlesischen Kirchenkreise der Oberlausitz führte allerdings 1949 zur Handlungsunfä-

---

49 Wortlaut der Notverordnung vom 14. November (eigentlich 2. Dezember und zurückdatiert) 1946 bei Meyer, Bischof (wie Anm. 37), S. 219–221; über die Auseinandersetzungen a.a.O., S. 201 ff.
50 Stellungnahme abgedruckt in: Hornig, Kirche 1945–1964 (wie Anm. 13), S. 268 f.
51 Gutachten des Ordnungsausschusses an die Kirchenleitung vom 2. Juni 1949, abgedruckt in: Bregger, Hans-Martin: Kontinuität in der evangelischen Kirche von Schlesien 1936–1950. Ein Beitrag zur kirchenjuristischen Zeitgeschichte (Beiheft zum JSKG 12), Görlitz 2010, S. 313 f.
52 Siehe z.B. den Rundbrief 1/1949 (Passionszeit 1949) von Ernst Hornig, abgedruckt in: Hornig, Ernst: Rundbriefe aus der Evangelischen Kirche von Schlesien 1946–1950, hg.v. Dietmar Neß, Sigmaringen 1994, S. 164 ff. (Zitate: S. 171).

higkeit der Kirchenleitung und am 4. November 1949 zur Erklärung des »casus confessionis« seitens vier als »dissentierende Brüder« bezeichneter Mitglieder der Kirchenleitung. Sie warfen Bischof Hornig und der Kirchenleitungsmehrheit vor, »das Gesuch von fast der Hälfte der Synodalen« und den Antrag des Präses auf Einberufung der Synode von 1946 »eigenmächtig außer Kraft« zu setzen, durch die vorgesehene »Bildung einer neuen Synode nach eigenen Wünschen« die Bindung an die Breslauer Synode und die von ihr vorgegebenen Aufgaben »preisgegeben« und »das Recht, eine Kirche zu vertreten« durch solche »Aufrichtung des Führerprinzips« verwirkt zu haben.[53] Sowohl der altpreußische Bruderrat als auch die Kirchenleitung der APU, vor der am 17. November 1949 der Konflikt verhandelt wurde, wiesen diese Vorwürfe zurück. Eine Notverordnung der APU, die unter anderem die Mitgliedschaft der vier Kirchenleitungsmitglieder für ruhend erklärte, führte zu einer vorläufigen rechtlichen Regelung. Nach einem Gutachten der Kirchlichen Hochschule Berlin-Zehlendorf nahmen die vier Dissentierenden zwar ihre Erklärung des casus confessionis zurück, sahen aber keine Basis mehr für eine weitere Mitarbeit in der Kirchenleitung. Zumindest aber die Sorge der Dissentierenden, »es möchte die Schlesische Kirche zu einer Verwaltungskirche werden, es möchte der Episkopalismus sich ihrer bemächtigen«, teilte das Dozentenkollegium der Kirchlichen Hochschule.[54] Für die ohnehin äußerst schwierige Anfangsphase der Evangelischen Kirche von Schlesien war dieses Zerwürfnis ein schmerzlicher Prozess, zumal er von Vertretern der Bekennenden Kirche ausging, die nach 1945 die Neuorientierung der schlesischen Kirche maßgeblich mitbestimmt hatten.

Erst nach diesen Auseinandersetzungen konnte die Kirchenleitung ihre Beschlüsse zur Wahl und Zusammensetzung einer neuen Synode umsetzen.[55] Mit der am 29. November 1949 erlassenen Notverordnung bestimmte sie die Bildung einer Provinzialsynode »im Kirchengebiet der Evangelischen Kirche von Schlesien« und deren Zusammensetzung. In den fünf Kirchenkreisen westlich der Neiße waren Synodale zu wählen – mit der Maßgabe, dass ein Drittel »Ausgeheima-

---

53 Ankündigung (24. Oktober 1949) und Erklärung (4. November 1949) des casus confessionis durch die dissentierenden Mitglieder der Kirchenleitung in: Hornig, Kirche 1945–1964 (wie Anm. 13), S. 282 ff. und S. 291 f. Zum Konflikt in der Kirchenleitung insgesamt siehe insbesondere die entsprechenden Dokumente a.a.O., S. 267 ff., sowie bei Bregger, Kontinuität (wie Anm. 51), S. 203–232.
54 Gutachten der Kirchlichen Hochschule Berlin-Zehlendorf, in: Hornig, Ernst: Die schlesische evangelische Kirche 1945–1964, hg. von Manfred Jacobs, Görlitz 2001, S. 308–314, Zitat S. 314.
55 Die grundsätzlich bereits am 22. September 1949 gefassten Beschlüsse wurden in der KL-Sitzung vom 27. September 1949 endgültig formuliert. Beschlusstexte siehe: Hornig, Kirche 1945–1964 (wie Anm. 13), S. 277 f.

tete« sein müssen. Für die Vertretung der Kirchenkreise östlich der Neiße sollten ein Geistlicher und zwei bewährte Gemeindelieder durch die Kirchenleitung berufen werden. Außerdem sollten mit beratender Stimme »aus dem Kreis der schlesischen Pfarrer und Gemeindeglieder« – nach einer zahlenmäßigen Korrektur der Notverordnung am 9. Januar 1950 – drei Pfarrer und drei Laien aus den Westzonen sowie zwei Pfarrer und zwei Laien aus der Ostzone teilnehmen.[56] Auf diese Weise wollte man der besonderen schlesischen Situation gerecht werden. Im § 9 der Notverordnung wurde eine zukünftige Kirchenordnung in den Blick genommen:

> »Die aufgrund dieser Verordnung gebildete Provinzialsynode kann eine Grundordnung für ihr Kirchengebiet selbst verabschieden. Die Kirchenprovinz soll bei der Vorbereitung der Grundordnung mit den anderen Gliedkirchen der Evangelischen Kirche der altpreussischen Union Fühlung nehmen.«

Bis zum 30. April 1950 sollte die neue Provinzialsynode gebildet sein.

3. Die Kirchenordnung 1951

Die »erste Synode im Kirchengebiet der Evangelischen Kirche von Schlesien westlich der Neiße«[57] kam vom 8. bis 13. Mai 1950 in Görlitz zusammen. Pfarrer Alfred Kellner, der Präses der Breslauer Synode (sowie der Schlesischen Bekenntnissynode), hielt den Eröffnungsgottesdienst, bat aber, von einer Wiederwahl abzusehen. Zum Präses wurde der Görlitzer Rechtsanwalt Dr. Schwidtal gewählt. Sehr kontrovers wurde über den weiteren Weg der Evangelischen Kirche von Schlesien diskutiert. Dabei spielte auch wieder das Aufgeben des Territorialprinzips bzw. der Selbständigkeit aufgrund des geringen Umfangs des Kirchengebietes eine gewichtige Rolle. Erst ein Geschäftsordnungsantrag des Präses,

---

56 EKAG 10-374. – Die getroffene Regelung fußt letztlich auf einem Gesprächsergebnis »zwischen Mitgliedern der Kirchenleitung und einigen Pfarrern der Oberlausitz« vom März 1948, siehe hierzu das Protokoll der außerordentlichen KL-Sitzung vom 20.–22. September 1949, EKAG 11-823.

57 So Ernst Hornig in seinem Bericht über die Synode, Amtsblatt der Evangelischen Kirche in Deutschland, H. 11/1950, S. 359. Mit dieser Zählung, der alle weiteren Provinzialsynoden gefolgt sind, blieb leider die für die Orientierung an Barmen und die Neuordnung der schlesischen Kirchenprovinz maßgebliche Synode von Breslau 1946 unberücksichtigt.

sich zunächst in einem Grundsatzbeschluss über die Evangelische Kirche von Schlesien zu verständigen, brachte den Durchbruch. Mit ihrem ersten Beschluss entschied die Synode über die weitere Eigenständigkeit:

> »Die Evangelische Kirche von Schlesien ist die Provinzialkirche in dem Restgebiet von Schlesien innerhalb der Gesamtkirche der altpreußischen Union. Sie hat die aus ihrer heutigen Lage erwachsenen besonderen Aufgaben, ohne insoweit kirchenregimentliche Befugnisse auszuüben, die verbliebenen Gemeinden im Osten geistlich zu betreuen und mit den Gemeindegliedern in der Zerstreuung die Gemeinschaft des Glaubens und der Liebe aufrechtzuerhalten.«[58]

Bei nur sieben Enthaltungen wurde diese Erklärung ohne Gegenstimmen angenommen. Aus der Sicht der synodalen Vertreter der vertriebenen Schlesier war dieser Beschluss über das Fortbestehen der schlesischen Kirche nicht zuletzt ihrer Mitwirkung zu verdanken.[59] Unter ihnen befand sich übrigens auch Bischof i.R. D. Zänker. Die Vorlage des Ordnungsausschusses über die Neuordnung der kirchlichen Leitung war für diese Synodentagung zu umfangreich. Man musste sich auf das für den Augenblick Notwendige beschränken und konnte nur ein »Vorläufiges Gesetz über die Kirchenleitung der Evangelischen Kirche von Schlesien« verabschieden, das anstelle der noch fehlenden Kirchenordnung einstweilen die Aufgaben und Zusammensetzung von Kirchenleitung und Konsistorium regelte. Bischof Ernst Hornig behielt »den Vorsitz in der Kirchenleitung und dem Konsistorium und die Amtsbezeichnung Bischof bis zum Erlaß einer Grundordnung«.[60] Auch das »hauptamtliche theologische Mitglied des Konsistoriums« wurde nur »für die Zeit bis zum Erlaß der künftigen Grundordnung gewählt«[61] und hierfür Hans-Joachim Fränkel vorgeschlagen. Davon etwas abweichend wird im Blick auf OKR Dr. Walter Lintzel festgestellt, dass er »die Stelle des hauptamtlichen rechtskundigen Mitgliedes des Konsistoriums […] innehat«.[62] Der zunächst nur für diese Tagung gewählte Präses wurde für die gesamte

---

58 Amtsblatt der Evangelischen Kirche in Deutschland, H. 11/1950, S. 360.
59 Siehe hierzu den aufschlussreichen Bericht von Lic. Dr. Hultsch, abgedruckt von Dietmar Neß in seinem Beitrag: Die Neuordnung der schlesischen Kirche in der Oberlausitz 1945–1951, in: Wegmarken der Oberlausitzer Kirchengeschichte, Düsseldorf/Görlitz 1994, S. 63 ff.; Bericht S. 86–94.
60 Beschluss Nr. 5, EKAG 10-029. Zu diesem und den nachfolgend genannten Beschlüssen (mit leicht abweichender Zählung) siehe auch: Amtsblatt der Evangelischen Kirche in Deutschland 1950, Heft 11, S. 360.
61 Beschluss Nr. 6, EKAG 10-029.
62 Beschluss Nr. 7, EKAG 10-029.

Wahlperiode bestätigt, außerdem wurden die weiteren sechs Mitglieder der Kirchenleitung gewählt.[63]

Für die Erarbeitung einer neuen Kirchenordnung war der Wille »zur Gemeinsamkeit zwischen den APU-Kirchen« maßgeblich. So konnte es OKR Fränkel vor der Provinzialsynode im Juni 1951 erklären.[64] Die vorhandenen Unterlagen des Ordnungsausschusses geben wenig Einblick in den Beratungsprozess. Etwa ab Februar 1951 lag der Entwurf der Kirchenordnung[65] vor. Für eine Beschäftigung mit ihm blieb nicht viel Zeit. Pfarrkonvente und Gemeindekirchenräte sollten sich bis zu den Kreissynoden im April mit ihm beschäftigen, »damit alle Pfarrer und Ältesten unseres Kirchengebietes den Entwurf kennenlernen und die Möglichkeit erhalten, dazu Stellung zu nehmen«.[66] Verständlicherweise werden von fast allen die Kürze der Zeit und die viel zu geringe Anzahl an Arbeitsexemplaren bemängelt. Meist wird nur zu den Artikeln, die sich auf Pfarrer und Kirchengemeinden beziehen, Stellung genommen. Von den wenigen Stellungnahmen zum Vorspruch ist ein Referat auf der Kreissynode Görlitz hervorzuheben, in dem eine Klarstellung dahingehend gefordert wird, dass die Barmer Theologische Erklärung nicht als »verpflichtendes Bekenntnis« anzusehen sei.[67] Aufschlussreich ist das Votum von Superintendent Paeschke auf der Kreissynode des Kirchenkreises Niesky. Er wandte sich in seinem Referat gegen »die starke Tendenz einer Dezentralisierung der Kirche« und mahnte für die Kirchenordnung an,

> »nichts zu tun, was die Zersplitterung noch vertieft. Unsere Ordnung muß so gehalten sein, daß sie auch einen etwaigen zukünftigen Anschluß unseres Kirchengebietes an eine andere Kirche der APU nicht von vornherein gefährdet.«[68]

Unberücksichtigt blieb im Entwurf der Kirchenordnung übrigens der oben zitierte Grundsatzbeschluss von 1950 über die Evangelische Kirche von Schlesien.

---

63 Beschluss Nr. 8, EKAG 10-029.
64 Protokoll der 2.Tagung der 1. Provinzialsynode, 17.–22. Juni 1951, S. 94, EKAG 10-2699.
65 EKAG 10-378.
66 Schreiben des Konsistoriums an die Superintendentur vom 6. Februar 1951, EKAG 10-380.
67 Kreissynode Görlitz am 18. April 1951, Referat von Pfarrer Tiesler: »In dem Vorspruche wird auch immer von den Barmer Thesen gesprochen, aber so unklar, daß man nie weiß, werden sie behandelt als Bekenntnisschriften oder nur als zeitwichtige theologische Entscheidungen. Ich selbst möchte dies geklärt sehen, denn nie und nimmer dürfen diese ad hoc geschaffenen theologischen Sätze als verpflichtendes Bekenntnis angesehen werden.« EKAG 10-380.
68 Protokoll der Kreissynode des Kirchenkreises Niesky am 18. April 1951, EKAG 10-380.

Stattdessen folgte man im Artikel 1 der Grundordnung der Evangelischen Kirche in Berlin-Brandenburg bzw. der Kirchenordnung der Pommerschen Evangelischen Kirche.[69] Damit hatte die Dramatik, dass etwa 90 % des Kirchengebietes verloren gegangen waren, keinen Eingang in die Kirchenordnung gefunden.

Hauptpunkt der 2. Tagung der 1. Provinzialsynode vom 17. bis 22. Juni 1951 war die 1. und 2. Lesung der Kirchenordnung. OKR Hans-Joachim Fränkel brachte den Entwurf der Kirchenordnung ein und verteidigte unter anderem zu Vorspruch 5 bis 7 Barmen als »Vergegenwärtigung der reformatorischen Bekenntnisse in unserer Zeit und darum auch ein fernerhin der Kirche gebotenes Zeugnis« sowie das Verständnis von Bekennen und Bekenntnis in der APU.[70] In der Aussprache zur Einbringung nahm Superintendent König, Hoyerswerda, selbst Kirchenleitungsmitglied, die Besorgnisse einer Reihe von Pfarrern und Gemeindegliedern auf,

> »ob wir nicht von Gott in eine Lage geführt sind, in der wir demütig auch in der Ordnung unseres kirchlichen Lebens zum Ausdruck bringen sollten, daß wir ein zerschlagener Haufen sind, daß wir uns nicht den großen Kirchen einfach an die Seite stellen, als wären wir eine geordnete Kirche.«

Er gab den Synodalen zu bedenken, was Gott wohl von ihnen erwartet, es

> »den anderen gleichtun und große Kirche spielen« oder »einen anderen Weg suchen, um dem gerecht zu werden, wozu uns Gott vielleicht ausersehen hat«.[71]

Dieses Votum blieb aber letztlich ohne Einfluss auf die weitere Beratung der Kirchenordnung. Ohne Änderungen wurde der Vorspruch in 1. Lesung bei vier Enthaltungen und in 2. Lesung einstimmig angenommen; für die Kirchenordnung insgesamt lautete das Stimmenergebnis in 1. Lesung: »angenommen bei 3 Ge-

---

69 Grundordnung der Evangelischen Kirche in Berlin-Brandenburg, Art. 1, Abs. 1: Kirchliches Amtsblatt der Kirchenprovinz Berlin-Brandenburg 1949, Nr. 2, Anlage; Kirchenordnung der Pommerschen Evangelischen Kirche, Art. 107 Abs. 1: Amtsblatt der Evangelischen Kirche in Deutschland 1950, Nr. 9.

70 Protokoll der 2. Tagung der 1. Provinzialsynode, 17.–22. Juni 1951, S. 93–109, Zitat S. 103, EKAG 10-2699. Zum Verständnis von Bekennen und Bekenntnis führte er unter anderem aus: »Wir müssen [uns] als evangelische Kirche der APU dagegen wehren, daß dieses Dogma als lutherisch gelten soll, daß eine Kirche nur dann eine rechte Kirche sein soll, wenn sie bis in den Buchstaben hinein gleichformulierte Bekenntnisschriften hat. Dies verkennt, daß unser Bekenntnis der Gegenwart Christi und seine Gegenwart selber nicht dasselbe sind. Hier liegt das klare Recht der Evangelischen Kirche der APU« (a.a.O., S. 104).

71 Protokoll der 2. Tagung der 1. Provinzialsynode, S. 117 f., EKAG 10-2699.

genstimmen und 6 Enthaltungen«, in 2. Lesung: »mit 47 Stimmen bei 9 Stimmenthaltungen einstimmig angenommen«.

Die Beratungen zur Kirchenordnung fanden ihren Abschluss auf der 3. Tagung der 1. Provinzialsynode vom 12. bis 15. November 1951. Zum Abschnitt 4 des Vorspruches hatte der Görlitzer Pfarrer Funke für die 3. Lesung in einer Eingabe seine Sorge zum Ausdruck gebracht, dass der vorliegende Text, der nur vom »Verständnis des von den Reformatoren gemeinsam bezeugten Evangeliums« sprach, »als ein Unionsbekenntnis verstanden werden könne«. Nach kontroverser Diskussion wurde schließlich dieser Abschnitt in den Ordnungsausschuss zurückverwiesen. Die danach in Anpassung an die Formulierungen in den Kirchenordnung der anderen drei östlichen APU-Gliedkirchen eingebrachte Klarstellung, »eine Kirche der lutherischen Reformation« zu sein, die »mit den reformierten Gemeinden ihres Bereichs in Kirchengemeinschaft steht«, fand die ungeteilte Zustimmung der Synode, so dass dann »auch in der Gesamtabstimmung über den Vorspruch in vollständiger Einmütigkeit« beschlossen werden konnte.[72] Am 14. November 1951 wurde schließlich die Kirchenordnung insgesamt mit 47 Stimmen bei zwei Neinstimmen und neun Enthaltungen angenommen.[73] Zu Beginn der 3. Tagung hatte übrigens Superintendent Demke, Görlitz, ähnlich wie ein halbes Jahr zuvor Superintendent König der Synode eingeschärft,

> »die Kirche, die noch unterwegs ist und ihrem Endziele entgegengeht, dürfe nur leichtes Gepäck haben und müsse sich frei machen von aller schweren Rüstung«.[74]

Änderungen an Vorspruch und einleitenden Bestimmungen der Kirchenordnung von 1951 sind eigentlich nur noch im Rahmen übergeordneter Vorgänge wie der Namensänderung der APU (1953)[75] und der Gründung des Bundes der Evangelischen Kirchen in der DDR anstelle der Zugehörigkeit zur EKD (1969)[76] bzw. im Zusammenhang mit Änderungen des Kirchennamens 1968 und 1992[77] erfolgt. Mit der Namensänderung 1992 in »Evangelische Kirche der schlesischen Oberlausitz« wurde auch die 1951 in Artikel 1 gewählte offene Formulierung »umfaßt

---

72 Protokoll der 3. Tagung der 1. Provinzialsynode, insbesondere Nebenprotokoll vom 12. und 13. November 1951, EKAG 10-372.
73 Siehe Hauptprotokoll vom 14. November 1951, EKAG 10-2774. Die Inkraftsetzung durch die Kirchenleitung erfolgte am 7. Januar 1952.
74 Nebenprotokoll zur 3. Tagung der (1.) Provinzialsynode, Bl. 2, EKAG 10-372.
75 Die Änderung der Kirchenordnung erfolgte hierzu jedoch erst 1968 [!] mit § 2 des Kirchengesetzes vom 25. März 1968 zur 8. Änderung der Kirchenordnung.
76 Kirchengesetze zur 10. Änderung (5. April 1970) und 11. Änderung (29. März 1971) der Kirchenordnung.
77 Kirchengesetze zur 7. Änderung (25. März 1968) und zur 25. Änderung (11. Oktober 1992) der Kirchenordnung.

kirchlich die Gemeinden der bisherigen Kirchenprovinz Schlesien« durch den Zusatz »westlich der Neiße« zur klaren geographischen Aussage über das tatsächliche Kirchengebiet.

Die Bedeutung der Barmer Theologischen Erklärung für den Weg der Evangelischen Kirche von Schlesien, die Bindung an den Vorspruch der Kirchenordnung und die Zugehörigkeit zur EKU haben die Strukturüberlegungen nach 2000 bestimmt und schließlich zum Kirchenneubildungsprozess mit der Evangelischen Kirche in Berlin-Brandenburg und zur Außerkraftsetzung der bisherigen Kirchenordnung zum 31. Dezember 2003 geführt.[78]

---

78 Siehe hierzu Kühne, Hans-Jochen: Dokumentation zum Kirchenneubildungsprozess Evangelische Kirche Berlin-Brandenburg-schlesische Oberlausitz, in: JSKG 84/85 (2005/2006), S. 323–389.

Andreas Metzing

Von den Bekenntnisparagraphen der Rheinisch-Westfälischen Kirchenordnung zum Grundartikel der Kirchenordnung der Evangelischen Kirche im Rheinland (1945–1952)

Beilage 6
Synopse: Entstehung des Grundartikels der rheinischen KO (1948–1952)

---

1. Vorüberlegungen in der Zeit des Kirchenkampfs zur Neuordnung der Rheinischen Kirche

Die Neubestimmung des Verhältnisses von Bekenntnis und Ordnung der Kirche, die für die neue Kirchenordnung der Evangelischen Kirche im Rheinland nach dem Zweiten Weltkrieg kennzeichnend werden sollte, hatte ihren Ursprung in Beratungen der rheinischen Bekennenden Kirche in der Zeit des Kirchenkampfs. In diesen Überlegungen ging es zwar noch nicht um eine konkrete Neuformulierung der Bekenntniseinleitung, die 1855 in Form von drei Bekenntnisparagraphen dem Urtext der Rheinisch-Westfälischen Kirchenordnung (RWKO) von 1835 vorangestellt worden war. Dennoch wurden schon hier wichtige Grundprinzipien erkennbar, die sich nach 1945 in der neuen Kirchenordnung wiederfanden und sich auch in den Debatten um den die Bekenntnisgrundlagen formulierenden Grundartikel niederschlugen.

Auf der am 29. April 1934 in Dortmund zeitgleich mit der westfälischen Bekenntnissynode abgehaltenen zweiten Freien Evangelischen Synode im Rheinland wurde die fortdauernde Geltung der Bekenntnisparagraphen der RWKO festgestellt und den reichsbischöflichen Maßnahmen gegen die Kirche der altpreußischen Union der grundsätzliche Vorwurf entgegengehalten, die Ordnung der Kirche zu einer bloßen Verwaltungsangelegenheit zu erklären, die mit dem Bekenntnisstand der Kirche nichts zu tun habe.[1] Demgegenüber forderten die beiden Bekenntnissynoden die Wiederherstellung der bekenntnisgebundenen RWKO als unaufgebbare Rechtsordnung sowie die »notwendige Reinigung unserer rheinisch-westfälischen Kirchenordnung von wesensfremden unkirchlichen Bestandteilen«, was die »Aufgabe rechtmäßig zu berufender Synoden sei«.[2]

Nach der Verabschiedung der Barmer Theologischen Erklärung Ende Mai 1934 wurden in der rheinischen Bekennenden Kirche 1936 auch Überlegungen zur Neufassung des kirchlichen Wahlrechts angestellt, mit der gewährleistet werden sollte, dass nur solche Personen in die kirchlichen Gremien gewählt werden, die sich bereit erklärten, über die schrift- und bekenntnisgemäße Ordnung der Kirche im Sinne der Erklärung von Barmen zu wachen.[3] Diese Vorschläge wurden nach 1945 zunächst im Zuge der Diskussionen um eine neue Presbyterwahlordnung wieder aufgegriffen. Die in diesem Zusammenhang immer wieder unterstrichene Wichtigkeit des presbyterialen Aufbaus der Kirche von der Gemeinde her schlug sich mittelbar auch in den Formulierungen der Präambel nieder, die der neuen Kirchenordnung noch vor dem Grundartikel vorangestellt wurde (»Alle Glieder der Kirche sind auf Grund der heiligen Taufe berufen, an der Erfüllung dieses Auftrages im Glauben mitzuwirken. Es ist Aufgabe der Gemeinde, im Gehorsam gegen ihren Herrn alle zur Durchführung dieses Auftrages notwendigen Dienste einzurichten und zu ordnen.«).

Schließlich ist in diesem Zusammenhang auch die Denkschrift »Von rechter Kirchenordnung« zu nennen, die im Januar 1945 vom altpreußischen Bruderrat verabschiedet wurde. Sie forderte unter anderem, dass in einem Vorspruch zur Kirchenordnung die der Kirche zugrundeliegenden Bekenntnisschriften und auch der Bezug zur Barmer Theologischen Erklärung explizit gemacht werden solle.[4]

1 Vgl. Kampmann, Jürgen: Die gemeinsame Tagung der Westfälischen Bekenntnissynode und der rheinischen Freien Synode am 29. April 1934 in Dortmund, in: Hey, Bernd/Wittmütz, Volker (Hgg.): Evangelische Kirche an Ruhr und Saar. Beiträge zur rheinischen und westfälischen Kirchengeschichte, Bielefeld 2007, S. 109–161.
2 Beckmann, Joachim: Rheinische Bekenntnissynoden im Kirchenkampf. Eine Dokumentation aus den Jahren 1933–1945, Neukirchen-Vluyn 1975, S. 142.
3 Graeber, Hans: Entwurf einer Wahlordnung für die Neubildung der Presbyterien (und Synoden) im Gebiet der Kirchenordnung für Rheinland und Westfalen, Essen 1936.
4 Stein, Albert: Die Denkschrift des altpreußischen Bruderrates »Von rechter Kirchenordnung«: Ein Dokument zur Rechtsgeschichte des Kirchenkampfes, in: Zur Geschichte des Kirchenkampfes: Gesammelte Aufsätze II (Arbeiten zur Geschichte des Kirchenkampfes 26), Göttingen 1971, S. 164–196, hier S. 189.

Auch diese Denkschrift beeinflusste nach Kriegsende die Diskussionen um die Formulierung des Grundartikels der neuen rheinischen Kirchenordnung.

2. Die Konstituierung der Evangelischen Kirche im Rheinland als selbständige Landeskirche nach Kriegsende

Die Vorbereitungen zum Neuaufbau der rheinischen Kirche nach dem Zweiten Weltkrieg setzten unmittelbar nach Ende der Kampfhandlungen im Frühjahr 1945 ein und waren von Anfang an durch einen Kompromiss zwischen alten und neuen Kräften gekennzeichnet. Bereits am 6. März 1945 kam es zu einem ersten Gespräch zwischen Joachim Beckmann, Mitglied des rheinischen Bruderrats, und dem nicht DC-belasteten Konsistorialrat Helmut Rößler, zwischen denen schon in den Kriegsjahren eine »Vertrauensbrücke« entstanden war. Im Laufe des April 1945 wurden auch Ernst Stoltenhoff als Generalsuperintendent und Pfarrer Rudolf Harney als Vertreter des Provinzialkirchenrats von 1932 in diese Verhandlungen über eine Neuordnung der rheinischen Kirche einbezogen.[5]

Zielten diese ersten Verhandlungen auf einen Ausgleich zwischen den Vertretern der Bekennenden Kirche (Beckmann) und denjenigen Kräften, die die traditionelle kirchliche Obrigkeit repräsentierten (Konsistorialrat Rößler und Generalsuperintendent Stoltenhoff), so setzte die am 5. Mai 1945 von dem Essener Pfarrer und führenden Bruderratsmitglied Heinrich Held vorgelegte Denkschrift »Zur Lage der Rheinischen Kirche« einen deutlichen inhaltlichen Kontrapunkt zu diesen Gesprächen. Held skizzierte hier die aus seiner Sicht vordringlichen Aufgaben einer zukünftigen rheinischen Kirchenleitung aus dezidiert bruderrätlich-dahlemitischer Perspektive, sprach dabei dem Konsistorium »bekenntniswidrigen Charakter« zu und bescheinigte dem Generalsuperintendenten »keine selbständige kirchenamtliche Funktion«.[6]

Einen Kompromiss zwischen den Vertretern des Bruderrats, des Konsistoriums, des Provinzialkirchenrats und dem Generalsuperintendenten fand man

---

5 Vgl. Beckmann, Joachim: Das Wort Gottes bleibt in Ewigkeit. Erlebte Kirchengeschichte, Neukirchen-Vluyn 1986, S. 329.
6 Abdruck der Denkschrift vom 5. Mai 1945 in: Norden, Günther van (Hg.): Das 20. Jahrhundert (Quellen zur rheinischen Kirchengeschichte V), Düsseldorf 1990, S. 257–263.

schließlich mit der »Vereinbarung zur Wiederherstellung einer bekenntnisgebundenen Ordnung und Leitung der Evangelischen Kirche der Rheinprovinz« vom 15. Mai 1945, mit der die »Leitung der Evangelischen Kirche der Rheinprovinz« gebildet wurde.[7] Diese neue Kirchenleitung bestand aus drei Vertretern der Rheinischen Bekenntnissynode (Joachim Beckmann, Heinrich Held, Johannes Schlingensiepen), zwei Vertretern des Provinzialkirchenrats von 1932 (Rudolf Harney, Karl Mensing), einem Vertreter des Konsistoriums (Helmut Rößler) sowie dem Generalsuperintendenten (Ernst Stoltenhoff). Mit dieser Zusammensetzung kam einerseits der Leitungsanspruch des bruderrätlichen Flügels der Bekennenden Kirche deutlich zum Ausdruck, ohne dass andererseits diejenigen Kräfte in der rheinischen Kirche ausgegrenzt wurden, die den dahlemitischen Weg nicht mitgegangen waren.

Dieser Kompromisscharakter des kirchlichen Neubeginns im Rheinland, der in der Forschung auch als »rückwärtsgewandte Neuordnung«[8] bezeichnet wurde, war auch in der Behandlung der Themenkreise Kirchenordnung und Bekenntnisstand erkennbar. Die neue Kirchenleitung knüpfte in ihrer Arbeit zunächst explizit an die Bekenntnisparagraphen an, die 1855 nach einem mehrjährigen Erarbeitungsprozess der Rheinisch-Westfälischen Kirchenordnung (RWKO) vom 5. März 1835 hinzugefügt worden waren, und stellte im ersten Absatz des zweiten Paragraphen der Vereinbarung vom 15. Mai 1945 fest: »Die für alles kirchliche Handeln maßgebende und verbindliche Bekenntnisgrundlage der Ev[an]g[e]l[ischen] Kirche der Rheinprovinz ist in §§ I – III KO enthalten.« Dann fuhr sie fort: »Diese Bekenntnisgrundlage ist gegenüber den in die Kirche eingedrungenen Irrlehren aufs Neue als bindend bekannt worden in der Theologischen Erklärung von Barmen«[9] und machte mit dieser Formulierung klar, dass die RWKO zwar im Prinzip Bestand haben sollte, im Zuge der kirchlichen Neuordnung aber einer Überarbeitung unterzogen werden müsse, um die theologischen Erkenntnisse von Barmen zu integrieren und gleichzeitig alle der presbyterial-synodalen Ordnung widersprechenden Bestandteile daraus zu entfernen.

Eine solche »presbyterial-synodale Neuordnung der K.O.« hatte schon Held in seiner Denkschrift vom 5. Mai 1945 gefordert, und zwar explizit »in Zusammen-

---

7   Kirchliches Amtsblatt der Evangelischen Kirche der Rheinprovinz Nr. 1/1946 vom 10. Januar 1946, S. 1–2. Auch abgedruckt in: Norden, 20. Jahrhundert (wie Anm. 6), S. 263–266.
8   Norden, Günther van: Der schwierige Neubeginn, in: Hey, Bernd/Norden, Günther van (Hg.): Kontinuität und Neubeginn. Die rheinische und westfälische Kirche in der Nachkriegszeit (1945–1949) (Schriftenreihe des Vereins für Rheinische Kirchengeschichte 123), Köln 1996, S. 1–26, hier S. 14.
9   Norden, 20. Jahrhundert (wie Anm. 6), S. 264.

arbeit mit der Kirche in Westfalen«.¹⁰ Die Rheinische Kirche sei, so Held in der Einleitung der Denkschrift,

> »ihrem Wesen nach mit der Nachbarkirche in Westfalen im Bereich der Deutschen Evangelischen Kirche eine ausgesprochen presbyterial-synodale Kirche, unbeschadet der ihr durch die Geschichte des 19. Jahrhunderts aufgenötigten Zweiteilung der Kirchenleitung in Provinzialsynode und Konsistorium«.¹¹

Diese von Held hier sehr betonten presbyterial-synodalen Gemeinsamkeiten Rheinlands und Westfalens implizierten eine Abgrenzung von den östlichen Gliedkirchen der Evangelischen Kirche der altpreußischen Union, die dann am 31. August 1945 am Rand der Kirchenführerkonferenz von Treysa auch faktisch vollzogen wurde, als durch die »Vorläufige Ordnung der Evang[elischen] Kirche der altpreußischen Union« die bisherigen altpreußischen Kirchenprovinzen zu selbständigen Gliedkirchen wurden und die kirchenleitenden Funktionen vom Evangelischen Oberkirchenrat in Berlin auf die Kirchenleitungen der Provinzen übergingen.

3. Die 44. Rheinische Provinzialsynode 1946

Die rheinische Synode, die die Kirchenleitung auf den 17. September 1946 nach Velbert einberufen hatte, firmierte zwar noch als 44. Provinzialsynode und stand damit formal in der Kontinuität der Synoden der Vorkriegszeit, stellte sich aber selbstverständlich auf den Boden der Beschlüsse von Treysa über die Leitung der Evangelischen Kirche der altpreußischen Union.¹² Die Frage einer Überarbeitung der RWKO und ihrer Bekenntnisparagraphen stand allerdings noch nicht auf der Agenda dieser ersten rheinischen Nachkriegssynode. Denn die in der Vereinbarung vom 15. Mai 1945 geforderte »Wiederherstellung einer kirchlichen Ordnung und Leitung, die auf klarer Bekenntnis- und Rechtsgrundlage steht«, machte es gemäß den Grundsätzen der presbyterial-synodalen Ordnung zunächst einmal erforderlich, eine neue Presbyterwahlordnung zu erarbeiten. Die westfälische Provinzialsynode hatte bereits im Juli 1946 einer solchen Ordnung in erster Le-

---

10 A.a.O., S. 263.
11 A.a.O., S. 257.
12 Verhandlungen der 44. außerordentlichen Tagung der Rheinischen Provinzialsynode in Velbert. 1. Tagung vom 16. bis 20. September 1946. 2. Tagung vom 22. bis 24. Oktober 1946, Essen 1948, S. 74.

sung zugestimmt, und die rheinische Schwestersynode diskutierte diesen Text nun intensiv und auch kontrovers, insbesondere mit Blick auf das passive Wahlrecht für Frauen und die Möglichkeit einer Ergänzung der Presbyterien durch Kooptation. Nach Koordinierungsverhandlungen mit Westfalen stimmte die rheinische Synode schließlich am 24. Oktober 1946 mit großer Mehrheit einem gemeinsamen Textentwurf zu, der das Wahlrecht auf die »um Wort und Sakrament gesammelte Gemeinde« beschränkte und den Gemeinden die Möglichkeit einräumte, für ihr Gebiet mit Zustimmung der Kirchenleitung das passive Frauenwahlrecht auszuschließen.[13]

War also die Diskussion um die Presbyterwahlordnung das beherrschende Thema der rheinischen Provinzialsynode 1946, so kam doch am Rande auch die geplante Überarbeitung der Kirchenordnung zur Sprache: Auf Antrag der Kirchenleitung wählte die Synode einen fünfköpfigen, bemerkenswerterweise nur aus weltlichen Synodalen bestehenden Ausschuss (Amtsgerichtsdirektor Otto Graeve aus Bonn, Kirchmeister Johannes Drescher aus Düsseldorf, Volkswirt Dr. Friedrich Karrenberg aus Velbert, Volkswirt Dr. Otto Leonhard aus Kastellaun sowie Rechtsanwalt Friedrich Pfeiffer aus Saarbrücken), um

> »mit der Kirchenleitung zusammen und in Arbeitsgemeinschaft mit der westfälischen Provinzialsynode die Erneuerung der Rheinisch-Westfälischen Kirchenordnung für die kommende Provinzialsynode vorzubereiten.«[14]

4. Der Kirchenordnungsentwurf vom 24. August 1948 und der Gegenentwurf der Kreissynode Barmen vom 9. September 1948

Der von der rheinischen Provinzialsynode 1946 eingesetzte Ausschuss erarbeitete zusammen mit der Kirchenleitung ein Proponendum über die Ordnung und Leitung der rheinischen Kirche, das im Jahr 1947 den Kreissynoden zur Stellungnahme vorgelegt wurde.[15] Auf der Grundlage dieser Stellungnahmen verfassten Kirchenleitung und Ausschuss im darauffolgenden Jahr einen auf den 24. August 1948 datierten »Entwurf der Kirchenordnung der Evangelischen Kirche von

---

13 A.a.O., S. 160 f.
14 A.a.O., S. 76 und S. 78.
15 Verhandlungen der ersten Rheinischen Landessynode. Tagung vom 8. bis 13. November 1948 zu Velbert, Neuwied 1950, S. 46.

Westfalen und der Evangelischen Kirche im Rheinland«.[16] Dieser von Joachim Beckmann und Heinrich Held im Namen der rheinischen Kirchenleitung gezeichnete Entwurf verstand sich ausdrücklich als eine direkte Weiterentwicklung der Rheinisch-Westfälischen Kirchenordnung von 1835 und bezog sich deshalb grundsätzlich auf das Gebiet beider preußischen Westkirchen, der rheinischen wie der westfälischen. Die Kontinuität, die diesen Entwurf mit der RWKO verbinden sollte, kam besonders in der Präambel zum Ausdruck, die der Überschrift »Kirchenordnung der Evangelischen Kirche von Westfalen und der Evangelischen Kirche im Rheinland« vorgeschaltet war und folgenden Wortlaut hatte:

>»Die Evangelische Kirche von Westfalen und die Evangelische Kirche im Rheinland, seit dem 5. März 1835 durch eine gemeinsame Kirchenordnung verbunden, deren letzte Fassung auf dem Kirchengesetz vom 6.11.1923, betreffend Änderung der Kirchenordnung für die evangelischen Gemeinden der Provinz Westfalen und der Rheinprovinz vom 5.3.1835, 5.1.1908, beruht, haben durch ihre Synoden vom … übereinstimmend beschlossen, daß diese Kirchenordnung von nun an in dem nachfolgenden Wortlaut gilt.«[17]

Nach der Präambel folgte eine in drei Absätze untergliederte Bekenntniseinleitung, deren Überschrift in fast wörtlicher Aufnahme der Formulierung der Bekenntnisparagraphen von 1855 »Vom Bekenntnisstand der Kirchen« lautete. Im ersten Absatz wurden das Kirchenverständnis nach CA VII ([…] »in der Einheit der einen, heiligen, allgemeinen christlichen Kirche, die überall da ist, wo das Wort Gottes lauter verkündigt wird und die Sakramente recht verwaltet werden.«) und die Fundierung der Kirche auf Altem und Neuem Testament sowie den Bekenntnissen der alten Kirche formuliert. Der zweite Absatz enthielt das Bekenntnis zu Jesus Christus als dem alleinigen Heil, listete dann die verschiedenen Bekenntnisschriften auf, an die sich lutherische, reformierte und unierte Gemeinden »im Verständnis des von den Reformatoren gemeinsam bezeugten Evangeliums« gebunden sehen, und enthielt schließlich eine Bejahung der Barmer Theologischen Erklärung als »ein von der Schrift und den Bekenntnissen her gebotenes Zeugnis der Kirche« sowie die Verpflichtung, die Bekenntnisse der Kirche immer wieder an der Heiligen Schrift zu prüfen. Der dritte Absatz charakterisierte die durch diese Ordnung begründete Kirchengemeinschaft, die einerseits »der Entfaltung der einzelnen Konfessionen freien Raum gewährt«, andererseits aber auch »den Gliedern aller Gemeinden Anteil an der Gemeinschaft des

---

16 Entwurf der Kirchenordnung der Evangelischen Kirche von Westfalen und der Evangelischen Kirche im Rheinland, Düsseldorf 1948.
17 A.a.O., S. 3.

Gottesdienstes und der Sakramente« zuspricht und die Kirchen Westfalens und des Rheinlands

> »durch das Miteinander der verschiedenen reformatorischen Bekenntnisse verpflichtet, ihre Gemeinde immer wieder zu rufen, auf das Glaubenszeugnis der Brüder zu hören.«[18]

Den Schluss des Absatzes bildete ein Bekenntnis zur kirchlichen Gemeinschaft in der EKD und zur weltweiten Ökumene.

Sehr deutlich ist in diesem Entwurf zu erkennen – insbesondere durch die Bezugnahme auf die Westprovinzen insgesamt und durch die eine Formulierung der RWKO aufgreifende Überschrift »Vom Bekenntnisstand der Kirchen« –, dass man in formaler Hinsicht offenbar keinen allzu radikalen Bruch mit der RWKO vollziehen wollte, sondern sie vielmehr weiterzuentwickeln suchte. Inhaltlich jedoch ging man über die Bekenntnisparagraphen von 1855 weit hinaus, was vor allem im Bekenntnis zum »von den Reformatoren gemeinsam bezeugten Evangelium« und in der Bejahung der Barmer Theologischen Erklärung sichtbar wird.

Genau dieser Zwiespalt des Entwurfs wurde aber auch Gegenstand heftiger Kritik. Ein vom Kirchenordnungsausschuss der Kreissynode Barmen erarbeitetes Gutachten zu dem von der Kirchenleitung vorgelegten Entwurf kam zu dem Schluss:

> »In dem Entwurf der Kirchenleitung geschieht nun nichts anderes, als daß auf dieses alte Kleid [die KO 1835/1923] einige neue Flicken der Bekennenden Kirche genäht werden. Das ist aber nicht möglich. Man kann den neuen Wein der Bekennenden Kirche nicht in den alten Schlauch einer Kirchenordnung des 19. Jahrhunderts gießen. [...] Es muß vielmehr eine ganz neue Ordnung geschaffen werden, die den presbyterial-synodalen Aufbau beibehält, aber doch von den Erkenntnissen ausgeht, die uns durch die Bekennende Kirche geschenkt worden sind.«[19]

Der Kirchenordnungsausschuss der am 9. September 1948 tagenden Kreissynode Barmen legte deshalb einen eigenen Entwurf einer »Kirchenordnung für die Gemeinden der Evangelischen Kirche in der Rheinprovinz und der Evangelischen

---

18 A.a.O., S. 4.
19 Gutachten zu dem von der Kirchenleitung vorgelegten Entwurf der Kirchenordnung der Evangelischen Kirche von Westfalen und der Evangelischen Kirche im Rheinland, Wuppertal 1948, S. 3; zitiert nach Schmitz-Dowidat, Annette: »... daß alles ehrbar und ordentlich in der Gemeinde zugehe«. Die Entstehung und Weiterentwicklung der rheinischen Kirchenordnung von 1952 (1945–1991) (Schriften des Vereins für Rheinische Kirchengeschichte 149), Köln 2001, S. 110.

Kirche von Westfalen« vor.[20] Der Barmer Entwurf forderte gegenüber dem von der Kirchenleitung vorgelegten Text nachdrücklich, die neue Kirchenordnung vom Gottesdienst her zu konzipieren, und enthielt deshalb ein eigenes Kapitel »Die Gemeinde unterm Wort«, in dem die Verkündigung im Gottesdienst, die christliche Lehre und die christliche Lebensordnung geregelt wurden. Auch in der starken Betonung der vierten Barmer These, dass die verschiedenen Ämter in der Kirche keine Herrschaft der einen über die anderen begründeten, lag eine Kritik an der Leitungskonzeption des von der Kirchenleitung vorgelegten Entwurfs; man bemängelte eine zu unscharfe Abgrenzung der Kompetenzen von Kirchenleitung und Landeskirchenamt, in der man Reste alten konsistorialen Denkens sah,[21] und forderte demgegenüber eine Stärkung der Stellung der Landessynode gegenüber der Kirchenleitung.

In unserem Zusammenhang sind aber nicht so sehr diese sich auf die Kirchenleitung beziehenden Aspekte des Barmer Entwurfs von 1948 von Interesse, sondern vielmehr die Tatsache, dass der von der Kreissynode Barmen vorgelegte Kirchenordnungsentwurf unter der Überschrift »Der Grund und das Bekenntnis der Kirche und ihrer Gemeinden« auch eine Bekenntniseinleitung enthielt. Bemerkenswert ist hier allerdings, dass der Entwurf der Kreissynode Barmen – der ja beim Thema Kirchenleitung einen sehr viel deutlicheren Bruch mit der RWKO und eine konsequentere Einbringung der Erfahrungen und Erkenntnisse des Kirchenkampfs gefordert hatte, als das im Entwurf der Kirchenleitung der Fall war – mit Blick auf die Bekenntniseinleitung sehr viel traditioneller als der Entwurf der Kirchenleitung daherkam. Auch war das dem Barmer Entwurf zugrunde liegende Unionsverständnis dem der Bekenntnisparagraphen von 1855 doch sehr ähnlich. Die in zwei Abschnitte untergliederte Bekenntniseinleitung nennt unter der Überschrift »Der Grund« Jesus Christus und das Alte und Neue Testament als Fundamente der Kirche, während unter »Das Bekenntnis« in fünf Unterpunkten die altchristlichen Bekenntnisse, die Bekenntnisse der Reformationszeit, die Barmer Theologische Erklärung, die Verpflichtung zur Prüfung der Bekenntnisse an der Heiligen Schrift und die Gemeinschaft in Wort, Sakrament und Dienst aufgeführt werden. Die Barmer Theologische Erklärung wird hier zwar genannt, aber diejenigen Aspekte, in denen die Bekenntniseinleitung des Entwurfs der Kirchenleitung über die Bekenntnisparagraphen von 1855 herausgeht, sucht man im Barmer Entwurf vergeblich. Weder wird die Kirchengemeinschaft in ihrer wechselseitigen Dynamik von freier Entfaltung der einzelnen Konfessionen und

---

20 Kirchenordnung für die Gemeinden der Evangelischen Kirche in der Rheinprovinz und der Evangelischen Kirche von Westfalen. Entwurf des Ausschusses für Kirchenordnung der Kreissynode Barmen, Wuppertal 1948.
21 Schmitz-Dowidat, Ehrbar (wie Anm. 19), S. 108.

zugleich einem Miteinander in Gottesdienst und Sakrament näher reflektiert, wie das im dritten Abschnitt des Entwurfs der Kirchenleitung der Fall ist, noch wird gar der Gedanke eines von den Reformatoren gemeinsam bezeugten Evangeliums ins Spiel gebracht. Somit waren im Spätsommer 1948 zwei Kirchenordnungsentwürfe vorhanden, die in verschiedener Hinsicht sehr unterschiedliche Akzente setzten.

5. Die 1. Rheinische Landessynode 1948

Auf der ersten Rheinischen Landessynode, die vom 8. bis 13. November 1948 in Velbert tagte und auf der sich die rheinische Kirche offiziell als Landeskirche konstituierte[22], kam es noch nicht zu einer intensiveren Diskussion um die Bekenntniseinleitung der zukünftigen Kirchenordnung. Da die westfälische Landeskirche ihrerseits noch keinen vollständigen Entwurf für eine neue Kirchenordnung erarbeitet hatte, hatte man sich auf einer gemeinsamen Konferenz des westfälischen und des rheinischen Kirchenordnungsausschusses darauf geeinigt, auf den Landessynoden des Jahres 1948 vorerst nur über die Frage der Kirchenleitung zu debattieren und eine Diskussion über den Gesamtentwurf der Kirchenordnung auf die nächsten Landessynoden zu verschieben.[23] Die rheinische Synode von 1948 beriet deshalb nicht über einen kompletten Kirchenordnungsentwurf, sondern nur über den Entwurf eines Kirchenleitungsgesetzes, den die rheinische Kirchenleitung gemeinsam mit der westfälischen ausgearbeitet hatte und in den auch Vorschläge eingeflossen waren, die die Kreissynoden aufgrund ihrer Beschäftigung mit dem Entwurf vom 24. August 1948 gemacht hatten.[24] Im Ergebnis beschloss die Landessynode am 12. November 1948 das Kirchengesetz über die Leitung der Evangelischen Kirche im Rheinland,[25] in dem sich das Konzept einer starken Stellung der Kirchenleitung gegenüber der Landessynode weitgehend durchgesetzt hatte. Alternative Ansätze wie etwa der der Kreissynode Barmen kamen nicht zum Tragen.

In der Debatte über das Kirchenleitungsgesetz zeichnete sich bereits eine Entwicklung ab, die in den folgenden Jahren bis 1952 auch bei den Diskussionen um die Grundartikel immer deutlicher wurde: dass es für die rheinische und die west-

---

22 Verhandlungen Landessynode 1948 (wie Anm. 15).
23 A.a.O., S. 46 f.; vgl. auch Schmitz-Dowidat, Ehrbar (wie Anm. 19), S. 105 f.
24 Verhandlungen Landessynode 1948 (wie Anm. 15), S. 64.
25 A.a.O., S. 117.

fälische Kirche aufgrund ihrer unterschiedlichen konfessionellen inneren Struktur immer schwieriger wurde, sich auf gemeinsame kirchengesetzliche Grundlagen zu einigen. Deutlich wurde das auf der rheinischen Landessynode von 1948 in der Auseinandersetzung um den § 19 des Kirchenleitungsgesetzes. Hatte der ursprüngliche Gesetzentwurf vorgesehen, dass jedes Mitglied der Synode verlangen konnte, dass die seinem Bekenntnis angehörenden Synodalen zu einem Konvent zusammentreten, falls die gerade beratene Vorlage dies erfordere,[26] so vermied die letztlich verabschiedete Fassung den Begriff »Konvent« und legte die Hürde für die Itio in partes wesentlich höher: Die Neufassung des § 19 legte grundsätzlich fest, dass die Landessynode ihre Entscheidungen in allen Angelegenheiten mit den Stimmen aller Bekenntnisse trifft und die Itio in partes lediglich eine Kann-Bestimmung sei, die nur in begründeten Ausnahmefällen angewendet werden solle.[27] In Westfalen hingegen, wo die konfessionellen Lutheraner eine stärkere Position hatten als im Rheinland, schrieb das entsprechende Gesetz in derartigen Fällen zwingend eine Itio in partes vor.[28] Auch in der Konzeption des Präsesamtes unterschieden sich die beiden Kirchenleitungsgesetze: Während der westfälische Präses in erster Linie ein »Hirtenamt«, also eine bischöfliche Funktion ausübt, ist der rheinische Präses zunächst Vorsitzender der Kirchenleitung und des Landeskirchenamts und übt den Dienst der Seelsorge lediglich »in Gemeinschaft mit den theologischen Mitgliedern der Kirchenleitung, des Landeskirchenamtes und den Superintendenten« aus.[29]

Vor dem Hintergrund der konfessionellen Landschaft Westfalens mit seinen geschlossen lutherischen Landstrichen in Minden-Ravensberg hatten die unionsfreundlich gesinnten westfälischen Synodalen deshalb ein großes Interesse am Festhalten an einer gemeinsamen Kirchenordnung, um den Einfluss der konfessionellen Lutheraner einzudämmen.[30] Im Rheinland waren jedoch ab 1948, als man nach der Verabschiedung der Kirchenleitungsgesetzes die Formulierung des Grundartikels in Angriff nahm, die Weichen in eine andere Richtung gestellt. Für den Wuppertaler Juristen Karl Mensing, der als Vorsitzender des Ausschusses für Kirchenordnung den entscheidenden Einfluss auf den zur Kirchenordnung von 1952 führenden Prozess nahm, hatte das gemeinsame Agieren mit Westfalen

---

26 A.a.O., S. 69.
27 A.a.O., S. 76 u. S. 79.
28 Kampmann, Jürgen: Von der altpreußischen Provinzial- zur westfälischen Landeskirche (1945–1953). Die Verselbständigung und Neuordnung der Evangelischen Kirche von Westfalen (Beiträge zur Westfälischen Kirchengeschichte 14), Bielefeld 1998, S. 429.
29 Schmitz-Dowidat, Ehrbar (wie Anm. 19), S. 128; Verhandlungen Landessynode 1948 (wie Anm. 15), S. 72.
30 Kampmann, Landeskirche (wie Anm. 28), S. 431, Anm. 570.

nicht die oberste Priorität, sondern er gab bei der Formulierung des Vorspruchs zur rheinischen Kirchenordnung die Marschrichtung vor, zunächst eine Vorlage nach allein rheinischen Gesichtspunkten zu erarbeiten und erst in einem zweiten Schritt zu klären, ob ein Zusammengehen mit Westfalen möglich sei.[31]

6. Die 2. Rheinische Landessynode 1950 und die erste Tagung der 3. Rheinischen Landessynode 1951

Bereits der 2. Rheinischen Landessynode, die vom 12. bis 18. November 1950 in Velbert tagte,[32] lag ein vom 1948 gebildeten Ausschuss zur Erneuerung der Kirchenordnung erarbeiteter Entwurf einer neuen Kirchenordnung vor.[33] An der Spitze dieses Entwurfs stand eine Bekenntniseinleitung, die nicht mehr (wie noch im Entwurf von 1948) »Vom Bekenntnisstand« hieß, sondern »Grundartikel«.[34] Der Ausschussvorsitzende Mensing erläuterte den Synodalen in seiner Vorbemerkung, dass die Bekenntniseinleitung auf der Landessynode 1950 noch nicht zur Beratung gestellt werden sollte, weil man noch die Ergebnisse der Gespräche mit dem entsprechenden Ausschuss der westfälischen Kirche abwarten wolle.[35]

Erst die 3. Rheinische Landessynode, die zu ihrer ersten Tagung vom 21. bis 26. Oktober 1951 in Rengsdorf zusammenkam,[36] befasste sich näher mit dem

---

31 Schmitz-Dowidat, Ehrbar (wie Anm. 19), S. 129–131.
32 Verhandlungen der zweiten Rheinischen Landessynode. Tagung vom 12. bis 18. November 1950 zu Velbert, Mülheim (Ruhr) 1951.
33 Zur Arbeit dieses Ausschusses und zur weiteren Entwicklung bis zur Verabschiedung der Kirchenordnung vom 2. Mai 1952 vgl. Mehlhausen, Joachim: Bekenntnis und Bekenntnisstand in der Evangelischen Kirche im Rheinland. Die geschichtliche Entwicklung der Präambel und der Grundartikel der rheinischen Kirchenordnung 1852–1952, in: MEKGR 32 (1983), S. 121–158, insbesondere S. 136–148.
34 Im 1950 vorgelegten Entwurf bleibt der Numerus des Wortes »Grundartikel« offen. In den nachfolgenden Diskussionen hat es sich im Rheinland dann aber eingebürgert, im Singular von »dem Grundartikel« zu sprechen, der sich in verschiedene Abschnitte untergliedert, während man in Westfalen im Kontext der Erarbeitung der dortigen Kirchenordnung jeden Abschnitt als einen eigenen Artikel zählte und deshalb bis heute im Plural von »den Grundartikeln« spricht.
35 Verhandlungen Landessynode 1950 (wie Anm. 32), S. 29*.
36 Verhandlungen der 3. außerordentlichen Rheinischen Landessynode. 1. Tagung vom 21. bis 26. Oktober 1951 zu Rengsdorf (Westerwald), Mülheim (Ruhr) 1952.

Grundartikel, der inzwischen in einer etwas überarbeiteten Form vorlag. Joachim Beckmann führte in die Vorlage ein, die auf der Synode 1951 in einem eigenen Ausschuss abermals gründlich durchberaten und an mancher Stelle modifiziert wurde. Insbesondere erläuterte Beckmann die Modifikationen im Abschnitt II des Grundartikels, der in der vom Ausschuss vorgeschlagenen Fassung lautete:

> »Im Glauben an das Evangelium, wie es in den reformatorischen Bekenntnissen übereinstimmend bezeugt ist, haben alle Gemeinden der Evangelischen Kirche im Rheinland untereinander Gemeinschaft am Gottesdienst und an den Heiligen Sakramenten.«

Die Formulierung vom »Evangelium, wie es in den reformatorischen Bekenntnissen übereinstimmend bezeugt ist«, rechtfertigte Beckmann mit dem seit den Erfahrungen des Kirchenkampfs und der Barmer Theologischen Erklärung erneuerten Unionsverständnis:

> »Wir möchten nämlich hinweggekommen sein über die bisherigen Formulierungen und Begründungen der Union und möchten, daß nicht mehr geredet würde wie in vergangenen Jahren und Jahrzehnten von einer sog[enannten] ›Consensus-‹ oder ›Verwaltungs-‹ oder ›föderativen Union‹, sondern wir möchten gerade über diese zum großen Teil sehr wenig fruchtbare Debatte hinweg etwas aussprechen, worin wir meinen, daß unser neues, seit Barmen 1934 lebendig gewordene Unionsverständnis herkommt. Gerade darum fügt sich das, was unter II steht, besonders gut an die vorher erwähnte Barmer Theologische Erklärung an. Denn gerade indem wir die Barmer Theologische Erklärung in ihrer wegweisenden Bedeutung für die versuchte und angefochtene Kirche bejahen, bejahen wir das, was in der Barmer Theol[ogischen] Erklärung über Bekenntnis und Union enthalten ist. In Barmen ist nicht versucht worden, eine neue Union zu begründen, sondern hier wurde ausgesprochen, daß wir aufeinander zu in Verantwortung unter dem Wort durch Gott selbst in Bewegung gesetzt sind und es Gott befehlen, was dies für das Verhältnis der Bekenntnisse und Bekenntniskirchen in unserer Mitte bedeuten mag. [...] Wir möchten auch hier das zum Ausdruck bringen, wodurch wir uns denn ermächtigt sehen, nun trotzdem es die lutherischen, reformierten und unierten Gemeinden gibt, trotzdem es die Verschiedenartigkeit der Bekenntnisse gibt, nun doch uns zu nennen Evangelische Kirche. [...] Wir meinen, es darin begründet sehen zu sollen, daß es ein Evangelium [im Original gesperrt gedruckt] gibt, das die Reformatoren bezeugten und das, wie wir glauben und hoffen, auch in unserer Mitte gemeinsam bezeugt wird.«[37]

---

37 A.a.O., S. 102 f.

Trotz kritischer Anfragen von lutherischer Seite – insbesondere von dem früheren ostpreußischen Bruderratsmitglied und jetzigen Elberfelder Pfarrer Wilhelm Lenkitsch, der bekannte, erst dann Ja zum Grundartikel sagen zu können, wenn gewährleistet sei, dass Flüchtlinge lutherischen Bekenntnisses auch innerhalb einer reformierten oder unierten Gemeinde ihren Glauben leben könnten, »der sich in strengster Bindung an die lutherischen Bekenntnisschriften allein zu verstehen vermag,«[38] – wurde der Text der Kirchenordnung mit dem Grundartikel am 26. Oktober 1951 in erster Lesung angenommen.[39]

7. Die öffentliche Diskussion über den Grundartikel und die zweite Tagung der 3. Landessynode 1952

Die besonders umstrittene Formulierung vom »Evangelium, wie es in den reformatorischen Bekenntnissen übereinstimmend bezeugt ist«, sorgte nicht nur auf der Synode, sondern auch in der kirchlichen Öffentlichkeit für viel Diskussionsstoff. Von lutherischer Seite warf man der rheinischen Landessynode vor, mit dem 1951 in erster Lesung beschlossenen Grundartikel eine Konsensunion einführen zu wollen.[40] Der lutherische Konvent im Rheinland gab bei mehreren Fakultäten Gutachten in Auftrag. Das von Peter Brunner an der Universität Heidelberg angefertigte Gutachten bildete die Grundlage für sein 1952 vorgelegtes Buch »Das lutherische Bekenntnis in der Union«.[41] Auch aus der westfälischen Landeskirche kam entsprechende Kritik, verbunden mit der Bitte, im gemeinsamen Gespräch noch einmal zu versuchen, eine Formulierung zu finden, mit der sich beide Synoden einverstanden erklären konnten.

Als die 3. Rheinische Landessynode vom 27. April bis 2. Mai 1952 in Rengsdorf zu ihrer zweiten Tagung zusammenkam, lagen ihr drei verschiedene Entwürfe des Grundartikels vor. Der ständige Ausschuss zur Erneuerung der Kirchenordnung hatte für die zweite Lesung eine Vorlage erstellt, in der die 1951 kritisierten Formulierungen im zweiten Abschnitt des Grundartikels nicht etwa zurückgenommen, sondern bestätigt worden waren und der unionsbetonende

---

38 A.a.O., S. 109.
39 A.a.O., S. 138.
40 Verhandlungen der 3. außerordentlichen Rheinischen Landessynode. 2. Tagung vom 27. April bis 2. Mai 1952 zu Rengsdorf (Westerwald), Mülheim (Ruhr) 1952, S. 58.
41 Brunner, Peter: Das lutherische Bekenntnis in der Union. Ein grundsätzliches Wort zur Besinnung[,] zur Warnung und zur Geduld. Gütersloh 1952.

Charakter sogar noch bekräftigt wurde.⁴² Zugleich lag der Synode aber auch das Ergebnis der am 8. April 1952 an der Kirchlichen Hochschule in Wuppertal geführten rheinisch-westfälischen Gespräche vor,⁴³ ferner ein Änderungsvorschlag zum Grundartikel, der aus einer Besprechung zwischen Peter Brunner und Joachim Beckmann hervorgegangen war, die im Nachgang zum Brunnerschen Gutachten in Heidelberg stattgefunden hatte.⁴⁴

Die Beratungen im synodalen Grundartikel-Ausschuss führten zu dem Ergebnis, dass der umstrittene Passus im zweiten Abschnitt des Grundartikels zurückgenommen und die gemeinsame Grundlage der rheinischen Gemeinden nun nicht mehr aus dem von den Reformatoren gemeinsam bezeugten Evangelium abgeleitet wurde, sondern aus den in Absatz I des Grundartikels aufgeführten Glaubensfundamenten der rheinischen Kirche (Christusbekenntnis, Schriftprinzip, altkirchliche Bekenntnisse, Anerkennung der fortdauernden Geltung der reformatorischen Bekenntnisse, Berufung auf die Barmer Theologische Erklärung, Kirchenverständnis nach CA VII), die an einzelnen Stellen noch theologisch präzisiert wurden.⁴⁵ In dieser Fassung wurde die Kirchenordnung der Evangelischen Kirche im Rheinland am 2. Mai 1952 von der Landessynode in zweiter Lesung gegen eine Stimme bei einer Enthaltung angenommen.⁴⁶

Abschließend sei noch erwähnt, dass die Beratungsergebnisse der gemeinsamen rheinisch-westfälischen Kommission, die am 8. April 1952 in Wuppertal einen gemeinsamen Änderungsvorschlag zum Grundartikel erarbeitet und anschließend der Landessynode vorgelegt hatte, in der Endphase der Verabschiedung der Kirchenordnung keine Rolle mehr gespielt hatte. Nicht dieser Entwurf lag den Schlussberatungen zugrunde, sondern die im Wesentlichen den Ergebnissen der ersten Lesung entsprechende Vorlage des Grundartikel-Ausschusses, die dann in der oben skizzierten Weise überarbeitet und verabschiedet wurde. Damit war endgültig klar, dass für die rheinische Landessynode in der Kirchenordnungsfra-

---

42 Der Formulierung von 1951 »Im Glauben an das Evangelium, wie es in den reformatorischen Bekenntnissen übereinstimmend bezeugt ist, haben alle Gemeinden der Evangelischen Kirche im Rheinland untereinander Gemeinschaft am Gottesdienst und an den Heiligen Sakramenten« wurde noch der ergänzende Satzteil angefügt: »und sind in einer Kirche verbunden«; s. Verhandlungen Landessynode 1952 (wie Anm. 40), S. 18*. Vgl. Schmitz-Dowidat, Ehrbar (wie Anm. 19), S. 160 f.
43 Verhandlungen Landessynode 1952 (wie Anm. 40), S. 146*–148*.
44 A.a.O., S. 232*–233*.
45 Vgl. Schmitz-Dowidat, Ehrbar (wie Anm. 19), S. 161–163; Mehlhausen, Bekenntnis (wie Anm. 33), S. 144–146.
46 Verhandlungen Landessynode 1952 (wie Anm. 40), S. 200.

ge ein gemeinsames Vorgehen mit Westfalen keine Priorität mehr hatte und die beiden Kirchen fortan getrennte Wege gehen würden.[47]

---

47 Vgl. Schmitz-Dowidat, Ehrbar (wie Anm. 19), S. 161.

Jürgen Kampmann

Von den Bekenntnisparagraphen der Rheinisch-Westfälischen Kirchenordnung zu den Grundartikeln zur Kirchenordnung der Evangelischen Kirche von Westfalen (1945–1953)

Beilage 7
Synopse: Von den Bekenntnisparagraphen der Rheinisch-Westfälischen Kirchenordnung zu den Grundartikeln der Evangelischen Kirche von Westfalen

1. Die unverzügliche Verselbständigung der Kirchenprovinz Westfalen zur Evangelischen Kirche von Westfalen nach dem Ende des Zweiten Weltkriegs

Entsprechend der in der »Denkschrift für rechte Kirchenordnung« Ende 1944/Anfang 1945 skizzierten Konzeption für die grundlegende strukturelle Um- und Neugestaltung der Evangelischen Kirche der altpreußischen Union, die insbesondere die Verselbständigung der bisherigen Kirchenprovinzen zu eigenständigen Landeskirchen vorsah, wurde in Westfalen umgehend gehandelt, als hier die nationalsozialistische Herrschaft ein Ende fand.

Das war hier bereits vor dem 8. Mai 1945 (dem Tag der Deklaration der Kapitulation der deutschen Wehrmacht) der Fall, da die Provinz Westfalen weitgehend schon in der Osterwoche (1.–7. April 1945) von alliierten Truppen besetzt worden war; letzte Kämpfe im Ruhrkessel dauerten noch bis zum 22. April an.[1] Doch nachdem die Alliierten Münster schon am 2. April unter ihre Kontrolle gebracht hatten[2] und das dort ansässige Konsistorium der Kirchenprovinz bereits am 10. April 1945 seine Arbeit wieder aufgenommen hatte,[3] wurden umgehend die Weichen zur künftigen Wahrnehmung der Kirchenleitung in der Provinz neu gestellt: Der zuständige Konsistorialpräsident Dr. Gerhard Thümmel,[4] bei dem de iure nach dem in der altpreußischen Landeskirche etablierten Führerprinzip allein die Leitungsbefugnis für die Kirchenprovinz lag (ungeachtet der Kompetenzen der für die Kirchenprovinz seit 1936 bestellten »Geistlichen Leitungen«),[5] stellte mit der Begründung, dass der Kontakt zu den Zentralstellen der altpreußischen Landeskirche in Berlin unterbrochen sei und dem Konsistorialpräsidenten die von dorther nötige Unterstützung fehle, am 14. April 1945 die Autorität des Konsistoriums als Kollegialorgan wieder her.[6]

Und schon am 16. April wandte sich das Konsistorium dann an den am Ort seiner Gemeindepfarrstelle in Bad Oeynhausen residierenden Präses der 1934 aufgelösten Westfälischen Provinzialsynode Karl Koch,[7] demgegenüber es die Feststellung traf, dass nun »die inneren Grundlagen für die Ausübung kirchenregimentlicher Befugnisse durch das Konsistorium, soweit ihm solche in den letzten Jahren über den Rahmen der VU u[nd] KO übertragen waren«, fortgefallen seien.[8] Angesichts des damit eingetretenen Notstands, dass die Kirchenprovinz jetzt ohne wirkliche Leitung sei, wende sich das Konsistorium an Koch als Inha-

---

1 S. dazu Kampmann, Jürgen: Von der altpreußischen Provinzial- zur westfälischen Landeskirche (1945–1953). Die Verselbständigung und Neuordnung der Evangelischen Kirche von Westfalen (Beiträge zur Westfälischen Kirchengeschichte 14), Bielefeld 1998, S. 92 f.
2 A.a.O., S. 92.
3 A.a.O., S. 162.
4 Zu Person und Werdegang Thümmels s. dessen autobiographische Darstellung: Thümmel, Gerhard: 40 [Vierzig] Jahre kirchlicher Verwaltung (1925–1965) dargestellt an der Arbeit im Dienst der evangelischen Kirche. Aus dem Nachlaß herausgegeben von Hans Steinberg (Beiträge zur Westfälischen Kirchengeschichte 7), Bielefeld 1987.
5 S. zum Wirken und zur Rechtsstellung der Geistlichen Leitungen in Westfalen Kampmann, Jürgen: Das Wirken der Geistlichen Leitung Fiebig, in: Peters, Christian/Kampmann, Jürgen (Hgg.): 200 Jahre evangelisch in Münster. Beiträge aus dem Jubiläumsjahr (Beiträge zur Westfälischen Kirchengeschichte 29), Bielefeld 2006, S. 149–188, dort S. 157–171.
6 Kampmann, Provinzialkirche (wie Anm. 1), S. 163–165.
7 S. Bauks, Friedrich Wilhelm: Die evangelischen Pfarrer in Westfalen von der Reformationszeit bis 1945 (Beiträge zur Westfälischen Kirchengeschichte 4), Bielefeld 1980, S. 264 Nr. 3330.
8 Kampmann, Provinzialkirche (wie Anm. 1), S. 164.

ber des Amtes des Präses der Provinzialsynode – »das einzige verfassungs- und kirchenordnungsmäßige Amt der provinzialkirchlichen Selbstverwaltung, das noch besteht.«[9] Da unverzügliches Handeln geboten sei, komme es Koch in dieser Funktion als Aufgabe zu, eine neue, vorläufige Kirchenleitung zu bilden. Das Konsistorium erinnerte dann auch noch an den »Grundgedanken der KO« (deren Geltungsraum ja die Kirchenprovinzen Rheinland und Westfalen umfasste), darüber ein Einvernehmen mit der rheinischen Kirche herzustellen, doch müsse das unter den gegebenen Verkehrsverhältnissen vielleicht auf einen späteren Zeitpunkt zurückgestellt werden.[10]

Für unsere Fragestellung ist hier von Bedeutung, dass auf den ersten Blick das Konsistorium zu diesem Zeitpunkt von der prinzipiellen Fortgeltung der Rheinisch-Westfälischen Kirchenordnung von 1923 bzw. der Verfassungsurkunde der Evangelischen Kirche der Union von 1922 auszugehen schien. Bei näherer Betrachtung fällt aber auf, dass von einer Wiederherstellung der Rechtskraft dieser Kirchenverfassungen gerade nicht die Rede ist – so dass das Konsistorium auch nicht etwa die Einberufung eines vorläufigen Provinzialkirchenrates forderte und auch nicht die Wiederherstellung der Befugnisse des 1933 durch die deutsch-christliche Reichskirchenregierung zur Ruhe gesetzten, noch lebenden Generalsuperintendenten Wilhelm Weirich[11],[12] sondern die Einrichtung einer verfassungsrechtlich bisher gar nicht näher in ihren Kompetenzen definierten Größe von (vorläufiger) »Kirchenleitung«. Zur künftigen Geltung der in unserem Zusammenhang besonders interessierenden, der Rheinisch-Westfälischen Kirchenordnung vorangestellten Bekenntnisparagraphen wurde nichts dezidiert zum Ausdruck gebracht.

Präses Karl Koch wandte sich auf diesen Impuls des Konsistoriums hin bereits am 24. April 1945 (also zwei Wochen vor der Kapitulation!) brieflich an die Kirchengemeinden der Kirchenprovinz Westfalen und teilte mit, dass durch die militärische Besetzung der Provinz »kirchlich eine neue Rechtslage entstanden« sei; die »über den Rahmen der Verfassungsurkunde und der Kirchenordnung hinausgehenden Verordnungen usw.« hätten »ihre Grundlage verloren«.[13] Mit den rechtlichen Befugnissen, die er in nun (vorbehaltlich einer späteren endgültigen Neuordnung) für das von ihm ausgeübte Präsesamt in Anspruch nahm, knüpfte er aber nicht etwa an den Tag vor der nationalsozialistischen Machtergreifung am 30. Januar 1933 an, sondern an eine Beschlussfassung des Provinzialkirchenrates

9 Ebd.
10 Ebd.
11 Bauks, Pfarrer (wie Anm. 7), S. 544 Nr. 6753.
12 S. zu dieser Problematik Kampmann, Provinzialkirche (wie Anm. 1), S. 215–218.409–414.
13 A.a.O., S. 172 f.

vom 26. November 1934 – und damit an den Zeitpunkt nach dem Ende der Machtausübung durch die deutschchristlich geführte Reichskirchenregierung und den in der Kirchenprovinz Westfalen aufgrund der Beschlüsse der altpreußischen Generalsynode vom 5. September 1933 installierten Provinzialbischof Bruno Adler[14] und der von diesem ab März 1934 geleiteten verkleinerten deutschchristlichen Provinzialsynode. De facto bedeutete dies, dass Koch im April 1945 jeglichen anderen in der Rheinisch-Westfälischen Kirchenordnung fundierten kirchenleitenden Anspruch eines kirchlichen Spitzenamtes außer dem des Präsesamtes in Abrede stellte.[15]

Den damit eingeschlagenen Kurs verfolgte Koch dann auch konsequent weiter. Am 13. Juni 1945 teilte er in einer an die »Gemeinden, Pfarrer und Kirchenvertretungen« gerichteten Kundgebung, die unter dem neuen Briefkopf »Evangelische Kirche von Westfalen« und allein mit seiner Unterschrift versehen versandt wurde, über die »Bildung einer Kirchenleitung für die Evangelische Kirche von Westfalen« mit, aus welchen acht (ausschließlich ordinierten) Personen neben ihm selbst diese zusammengesetzt sei.[16] Damit wurde die bisherige Kirchenprovinz Westfalen zu einer evangelischen Landeskirche verselbständigt. Als für diese gültige Rechtsgrundlage wurde deklariert:

> »(1) Von rechtlicher Gültigkeit für die Evangelische Kirche von Westfalen sind lediglich die Kirchenordnung und die Verfassungsurkunde, sowie alle ordnungsgemäß beschlossenen Kirchengesetze vor dem 30. Januar 1933. Ihre Auslegung und Anwendung ist gebunden an die Bekenntnisgrundlage der Kirche (§ 2) und hat sinngemäße Anpassung an den gegenwärtigen Übergangszustand.
> (2) Kirchliche Gesetze und Verordnungen, die nach dem 30. Januar 1933 erlassen sind, werden überprüft werden und, sofern sie im Widerspruch zur Bekenntnisgrundlage der Kirche oder zur Kirchenordnung oder zur Verfassungsurkunde erfunden werden, nicht mehr angewandt.
> (3) Alle Maßnahmen, die auf Grund der in Abs. 2 genannten Gesetze und Verordnungen getroffen worden sind, unterliegen grundsätzlich der Nachprüfung und wer-

---

14 Bauks, Pfarrer (wie Anm. 7), S. 3 Nr. 32. – Zu Adlers Wirken s. näher Bauks, Friedrich Wilhelm: Der westfälische DC-Bischof Bruno Adler, in: JWKG 80 (1987), S. 153–159.
15 Kampmann, Provinzialkirche (wie Anm. 1), S. 173–175. Vgl. Hey, Bernd: Einleitung, in: [Hey, Bernd/Osterfinke, Ingrun:] »Drei Kutscher auf einem Bock«. Die Inhaber der kirchlichen Leitungsämter im evangelischen Westfalen (1815–1996) (Schriften des Landeskirchlichen Archivs der Evangelischen Kirche von Westfalen 3), Bielefeld 1996, S. 5–10, dort zu den konkurrierenden Spitzenämtern des Präses der Provinzialsynode, des Generalsuperintendenten und des Konsistorialpräsidenten S. 6–8; zu Kochs Agieren in dieser Frage s. a.a.O., S. 8 f.
16 So Koch an Gemeinden, Pfarrer und Kirchenvertretungen. Bad Oeynhausen zur Zeit Bielefeld, 13. Juni 1945. Abgedruckt bei Kampmann, Provinzialkirche (wie Anm. 1), S. 223 f.

den, soweit erforderlich, gemäß dem allein gültigen Recht der Kirche rückgängig gemacht.«[17]

Eine klare Rechtsgrundlage, geschweige denn eine einfache Rückkehr zu dem vor dem 30. Januar 1933 geltenden kirchlichen Recht war damit gerade nicht skizziert –[18] diesem »alten« Recht der Rheinisch-Westfälischen Kirchenordnung und der hinter ihr stehenden, bis ins 17. Jahrhundert zurückreichenden presbyterial-synodalen Kirchenleitungsrechtstradition im preußischen Westen hätte die Bildung der neuen Kirchenleitung in der mitgeteilten Zusammensetzung (begründungslos ohne jegliche Mitwirkung von Nichtordinierten) auch in keiner Weise entsprochen.[19] Selbst der den genannten Regelungen vorangestellte Rekurs in der Kundgebung Kochs auf die Bekenntnisgrundlage stellte nicht eine bloße Fortführung des bisher in Geltung Stehenden dar:

> »Die für alles kirchliche Handeln maßgebende und verbindliche Bekenntnisgrundlage der Evangelischen Kirche von Westfalen ist in den §§ I bis III der Kirchenordnung enthalten. *Diese*[20] Bekenntnisgrundlage ist gegenüber den Irrtümern der Zeit und den Irrlehren, die in die Kirche eingedrungen waren, aufs neue als bindend bekannt und anerkannt worden in der Theologischen Erklärung der Bekenntnissynode von Barmen.«[21]

Man begnügte sich also nicht mit einem bloßen Verweis auf die der Rheinisch-Westfälischen Kirchenordnung seit 1855 vorangestellten sogenannten Bekenntnisparagraphen als Bekenntnisgrundlage, sondern formulierte auch einen Bezug zur Barmer Theologischen Erklärung vom 31. Mai 1934. Dieser fiel aber in der

---

17 A.a.O., S. 222 f. – Die verwendeten Formulierungen entsprachen weitgehend denjenigen, die man im Rheinland geprägt hatte; s. Vereinbarung zur Wiederherstellung einer bekenntnisgebundenen Ordnung und Leitung der Evangelischen Kirche der Rheinprovinz. Düsseldorf, 15. Mai 1945. II.3, II.4. Abschrift. LkA Bielefeld 3.23–1.
18 S. dazu auch Kampmann, Jürgen: Alter Anspruch – neuer Name. Der Weg zur ersten Westfälischen Landessynode im November 1948 (Schriften des Landeskirchlichen Archivs der Evangelischen Kirche von Westfalen 4), Bielefeld 1998, S. 17–19.
19 Zum geschichtlichen Werdegang der presbyterial-synodalen Kirchenordnung seit dem 17. Jahrhundert in den einstmals zu den Vereinigten Herzogtümern Jülich-Cleve-Berg (mit den Grafschaften Mark und Ravensberg) gehörenden Territorien s. Kampmann, Jürgen: Presbyterial-synodale Ordnung in Westfalen. Grundlagen, Wege und Irrwege ihrer Ausgestaltung (Theologische Beiträge aus dem Kirchenkreis Vlotho 7), 2., durchgesehene Aufl., Bad Oeynhausen 2002. Vgl. Danielsmeyer, Werner: Die Evangelische Kirche von Westfalen. Bekenntnisstand, Verfassung, Dienst an Wort und Sakrament. 2., veränderte Aufl., Bielefeld 1978, S. 20–178.
20 Hervorhebung vom Vf.
21 Kampmann, Provinzialkirche (wie Anm. 1), S. 222.

Sache ausgesprochen zurückhaltend aus und war weit davon entfernt, etwa der Barmer Theologischen Erklärung selbst den Rang eines Bekenntnisses zuzumessen, indem eben nicht mehr zum Ausdruck gebracht wurde, als dass in der Barmer Theologischen Erklärung *diese* (herkömmliche, bestehende) Bekenntnisgrundlage »aufs neue bekannt und anerkannt« worden sei.[22]

In der Barmer Theologischen Erklärung selbst ist allerdings auf die Bekenntnisparagraphen der Rheinisch-Westfälischen Kirchenordnung als solche nirgends ein direkter Bezug genommen worden,[23] sondern nur auf Artikel 1 der Verfassung der DEK:

> »Die unantastbare Grundlage der Deutschen Evangelischen Kirche ist das Evangelium von Jesus Christus, wie es uns in der Heiligen Schrift bezeugt und in den Bekenntnissen der Reformation neu ans Licht getreten ist.«[24]

Und die in Barmen zusammengetretene erste DEK-Bekenntnissynode hatte dann ihrerseits zum einen erklärt:

> »Uns fügt dabei zusammen das Bekenntnis zu dem einen Herrn der einen, heiligen, allgemeinen und apostolischen Kirche.«[25]

Und man hatte in Barmen zum anderen ausdrücklich hinzugefügt, man wolle sich zu den dann in der Erklärung genannten »evangelischen Wahrheiten« bekennen, »[g]erade weil wir unseren verschiedenen Bekenntnissen treu sein und bleiben wollen«.[26] Auch in der von Hans Asmussen[27] vor der Synode gegebenen Erläuterung zu der Theologischen Erklärung findet sich keine dezidierte Bezugnahme auf die Bekenntnisparagraphen der Rheinisch-Westfälischen Kirchenordnung.[28]

---

22 Ebd.
23 S. Theologische Erklärung zur gegenwärtigen Lage der Deutschen Evangelischen Kirche, in: Immer, Karl (Hg.): Bekenntnissynode der Deutschen Evangelischen Kirche. Barmen 1934. Vorträge und Entschliessungen. Im Auftrage des Bruderrates der Bekenntnissynode hg. Wuppertal-Barmen o. J. [1934], S. 8–11.
24 S. Zitat a.a.O., S. 8.
25 Ebd.
26 A.a.O., S. 9.
27 Zu Werdegang und Wirken Hans Asmussens s. Hermle, Siegfried: [Art.:] Asmussen, Hans Christian, in: RGG[4], 1 (1998), Sp. 843.
28 S. Asmussen, [Hans]: Vortrag über die Theologische Erklärung zur gegenwärtigen Lage der Deutschen Evangelischen Kirche, in: Immer, Karl (Hg.): Bekenntnissynode der Deutschen Evangelischen Kirche. Barmen 1934. Vorträge und Entschliessungen. Im Auftrage des Bruderrates der Bekenntnissynode hg. Wuppertal-Barmen o. J. [1934], S. 11–15, insbesondere S. 14 f.: »Als Lutheraner, Reformierte und Unierte sind wir heute zusammengekommen. Eine frühere Zeit hat meinen können, daß die zwischen

Ebenso hatte auch die altpreußische Bekenntnissynode ihre Bekenntnisbindung auf ihrer zweiten Tagung am 4./5. März 1935 in Berlin-Dahlem nicht unter Bezug auf die Bekenntnisparagraphen kundgegeben:

> »Die Grundvoraussetzung für eine echte Ordnung der Kirche bleibt die Bindung an die Heilige Schrift und die Bekenntnisse der Kirche, wie sie in der Barmer Erklärung zur Abwehr der gegenwärtigen Irrlehren bezeugt worden ist. Wer diese Bindung an Schrift und Bekenntnis und diese Verwerfung der Irrlehre ablehnt, kann als Träger eines kirchlichen Amtes nicht anerkannt werden.«[29]

Selbst die Westfälische Bekenntnissynode hatte sich in ihrer Befassung mit der Bekenntnisfrage nicht dezidiert auf die Bekenntnisparagraphen der Rheinisch-Westfälischen Kirchenordnung bezogen, sondern bei ihrer Tagung 1936 lediglich allgemein als Aufgabe eines von ihr eingerichteten »Theologischen Amtes« bestimmt, dass dieses bei seiner Arbeit zwei von dem Synodalen Gottfried van Randenborgh[30] in dessen Synodalvortrag »Die Einheit der Kirche« formulierte Thesen zu berücksichtigen habe:[31]

> »15. Daraus ergibt sich zweitens die Aufgabe, in verantwortlicher theologischer Arbeit die Fragen zu klären, 1. worin nach der gegenwärtigen Kirchenlehre die Bekenntnisunterschiede zwischen Lutheranern und Reformierten bestehen, 2. ob diese Unterschiede so groß sind, daß sie in einer Kirche nicht zusammen bestehen können, und 3. ob sich auf Grund dieser wahrheitsgemäßen Gegenüberstellung nicht doch eine so starke Bezeugung des gemeinsamen Selbstverständnisses und Glaubensbekenntnisses ergibt, daß auf diesem Grunde eine echte Bekenntnisunion erwachsen könne.

---

uns noch unerledigten Fragen unwesentlich seien. Wir erachten es als ein Geschenk Gottes, daß wir in den letzten Jahren gelernt haben, wie wesentlich diese Fragen sind. […] wir sehen unsere Bekenntnisgemeinschaft so: Gott hat sie – und nicht wir haben sie herbeigeführt. Denn unsere theologische Entwicklung ging, weit entfernt davon, eine Annäherung der Konfessionen herbeizuführen, vielmehr in der Richtung, daß wir uns unseres Konfessionsstandes von Tag zu Tag mehr bewußt werden.«

29 S. 2. Bekenntnissynode der Evangelischen Kirche der altpreußischen Union. Berlin-Dahlem, 4.–5. März 1935, in: Niesel, Wilhelm (Hg.): Um Verkündigung und Ordnung der Kirche. Die Bekenntnissynoden der Evangelischen Kirche der altpreußischen Union 1934–1943, Bielefeld 1949, S. 12–17, dort 2. Beschluss. Kundgebung der Bekenntnissynode der Evangelischen Kirche der altpreußischen Union zur Zerstörung und zum Neubau der Kirche, S. 13 f., Zitat S. 14.
30 S. Bauks, Pfarrer (wie Anm. 7), S. 397 Nr. 4923.
31 So Bericht über die 3. [dritte] Tagung der Westfälischen Bekenntnissynode am 19. April 1936 in Dortmund. Als Manuskript gedruckt, Dortmund [1936], S. 4.

> 16. Diese verantwortliche theologische Arbeit darf in einer Unionskirche auch deshalb nicht ruhen, weil nur auf diese Weise dafür Sorge getragen werden kann, daß das Kirchenregiment in Bindung an das Bekenntnis der Kirche ausgeübt wird, zugleich ist das der Beitrag, den unsere Westfälische Provinzialkirche auf Grund ihrer Geschichte der D.E.K. auf ihrem Wege zu echter und kirchlicher Einheit schuldet.«[32]

Die in der Kundgebung zur Verselbständigung der Evangelischen Kirche von Westfalen vom 13. Juni 1945 behauptete Bezugnahme der Barmer Theologischen Erklärung auf die Bekenntnisparagraphen der Rheinisch-Westfälischen Kirchenordnung als »Bekenntnisgrundlage« ist zuvor also weder auf Ebene der Reichs-, der Landes- noch der Provinzialkirche so erfolgt. Sie hat aber ein nahezu wortgleiches Vorbild in der »Vereinbarung zur Wiederherstellung einer bekenntnisgebundenen Ordnung und Leitung der Evangelischen Kirche der Rheinprovinz«, die in Düsseldorf am 15. Mai 1945 beschlossen worden war.[33]

Dies stellte einen Kompromisstext dar, was deutlich wird, wenn man ihn vergleicht mit der von Seiten des (dahlemitisch orientierten) Westfälischen Bruderrats erstrebten Formulierung, um die Bekenntnisbindung zum Ausdruck zu bringen:

> »Die Leitung der Evangelischen Kirche Westfalens erkennt die Barmer Theologische Erklärung an als Bezeugung der Alleinherrschaft Jesu Christi und damit als die massgebliche [!] synodale Entscheidung in dem kirchlichen Kampf um die tatsächliche Geltung von Schrift und Bekenntnis heute.«[34]

Das bruderrätliche Ziel, eine Geltung der Barmer Theologischen Erklärung als »maßgeblich« mit Blick auf das Bekenntnis in der Evangelischen Kirche von Westfalen herauszustellen, konnte nicht realisiert werden – wurde doch in der schließlich veröffentlichten Formulierung nicht mehr zum Ausdruck gebracht als ein historischer Verweis auf »Barmen«.

Dies dürfte auch vor dem Hintergrund zu sehen sein, dass es mit Friedrich von Bodelschwingh in Bethel einen dezidierten und in Westfalen höchst einflussrei-

---

32 S. Randenborgh, G[ottfried] von [!]: »Die Einheit der Kirche«. Leitsätze der 3. Westfälischen Bekenntnissynode vorgelegt, in: Bericht über die 3. Tagung der Westfälischen Bekenntnissynode am 19. April 1936 in Dortmund. Als Manuskript gedruckt, Dortmund [1936], S. 1–4 [eigenständige Paginierung]; Zitat S. 4.
33 S. Vereinbarung zur Wiederherstellung einer bekenntnisgebundenen Ordnung und Leitung der Evangelischen Kirche der Rheinprovinz. Düsseldorf, 15. Mai 1945. II.1. Abschrift. LkA Bielefeld 3.23–1.
34 Kampmann, Provinzialkirche (wie Anm. 1), S. 226 Anm. 625.

chen Kritiker an einer Deutung der Barmer Theologischen Erklärung im Sinne eines Bekenntnisses gab, der sich im Mai 1945 dazu entsprechend geäußert hatte:

> »Aus guten Gründen sprach die Barmer Synode nur von einer Erklärung. Alle empfanden damals das durch Asmussen gestaltete Wort als ein von Gott anvertrautes Geschenk. Aber ich bin überzeugt, daß dreiviertel aller Mitglieder ihre Zustimmung zu der in wenigen Stunden entstandenen Formulierung versagt hätten, wenn deutlich geworden wäre, daß man dieser Fassung eine kanonische Würde zulegen und sie als Ordinationsverpflichtung behandeln wollte.«[35]

2. Auseinandersetzungen über die Fragen von Bekenntnisstand und Bekenntnisbindung bis zu den Beratungen über die neue Kirchenordnung

Als nun verselbständigte Landeskirche stand die Evangelische Kirche von Westfalen nach dem 13. Juni 1945 vor der Aufgabe, von der zunächst als nur vorläufig in Geltung stehend charakterisierten, in vielen Aspekten noch näher zu formulierenden rechtlichen Ordnung zu einer dauerhaft gültigen zu gelangen. Dieser Prozess zog sich hin, bis die (nach Presbyteriumswahlen) 1948 neu konstituierte Westfälische Landessynode in ihrer Tagung am 30. November/1. Dezember 1953 eine neue Kirchenordnung beschloss, die dann zum 1. April 1954 in Kraft trat.[36]

Vorangegangen war ein ausgesprochen mühsamer Prozess, Klarheit nicht nur in der Frage der Formulierung der Bekenntnisbindung zu gewinnen, sondern auch zu der Feststellung des Bekenntnisstandes der Kirchengemeinden.

In einem im September 1944 gefertigten Aktenvermerk hatte etwa das Konsistorium festgehalten, dass es in der Kirchenprovinz Westfalen reformierte Kirchengemeinden von dreierlei Typus gebe: »*I. Ganze Kirchenkreise haben reformierten Charakter*« (alle Kirchengemeinden der Kirchenkreise Tecklenburg, Siegen und Wittgenstein), »*II. Noch bestehende reform[ierte] Kirchengemeinden in anderen Kirchenkreisen*« (14 Gemeinden, von denen die Hälfte zum Kirchenkreis Iserlohn gehörte), und »III. Ferner gab es *früher reformierte Kirchengemeinden,* die später der Union beigetreten sind oder die mit der örtlichen oder benachbarten luth[erischen] Gemeinde vereinigt und deren Pfarrstellen auf diese

---

35 A.a.O., S. 203.
36 S. Kirchenordnung der Evangelischen Kirche von Westfalen. Vom 1. Dezember 1953. (Bielefeld) o. J. [1954].

neue Gemeinde übergegangen sind. Diese neuen Kirchengemeinden sind *jetzt nicht mehr als reformiert zu bezeichnen*« (16 Kirchengemeinden der einstigen Süderländischen und Hammschen Klasse der Reformierten Märkischen Provinzialsynode).[37] Insgesamt 69 reformierte Kirchengemeinden wurden so 1944 gezählt; im Oktober 1945 ermittelte man indes schon 88.[38] Über die Anzahl der unierten Kirchengemeinden findet sich gar keine Angabe – was die Unsicherheit über den Bekenntnisstand der Kirchengemeinden belegt.

Die neu gebildete westfälische Kirchenleitung bemühte sich intensiv um Klärung. Anlass dazu waren gewichtige Stimmen im Kirchenordnungsausschuss und in der Provinzial- bzw. Landessynode, die sich für eine bewusst konfessionelle innere Gliederung der verselbständigten Evangelischen Kirche von Westfalen einsetzten.[39] Eindrücklich hat der Gladbecker Pfarrer Friedrich Meier,[40] Superintendenturverwalter für den Kirchenkreis Recklinghausen, die bestehende Problematik im September 1946 umrissen:

> »Was versteht man unter ›Bekenntnisstand‹ und dessen Festlegung? Versteht man darunter einen Feststellungsbeschluß des Presbyteriums, wonach der Charakter der Gemeinde lutherisch sei, weil der lutherische Katechismus im kirchlichen Unterricht zugrunde gelegt werde, dann wird wohl so ziemlich alles beim alten bleiben. Wir sind ja so arm geworden, daß ein solcher Beschluß manchmal schon als ein Fortschritt gelten mag. Aber im einwandfreien Sinne verstehen wir unter dem Bekenntnisstand einer Gemeinde die verfassungsmäßig festgelegte Lehre derselben. Diese Lehre muß also in einer anerkannten und [...] öffentlich-rechtlich festgelegten Form formuliert sein. Was sollen die unierten Gemeinden tun, die nur zu gut um ihren Charakter als einer complexio oppositorum wissen? Bietet nicht doch vielleicht die Barmer theologische Erklärung einen Ausweg für eine echte unio und communio? Hier ist doch ohne Zweifel ein gemeinsames Zeugnis, das nimmermehr vergessen [...] werden kann. [...] Zum andern müsste man darüber klar sein, daß Bekenntnisstand und Bekenntnisakt zusammengehören. Eins ohne das andere muß auf die Dauer zum Verlust beider führen. Weder eine Kirche noch eine Gemeinde ist dann schon ›geordnet‹, wenn ihr Bekenntnisstand festgelegt ist, der eine lutherische oder reformierte oder der Barmer theologischen Erklärung entsprechende

---

37 Konsistorium Münster (Thümmel): Vermerk. Münster, 3.9.1944. LkA Bielefeld 0.0 neu Generalia C 2–06 I.
38 Konsistorium Münster: Vermerk. Münster, 11.10.1945. LkA Bielefeld 0.0 neu Generalia C 2–06 I.
39 S. dazu Kampmann, Provinzialkirche (wie Anm. 1), S. 347–353.372–374.378–381; vgl. Danielsmeyer, Werner: Der Bekenntnisstand der Evangelischen Kirche von Westfalen. Zur Entstehung der Grundartikel der Kirchenordnung, in: Danielsmeyer, Werner/ Ratschow, Karl Heinz: Kirche und Gemeinde. Präses D. Hans Thimme zum 65. Geburtstag, Witten 1974, S. 180–191; dort S. 182–184.
40 Bauks, Pfarrer (wie Anm. 7), S. 322 Nr. 4056.

Verkündigung und Lehre ermöglicht, sondern erst dann, wenn der von einem klaren Bekenntnisstand umgrenzte Raum ausgefüllt ist von einer Ordnung, die den Dienst des Amtes regelt und fördert und die Sammlung der Gemeinde zum Ziel hat. Vielleicht führt der vom gesamtdeutschen Bruderrat und vom Rat der EKiD gewiesene Weg am ehesten zum Ziel, daß nämlich der Gemeinde durch die Aufrichtung eines bekenntnismäßig ausgerichteten gottesdienstlichen Lebens sinnfällig zum Ausdruck gebracht wird, was sie ihrem Namen schuldig ist. Sie muß die Ordnung, nach der sie gesammelt werden soll, als das ihr gemäße Kleid kennen und achten lernen und allmählich dadurch zu einem rechten Selbstverständnis kommen. Weil dies alles auf dem Gebiet des Gottesdienstes gelernt werden soll, sind die Mahnungen des Rates und Bruderrates zur Behutsamkeit, Vorsicht und Geduld garnicht [!] genug zu beachten. Was – um ein Zöllnersches[41] Wort zu gebrauchen – mit Eimern weggegossen worden ist, muß mit Fingerhüten wieder eingeholt werden. Dazu gehört Fleiß, unbeirrbare Stetigkeit und der Wille, darin eine Lebensaufgabe zu sehen. Aber wir sind nun endlich so weit: wo der gute Wille herrscht, braucht nicht mehr experimentiert und improvisiert zu werden. Wir können mit klar erkannten Zielen einen Schritt nach dem andern tun.«[42]

»Sitz im Leben« dieses Bestrebens war die in den Auseinandersetzungen des Kirchenkampfes gewonnene Einsicht, dass ein Bekennen christlichen Glaubens ohne Halt am, ja Anklammerung an das schon formulierte Bekenntnis der Väter (und Mütter) christlichen Glaubens in der Gefahr steht, dem eigenen Gutdünken und dem Gutdünken der jeweiligen Zeit mehr Raum zu geben als dem Christuszeugnis.

Meier lag damit ganz auf der Linie von Beschlüssen der Westfälischen Provinzialsynode, die bei ihrer ersten Zusammenkunft nach Kriegsende am 16. Juli 1946 zur Frage der Bedeutung der Barmer Theologischen Kirche für den Dienst in der westfälischen Landeskirche ohne Aussprache sofort zu Beginn beschlossen hatte:

»Die Provinzialsynode bekennt sich zum Dienst der Bekennenden Kirche im vergangenen Jahrzehnt. Sie erkennt die Theologische Erklärung der 1. Bekenntnissynode der Deutschen Evangelischen Kirche von Barmen an als eine schriftgemäße Bezeugung der reformatorischen Bekenntnisse gegenüber den Irrlehren unserer

---

41 Wilhelm Zoellner, 1905–1930 Generalsuperintendent der Kirchenprovinz Westfalen; s. Bauks, Pfarrer S. 578 f. Nr. 7181.
42 So Superintendentur der Kreissynode Recklinghausen [Friedrich Meier]: Die Festlegung des Bekenntnisstandes in den Gemeinden des nördlichen Industriegebietes. Gladbeck, im September 1946. S. 7 f. LkA Bielefeld 3.25–25.

Zeit und als verpflichtendes Zeugnis für die Erneuerung der Kirche und ihren Dienst.«[43]

Ebenso war mit großer Mehrheit beschlossen worden, die Barmer Theologische Erklärung in der schriftlichen Lehrverpflichtung bei der Ordination zu nennen und in der bei der an den Ordinanden zu richtenden Ansprache ausdrücklich auch auf diese übernommene Lehrverpflichtung Bezug zu nehmen.[44] Man übernahm die Formulierung der Lehrverpflichtung unmittelbar aus dem diesbezüglich von der 4. Bekenntnissynode der Evangelischen Kirche der altpreußischen Union in Halle (Saale) im Mai 1937 gefassten Beschluss: An das Gelöbnis, das Amt führen zu wollen »in Bindung an das Wort Gottes, wie es verfasst ist in der Heiligen Schrift Alten und Neuen Testaments als der alleinigen und vollkommenen Richtschnur für die Lehre, wie es bezeugt ist in den altkirchlichen Glaubensbekenntnissen [...] sowie in [den je nach Konfession unterschiedlichen] Bekenntnissen der Reformation« schloss sich der Zusatz »und wie es gegenüber den Irrlehren unserer Zeit aufs neue als bindend bekannt ist in der Theologischen Erklärung der 1. Bekenntnissynode der Deutschen Evangelischen Kirche in Barmen« an.[45]

Mit der Verankerung des Barmen-Bezuges in der Lehrverpflichtung – die auch in das agendarische Formular aufgenommen werden sollte –[46] ging die Westfälische Provinzialsynode also im Juli 1946 beschlussmäßig über den durch die Bekenntnisparagraphen der Rheinisch-Westfälischen Kirchenordnung gesteckten Rahmen hinaus; dass dieser Schritt zielstrebig und bewusst unternom-

---

43 Brinkmann, Ernst/Steinberg, Hans (Hgg.): Die Verhandlungsniederschriften der Westfälischen Provinzialsynode vom Juli 1946 im Auftrage des Landeskirchenamtes der Evangelischen Kirche von Westfalen hg., Bielefeld o. J. [1970], Beschluss Nr. 4, S. 24.
 – Präses Karl Koch erläuterte diese Beschlussfassung im Dezember 1947 gegenüber der Kanzlei der EKD so: »Barmen bedeutet die Aktualisierung der reformatorischen Bekenntnisse gegenüber der Irrlehre heute. Barmen war notwendig, weil die reformatorischen Bekenntnisse offensichtlich nicht ausreichten, um der Irrlehre der D[eutschen] C[hristen] zu begegnen – vgl. den Ansbacher Ratschlag vom 11. Juni 1934. Barmen ist auch heute notwendig, weil wir noch in der Gefahr und in der Front gegen natürliche Theologie und Schwärmerei stehen.« So EKvW/Das Landeskirchenamt (Koch) an Kanzlei EKD. Bielefeld, 23. Dezember 1947. EZA Berlin 2/150.
44 S. Brinkmann/Steinberg, Verhandlungsniederschriften Westfälische Provinzialsynode Juli 1946 (wie Anm. 43), Beschluss Nr. 15, S. 90 f.
45 Ebd.; vgl. 2. Tagung der 4. Bekenntnissynode der Evangelischen Kirche der altpreußischen Union. Halle (Saale), 10.–13. Mai 1937. 1. Beschluss, C., in: Niesel, Wilhelm (Hg.): Um Verkündigung und Ordnung der Kirche. Die Bekenntnissynoden der Evangelischen Kirche der altpreußischen Union 1934–1943, Bielefeld 1949, S. 36 f.; Zitat S. 36.
46 Brinkmann/Steinberg, Verhandlungsniederschriften Westfälische Provinzialsynode Juli 1946 (wie Anm. 43), Beschluss Nr. 15, S. 91.

men wurde, wird belegt durch die zusätzlich beschlossene Anweisung an die Superintendenten, »bei der Visitation der kirchlichen Verkündigung nächst der Heiligen Schrift und den Bekenntnisschriften die Barmer Theologische Erklärung besonders zu beachten.«[47]

Nicht gelöst war mit dieser Beschlussfassung das Problem, dass hinsichtlich des Bekenntnisstandes der Kirchengemeinden keine Klarheit bestand. Daher richtete die Kirchenleitung am 5. März 1947 an alle Presbyterien eine sehr kurzfristig bis zum 1. April des Jahres zu beantwortende Umfrage:

»A. 1. Seit wann besteht die Gemeinde?
2. Bezeichnung der Gemeinde (evang.-luth., evang.-ref.).
3. Seit wann hat sie die in Ziffer 2 genannte Bezeichnung?
4. Hat im Laufe der Zeit eine Änderung der Bezeichnung stattgefunden? Wenn ja, aus welchen Gründen und unter welchen Umständen? (Beschluß des Presbyteriums?)
B. 1. Welcher *Katechismus* wird im pfarramtlichen Unterricht der Gemeinde gebraucht?
2. Seit wann wird dieser Katechismus gebraucht?
3. Hat im Laufe der Zeit ein Wechsel des Katechismus stattgefunden? Wenn ja, unter welchen Umständen? (Beschluß des Presbyteriums?)
4. Wird außer dem zuvor genannten Katechismus noch ein anderes Lehrbuch (bzw. Lernbuch) im pfarramtlichen Unterricht gebraucht? Welches?
C. 1. Welche Ordnung des Gottesdienstes (Gemeindegottesdienstes) besteht in der Gemeinde?
2. Seit wann wird diese Ordnung gebraucht?
3. Welche Abendmahlsliturgie ist in Gebrauch?
4. Nach welchem Tauformular werden die Taufen vollzogen?
5. Sind in Nebengottesdiensten besondere liturgische Ordnungen in Gebrauch? Welche?
6. Hat im Laufe der Zeit ein Wechsel dieser Ordnungen stattgefunden? Wenn ja, wann und unter welchen Umständen? (Beschluß des Presbyteriums?)«[48]

Es wurde also nicht dezidiert nach dem Bekenntnisstand der Kirchengemeinde gefragt, sondern nach einer Mehrzahl von Indizien für die jeweilige Bekenntnisbindung der Gemeinde: Bezeichnung der Gemeinde, Katechismusgebrauch und beobachtete liturgische Ordnung – und das jeweils mit Blick sowohl auf die Gegenwart wie auch auf die Vergangenheit, aus der diese Gegenwart erwachsen

---

47 Ebd.
48 EKvW/Kirchenleitung an Presbyterien. Bielefeld, 5. März 1947. Gedruckt. LkA Bielefeld 0.0 (neu) Generalia C 2–07 b.

war. So versuchte man, das erforderliche Material für eine Analyse der konfessionellen Selbstverortung der Kirchengemeinden zu gewinnen.

Dieses Bemühen wurde allerdings zur gleichen Zeit zumindest im Kirchenkreis Herne generell durch die Kreissynode in Frage gestellt:

> »Daher binden uns die Bekenntnisschriften nur so weit und so tief, wie sie uns heute noch Wegweiser zu dem einen Worte Gottes sind. Im Hören auf dieses eine Wort meinen wir zu erkennen, daß manche Unterscheidungslehren der Väter heute keine Trennung der Kirchen mehr rechtfertigen […] Diejenigen Aussagen der alten lutherischen und calvinischen Bekenntnisschriften, die einander widersprechen, können für unser gegenwärtiges Bekennen nicht mehr richtungsweisend sein.«[49]

Ja, man traf sogar die Feststellung:

> »Aus diesen Gründen lehnen wir es ab, dass etwa unsere Gemeinden nun wieder nach den Gesichtspunkten einer vergangenen Zeit aufgeteilt und verschiedenen Gruppen kirchlicher Ordnung unterstellt werden sollten. Wir könnten in solcher Massnahme keine echte Bezeugung der evangelischen Wahrheit und keine echte Treue gegenüber dem Geist evangelischer Bekenntnisschriften erkennen. Wir beten um die wahre Einigung der ganzen Kirche Christi, dürfen aber um so weniger unnötige, dem lebendigen Christuszeugnis hinderliche Spaltungen zulassen. Wir vertrauen darauf, dass der Herr seiner Kirche die wirkliche Einheit schenken wird, je klarer und gehorsamer sie die Aufgaben des Bekennens in der Gegenwart erfüllt.«[50]

Der Kirchenordnungsausschuss der Westfälischen Provinzialsynode hatte allerdings schon im März 1947 beschlossen, dass bei der Erstellung der neuen verfassungsmäßigen Ordnung für die Evangelischen Kirche von Westfalen dem Bekenntnisstand der Kirchengemeinden Rechnung zu tragen sei und ihnen zugesichert werde, dass sie ihr kirchliches Leben wie ihre gottesdienstliche Ordnung gemäß dem Bekenntnis der Reformation, das bei ihnen in Geltung stehe, frei gestalten könnten.[51] Außerdem wurde den Kirchengemeinden das Recht zugebilligt, ihren jeweiligen Bekenntnisstand auch in ihrem Eigennamen zum Ausdruck zu bringen und sich also als »Evangelisch-Lutherische«, »Evangelisch-reformierte« oder »Evangelisch-Unierte« Kirchengemeinde zu bezeichnen.[52] Eine Änderung des Konfessionsstandes und auch der Gemeindebezeichnung sei aber nur mög-

---

49 [Kreissynode Herne:] Die Einheit der Evangelischen Kirche im gegenwärtigen Bekennen. O. O. ohne Datierung [mit handschriftlichem Vermerk: Kreissynode Herne 1947]. LkA Bielefeld 5.1–151.1.
50 Ebd.
51 So Danielsmeyer, Bekenntnisstand (wie Anm. 39), S. 184 f.
52 A.a.O. S. 184.

lich aufgrund eines Beschlusses des Presbyteriums – und der dürfe nur nach Anhörung der Gemeindeglieder gefasst werden und bedürfe zusätzlich der Zustimmung des Kreissynodalvorstandes sowie der Bestätigung durch die Kirchenleitung.[53] Die Einbeziehung der Gemeindeglieder in den Entscheidungsprozess wie auch der übergemeindlichen Ebenen der kirchlichen Leitung in eine Beschlussfassung zu den den Bekenntnisstand berührenden Fragen belegt, dass man sich bewusst war, dass dabei ein möglichst hohes Maß an Einmütigkeit herzustellen war; wurde auch nicht expressis verbis die Herstellung eines magnus consensus eingefordert, so war durch das beschriebene Verfahren doch sichergestellt, dass es in der sensiblen, alle Gemeindeglieder berührenden Frage des Bekenntnisstandes keine lokalen »Alleingänge« gab. Schon 1947 waren auf diese Weise Instrumente implementiert worden, die dazu dienen sollten, dass der bestehende Bekenntnisstand einer Kirchengemeinde nicht nur geachtet, sondern auch gewahrt werden würde.

Zugleich bemühte man sich mit Blick auf die zu schaffende neue Kirchenordnung, insbesondere den Bekenntnisstand der unierten Kirchengemeinden genauer zu bestimmen.[54] Als späte Frucht der Umfrage des Jahres 1947 wurden Mitte April 1948 Grundgedanken einer Ausarbeitung des an der Pädagogischen Akademie in Lüdenscheid tätigen Pfarrers Lic. Günther Koch[55] über »Konfessionelle Bezeichnungen in der Evangelischen Kirche Westfalens« in der »Evangelischen Welt« (dem »Nachrichtendienst der Evangelischen Kirche von Westfalen«) veröffentlicht,[56] die die Kirchenleitung dann zwei Monate später unter dem Datum des 3. Juni 1948 vollständig in gedruckter Form allen Presbyterien übersandte mit der Bitte, »diese Darstellung zum Gegenstand einer eingehenden Besprechung und Beratung zu machen.«[57]

Koch setzte sich für eine genaue Differenzierung zwischen dem historisch erweislichen Bekenntnisstand einer Kirchengemeinde und dem gegenwärtigen konfessionellen Bewusstsein und Selbstverständnis ein und warnte:

---

53 Ebd.
54 A.a.O. S. 185.
55 Bauks, Pfarrer S. 264 Nr. 3334.
56 S. Koch, Günther: Eine dritte Konfession? Evangelische Welt 2 (1948) Nr. 8, 15. April 1948. S. 187–188; abgedruckt in: Evangelische Kirchenleitung von Westfalen (Kirchenleitung) an Presbyterien. Bielefeld, 3. Juni 1948, in: Kampmann, Jürgen: »Den Bekenntnisstand der Gemeinde achten und wahren«. Von den praktischen Problemen mit einer Frucht des Kirchenkampfes in Westfalen, in: JWKG 105 (2009), S. 307–383, dort S. 371–383.
57 A.a.O., S. 371.

>»Mit ›Parolen‹ irgendwelcher Natur, mit pastoralen Übereilungen oder sachlich unbegründeten Mehrheitsbeschlüssen der Presbyterien und Synoden ist gerade auf diesem Gebiet wohl sehr viel Böses, aber nichts Gutes zu erreichen.«[58]

Insbesondere unternahm er es, den Charakter der unierten Gemeinden präziser zu beschreiben; sie müssten erkennen, »daß sie jedenfalls nach den ausdrücklichen Bestimmungen der preußischen Union nicht das sind, wofür sie sich meist halten, sie sind nämlich *keine dritte Konfession*.«[59] So seien zwar in Westfalen unierte Gemeinden entstanden, es gebe aber bis zur Gegenwart »noch *kein* uniertes Bekenntnis, sondern nur die allgemeine Erklärung, daß man sich zu dem Gemeinsamen der reformatorischen Bekenntnisse halten wolle. (§ II der Rheinisch-Westfälischen Kirchenordnung).«[60] Koch spitzte das zu auf die Frage:

>»Was das aber z[um] B[eispiel] für die Lehre vom Heiligen Abendmahl bedeutet, bleibt im Dunkeln und der persönlichen Erkenntnis des Pastors überlassen.«[61]

Weil die unierten Gemeinden »selbst *keine dritte Konfession* sind«, blieben sie

---

58 A.a.O., S. 376.
59 A.a.O., S. 379. Zum Beleg verwies Koch ebd. auf die Kabinettsorder Friedrich Wilhelms IV. vom 6. März 1852: »Sowohl nach den erwähnten Erlassen des … Königs [Friedrich Wilhelms III.], als auch nach oft wiederholten Äußerungen desselben gegen mich, steht unzweifelhaft fest, daß die Union nach seinen Absichten nicht den Übergang der einen Konfession zur anderen und noch viel weniger die Bildung eines neuen dritten Bekenntnisses herbeiführen sollte, wohl aber aus dem Verlangen hervorgegangen ist, die traurigen Schranken, welche damals die Vereinigung von Mitgliedern beider Konfessionen am Tische des Herrn gegenseitig verboten, für alle diejenigen aufzuheben, welche sich im lebendigen Gefühl ihrer Gemeinschaft in Christo nach dieser Ge-[/]meinschaft sehnten, und beide Bekenntnisse zu einer evangelischen Landeskirche zu vereinigen.« S. Friedrich Wilhelm IV. an den Evangelischen Ober-Kirchenrath. Charlottenburg, 6. März 1852, abgedruckt bei Nachtigall, Astrid: Die Auseinandersetzungen um die Kirchenunion in Preußen von 1845 bis 1853 und die Kabinettsorder von 1852 (Unio und Confessio 23), Bielefeld 2005, Beilage 4, S. 407 f.
60 Bezug genommen ist auf § II der der Rheinisch-Westfälischen Kirchenordnung von 1835 vorangestellten Bekenntnisparagraphen von 1855; s. Thümmel, Gerhard/Dalhoff, Erich/Löhr, Walther (Hgg.): Evangelisches Kirchenrecht in Rheinland und Westfalen. Sammlung kirchenrechtlicher Gesetze. Bd. 1. Kirchenordnung und andere Grundgesetze. Bearbeitet von Gerhard Thümmel, Bielefeld (1950), S. 12.
61 S. Koch, Konfession (wie Anm. 56), S. 380.

»nach wie vor den reformatorischen Bekenntnisschriften im Verhältnis ihrer besonderen Ausprägung verpflichtet [...], bis wirklich *eine echte Bekenntnisunion*, die uns Gottes Heiliger Geist schenken möge, zustandegekommen ist.«[62]

Die Konsequenz beschrieb Koch dann so:

»In einer rechtlich unierten, aber zum großen Teil lutherisch geprägten Gemeinde lebt also das lutherische Bekenntnis unbeschadet der den Reformierten zustehenden geistlichen Rechte einstweilen vorherrschend fort, freilich ohne die Möglichkeit, dabei das gegenseitige Verhältnis in kleinlicher Weise rein rechnerisch zu bestimmen. Geistliche Dinge müssen geistlich gerichtet werden. Großzügigkeit einerseits, Gewissenhaftigkeit andererseits gehören zu einer rechten Erfassung der Union in unsrer Kirche. Niemals dürfen wir die uns in Barmen 1934[63] geschenkte geistliche Einheit, die weit mehr als eine kirchenpolitische Union war, wieder aufgeben. Daran ist der Konfessionalismus kräftig zu erinnern. Aber auch der Weg der Bekennenden Kirche von Barmen nach Halle (1937)[64] ist als rechtmäßig zu erkennen. Demgemäß muß auch der historische Bekenntnisstand sorgfältig beachtet werden. Einer bekenntnismäßigen Neugestaltung von der Schrift her ist damit nicht gewehrt. Aber es ist doch geradezu davor zu warnen, ein formuliertes Unionsbekenntnis rasch machen zu wollen. Ein echtes Unionsbekenntnis müßte ja wirklich den Gegensatz der lutherischen und reformierten Abendmahlslehre nicht nur gefühlsmäßig, sondern durch eine gemeinsame neue Schrifterkenntnis positiv überwinden. Geschieht das nicht, so entsteht keine Union, sondern eine Disunion, und die protestantische Zersplitterung ist nur um eine neue Unionsabart vermehrt«.[65]

---

62 Ebd.
63 Gemeint ist die Erste Tagung der Bekenntnissynode der Deutschen Evangelischen Kirchen in Wuppertal-Barmen, 29.–31.5.1934; s. dazu den alsbald danach publizierten Bericht über den Verlauf der Synode: Immer, Karl (Hg.): Bekenntnissynode der Deutschen Evangelischen Kirche. Barmen 1934. Vorträge und Entschliessungen. Im Auftrage des Bruderrates der Bekenntnissynode hg., Wuppertal-Barmen o.J. [1934]. Vgl. auch Immer, Karl (Hg.): Die Kirche vor ihrem Richter. Biblische Zeugnisse auf der Bekenntnissynode der Deutschen Evangelischen Kirche Wuppertal-Barmen 1934. Im Auftrage des Bruderrates der Bekenntnissynode hg., Wuppertal-Barmen o.J. [1934].
64 Bezug genommen ist auf die 4. Tagung der Bekenntnissynode der Evangelischen Kirche der altpreußischen Union in Halle (Saale) 1937; s. dazu Niemöller, Gerhard (Hg.): Die Synode zu Halle 1937. Die zweite Tagung der vierten Bekenntnissynode der Evangelischen Kirche der altpreußischen Union. Text – Dokumente – Berichte (Arbeiten zur Geschichte des Kirchenkampfes 11), Göttingen 1963.
65 Koch, Konfession (wie Anm. 56), S. 380 f.

Ein Ergebnis der von der Kirchenleitung so in allen Presbyterien angeregten Beratungen ist allerdings nicht greifbar.[66]

3. Beratungen über die Formulierung von Grundartikeln zu einer neuen Kirchenordnung der Evangelischen Kirche von Westfalen 1946–1951

Die Beratungen über die Bekenntnisfrage auf landeskirchlicher Ebene fanden im Laufe des Jahres 1948 nur zögerliche Fortsetzung – die Aufmerksamkeit war gerichtet auf die erheblichen Probleme, die die Währungsreform vom 20. Juni für die Finanzierung der kirchlichen Arbeit mit sich brachte, und auf die Neukonstituierung der Provinzialsynode als Verfassunggebende Landessynode im November nach den im April 1948 erfolgten Wahlen zu den Presbyterien.[67] Man stand dabei in engem Kontakt zur Synode im Rheinland, weil man zu diesem Zeitpunkt noch bestrebt war, wie seit 1835 auch für die Zukunft eine gemeinsame, für beide nun eigenständigen Landeskirchen geltende kirchliche Ordnung zu schaffen.[68] Auch zur Formulierung einer an die Stelle der Bekenntnisparagraphen der Rheinisch-Westfälischen Kirchenordnung treten sollenden Präambel zur neuen Kirchenordnung war 1948 noch ein gemeinsamer Referentenentwurf vorgelegt worden.[69]

Dieser sah eine unveränderte Übernahme des § 1 der Bekenntnisparagraphen vor, fortgeführt mit einer Aussage zu dem bekenntnismäßig allen Kirchengemeinden Gemeinsamen – einschließlich eines Verweises auf die Barmer Theologische Erklärung:

---

66 Dies ist insofern auch nicht besonders überraschend, denn in dem Anschreiben an die Presbyterien fehlte die für eine Auswertung in einer presbyterial-synodal verfassten Kirche unbedingt erforderliche Benennung eines Termins zur Abgabe einer Stellungnahme oder Beschlussfassung zur Sache.
67 S. Kampmann, Anspruch (wie Anm. 18), S. 47–53.
68 S. zur entsprechenden Beschlussfassung des westfälischen Kirchenordnungsausschusses vom März 1947 Danielsmeyer, Bekenntnisstand (wie Anm. 39), S. 185; zu den Bemühungen um die einheitliche Formulierung eines (vorläufigen) Kirchenleitungsgesetzes im Herbst 1948 s. Kampmann, Anspruch (wie Anm. 18), S. 50–56.
69 S. Danielsmeyer, Bekenntnisstand (wie Anm. 39), S. 185.

»Sie bekennt sich mit den Vätern der alten Kirche im apostolischen, nicänischen und athanasianischen Glaubensbekenntnis zu dem einen als Vater, Sohn und Heiligen Geist offenbaren Gott.

Sie bekennt mit den Vätern der Reformation, daß allein Jesus Christus unser Heil ist, offenbart allein in der Heiligen Schrift Alten und Neuen Testaments, dargeboten allein aus Gnaden, geschenkt allein durch den Glauben.

Sie weiß sich gerufen, diesen Weg in rechter Auslegung der Heiligen Schrift und damit in rechtem Gehorsam gegen die kirchlichen Bekenntnisse weiterzugehen. Sie steht deshalb auf dem Boden der theologischen Erklärung der ersten Bekenntnissynode der Deutschen Evangelischen Kirche zu Barmen als auf dem uns in der Abwehr der Irrtümer unserer Zeit geschenkten Wort und weiß sich für ihren Dienst und ihre Ordnung daran gebunden.«[70]

Hinsichtlich des Bekenntnisstandes beließ man es bei der Feststellung, dass die Evangelische Kirche von Westfalen aus evangelisch-lutherischen, evangelisch-reformierten und evangelisch-unierten Kirchengemeinden bestehe, formulierte dann auch jeweils die Bekenntnisbindung für die lutherischen Gemeinden an die lutherischen Bekenntnisse bzw. für die reformierten Gemeinden an den Heidelberger Katechismus, brachte dann aber mit Blick auf die unierten Gemeinden eine gegenüber § 2 der Bekenntnisparagraphen neue Beschreibung:

»Die evangelisch-unierten Gemeinden sehen in den Unterscheidungslehren zwischen dem lutherischen und dem reformierten Bekenntnis kein Hindernis der vollständigen Gemeinschaft im Gottesdienst und in den Heiligen Sakramenten. Sie bekennen sich teils zu dem ›Gemeinsamen‹ des lutherischen und des reformierten Bekenntnisses, ohne daß dieses Gemeinsame ausgesprochen und gegenüber dem Unterschiedlichen abgegrenzt ist, teils folgen sie für sich entweder dem lutherischen oder dem reformierten Bekenntnis. Eine Lehre, die sowohl dem lutherischen als auch dem reformierten Bekenntnis widerspricht, gilt auch für sie als Irrlehre.«[71]

Deutlich zu erkennen ist an diesen Formulierungen, dass man damit dem Vorwurf einer etwa nicht hinreichenden bzw. nicht hinreichend präzisen oder hinreichend wirksamen Bindung der unierten Gemeinden an die Bekenntnisse der Reformation entgegenzutreten versuchte, indem man diese Problematik zunächst dadurch quantitativ »einzuhegen« versuchte, dass man für einen Teil der unierten Gemeinden entweder eine Bindung an das lutherische oder aber an das reformierte Bekenntnis als gegeben ansah und deren unierten Charakter allein auf den Aspekt beschränkte, in den lutherisch-reformierten Unterscheidungslehren kein Hindernis für eine vollständige Gottesdienst- und Sakramentsgemeinschaft zu se-

---

70 A.a.O., S. 185 f.
71 A.a.O., S. 186.

hen, und für den verbleibenden »Rest« derjenigen unierten Gemeinden, die sich auf das (theologisch nicht näher beschriebene) lutherisch-reformierte »Gemeinsame« beriefen, immerhin – wenn hier schon keine nähere Konturierung im lutherisch-reformierten »Binnenraum« greifbar war – vorsahen, sie dezidiert in eine lehrmäßige Abgrenzung nach außen gegenüber anderen, weder im lutherischen noch reformierten dogmatischen Kontext verankerten Lehrüberzeugungen mit einzubinden.

Über den Horizont der Bekenntnisparagraphen hinaus wies schließlich, dass man sich verpflichtet sehe, Lutheraner, Reformierte und Unierte »in gleicher Weise unter das Wort Gottes zu rufen, sie zum Hören auf das Zeugnis der Brüder zu mahnen und ihnen zu einem gemeinsamen Bekennen zu helfen.«[72]

Für die 1948 anstehende Formulierung des neuen (vor Erarbeitung der Kirchenordnung erforderlich erscheinenden) vorläufigen Kirchenleitungsgesetzes klammerte man die Bekenntnisfrage aus – und doch spielte sie im Hintergrund eine Rolle, weil sich die Rheinische und die Westfälische Landessynode nicht auf ein einheitliches Verfahren zu verständigen mochten hinsichtlich einer Regelung für den Fall, dass gegen eine anstehende Beschlussfassung der Landessynode Bekenntnisbedenken erhoben werden sollten: Während man für diesen Fall im Rheinland eine separate Beratung der zu einem bestimmten Bekenntnisstand gehörenden Synodalen als in der Entscheidungsbefugnis der Synode liegende bloße Kann-Bestimmung vorsah, schrieb man für diese Situation zwingend eine itio in partes vor.[73] In Westfalen deutete man diese Regelung im Kirchenleitungsgesetz als für die konfessionell orientierten Lutheraner bedeutsame Entscheidung.[74]

Die westfälische Landessynode befasste sich dann allerdings erst 1950 wieder näher mit der Bekenntnisfrage – und zwar aus Anlass der am 13. Juli 1948 verabschiedeten Grundordnung der EKD und der darin in Art. 4 angeschnittenen Frage der Abendmahlsgemeinschaft.[75] Da zu diesem Zeitpunkt noch keine hier einschlägigen Ergebnisse aus der Arbeit an der neuen Kirchenordnung greifbar waren, knüpfte sie bei ihrer Beschlussfassung an die (de iure ja immer noch in Geltung stehenden) Bekenntnisparagraphen der Rheinisch-Westfälischen Kirchen-

---

72 Ebd.
73 S. Kampmann, Provinzialkirche (wie Anm. 1), S. 428.
74 S. Koch, Günther: Bedeutsame Vorgänge auf der Landessynode 1948. O. O., ohne Datierung [November/Dezember 1948], S. 2 f. LkA Bielefeld 3.23–1.
75 S. dazu Krämer, Achim: Gegenwärtige Abendmahlsordnung in der Evangelischen Kirche in Deutschland. Die Abendmahlsfrage in ihrer theologischen, historischen und ekklesiologischen Bedeutung im Blick auf Abendmahlsgemeinschaft zwischen lutherischen, unierten und reformierten Landeskirchen (Jus ecclesiasticum 16), München 1973, S. 89 f.

ordnung an; diese bestätigte sie und führte »zu der dort bezeugten Gemeinschaft des Gottesdienstes« aus:

> »1. In keiner Gemeinde der Evangelischen Kirche von Westfalen darf einem ordnungsmäßig berufenen Diener einer Gliedkirche der Evangelischen Kirche in Deutschland der Dienst am Wort mit der Begründung verwehrt werden, daß er einem anderen an dem in der Gemeinde geltenden Bekenntnis angehöre. Jeder Diener am Wort ist jedoch verpflichtet, den Bekenntnisstand der Gemeinde, in der er den Predigtdienst tut, zu achten.
> 2. Die Verwaltung der Sakramente muß in den evangelisch-lutherischen und in den evangelisch-reformierten Gemeinden gemäß dem Bekenntnisstand der Gemeinden erfolgen. In allen Gemeinden der Evangelischen Kirche von Westfalen werden jedoch die Angehörigen jedes innerhalb der Evangelischen Kirche in Deutschland geltenden Bekenntnisses ohne Einschränkung zum heiligen Abendmahl zugelassen.«[76]

Für die aus der Evangelischen Kirche der altpreußischen Union hervorgegangene Evangelische Kirche von Westfalen wurde damit allerdings kein Neuland betreten.

Hinsichtlich der Arbeit an einer neuen Formulierung der Bekenntnisparagraphen wurde 1950 ein Entwurf zur Beratung an die Kreissynoden gegeben,[77] nach dem Eingang der Stellungnahmen entwickelte der Kirchenordnungsausschuss daraus am 19. Juni 1951 einen Entwurf, in dem nun nicht mehr von der Verbundenheit der Kirchengemeinden verschiedenen Bekenntnisses in einer *Kirche*, sondern in einer *Kirchengemeinschaft* die Rede war.[78] Eine erhebliche Straffung erfuhr auch die Charakterisierung der unierten Kirchengemeinden; an die Aussagen zu den evangelisch-lutherischen und evangelisch-reformierten sollte sich nun anschließen:

> »In den übrigen Gemeinden (welche die Bezeichnung evangelische Kirchengemeinden tragen) ist entweder der Lutherische oder der Heidelberger Katechismus in Gebrauch. Die Gemeinden sehen in den Lehrunterschieden der reformatorischen

---

[76] Entwurf s. Brinkmann, Ernst/Steinberg, Hans (Hgg.): Die Verhandlungsniederschriften der 3. (ordentlichen) Tagung der 1. Westfälischen Landessynode vom Oktober 1950 im Auftrage des Landeskirchenamtes der Evangelischen Kirche von Westfalen herausgegeben, Bielefeld 1973, Anlage 7, S. 221; die Beschlussfassung der Synode s. a.a.O., S. 138.
[77] S. a.a.O., S. 192 f.
[78] S. Danielsmeyer, Bekenntnisstand (wie Anm. 39), S. 187.

Bekenntnisse kein Hindernis einer vollständigen Gemeinschaft in der Feier des Gottesdienstes und der Verwaltung der Sakramente.«[79]

Hier wird nun auf den Katechismus*gebrauch* abgehoben, hinsichtlich dessen auch die unierten Kirchengemeinden entweder an den Lutherischen oder aber Heidelberger gebunden waren – und auf diese Weise konnte man eine Aussage zum nicht näher bestimmten »Gemeinsamen« der lutherischen und reformierten Konfession vermeiden. Auf jeden Fall steht auch hier das Interesse im Hintergrund, auf keinen Fall der Ausformulierung eines »unierten Bekenntnisses« eine Kontur zu verleihen. Doch ebbte die Diskussion über eine angemessene Formulierung nicht ab; der mit dem Vorsitz im Kirchenordnungsausschuss betraute Vizepräsident Karl Lücking[80] stand diesbezüglich in Fachkorrespondenz unter anderem mit Edmund Schlink[81] und Peter Brunner[82].[83]

Schließlich wurde im Oktober 1952 der Entwurf des ersten Abschnittes der neuen Kirchenordnung der Westfälischen Landessynode zur 1. Lesung vorlegt; diesem Abschnitt beigefügt waren auch die der Kirchenordnung voranzustellenden, nun als »Grundartikel« bezeichneten Ausführungen der früheren »Bekenntnisparagraphen«,[84] die dann auch (bei drei Enthaltungen) Zustimmung fanden.[85]

---

79 Ebd.
80 Bauks, Pfarrer (wie Anm. 7), S. 308 Nr. 3865.
81 A.a.O., S. 439 Nr. 5439.
82 S. auch: Brunner, Peter: Das lutherische Bekenntnis in der Union. Ein grundsätzliches Wort zur Besinnung[,] zur Warnung und zur Geduld. Gütersloh 1952.
83 S. zu den Details der Erwägungen und zu den Formulierungsvorschlägen der Genannten Danielsmeyer, Bekenntnisstand (wie Anm. 39), S. 187 f.
84 S. Kirchenordnung der Evangelischen Kirche in [!] Westfalen (Teilentwurf), in: Verhandlungen der 2. Westfälischen Landessynode. 1. (ordentliche) Tagung vom 19. bis 25. Oktober 1952. Statt Handschrift gedruckt, Bielefeld 1953, Anlage 8, S. 117–136, dort S. 117 f.
85 S. Verhandlungen der 2. Westfälischen Landessynode. 1. (ordentliche) Tagung vom 19. bis 25. Oktober 1952. Statt Handschrift gedruckt, Bielefeld 1953, Beschluss Nr. 28, S. 18.

4. Die abschließenden Entscheidungen zur Formulierung der Grundartikel der Kirchenordnung der Evangelischen Kirche von Westfalen 1952/1953

Inzwischen hatte sich eine durchaus dramatische Wendung vollzogen, als man von Seiten der rheinischen Kirche das Projekt einer gemeinsam formulierten Kirchenordnung im Frühjahr 1952 nach mehr als dreieinhalb Jahren des Bemühens darum aufgegeben hatte.[86] Verantwortlich waren nicht mehr auszugleichende Auseinanderentwicklungen des jeweiligen Kirchenverständnisses, die auch die sogenannte konfessionelle Frage betrafen und sich auf die Formulierung des bzw. der Grundartikel auswirkten. Während man im Rheinland intendierte, die Verbindung zwischen den Kirchengemeinden verschiedenen Bekenntnisstandes zu betonen und (wie es ein Synodaler formulierte) aus der »statischen Union von 1835« nun eine »dynamische Union« werden zu lassen,[87] so wollte man (nach Erläuterung Lückings vor der Landessynode 1953) in Westfalen der Überzeugung Ausdruck verleihen, dass das Bekenntnis »keine museale Angelegenheit, kein ehrwürdiges Buch, das im Schrank steht, sondern das geltende Zeugnis des Evangeliums« und daher auch als Kennzeichen der neuen gegenüber der früheren Kirchenordnung »eine starke bekenntnismäßige Profilierung« herausstellen.[88]

Dementsprechend war in dem Grundartikel, der von der rheinischen Landessynode zusammen mit der für die Evangelische Kirche im Rheinland am 2. Mai 1952 angenommenen Kirchenordnung beschlossen worden war, zunächst vom Bekenntnis »zu der einen, heiligen, allgemeinen, christlichen Kirche« die Rede:

»Auf diesem Grunde sind alle Gemeinden der Evangelischen Kirche im Rheinland in einer Kirche verbunden [...]«.[89]

---

86 S. zu den Zusammenhängen Kampmann, Provinzialkirche (wie Anm. 1), S. 431 f.
87 A.a.O., S. 433.
88 S. Lücking, Karl: Die Grundlinien der Kirchenordnung, in: Verhandlungen der 2. Westfälischen Landessynode. 3. (ordentliche) Tagung vom 18. bis 24. Oktober 1953 und am 30. November und 1. Dezember 1953. Statt Handschrift gedruckt. Bielefeld 1954, S. 115–121, Zitat S. 115.
89 Kirchenordnung der Evangelischen Kirche im Rheinland. Vom 2. Mai 1952 mit eingearbeiteten Änderungen vom 29. Okt. 1953, vom 28. Okt. 1955 und vom 15. Mai 1959 [...] 3. Ausgabe, in: Kirchenordnung und andere Kirchengesetze der Evangelischen Kirche im Rheinland. Mülheim (Ruhr) o. J. [1959], S. 5–84, dort S. 7 f.: Grundartikel I. und II.

In Kenntnis dieser Formulierung und damit in bewusster Distanzierung von ihr entschied man sich in Westfalen dann für die Formulierung, dass evangelisch-lutherische, evangelisch-reformierte und evangelisch-unierte Gemeinden *in Verantwortung vor ihrem Bekenntnisstand* zu einer Kirche verbunden seien.[90]

Nachdem nochmals am 22. Oktober 1953 auf der Landessynode über die Formulierung der Grundartikel in zweiter Lesung ausführlich beraten worden war,

---

90 Kirchenordnung EKvW 1953 (wie Anm. 36), Grundartikel II. – Gegenüber dem im Oktober 1952 in erster Lesung angenommenen Entwurf stellte die 1953 endgültig beschlossene Formulierung sogar noch viel zusätzliche Pointierung der Bekenntnisbindung der Kirchengemeinden dar; 1952 war noch diesbezüglich zurückhaltender formuliert worden, dass »evangelisch-lutherische, evangelisch-reformierte und evangelisch-unierte Gemeinden, unbeschadet ihres Bekenntnisstandes, in einer Kirche verbunden« seien; s. Brinkmann/Steinberg (Hgg.), Verhandlungsniederschriften Landessynode EKvW 1950 (wie Anm. 76), S. 117. Auf die Formulierung »»unbeschadet ihres Bekenntnisstandes‹ in einer Kirche verbunden« wurde in Berichterstattung in der kirchlichen Presse über die Beratungen der Landessynode zu den Grundartikeln hernach besonders hingewiesen; s. Abschluß der westfälischen Landessynode, in: Unsere Kirche 7 (1952), Nr. 43, 9. November 1952, ohne Paginierung. Im Vorfeld der Tagung der Landessynode hatte Lücking deren Aufgabe mit Blick auf die Grundartikel in der Kirchenpresse noch unter deutlich stärkerer Betonung der trotz der Bekenntnisverschiedenheit in der Evangelischen Kirche von Westfalen dennoch gegebenen Einheit beschrieben:»So kam es im Laufe des Kirchenkampfes zu einem neuen Ernstnehmen des Bekenntnisses. Der Entwurf der neuen Kirchenordnung trägt dem Rechnung, indem er in den Grundartikeln festlegt, daß der Entfaltung der einzelnen in den Kirchengemeinden geltenden Bekenntnisse freier Raum zu geben ist. Diese Freiheit muß um des Gewissens willen gewährt werden. Sie kann – das ist unsere Überzeugung – gewährt werden, ohne daß die Einheit der Kirche dadurch gefährdet wird. An dieser Einheit halten die Grundartikel klar und entschieden fest. Das findet seinen Ausdruck besonders in der Bezeugung der uneingeschränkten *Abendmahlsgemeinschaft*. Lutheraner, Reformierte und Unierte finden sich in der Evangelischen Kirche von Westfalen miteinander am Tisch des Einen Herrn. Das ist der tiefste Ausdruck ihrer Einheit. Diese Einheit wird nicht dadurch aufgehoben oder gefährdet, daß in den lutherischen Gemeinden das heilige Abendmahl gemäß dem lutherischen Bekenntnis, in den reformierten gemäß dem reformierten Bekenntnis und in den unierten nach uniertem Brauch [!] gefeiert wird. Es ist überall der Eine Herr, der Seinen Leib und Sein Blut im heiligen Mahl als heilsame Gabe darreicht. Die Verschiedenartigkeit der reformatorischen Bekenntnisse zu achten, und darüber doch die Einheit der Kirche zu wahren, das wird eine der bedeutsamen geistlichen Aufgabe dieser Synode sein. Es gilt, die durch die Verschiedenartigkeit gegebenen Spannungen in geistlich-brüderlicher Weise zu tragen und zum Ausdruck zu bringen, ohne der Gefahr zu unterliegen, in nichtssagenden oder gar unwahrhaftigen Formen einen unechten Kompromiß zu suchen.« S. [Lücking, Karl:] Die Landessynode vor verantwortungsvollen Aufgaben, in: Unsere Kirche 7 (1952), Nr. 40/A, 19. Oktober 1952, ohne Paginierung.

fanden diese dann bei drei Gegenstimmen und zwei Stimmenthaltungen in folgender endgültiger Fassung Annahme:[91]

»I.
$_1$Die Evangelische Kirche von Westfalen ist gegründet auf das Evangelium von Jesus Christus, dem Fleisch gewordenen Worte Gottes, dem gekreuzigten, auferstandenen und wiederkommenden Heiland, der das Haupt seiner Gemeinde und allein der Herr ist.
$_2$Das prophetische und apostolische Zeugnis der Heiligen Schrift Alten und Neuen Testamentes ist in ihr die alleinige und vollkommene Richtschnur des Glaubens, der Lehre und des Lebens. $_3$Darum gilt in ihr die Lehre von der Rechtfertigung des Sünders allein aus Gnaden durch den Glauben.

II.
$_1$Auf diesem Grunde sind in der Evangelischen Kirche von Westfalen evangelisch-lutherische, evangelisch-reformierte und evangelisch-unierte Gemeinden in Verantwortung vor ihrem Bekenntnisstand in einer Kirche verbunden, die gerufen ist, Jesus Christus einmütig zu bezeugen und seiner Sendung in die Welt gehorsam zu sein.
$_2$In allen Gemeinden gelten die altkirchlichen Bekenntnisse: das Apostolische, das Nicaenische und das Athanasianische Glaubensbekenntnis.
$_3$In den Gemeinden lutherischen Bekenntnisstandes gelten die Augsburgische Konfession, die Apologie der Augsburgischen Konfession, die Schmalkaldischen Artikel, der Kleine und der Große Katechismus Martin Luthers[1].
$_4$In den Gemeinden reformierten Bekenntnisstandes gilt der Heidelberger Katechismus.
$_5$In den Gemeinden unierten Bekenntnisstandes vollzieht sich die Bindung an das Zeugnis der Heiligen Schrift in Verantwortung vor den altkirchlichen Bekenntnissen und den Bekenntnissen der Reformation.
$_6$In allen Gemeinden wird die Theologische Erklärung der Bekenntnissynode der Deutschen Evangelischen Kirche von Barmen als eine schriftgemäße, für den Dienst der Kirche verbindliche Bezeugung des Evangeliums bejaht.

[1] Wo die Konkordienformel[92] bisher galt, bleibt sie bestehen.

---

91 S. Danielsmeyer, Bekenntnisstand (wie Anm. 39), S. 190.
92 Die Geltung der Konkordienformel wurde – so die Auskunft Lückings – nur von den Kirchengemeinden Soest-St. Petri und Höxter »für ihre Gemeinden in Anspruch« genommen; eine historische Überprüfung habe ergeben, dass dieser Anspruch berechtigt sei, doch sei eine Verpflichtung der Pfarrer auf die Konkordienformel »seit sehr langer Zeit nicht mehr erfolgt«; so Verhandlungsniederschrift Kirchenleitung EKvW, Bielefeld, 19./20. August 1953. TOP 5 B. LkA Bielefeld 0.0 neu Generalia A 3–07 V, S. 81. Die Landessynode folgte aber nicht dem von Lücking unterbreiteten und von der Kirchenleitung ebd. unterstützten Vorschlag, die Konkordienformel, da sie nur in zwei Gemeinden gelte, nicht mehr in den Grundartikeln der Kirchenordnung zu erwähnen

III.

₁Die Evangelische Kirche von Westfalen achtet den Bekenntnisstand ihrer Gemeinden und gewährt der Entfaltung ihres kirchlichen Lebens gemäß ihrem Bekenntnisstand freien Raum.
₂Zum Dienst am Wort in einer Gemeinde kann nur berufen werden, wer sich verpflichtet, den Bekenntnisstand der Gemeinde zu achten und zu wahren. ₃Der gelegentliche Dienst am Wort darf einem innerhalb der Evangelischen Kirche in Deutschland ordnungsgemäß berufenen Diener nicht deshalb verwehrt werden, weil er einen anderen als dem in der Gemeinde geltenden Bekenntnis angehört; er ist jedoch verpflichtet, den Bekenntnisstand der Gemeinde zu achten.
₄Die Verwaltung der Sakramente geschieht in den Gemeinden gemäß ihrem Bekenntnisstand. ₅In allen Gemeinden werden jedoch die Glieder aller evangelischen Kirchen ohne Einschränkung zum heiligen Abendmahl zugelassen.

IV.

₁Die Evangelische Kirche von Westfalen pflegt die Gemeinschaft der in ihr verbundenen Gemeinden. ₂Sie ruft ihre Glieder, in der Beugung unter Gottes Wort von ihrem Bekenntnis aus der Einheit der Kirche zu dienen und darum auch auf das Glaubenszeugnis des anderen reformatorischen Bekenntnisses zu hören.
₃In dieser Bindung an Schrift und Bekenntnis, die auch für die Setzung und Anwendung ihres Rechtes grundlegend ist, gibt sich die Evangelische Kirche von Westfalen die folgende Ordnung:«

Bevor die Landessynode dann am 30. November und 1. Dezember 1953 erneut zusammentrat, um über die Annahme der erarbeiteten neuen Kirchenordnung einschließlich der Grundartikel insgesamt abzustimmen, wurden die wichtigsten von Lücking zur Einführung der Grundartikel vor der Synode gegebenen Erläuterungen auch der kirchlichen Öffentlichkeit in einem Artikel unter der Überschrift »Nach Bekenntnissen gegliederte Union« in der Kirchenzeitung »Unsere Kirche« mitgeteilt; hervorgehoben wurde als charakteristisches Merkmal der neuen Kirchenordnung deren »stark bekenntnismäßige Ausprägung« bzw. »Profilierung«, zugleich aber unterstrichen, diese bedeute »keine konfessionalistische Verengung oder Verhärtung«:

> »Es ist jedenfalls mit allem Ernst darauf Bedacht genommen, dieser Gefahr zu entgehen. Gleichzeitig […] erfolgt eine Besinnung auf die theologischen Gemeinsamkeiten der reformatorischen Bekenntnisse Weil wir diese Gemeinsamkeit erkannt haben, darum, und nur darum, glauben wir ein gutes Gewissen zu haben, wenn wir

und im Protokoll der Landessynode festzustellen, »daß die Tatsache der Nichterwähnung […] nicht bedeutet, daß sie dort, wo sie de facto gilt, zukünftig nicht mehr gelten soll.« Es verblieb vielmehr bei einer Erwähnung der Konkordienformel in den Grundartikeln in einer Fußnote.

der Ansicht Ausdruck geben, daß wir heutigen Lutheraner und die heute mit uns lebenden reformierten Brüder die noch bestehenden Lehrunterschiede nicht für kirchentrennend halten.«[93]

Und Hans Thimme hielt in seinem Bericht über die Annahme der Kirchenordnung insgesamt noch einmal zu den Grundartikeln fest:

»Gerade hier ist jedes Wort, ja die Stellung jedes Wortes auf das sorgfältigste erwogen. Denn es ist gar nicht so einfach, in knappen Worten auszudrücken, was wir meinen, wenn wir von der Evangelischen Kirche in Westfalen sprechen. [...] Es bleibt bei der einen Evangelischen Kirche von Westfalen. Die Grundartikel bezeugen unsere kirchliche Gemeinschaft bei Anerkennung der Besonderheit des Bekenntnisstandes der einzelnen Gemeinden. Bindung und Freiheit halten sich die Waage.«[94]

5. Die weitere Befassung mit den Grundartikeln in der westfälischen Landeskirche

Eine intensive inhaltliche Befassung mit der Frage, was die unterschiedliche Konfessionsbindung der Kirchengemeinden für die Verbundenheit in doch einer Kirche bedeutet, hat in den Jahren von 1955 bis 1959 der von der Westfälischen Landessynode bestellte Ausschuss »Bekenntnis und Einheit der Kirche« geleis-

---

93 »Nach Bekenntnissen gegliederte Unionskirche«. Präsident Lücking über den Sinn der neuen westfälischen Kirchenordnung, in: Unsere Kirche 8 (1953), Nr. 44/A, 1. November 1953, ohne Paginierung.
94 Thimme, Hans: In einer Kirche verbunden, Die neue westfälische Kirchenordnung abgeschlossen, in: Unsere Kirche 8 (1953), Nr. 50/A, 13. Dezember 1953, ohne Paginierung.

tet,[95] der das Ergebnis seiner Arbeit in einer unter gleichem Titel publizierten und landeskirchlich rezipierten Schrift vorgestellt hat.[96]

Eine Veränderung haben die Grundartikel zur Westfälischen Kirchenordnung seit ihrer Annahme 1953 indes nicht erfahren; sowohl von einer in den 1980er Jahren vorgeschlagenen Aufnahme der Leuenberger Konkordie[97] wie auch von einer in den 1990er Jahren in Erwägung gezogenen Ergänzung um eine Aussage zum Verhältnis von Christen und Juden[98] wurde abgesehen, nachdem durch eingeholte kirchenrechtliche Expertise klargestellt war, dass die Grundartikel ihrem rechtlich für die Kirchengemeinden und die aus ihnen bestehende Kirche grundlegenden Charakter entsprechend nicht im Wege einfacher synodaler Gesetzgebung abgeändert oder ergänzt werden können, sondern dass es dazu der Feststellung eines magnus consensus unter den Kirchengemeinden bedürfte.

Inwieweit in der jüngeren Vergangenheit die praktische Handhabung der den Bekenntnisstand betreffenden Angelegenheiten der Kirchengemeinden den bei Formulierung der Grundartikel bestehenden Intentionen noch entsprochen hat, ist allerdings schon kritisch angefragt worden.[99]

---

95 Kampmann, Jürgen: Konkordie und ökumenisches Studiendokument einer bleibend nach Bekenntnissen gegliederten Union: das Ergebnis der theologischen Arbeit des westfälischen Ausschusses »Bekenntnis und Einheit der Kirche« 1953–1959, in: Kampmann, Jürgen/Peters, Christian (Hgg.): 200 Jahre lutherisch-reformierte Unionen in Deutschland. Jubiläumsfeier in Hagen, Beiträge zu wissenschaftlichen Tagungen in Hagen und Haus Villigst sowie ein Vortrag in Potsdam im September 2017 (Beiträge zur Westfälischen Kirchengeschichte 46), Bielefeld 2018, S. 225–249.

96 S. Bekenntnis und Einheit der Kirche. Zusammenfassender Bericht des von der Landessynode der Evangelischen Kirche von Westfalen im Jahre 1953 eingesetzten Ausschusses, Witten (Ruhr) 1959. S. auch: Thimme, Hans: Bericht zur Arbeit des Ausschusses »Bekenntnis und Einheit der Kirche«, erstattet auf der Synode der Evangelischen Kirche von Westfalen 1959. O. O. o. J. [1959].

97 S. Sievert, Karl-Werner: Kirchenordnung und Leuenberger Konkordie. Materialien für die Beratungen des Beschlusses der Landessynode 1985 – Vorbereitung der Aufnahme der Leuenberger Konkordie in die Kirchenordnung der Evangelischen Kirche von Westfalen –. O. O. [Bielefeld] 1986.

98 S. dazu Gott hat sein Volk nicht verstoßen (Römer 11,2). Hauptvorlage 1999. Evangelische Kirche von Westfalen. O. O. o. J. [1998]; vgl. Kampmann, Jürgen: Änderung der Grundartikel der Evangelischen Kirche von Westfalen? Kirchenrechtliche Anmerkungen zu den Vorschlägen der Hauptvorlage 1999 »Gott hat sein Volk nicht verstoßen (Römer 11,2)«, (Theologische Beiträge aus dem Kirchenkreis Vlotho 2), Bad Oeynhausen 1999.

99 S. dazu Kampmann, Bekenntnisstand (wie Anm. 56), S. 31–317.353 f.

Jürgen Kampmann

Der Beitritt Anhalts zur Evangelischen Kirche der Union 1960 und der Charakter der dortigen Union

Verfassung der Evangelischen Landeskirche Anhalts. Vom 14. August 1920	Verfassung der Evangelischen Landeskirche Anhalts vom 14. August 1920 in der Neufassung durch die Kirchengesetze vom 22. April und 30. November 1967, 2. Dezember 1968 sowie 12. Mai 1969
§ 1 Die evangelische Landeskirche Anhalts ist ein Glied der allgemeinen christlichen Kirche und im besonderen der aus der Reformation hervorgegangenen Kirche. Sie ist Erbin und Rechtsnachfolgerin der bisherigen auf der Kirchengemeindeordnung vom 6. Februar 1875 und der Synodalordnung vom 14. Dezember 1878 ruhenden Anhaltischen Evangelischen Landeskirche.	Präambel. (1) 1 Die Evangelische Landeskirche Anhalts ist Glied der einen christlichen Kirche, die Jesus Christus mit seinem Wort und Sakrament regiert. Sie weiß sich durch den Auftrag Jesu Christi verpflichtet, ihre Verkündigung und Ordnung immer aufs neue am Evangelium zu prüfen.

Verfassung der Evangelischen Landeskirche Anhalts. Vom 14. August 1920	Verfassung der Evangelischen Landeskirche Anhalts vom 14. August 1920 in der Neufassung durch die Kirchengesetze vom 22. April und 30. November 1967, 2. Dezember 1968 sowie 12. Mai 1969
§ 2 Sie bekennt sich zu dem Evangelium von der freien Gnade Gottes in Jesus Christus, unserem Herrn, dem Heiland und Erlöser der Welt, niedergelegt in der Heiligen Schrift, von neuem erschlossen und bezeugt in der Reformation, im Glauben ergriffen durch den Heiligen Geist.	(2) Sie bekennt sich zu dem Evangelium von der freien Gnade Gottes in Jesus Christus, unserem Herrn, dem Heiland und Erlöser der Welt, bezeugt in der Heiligen Schrift Alten und Neuen Testaments, von neuem erschlossen in der Reformation, im Glauben ergriffen durch den Heiligen Geist.
§ 3 (1) Die Evangelische Landeskirche Anhalts ist Volkskirche. Sie ist eine Körperschaft des öffentlichen Rechtes; sie ordnet und verwaltet ihre Angelegenheiten durch die von ihr selbst gewählten Organe frei und selbständig innerhalb der Schranken des für alle geltenden Gesetzes und unbeschadet der Hoheitsrechte des Staates. (2) Sie umfaßt alle getauften evangelischen Landeseinwohner, die nicht ausdrücklich aus der Kirche ausgeschieden sind. (3) Sie stützt sich auf das Vertrauen und die Mitarbeit aller evangelischen Volkskreise. Sie gewährt allen ihren Gliedern volle Glaubens- und Gewissensfreiheit und umschließt in Brüderlichkeit alle, die Gott ernstlich suchen und in der Nachfolge Jesu ihr Leben führen wollen.	(3) Die Evangelische Landeskirche Anhalts, hervorgegangen aus lutherischen und reformierten Gemeinden, bekennt sich als unierte Kirche zur Abendmahlsgemeinschaft mit allen evangelischen Kirchen. Sie gehört als Gliedkirche der Evangelischen Kirche der Union an.

Verfassung der Evangelischen Landeskirche Anhalts. Vom 14. August 1920	Verfassung der Evangelischen Landeskirche Anhalts vom 14. August 1920 in der Neufassung durch die Kirchengesetze vom 22. April und 30. November 1967, 2. Dezember 1968 sowie 12. Mai 1969
§ 4 (1) Jedes Glied der Landeskirche hat die Pflicht, sich der kirchlichen Ordnung gemäß zu verhalten, seinen Anteil an den kirchlichen Lasten zu tragen und kirchliche Ehrenämter zu übernehmen. (2) Wahlberechtigt ist, wer in die Wählerliste eingetragen ist.	
§ 5 [ab 1922] Die Evangelische Landeskirche Anhalts ist ein Mitglied des Deutschen Evangelischen Kirchenbundes.	(4) Die Evangelische Landeskirche Anhalts weiß sich der bestehenden Gemeinschaft in der gesamten deutschen evangelischen Christenheit verpflichtet. Sie ist Gliedkirche der Evangelischen Kirche in Deutschland.
	(5) Die Evangelische Landeskirche Anhalts nimmt an der Zusammenarbeit der christlichen Kirchen in aller Welt, an ihren Bemühungen um die wachsende Einheit, an der Wahrnehmung des Missionsauftrages der Christenheit und an ihrem Dienst der helfenden Liebe und Versöhnung teil. Sie gehört zum Ökumenischen Rat der Kirchen.

Verfassung der Evangelischen Landeskirche Anhalts. Vom 14. August 1920	Verfassung der Evangelischen Landeskirche Anhalts vom 14. August 1920 in der Neufassung durch die Kirchengesetze vom 22. April und 30. November 1967, 2. Dezember 1968 sowie 12. Mai 1969
	(6) Die Evangelische Landeskirche Anhalts ist Rechtsnachfolgerin der bisherigen auf der Kirchengemeindeordnung vom 6. Februar 1875 und der Synodalordnung vom 14. Dezember 1878 beruhenden Anhaltischen Evangelischen Landeskirche. Sie ist Körperschaft des öffentlichen Rechts. Sie ordnet und verwaltet ihre Angelegenheiten durch die von ihr selbst gewählten Organe.
	(7) Die Evangelische Landeskirche Anhalts umfaßt alle Kirchengemeinden, die ihr nach Herkommen oder kirchlichem Recht zugeordnet sind.

Im November 1960 trat die Evangelische Kirche Anhalts, die das Gebiet des vormaligen, bis 1945 bestehenden Freistaats Anhalt umfasst, als siebte Gliedkirche der Evangelischen Kirche der Union bei.[1] Bei ihr handelte es sich um eine Landeskirche, die im 19. Jahrhundert einen aufgrund der territorialen Entwicklung Anhalts ausgesprochen vielschichtigen Prozess der Unionsbildung durchlaufen hatte.

1 So Winter, Friedrich: Der Weg der EKU zwischen 1953 und 1989, in: Besier, Gerhard/ Lessing, Eckhard (Hgg.): Die Geschichte der Evangelischen Kirche der Union. Bd. 3. Trennung von Staat und Kirche. Kirchlich-politische Krisen. Erneuerung kirchlicher Gemeinschaft. (1918–1992) (Die Geschichte der Evangelischen Kirche der Union. Ein Handbuch), Leipzig 1999, S. 671–733, hier S. 678 f.

Das Herzogtum Anhalt war 1863 durch Vereinigung der Herzogtümer Anhalt-Dessau-Köthen und Anhalt-Bernburg gebildet worden und umfasste die seit 1603 getrennt gewesenen anhaltischen Einzelterritorien Anhalt-Bernburg, Anhalt-Dessau, Anhalt-Köthen und Anhalt-Zerbst (einschließlich auch des 1611 durch Teilung von Anhalt-Bernburg entstandenen Anhalt-Plötzkau). Nach Einführung der lutherischen Reformation im 16. Jahrhundert wandte man sich zu Beginn des 17. Jahrhunderts in allen Landesteilen dem reformierten Bekenntnis zu.[2] 1646 wurde Anhalt-Zerbst jedoch wieder lutherisch, und in den anderen Territorien wurde dort zugewanderten lutherischen Einwohnern Ende des 17. Jahrhunderts freie Religionsausübung und Errichtung eigener Kirchen gestattet.

In Anhalt-Bernburg regte der Superintendent Friedrich Adolf Krummacher nach dem Reformationsjubiläum 1817 an, eine lutherische-reformierte Vereinigung zu realisieren; Herzog Alexius Friedrich Christian empfahl diese den Gemeinden. 1820 wurde durch eine Synode ein Unionsstatut verabschiedet, das sich weithin an Bestimmungen der 1818 in Hanau deklarierten Union anlehnte. Die Kirche wurde als »evangelisch-christliche« bezeichnet, für die Feier des Abendmahls wurde eine Kombination von Gebräuchen aus reformierter wie lutherischer liturgischer Tradition vorgesehen, so die Verwendung von gebrochenem Weizenbrot, das Sprechen der Einsetzungsworte gemäß der Überlieferung des Lukas-Evangeliums und das Aufstellen eines Kreuzes und zweier brennender Kerzen.

In Anhalt-Dessau kam es 1827 zur Formulierung eines Unionsstatutes. Hier wurde weitgehend den in Bernburg 1820 getroffenen Regelungen gefolgt, aber auch in Aussicht genommen, einen Katechismus und einheitliche agendarische Formulare zu schaffen. Dazu kam es 1831 bzw. 1835; bereits 1830 war ein gemeinsames Gesangbuch herausgegeben worden. Bei der Ordination wurden die Pfarrer ab 1856 auf die Augsburger Konfession und deren Apologie verpflichtet.

In Anhalt-Köthen blieben nach dem Reformationsjubiläum 1817 unternommene Bemühungen um eine Einführung der Union zunächst ohne Erfolg; erst 1880 wurde hier die Union eingeführt. Allerdings vermochte man 1880 nicht mehr wie ja noch in den 1820er Jahren geschehen einfach ein gemeinsames evangelisch-christliches Verständnis zu proklamieren – vielmehr blieben bei bestehender Abendmahlsgemeinschaft doch konfessionell lutherische und reformierte Ge-

---

2 Zur den Beziehungen zwischen Anhalt und Kurpfalz s. Picker, Christoph: Wie gelingt Bekenntnisbildung? – Zur Bedeutung kurpfälzischer Einflüsse auf die Reformationsgeschichte in Anhalt, in: Lindemann, Albrecht/Rausch, Rainer/Spehr, Christopher (Hgg.): Toleranz und Wahrheit. Philosophische, theologische und juristische Perspektiven (Anhalt[er]kenntnisse 1), Hannover 2014, S. 201–217, hier S. 201–213.

meinden nebeneinander bestehen.³ Und in der gesamten anhaltischen Landeskirche wurde 1883 eine agendarische Ordnung lutherischer Prägung und 1893 der Kleine Katechismus Luthers wieder eingeführt.⁴

Nach der 1863 erfolgten Landesvereinigung wuchs die Landeskirche dadurch zusammen, dass ab 1865 die kirchliche Verwaltung durch ein einheitliches Konsistorium wahrgenommen wurde; seit 1875 gab es dann auch durch eine Kirchengemeindeordnung bzw. von 1878 an durch eine Synodalordnung eine einheitliche evangelische Kirchenverfassung in Anhalt.

Nach Abdankung der Landesherrschaft und dem damit verbundenen Ende des Summepiskopats⁵ gab sich die Anhaltische Evangelische Landeskirche am 14. August 1920 eine neue Verfassung, die an die Stelle der bisher grundlegenden Kirchengemeindeordnung vom 6. Februar 1875 und der Synodalordnung vom 14. Dezember 1878 trat.⁶ Die zu diesem Zweck gebildete Landeskirchenversammlung diskutierte die Frage der für die Landeskirche zu formulierenden Bekenntnisgrundlagen streitig, insbesondere den »Bekenntnisparagraphen« 2⁷ des Verfassungsentwurfs. Kritisiert wurde, dass in dessen Text nicht die Wendung »offenbart [statt: niedergelegt] in der Heiligen Schrift, bezeugt in den Bekenntnissen der Reformation [statt: von neuem erschlossen und bezeugt in der Reformation]« aufgenommen worden sei.⁸ Zu einer einstimmigen Annahme des Entwurfs kam es dennoch, da seitens derjenigen Synodalen, die die beschriebene Abänderung wünschten, eingeräumt wurde, dass der Text in seiner vorliegenden Form die Möglichkeit eröffne, nach der eigenen Auffassung vom christlichen Glauben in der Kirche zu leben und an ihr weiter zu bauen.⁹

---

3 Lindemann, Albrecht: Weder Luther noch Calvin, sondern allein das Wort. Die Bekenntnisfrage in der Geschichte des Protestantismus in Anhalt, in: Lindemann, Albrecht/Rausch, Rainer/Spehr, Christopher (Hgg.): Toleranz und Wahrheit. Philosophische, theologische und juristische Perspektiven (Anhalt[er]kenntnisse 1), Hannover 2014, S. 179–199, hier S. 184.
4 A.a.O., S. 184 f.
5 S. Klassohn, Helge: Das Ende des landesherrlichen Kirchenregiments 1918 in Anhalt, in: Mitteilungen des Vereins für Anhaltische Landeskunde (Sonderband 2012), Köthen 2012, S. 253–270.
6 S. dazu Lindemann, Luther (wie Anm. 3), S. 192–197.
7 Verfassung der Evangelischen Landeskirche Anhalts. Vom 14. August 1920, § 2, in: Giese, Friedrich/Hosemann, Johannes (Hgg.): Die Verfassungen der Deutschen Evangelischen Landeskirchen. Unter Berücksichtigung der kirchlichen und staatlichen Ein- und Ausführungsgesetze. Bd. 2 (Quellen des Deutschen Evangelischen Kirchenrechts 1), Berlin 1927, S. 777–801, dort S. 777.
8 Lindemann, Luther (wie Anm. 3), S. 195.
9 A.a.O., S. 196.

Die für die Jahre nach dem Ersten Weltkrieg typische Betonung des Volkskirchengedankens schlug sich in § 3 der Kirchenverfassung nicht nur dadurch nieder, dass sich die Landeskirche als »Volkskirche« definierte, sondern dass dies in dessen Abschnitt 3 noch zusätzlich mit einer individualisierenden, de facto konfessionsentgrenzenden Perspektive verknüpft wurde:

> »Sie [die anhaltische Landeskirche] gewährt allen ihren Gliedern volle Glaubens- und Gewissensfreiheit und umschließt in Brüderlichkeit alle, die Gott ernstlich suchen und in der Nachfolge Jesu ihr Leben führen wollen.«[10]

Der fast totalitär anmutende Anspruch, alle Christus Nachfolgenden als Landeskirche »in Brüderlichkeit zu umschließen«, steht zu der zuvor deklarierten Glaubens- und Gewissensfreiheit in einem nicht aufzulösenden Spannungsverhältnis.

Nach dem Zweiten Weltkrieg gab es in anhaltischen Kirchengemeinden die Überzeugung, dass die einstigen konfessionellen Unterschiede seit Jahrzehnten überwunden seien.[11] Doch nicht nur auf lokaler Ebene scheint dies so gesehen worden zu sein: 1948 entschieden Landeskirchenrat und Landeskirchentag, dass sich die Landeskirche auf Ebene der EKD dem unierten Konvent zuordne.[12]

Als man sich 1960 zum Beitritt Anhalts zur EKU entschloss, wurde die Vereinbarkeit der in der dortigen Kirchenverfassung bzw. in der Grundordnung der EKU enthaltenen Aussagen zum Bekenntnis gegenseitig anerkannt.[13] Dass der Werdegang und die inhaltliche Kontur der preußischen Union indes wesentlich anders bestimmt waren und die Grundordnung der EKU dies auch erkennen lässt, scheint nicht näher reflektiert worden zu sein. Dass man in Anhalt mit diesem doch anders geprägten Unionsverständnis auch sogleich in Berührung kam – und man das in Anhalt offenbar auch nicht gescheut hat – ist daran zu ersehen, dass in der anhaltischen Landeskirche 1960 die Agende I der EKU von 1959 zur Er-

---

10 Verfassung Anhalts 1920 (wie Anm. 7), § 3 Abs. 3, S. 778.
11 So Lindemann, Luther (wie Anm. 3), S. 198, mit Blick auf Zerbst.
12 A.a.O., S. 180 f.
13 A.a.O., S. 198. – S. Vereinbarung über den Beitritt der Evangelischen Landeskirche Anhalts als Gliedkirche zur Evangelischen Kirche der Union. Vom 4.10.1960. A 1. und A 2., in: ABl. Anhalt 1960, Bd. 6/7, S. 17: »1. Die Evangelische Landeskirche Anhalts bejaht durch ihren Beitritt die Ordnung Evangelischen Kirche der Union und damit deren Grundartikel. Sie hält den Grundartikel für vereinbar mit den in ihrer eigenen Verfassung gegebenen Bekenntnisaussagen (§ 1, § 2 und § 3 Absatz 3 der Verfassung der Evangelischen Landeskirche Anhalts vom 14. August 1920). 2. Die Evangelische Kirche der Union hält die in der Verfassung der Evangelischen Landeskirche Anhalts gegebenen Bekenntnisaussagen für vereinbar mit dem Grundartikel ihrer eigenen Ordnung.«

probung freigegeben wurde –[14] obwohl diese ja in ihren unterschiedlichen Formularen gerade der Bekenntnisverschiedenheit unter den den Gliedkirchen angehörenden Kirchengemeinden Rechnung zu tragen versuchte.[15]

Im Zuge einer Kette von Beschlussfassungen zur Überarbeitung der Kirchenordnung von 1920 in den Jahren von 1967 bis 1969 wurde diese dann auch mit einer Präambel versehen, in die allerdings viele der bis dahin in den ersten Artikeln der Kirchenverfassung dargestellten grundlegenden Aspekte aufgenommen wurden.[16] Man nahm Abstand vom Volkskirchengedanken und formulierte statt dessen eine dezidiert christologisch bezogene Ekklesiologie, indem nun zum Ausdruck gebracht wurde, dass »Jesus Christus mit seinem Wort und Sakrament [die Kirche] regiert.«[17] Aufgrund des von ihm gegebenen Auftrags sieht sich die Kirche auch verpflichtet, »ihre Verkündigung und Ordnung immer aufs neue am Evangelium zu prüfen«.[18] Auch wenn die Präambel nicht direkt auf die Barmer Theologische Erklärung Bezug nimmt, so folgt sie hier doch den darin formulierten diesbezüglichen Überzeugungen. Im zweiten Absatz der Präambel klingt der »Bekenntnisparagraph« § 2 der 1920 angenommenen Kirchenverfassung an, allerdings ist auch hier nach Barmer Vorbild ausdrücklich Bezug genommen auf das in der Heiligen Schrift Alten und Neuen Testament bezeugte Christuszeugnis.[19] Doch über diesen Schriftbezug hinaus ist nur davon die Rede, dass das in Christus begegnende Evangelium »von neuem erschlossen« sei in der Reformation; eine Benennung einzelner altkirchlicher oder reformatorischer Bekenntnisse finde nicht statt. Doch bleibt die Aussage zumindest in einer Hinsicht nicht vage, wird ihr doch noch zugesetzt: »im Glauben ergriffen durch den Heiligen Geist«.[20] Damit wird der reformatorischen Grundeinsicht dezidiert Ausdruck verliehen,

---

14 Lindemann, Luther (wie Anm. 3), S. 198.
15 Zum Charakter der EKU-Agende I (s. Agende für die Evangelische Kirche der Union. I. Band. Die Gemeindegottesdienste, Witten 1959, 2. Aufl. 1969) s. Mittring, Gerhard: Gottes Dienst und unser Dienst. Eine Einführung in die Ordnung des Gottesdienstes der Evangelischen Kirche der Union – unter Berücksichtigung der kirchenmusikalischen Aufgaben und Möglichkeiten –, Witten 1966.
16 S. Seehase, Hans: Das Ende des landesherrlichen Kirchenregiments und die Evangelische Kirche Anhalts, in: Blätter für württembergische Kirchengeschichte 108/109 (2008/2009), S. 201–239; hier: S. 232.
17 Verfassung der Evangelischen Landeskirche Anhalts vom 14. August 1920 […] in der Neufassung durch die Kirchengesetze vom 22. April und 30. November 1967, 2. Dezember 1968 sowie 12. Mai 1969 […], zuletzt geändert am 2. Dezember 1997 […], in: Kraus, Dieter (Hg.): Evangelische Kirchenverfassungen in Deutschland. Textsammlung mit einer Einführung, Berlin 2001, S. 83–105, dort Präambel (1), S. 83.
18 Ebd.
19 Verfassung Anhalts Neufassung 1969 (wie Anm. 17), Präambel (2), S. 83 f.
20 Ebd.

dass Glaube nicht etwa ein Werk des Menschen ist – die im bisherigen § 3 der Kirchenverfassung begegnenden individualisierenden Aussagen zur Glaubens- und Gewissensfreiheit werden nicht nur fallengelassen, sondern durch die neue Akzentsetzung deutlich zurückgewiesen.[21] Dazu fügt sich, dass auch die bisherige Deklaration einer brüderlichen Verbundenheit mit allen Gottsuchern und Christusnachfolgern nicht mehr in der Präambel enthalten ist. Inwieweit hierin auch ein Ertrag der bis dahin unter dem real existierenden Sozialismus der DDR gemachten Erfahrungen zu sehen ist, bedürfte einer eigenen Untersuchung. Klar zum Ausdruck gebracht werden 1969 in der Präambel auch konfessionelles Herkommen (aus lutherischen und reformierten Gemeinden) und gegenwärtiges Selbstverständnis der anhaltischen evangelischen Kirche als eine unierte mit bestehender Abendmahlsgemeinschaft mit allen evangelischen Kirchen.[22] Und schließlich wird das Eingebundensein dieser Landeskirche in überregionale wie übernationale Strukturen skizziert; auch dies ist kein Selbstzweck, sondern geschieht in Wahrnehmung und Umsetzung des den Kirchen gegebenen Auftrags – seelsorglich, missionarisch, diakonisch und ökumenisch.[23]

Angesichts dessen ist der noch 2013 aufgestellten Behauptung, dass die Evangelische Kirche Anhalts »heute gar keine verbindlichen Bekenntnisse« kenne,[24] deutlich zu widersprechen. Durch die 1969 erfolgte Ausformulierung der Präambel sind jedenfalls zentrale Verbindungen zu einer Bekenntnisbindung hergestellt worden, die in der Kirchenverfassung von 1920 nicht enthalten waren. Insofern kann man auch sagen, dass man in der anhaltischen Landeskirche vom Charakter

---

21 Gegen Gundlach, der hier eine Tendenz zu einer aktualistischen Glaubensbezeugung meint erkennen zu können; s. Gundlach, Thies: Die Bekenntnisfrage in der Verfassung der Evangelischen Landeskirche Anhalts – theologisches Armutszeugnis oder wegweisend für die Evangelische Kirche in Deutschland?, in: Lindemann, Albrecht/Rausch, Rainer/Spehr, Christopher (Hgg.): Toleranz und Wahrheit. Philosophische, theologische und juristische Perspektiven (Anhalt[er]kenntnisde 1), Hannover 2014, S. 219–234, hier S. 225 f.

22 Kirchenverfassung 1969, Präambel 3. – Thies Gundlach hat die Frage aufgeworfen, ob diese Formulierung angesichts nicht bestehender Abendmahlsgemeinschaft mit der SELK und anderen sich als evangelisch verstehenden und bezeichnenden Freikirchen zu weitgehend sei, s. Gundlach, Bekenntnisfrage S. 227. Man wird Gundlach zugeben müssen, dass in juristischem Sinn eine solche umfassende Abendmahlsgemeinschaft weder 1969 bestanden hat noch gegenwärtig besteht. Ob einer derartigen Formulierung aber im Kontext der Präambel nicht eher der Charakter einer das eigene Selbstverständnis beschreibenden Deklaration eignet als der einer kirchenrechtlichen Vereinbarung mit Dritten, wird man fragen dürfen und müssen. Präambeln zu Kirchenverfassungen kommt eher ein das Recht wahrender denn ein neues Recht setzender oder entwickelnder Charakter zu.

23 S. Verfassung Anhalts Neufassung 1969 (wie Anm. 17), Präambel (4) und (5), S. 84.

24 So Picker, Bedeutung (wie Anm. 2), S. 216.

der preußischen Union gelernt hat, seitdem man seit 1961 in der EKU miteinander verbunden ist.

2010 hat die anhaltische Landessynode einen Präambelausschuss bestellt, dessen Aufgabe im Zuge einer zukunftsweisenden Fortschreibung der Kirchenverfassung auch darin bestand, den Bekenntnisstand der Landeskirche zu klären.[25] Zu einem greifbaren Ergebnis hat dies bisher nicht geführt; Kirchenpräsident Joachim Liebig hat als »Zwischenstand« im März 2011 formuliert: »Der Präambelausschuss hätte daher nicht weniger als die Aufgabe, in gegenwärtiger Zeit eine der kirchlichen Gesamtsituation in Anhalt entsprechende und zugleich zukunftsweisende Fortschreibung der Verfassungsentwicklung zu leisten. Dieses kann nur als Abschied von der skizzierten Unschärfe sein und würde – beispielhaft in den genannten Bereichen des Gottesdienstes und der Leitungsstruktur – möglicherweise zu bemerkenswerten Veränderungen führen.«[26] Und als »persönliches Votum« noch dazu bemerkt: »Es bleibt die Frage offen, in wieweit Gemeinden und die handelnden Personen bereit und in der Lage sind, seit langem eingeführte Sichtweisen und Verhalten aufgrund weiterreichender theologischer Einsicht zu verändern oder aus prinzipieller Widerständigkeit gegenüber Veränderungen alles zu lassen, wie es ist.«

---

25 So Lindemann, Luther (wie Anm. 3), S. 180.
26 S. Liebig, Joachim: Synodaler Präambelausschuss – ein Zwischenstand. März 2011, in: https://www.landeskirche-anhalts.de/assets/files/2011-1_praeambelausschuss_zwischenstand.pdf; letzter Zugriff 12.11.2022.

Andreas Metzing

Die Aufnahme eines Israel-Bezugs in den Grundartikel der Kirchenordnung der Evangelischen Kirche im Rheinland (1996)

Beilage 8
Synopse: Entstehung des Israel-Passus als Ergänzung zu Absatz I des Grundartikels der Kirchenordnung der Evangelischen Kirche im Rheinland auf der Landessynode 1993

1. Die Initiative von Präses Peter Beier auf der Landessynode 1992

Am 11. Januar 1980 verabschiedete die 28. rheinische Landessynode den Beschluss »Zur Erneuerung des Verhältnisses von Christen und Juden«.[1] In der Folgezeit kam es seit Mitte der 1980er Jahre zu verschiedenen Vorstößen von Kreissynoden, die darauf zielten, als Konsequenz aus dem Synodalbeschluss von 1980 auch die Kirchenordnungsartikel, die das Verhältnis zum Judentum betreffen, zu

---

1 Verhandlungen der 28. ordentlichen rheinischen Landessynode. Tagung vom 6. bis 11. Januar 1980 in Bad Neuenahr, Mülheim (Ruhr) 1980, S. 147–153. Vgl. auch Hüllstrung, Wolfgang/Löhr, Hermut (Hgg.): »Nicht du trägst die Wurzel, sondern die Wurzel trägt dich«. Gegenwärtige Perspektiven zum Rheinischen Synodalbeschluss »Zur Erneuerung des Verhältnisses von Christen und Juden« von 1980 (Studien zu Kirche und Israel, Neue Folge 16), Leipzig 2023.

Andreas Metzing

ändern.² Dies wurde schließlich auf der Landessynode 1987 vollzogen.³ Auch andere deutschen Landeskirchen nahmen in den darauf folgenden Jahren und Jahrzehnten eine Neubestimmung des Verhältnisses von Christen und Juden in ihre Kirchenordnungen auf.⁴

Eine Ergänzung des Grundartikels der Evangelischen Kirche im Rheinland durch einen Israel-Passus wurde in den 1980er Jahren zwar schon durchaus in Erwägung gezogen, aber noch nicht konkret in Angriff genommen. Man war sich nämlich sehr bewusst, dass für eine Grundartikeländerung eine möglichst breite Zustimmung auch von Kreissynoden und Presbyterien eingeholt werden müsse.⁵ Erst die Landessynode 1992 beschloss auf Initiative des seit 1989 amtierenden

---

2   Antrag der Kreissynode Wied an die Landessynode »zu prüfen, wie die Bestimmungen der Kirchenordnung über das Verhältnis der Kirche zu Israel (Art. 169,6 und 215,2) neu gefaßt werden können«, in: Verhandlungen der 32. ordentlichen rheinischen Landessynode. Tagung vom 8. bis 13. Januar 1984 in Bad Neuenahr, Mülheim (Ruhr) 1984, S. 214*; Antrag der Kreissynode Bonn vom 23./24. November 1984 an die Landessynode: »Art. 215 und 169 der Kirchenordnung sollen im Sinne des Beschlusses zur Erneuerung des Verhältnisses von Christen und Juden […] überarbeitet werden. Außerdem soll die besondere Beziehung der Kirche zu Israel in die [!] Grundartikel der Kirchenordnung aufgenommen werden.« In: Verhandlungen der 34. ordentlichen rheinischen Landessynode. Tagung vom 5. bis 10. Januar 1986 in Bad Neuenahr, Mülheim (Ruhr) 1986, S. 204*.

3   Kirchengesetz zur Änderung von Artikel 5, 140, 169 und 215 der Kirchenordnung der Evangelischen Kirche im Rheinland. Vom 16. Januar 1987, in: Kirchliches Amtsblatt der Evangelischen Kirche im Rheinland 1987, S. 19; vgl. auch Barkenings, Hans-Joachim: Erwägungen zur Änderung der rheinischen Kirchenordnung nach dem Synodalbeschluss zur Erneuerung des Verhältnisses von Christen und Juden, in: Brocke, Edna/Seim, Jürgen (Hgg.): Gottes Augapfel. Beiträge zur Erneuerung des Verhältnisses von Christen und Juden, Neukirchen-Vluyn 1986, S. 147–158; Barkenings, Hans-Joachim: Ein großer Schritt voran. Zur Änderung der rheinischen Kirchenordnung, in: Kirche und Israel 4 (1987), S. 178–183.

4   Überblick bei Barkenings, Hans-Joachim: Zur christlichen Neupositionierung im Verhältnis und im Verhalten der Christen zu den Juden in Kirchenordnungen und Kirchenverfassungen nach 1980, in: Bilanz und Perspektiven des christlich-jüdischen Dialogs (epd-Dokumentation Nr. 9/10 vom 1. März 2005), Frankfurt (Main) 2005, S. 45–60.

5   Vgl. den in Anm. 2 genannten Antrag der Kreissynode Bonn aus dem Jahr 1984 sowie die Begründung der Kirchenleitung zum in Anm. 3 genannten Gesetz von 1987, in der es unter anderem heißt: »Eine Änderung der [!] Grundartikel wird allerdings nicht ins Auge gefaßt. Eine Änderung der [!] Grundartikel könnte sicher nicht durch die Landessynode allein vorgenommen werden. Es fragt sich sogar, ob hierfür die Beteiligung aller Kirchenkreise ausreicht, oder ob nicht jede Gemeinde an diesem Willensbildungsprozeß[!] beteiligt werden müßte. Eine Änderung der [!] Grundartikel hätte deshalb eine sehr umfangreiche Vorarbeit und ganz große generelle Übereinstimmung zur Voraussetzung.« In: Verhandlungen der 35. ordentlichen rheinischen Landessynode. Tagung vom 11. bis 16. Januar 1987 in Bad Neuenahr, Mülheim (Ruhr) 1987, S. 373*.

Die Aufnahme eines Israel-Bezugs in den Grundartikel der Kirchenordnung der EKiR (1996)

Präses Peter Beier, als Konsequenz des Synodalbeschlusses von 1980 auch den Grundartikel der Kirchenordnung zu überarbeiten. Beier hatte in seinem Präsesbericht am 6. Januar 1992 ausdrücklich die Verbindung des Synodalbeschlusses von 1980 mit einer anzustrebenden Änderung des Grundartikels hergestellt:

> »Neben immer noch kontroversen Fragen im theologischen Bereich, die weiter in der Diskussion bleiben, scheint mir jetzt aber die Zeit überreif für einen schwierigen, jedoch notwendigen Schritt. Die Synode hat in ihrer solennen Deklaration vor elf Jahren das besondere Verhältnis unserer Kirche zur Judenheit definiert. Wir konnten im Rahmen einer Umfrage [...] einen ungefähren Überblick über die Wirkung des Beschlusses in Gemeinden und Kirchenkreisen gewinnen. Alle Bemühungen entbehren schubkräftiger Unterstützung, solange nicht in den Grundartikeln der Kirchenordnung selbst mindestens das, was wir in Römer 11,17 ff lesen, ausdrücklich festgehalten wird.«[6]

In der Aussprache über den Bericht wurde daraufhin der Antrag angenommen, den Ständigen Kirchenordnungsausschuss, den Ständigen Theologischen Ausschuss und den Ausschuss Christen und Juden mit der Bildung einer gemeinsamen Arbeitsgruppe zu beauftragen, die die Analogien und rechtlichen Vorbedingungen einer entsprechenden Veränderung des Grundartikels prüfen sollte.[7]

Im Vorfeld der Beratungen der ausschussübergreifenden Arbeitsgruppe, die sich im Gefolge der Initiative von Präses Peter Beier konstituieren und über Formulierungsvorschläge diskutieren sollte, befasste sich im Laufe des Jahres 1992 der Ständige Kirchenordnungsausschuss mit der Thematik und prüfte insbesondere die Frage, ob eine Änderung des Grundartikels überhaupt möglich und welches Verfahren bejahendenfalls hier anzuwenden sei. Er stellte dabei fest, dass der Grundartikel grundlegende Aussagen über Bekenntnis, Bekenntnisgemeinschaft und Selbstverständnis der Evangelischen Kirche im Rheinland und aller in ihr zusammengeschlossenen Kirchengemeinden und Kirchenkreise enthält und Änderungen deshalb nur mit größter Behutsamkeit vorgenommen werden und keine lediglich zeitbedingten oder vorübergehenden Überzeugungen widerspiegeln dürften. Deshalb sei nach Überzeugung des Ständigen Kirchenordnungsausschusses eine Änderung des Grundartikels nur aufgrund einer breiten Meinungsbildung in der gesamten Kirche mittels eines Proponendums und einer umfassen-

---

6 Verhandlungen der 40. ordentlichen rheinischen Landessynode. Tagung vom 5. bis 11. Januar 1992 in Bad Neuenahr, Mülheim (Ruhr) 1992, S. 45 f.
7 A.a.O., S. 63.

den Zustimmung der Presbyterien und Kreissynoden mit abschließender Feststellung des »magnus consensus« durch die Landessynode möglich.[8]

Die ausschussübergreifende Arbeitsgruppe, die sich inzwischen konstituiert hatte, schlug hinsichtlich der konkreten inhaltlichen Ausgestaltung der Änderung des Grundartikels zunächst Ergänzungen an drei unterschiedlichen Stellen vor:[9]

a) Ergänzung des Abs. 2 des Abschnitts I:

> »Sie ist begründet auf das prophetische und apostolische Zeugnis der Heiligen Schrift Alten und Neuen Testaments; auf das Zeugnis des Alten Testaments hört sie neben den Juden und gemeinsam mit ihnen.«

b) Hinzufügung eines Abs. 8 des Abschnitts I:

> »Sie bekennt die Treue Gottes, der an der Erwählung seines Volkes Israel festhält und die Kirche durch Jesus Christus in diese Erwählung hineingenommen hat.«

c) Hinzufügung eines Abs. 2 des Abschnitts IV:

> »Sie weiß, daß Kirche und Judentum wurzelhaft verbunden sind, und sieht sich deshalb verpflichtet, die Verbundenheit zu bewahren und zu stärken.«

Eine solche Änderung des Grundartikels an drei verschiedenen Stellen, wie sie die ausschussübergreifende Arbeitsgruppe vorschlug, fand jedoch nicht die Zustimmung des Ständigen Kirchenordnungsausschusses. Er verwies darauf, dass im Grundartikel der Grundkonsens der Kirche nur mit äußerster Knappheit formuliert sei und deshalb die Beziehung der Kirche zum Volk Israel nur an einer Stelle ausgesprochen werden solle. Der Ständige Kirchenordnungsausschuss griff dazu den dritten Vorschlag der ausschussübergreifenden Arbeitsgruppe auf und schlug vor, dem Abschnitt I des Grundartikels einen neuen Absatz 3 hinzuzufügen:

> »Sie ist mit dem Volk Israel in der Wurzel verbunden«.[10]

Die ausschussübergreifende Arbeitsgruppe ihrerseits akzeptierte zwar den Vorschlag einer Änderung des Grundartikels an nur einer Stelle, empfand aber die

---

8 Verhandlungen der 41. ordentlichen rheinischen Landessynode. Tagung vom 7. bis 13. Januar 1993 in Bad Neuenahr, Mülheim (Ruhr) 1993, S. 462*–463*.
9 A.a.O., S. 463*, Unterstreichungen im Original.
10 Ebd.

vom Ständigen Kirchenordnungsausschuss vorgelegte Formulierung als inhaltlich unbefriedigend. Insbesondere dem Ständigen Theologischen Ausschuss war es ein Anliegen, dass die Zurückweisung der überlieferten Lehre von der Verwerfung Israels und seiner Ersetzung durch die Kirche (Substitutionstheorie) klar zum Ausdruck kommen sollte.[11] Er schlug deshalb als Alternative zum Vorschlag des Ständigen Kirchenordnungsausschusses folgende Fassung vor, die auch die Zustimmung des Ausschusses Christen und Juden fand:

> »Sie bekennt die Treue Gottes, der an der Erwählung seines Volkes Israel festhält und der in Jesus Christus die Kirche aus allen Völkern an der Erwählung teilhaben läßt.«[12]

So standen in den abschließenden Beratungen der ausschussübergreifenden Arbeitsgruppe zwei verschiedene Formulierungsvorschläge im Raum, zwischen denen kein Konsens erzielt werden konnte. Die Vertreter des Ständigen Theologischen Ausschusses und des Ausschusses Christen und Juden bestanden darauf, dass die theologische Substanz des Synodalbeschlusses von 1980 und insbesondere die Zurückweisung der Substitutionstheorie in den Grundartikel Eingang finden müsse, und hielten an ihrem Vorschlag fest. Demgegenüber sah der Ständige Kirchenordnungsausschuss im Formulierungsvorschlag der beiden anderen Ausschüsse die Gefahr, dass die darin angesprochenen theologischen Fragen kontroverse Diskussionen auslösen könnten (Verwischung der Unterschiede zwischen dem jüdischen und dem christlichen Messiasglauben, Inanspruchnahme des Volks Israel für die christliche Kirche) und der zur Grundartikeländerung erforderliche »magnus consensus« somit gefährdet werde.[13] So einigte man sich darauf, der Landessynode 1993, die vom 7. bis 13. Januar 1993 in Bad Neuenahr tagte, beide Vorschläge als Alternativen zur Beratung vorzulegen.

2. Die Beratungen der Landessynode 1993

Hatte sich bereits in den kontroversen Debatten zwischen dem Ständigen Kirchenordnungsausschuss auf der einen Seite und dem Ständigen Theologischen Ausschuss sowie dem Ausschuss Christen und Juden auf der anderen gezeigt,

---

11 A.a.O., S. 465*.
12 A.a.O., S. 464*.
13 A.a.O., S. 465*.

dass man in der Frage der Ergänzung des Grundartikels durch einen Israelpassus nur sehr schwer zu einem Konsens gelangen konnte, so setzten sich die theologischen Differenzen auf der Landessynode 1993, der die beiden alternativen Formulierungsvorschläge als Drucksache 21 vorgelegt wurden, fort.[14] Hier waren es der synodale Kirchenordnungsausschuss und der synodale Theologische Ausschuss, die unterschiedliche Positionen vertraten und sich nur mit Mühe kurz vor dem Scheitern doch noch auf eine Konsensformulierung einigen konnten.

a) Der Kompromissvorschlag des synodalen Kirchenordnungsausschusses

Der synodale Kirchenordnungsausschuss befasste sich am 9. Januar 1993 zunächst mit der Frage, ob es überhaupt in der Kompetenz der Synode liege, den Grundartikel der Kirchenordnung ändern zu können.[15] Aus der Mitte des Ausschusses gab es zwar keine Voten, die eine Änderung des Grundartikels generell ablehnten, doch herrschte Einigkeit darüber, dass bei dem Thema äußerst sensibel vorgegangen werden müsse. Der Ausschuss beschloss:

> »Eine Änderung des Grundartikels der Kirchenordnung durch die Landessynode ist grundsätzlich nicht ausgeschlossen. Ein äußerst behutsames Vorgehen ist erforderlich. Bestimmte Inhalte des Grundartikels, z[um] B[eispiel] über Bekenntnisse als Wesensmerkmale des Kircheseins, sind nicht veränderbar.«[16]

Inhaltlich diskutierte der synodale Kirchenordnungsausschuss die beiden vorliegenden Vorschläge kontrovers.[17] Es gab leidenschaftliche Befürworter des Formulierungsvorschlags des Ständigen Theologischen Ausschusses, denen der Aspekt der Zurückweisung der Substitutionstheorie ein großes Anliegen war und die deshalb den Vorschlag des Ständigen Kirchenordnungsausschusses (»Sie ist mit dem Volk Israel in der Wurzel verbunden«) als zu kurz gegriffen kritisierten, weil sie die Gefahr eines rein historisierenden Verständnisses dieser Aussage sahen.[18] Andererseits gab es auch Stimmen, die gerade die Formulierung von der Teilhabe der Kirche durch Jesus Christus an der fortdauernden Erwählung des Volkes Israel zurückwiesen. Ein Synodaler verwies explizit auf seine Gespräche

---

14 A.a.O., S. 461*–466*.
15 A.a.O., S. 265 f.
16 A.a.O., S. 266.
17 A.a.O., S. 266 f.
18 Vgl. die Stellungnahme des Neuwieder Pfarrers Jürgen Seim, a.a.O., S. 266 f.

mit einer Synagogengemeinde und empfahl größte Zurückhaltung gegenüber einer wie auch immer gearteten Erwählungsformel im Grundartikel.[19]

Im Ergebnis dieser Diskussionen bemühte sich der synodale Kirchenordnungsausschuss, die beiden Alternativformulierungen der Drucksache 21 miteinander zu verbinden und den ursprünglichen Vorschlag des Ständigen Kirchenordnungsausschusses mit dem Gedanken der Zurückweisung der Substitutionstheorie zu verknüpfen. Der neue Vorschlag lautete:

> »Sie bezeugt die Treue Gottes zu seinem Volk Israel und weiß sich mit ihm von der Wurzel her verbunden.«[20]

Dieser Formulierungsvorschlag wurde noch am selben Tag in die Gespräche mit dem synodalen Theologischen Ausschuss eingebracht.

b) Die Zurückweisung des Kompromissvorschlags durch den synodalen Theologischen Ausschuss

Der neue Formulierungsvorschlag des synodalen Kirchenordnungsausschusses wurde im synodalen Theologischen Ausschuss intensiv diskutiert, letztlich aber zurückgewiesen. Zwar begrüßte man, dass der Aspekt der fortdauernden Treue Gottes zum Volk Israel berücksichtigt sei, vermisste aber nach wie vor die explizite Nennung des Erwählungsgedankens und war deshalb der Ansicht, dass auch diese Formulierung hinter dem Beschluss von 1980 zurückbleibe. In diesem Zusammenhang wurde auch festgestellt, dass dem Druck, den »magnus consensus« zu erreichen, nicht soweit nachgegeben werden dürfe, dass wesentliche Aussagen unausgesprochen bleiben. In der Abstimmung wurde der Kompromissvorschlag des synodalen Kirchenordnungsausschuss einstimmig abgelehnt. Der synodale Theologische Ausschuss hielt stattdessen am in der Drucksache 21 vorliegenden Vorschlag des Ständigen Theologischen Ausschusses fest (»Sie bekennt die Treue Gottes, der an der Erwählung seines Volkes Israel festhält und der in Jesus Christus die Kirche aus allen Völkern an der Erwählung teilhaben läßt.«) und nahm ihn einstimmig mit einer Enthaltung an.[21]

---

19 Vgl. die Stellungnahme des Saarbrücker Superintendenten Peter Krug, a.a.O., S. 267.
20 A.a.O., S. 242 und S. 268.
21 A.a.O., S. 242.

c) Die Einigung auf eine endgültige Formulierung

Der in der kontroversen Diskussion zwischen den beiden Ausschüssen sichtbar werdende theologische Dissens bezog sich letztlich auf den Gedanken der primären Erwählung Israels einerseits und der primären Erwählung Jesu Christi andererseits und ließ befürchten, dass ein »magnus consensus«, der zur Änderung des Grundartikels zwingend erforderlich war, in weite Ferne rückte. Während man im Theologischen Ausschuss befürchtete, der Formulierungsvorschlag des Kirchenordnungsausschusses führe zu einer Abschwächung des Synodalbeschlusses von 1980, warf man umgekehrt im Kirchenordnungsausschuss dem Theologischen Ausschuss vor, nicht genug zu beachten, dass in den Grundartikel nur ein bereits vorhandener zweifelsfreier Konsens Eingang finden könne.[22] Um doch noch zu einer Einigung zu kommen, beschloss der synodale Kirchenordnungsausschuss, den offenbaren Dissens zwischen den Ausschüssen nicht ins Plenum zu tragen, sondern in einem ausschussübergreifenden Arbeitskreis doch noch nach einen Kompromiss zu suchen. Dieser Arbeitskreis legte am 10. Januar 1993 einen Text vor, der die traditionelle christliche Verwerfungslehre klar zurückwies und auch den Erwählungsgedanken aufgriff, ihn aber nur auf Israel und nicht auch auf die Kirche bezog:

> »Sie bezeugt die Treue Gottes, der an der Erwählung seines Volkes Israel festhält. Mit Israel hofft sie auf einen neuen Himmel und eine neue Erde.«[23]

Zwar wurde im synodalen Theologischen Ausschuss auch an diesem Vorschlag kritisiert, dass ihm eine christologische Begründung des Verhältnisses von Kirche und Israel fehle; letztlich wurde er aber einstimmig angenommen. Der Kompromiss war allerdings nur deshalb möglich, weil der vielen Mitgliedern des synodalen Theologischen Ausschusses wichtige christologische Passus (»[…] und die Kirche durch Jesus Christus in diese Erwählung hineingenommen hat«) doch nicht ganz fallengelassen wurde, sondern in dem Proponendum, das den Presbyterien und Kreissynoden zur Beratung vorgelegt werden würde, enthalten sein sollte.[24] Dies machte es möglich, dass die Beschlussvorlage von der Landessynode in der Plenarsitzung vom 12. Januar 1993 einstimmig bei zwei Enthaltungen angenommen wurde und das Proponendum auf den Weg gebracht werden konnte.[25]

---

22 A.a.O., S. 274.
23 A.a.O., S. 250.
24 Ebd.
25 A.a.O., S. 189.

4. Das Proponendum »Kirche und Israel« von 1993 und die Beschlussfassung der Landessynode 1996

Die Landessynode 1993 hatte in ihrem Beschluss die Kirchenleitung gebeten, eine Arbeitsgruppe aus Mitgliedern des Theologischen Ausschusses, des Kirchenordnungsausschusses und des Ausschusses Christen und Juden mit der Ausarbeitung eines Proponendums[26] zu beauftragen.[27] Die Stellungnahmen der Presbyterien und Kreissynoden, die bis zum 30. Juni 1995 eingereicht werden mussten, wurden in der zweiten Jahreshälfte vom Ständigen Kirchenordnungsausschuss ausgewertet und als Anlage zur Drucksache 26 den Mitgliedern der Landessynode 1996 zur Kenntnis gebracht.[28]

Die vergleichsweise hohe Rücklaufquote – sämtliche 46 Kirchenkreise sowie 671 von 833 Presbyterien hatten eine Stellungnahme abgegeben – zeugte von dem großen Interesse, das das Thema in der gesamten Landeskirche fand. Dabei erklärten 481 Presbyterien und 39 Kreissynoden ihre grundsätzliche Zustimmung, 84 Presbyterien und ein Kirchenkreis lehnten die Vorlage ab, 30 Presbyterien und zwei Kreissynoden ließen wissen, dass sie – aus unterschiedlichen Gründen – keinen Beschluss gefasst hätten, während 22 Presbyterien und zwei Kreissynoden eine Ergänzung nur um den ersten Satz des Vorschlags (»Sie bezeugt die Treue Gottes, der an der Erwählung seines Volkes Israel festhält.«) beschlossen. Darüber hinaus gab es eine Reihe von Voten, die nicht eindeutig eingeordnet werden konnten.

In den Voten wurde deutlich, dass die Frage einer christologischen Erweiterung der vorgelegten Formulierung, die bereits auf der Landessynode 1993 kontrovers diskutiert worden war, auch von den Presbyterien und Kreissynoden durchaus unterschiedlich gesehen wurde. So sprachen sich immerhin 18 Kreissynoden bei grundsätzlicher Zustimmung zu der Vorlage doch dafür aus, den Passus »und der in Jesus Christus die Kirche aus allen Völkern an der Erwählung

---

26 Kirche und Israel. Zur Erneuerung des Verhältnisses von Christen und Juden. Proponendum zur Änderung des Grundartikels der Kirchenordnung (Handreichung Nr. 45), Düsseldorf 1993.
27 A.a.O., S. 186.
28 Verhandlungen der 45. ordentlichen rheinischen Landessynode. Tagung vom 7. bis 11. Januar 1996 in Bad Neuenahr, Mülheim (Ruhr) 1996, Drucksache 26 auf S. 531*–552*, darin Anlage 1: Auswertung der Beschlüsse von Presbyterien und Kreissynoden zum Proponendum »Kirche und Israel« in der Fassung des Ständigen Theologischen Ausschusses, des Ausschusses Christen und Juden und des Ständigen Kirchenordnungsausschusses auf S. 536*–551*.

teilhaben läßt«, der in dem Kompromissvorschlag von 1993 nicht enthalten war, in die Grundartikelergänzung mit aufzunehmen. Den ablehnenden Voten ging die Vorlage teils nicht weit genug, teils lehnten sie sie ausdrücklich wegen Bekenntniswidrigkeit ab. Wieder andere hielten eine Ergänzung des Grundartikels für überflüssig, weil bereits in der vorliegenden Fassung oder an anderen Stellen der Kirchenordnung das Nötige zum Verhältnis zu Israel gesagt sei.

Die Landessynode 1996 stand nun vor einer dreifachen Aufgabe. Sie musste erstens einen Beschluss darüber fassen, was überhaupt unter einem »magnus consensus« zu verstehen sei, zweitens feststellen, ob der »magnus consensus« für die vorgeschlagene Änderung des Grundartikels gegeben sei, und schließlich drittens diese Änderung selbst beschließen. Zur Frage der Definition eines »magnus consensus« hatte im Vorfeld der Synode bereits der Ständige Kirchenordnungsausschuss beraten und seine Überlegungen in der Drucksache 26 dokumentiert.[29] Dabei ging es zum einen um die Bedeutung der Stellungnahmen der Presbyterien und Kreissynoden, zum anderen um die Frage, wie der »magnus consensus« quantitativ zu beziffern sei. Der Ständige Kirchenordnungsausschuss hatte sich dabei einstimmig dafür ausgesprochen, dass die eingegangenen Stellungnahmen die Synodalen bei ihrer Urteilsbildung zwar unterstützen, aber nicht binden könnten und dass die Feststellung, ob der »magnus consensus« gegeben sei, allein bei der Landessynode als zuständigem Leitungsorgan der ganzen Kirche liege.[30] Der »magnus consensus« sei gegeben, so der Ständige Kirchenordnungsausschuss, wenn die Landessynode »mit großer Mehrheit, mindestens aber mit $^2/_3$[-]Mehrheit«[31] entschieden habe.

Auf der 45. Rheinischen Landessynode, die vom 7. bis 11. Januar 1996 in Bad Neuenahr tagte, berieten zunächst der synodale Kirchenordnungsausschuss und der synodale Theologische Ausschuss in ihren jeweiligen Sitzungen über die Vorlage der Drucksache 26.[32] Sie nahmen aber keine Änderung mehr vor, so dass der Entwurf ins Plenum der Landessynode gebracht werden konnte. Der synodale Kirchenordnungsausschuss schlug den Synodalen vor, zunächst zu beschließen, dass zur Feststellung des »magnus consensus« eine Mehrheit von mehr als zwei Dritteln, jedoch keine Einstimmigkeit notwendig sei, sodann den »magnus consensus« für die Änderung des Grundartikels festzustellen und schließlich das Kirchengesetz zu Änderung des Grundartikels in erster Lesung zu beschließen.[33] Diese Beschlussvorlage wurde am 10. Januar 1996 mit wenigen Gegenstimmen

---

29 A.a.O., S. 533*–535*.
30 A.a.O., S. 534.
31 Ebd.
32 A.a.O., S. 272–275, 288–291.
33 A.a.O., S. 88.

und Enthaltungen angenommen[34] und am Folgetag, dem 11. Januar 1996, das Kirchengesetz zur Änderung des Grundartikels der Evangelischen Kirche im Rheinland in zweiter Lesung beschlossen.[35]

---

34 A.a.O., S. 95.
35 A.a.O., S. 223 f., Kirchliches Amtsblatt der Evangelischen Kirche im Rheinland 1996, S. 2.

Jürgen Kampmann

Die Aufnahme eines Israel-Bezugs in die Einleitenden Bestimmungen der Kirchenordnung der Evangelischen Kirche von Westfalen (2005)

Beilage 9
Synopse: Zur Berücksichtigung eines Israel-Bezuges in der Kirchenordnung der Evangelischen Kirche von Westfalen (1999–2005)

Auch in der Evangelischen Kirche von Westfalen wurde das Verlangen geäußert, sich wie in der benachbarten Evangelischen Kirche im Rheinland mit der Thematik »Christen und Juden« zu befassen; das geschah auf Ebene der Landessynode auf Antrag der Kreissynode Hamm, die sich darin ausdrücklich auf den von der rheinischen Landessynode 1980 gefassten Beschluss bezog, erstmals 1984.[1] Das Bemühen, auch in der Kirchenordnung der EKvW einen »Israel-Bezug« zum Ausdruck zu bringen – insbesondere unter dem Gesichtspunkt, diesen im Rahmen der der Kirchenordnung vorangestellten Grundartikel zum Ausdruck zu bringen –, führte dann anderthalb Jahrzehnte später[2] dazu, dass die Kirchenleitung zur Vorbereitung einer Beratung auf der Landessynode 1999 im Jahr zuvor eine diesem Thema gewidmete sogenannte »Hauptvorlage 1999« unter dem Titel

---

1 S. Arbeitshilfe für das Stellungnahmeverfahren zur Ergänzung der Kirchenordnung in Artikel 1. Christen und Juden – eine Verhältnisbestimmung – (Arbeitshilfe der Evangelischen Kirche von Westfalen 1), Bielefeld 2004, S. 11.
2 Zu den zwischenzeitlich in der EKvW unternommenen Schritten zur Befassung mit der Thematik s. a.a.O., S. 11 f.

Jürgen Kampmann

»Gott hat sein Volk nicht verstoßen«[3] veröffentlichte, um eine breite Diskussion dazu auf allen Ebenen des kirchlichen Aufbaus anzuregen; Rückäußerungen (insbesondere auch der Presbyterien und Kreissynoden) wurden bis zum 31. August 1999 erbeten.[4] In der Hauptvorlage wurde unter der Überschrift »Das Selbstverständnis der Kirche« nicht zuletzt eine »Ergänzung des Grundartikels« [Singular!] angeregt und dazu beispielhaft zwei Möglichkeiten genannt – eine Ergänzung des »Absatzes I« um einen dritten Abschnitt »Im Hören auf die ganze Heilige Schrift erkennt sie (die EKvW) die bleibende Erwählung des jüdischen Volkes durch Gott und seinen Bund mit ihm. Sie bekennt ihre Schuld an Israel. Durch Jesus Christus ist auch sie berufen, dem lebendigen und wahrhaftigen Gott zu dienen. Mit Israel bleibt sie verbunden in der Hoffnung auf die Neuschöpfung von Himmel und Erde, auf eine Welt, in der Gerechtigkeit wohnt.«, oder aber eine Ergänzung um einen »Absatz V«:

> »Die Evangelische Kirche von Westfalen erkennt in gehorsamer Prüfung an der Heiligen Schrift ihre Blindheit und Schuld gegenüber dem jüdischen Volk und bezeugt die biblische Botschaft von der Bundestreue Gottes zu Israel und seine bleibende Erwählung. Sie bleibt im Hören auf Gottes Weisung und in der Hoffnung auf die Vollendung der Gottesherrschaft mit ihm verbunden.«[5]

Ausdrücklich wurde in dieser Hauptvorlage betont, dass bei diesen Beispielen »die Beschlüsse anderer Landessynoden zu Rate gezogen« worden seien und dass als darin sich schon abzeichnender, beachtenswerter gemeinsamer Nenner zu beschreiben sei:

> »Im Hören auf Gottes Wort wird die bleibende Erwählung Israels erinnert, die Blindheit und Schuld der Kirche gegenüber dem jüdischen Volk bekannt und die Juden und Christen gemeinsame Hoffnung auf die Vollendung des Gottesreiches festgehalten.«[6]

Hinzugefügt wurde:

---

3 S. Gott hat sein Volk nicht verstoßen (Römer 11,2). Hauptvorlage 1999. Evangelische Kirche von Westfalen, o. O. o. J. [1998].
4 S. Sorg, Manfred: Vorwort, in: Gott hat sein Volk nicht verstoßen (Römer 11,2). Hauptvorlage 1999. Evangelische Kirche von Westfalen, o. O. [Bielefeld] o. J. [1998], S. 1.
5 S. Gott hat sein Volk nicht verstoßen (wie Anm. 3), S. 52.
6 Ebd.

Die Aufnahme eines Israel-Bezugs in die Einleitenden Bestimmungen der KO der EKvW (2005)

»Diese Grundaussagen sollten auf jeden Fall in der Ergänzung enthalten sein«; zugleich wurde aber auch konstatiert: »Über einzelne Formulierungen kann man streiten, auch über die Stelle, an der die Ergänzung eingefügt werden soll.«[7]

Der damit angestoßene Diskussionsprozess führte allerdings nicht zu dem in der Hauptvorlage schon in Umrissen skizzierten Ergebnis.[8] Hinsichtlich der Frage eines Bekenntnisses der Schuld der Kirche – konkret: der Evangelischen Kirche von Westfalen – wurde insbesondere geltend gemacht, dass ein solches Schuldbekenntnis bereits im Jahr 1946 durch die Westfälische Provinzialsynode formuliert worden sei[9] und dass sich die Kirchenordnung als solche nicht für ein Schuldbekenntnis eigne.[10]

Mehr aber trat zunächst die Frage in den Vordergrund, ob das in der Hauptvorlage – offenbar unreflektiert – vorausgesetzte Verständnis, dass in »dem« der Kirchenordnung vorangestellten Grundartikel »das Selbstverständnis der Kirche« stehe, das darin in vier Absätzen »ausgeführt« werde,[11] überhaupt zutreffe.

Einem derartigen Verständnis wurde entgegengehalten, dass es sowohl bei der Formulierung der drei Bekenntnisparagraphen zur Rheinisch-Westfälischen Kirchenordnung in den 1850er Jahren als auch bei deren Überarbeitung zu den vier Grundartikeln (Plural!) zur Kirchenordnung der EKvW nach dem Zweiten Welt-

---

7 Ebd.
8 Es gingen 117 Stellungnahmen aus Kirchengemeinden, Kreissynoden und Einrichtungen der EKvW ein; s. Arbeitshilfe Stellungnahmeverfahren (wie Anm. 1), S. 13.
9 S. Thimme, [Hans]: Von der Buße der Kirche und der Erneuerung des öffentlichen Lebens. Leitsätze zur volksmissionarischen Bearbeitung der Erklärung der westfälischen Provinzial-Synode vom Juli 1946 (Rufe in die Zeit 2), Gladbeck 1947, S. 11: »Wir *bekennen*, daß wir auch als Glieder der Kirche wider den Herrn gesündigt haben. Der Herr der Kirche hat uns im Kirchenkampf auf den Bekenntnissynoden klare Erkenntnisse geschenkt. Wir haben oftmals gegen diese Erkenntnisse gehandelt und sind zurückgewichen. Wir haben unsere eigene Sicherheit lieber gehabt als unseren Herrn Jesus Christus. Wir haben im Anfang allzu leichtgläubig einen Nationalsozialismus, der das Volk zum Götzen machte, nicht durchschaut. Wir haben dann gegen die Ausrottung der Juden und anderer Verfemter nicht laut genug unsere Stimme erhoben. Wir haben uns schließlich immer weniger gegen den Totalitätsanspruch aufgelehnt, so daß uns der Blick auf den lebendigen Herrn verdunkelt wurde. Wir waren durch Uebermut verwirrt, in der Liebe feige, im Glaube schwach. Wir hofften auf Menschen, statt Heil und Hilfe von Gott zu erwarten. | Wir *verwerfen* es, von fremder Schuld zu reden, ohne die eigene zu bekennen. | Wir *ermahnen* unsere Brüder und Schwestern, sich vor Gottes Angesicht auf die eigene Verschuldung zu prüfen.«
10 S. Evangelische Kirche von Westfalen. Das Landeskirchenamt. Vorlage für die Landessynode 1999. Stellungnahmen zur Hauptvorlage 1999 »Gott hat sein Volk nicht verstoßen«. Maschinenschriftliche Kopie, o. O., ohne Datum [Herbst 1999], S. 9.
11 S. Gott hat sein Volk nicht verstoßen (wie Anm. 3), S. 52.

krieg ganz unstrittig gewesen war, dass durch diese Artikel nur die Fragen des konfessionellen Mit- und Nebeneinanders lutherischer, reformierter und unierter Kirchengemeinden in ein und derselben Provinzial- bzw. Landeskirche und das bleibende Recht der jeweiligen konfessionellen Bekenntnisbindung habe beschrieben werden sollen, dass die Bekenntnisparagraphen bzw. Grundartikel also nicht eine umfassende, dogmatisch »komplette« Darstellung des Selbstverständnisses der Kirche hätten leisten sollen und leisteten.[12] Das Selbstverständnis der Kirche werde vielmehr in den Artikeln 1 bis 3 der Kirchenordnung umrissen.[13] Aus diesem sachlichen Grund sei es fragwürdig, das theologische Anliegen »Kirche und Israel« gerade im Kontext der Grundartikel verankern zu wollen.

Weitergehend wurde sodann die Rechtsfrage aufgeworfen, inwiefern überhaupt und wenn ja, unter Beachtung welcher Bedingungen die Landessynode über eine Ergänzung oder Veränderung der Formulierung der Grundartikel zu beschließen vermöge. Den Impuls zu dieser Reflexion hatte die Hauptvorlage selbst dadurch gegeben, dass ausdrücklich darauf hingewiesen worden war, dass von einer Grundartikel-Änderung »die Bekenntnisgrundlagen der Gemeinden berührt werden«, weshalb »zur Vorbereitung einer Entscheidung der Landessynode ein Verfahren zur Feststellung eines ›magnus consensus‹ [...] der Kirchengemeinden in dieser Frage eingeleitet werden« müsse.[14] Nirgends erläutert, geschweige denn in der Kirchenordnung der EKvW beschrieben war allerdings, wie denn ein solches Verfahren durchzuführen sei – und wann man denn einen »magnus consensus« als gegeben feststellen könne.[15]

Die diesbezüglichen, auch von nicht wenigen Kreissynoden geäußerten Zweifel[16] führten dazu, dass dazu nach der Tagung der Landessynode 1999 ein kirchenrechtliches Gutachten von Dietrich Pirson eingeholt wurde,[17] das die Kirchenleitung bewog, der Landessynode zu empfehlen, eine Formulierung zum Verhältnis Kirche – Israel nicht in die Grundartikel, sondern die Einleitenden Bestimmungen der Kirchenordnung zu implementieren.[18] Dies hatte die Landessyn-

---

12 S. Kampmann, Jürgen: Änderung der Grundartikel der Evangelischen Kirche von Westfalen? Kirchenrechtliche Anmerkungen zu den Vorschlägen der Hauptvorlage 1999 »Gott hat sein Volk nicht verstoßen (Römer 11,2)« (Theologische Beiträge aus dem Kirchenkreis Vlotho 2), 2. Auflage, Bad Oeynhausen 1999, S. 9 f.
13 A.a.O., S. 12 f.
14 Gott hat sein Volk nicht verstoßen (wie Anm. 3), S. 52.
15 Dazu Kampmann, Änderung (wie Anm. 12), S. 13 f.
16 Zwölf Kreissynoden hatten sich gegen eine Änderung der Grundartikel ausgesprochen; s. Arbeitshilfe Stellungnahmeverfahren (wie Anm. 1), S. 14.
17 Ebd.
18 So Wengst, Klaus: Neutestamentliche Aspekte zur trinitarischen Rede von Gott. Dargelegt im Blick auf die beabsichtigte Änderung der Kirchenordnung der Evangelischen Kirche von Westfalen. Masch. Manuskript, o. O. o. J. [2004], S. 1.

Die Aufnahme eines Israel-Bezugs in die Einleitenden Bestimmungen der KO der EKvW (2005)

ode bereits 1999 für den Fall in Erwägung gezogen, dass eine Implementierung dieser Thematik in die Grundartikel nicht möglich sei; »ersatzweise [solle] in die einleitenden Bestimmungen« der Kirchenordnung »ein Abschnitt eingefügt werden«, »in dem die Treue Gottes zu seinem Volk Israel und die bleibende Verbundenheit der Kirche mit Israel zum Ausdruck gebracht« werde.[19]

Außerdem hatte die Landessynode 1999 die »Distanzierung von jeglicher Judenmission« beschlossen.[20]

Die Landessynode 2000 legte darüber hinaus fest, dass geprüft werden solle, ob die Verhältnisbestimmung Kirche – Israel in der Kirchenordnung »im Rahmen einer trinitarischen Formulierung« möglich sei.[21] Die Kirchenleitung berief zur Erarbeitung einen Sonderausschuss aus Mitgliedern des Ständigen Theologischen Ausschusses, des Ständigen Kirchenordnungsausschusses und des Ausschusses Christen und Juden, der in zweijähriger Arbeit nach zähem Ringen mit dem Ständigen Theologischen Ausschuss[22] den Entwurf eines 44. Kirchengesetzes zur Änderung der Kirchenordnung der EKvW Artikel 1« vorlegte.[23]

Dieser Entwurf zeichnete sich indes dadurch aus, dass er den bis dahin bestehenden sachlogischen Zusammenhang zwischen dem ersten und zweiten Satz von Art. 1 KO EKvW auflöste:

> »Die Evangelische Kirche von Westfalen urteilt über ihre Lehre und gibt sich ihre Ordnung im Gehorsam gegen das Evangelium von Jesus Christus, dem Herrn der Kirche. 2 *In dieser Bindung* und in der darin begründeten Freiheit überträgt sie ihre Ämter, übt sie ihre Leitung aus und erfüllt sie ihre sonstigen Aufgaben.«[24]

Auf diese Weise wurde also bis dahin die Bindung der EKvW in Lehre und Ordnung an das Evangelium von Jesus Christus zum Ausdruck gebracht. Der für das Gesetzgebungsverfahren in Vorschlag gebrachte zusätzliche Satz sollte indes zwischen Satz 1 und Satz 2 eingefügt werden:

> »Die Evangelische Kirche von Westfalen urteilt über ihre Lehre und gibt sich ihre Ordnung im Gehorsam gegen das Evangelium von Jesus Christus, dem Herrn der

---

19 So Halama, Udo/Nierhaus, Erhard: Einleitung, in: Arbeitshilfe für das Stellungnahmeverfahren zur Ergänzung der Kirchenordnung in Artikel 1. Christen und Juden – eine Verhältnisbestimmung – (Arbeitshilfe der Evangelischen Kirche von Westfalen 1), Bielefeld 2004, S. 5–6; Zitat S. 5.
20 Ebd.
21 Ebd.
22 S. Synopse über die Entwicklung des Textes in den Ausschussberatungen 2002/2003, Beilage Nr. 8.
23 Halama/Nierhaus, Einleitung (wie Anm. 19), S. 6.
24 Art. 1 KO EKvW in der vor 2005 geltenden Fassung. Hervorhebung vom Vf.

> Kirche. 2 Sie tut dies im Vertrauen auf den dreieinigen Gott, der Himmel und Erde geschaffen hat, der Israel zu seinem Volk erwählt hat und ihm die Treue hält, der in Jesus, dem Juden, dem gekreuzigten und auferstandenen Christus, Menschen zu sich ruft und sie durch den heiligen Geist gemeinsam mit Israel zu seinen Zeugen und zu Erben der Verheißung macht. 3 *In dieser Bindung* und in der darin begründeten Freiheit überträgt sie ihre Ämter, übt sie ihre Leitung aus und erfüllt sie ihre sonstigen Aufgaben.«[25]

Die »Bindung« und die in dieser Bindung begründete Freiheit zur Übertragung der Ämter, der Ausübung der Leitung und zur Erfüllung der sonstigen Aufgaben der Kirche bezog sich damit im sachlogischen Duktus auf Satz 2 und damit nicht mehr dezidiert auf das Evangelium von Jesus Christus, sondern auf Gott und dessen expliziertes Handeln an Juden und Christen.

Der Entwurf stieß im Zuge der bis zur Landessynode 2005 vorangehenden Beratungen auf ein geteiltes Echo – zwölf Kirchenkreise stimmten der Vorlage zu, 16 äußerten Änderungswünsche, drei lehnten ihn ganz ab.[26] Schließlich beschloss die Landessynode, den in Artikel 1 KO neu einzuschiebenden Satz 2 wie folgt zu formulieren:

> »2 Sie tut dies im Vertrauen auf den dreieinigen Gott, der Himmel und Erde geschaffen hat, der Israel zu seinem Volk erwählt hat und ihm die Treue hält, der in dem Juden Jesus, dem gekreuzigten und auferstandenen Christus, Menschen zu sich ruft und *durch den Heiligen Geist Kirche und Israel gemeinsam* zu seinen Zeugen und zu Erben *seiner* Verheißung macht.«[27]

213 Synodale stimmten dieser Formulierung zu, während der Synodale Michael Czylwik (Porta Westfalica-Holtrup, Kirchenkreis Vlotho) in einer Sondererklärung geltend machte, er könne den Beschluss nicht mittragen, weil dieser das Bekenntnis in drei Punkten berühre: 1. werde auf eine Aussage zur Gottessohnschaft Jesu Christi verzichtet, 2. widerspreche der bewusste Verzicht auf die Aussage, dass die Sendung und der Ruf Jesu Christi *allen* Menschen gelte, dem biblischen Zeugnis und den reformatorischen Bekenntnissen, 3. werde die Aussage, dass der dreieinige Gott durch den Heiligen Geist Kirche und Israel gemeinsam zu seinen Zeugen und zu Erben seiner Verheißung mache, von den Aussa-

---

25 Art. 1 KO EKvW in der 2004 in Vorschlag gebrachten Form (Hervorhebungen vom Vf.); s. Arbeitshilfe Stellungnahmeverfahren (wie Anm. 1), S. 7.
26 S. Vorlage für die Sitzung des Ständigen Theologischen Ausschusses am 29.08.2005/ Vorlage für die Sitzung des Ausschusses Christen und Juden am 31.08.2005. Maschinenschrift, Kopie, Sammlung Kampmann.
27 Kirchenordnung EKvW Art. 1 Satz 2 in der von der westfälischen Landessynode am 3. November 1995 beschlossenen Fassung.

gen der Heiligen Schrift oder den in der Kirchen geltenden Bekenntnisschriften nicht abgedeckt. Sie stelle vielmehr eine neue Bekenntnisaussage dar, die nicht durch eine Beschlussfassung der Landessynode, sondern nur durch Feststellung eines magnus consensus Geltung erlangen könne.[28]

Das Sondervotum ließ deutlich werden, dass die theologische Aufgabe, die sich die westfälische Landessynode im Jahr 2000 gestellt hatte, das Verhältnis Kirche – Israel trinitarisch zu formulieren, trotz der langjährigen Bemühung nicht in einer wirklich überzeugenden Weise hatte realisiert werden können. In anderen deutschen evangelischen Landeskirchen sind die spezifischen in der EKvW in die Kirchenordnung aufgenomenen einschlägigen Formulierungen bisher auch nicht aufgegriffen worden.

---

28 So Sondererklärung des Synodalen Michael Czylwik (Mitgl.-Nr. 129) zum Beschluss der Landessynode zu Punkt 3.1 der Tagesordnung (Änderung der Kirchenordnung, Artikel 1) am Donnerstag, den 3. November 2005. Handschrift, Kopie, Sammlung Kampmann.

Hartmut Sander

Die Grundordnung der Evangelischen Kirche Berlin-Brandenburg-schlesische Oberlausitz von 2003

Beilage 10
Synopse: Grundartikel der Grundordnung der Evangelischen Kirche Berlin-Brandenburg-schlesische Oberlausitz

1. Die Beratungen und Entscheidungen 2000–2003

Anfang des Jahres 2000 schlug die Evangelische Kirche der schlesischen Oberlausitz (EKsOL) der Evangelischen Kirche in Berlin-Brandenburg (EKiBB) vor, Verhandlungen über eine kirchliche Neubildung im Raum der östlichen Evangelischen Kirche der Union (EKU) aufzunehmen.[1] Im Frühsommer stimmten auch die Synoden der beiden Kirchen und der EKU dem Vorhaben zu. Auf Anfrage der EKU stimmte die Evangelische Kirche Anhalts zunächst zu, während die Evangelische Kirche der Kirchenprovinz Sachsen und die Pommersche Evangelische Kirche ablehnten, weil sie andere Kooperationspläne verfolgten. Ende 2000 bildeten die Landeskirche Anhalts, die EKiBB und die EKsOL sowie die EKU eine Arbeitsgruppe, die einen Beschlussvorschlag zum weiteren Verfahren als

---

1 Vgl. Runge, Uwe: Evangelische Kirche Berlin-Brandenburg-schlesische Oberlausitz, in: JBBKG 65 (2005), S. 15–24, sowie Kühne, Hans-Jochen: Dokumentation zum Kirchenneubildungsprozess Evangelische Kirche Berlin-Brandenburg-schlesische Oberlausitz, in: JSKG 84/85 (2005/2006), S. 323–389.

Vorlage an die Synoden dieser Kirchen erarbeiten sollte. Leitidee war schon damals, eine neue Kirche aus den beteiligten Kirchen auf der Grundlage einer neuen Grundordnung gemeinsam zu bilden. Im Frühjahr 2001 wurde den Synoden der beteiligten Kirchen die Beschlussvorlage vorgelegt. Die Landessynode der EKiBB und die Provinzialsynode der EKsOL stimmten der Vorlage mit großer Mehrheit zu, die Synode Anhalts lehnte ab. So blieben für den Neubildungsprozess nur zwei Landeskirchen übrig.

Der gemeinsame Verfassungsausschuss, der als »Vorläufiger Arbeitsausschuss« schon ab dem Frühjahr 2001 gearbeitet hatte, setzte ab November 2001 im vollen Auftrag beider Synoden die Arbeit an einer Grundordnung fort. Anfang Juni 2002 verabschiedete der Verfassungsausschuss einmütig den Entwurf der neuen Grundordnung, den die beiden Kirchenleitungen in den folgenden Wochen getrennt berieten. In einer gemeinsamen Sitzung am 2. September 2002 stellten die beiden Kirchenleitungen den Text des Entwurfes der Grundordnung einstimmig fest. Dieser Entwurf der Grundordnung ging an die entsprechenden Ausschüsse beider Synoden zur Beratung und wurde von beiden Synoden auf ihren Tagungen im November 2002 beraten. In der Provinzialsynode der EKsOL gab es nur wenige Änderungsanträge, während in der Landessynode der EKiBB viele Bestimmungen kritisiert wurden. In großer Einmütigkeit wurde verlangt, das verpflichtende Verhältnis der Kirche zum jüdischen Volk deutlicher darzustellen. Die Anträge und Debattenbeiträge der Novembersynode wurden der im Januar 2003 neu konstituierten Landessynode der EKiBB vorgelegt, die nach kontroverser Debatte einen eigenen Grundordnungsausschuss einsetzte, der die Anträge und Anregungen sichten und dem Verfassungsausschuss Vorschläge für die weitere Arbeit am Entwurf der Grundordnung machen sollte. Der Verfassungsausschuss legte Anfang Mai 2003 einen veränderten Entwurf der neuen Grundordnung vor, der den überwiegenden Teil der Beratungsergebnisse des Grundordnungsausschusses der EKiBB berücksichtigte. Am 19. Mai 2003 verabschiedeten die beiden Kirchenleitungen in einer gemeinsamen Sitzung die Vorlagen.

Am 19. und 20. September 2003 tagten in Berlin beide Synoden gemeinsam und berieten über das von den Kirchenleitungen vorgelegte Kirchengesetz, die Grundordnung und den Neubildungsvertrag. Die Landessynode der EKiBB stimmte in geheimer Abstimmung am 20. September dem Kirchengesetz nebst der Grundordnung und dem Neubildungsvertrag mit 117 von 135 abgegebenen Stimmen in zweiter Lesung zu. In der Provinzialsynode der EKsOL wurde die notwendige Zweidrittelmehrheit knapp verfehlt: Bei 40 abgegebenen Stimmen standen 25 Ja-Stimmen 14 Nein-Stimmen und einer Enthaltung gegenüber. Die Kirchenleitung der EKsOL entschied, dasselbe Kirchengesetz der vom 14. bis 16. November 2003 tagenden Provinzialsynode erneut vorzulegen. Nach kontroverser Debatte stimmte die Provinzialsynode mit 28 von 38 abgegebenen Stimmen bei acht Gegenstimmen und zwei Enthaltungen zu. So trat am 1. Januar 2004 die Evangelische Kirche Berlin-Brandenburg-schlesische Oberlausitz ins Leben.

2. Erläuterungen zum Entwurf der Grundordnung vom 2. September 2002

Für die Tagung der Provinzialsynode der EKsOL vom 15. bis 17. November 2002 legte die Kirchenleitung eine Erläuterung vor, die für das Verständnis sehr hilfreich ist:[2]

»1.Bedeutung der Grundartikel

Die Grundartikel (bisher: Vorspruch) bilden das Fundament jeder Kirchenordnung (Grundordnung). Sie bestimmen mit den einzelnen Aussagen das Wesen der jeweiligen Kirche. Die Grundartikel sind Maßstab für die einzelnen Bestimmungen der Grundordnung und für alle Ordnungen der Kirche (Artikel 1 Abs. 3; vgl. unsere Kirchenordnung Artikel 2 Abs. 1).

Als 1951 die Kirchenordnung unserer Kirche beschlossen wurde, wurde von daher auch der Vorspruch gesondert verhandelt und beschlossen. Als Wesensbestimmung der Kirche und als Kriterium für die rechte geistliche Ausrichtung der Grundordnung einer Kirche und aller ihrer kirchlichen Ordnungen verlangen Veränderungen oder Ergänzungen der Grundartikel mehr als das übliche verfassungsändernde Verfahren. Ihnen muss die große Übereinstimmung der gesamten Kirche (magnus consensus) zugrunde liegen. Nur auf der Grundlage der übereinstimmenden Vorsprüche/Grundartikel konnte eine neue Grundordnung für eine gemeinsame Kirche erarbeitet werden.

Die vorliegenden Grundartikel übernehmen in I. »Von Schrift und Bekenntnis« dem Inhalt nach weitestgehend den Vorspruch der Kirchenordnung der EKsOL und den Teil I des Vorspruchs der Grundordnung der EKiBB. Aufgrund der gleichen Bekenntnisbestimmtheit und gleichen Geschichte im Rahmen der Evangelischen Kirche der altpreußischen Union bzw. Evangelischen Kirche der Union (EKU) sind diese beiden Vorsprüche weithin deckungsgleich. Seitens unseres Theologisch-liturgischen Ausschusses und Ordnungsausschusses war bereits zu einem früheren Zeitpunkt ein Entwurf für eine Neugestaltung unserer Kirchenordnung erarbeitet

---

2 Provinzialsynode der EKsOL, 15. bis 17. November 2002 Drucksache Nr.: 003-14/2. Oberkonsistorialrat i.R. Dr. Hans-Jochen Kühne, der sie seinerzeit verfasste, danke ich für die Vermittlung.

worden. Dabei hatten sich beide Ausschüsse bereits damals dafür entschieden, die neueren Aussagen (Leuenberger Kirchengemeinschaft; konziliarer Prozess für Frieden, Gerechtigkeit und Bewahrung der Schöpfung; Verhältnis zu Israel) und die neueren sprachlichen Formulierungen des Vorspruchs der EKiBB aufzunehmen.

Die Grundartikel II. ›Von Gottes Auftrag und der Verantwortung der Gemeinde‹ folgen der bisherigen Grundordnung der Ev. Kirche in Berlin-Brandenburg. Der Abschnitt entfaltet die Wesensaussagen über die Kirche im Blick auf den Auftrag der Gemeinde und den Dienst des Christen in der Kirche. Diese Entfaltung ist insbesondere bestimmt von der Theologischen Erklärung von Barmen (siehe hierzu Vorspruch Nr. 5 unserer Kirchenordnung).

2. Grundartikel im Einzelnen

Grundartikel I. 1.
Basierend auf einer unlängst von den reformatorischen Kirchen in Europa (Leuenberger Kirchengemeinschaft) verabschiedeten Erklärung über die Kirche ist als erster Grundartikel neu eine fundamentale Aussage über die Kirche vorangestellt worden. Vor den Aussagen über die Grundlagen der Kirche in Schrift und Bekenntnis sollte eine Aussage zum Ursprung der Kirche selbst stehen und die Trinität Gottes zum Ausdruck gebracht werden.

Grundartikel I. 2.
Im Wortlaut ›verwaltet werden‹ orientiert sich der Text an der lateinischen Fassung des Augsburgischen Bekenntnisses von 1530. Der Begriff umfasst sowohl das rechte Verständnis und den rechten Gebrauch des Abendmahls sowie die Verantwortung für die Zulassung zum Abendmahl.

Grundartikel I. 3.
Aufgrund des neuen Grundartikels I. 1. mit dem Bezug auf das Versöhnungshandeln und die Rechtfertigung in Christus ist an dieser Stelle nur noch aufgenommen die Aussage über die Heilige Schrift als Richtschnur (Maßstab) für Lehre und Leben der Kirche und damit für das unverfälscht zu verkündigende Wort Gottes (vgl. I.2).

Grundartikel I. 5.
Wie im Vorspruch Nr. 4 wird im ersten Satz das vierfache ›allein‹ der Reformation aufgenommen. Der zweite Satz entstammt dem Vorspruch Nr. 4 der Grundordnung der EKiBB. Vor der Aufzählung der einzelnen in Geltung stehenden Bekenntnisschriften verpflichtet er im Sinne des bisherigen Vorspruches Nr. 7 (Satz 3) die Gemeinden zur Einheit des Bekennens und die Gemeindeglieder zum Hören auf das Glaubenszeugnis ihrer lutherischen oder reformierten Schwestern und Brüder in der gemeinsamen reformatorischen Tradition.

Grundartikel I. 6.
Im Unterschied zum Vorspruch Nr. 4 der Kirchenordnung der EKsOL ist in der Aufzählung die Konkordienformel entfallen. Da die Grundordnung der EKiBB sie nicht mehr aufgeführt hat und für unseren Bereich nicht zu ermitteln ist, ob sie überhaupt in einer Gemeinde ›in Kraft steht‹, ist für die neue Grundordnung entsprechend der bisherigen Grundordnung der EKiBB verfahren worden. Die Konkordienformel stellt die späteste lutherische Bekenntnisschrift dar (1577). Sie ist aufgrund innerlutherischer Streitigkeiten, die insbesondere nach dem Tod Luthers ausgebrochen sind, entstanden und sollte das lutherische Lager wieder einen.

Aus dem Vorspruch der Grundordnung der EKiBB sind die notwendigen Aussagen über die Bekenntnisschriften der französisch-reformierten Gemeinden und der unierten Gemeinden aufgenommen worden.

Grundartikel I. 7.
Dem Entwurfsvorschlag des Theologisch-liturgischen Ausschusses und Ordnungsausschusses unserer Kirche folgend, ist die Aussage über die Theologische Erklärung von Barmen in der klaren eindeutigen Fassung des Vorspruchs der Grundordnung der EKiBB übernommen worden. Zur Bedeutung der Theologischen Erklärung von Barmen für unsere Kirche vgl. auch Artikel 43 der Kirchenordnung der EKsOL.

Grundartikel I. 8.
Neu für unseren Bereich ist die Aufnahme einer Aussage zur Kirchengemeinschaft reformatorischer Kirchen in Europa (Leuenberger Konkordie). Da die Leuenberger Konkordie erst 1973 geschlossen worden ist, war sie bisher im Vorspruch unserer Kirchenordnung nicht enthalten. Die Leuenberger Konkordie ist kein Bekenntnis. Aber sie ist nach 450-jähriger Trennung lutherischer und reformierter Kirchen die wichtigste Erklärung über das gemeinsame Verständnis des Evangeliums auf der Grundlage der reformatorischen Bekenntnisschriften und die Überwindung der in den Bekenntnisschriften enthaltenen inner-evangelischen Lehrverurteilungen. Von daher gehört eine Aussage über die Leuenberger Konkordie in die Grundartikel, die über Schrift und Bekenntnis der Kirche handeln. Der Text folgt dem Vorspruch Nr. 6 der EKiBB.

In der Aussage zur Leuenberger Konkordie ist damit dann auch enthalten, was bisher im Vorspruch Nr. 7 Satz 1 und 2 ausgesagt war: Kirchengemeinschaft und Gemeinschaft des Gottesdienstes und der Sakramente.

Grundartikel I. 10.
Deutlicher als bisher in Vorspruch Nr. 8 wird von der Zeugnis- und Dienstgemeinschaft in der Evangelischen Kirche in Deutschland gesprochen und in Aufnahme der entsprechenden Passage in Vorspruch Nr. 8 der EKiBB vom missionarischen Auftrag im eigenen Land.

Grundartikel I. 11.
Neu aufgenommen ist eine Aussage zum konziliaren Prozess für Gerechtigkeit, Frieden und Bewahrung der Schöpfung. Es war ein wesentliches Anliegen unserer Synode, in einer neuen Kirchenordnung auch die gesellschaftlichen Aufgaben zu benennen. Dieses geschieht hier bereits in den Grundartikeln mit der Bezugnahme auf den konziliaren Prozess gemäß Vorspruch Nr. 8 der EKiBB.

Grundartikel I. 12.
Viele Kirchen haben in ihren Vorsprüchen/Grundartikeln in jüngster Zeit eine Aussage zum Verhältnis zum Volk Israel aufgenommen. Bei der von unserem Theologisch-liturgischen Ausschuss und Ordnungsausschuss vorgenommenen Gesamtüberarbeitung der Kirchenordnung war bereits die Textfassung des Vorspruches Nr. 9 der EKiBB als sehr hilfreich und angemessen empfunden worden und von daher in unseren eigenen Entwurf übernommen worden.

Mit dem Grundartikel 12 ist damit zugleich der große Bogen gespannt von der gnädigen Erwählung (Grundartikel 1) bis zur Vollendung.

Grundartikel II. allgemein
Der ganze Abschnitt ›Von Gottes Auftrag und der Verantwortung der Gemeinde‹ folgt dem bisherigen Teil II des Vorspruches der Grundordnung der EKiBB.

Grundartikel II. 1.
Aufgrund der ausführlichen Aussagen über die Kirche in Teil I der Grundartikel ist die in Vorspruch II. 1. der EKiBB enthaltene Ergänzung ›die Kirche Jesu Christi auf Erden‹ entfallen.«

Jürgen Kampmann

Die Grundordnung der Union Evangelischer Kirchen in der Evangelischen Kirche in Deutschland von 2003

Beilage 11
Synopse: Von der Ordnung der EKU zur Grundordnung der UEK

Die Union Evangelischer Kirchen in der Evangelischen Kirche in Deutschland (UEK) ist durch den am 1. Juli 2003 vollzogenen Zusammenschluss der Gliedkirchen der Evangelischen Kirche der Union (EKU) und der in der Arnoldshainer Konferenz (AKf) mitarbeitenden evangelischen Landeskirchen –[1] einschließlich der EKU selbst, die sich nicht nur als Kirchenbund begriff, sondern den Anspruch erhob, selbst Kirche zu sein – entstanden. Während die AKf lediglich eine Arbeitsgemeinschaft der ihr angehörenden Landeskirchen darstellte, die nicht

---

1 Mitgliedskirchen der AKf waren neben den zur EKU gehörenden Gliedkirchen (Anhalt, Berlin-Brandenburg, Schlesische Oberlausitz, Pommern, Rheinland, Kirchenprovinz Sachsen, Westfalen) Baden, Bremen, Hessen und Nassau, Kurhessen-Waldeck, Pfalz als unierte Kirchen; weitere anders konfessionell bestimmte Landeskirchen arbeiteten dort ebenfalls mit (Näheres dazu s. unten); s. den Überblick bei Hüffmeier, Wilhelm: [Art.:] Arnoldshainer Konferenz, in: RGG⁴, Bd. 1, A–B, Tübingen 1998, Sp. 794.

den Status einer Körperschaft des öffentlichen Rechts besaß,[2] kam der EKU dieser Status zu; dieser wurde dann in der UEK fortgesetzt.[3]

Bereits am 10. Dezember 1997 hatte der Rat der EKU beschlossen, in Gespräche mit der AKf einzutreten, die darauf zielen sollten, das Nebeneinander von EKU und AKf zu überwinden. Die Zusammenführung gelang in einem relativ kurzen Zeitraum; seit Februar 2000 tagten der Rat der EKU und die Vollkonferenz der AKf regelmäßig gemeinsam, und auch der Theologische Ausschuss sowie der Rechtsausschuss von EKU und AKf arbeiteten gemeinsam.[4]

Aus diesem pragmatischen Kooperationsmodell von EKU und AKf erwuchs dann das Projekt ihrer Verschmelzung. Die AKf war aus einer Kommission hervorgegangen, die 1947 auf EKD-Ebene eingesetzt worden war, um in ein »verbindliches theologisches Gespräch über die Lehre vom Heiligen Abendmahl im Hinblick auf die kirchliche Gemeinschaft« einzutreten, und die 1957 ihre dazu erzielten Arbeitsergebnisse vorlegte, die dann als »Arnoldshainer Abendmahlsthesen«[5] bekannt wurden.

Weil man diese Thesen für das Zusammenwirken als grundlegend betrachtete, wählte die sich im Oktober 1966 konstituierende erste Vollkonferenz von Vertretern der Kirchenleitungen der unierten Landeskirchen (an der sich über diese hinaus auch diejenigen der Evangelisch-reformierten Kirche in Nordwestdeutschland, der Lippischen Landeskirche und der Evangelisch-lutherischen Kirche in Oldenburg sowie – als Gäste – der Evangelischen Landeskirche in Württemberg und des Moderamens des Reformierten Bundes beteiligten) bewusst die Bezeichnung »Arnoldshainer Konferenz«.[6] Grundlegend für die Zusammenarbeit war die Überzeugung, dass die Bekenntnisdifferenzen zwischen den reformatorischen Kirchen nicht mehr kirchentrennend wirken und damit Abendmahlsgemeinschaft,

---

2 S. dazu Thiele, Christoph: Die Arnoldshainer Konferenz. Struktur und Funktion eines gliedkirchlichen Zusammenschlusses aus rechtlicher Sicht (Europäische Hochschulschriften II, 2174), Frankfurt (Main) [u.a.] 1997.

3 So Vertrag über die Bildung einer Union Evangelischer Kirchen in der EKD vom 26. Februar 2003 (ABl. EKD 2003, S. 315–316), in: http://www.kirchenrecht.net/de/evkir/ (Januar 2004) als Ergänzung zu: Kraus, Dieter: Evangelische Kirchenverfassungen in Deutschland. Textsammlung mit einer Einführung, Berlin 2001.

4 S. dazu Hüffmeier, Wilhelm: Die eigenen Ziele erreicht? Zum Ende der EKU, in: Kampmann, Jürgen (Hg.): Preußische Union: Ursprünge, Wirkung und Ausgang. Eingang in vier Jahrhunderte evangelischer Kirchen- und Konfessionsgeschichte (Unio und Confessio 27), Bielefeld 2011, S. 221–239; dort S. 229 f.

5 Abgedruckt u.a. in: Burgsmüller, Alfred/Bürgel, Rainer (Hgg.): Die Arnoldshainer Konferenz. Ihr Selbstverständnis. Im Auftrage der Vollkonferenz herausgegeben, 2., veränderte und erweiterte Aufl., Bielefeld 1978, S. (47–)48–50.

6 S. Lell, Joachim: [Art.:] Arnoldshainer Konferenz, in: EKL³. Bd. 1, Göttingen 1986. Sp. 275 f.; s. Sp. 275.

gegenseitige Anerkennung der Ordination sowie gemeinsames Handeln in allen zentralen Belangen kirchlichen Handelns möglich und zu erstreben sind.[7] Eine wesentliche Zielsetzung der AKf bestand daher darin, dem Dialog über diese Fragen zu dienen und die in gemeinsamer Arbeit gewonnenen theologischen Einsichten für die an der AKf beteiligten Kirchen und darüber hinaus für die EKD insgesamt fruchtbar zu machen;[8] in der »Grundsatzerklärung der Arnoldshainer Konferenz vom 6. April/20. Juni 1967« wurde dem Ausdruck verliehen durch die Formulierung, dass diese »zu gegenseitiger Unterrichtung, gemeinsamer Beratung und vereinter Bemühung um die Förderung der Einheit der EKD« gebildet sei.[9] Schon 1969 vereinbarten die AKf-Kirchen Kanzel- und Abendmahlsgemeinschaft;[10] weit über den Rahmen der AKf zugehörigen Kirchen hinaus kamen die Anliegen der AKf dann aber insbesondere durch die 1973 formulierte Leuenberger Konkordie zum Tragen. Sie stellte für die Kirchen, die sie rezipierten, fest: »Kirchengemeinschaft im Sinne dieser Konkordie bedeutet, dass die Kirchen verschiedenen Bekenntnisstandes aufgrund der gewonnenen Übereinstimmung im Verständnis des Evangeliums einander Gemeinschaft an Wort und Sakrament gewähren und eine möglichst große Gemeinsamkeit in Zeugnis und Dienst an der Welt erstreben«.[11] In den folgenden Jahren wurden dementsprechend auch explizite Hinweise auf die Leuenberger Konkordie in die einleitenden Bestimmungen unter anderem der an der EKU beteiligten Gliedkirchen und ebenso in die Grundordnung der EKU aufgenommen:

»Die Evangelische Kirche der Union steht in Kirchengemeinschaft mit allen Kirchen, die der Konkordie reformatorischer Kirchen in Europa vom 16. März 1973 (Leuenberger Konkordie) zugestimmt haben.«[12]

---

7 A.a.O., Sp. 276.
8 S. Benn, Ernst-Viktor/Söhngen, Oskar: Auf dem Weg. Eine Denkschrift zur Situation der Arnoldshainer Konferenz, in: Burgsmüller/Bürgel, Konferenz (wie Anm. 5), S. 21–28; s. a.a.O. S. 24.
9 S. Grundsatzerklärung der Arnoldshainer Konferenz vom 6. April/20. Juni 1967, in: Burgsmüller/Bürgel, Konferenz (wie Anm. 5), S. 15 f.; Zitat S. 15.
10 S. Lell, Konferenz (wie Anm. 6), Sp. 276; die Vereinbarung ist abgedruckt bei Burgsmüller/Bürgel, Konferenz (wie Anm. 5), S. 17–19.
11 Konkordie reformatorischer Kirchen in Europa (Leuenberger Konkordie) vom 16. März 1973, in: Kraus, Kirchenverfassungen (wie Anm. 3), S. 923–931; dort Nr. 29, S. 928.
12 Ordnung der Evangelischen Kirche der Union vom 20. Februar 1951 […], neu bekanntmacht am 22. Juli 1994 […], zuletzt geändert am 6. Juni 1998 […], in: Kraus, Kirchenverfassungen (wie Anm. 3), S. 37–45; dort Art. 3 Abs. 2, S. 38.

Angesichts der Zielsetzung, bewusst ein Gespräch anzuregen über die in der EKD bestehenden bekenntnisbestimmten Differenzen zwischen den Landeskirchen, und der Überzeugung, dass »die Bekenntnisse der Reformation, unbeschadet ihrer Verbindlichkeit nach dem Verständnis der einzelnen Gliedkirchen [der EKD], auf Grund der theologischen und gesamtkirchlichen Entwicklung ihre kirchentrennende Bedeutung verloren haben«,[13] ist es konsequent, dass die AKf bewusst darauf verzichtet hat, ihrer Geschäftsordnung[14] eine Präambel voranzustellen, die denen vergleichbar wäre, die aus der aus den Bekenntnisparagraphen zur Rheinisch-Westfälischen Kirchenordnung von 1855 erwachsenen altpreußischen Traditionslinie herrühren. In der Geschäftsordnung ist lediglich davon die Rede, dass die Zusammenarbeit in der AKf dem Ziel dient, »die Übereinstimmung in wesentlichen Bereichen des kirchlichen Lebens und Handelns zu fördern und damit die Einheit der EKD zu stärken«,[15] wobei als solche »wesentlichen Bereiche« »die theologischen Fragen der Kirchengemeinschaft, Gottesdienst, Agenden, Ordination, Gemeinde und Amt, Strukturfragen und Verfassungsrecht, Mitgliedschaftsrecht, Dienst- und Arbeitsrecht, Aus- und Fortbildung, Ökumene« aufgezählt werden.[16] Ausdrücklich bleibt wird festgehalten, dass die »jeweiligen Verpflichtungen gegenüber gliedkirchlichen Zusammenschlüssen« »unberührt« bleiben.[17] Dennoch hat die Arnoldshainer Konferenz de facto nicht »präambellos« gearbeitet, da in der Grundsatzerklärung vom 6. April/20. Juni 1967 ausdrücklich festgehalten ist, dass die an der Konferenz beteiligten Mitglieder der Kirchenleitungen »die EKD, die ihrer rechtlichen Ordnung nach ein Bund bekenntnisbestimmter Kirchen ist, als Kirche im Sinne der Präambel und der in Artikel 1, 2 getroffenen Feststellungen ihrer Grundordnung« verstehen[18] und – ungeachtet dessen, dass »Lehrgrundlage und Bekenntnisbindung der in der Arnoldshainer Konferenz vertretenen Kirchen […] in deren Grundartikeln verschieden dargestellt« sind – »eine entscheidende Gemeinsamkeit in wesentlichen Aussagen« nicht ausschließen.[19] Indem man indirekt auf die Präambel und Artikel 1, 2 der Grundordnung der EKD Bezug nahm, bejahte man folgende Aussagen:

---

13 Grundsatzerklärung 1967 (wie Anm. 9), S. 15.
14 S. Geschäftsordnung für die Arnoldshainer Konferenz [in der Fassung von 1972], in: Burgsmüller/Bürgel, Konferenz (wie Anm. 5), S. 11–13; in der Fassung vom 10. April 1997 abgedruckt bei Kraus, Kirchenverfassungen (wie Anm. 3), S. 75–79.
15 Geschäftsordnung Arnoldshainer Konferenz (wie Anm. 14), S. 11, I Nr. 1.
16 A.a.O., S. 11, I Nr. 2.
17 A.a.O., S. 11, I Nr. 4.
18 Grundsatzerklärung 1967 (wie Anm. 9), S. 15, Nr. 1.
19 A.a.O., S. 16, Nr. 6.

»Grundlage [...] ist das Evangelium von Jesus Christus, wie es uns in der Heiligen Schrift Alten und Neuen Testaments gegeben ist. Indem sie diese Grundlage anerkennt, bekennt sich die Evangelische Kirche in Deutschland zu dem Einen Herrn der einen heiligen allgemeinen und apostolischen Kirche. Gemeinsam mit der alten Kirche steht die Evangelische Kirche in Deutschland auf dem Boden der altkirchlichen Bekenntnisse. Für das Verständnis der Heiligen Schrift wie auch der altkirchlichen Bekenntnisse sind in den lutherischen, reformierten und unierten Gliedkirchen und Gemeinden die für sie geltenden Bekenntnisse der Reformation maßgebend. [...] Mit ihren Gliedkirchen bejaht die Evangelische Kirche in Deutschland die von der ersten Bekenntnissynode in Barmen getroffenen Entscheidungen. Sie weiß sich verpflichtet, als bekennende Kirche die Erkenntnisse des Kirchenkampfes über Wesen, Auftrag und Ordnung der Kirche zur Auswirkung zu bringen. Sie ruft die Gliedkirchen zum Hören auf das Zeugnis der Brüder. Sie hilft ihnen, wo es gefordert wird, zur gemeinsamen Abwehr kirchenzerstörender Irrlehre.«[20]

Diese Formulierungen kamen sachlich weithin auch mit dem überein, was der der Ordnung der Evangelischen Kirche der Union vorangestellte Grundartikel[21] zum Ausdruck bringt.

Diesen Sachverhalt gilt es zu betonen, als in dem Vertrag über die Bildung einer Union Evangelischer Kirchen in der EKD (UEK) vom 26. Februar 2003 nur formal festgestellt wird, dass die vertragschließenden Kirchen, »deren Leitungen bisher in der Arnoldshainer Konferenz vertreten sind«, »künftig« die UEK bilden,[22] zu deren theologischer Grundlage und Bindung aber nichts im Detail ausgeführt wird. In der Grundordnung der UEK vom 12. April 2003 findet sich dann ebenfalls keine explizite Bezugnahme auf den Grundartikel der Ordnung der EKU, es werden aber die Anliegen der AKf rezipiert, wenn darauf hingewiesen wird, die Mitgliedskirchen der UEK seien »einig in dem Ziel, die Gemeinsamkeit in den wesentlichen Bereichen des kirchlichen Lebens und Handels zu fördern und damit die Einheit der Evangelischen Kirche in Deutschland zu stärken.«[23] Zudem wird als erste Aufgabe genannt, »theologische Gespräche und Arbeiten zu den gemeinsamen Bekenntnissen und zu Fragen der Vereinigung von Kirchen

---

20 Grundordnung der Evangelischen Kirche in Deutschland (vom 13. Juli 1948), in: KJ 72–75 (1945–1948), S. 95–105; Zitat S. 95 f.
21 S. Ordnung EKU (wie Anm. 12), S. 37 f.
22 So Vertrag Bildung UEK 2003 (wie Anm. 3), § 1, S. 1.
23 Grundordnung der Union Evangelischer Kirchen in der Evangelischen Kirche in Deutschland. Vom 12. April 2003 (ABl. EKD 2003, S. 159–162), Art. 1 Abs. 2, in: http://www.kirchenrecht.net/de/evkir/ (Januar 2004) als Ergänzung zu: Kraus, Dieter (Hg.): Evangelische Kirchenverfassungen in Deutschland. Textsammlung mit einer Einführung, Berlin 2001, S. 1.

anzuregen und voranzutreiben.«[24] Auch die übrigen Aufgaben der AKf werden als solche der UEK fortgeführt,[25] mit Blick auf die EKD übernimmt die UEK allerdings nur solche Funktionen, die nicht von der EKD selbst wahrgenommen werden:

> »Soweit Aufgaben von der Evangelischen Kirche in Deutschland für alle Gliedkirchen wahrgenommen werden, entfällt eine eigenständige Aufgabenerfüllung der Union.«[26]

Auch daran ist zu erkennen, dass die UEK als Übergangsstruktur angelegt worden ist, die auf einen Ausbau der von der EKD eigenständig wahrgenommenen Verantwortungsbereiche zielt. Explizit gemacht ist dies in § 7 des Vertrags über die Bildung der UEK durch eine bedingte Selbstauflösungsklausel: »Jeweils ein Jahr vor Ablauf der [auf sechs Jahre bemessenen][27] Amtszeit wird die Vollkonferenz prüfen, ob die Verbindlichkeit des gemeinsamen Lebens und Handelns innerhalb der Evangelischen Kirche in Deutschland so weit verwirklicht worden ist, dass ein Fortbestand der Union in ihrer bisherigen Form entbehrlich ist.«[28]

Mit dem Ende des Jahres 2006 stellte dann die Kirchenkanzlei der UEK in Berlin ihre eigenständige Tätigkeit ein; seitdem werden die Aufgaben der UEK von einer in Verbindung mit der Kanzlei der EKD in Hannover arbeitenden kleinen Dienststelle wahrgenommen.[29] Und ein weiterer Schritt der UEK in Richtung auf eine noch engere Verbindung mit der EKD ist 2009 dadurch erfolgt, dass die Mitglieder der UEK-Vollkonferenz in Personalunion auch Mitglieder der EKD-Synode sind[30] und die Tagungen der Vollkonferenz in der Regel gleichzeitig mit der der EKD-Synode stattfinden.[31]

---

24 S. a.a.O., S. 2: Grundordnung UEK Art. 3 Abs. 1 Nr. 1.
25 S. a.a.O., S. 2: Grundordnung UEK Art. 3 Abs. 1 Nr. 2–7.
26 S. a.a.O., S. 2: Grundordnung UEK Art. 3 Abs. 2.
27 S. a.a.O., S. 4: Grundordnung UEK Art. 7 Abs. 1.
28 Vertrag Bildung UEK 2003 (wie Anm. 3), § 7, S. 3.
29 S. dazu Hüffmeier, Ziele (wie Anm. 4), S. 232 f.
30 So Grundordnung der Union Evangelischer Kirchen in Deutschland (Neufassung 2008), Art. 7 Abs. 2; abgedruckt in Abl. EKD 2009, S. 45–48; dort S. 47.
31 S. ebd.: Grundordnung UEK 2008, Art. 8 Abs. 1.

Axel Noack

Die Kirchenverfassung der Evangelischen Kirche in Mitteldeutschland von 2009

Beilage 12
Synopse: Zur Entstehung der Kirchenverfassung der Evangelischen Kirche in Mitteldeutschland (2009)

1. Historischer Rückblick

»Die Evangelische Kirche in Mitteldeutschland umfasst als Landeskirche das Gebiet der ehemaligen Evangelischen Kirche der Kirchenprovinz Sachsen und der ehemaligen Evangelisch-Lutherischen Kirche in Thüringen. Sie ist Rechtsnachfolgerin.«

So lautet Artikel 1 der neuen Kirchenverfassung, die am 1. Januar 2009 in Kraft getreten ist.[1] Das ist korrekt und richtig und sagt dennoch nur wenig darüber aus, was mit der Vereinigung der beiden Landeskirchen kirchengeschichtlich, theologisch und kirchenrechtlich wirklich geschehen ist.

Hier haben sich zwei Landeskirchen vereinigt, die je für sich eine eigene, nicht immer leicht verständliche Entstehungsgeschichte und Geschichte hinter sich hatten.

---

1 Verfassung der Evangelischen Kirche in Mitteldeutschland vom 5. Juli 2008, in: Amtsblatt der Föderation Evangelischer Kirchen in Mitteldeutschland Nr. 8 vom 15. August 2008, S. 183 ff.

Beide Landeskirchen haben ihre je eigene Verfassung und Rechtsgestalt in den Jahren nach dem Zweiten Weltkrieg erhalten, reichen aber historisch und territorial wesentlich weiter zurück.

Beide Kirchen verdanken ihre konfessionelle Ausprägung der lutherischen Reformation in Mitteldeutschland, ja sie bilden das eigentliche Zentrum dieser Reformation.

Dennoch haben sie sich sehr unterschiedlich entwickelt. Die Evangelische Kirche der Kirchenprovinz Sachsen, als eigenständige Landeskirche hervorgegangen aus der Evangelischen Kirche der altpreußischen Union (APU), verstand sich als unierte Kirche und gehörte – unter dem Dach der EKD – zu dem »gliedkirchlichen Zusammenschluss« »Evangelische Kirche der Union« bzw. seit 2003 zur »Union Evangelischer Kirchen in der EKD«.

Die Gestalt der Evangelischen Kirche der Kirchenprovinz Sachsen ist mit der preußischen Provinz Sachsen, wie sie 1815 gebildet wurde, nahezu identisch.

Die Evangelisch-lutherische Kirche in Thüringen hat ihre territoriale Gestalt bei ihrer Begründung 1919 erhalten, als sich sieben bzw. acht kleinere Landeskirchen, die Landeskirchen ehemalig selbstständiger Fürstentümer, in Parallele zur Bildung des Freistaates Thüringen auch zu einer Landeskirche zusammenschlossen.

Die »Thüringer Evangelische Kirche« – unter diesem Namen war sie, noch ohne die »Evangelisch-lutherische Kirche von Reuß ältere Linie«, 1919 gegründet worden – entstand unter dem wesentlichen Einfluss der liberalen Theologie der Jenaer Theologischen Fakultät. Sie war bekenntnismäßig zunächst nicht festgelegt.[2] Der § 3 (bzw. Artikel 3 der »Acht Artikel«, die am 19. Dezember 1919 einstimmig angenommen worden waren) der damaligen Kirchenordnung beschrieb die Thüringer Kirche als »Heimat evangelischer Freiheit und Duldsamkeit«. Diese bekenntnismäßige Indifferenz war der Grund dafür, warum die »Evangelisch-lutherische Kirche von Reuß ältere Linie« nicht bereit war, der neuen Landeskirche beizutreten. Sie wurde erst 1934 im Zuge der allgemeinen, aber auch rechtswidrigen Eingliederung durch Verordnung der Deutschen Evangelischen Kirche und ihres Reichsbischofs mit der Thüringer Landeskirche zwangsvereinigt. Schon 1924 war in die Verfassung der Kirche nachträglich eingefügt worden, dass die Kirche ihrem »Ursprung und Wesen nach eine Kirche lu-

---

2 Vgl. den Bericht im Kirchlichen Jahrbuch 47 (1920), S. 397–405. Vgl. auch Koch, Ernst: 75 Jahre Protestantismus in Thüringen 1921–1996 – Beobachtungen zum Weg einer jungen mitteldeutschen Landeskirche, in: Blätter des Vereins für Thüringische Geschichte e.V. 7 (1997), Heft 1, S. 6–14; unpaginiert verfügbar: http://www.ekmd.de/attachment/aa234c91bdabf36adbf227d333e5305b/1d95f0aa7aaf0b357a4e2b2a4df18e5c/Ernst_Koch_75_Jahre_Thueringer_Landeskirche.pdf.

therischen Bekenntnisses« sei, was im Blick auf die vorherigen kleinen, meist sächsisch-lutherisch geprägten Teilkirchen überwiegend zutrifft, auch wenn es in manchen Bereichen (etwa im Amt Vacha) reformierte Gemeinden gegeben hat und in Weimar sogar eine Unionsgemeinde mit richtigem Unionsvertrag entstanden war.[3]

1948, also noch vor dem Zusammentritt einer ordentlichen Synode, wurde das »lutherisch« in den Namen der Kirche aufgenommen: »Evangelisch-lutherische Kirche in Thüringen«. Damals wurde im Blick auf die fast durchgängige Beherrschung der Eisenacher Kirchenleitung durch die Deutschen Christen (DC) während der Zeit des Dritten Reiches festgestellt:

> »Es gab viele Kanäle, durch die die Irrlehre in unsere Thüringer evangelische Kirche eindringen und so mächtig werden konnte. Der traditionelle Liberalismus war der Hauptschrittmacher der deutschchristlichen Lehre. Diesen Liberalismus haben wir auch den gefährlichen § 3 der Verfassung zu verdanken.«[4]

Diese Kirche gehörte dann von ihrer Gründung an auch zur »Vereinigten evangelisch-lutherischen Kirche in Deutschland« (VELKD).

Beide Kirchen wichen (und weichen) also in ihrem untereinander verzahnten Territorium ziemlich stark von der heutigen Ländergliederung ab, wie sie auch schon die Auflösung der Länder und die Bildung der Bezirke in der DDR 1952 nicht mitvollzogen hatten. Die neue mitteldeutsche Landeskirche reicht daher heute in vier der fünf neuen Bundesländer.

Die historische Linie lässt sich aber noch viel weiter zurückverfolgen: Mit der Evangelischen Kirche in Mitteldeutschland (EKM) ist nämlich eine Kirche entstanden, in der zum ersten Mal seit dem Schmalkaldischen Krieg 1547 das Gebiet der Heimat Luthers unter eine gemeinsame kirchliche Verwaltung gestellt worden ist. Das ist ein historisch bedeutsamer Schritt. 1485 war Sachsen in der Leipziger Teilung in einen ernestinischen Teil mit Regierungssitz in Torgau und Wittenberg und einen albertinischen Teil mit Regierungssitz in Dresden aufgeteilt worden. Die Bezeichnungen gehen auf die Namen der beiden Brüder Ernst und Albrecht zurück. Die Kurwürde blieb bei Ernst und seinen Nachfolgern bis 1547.

---

3 Zur Union in Weimar s. Jauernig, Reinhold: Der Bekenntnisstand der Thüringischen Landeskirchen. Eine kirchenrechtliche und kirchengeschichtliche Untersuchung. Als Vortrag dargeboten im Auftrag der Thüringer Kirchlichen Konferenz auf ihrer 50. Jubeltagung am 28. Mai 1929 in Rudolstadt (Thüringen), Gera 1930, S. 42–75.

4 So eine Darstellung von Superintendent Gerhard Bauer aus dem Jahre 1945, zitiert nach Seidel, Thomas A[…]: Im Übergang der Diktaturen – Eine Untersuchung zur kirchlichen Neuordnung in Thüringen 1945–1951, Stuttgart 2003, S. 171.

Axel Noack

Nach dem für die evangelischen, im Schmalkaldischen Bund organisierten Fürsten verlorenen Krieg wurde das ernestinische Sachsen faktisch zerschlagen. Es verlor die Würde, ein Kurfürstentum zu sein. Viele Einwohner und Angehörige der berühmten Universität Wittenberg gingen weg. Etliche haben sich im südlichen Landesteil niedergelassen und dort als Ersatz für das verlorene Wittenberg die Universität Jena gegründet.

Ein großer Teil des Landes ging ans albertinische Sachsen, also nach Dresden über. Dieser sogenannte »Kurkreis« (und einige Teile mehr!) wurde erst 1815 preußisch und gehört heute zur EKM. Der größere Teil von »Rest-Ernestinien« (einschließlich der Wartburg) liegt im heutigen Freistaat Thüringen. Diese thüringischen ernestinischen Lande sind im Laufe der Geschichte durch verschiedentliche Erbteilungen schließlich (1826) zu vier kleineren Fürstentümern umgebildet worden, die erst nach dem Ersten Weltkrieg im Thüringischen Freistaat (zusammen mit schwarzburgischen und reußischen Fürstentümern) wieder vereinigt wurden. Das Gebiet des ehemaligen ernestinischen Sachsen ist heute – jedenfalls kirchlich – wieder vereinigt, freilich mit einer wichtigen Ausnahme: Die Stadt Coburg und deren Umfeld, der Landesteil Sachsen-Coburg, hatten sich 1919 in einem Volksentscheid mehrheitlich für den Anschluss an Bayern entschieden.

Die Mitteldeutsche Kirche hat heute also zwei – und nimmt man das aus Kurmainz stammende Erfurt hinzu – drei »Hausuniversitäten«, wo Pfarrerinnen und Pfarrer, Lehrerinnen und Lehrer ausgebildet werden können: Die Universitäten in Halle-Wittenberg, Jena und Erfurt.

Aber die EKM umfasst heute weit mehr als das alte »Ernestinien«. Große Teile kommen hinzu: Die Altmark als der älteste preußische Teil der EKM, das Herzogtum Halle-Magdeburg, das Stiftsgebiet des alten Magdeburger Erzstiftes, das 1680 preußisch wurde.

Genau in diesem letztgenannten Landesteil (und nur dort!) wurden nach dem Dreißigjährigen Krieg und dem Toleranzedikt des preußischen Kurfürsten von 1685 Glaubensflüchtlinge vor allem aus Frankreich und der Pfalz angesiedelt. So kamen reformierte Christen in das lutherisch geprägte Land. Das sind im Laufe der Jahrhunderte viel weniger geworden, aber es gibt hier noch reformierte Gemeinden – fünf werden heute als eigenständige Gemeinden ausgewiesen.

Weitere große Teile von Kurmainz (Erfurt, seine »Küchendörfer« und das gesamte Eichsfeld) kamen im Reichsdeputationshauptschluss von 1803 zu Preußen, ebenfalls die Freien Reichsstädte Nordhausen und Mühlhausen. Fast einhundert kleinere Erwerbungen wären außerdem noch zu nennen. Dennoch bleibt es dabei: Das Gebiet, welches die längste gemeinsame Tradition aufweist, nämlich die der gemeinsam erlebten Reformation unter dem Kurfürsten Friedrich dem Weisen und seinem Nachfolger, also Wittenberg und Eisenach, ist erst jetzt wieder zusammengekommen.

2. Gründe für die Fusion

Historische Rückblicke können helfen und manches verständlicher machen, eine Fusion rechtfertigen können sie nicht. Deshalb ist zu fragen, wo die konkreten Anlässe für die Fusion zur Mitteldeutschen Kirche zu suchen sind: Die östlichen Landeskirchen sind nicht nur zahlenmäßig geschwächt, haben also in den DDR-Jahren Mitglieder verloren. Nein, sie haben die Mitglieder aus bestimmten sozialen Schichten verloren: Besonders haben diejenigen der Kirche – oder sehr häufig der ganzen DDR – den Rücken gekehrt, die es zu etwas bringen wollten. So fehlten 1990 fast alle Lehrer und die Beschäftigten im öffentlichen Dienst; Offiziere und Mitarbeiter der Justiz fehlen nahezu vollständig. Aber auch alle wirtschaftsleitenden Leute und Großverdiener wird man in den Kirchen des Ostens vergeblich suchen. Sie sind die »Kirche der kleinen Leute« geworden, also derjenigen, die weniger verdienen und also auch nur sehr viel weniger Kirchensteuer bezahlen können. (Zwei Zahlen zum Vergleich: Das Aufkommen an Kirchensteuer betrug noch im Jahr 1997 – als die Kirchenleitung der Kirchenprovinz Sachsen begann, sich nach einem Partner umzusehen – in der Kirchenprovinz Sachsen ca. 97,00 DM pro Gemeindeglied, im Rheinland aber 360,00 DM.)

Mitte der 1990er Jahre, als sich die kirchlichen finanziellen Prognosen verdunkelten, mussten die Kirchenleitungen zu einschneidenden Stellenkürzungen und Einsparmaßnahmen greifen. Im Zusammenhang dieser Überlegungen wurde schnell deutlich, dass die Landeskirchen vor einer entscheidenden Frage standen – ob es gelingen würde, die »Qualität« einer Landeskirche weiterhin zu sichern.

In Deutschland gibt es sehr große und natürlich auch wesentlich kleinere Landeskirchen. Gerade für die mittelgroßen Landeskirchen (wie die Kirchenprovinz Sachsen und Thüringen) bestand die Aussicht, nun auch zu einer der kleinen Kirchen zu werden. Der Unterschied liegt dabei nicht nur in der Zahl der Gemeindeglieder, sondern vor allem auch darin, ob eine Kirche über die Kirchengemeinde hinaus übergemeindliche Arbeit leisten kann – ob sie zum Beispiel in der Lage ist, eigene Ausbildungsstätten zu unterhalten und in den gesellschaftlichen Bereich hineinzuwirken, indem sie Evangelische Akademien und Umwelt- und Friedensarbeit unterhält, und ob sie in der Sonderseelsorge (Krankenhaus-, Notfall-, Polizei-, Telefon- und Urlauberseelsorge usw.) tätig sein kann. Nicht zuletzt geht es auch um die Fragen der Weltverantwortung, etwa der kirchlichen Entwicklungshilfe. Die großen Landeskirchen in Deutschland sahen und sehen sich (noch) nicht vor solche Fragen gestellt. Und die ganz kleinen Landeskirchen hatten mit dieser Frage auch wenig zu tun, da sie ohnehin kaum übergemeindliche Arbeit leisten, ihre Mitarbeiterinnen und Mitarbeiter in anderen Landeskirchen zur Ausbildung schicken und im Grunde davon leben, dass die großen Landeskirchen neben ihnen existieren.

Eine mittelgroße Landeskirche steht also gewissermaßen »auf der Kippe« und damit vor einer entscheidenden Frage. Schnell wurde in der Kirchenprovinz Sachsen klar, dass sie sich nach einer Partnerin würde umsehen müssen, wenn sie den Status einer wirklichen »Landeskirche« weiterhin sichern wollte. Auf der Sitzung der Kirchenleitung der KPS am 29./30. August 1997 wurde als Auftrag an die Verwaltung beschlossen, Gespräche mit der Thüringischen, der Anhaltischen, der Sächsischen Landeskirche und der Kirche von Berlin-Brandenburg aufnehmen,

> »[…] mit dem Ziel auszuloten, weiter notwendig werdende Einsparungen insbesondere durch Zusammenlegung von Einrichtungen und Diensten zu realisieren.«[5]

Diese »Gespräche« wurden mit sehr unterschiedlichem Erfolg geführt. Sie sind auf das Genaueste dokumentiert.[6] Am Ende ergab sich, dass mit Thüringen am besten voranzukommen sei. Zudem: Auch die Thüringer hatten schon von sich aus nach Nachbarn »Ausschau« gehalten und ähnliche Erfahrungen wie die KPS gemacht.

Dabei haben sich dann die Gründe etwas verschoben: Sicherlich ging es auch um Einsparungen, speziell um Einsparungen auf der oberen Ebene, denn in den Kirchenkreisen und Gemeinden wurde seit der Wendezeit in beiden Teilkirchen schon kräftig eingespart und zusammengelegt. Das ist auf der Ebene der Kirchenleitung nicht im gleichen Maße passiert. Allerdings waren auch übergemeindliche Arbeitsbereiche wie Frauenarbeit, Männerarbeit, Friedensarbeit, Umweltarbeit usw. betroffen. Manche Arbeitsbereiche waren schon bis zur Unkenntlichkeit »zusammengespart« worden. Es ging also zunehmend darum, mit einer anderen Landeskirche gemeinsam wieder die Konsolidierung zu schaffen.

---

5 Beschluss der Kirchenleitung der KPS vom 30. August 1997, Beschlussprotokoll, unveröffentlicht (Sammlung Noack).
6 Vgl. Hübner, Hans-Peter: Die Föderation Evangelischer Kirchen in Mitteldeutschland – Zum Stand, dem Erreichten und den offenen Fragen der Föderation zwischen der Evangelischen Kirche der Kirchenprovinz Sachsen und der Evangelisch-Lutherischen Kirche in Thüringen, in: Zeitschrift für evangelisches Kirchenrecht 51 (2006), S. 3–48.

3. Der Weg bis zur Fusion: 1997 bis 1. Januar 2009

Sehr vereinfacht lassen sich zwei »Gangarten«, nämlich »Wandern« und »Spazierengehen« unterscheiden. Wer wandert, hat ein Ziel. Es ist klar, wo er hin möchte. Zur Not lässt sich auch ein Umweg gehen oder eine Pause einlegen.

Wir haben eher das Modell »Spazierengehen« praktiziert. Das heißt, man geht erst einmal los und entscheidet unterwegs, wo weitergegangen, abgebogen oder umgekehrt wird. Deshalb wurden so viele Zwischenetappen durchlaufen: Zunächst wurde auf eine Kooperation gezielt. Dann gab es eine Föderation, und die sollte ausgearbeitet und »verdichtet« werden zu einer »verdichteten Föderation«, und erst dann kam der Gedanke an eine Fusion ins Spiel. Das war ein langer, zum Teil auch schmerzlicher Lernprozess. Für die Phase der Kooperation war vor allem an die Kooperation der Arbeitsfelder, also Frauenarbeit und Männerarbeit usw., gedacht. Sie sollten miteinander gemeinsame Sache machen. Schnell war zu spüren: Die machen nur dann gemeinsame Sache, wenn es auch eine gemeinsame Leitung und einen gemeinsamen Leitungswillen gibt. Die Kooperation wurde durch einen am 18.11.2000 in beiden Synoden abgestimmten Kooperationsvertrag besiegelt.[7] Am 13. Januar 2001 nahm daraufhin in Neudietendorf der neugebildete »Kooperationsrat« seine Arbeit auf.

Vier Jahre später war erneut, nämlich über einen Föderationsvertrag abzustimmen.[8] Die Föderation hatte dann schon eine gemeinsame Leitung, allerdings zusätzlich zu den immer noch vorhandenen eigenen Kirchenleitungen und Synoden. Mit der Kooperation und dem neu gebildeten »Kooperationsrat« wurde also eine weitere Ebene »eingeschoben«. Am Ende hat das die Arbeit nicht nur erleichtert, sondern viel komplexer gemacht. Auch zum Zeitpunkt, als für die dann folgende »Föderation« eine neue gemeinsame Verfassung erarbeitet wurde, war noch nicht über eine mögliche Fusion entschieden. Sie zeichnete sich aber am

---

7 Vertrag zwischen der Evangelischen Kirche der Kirchenprovinz Sachsen und der Evangelisch-Lutherischen Kirche in Thüringen über ihre verbindlich strukturierte Kooperation mit dem Ziel der Föderation (Kooperationsvertrag), in: Amtsblatt der Evangelisch-Lutherischen Kirche in Thüringen 54 (2001), Nr. 1, 15. Januar 2001, S. 27 ff. Die Unterzeichnung des Vertrages geschah feierlich in Allstedt, jenem kirchengeschichtlich bedeutsamen Ort, der politisch zum Land Sachsen-Anhalt, kirchlich aber zur Thüringischen Kirche gehörte.

8 Vertrag zwischen der Evangelischen Kirche der Kirchenprovinz Sachsen und der Evangelisch-Lutherischen Kirche in Thüringen über die Bildung der Föderation Evangelischer Kirchen in Mitteldeutschland (Föderationsvertrag) vom 18.4.2004, in: Amtsblatt der Evangelisch-Lutherischen Kirche in Thüringen 57 (2004), Nr. 6, 15. Juni 2004, S. 83 f.

Horizont ab, und so wurden von der Verfassungskommission parallel zwei Verfassungsentwürfe erarbeitet: ein Entwurf für eine föderierte Kirche und ein Entwurf für eine vereinigte Kirche. (Dabei war sofort deutlich: Nur für die Verfassung/Grundordnung einer wirklich fusionierten Kirche würde die Erarbeitung eines ausgeprägten Bekenntnisteils nötig werden.) Der Weg bis zur Fusion war also langwierig, und möglicherweise haben auch Ermattungen den Fusionswillen gestärkt: Wenn es nämlich drei Synoden und drei Kirchenleitungen gibt, wächst der Abstimmungsbedarf und steigt die Zahl der Sitzungen steil an.

Übrigens: Im Norden, bei der Bildung der Nordkirche, ist man genau anders vorgegangen: Zuerst wurde über eine Fusion entschieden, dann ging man an deren Ausgestaltung. Auch hier traten manche Schwierigkeiten und Verzögerungen auf, aber die Zielstellung war von vornherein klar.

Deutlich wurde aber auch: Wenn zwei Kirchentümer auch eine lange Tradition einer historischen Verbindung zueinander haben, so haben sich im Laufe der Jahre nach 1815 bzw. nach 1918 sehr unterschiedliche Entwicklungen vollzogen. Die Kirchen haben sich stark auseinanderentwickelt. Dieser Tatsache mussten sich die heutigen Kirchenleitungen stellen und haben das auf unterschiedlichen Wegen versucht. Ein Dokument dieser Arbeit trägt den bezeichnenden Titel: »Identität und Identitäten« und versucht, die mittlerweile gewachsenen Unterschiede ehrlich und offen zu benennen.[9]

4. Die gemeinsame Kirchenverfassung

Um es kurz zu sagen: Die verschiedenen Bekenntnistraditionen waren es im Grunde nicht, die die Fusionsbemühungen schwierig machten. Manchmal wurden sie vorgeschoben, und oft wurde von außen gefragt, ob das denn gehe, eine unierte und eine lutherische Kirche miteinander zu vereinigen. Besonders die gliedkirchlichen Zusammenschlüsse waren anfangs dem Vorhaben gegenüber äußerst skeptisch eingestellt. Hier hat es sich im Nachhinein als Vorteil erwiesen, dass Vertreter von EKU/UEK und VELKD schon an den ersten gemeinsamen

---

9 Vgl. Identität und Identitäten – Erklärung des Kooperationsrates zu den Grundlagen einer Föderation aus Evangelischer Kirche der Kirchenprovinz Sachsen und Evangelisch-Lutherischer Kirche in Thüringen, vorgelegt zur Sondertagung der XIII. Synode der Evangelischen Kirche der Kirchenprovinz Sachsen, 26. bis 27.3.2004, Drucksache Nr. 02.B/04, in: Amtsblatt der Evangelisch-Lutherischen Kirche in Thüringen 57 (2004), Nr. 5, 15. Mai 2004, S. 282 ff.

Verhandlungen beteiligt waren, als noch gar nicht an eine Fusion gedacht wurde. Am Ende musste dann die Möglichkeit der Doppelmitgliedschaft in beiden Zusammenschlüssen den Verantwortlichen etwas abgetrotzt werden.[10]

Die wirklichen Schwierigkeiten zeigten sich an Diskussionen um Standortfragen und Finanzen. Das sind nicht gerade die Hochstunden des geistlichen Lebens, wenn versucht wird, mit »theologischen Gründen« nachzuweisen, dass das Kirchenamt unbedingt in Magdeburg sein muss oder in Eisenach, oder wenn sich die Mitarbeitervertretungen der beiden Kirchen eigentlich nur in dem einen Punkt einig waren: »Doppelstandort des Kirchenamtes«.

Am Ende ging es darum aushandeln, was der jeweils anderen Seite »zugemutet« werden konnte. Als der Kompromiss dann geschlossen war, war der Durchbruch erzielt und in einem Vertrag besiegelt.[11]

Der Fusionsvertrag musste wirklich ausgehandelt werden. Demgegenüber verlief die Erarbeitung der neuen gemeinsamen Verfassung geradezu harmonisch. Die Positionen waren auch dabei durchaus strittig, aber eben nicht einfach auf die beiden alten Landeskirchen zu verrechnen. Hier saßen sich nicht Verhandlungspartner gegenüber, hier wurde miteinander um die beste Lösung gerungen. Allerdings ist es keine sehr komfortable Situation, eine Verfassung mit drei Synoden und drei Kirchenleitungen zu erarbeiten und mit der jeweils nötigen verfassungsändernden Mehrheit zu beschließen. Bedenkt man diesen schwierigen Entstehungsprozess recht, wird man nicht umhin können zu sagen: Dafür ist die Verfassung gut geraten![12]

Die neue Verfassung trägt den Namen einer »Verfassung« bzw. einer »Kirchenverfassung« und nicht den einer »Grundordnung«. Hierin wird eindeutig von der Tradition der ehemals preußischen Provinzialkirchen abgegangen. Diese hatten sich – im Ergebnis der Arbeit des altpreußischen Verfassungsausschusses der Jahre 1946 bis 1948 – dafür entschieden, vom Vorbild der altpreußischen Verfas-

---

10 Vgl. das von den Ämtern der UEK und der VELKD gemeinsam verantwortete »Konsenspapier zur Doppelmitgliedschaft der Evangelischen Kirche in Mitteldeutschland in der UEK und der VELKD« vom 4. März 2008, Maschinenschrift, 5 Seiten (Sammlung Noack).

11 Vgl. den Vertrag zwischen der Evangelischen Kirche der Kirchenprovinz Sachsen und der Evangelisch-Lutherischen Kirche in Thüringen über die Vereinigung zur Vereinigten Evangelischen Kirche in Mitteldeutschland (»Vereinigungsvertrag«); s. Kirchengesetz über die Zustimmung zum Vereinigungsvertrag zwischen der Evangelischen Kirche der Kirchenprovinz Sachsen und der Evangelisch-Lutherischen Kirche in Thüringen. Vom 17. November 2007, in: Amtsblatt der Föderation Evangelischer Kirchen in Mitteldeutschland 3 (2007), Nr. 12, 15. Dezember 2007, S. 282–283.

12 Vgl. Kallenbach, Ruth: Die Verfassung der Evangelischen Kirche in Mitteldeutschland – ein Praxisbericht, in: Zeitschrift für evangelisches Kirchenrecht 54 (2009), S. 399–416.

sungsurkunde von 1922/1924 abzuweichen, die – ganz im Sohmschen Geiste – nur »äußere Dinge« regeln wollte.¹³ Vielmehr war unter den östlichen Kirchenprovinzen gemeinsam verabredet worden, wieder stärker an die reformatorischen »Kirchenordnungen« anzuknüpfen.¹⁴

Inhaltlich gleicht die neue Kirchenverfassung allerdings viel stärker einer »Grundordnung« im beschriebenen Sinne. Sie enthält dezidierte Aussagen zum Bekenntnis der Kirche und gibt durch die Grundartikel auch inhaltliche theologische Richtungsentscheidungen vor.

Die konfessionell unterschiedliche Ausprägung der bisherigen Landeskirchen wurde dadurch aufgefangen und in einer Kirche vereinigt, dass die Bekenntnisbindung an den Kirchengemeinden festgemacht wurde. Sie sind die »Träger« der jeweiligen konfessionellen Ausprägung und leben miteinander, in einer Landeskirche verbunden:

> »Im Verständnis des von den Reformatoren gemeinsam bezeugten Evangeliums bleibt sie den in ihren Gemeinden geltenden Bekenntnissen verpflichtet.«¹⁵

Hier hat auch die Aufzählung der in den einzelnen Konfessionen in Geltung stehenden Bekenntnisschriften der Reformationszeit ihren Platz – wiederum, wie schon in der Grundordnung der alten Kirchenprovinz, mit der einschränkenden Zusatzformulierung zur Konkordienformel: »[…] wo sie anerkannt ist.«¹⁶

Ansonsten entspricht die Aufzählung der einzelnen Bekenntnisschriften exakt dem Vorbild in den Ordnungen der ehemaligen Teilkirchen.¹⁷

---

13 Verfassungsurkunde der Evangelischen Kirche der altpreußischen Union von 1922/1924, s. Verfassungsurkunde der Evangelischen Kirche der altpreußischen Union. Vom 29. September 1922, in: Lüttgert, G[ottlieb]: Verfassungsurkunde für die Evangelische Kirche der altpreußischen Union vom 29. September 1922. Für den Handgebrauch erläutert und mit den zugehörigen Gesetzen hg. Ausgabe für Rheinland und Westfalen, Berlin 1925, S. 19–252, dort (S. 19) Vorspruch: »Für ihre äußere Ordnung gibt sie sich nachstehende Verfassung. Bekenntnisstand und Union in der Kirche, den Kirchenprovinzen und den Gemeinden werden dadurch nicht berührt.«

14 Vgl. dazu: Benn, Ernst Viktor (Hg.): Aufgaben neuer Kirchenordnungen für die östlichen Provinzialkirchen Altpreußens – Denkschrift des Ordnungsausschusses der Evangelischen Kirche der Evangelischen Kirche der altpreußischen Union für die östlichen Provinzen, Stuttgart o. J. [1947], S. 3 ff.

15 Verfassung der Evangelischen Kirche in Mitteldeutschland vom 5. Juli 2008. Hg. vom Kirchenamt der Föderation Evangelischer Kirchen in Mitteldeutschland. Ruth Kallenbach in Zusammenarbeit mit Michael Germann, Eisenach 2008, Präambel Ziffer 4, Satz 2, S. 8.

16 Präambel Ziffer 4, Satz 3, ebd.

17 Die reformierten Texte (Confessio Sigismundi, Confession de Foi und Discipline Ecclésiastique), die sich in der Grundordnung der Kirchenprovinz in einer Fußnote fan-

Auch im Blick auf die Barmer Theologische Erklärung von 1934 und die Leuenberger Konkordie von 1973 bringt die neue Verfassung keine inhaltliche Neuerung oder Erweiterung.[18]

Neu und für die Vereinigung in gewisser Weise konstitutiv ist der Bezug auf die »Gemeinsame Erklärung zu den theologischen Grundlagen der Kirche und ihrem Auftrag in Zeugnis und Dienst« vom 23. Mai 1985.[19]

Hier wird ausdrücklich eine Erklärung bekräftigt, die 1985 im Nachgang zu dem letztlich gescheiterten Versuch der Bildung einer »Vereinigten Evangelischen Kirche in der DDR« (VEK) erwachsen ist. Dieser Versuch ist nicht an Thüringen oder der Kirchenprovinz Sachsen gescheitert. Im Gegenteil: In Thüringen und in der Kirchenprovinz Sachsen waren die entsprechenden Texte alle mit der nötigen verfassungsändernden Mehrheit verabschiedet worden. Das konnte zum Anlass dafür genommen werden, auf einen schon gemeinsam verabschiedeten Bekenntnistext zu verweisen. Diese Gemeinsame Erklärung entstand – durch Überarbeitung – aus der für die VEK-Verfassung vorgesehenen Präambel bzw. dem Grundartikel, stellt also ein gemeinsam getragenes Erbe aus der »Konkursmasse« des Versuchs der Bildung einer vereinigten Kirche.[20] Die hier

---

den, sind jetzt ebd. in den Text der Präambel (Ziffer 4, Satz 4) aufgenommen. Die Aufzählung der lutherischen Bekenntnisschriften, die in der Verfassung der Thüringischen Kirche bisher nur summarisch genannt waren, erfährt (ebd.) eine Ergänzung hinsichtlich des »Traktat[s] über Gewalt und Oberhoheit des Papstes«. Dabei handelt es sich aber nicht um eine inhaltliche Erweiterung. Dieser Traktat galt vielmehr früher als Anhang zu den Schmalkaldischen Artikeln. Hier wird er nur einzeln aufgelistet.

18 S. Präambel Ziffern 5 und 6 (a.a.O., S. 9).
19 Präambel Ziffer 6, Satz 2, ebd.
20 S. Gemeinsame Erklärung zu den theologischen Grundlagen der Kirche und ihrem Auftrag in Zeugnis und Dienst. Vom 23. Mai 1985, in: ABl. EKD 1987, Nr. 95, 15. Mai 1987, S. 243 f. Darin findet sich die Formulierung: »Die Gliedkirchen, der Bund der Evangelischen Kirchen, die Evangelische Kirche der Union und die Vereinigte Evangelisch-Lutherische Kirche sind darin einig, daß die Erfahrung des gemeinsamen Kircheseins sie zur Vertiefung der Gemeinschaft kirchlichen Lebens in dessen vielfältigen Bereichen und auf allen Ebenen verpflichtet (Bundessynode Züssow 1976). Die Gliedkirchen, der Bund, die Evangelische Kirche der Union und die Vereinigte Evangelisch-Lutherische Kirche erklären aus dieser Erkenntnis heraus ihre Bereitschaft, innerhalb eines Zeitraumes von etwa sechs Jahren auf eine neue Gestalt ihrer Gemeinschaft zuzugehen, die – Kirche als Gemeinschaft von Kirchen ist; – in ihrem Selbstverständnis gekennzeichnet ist durch Übereinstimmung in den Grundlagen der Verkündigung, durch Wahrung der Bekenntnisbestimmtheit bei gegenseitigem Hören auf die unterschiedlichen Bekenntnisse sowie durch Wahrung der rechtlichen Selbständigkeit der Gliedkirchen; – den Gemeinden und Christen Hilfe gibt, in Verkündigung, Seelsorge, Unterweisung und diakonischen Handeln dem Auftrag Jesu Christi zu ent-

bekräftigte »Gemeinsame Erklärung« bildet damit eine gute Ausgangsbasis für die Fusion der beiden Landeskirchen.

Die letzte Bundessynode des DDR-Kirchenbundes hatte dazu sogar noch beschlossen:

> »Die Synode erwartet von der Gemeinsamen Kommission [Ost-West-Kommission], daß geprüft wird, wie die ›Gemeinsame Erklärung zu den theologischen Grundlagen der Kirche und ihrem Auftrag in Zeugnis und Dienst‹ von der EKD aufgenommen und die im Bund erreichte Gemeinschaft von Kirchen als Kirche für die Vertiefung der Gemeinschaft zwischen den Kirchen in der EKD fruchtbar gemacht werden kann.«[21]

Der Westteil der noch nicht wiedervereinigten EKD-Synode hat dazu in aufnehmender, aber auch abschwächender Weise beschlossen:

> »Nach der Zusammenführung der Gliedkirchen des BEK mit der EKD soll die ›Gemeinsame Erklärung zu den theologischen Grundlagen der Kirche und ihrem Auftrag in Zeugnis und Dienst‹ des BEK aus dem Jahre 1986 weiter daraufhin geprüft werden, wie sie für die EKD und ihre Gliedkirchen als Grundlage gemeinsamen Handelns in Zeugnis und Dienst fruchtbar gemacht werden kann.«[22]

Ein streitiger Punkt war die verfassungsmäßige Einbeziehung der (wenigen) reformierten Kirchengemeinden. Die alte Formulierung der KPS-Grundordnung »Sie ist eine Kirche der lutherischen Reformation und hat ihren besonderen Cha-

---

sprechen; – verbindliche Zusammenarbeit bei den gegenwärtig wahrgenommenen und künftig wahrzunehmenden Aufgaben von Zeugnis und Dienst unter Berücksichtigung des föderativen Charakters unabdingbar macht.«

21 Beschluss der Synode des Bundes der Evangelischen Kirchen in der DDR vom 25. September 1990.

22 S. Beschluß der Synode der Evangelischen Kirche in Deutschland zur Arbeit der Gemeinsamen Kommission von EKD und BEK. Vom 8. November 1990, in: ABl EKD 1990, Heft 12, 15. Dezember 1990, Nr. 133, S. 438 f., Zitat S. 439. – Nach der Wiedervereinigung in der EKD wurde dann pflichtgemäß auch eine kleine Gruppe, der Landesbischof Sorg und OKR Zeddies vorstanden, beauftragt, die mögliche Fruchtbarkeit der Gemeinsamen Erklärung zu prüfen. Um es kurz zu sagen: Die Gruppe ist höflich behandelt worden, ihr Ergebnis hat niemanden interessiert. Möglicherweise waren in der Tat am Anfang der neunziger Jahre des letzten Jahrhunderts andere Themen viel dringlicher. Das hat eine Änderung erfahren, als man daran ging, die Zusammenarbeit von EKU (UEK) und VELKD unter dem Dach der EKD neu zu ordnen.

rakter in der kirchlichen Gemeinschaft mit den reformierten Gemeinden ihres Bereiches«[23] wurde auch in der EKM-Verfassung aufgenommen:

> »Die Evangelische Kirche in Mitteldeutschland ist eine Kirche der lutherischen Reformation und hat ihren besonderen Charakter in der kirchlichen Gemeinschaft mit den reformierten Gemeinden in ihrem Bereich.«[24]

Vorgeschlagen war – vom Vertreter des lutherischen Kirchenamtes in Hannover – festzuschreiben, dass sich die kirchliche Gemeinschaft auf die reformierten Gemeinden im Bereich der ehemaligen Kirchenprovinz beschränke. Das ist in langen Verhandlungen zur heute gültigen Formulierung verändert worden.

Freilich: Wie schon die Grundordnung der KPS von 1950 vermeidet auch die EKM-Verfassung jede Aussage über mögliche unierte Kirchengemeinden. In dieser Hinsicht wird ein von der Bekennenden Kirche für die Jahre nach 1945 vorgezeichneter Weg fortgesetzt. Damals wurden in den meisten ehemaligen preußischen Kirchenprovinzen in Ostdeutschland unierte Kirchengemeinden, die im 19. Jahrhundert oft durch Verträge zwischen lutherischen und reformierten Gemeinden entstanden waren, einfach ignoriert. Hier liegt – historisch gesehen – ein Unrecht vor.[25] Bei der Verfassungsbildung der EKM waren allerdings weder Wille noch Kraft, diesem Umstand nachzugehen.[26]

---

23 Grundordnung der Evangelischen Kirche der Kirchenprovinz Sachsen in der Fassung der Bekanntmachung vom 2. Juli 2004, in: ABl. EKKPS 2004, S. 78, Vorspruch Ziffer 3, Satz 2.
24 Verfassung EKM, Präambel Ziffer 4, Satz 1, S. 8.
25 Vgl. die gründliche Ausarbeitung von Seehase, Hans: Agende und Union. Der Weg des Preußischen Provinzialkirchenverbandes Sachsen in Fragen der Kirchenverfassung und Kirchenordnung zwischen 1817 und 1869, in: Die Anfänge der preußischen Provinz Sachsen und ihrer Kirchenorganisation (1816–1850). Tagung des Vereins für Kirchengeschichte der Kirchenprovinz Sachsen. Merseburg 16.–17. Juni 2006 (Schriften des Vereins für Kirchengeschichte der Kirchenprovinz Sachsen 2), Magdeburg 2008, S. 75–118, zur kirchengeschichtlichen Rekonstruktion der ehemaligen Unionsgemeinden in der Kirchenprovinz Sachsen, die allerdings selbst kaum noch etwas von dieser Vergangenheit wissen.
26 Anders ist die Evangelische Kirche von Berlin-Brandenburg-schlesische Oberlausitz verfahren: Sie hat bei der Neuerarbeitung ihrer Grundordnung anlässlich der Vereinigung mit der Görlitzer Kirche festgestellt: »Sie ist eine evangelische Kirche der lutherischen Reformation. Sie umfasst überwiegend Gemeinden mit lutherischem Bekenntnis; ihr besonderer Charakter besteht in der Gemeinschaft kirchlichen Lebens mit den zu ihr gehörenden reformierten und unierten Gemeinden.« S. Grundordnung vom 24. November 2003, Grundartikel Ziffer 6, Satz 1 (Grundordnung der Evangelischen Kirche Berlin-Brandenburg-schlesische Oberlausitz, in: KABl EKiBB 2003, Nr. 9, 29. Oktober 2003, Anlage 2, S. 159–177, Zitat S. 159).

Abkürzungsverzeichnis

ABl.   Amtsblatt
AEKR   Archiv der Evangelischen Kirche im Rheinland
AKf   Arnoldshainer Konferenz
AKPS   Archiv der Kirchenprovinz Sachsen
APU   Altpreußische Union
BBKL   Biographisch-Bibliographisches Kirchenlexikon
Bd.   Band
BEK   Bund Evangelischer Kirchen in der DDR
BK   Bekennende Kirche
BMW   Berliner Missionswerk
CSA   Christlich-Sozialistische Arbeitsgemeinschaft
DC   Deutsche Christen
DDR   Deutsche Demokratische Republik
DEK   Deutsche Evangelische Kirche
EK   Evangelische Kirche
EKAG   Evangelischer Kirchenkreisverband – Archiv – Görlitz
EKapU   Evangelische Kirche der altpreußischen Union
EKD   Evangelische Kirche in Deutschland
EKiBB   Evangelische Kirche in Berlin-Brandenburg
EKiR   Evangelische Kirche im Rheinland
EKKPS   Evangelische Kirche der Kirchenprovinz Sachsen
EKL   Evangelisches Kirchenlexikon
EKM   Evangelische Kirche in Mitteldeutschland
EKMG   Evangelische Kirche des Memelgebiets
EKsOL   Evangelische Kirche der schlesischen Oberlausitz
EKU   Evangelische Kirche der Union
EKvW   Evangelische Kirche von Westfalen
ELAB   Evangelisches Landeskirchliches Archiv in Berlin
ELKN-G   Evangelisch-Lutherische Kirche Norddeutschlands/Greifswald
ELKTh   Evangelisch-Lutherische Kirche in Thüringen
EOK   Evangelischer Oberkirchenrat
epd   Evangelischer Pressedienst

Abkürzungsverzeichnis

ESG	Evangelische Studentengemeinde
EZA	Evangelisches Zentralarchiv
FDJ	Freie Deutsche Jugend
GenSup	Generalsuperintendent
GS	Gesetz-Sammlung für die Königlich-Preußischen Staaten. 1806 bis 1874
GSV	Generalsynodalvorstand
JBBKG	Jahrbuch für Berlin-Brandenburgische Kirchengeschichte
JSKG	Jahrbuch für Schlesische Kirchengeschichte
KABl.	Kirchliches Amtsblatt
KJ	Kirchliches Jahrbuch
KO	Kirchenordnung
KonsR	Konsistorialrat
KPD	Kommunistische Partei Deutschlands
KPS	Kirchenprovinz Sachsen
KGVBl.	Kirchliches Gesetz- und Verordnungsblatt
KZG	Kirchliche Zeitgeschichte
LkA	Landeskirchliches Archiv
LWB	Lutherischer Weltbund
NSDAP	Nationalsozialistische Arbeiterpartei
OKonsR	Oberkonsistorialrat
OKR	Oberkirchenrat
PEK	Pommersche Evangelische Kirche
Rep.	Repositur
RGBl	Reichsgesetzblatt
RGG	Die Religion in Geschichte und Gegenwart
RM	Reichsmark
RWKO	Rheinisch-Westfälische Kirchenordnung
S.	Seite
SBZ	Sowjetische Besatzungszone
SED	Sozialistische Einheitspartei
Sovog	Sozialistische Volksgemeinschaft
Sp.	Spalte
Sup.	Superintendent
TRE	Theologische Realenzyklöpädie
UEK	Union Evangelischer Kirchen in der Evangelischen Kirche in Deutschland
VDA	Volksbund für das Deutschtum im Ausland
VELK	Vereinigte Evangelisch-Lutherische Kirche
VELKD	Vereinigte Evangelisch-Lutherische Kirche Deutschlands

VELKDDR Vereinigte Evangelisch-Lutherische Kirche in der DDR
VGL   Vorläufige Geistliche Leitung
VKL   Vorläufige Kirchenleitung (Kirchenprovinz Sachsen)
VKV   Verfassungsgebende Kirchenversammlung
VU   Verfassungsurkunde

Quellen- und Literaturverzeichnis

Quellen

Ungedruckte Quellen

Archiv der Evangelischen Kirche im Rheinland (AEKR), Düsseldorf

> Best. Provinzialkirchenarchiv, 1OB 002 (Rheinisches Konsistorium), Nr. 292
> 1OB 017, 11-2-2, Bd. 1

Archiv der Kirchenprovinz Sachsen (AKPS), Magdeburg

> Aktenbestand 14/324 [Theologischer Ausschuss der Synode, Bd. III (1971–1981)]
> Rep. A Generalia Nr. 3582 (Kirchenleitung: Vertreter der Kirchenprovinz Sachsen im Rat der Evgl. Kirche der Union, Bd. I., 1945–1959)
> Rep. A Generalia Nr. 2927
> Rep. B 1 Nr. 35 (Neuordnung der Altpreußischen Union 1945–1953)
> Rep. B 1 Nr. 81
> Rep. C 1 Nr. 114
> Rep. C 1 Nr. 111
> Rep. C 1 Nr. 110
> Rep. C 1 Nr. 113
> Rep. C 2 Kirchenleitung Nr. 1, Protokolle 1945–1950
> Signatur 141172/3/79 (Votum des Kollegiums des Katechetischen Oberseminars zum Entwurf des Arbeitskreises Grundordnung für eine Grundordnung der Evangelischen Kirche der Kirchenprovinz Sachsen, Naumburg, Januar 1979, Maschinenschrift, vervielfältigt für den Innerkirchlichen Gebrauch)
> Signatur IB266/79 Az 14/2

> Tonbandmitschnitte
> Synode Herbst 1956, mp3-Datei A085g
> Synode Herbst 1956, mp3-Datei A085r

Quellen- und Literaturverzeichnis

    Synode Herbst 1956, mp3-Datei A086g
    mp3-Datei: 477r
    mp3-Datei: 480g
    mp3-Datei: 481g

Archiv des Berliner Missionswerks (BMW), Berlin

    1/8723

Evangelischer Kirchenkreisverband – Archiv – Görlitz (EKAG)

    EKAG 10-029
    EKAG 10-372
    EKAG 10-378
    EKAG 10-380
    EKAG 11-815
    EKAG 11-821
    EKAG 11-822
    EKAG 11-823
    EKAG 10-2699
    EKAG 10-2774

Evangelisches Landeskirchliches Archiv in Berlin (ELAB)

    107/7

Evangelisches Zentralarchiv in Berlin (EZA Berlin)

    2/150
    4/23
    7/1001
    7/2995
    7/14151
    7/20198
    7/D/857
    8/06/1016

10/13
10/20
50/42
50/86
50/489
50/528
50/690
619/18

Landeskirchliches Archiv der Evangelischen Kirche von Westfalen (LkA EKvW), Bielefeld

0.0 neu Generalia C 2–06 I
0.0 neu Generalia C 2–07 b
0.0 neu Generalia A 3–07 V
3.23–1
3.25–5
5.1–60 F 1
5.1–150 F 2
5.1–151.1

Landeskirchliches Archiv der Ev.-Luth. Kirche Norddeutschlands/Zweigstelle Greifswald (LkA ELKN-G), Greifswald

Bestand 2 (Landessynoden), Provinzialsynode 1946
Bestand 2 (Landessynoden), Provinzialsynode 1948
Bestand 2 (Landessynoden), Landessynode 1950
Bestand 2 (Landessynoden), Landessynode 1955
Bestand 2 (Landessynoden), Landessynode 1956
Bestand 2 (Landessynoden), Landessynode 1997
Bestand 3 (Nachlass von Scheven), LWB 1952/54

Landeskirchliches Archiv Stuttgart

Altregistratur OKR, Gen. 528 I

Sammlung Jürgen Kampmann, Hechingen

Sondererklärung des Synodalen Michael Czylwik (Mitgl.-Nr. 129) zum Beschluss der Landessynode zu Punkt 3.1 der Tagesordnung (Änderung der Kirchenordnung, Artikel 1) am Donnerstag, den 3. November 2005. Handschrift, Kopie, Sammlung Kampmann.
Vorlage für die Sitzung des Ständigen Theologischen Ausschusses am 29.08.2005/Vorlage für die Sitzung des Ausschusses Christen und Juden am 31.08.2005. Maschinenschrift; Kopie

Sammlung Hans-Jochen Kühne, Kamenz

Provinzialsynode der EKsOL, 15. bis 17. November 2002 Drucksache Nr.: 003-14/2.

Sammlung Axel Noack, Halle (Saale)

Anregungen für eine kritische Lektüre des Grundordnungsentwurfs, ohne Verf., ohne Jahr, Maschinenschrift, vervielfältigt, 4 Bl.
Beschluss der Kirchenleitung der KPS vom 30. August 1997, Beschlussprotokoll, unveröffentlicht.
Gerhard Lindemann an Axel Noack, 30. Oktober 2012 (Protokoll der Sitzung der altpreußischen Kirchenleitung am 4. März 1947).
Hildebrandt, Franz-Reinhold: Vortrag vor der 7. Tagung der Provinzialsynode in der Zeit vom 21.11. bis 25.11.1949, zitiert nach dem maschinenschriftlichen Bericht des Synodalen Zahnarzt Dr. Thörmer, KK Merseburg (Bericht: Manuskript, 2 S.).
»Konsenspapier zur Doppelmitgliedschaft der Evangelischen Kirche in Mitteldeutschland in der UEK und der VELKD« vom 4. März 2008, Maschinenschrift, 5 Seiten.
Müller, Hartwin: Einige Unterschiede zwischen geltender Grundordnung und neuem Entwurf, in: Vorschau zur 3. Tagung der VIII. Synode der Kirchenprovinz Sachsen in Erfurt, 3. bis 6. November 1977, hg. von der Pressestelle beim Evangelischen Konsistorium am 3. Oktober 1977, Maschinenschrift, vervielfältigt, 8 S.
Rundschreiben »an die Mitarbeiter im Verkündigungsdienst«, Maschinenschrift, vervielfältigt, 4 S.
Rundschreiben der Kirchenleitung der Evangelischen Kirche der Kirchenprovinz Sachsen vom 30. März 1971 an Pröpste und Superintendenten:

»B[e]tr. Ältestenamt und Jugendweihe«, gez[eichnet] W. Krusche, Maschinenschrift, 2 S.

Rundschreiben des Konsistoriums [der Evangelischen Kirche der Kirchenprovinz Sachsen] (Signatur: I–182/78) vom 28. März 1978, gezeichnet von Dr. Harald Schultze, vervielfältigt, 1 Bl.

Rundverfügung Nr. 12/9 vom 8. Mai 1979, AKPS Magdeburg (Signatur: I–266/79 Az 14/2), Maschinenschrift, 2 S.

Votum des Kollegiums des Katechetischen Oberseminars zum Entwurf des Arbeitskreises Grundordnung für eine Grundordnung der Evangelischen Kirche der Kirchenprovinz Sachsen, Naumburg, Januar 1979, Maschinenschrift, vervielfältigt für den Innerkirchlichen Gebrauch, Signatur 141172/3/79, gezeichnet: Schröter, 39 S.

Gedruckte Quellen

Abschluß der westfälischen Landessynode, in: Unsere Kirche 7 (1952), Nr. 43, 9. November 1952, ohne Paginierung.

Aktenstücke aus der Verwaltung des Evangelischen Oberkirchenraths. Erstes Heft. Berlin 1851, S. 6–14.

ABl. EK Greifswald 1968

ABl. EK Greifswald 1970

ABl. EK Greifswald 1971

ABl. EK Greifswald 1974

ABl. EKD 1947

ABl. EKD 1948

ABl. EKD 1950

ABl. EKD 1951

ABl. EKD 1954

ABl. EKD 2003

ABl. EKD 2009

ABl. EKD 2020

ABl. EKD Berlin 1947

Agende für die Evangelische Landeskirche. 1. Teil. Die Gemeindegottesdienste. Berlin 1895.

Amtliche Mitteilungen der Evangelischen Kirche, Verwaltungsbezirk Evangelisches Konsistorium Greifswald 1949.

Amtliches Mitteilungsblatt der Evangelischen Kirchenleitung der Kirchenprovinz Schlesien Nr. 2/1945 vom 4. Juni 1945.

Amtsblatt [siehe ABl.]

Amtsblatt der evangelischen Landeskirche in Württemberg 34 (1950), Nr. 5, 21. März 1950.

Arbeitshilfe für das Stellungnahmeverfahren zur Ergänzung der Kirchenordnung in Artikel 1. Christen und Juden – eine Verhältnisbestimmung – (Arbeitshilfe der Evangelischen Kirche von Westfalen 1), Bielefeld 2004.

Asmussen, Hans [u.a.]: Abendmahlsgemeinschaft? (Evangelische Theologie Beiheft 3), München 1937.

Asmussen, [Hans]: Vortrag über die Theologische Erklärung zur gegenwärtigen Lage der Deutschen Evangelischen Kirche, in: Immer, Karl (Hg.): Bekenntnissynode der Deutschen Evangelischen Kirche. Barmen 1934. Vorträge und Entschliessungen. Im Auftrage des Bruderrates der Bekenntnissynode hg. Wuppertal-Barmen o. J. [1934], S. 11–15.

Ball, Ernst Friedrich: Thesen über Kirche, Symbol, Union und Lehrordnung, in: Stimmen aus und zu der streitenden Kirche 3 (1848), S. 9–25.

Barkenings, Hans-Joachim: Erwägungen zur Änderung der rheinischen Kirchenordnung nach dem Synodalbeschluss zur Erneuerung des Verhältnisses von Christen und Juden, in: Brocke, Edna/Seim, Jürgen (Hgg.): Gottes Augapfel. Beiträge zur Erneuerung des Verhältnisses von Christen und Juden, Neukirchen-Vluyn 1986, S. 147–158.

Barkenings, Hans-Joachim: Ein großer Schritt voran. Zur Änderung der rheinischen Kirchenordnung, in: Kirche und Israel 4 (1987), S. 178–183.

Beckmann, Joachim: Rheinische Bekenntnissynoden im Kirchenkampf. Eine Dokumentation aus den Jahren 1933–1945, Neukirchen-Vluyn 1975.

Beckmann, Joachim: Die Neuordnung der Evangelischen Kirche der altpreußischen Union – Antwort an ihre Kritiker, Gütersloh 1951.

Bekenntnis und Einheit der Kirche – zusammenfassender Bericht des von der Landessynode der Evangelischen Kirche von Westfalen im Jahre 1953 eingesetzten Ausschusses, Witten (Ruhr) 1959.

Benn, [Ernst Viktor] (Hg.): Aufgaben neuer Kirchenordnungen für die östlichen Provinzialkirchen Altpreußens – Denkschrift des Ordnungsausschusses der Evangelischen Kirche der Evangelischen Kirche der altpreußischen Union für die östlichen Provinzen, im Auftrag des Vorsitzenden des Ausschusses hg., Berlin/Stuttgart [1947].

Benn, Ernst-Viktor/Söhngen, Oskar: Auf dem Weg. Eine Denkschrift zur Situation der Arnoldshainer Konferenz, in: Burgsmüller, Alfred/Bürgel, Rainer (Hgg.): Die Arnoldshainer Konferenz. Ihr Selbstverständnis. Im Auftrage der Vollkonferenz herausgegeben, 2., veränderte und erweiterte Aufl., Bielefeld 1978, S. 21–28.

Bericht über die 3. [dritte] Tagung der Westfälischen Bekenntnissynode am 19. April 1936 in Dortmund. Als Manuskript gedruckt. Dortmund [1936].

Bericht über die Verhandlungen der außerordentlichen Kirchenversammlung zur Feststellung der Verfassung für die Evangelische Landeskirche der Älteren Provinzen Preußens vom 24.–30.9.1921 und 29.8.–29.9.1922, hg. vom Redaktionsausschuß der Verfassunggebenden Kirchenversammlung. 2 Teile, Berlin 1923.

Beschlüsse der 2. Tagung der vierten Bekenntnissynode der Evangelischen Kirche der Altpreußischen Union, Halle a. Saale 10.–13. Mai 1937. Hg.: Der Bruderrat der evangelischen Kirche der Altpr. Union, Berlin-Lichterfelde/Wuppertal-Elberfeld o.J. [1937].

Bethel 1949 – Bericht über die erste Tagung der ersten Synode der Evangelischen Kirche in Deutschland vom 9. bis 13. Januar 1949, hg. im Auftrag des Rates von der Kirchenkanzlei der Evangelischen Kirche in Deutschland, Göttingen 1953.

Bossert, Gustav: Die Eigenart der evangelischen Landeskirche Württembergs im Wandel der Zeit, in: Für Volk und Kirche. Zum 70. Geburtstag von Landesbischof Th. Wurm dargeboten vom Evang. Pfarrverein in Württemberg. Stuttgart 1938, S. 33–51.

Brinkmann, Ernst/Steinberg, Hans (Hgg.): Die Verhandlungsniederschriften der 3. (ordentlichen) Tagung der 1. Westfälischen Landessynode vom Oktober 1950 im Auftrage des Landeskirchenamtes der Evangelischen Kirche von Westfalen herausgegeben. Bielefeld 1973.

Brinkmann, Ernst/Steinberg, Hans (Hgg.): Die Verhandlungsniederschriften der Westfälischen Provinzialsynode vom Juli 1946 im Auftrage des Landeskirchenamtes der Evangelischen Kirche von Westfalen hg., Bielefeld o. J. [1970].

Brunner, Peter: Das lutherische Bekenntnis in der Union. Ein grundsätzliches Wort zur Besinnung[,] zur Warnung und zur Geduld, Gütersloh 1952.

Bunzel, Ulrich: Bericht über den zweiten Ephorenkonvent, in: Hornig, Ernst: Die Schlesische Kirche in der Nachkriegszeit 1945–1951, in: JSKG 51 (1972), S. 129–133.

Burgsmüller, Alfred/Bürgel, Rainer (Hgg.): Die Arnoldshainer Konferenz. Ihr Selbstverständnis. Im Auftrage der Vollkonferenz herausgegeben, 2., veränderte und erweiterte Aufl., Bielefeld 1978.

Denkschrift über die Lage der Evangelischen Kirche Schlesiens vom 3. Juli 1946, in: Hornig, Ernst: Die Schlesische Kirche in der Nachkriegszeit 1945–1951, in: JSKG 51 (1972), S. 139–152.

Der Kompromiß von Treysa. Die Entstehung der Evangelischen Kirche in Deutschland (EKD) 1945. Eine Dokumentation. Hg. von Gerhard Besier, Hartmut Ludwig, Jörg Thierfelder. Bearb. von Michael Losch, Christoph

Quellen- und Literaturverzeichnis

Mehl, Hans-Georg Ulrichs (Schriftenreihe der Pädagogischen Hochschule Heidelberg 24), Weinheim 1995.
Dibelius, Otto: Ein Christ ist immer im Dienst – Erlebnisse und Erfahrungen in einer Zeitenwende, 2. Aufl., Stuttgart 1963.
Die evangelischen Gemeinden in Hohenzollern und die in ihnen geltenden kirchlichen Gesetze, Ordnungen und Grundsätze. Hg. von den Gemeinderäthen. Hechingen 1900.
Dove, Richard Wilhelm: Sammlung der wichtigeren neuen Kirchenordnungen, Kirchenverfassungsgesetze, Synodal- und kirchlichen Gemeinde-Ordnungen des evangelischen Deutschlands. Urkunden zur Darstellung des gegenwärtigen Zustandes der Verfassung in den deutschen Landeskirchen, Tübingen 1865.
21. [Einundzwanzigstes] Kirchengesetz zur Änderung der Kirchenordnung vom 16. November 1997, in: ABl. PEK 1997, S. 146.
Entwurf der Kirchenordnung der Evangelischen Kirche von Westfalen und der Evangelischen Kirche im Rheinland, Düsseldorf 1948.
1. [Erstes] Kirchengesetz zur Änderung der Grundordnung der Evangelischen Kirche in Berlin-Brandenburg vom 19. November 1994. Vom 18. November 1996, in: Kirchliches Amtsblatt der Evangelischen Kirche in Berlin-Brandenburg 1996, S. 170–171.
1. [Erstes] Kirchengesetz zur Änderung der Grundordnung der Evangelischen Kirche in Berlin-Brandenburg vom 19. November 1994. Vom 18. November 1996, in: ABl. EKD 1997, S. 73–74.
Evangelische Kirche von Westfalen. Das Landeskirchenamt. Vorlage für die Landessynode 1999. Stellungnahmen zur Hauptvorlage 1999 »Gott hat sein Volk nicht verstoßen«. Maschinenschriftliche Kopie, O. O., ohne Datum [Herbst 1999]
Evangelische Kirchen-Ordnung für Westfalen und die Rhein-Provinz, nach der schließlichen Vereinbarung der vereinigten Synodal-Commission zu Elberfeld, am 7. bis 10. Januar 1851, Elberfeld o.J.
Friedrich Wilhelm IV. an den Evangelischen Ober-Kirchenrath. Charlottenburg, 6. März 1852, abgedruckt bei Nachtigall, Astrid: Die Auseinandersetzungen um die Kirchenunion in Preußen von 1845 bis 1853 und die Kabinettsorder von 1852 (Unio und Confessio 23), Bielefeld 2005, Beilage 4, S. 407 f.
Germann, Michael: Staatskirchenrecht und Kirchenrecht. Textauswahl. Ausgabe für Tübingen 2007 in Zusammenarbeit mit Karl-Hermann Kästner. Halle 2007.
Geschäftsordnung für die Arnoldshainer Konferenz [in der Fassung von 1972], in: Burgsmüller, Alfred/Bürgel, Rainer (Hgg.): Die Arnoldshainer Konferenz.

Ihr Selbstverständnis. Im Auftrage der Vollkonferenz herausgegeben, 2., veränderte und erweiterte Aufl., Bielefeld 1978, S. 11–13.

Gesetz-Sammlung für die Königlich-Preußischen Staaten. 1806 bis 1874. Chronologische Zusammenstellung der in der Gesetz-Sammlung für die Königlichen Preußischen Staaten für die Jahr 1806 bis 1874 und in dem Bundes- und Reichs-Gesetzblatte für die Jahre 1867 bis 1874 veröffentlichten Gesetze, Verordnungen, Kabinets-Ordres, Erlasse, Publikanden und Bekanntmachungen. Mit einem vollständigen alphabetischen Sachregister. Bde. I–VII, zahlreiche Auflagen, Berlin 1810–1906. (GS).

Giese, Friedrich/Hosemann, Johannes (Hgg.): Die Verfassungen der Deutschen Evangelischen Landeskirchen. Unter Berücksichtigung der kirchlichen und staatlichen Ein- und Ausführungsgesetze. Bd. 1 (Quellen des Deutschen Evangelischen Kirchenrechts 1), Berlin 1927.

Göbell, Walter (Hg.): Kirche, Recht und Theologie in vier Jahrzehnten. Der Briefwechsel der Brüder Theodor und Julius Kaftan. Hg. und kommentiert. 2. Teil: 1910–1926, München 1967.

Goltz, Hermann von der: Befürchtungen und Hoffnungen, in: Goltz, Hermann v[on] d[er]/Wach, Adolf (Hgg.): Synodalfragen. Zur Orientirung über die bevorstehende General-Synode, Bielefeld/Leipzig 1874, S. 7–32.

Gott hat sein Volk nicht verstoßen (Römer 11,2). Hauptvorlage 1999. Evangelische Kirche von Westfalen, O.O. o. J. [1998].

Greifswalder Informationsdienst der Pressestelle der Ev. Landeskirche Greifswald Nr. 5/85, S. 14 f.

Grundordnung der Evangelischen Kirche Berlin-Brandenburg-schlesische Oberlausitz, in: KABl EKiBB 2003, Nr. 9, 29. Oktober 2003, Anlage 2, S. 159–177.

Grundordnung der Evangelischen Kirche der Kirchenprovinz Sachsen in der Fassung der Bekanntmachung vom 2. Juli 2004, in: ABl. EKKPS 2004, S. 78.

Grundordnung der Evangelischen Kirche der Kirchenprovinz Sachsen vom 16. März 1980. Broschüre o.O. o.J. [1980].

Grundordnung der Evangelischen Kirche der Kirchenprovinz Sachsen vom 16. März 1980, in: ABl. Magdeburg, Sondernummer 1980.

Grundordnung der Evangelischen Kirche in Berlin-Brandenburg, in: Kirchliches Amtsblatt der Kirchenprovinz Berlin-Brandenburg 1949, Nr. 2, Anlage.

Grundordnung der Evangelischen Kirche in Deutschland (vom 13. Juli 1948), in: KJ 72–75 (1945–1948), S. 95–105.

Grundordnung der Evangelischen Kirche in Deutschland. Vom 13. Juli 1948 (ABl. EKD 1948 S. 233) in der Bekanntmachung der Neufassung vom 1. Januar 2020, in: ABl. EKD 2020, S. 2, Berichtigung S. 25.

Grundordnung der Union Evangelischer Kirchen in der Evangelischen Kirche in Deutschland. Vom 12. April 2003, in: ABl. EKD 2003, S. 159–162.

Grundordnung der Union Evangelischer Kirchen in Deutschland (Neufassung 2008), in: ABl. EKD 2009, S. 45–48.

Grundsatzerklärung der Arnoldshainer Konferenz vom 6. April/20. Juni 1967, in: Burgsmüller, Alfred/Bürgel, Rainer (Hgg.): Die Arnoldshainer Konferenz. Ihr Selbstverständnis. Im Auftrage der Vollkonferenz herausgegeben, 2., veränderte und erweiterte Aufl., Bielefeld 1978, S. 15 f.

Gutachten der Kirchlichen Hochschule Berlin-Zehlendorf, in: Hornig, Ernst: Die schlesische evangelische Kirche 1945–1964, hg. von Manfred Jacobs, Görlitz 2001, S. 308–314.

Gutachten des Ordnungsausschusses an die Kirchenleitung vom 2. Juni 1949, in: Bregger, Hans-Martin: Kontinuität in der evangelischen Kirche von Schlesien 1936–1950. Ein Beitrag zur kirchenjuristischen Zeitgeschichte (JSKG Beiheft 12), Görlitz 2010, S. 313 f.

Gutachten zu dem von der Kirchenleitung vorgelegten Entwurf der Kirchenordnung der Evangelischen Kirche von Westfalen und der Evangelischen Kirche im Rheinland, Wuppertal 1948.

Halama, Udo/Nierhaus, Erhard: Einleitung, in: Arbeitshilfe für das Stellungnahmeverfahren zur Ergänzung der Kirchenordnung in Artikel 1. Christen und Juden – eine Verhältnisbestimmung – (Arbeitshilfe der Evangelischen Kirche von Westfalen 1), Bielefeld 2004, S. 5–6.

Hartweg, Frédéric (Hg.): SED und Kirche – Eine Dokumentation ihrer Beziehungen. Bd. 1. SED 1946–1967, bearb. von Joachim Heise (Historisch-Theologische Studien zum 19. und 20. Jahrhundert/Quellen 2/1), Neukirchen 1995.

Held, Heinrich: Zur Lage der Rheinischen Kirche. Eine Denkschrift, in: Norden, Günther van (Hg.): Das 20. Jahrhundert (Quellen zur rheinischen Kirchengeschichte V), Düsseldorf 1990, S. 257–263.

Henkys, Reinhard: Bund der Evangelischen Kirche in der DDR – Dokumente zu seiner Entstehung ausgewählt und dokumentiert, (epd-Dokumentation 1), Witten/Frankfurt/Berlin 1970.

Hermann, Rudolf: Nachgelassene und Gesammelte Werke (hg. von G. Krause), Bd. 6, o.O. 1977.

Hornig, Ernst: Bericht über die Synode, in: ABl. EKD 1950, S. 359.

Hornig, Ernst: Die schlesische evangelische Kirche 1945–1964, hg. von Manfred Jacobs, Görlitz 2001.

Hornig, Ernst: Rundbriefe aus der Evangelischen Kirche von Schlesien 1946–1950, hg.v. Dietmar Neß, Sigmaringen 1994.

Hornig, [Ernst]: »Weg des Bruderrats der Bekennenden Kirche Schlesiens 1948–1950«, in: JSKG 91/92 (2012/2013), S. 234–249.

Hübner, Hans-Peter: Die Föderation Evangelischer Kirchen in Mitteldeutschland – Zum Stand, dem Erreichten und den offenen Fragen der Föderation zwischen der Evangelischen Kirche der Kirchenprovinz Sachsen und der Evangelisch-Lutherischen Kirche in Thüringen, in: Zeitschrift für evangelisches Kirchenrecht 51 (2006), S. 3–48.

Identität und Identitäten – Erklärung des Kooperationsrates zu den Grundlagen einer Föderation aus Evangelischer Kirche der Kirchenprovinz Sachsen und Evangelisch-Lutherischer Kirche in Thüringen, vorgelegt zur Sondertagung der XIII. Synode der Evangelischen Kirche der Kirchenprovinz Sachsen, 26. bis 27.3.2004, Drucksache Nr. 02.B/04, in: Amtsblatt der Evangelisch-Lutherischen Kirche in Thüringen 57 (2004), Nr. 5, 15. Mai 2004, S. 282 ff.

Immer, Karl (Hg.): Bekenntnissynode der Deutschen Evangelischen Kirche. Barmen 1934. Vorträge und Entschliessungen. Im Auftrage des Bruderrates der Bekenntnissynode hg., Wuppertal-Barmen o. J. [1934].

Immer, Karl (Hg.): Die Kirche vor ihrem Richter. Biblische Zeugnisse auf der Bekenntnissynode der Deutschen Evangelischen Kirche Wuppertal-Barmen 1934. Im Auftrage des Bruderrates der Bekenntnissynode hg., Wuppertal-Barmen o. J. [1934].

Kabinettsordre betr. den Bekenntnisstand der evangelischen Landeskirche in den Rheinlanden und Westfalen. Abgedruckt in: Verhandlungen der neunten Rheinischen Provinzial-Synode, gehalten zu Barmen vom 16. bis 30. August 1856, Elberfeld 1856, S. 22–24.

KGVBl. 1898

KGVBl. 1920

KGVBl. 1921

KGVBl. 1922

KGVBl. 1924

Kirche und Israel. Zur Erneuerung des Verhältnisses von Christen und Juden. Proponendum zur Änderung des Grundartikels der Kirchenordnung (Handreichung Nr. 45), Düsseldorf 1993.

Kirchengesetz über die dienstrechtlichen Verhältnisse der Gemeindepädagogen vom 22. September 1981, in: ABl. EK KPS 1982, S. 41.

Kirchengesetz über die 15. [fünfzehnte] Änderung der Grundordnung der Evangelischen Kirche der Kirchenprovinz Sachsen vom 30. Juni 1950 vom 10. November 1970, in: ABl. Magdeburg 1971, Heft 1, S. 1.

Kirchengesetz über die Zustimmung zum Vereinigungsvertrag zwischen der Evangelischen Kirche der Kirchenprovinz Sachsen und der Evangelisch-Lutherischen Kirche in Thüringen. Vom 17. November 2007, in: Amtsblatt der Föderation Evangelischer Kirchen in Mitteldeutschland 3 (2007), Nr. 12 vom 15. Dezember 2007, S. 282–283.

Quellen- und Literaturverzeichnis

Kirchengesetz zur Änderung des Grundartikels der Kirchenordnung der Evangelischen Kirche im Rheinland. Vom 11.1.1996, in: Kirchliches Amtsblatt der Evangelischen Kirche im Rheinland 1996, Nr. 1 vom 25. Januar 1996, S. 2.

Kirchengesetz zur Änderung von Artikel 5, 140, 169 und 215 der Kirchenordnung der Evangelischen Kirche im Rheinland. Vom 16. Januar 1987, in: Kirchliches Amtsblatt der Evangelischen Kirche im Rheinland 1987, S. 19.

Kirchengesetz zur Ergänzung der Bestimmungen der Grundordnung über die Leitung des Kirchenkreises vom 26. April 1980, in: ABl. Magdeburg 1980, Sondernummer, S. 16.

Kirchenordnung der Evangelischen Kirche im Rheinland. Vom 2. Mai 1952 mit eingearbeiteten Änderungen vom 29. Okt. 1953, vom 28. Okt. 1955 und vom 15. Mai 1959 [...] 3. Ausgabe, in: Kirchenordnung und andere Kirchengesetze der Evangelischen Kirche im Rheinland, Mülheim (Ruhr) o. J. [1959], S. 5–84.

Kirchenordnung der Evangelischen Kirche in [!] Westfalen (Teilentwurf), in: Verhandlungen der 2. Westfälischen Landessynode. 1. (ordentliche) Tagung vom 19. bis 25. Oktober 1952. Statt Handschrift gedruckt, Bielefeld 1953, Anlage 8, S. 117–136.

Kirchenordnung der Evangelischen Kirche von Westfalen. Vom 1. Dezember 1953, (Bielefeld) o. J. [1954].

Kirchenordnung der Pommerschen Evangelischen Kirche vom 2. Juni 1950, in: ABl. Greifswald 1950, Nr. 3, S. 30–47.

Kirchenordnung der Pommerschen Evangelischen Kirche, in: ABl. EKD 1950, Heft 9, Nr. 133, S. 271–288.

Kirchenordnung für die Gemeinden der Evangelischen Kirche in der Rheinprovinz und der Evangelischen Kirche von Westfalen. Entwurf des Ausschusses für Kirchenordnung der Kreissynode Barmen, Wuppertal 1948.

Kirchenordnung mit Anmerkungen, in: ABl. EK Pommern 1998, S. 1–40.

Kirchliches Amtsblatt der Evangelischen Kirche der Rheinprovinz Nr. 1/1946 vom 10. Januar 1946, S. 1–2. Auch abgedruckt in: Norden, Günther van (Hg.): Das 20. Jahrhundert (Quellen zur rheinischen Kirchengeschichte V), Düsseldorf 1990, S. 263–266.

Kirchliches Amtsblatt der Evangelischen Kirche im Rheinland 1996.

Kirchliches Gesetz, betreffend die Verfassung der evangelischen Landeskirche in Württemberg (Kirchenverfassungsgesetz). Vom 24. Juni 1920, in: ABl. des württembergischen Evangelischen Konsistoriums 19 (1920), Nr. 37, S. 199, in: Giese, Friedrich/Hosemann, Johannes (Hgg.): Die Verfassungen der Deutschen Evangelischen Landeskirchen. Unter Berücksichtigung der kirchlichen und staatlichen Ein- und Ausführungsgesetze. Bd. 1 (Quellen des Deutschen Evangelischen Kirchenrechts 1), Berlin 1927, S. 447–456.

Kirchliches Gesetz- und Verordnungsblatt [s. KGVBl.]
Kirchliches Jahrbuch [s. KJ]
KJ 47 (1920)
KJ 49 (1922)
KJ 50 (1923)
KJ 72–75 (1945–1948)
KJ 77 (1950)
KJ 78 (1951)
KJ 95 (1968)
KJ 97 (1970)

Koch, Günther: Eine dritte Konfession? Evangelische Welt 2 (1948) Nr. 8, 15. April 1948. S. 187–188; abgedruckt in: Evangelische Kirchenleitung von Westfalen (Kirchenleitung) an Presbyterien. Bielefeld, 3. Juni 1948, in: Kampmann, Jürgen: »Den Bekenntnisstand der Gemeinde achten und wahren«. Von den praktischen Problemen mit einer Frucht des Kirchenkampfes in Westfalen, in: JWKG 105 (2009), S. 307–383, dort S. 371–383.

Köhler, Günter (Hg.): Pontifex nicht Partisan. Kirche und Staat in der DDR von 1949 bis 1958. Dokumente aus der Arbeit des Bevollmächtigten des Rates der EKD bei der Regierung der DDR, Propst Heinrich Grüber, Stuttgart 1974.

Kolonitzki, P[...] F[...]: Kommunistische und religiöse Moral, hg. vom Zentralrat der FDJ, Berlin 1953.

Konkordie reformatorischer Kirchen in Europa vom 16. März 1973, in: Mau, Rudolf (Hg.): Evangelische Bekenntnisse – Bekenntnisschriften der Reformation und neuere Theologische Erklärungen, hg. im Auftrag des Rates der Evangelischen Kirche der Union, Bielefeld 1997, Teilbd. 2, S. 289–297.

Konkordie reformatorischer Kirchen in Europa (Leuenberger Konkordie) vom 16. März 1973, in: Kraus, Dieter (Hg.): Evangelische Kirchenverfassungen in Deutschland. Textsammlung mit einer Einführung, Berlin 2001, S. 923–931.

Konrad, Joachim: »Als letzter Stadtdekan von Breslau«, in: JSKG 42 (1963), S. 129–172.

Konsistorial-Amtsblatt der Evangelischen Kirche in Württemberg 19 (1920).

Kraus, Dieter (Hg.): Evangelische Kirchenverfassungen in Deutschland. Textsammlung mit einer Einführung, Berlin 2001.

Krusche, Werner: Vorwort, in: Grundordnung der Evangelischen Kirche der Kirchenprovinz Sachsen vom 16. März 1980. Broschüre, o.O. o.J. [1980], S. 3.

Krusche, Werner: »Die Gemeinde Jesu Christi auf dem Wege in die Diaspora«, Vortrag auf der 3. Tagung der VII. Synode, November 1973, in: Krusche, Werner: Verheißung und Verantwortung – Orientierungen auf dem Weg der Kirche, Leipzig 1990, S. 4–113.

Kühne, Hans-Jochen: Dokumentation zum Kirchenneubildungsprozess Evangelische Kirche Berlin-Brandenburg-schlesische Oberlausitz, in: JSKG 84/85 (2005/2006), S. 323–389.

Lenzmann, Jakow: Wie das Christentum entstand. 2. Aufl., Berlin 1974.

Liebig, Joachim: Synodaler Präambelausschuss – ein Zwischenstand. März 2011, in: https://www.landeskirche-anhalts.de/assets/files/2011-1_praeambelausschuss_zwischenstand.pdf; letzter Zugriff 12.11.2022.

Lücking, Karl: Die Grundlinien der Kirchenordnung, in: Verhandlungen der 2. Westfälischen Landessynode. 3. (ordentliche) Tagung vom 18. bis 24. Oktober 1953 und am 30. November und 1. Dezember 1953. Statt Handschrift gedruckt, Bielefeld 1954, S. 115–121.

Lüttgert, G[ottlieb]: Verfassungsurkunde für die Evangelische Kirche der altpreußischen Union vom 29. September 1922. Für den Handgebrauch erläutert und mit den zugehörigen Gesetzen hg. Ausgabe für Rheinland und Westfalen, Berlin 1925.

Mau, Rudolf (Hg.): Evangelische Bekenntnisse – Bekenntnisschriften der Reformation und neuere Theologische Erklärungen, hg. im Auftrag des Rates der Evangelischen Kirche der Union. Teilbd. 2, Bielefeld 1997.

Mau jr., Carl H. (Hg.): Budapest 1984: In Christus – Hoffnung für die Welt. Offizieller Bericht der Siebten Vollversammlung des LWB (LWF Report 19/20), Stuttgart 1985.

Meinzolt, Hans: Die Deutsche Evangelische Kirche. Ihr Wesen und ihre Verfassung. 3. vermehrte Aufl., München 1933.

Mittring, Gerhard: Gottes Dienst und unser Dienst. Eine Einführung in die Ordnung des Gottesdienstes der Evangelischen Kirche der Union – unter Berücksichtigung der kirchenmusikalischen Aufgaben und Möglichkeiten –, Witten 1966.

»Nach Bekenntnissen gegliederte Unionskirche«. Präsident Lücking über den Sinn der neuen westfälischen Kirchenordnung, in: Unsere Kirche 8 (1953), Nr. 44/A, 1. November 1953, ohne Paginierung.

Neue Evangelische Kirchenzeitung, 6. Juli 1867.

Neues Deutschland, Ausgabe 7. März 1978.

Niemöller, Gerhard (Hg.): Die Synode zu Halle 1937. Die zweite Tagung der vierten Bekenntnissynode der Evangelischen Kirche der altpreußischen Union. Text – Dokumente – Berichte (Arbeiten zur Geschichte des Kirchenkampfes 11), Göttingen 1963.

Niesel, Wilhelm (Hg.): Um Verkündigung und Ordnung der Kirche: Die Bekenntnissynoden der Evangelischen Kirche der altpreußischen Union 1934–1943, Bielefeld 1949.

Noetel, H[...]: Die Kirchenordnung für die evangelischen Gemeinden der Provinz Westfalen und der Rheinprovinz vom 6. November 1923 mit Erläuterungen nebst Ergänzungsbestimmungen im Anhang, Dortmund 1928.

Norden, Günther van (Hg.): Das 20. Jahrhundert (Quellen zur rheinischen Kirchengeschichte V), Düsseldorf 1990.

Notverordnung über die Bildung von Provinzialsynoden vom 14. Mai 1946, in: Amtliche Mitteilungen aus der Evangelischen Kirche der altpreußischen Union 1945/46, ausgegeben in Berlin am 15. August 1946, S. 37–40.

Ordnung der Evangelischen Kirche der Union vom 20. Februar 1951 [...], neu bekanntgemacht am 22. Juli 1994 [...], zuletzt geändert am 6. Juni 1998 [...], in: Kraus, Dieter (Hg.): Evangelische Kirchenverfassungen in Deutschland. Textsammlung mit einer Einführung, Berlin 2001, S. 37–45.

Präambel und Grundbestimmungen der Pommerschen Kirchenordnung wie auch der Verfassung der Nordelbischen Evangelisch-Lutherischen Kirche vom 12. Juni 1976 i. d. F. vom 9. November 2001, in: Blaschke, Klaus (Hg.): Das Verfassungsrecht der Nordelbischen Evangelisch-Lutherischen Kirche. Verfassung der Nordelbischen Evangelisch-Lutherischen Kirche, Einführungsgesetz zur Verfassung, Schleswig-Holsteinischer Staatskirchenvertrag, Grundgesetz für die Bundesrepublik Deutschland (Auszug), Kooperationsvereinbarung zwischen der Nordelbischen Ev.-Luth. Kirche, der Ev.-Luth. Landeskirche Mecklenburgs und der Pommerschen Ev. Kirche. Sonderausgabe anlässlich des 25-jährigen Bestehens der Nordelbischen Evangelisch-Lutherischen Kirche. Mit einer Einleitung und Hinweisen der zu beachtenden kirchengesetzlichen Regelungen, 8., neu bearb. Aufl., Kiel 2002, S. 28.

Randenborgh, G[ottfried] von [!]: »Die Einheit der Kirche«. Leitsätze der 3. Westfälischen Bekenntnissynode vorgelegt, in: Bericht über die 3. Tagung der Westfälischen Bekenntnissynode am 19. April 1936 in Dortmund. Als Manuskript gedruckt, Dortmund [1936], S. 1–4 [eigenständige Paginierung].

Rechenschaftsbericht der Kirchenleitung auf der Synode der Evangelischen Kirche von Schlesien, Breslau 1946, in: Hornig, Ernst: Die schlesische evangelische Kirche 1945–1964, hg. von Manfred Jacobs, Görlitz 2001, S. 155.

Rochhausen, Rudolf: Der Sputnik und der liebe Gott, Berlin 1958.

Schoen, Paul: Das neue Verfassungsrecht der evangelischen Landeskirchen in Preußen, Berlin 1929.

Scholz, Margit (Hg.): Im Dienste der Evangelischen Kirche der Kirchenprovinz Sachsen – Zeitzeugenberichte aus dem Magdeburger Konsistorium (1944–2004), Magdeburg 2012.

Schubert, Ernst: Die deutsche evangelische Kirche im Freistaat Danzig, in: KJ 50 (1923), S. 255–256.

Schubert, Ernst: Die deutsche evangelische Kirche im Freistaat Danzig, in: KJ 52 (1925), S. 326–328.

Schultze, Harald (Hg.): Berichte der Magdeburger Kirchenleitung zu den Tagungen der Provinzialsynode 1946–1989 (Arbeiten zur Kirchlichen Zeitgeschichte A 10), Göttingen 2005.

Schultze, Harald (Hg.): Das Signal von Zeitz – Reaktionen auf die Selbstverbrennung von Oskar Brüsewitz – Eine Dokumentation, Leipzig 1993.

16. [Sechzehntes] Kirchengesetz zur Änderung der Kirchenordnung vom 19. Mai 1990, in: ABl. PEK 1990, S. 45.

Seidel, J. Jürgen: »Neubeginn« in der Kirche? Die evangelischen Landes- und Provinzialkirchen in der SBZ/DDR im gesellschaftspolitischen Kontext der Nachkriegszeit (1945–1953), Göttingen 1989, Seidel, J. Jürgen: »Neubeginn« in der Kirche? Die evangelischen Landes- und Provinzialkirchen in der SBZ/DDR im gesellschaftspolitischen Kontext der Nachkriegszeit (1945–1953), Göttingen 1989.

Sellmann, Martin: Die Rheinisch-Westfälische Kirchenordnung in der Fassung vom 6. November 1923 in ihrem Verhältnis zur Verfassungsurkunde für die Evangelische Kirche der altpreußischen Union, Witten (Ruhr) 1928.

Söhlmann, Fritz (Hg.): Die Konferenz der Evangelischen Kirchenführer 27.–31. August 1945, Lüneburg 1946.

Sorg, Manfred: Vorwort, in: Gott hat sein Volk nicht verstoßen (Römer 11,2). Hauptvorlage 1999. Evangelische Kirche von Westfalen, o. O. [Bielefeld] o. J. [1998], S. 1.

Stein, Albert: Die Denkschrift des altpreußischen Bruderrates »Von rechter Kirchenordnung«: Ein Dokument zur Rechtsgeschichte des Kirchenkampfes, in: Zur Geschichte des Kirchenkampfes: Gesammelte Aufsätze II (Arbeiten zur Geschichte des Kirchenkampfes 26), Göttingen 1971, S. 164–196.

Tätigkeitsbericht des Evangelischen Oberkirchenrats, Berlin-Charlottenburg 1950.

Theologische Erklärung zur gegenwärtigen Lage der Deutschen Evangelischen Kirche, in: Immer, Karl (Hg.): Bekenntnissynode der Deutschen Evangelischen Kirche. Barmen 1934. Vorträge und Entschliessungen. Im Auftrage des Bruderrates der Bekenntnissynode hg., Wuppertal-Barmen o. J. [1934], S. 8–11.

Thimme, Hans: Bericht zur Arbeit des Ausschusses »Bekenntnis und Einheit der Kirche«, erstattet auf der Synode der Evangelischen Kirche von Westfalen 1959, o. O. o. J. [1959].

Thimme, Hans: In einer Kirche verbunden, Die neue westfälische Kirchenordnung abgeschlossen, in: Unsere Kirche 8 (1953), Nr. 50/A, 13. Dezember 1953, ohne Paginierung.

Thimme, [Hans]: Von der Buße der Kirche und der Erneuerung des öffentlichen Lebens. Leitsätze zur volksmissionarischen Bearbeitung der Erklärung der westfälischen Provinzial-Synode vom Juli 1946 (Rufe in die Zeit 2), Gladbeck 1947.

Thümmel, Gerhard/Dalhoff, Erich/Löhr, Walther (Hgg.): Evangelisches Kirchenrecht in Rheinland und Westfalen. Sammlung kirchenrechtlicher Gesetze. Bd. 1. Kirchenordnung und andere Grundgesetze. Bearbeitet von Gerhard Thümmel, Bielefeld (1950).

Thümmel, Gerhard: 40 [Vierzig] Jahre kirchlicher Verwaltung (1925–1965) dargestellt an der Arbeit im Dienst der evangelischen Kirche. Aus dem Nachlaß herausgegeben von Hans Steinberg (Beiträge zur Westfälischen Kirchengeschichte 7), Bielefeld 1987.

Thümmel, Otto: Evangelisches Kirchenrecht für Preußen. Verfassungsurkunde für die Evangelische Kirche der altpreußischen Union vom 29. September 1922. Aus der Praxis für die Praxis, Berlin 1930.

Uckeley, Alfred (Hg.): Die Kirchengemeinde- und Synodalordnung für die Provinzen Preussen, Brandenburg, Pommern, Posen, Schlesien und Sachsen (Kleine Texte für Vorlesungen und Übungen 103), Bonn 1912.

Unruh, Peter: Die Verfassung der Nordkirche, in: Das Recht der Evangelisch-Lutherischen Kirche in Norddeutschland, Sonderdruck März 2012, S. 21–32.

Vareikis, Vygantas: Die Rolle des Schützenbundes Litauens bei der Besetzung des Memelgebietes 1923; in: Annaberger Annalen 8 (2000), Nr. 8, S. 5–29.

Verfassung der Evangelischen Kirche in Mitteldeutschland vom 5. Juli 2008, in: Amtsblatt der Föderation Evangelischer Kirchen in Mitteldeutschland 2008, Nr. 8 vom 15. August 2008, S. 183–200.

Verfassung der Evangelischen Kirche in Mitteldeutschland vom 5. Juli 2008. Hg. vom Kirchenamt der Föderation Evangelischer Kirchen in Mitteldeutschland. Ruth Kallenbach in Zusammenarbeit mit Michael Germann, Eisenach 2008.

Verfassung der Evangelischen Landeskirche Anhalts. Vom 14. August 1920, in: Giese, Friedrich/Hosemann, Johannes (Hgg.): Die Verfassungen der Deutschen Evangelischen Landeskirchen. Unter Berücksichtigung der kirchlichen und staatlichen Ein- und Ausführungsgesetze. Bd. 2 (Quellen des Deutschen Evangelischen Kirchenrechts 1), Berlin 1927, S. 777–801.

Verfassung der Evangelischen Landeskirche Anhalts vom 14. August 1920 […] in der Neufassung durch die Kirchengesetze vom 22. April und 30. November 1967, 2. Dezember 1968 sowie 12. Mai 1969 […], zuletzt geändert am 2. Dezember 1997 […], in: Kraus, Dieter (Hg.): Evangelische Kirchenverfassungen in Deutschland. Textsammlung mit einer Einführung, Berlin 2001, S. 83–105.

Verfassungsurkunde für die Evangelische Kirche der altpreußischen Union vom 29. September 1922 (Kirchl. Ges. u. VOBl. 1924 S. 57), in: Kraus, Dieter:

Evangelische Kirchenverfassungen in Deutschland. Textsammlung mit einer Einführung, Berlin 2001, S. 935–984.

Verhandlungen der achten Rheinischen Provinzial-Synode, gehalten zu Elberfeld vom 8. bis 26. Oktober 1853, Elberfeld [1853].

Verhandlungen der 28. [achtundzwanzigsten] ordentlichen rheinischen Landessynode. Tagung vom 6. bis 11. Januar 1980 in Bad Neuenahr, Mülheim (Ruhr) 1980.

Verhandlungen der außerordentlichen Generalsynode der evangelischen Landeskirche Preußens eröffnet am 24. November 1875, geschlossen am 18. Dezember 1875. Berlin 1876, S. 138–143.

Verhandlungen der Berlin-Brandenburgischen Provinzialsynode. Dritte Tagung vom 13. bis 15. Dezember 1948 im Evangelischen Johannesstift in Berlin-Spandau. Herausgegeben vom Büro der Provinzialsynode Berlin-Brandenburg, Maschinenschrift vervielfältigt, Berlin-Charlottenburg o. J.

Verhandlungen der Berlin-Brandenburgischen Provinzialsynode. 1. [Erste] Tagung (vom 6. bis 9. Oktober 1946) im Gemeindehaus der Elias-Kirchengemeinde zu Berlin N 58, Göhrener Straße 11, herausgegeben vom Büro der Provinzialsynode Berlin-Brandenburg, Berlin W 15, Lietzenburger Straße 36[III], Berlin 1947.

Verhandlungen der Berlin-Brandenburgischen Provinzialsynode. Zweite Tagung vom 4. bis 8. Oktober 1948 im Evangelischen Johannesstift in Berlin-Spandau. Herausgegeben vom Büro der Provinzialsynode Berlin-Brandenburg, Berlin W 15, Lietzenburger Straße 36[III], Berlin 1950.

Verhandlungen der 3. [dritten] außerordentlichen Rheinischen Landessynode. 1. Tagung vom 21. bis 26. Oktober 1951 zu Rengsdorf (Westerwald), Mülheim (Ruhr) 1952.

Verhandlungen der 3. [dritten] außerordentlichen Rheinischen Landessynode. 2. Tagung vom 27. April bis 2. Mai 1952 zu Rengsdorf (Westerwald), Mülheim (Ruhr) 1952.

Verhandlungen der 41. [einundvierzigsten] ordentlichen rheinischen Landessynode. Tagung vom 7. bis 13. Januar 1993 in Bad Neuenahr, Mülheim (Ruhr) 1993.

Verhandlungen der ersten Rheinischen Landessynode. Tagung vom 8. bis 13. November 1948 zu Velbert, Neuwied 1950.

Verhandlungen der fünften Rheinischen Provinzial-Synode, gehalten zu Neuwied vom 28. August bis 14. September 1847, Neuwied 1848.

Verhandlungen der 35. [fünfunddreißigsten] ordentlichen rheinischen Landessynode. Tagung vom 11. bis 16. Januar 1987 in Bad Neuenahr, Mülheim (Ruhr) 1987.

Verhandlungen der 45. [fünfundvierzigsten] ordentlichen rheinischen Landessynode. Tagung vom 7. bis 11. Januar 1996 in Bad Neuenahr, Mülheim (Ruhr) 1996.

Verhandlungen der sechsten westfälischen Provinzialsynode zu Dortmund vom 26. October bis 13. November 1850, Dortmund o.J. [1850].

Verhandlungen der siebenten Rheinischen Provinzial-Synode, gehalten zu Duisburg vom 26. October bis 16. November 1850.

Verhandlungen der vereinigten Commissionen der Westfälischen und Rheinischen Provinzial-Synode zur Revision der Kirchen-Ordnung zu Duisburg am 13. und 14. März 1850. Nebst Anlage: Die revidirte Kirchen-Ordnung für Westfalen und Rheinland. Mit Gegenüberstellung des älteren Textes, Bielefeld 1850.

Verhandlungen der 34. [vierunddreißigsten] ordentlichen rheinischen Landessynode. Tagung vom 5. bis 10. Januar 1986 in Bad Neuenahr, Mülheim (Ruhr) 1986.

Verhandlungen der 44. [vierundvierzigsten] außerordentlichen Tagung der Rheinischen Provinzialsynode in Velbert. 1. Tagung vom 16. bis 20. September 1946. 2. Tagung vom 22. bis 24. Oktober 1946, Essen 1948.

Verhandlungen der 14. [vierzehnten] Tagung der Zehnten Landessynode der Evangelischen Kirche in Berlin-Brandenburg vom 12. bis 16. November 1996. Hergestellt im Wichern-Verlag. Herausgegeben vom Büro der Landessynode der Evangelischen Kirche in Berlin-Brandenburg. Berlin, den 25. März 1997.

Verhandlungen der 40. [vierzigsten] ordentlichen rheinischen Landessynode. Tagung vom 5. bis 11. Januar 1992 in Bad Neuenahr, Mülheim (Ruhr) 1992.

Verhandlungen der zweiten Rheinischen Landessynode. Tagung vom 12. bis 18. November 1950 zu Velbert, Mülheim (Ruhr) 1951.

Verhandlungen der 2. [zweiten] Westfälischen Landessynode. 1. (ordentliche) Tagung vom 19. bis 25. Oktober 1952. Statt Handschrift gedruckt, Bielefeld 1953.

Verhandlungen der 32. [zweiundreißigsten] ordentlichen rheinischen Landessynode. Tagung vom 8. bis 13. Januar 1984 in Bad Neuenahr, Mülheim (Ruhr) 1984.

Verhandlungen des Deutschen Evangelischen Kirchentages 1919. Dresden 1.–5.IX.1919, Berlin [1920].

Verhandlungen des 2. [zweiten] Deutschen Evangelischen Kirchentages 1921. Stuttgart 11.–15.IX.1921, Berlin 1921.

Verhandlungen der 12. [zwölften] Tagung der Zehnten Landessynode der Evangelischen Kirche in Berlin-Brandenburg vom 15. bis 19. November 1995.

Quellen- und Literaturverzeichnis

Hergestellt und herausgegeben vom Büro der Landessynode der Evangelischen Kirche in Berlin-Brandenburg. Berlin, den 1. März 1996.
Verordnungs- und Nachrichtenblatt der EKD Nr. 31, 1946.
Verordnungs- und Nachrichtenblatt der EKD Nr. 38/39, 11. Dez. 1946, in: Brunotte, Heinz: Die Grundordnung der Evangelischen Kirche in Deutschland. Ihre Entstehung und ihre Probleme, Berlin 1954, S. 300–302.
Vertrag über die Bildung einer Union Evangelischer Kirchen in der EKD. Vom 26. Februar 2003, in: ABl. EKD 2003, S. 315–316.
Vertrag zwischen der Evangelischen Kirche der Kirchenprovinz Sachsen und der Evangelisch-Lutherischen Kirche in Thüringen über die Bildung der Föderation Evangelischer Kirchen in Mitteldeutschland (Föderationsvertrag) vom 18.4.2004, in: Amtsblatt der Evangelisch-Lutherischen Kirche in Thüringen 57 (2004), Nr. 6, 15. Juni 2004, S. 83 f.
Vertrag zwischen der Evangelischen Kirche der Kirchenprovinz Sachsen und der Evangelisch-Lutherischen Kirche in Thüringen über ihre verbindlich strukturierte Kooperation mit dem Ziel der Föderation (Kooperationsvertrag), in: Amtsblatt der Evangelisch-Lutherischen Kirche in Thüringen 54 (2001), Nr. 1, 15. Januar 2001, S. 27 ff.
Vortrag vom 13. Oktober 2006, in: Amtsblatt Pommersche Evangelische Kirche (Abl. PEK) 2006, S. 3–5.
Wach, Adolf: Die rechtliche Stellung der außerordentlichen Generalsynode, in: Goltz, Hermann v[on] d[er]/Wach, Adolf (Hgg.): Synodalfragen. Zur Orientirung über die bevorstehende General-Synode, Bielefeld/Leipzig 1874, S. 33–56.
Wengst, Klaus: Neutestamentliche Aspekte zur trinitarischen Rede von Gott. Dargelegt im Blick auf die beabsichtigte Änderung der Kirchenordnung der Evangelischen Kirche von Westfalen. Masch. Manuskript, o. O. o. J. [2004].
Wolff, Walther: Die Verfassung der Evangelischen Kirche der Altpreußischen Union: Einführung, Berlin 1925.
Wurm, Theophil: Der lutherische Grundcharakter der württembergischen Landeskirche. Zum 70. Geburtstag, 7. Dezember 1938, vom Verein für württembergische Kirchengeschichte dargeboten, Stuttgart 1938.
Zur preußischen verfassunggebenden Versammlung. 2. Zum Namen der bisherigen preußischen evangelischen Landeskirche, in: Allgemeine Evangelisch-Lutherische Kirchen-Zeitung 1922, Nr. 14 vom 7. April 1922, Sp. 213 f.
2. [Zweite] Bekenntnissynode der Evangelischen Kirche der altpreußischen Union. Berlin-Dahlem, 4.–5. März 1935, in: Niesel, Wilhelm (Hg.): Um Verkündigung und Ordnung der Kirche. Die Bekenntnissynoden der Evangelischen Kirche der altpreußischen Union 1934–1943, Bielefeld 1949, S. 12–17.

2. [Zweite] Tagung der VII. Synode der Evangelischen Kirche der Kirchenprovinz Sachsen vom 17. bis 21.November 1972 in Halle: Tagesordnung: Drucksache 11/72.
2. [Zweite] Tagung der 4. Bekenntnissynode der Evangelischen Kirche der altpreußischen Union. Halle (Saale), 10.–13. Mai 1937. 1. Beschluss, C., in: Niesel, Wilhelm (Hg.): Um Verkündigung und Ordnung der Kirche. Die Bekenntnissynoden der Evangelischen Kirche der altpreußischen Union 1934–1943, Bielefeld 1949.
22. [Zweiundzwanzigstes] Kirchengesetz zur Änderung der Kirchenordnung vom 16. November 1997, veröffentlicht in Form der Neufassung der Kirchenordnung, in: ABl. EK Pommern 1998, Heft 1, S. 1–40.

Literatur

Aring, Paul Gerhard: [Art.:] Hossenfelder, Joachim, in: BBKL 15, Herzberg 1999, Sp. 733–735.
Assel, Heinrich: Hart am Wind Segeln – Die Nordkirche als Vorreiterin im Bekenntnis, in: Kuhn, Thomas (Hg.): Bekennen – Bekenntnis – Bekenntnisse (Greifswalder Theologische Forschungen), Leipzig 2014, S. 213–228.
Barkenings, Hans-Joachim: Zur christlichen Neupositionierung im Verhältnis und im Verhalten der Christen zu den Juden in Kirchenordnungen und Kirchenverfassungen nach 1980, in: Bilanz und Perspektiven des christlich-jüdischen Dialogs (epd-Dokumentation Nr. 9/10 vom 1. März 2005), Frankfurt (Main) 2005, S. 45–60.
Bauks, Friedrich Wilhelm: Der westfälische DC-Bischof Bruno Adler, in: JWKG 80 (1987), S. 153–159.
Bauks, Friedrich Wilhelm: Die evangelischen Pfarrer in Westfalen von der Reformationszeit bis 1945 (Beiträge zur Westfälischen Kirchengeschichte 4), Bielefeld 1980.
Bautz, Friedrich Wilhelm: [Art.:] Bodelschwingh, Friedrich von, in: BBKL 1, Hamm 1990, Sp. 649–651.
Beintker, Michael: Der theologische Ertrag der Lehrgespräche im Bund der Evangelischen Kirchen in der DDR, epd-Dokumentation 2005/21, S. 36–43.
Beintker, Michael: Der theologische Ertrag und die bleibende Bedeutung der Lehrgespräche im Bund der Evangelischen Kirchen in der DDR, in: Hüffmeier, Wilhelm (Hg.): Rechtfertigung und Kirchengemeinschaft. Die Lehrge-

spräche im Bund der Evangelischen Kirchen in der DDR, Leipzig 2006, S. 9–28.

Besier, Gerhard: Die »Neue Ära« und die Einleitung eines kirchlichen Verfassungsneubaus (1858–1862), in: Rogge, Joachim/Ruhbach, Gerhard: Die Geschichte der Evangelischen Kirche der Union. Bd. 2: Die Verselbständigung der Kirche unter dem königlichen Summepiskopat (1850–1918), Leipzig 1994, S. 109–119.

Besier, Gerhard: Die neue preußische Kirchenverfassung und die Bildung des Deutschen Evangelischen Kirchenbundes, in: Besier, Gerhard/Lessing, Eckhard (Hgg.): Die Geschichte der Evangelischen Kirche der Union. Bd. 3: Trennung von Staat und Kirche. Kirchlich-politische Krisen. Erneuerung kirchlicher Gemeinschaft (1918–1992), Leipzig 1999, S. 76–117.

Besier, Gerhard: Die verfassunggebende Kirchenversammlung und die Kirchenverfassung, in: Besier, Gerhard/Lessing, Eckhard (Hgg.): Die Geschichte der Evangelischen Kirche der Union. Bd. 3: Trennung von Staat und Kirche. Kirchlich-politische Krisen. Erneuerung kirchlicher Gemeinschaft (1918–1992), Leipzig 1999, S. 90–102.

Besier, Gerhard/Lessing, Eckhard (Hgg.): Die Geschichte der Evangelischen Kirche der Union. Bd. 3: Trennung von Staat und Kirche. Kirchlich-politische Krisen. Erneuerung kirchlicher Gemeinschaft (1918–1992), Leipzig 1999.

Bregger, Hans-Martin: Kontinuität in der evangelischen Kirche von Schlesien 1936–1950. Ein Beitrag zur kirchenjuristischen Zeitgeschichte (JSKG Beiheft 12), Görlitz 2010, S. 313–314.

Brunotte, Heinz: Die Grundordnung der Evangelischen Kirche in Deutschland. Ihre Entstehung und ihre Probleme, Berlin 1954.

Buske, Norbert: Das evangelische Pommern – Bekenntnis im Wandel, Schwerin 2009.

Cleff, Robert: Ernst Friedrich Ball. Ein Lebensbild aus dem niederrheinischen Protestantismus zum Gedächtnis an seinen 100jährigen Geburtstag, Neukirchen 1900.

Der Kompromiß von Treysa. Die Entstehung der Evangelischen Kirche in Deutschland (EKD) 1945. Eine Dokumentation. Hg. von Gerhard Besier, Hartmut Ludwig, Jörg Thierfelder. Bearb. von Michael Losch, Christoph Mehl, Hans-Georg Ulrichs (Schriftenreihe der Pädagogischen Hochschule Heidelberg 24), Weinheim 1995.

Danielsmeyer, Werner: Der Bekenntnisstand der Evangelischen Kirche von Westfalen. Zur Entstehung der Grundartikel der Kirchenordnung, in: Danielsmeyer, Werner/Ratschow, Karl Heinz: Kirche und Gemeinde. Präses D. Hans Thimme zum 65. Geburtstag, Witten 1974, S. 180–191.

Danielsmeyer, Werner: Die Evangelische Kirche von Westfalen. Bekenntnisstand, Verfassung, Dienst an Wort und Sakrament. 2., veränderte Aufl., Bielefeld 1978.
Ehrenforth, Gerhard: Die schlesische Kirche im Kirchenkampf 1932–1945, Göttingen 1968.
Erler, Adalbert: Die rechtliche Stellung der evangelischen Kirche in Danzig, Rechts- und staatswissenschaftliche Dissertation Greifswald 1929, Berlin 1929.
Fränkel, Hans-Joachim: Der Kirchenkampf in Schlesien, in: JSKG 66 (1987), S. 169–185.
Fränkel, Hans-Joachim: Die Evangelische Kirche von Schlesien nach 1945, in: JSKG 67 (1988), S. 183–205.
Fretzdorff, Otto: Die Verfassungsurkunde für die evangelische Kirche der altpreußischen Union in der Freien Stadt Danzig, in: Preußisches Pfarrarchiv 15 (1927), S. 1–16.
[Art.:] Geibel, Emanuel, in: Der große Brockhaus. Kompaktausgabe. Bd. 8. Gasthörer bis Grimaud. Aktualisierte 18. Aufl. in 26 Bänden, Wiesbaden 1984, S. 47.
Goeters, J[ohann] F[riedrich] Gerhard: Unionsliteratur (Sammelbesprechung), in: Jahrbuch des Vereins für Westfälische Kirchengeschichte 61 (1968), S. 175–203.
Gornig, Gilbert H[anno]: Das Memelland. Gestern und heute. Eine historische und rechtliche Betrachtung, Bonn 1991.
Gundlach, Thies: Die Bekenntnisfrage in der Verfassung der Evangelischen Landeskirche Anhalts – theologisches Armutszeugnis oder wegweisend für die Evangelische Kirche in Deutschland?, in: Lindemann, Albrecht/Rausch, Rainer/Spehr, Christopher (Hgg.): Toleranz und Wahrheit. Philosophische, theologische und juristische Perspektiven (Anhalt[er]kenntnisde 1), Hannover 2014, S. 219–234.
Handbuch der Rechtsförmlichkeit (3. Auflage) des Bundesministeriums der Justiz.
Harder, Hans-Martin: Das pommersche Konsistorium im Wandel der Zeiten und Systeme, in: Ehricht, Christoph (Hg.): 487 Jahre Rechtsprechung, Organisation, Leitung und Verwaltung der Pommerschen Evangelischen Kirche, Schwerin 2012, S. 55–93.
Heise, Joachim: »… die Arbeit auf dem Gebiet des Atheismus intensivieren und qualifizieren«. Zum Wandel in der atheistischen Propaganda und Lehre in der DDR von den Anfängen bis Ende der siebziger Jahre, in: Dähn, Horst/Gotschlich, Helga (Hgg.): »Und führe uns nicht in Versuchung …«. Jugend im Span-

nungsfeld von Staat und Kirche in der SBZ/DDR 1945 bis 1989, Berlin 1998, S. 150–167.

Heise, Joachim: Die Auseinandersetzung um die Junge Gemeinde in den Jahren 1952 und 1953, in: Der Dritte Weg 1991, Heft 4.

Hermle, Siegfried: [Art.:] Asmussen, Hans Christian, in: RGG⁴, 1 (1998), Sp. 843.

Hey, Bernd: Einleitung, in: [Hey, Bernd/Osterfinke, Ingrun:] »Drei Kutscher auf einem Bock«. Die Inhaber der kirchlichen Leitungsämter im evangelischen Westfalen (1815–1996) (Schriften des Landeskirchlichen Archivs der Evangelischen Kirche von Westfalen 3), Bielefeld 1996.

Heyden, Hellmuth: Kirchengeschichte Pommerns, Bd. II. Von der Annahme der Reformation bis zur Gegenwart, Köln-Braunsfeld 1957.

Heyden, Hellmuth: Zur Geschichte der Kämpfe um Union und Agende in Pommern, in: Pommersche Jahrbücher 23 (1926), S. 1 ff.

Heyden, Hellmuth: Zur Geschichte der Kämpfe um Union und Agende in Pommern, in: Zeitschrift für Kirchengeschichte 71 (1960), S. 287–323.

Holstein, Günther: Die Grundlagen des evangelischen Kirchenrechts, Tübingen 1928.

Hornig, Ernst: Die Bekennende Kirche in Schlesien 1933–1945. Geschichte und Dokumente (Arbeiten zur Geschichte des Kirchenkampfes Ergänzungsreihe 10), Göttingen 1977.

Hornig, Ernst: Die Schlesische Kirche in der Nachkriegszeit 1945–1951, in: JSKG 51 (1972), S. 108–135.

Hornig, E[rnst]: Zur schlesischen Kirchengeschichte 1945/46. Vier Berichte, in: JSKG 46 (1967), S. 91–151

Hübner, Hans-Peter: Die Föderation Evangelischer Kirchen in Mitteldeutschland – Zum Stand, dem Erreichten und den offenen Fragen der Föderation zwischen der Evangelischen Kirche der Kirchenprovinz Sachsen und der Evangelisch-Lutherischen Kirche in Thüringen, in: Zeitschrift für evangelisches Kirchenrecht 51 (2006), S. 3–48.

Hüffmeier, Wilhelm: Die eigenen Ziele erreicht? Zum Ende der EKU, in: Kampmann, Jürgen (Hg.): Preußische Union: Ursprünge, Wirkung und Ausgang. Eingang in vier Jahrhunderte evangelischer Kirchen und Konfessionsgeschichte (Unio und Confessio 27), Bielefeld 2011, S. 221–239.

Hüffmeier, Wilhelm: Die Evangelische Kirche der Union. Eine kurze geschichtliche Orientierung, in: »... den großen Zwecken des Christentums gemäß«, Bielefeld 1992, S. 13–28.

Hüffmeier, Wilhelm: [Art.:] Arnoldshainer Konferenz, in: RGG⁴. Bd. 1. A–B, Tübingen 1998, Sp. 794.

Hüllstrung, Wolfgang/Löhr, Hermut (Hgg.): »Nicht du trägst die Wurzel, sondern die Wurzel trägt dich«. Gegenwärtige Perspektiven zum Rheinischen Synodalbeschluss »Zur Erneuerung des Verhältnisses von Christen und Juden« von 1980 (Studien zu Kirche und Israel, Neue Folge 16), Leipzig 2023.

Institut für zeitgeschichtliche Jugendforschung (Hg.): Die Freie Deutsche Jugend: Beiträge zur Geschichte der Massenorganisation. Bd. 4, Berlin 1998, S. 150–167.

Jauernig, Reinhold: Der Bekenntnisstand der Thüringischen Landeskirchen. Eine kirchenrechtliche und kirchengeschichtliche Untersuchung. Als Vortrag dargeboten im Auftrag der Thüringer Kirchlichen Konferenz auf ihrer 50. Jubeltagung am 28. Mai 1929 in Rudolstadt (Thüringen), Gera 1930.

Jostmeier, Friedhelm: SED und Junge Gemeinde im Bezirk Leipzig (1950–1963) – Kirchliche Jugendarbeit und Resistenz. Magisterarbeit der Universität Bielefeld, Fakultät für Geschichtswissenschaft und Philosophie, Bielefeld 1994.

Kaiser, Jochen-Christoph: Moritz-August von Bethmann Hollweg, in: Häusler, Michael/Kampmann, Jürgen (Hgg.): Protestantismus in Preußen. Von der Mitte des 19. Jahrhunderts bis zum Ersten Weltkrieg. Frankfurt (Main) 2013, S. 23–50.

Kallenbach, Ruth: Die Verfassung der Evangelischen Kirche in Mitteldeutschland – ein Praxisbericht, in: Zeitschrift für evangelisches Kirchenrecht 54 (2009), S. 399–416.

Kampmann, Jürgen: Änderung der Grundartikel der Evangelischen Kirche von Westfalen? Kirchenrechtliche Anmerkungen zu den Vorschlägen der Hauptvorlage 1999 »Gott hat sein Volk nicht verstoßen (Römer 11,2)« (Theologische Beiträge aus dem Kirchenkreis Vlotho 2), Bad Oeynhausen 1999.

Kampmann, Jürgen: Änderung der Grundartikel der Evangelischen Kirche von Westfalen? Kirchenrechtliche Anmerkungen zu den Vorschlägen der Hauptvorlage 1999 »Gott hat sein Volk nicht verstoßen (Römer 11,2)«, 2. Aufl. (Theologische Beiträge aus dem Kirchenkreis Vlotho 2), Bad Oeynhausen 1999.

Kampmann, Jürgen: Alter Anspruch – neuer Name. Der Weg zur ersten Westfälischen Landessynode im November 1948 (Schriften des Landeskirchlichen Archivs der Evangelischen Kirche von Westfalen 4), Bielefeld 1998.

Kampmann, Jürgen: Das Wirken der Geistlichen Leitung Fiebig, in: Peters, Christian/Kampmann, Jürgen (Hgg.): 200 Jahre evangelisch in Münster. Beiträge aus dem Jubiläumsjahr (Beiträge zur Westfälischen Kirchengeschichte 29), Bielefeld 2006, S. 149–188.

Kampmann, Jürgen: Das Zerwürfnis zwischen APU-Ost und APU-West: Die Berliner Zusatzerklärung zur Treysaer Vereinbarung vom 2. Oktober 1945 und die Reaktionen der Westprovinzen, in: Besier, Gerhard/Lessing, Eckhard

(Hgg.): Die Geschichte der Evangelischen Kirche der Union. Bd. 3: Trennung von Staat und Kirche. Kirchlich-politische Krisen. Erneuerung kirchlicher Gemeinschaft (1918–1992), Leipzig 1999, S. 604–617.

Kampmann, Jürgen: Die gemeinsame Tagung der Westfälischen Bekenntnissynode und der rheinischen Freien Synode am 29. April 1934 in Dortmund, in: Hey, Bernd/Wittmütz, Volker (Hgg.): Evangelische Kirche an Ruhr und Saar. Beiträge zur rheinischen und westfälischen Kirchengeschichte, Bielefeld 2007, S. 109–161.

Kampmann, Jürgen: Die Zukunft des württembergischen Predigtgottesdienstes, in: Eckstein, Hans-Joachim/Heckel, Ulrich/Weyel, Birgit (Hgg.): Kompendium Gottesdienst. Der evangelische Gottesdienst in Geschichte und Gegenwart (UTB 3630), Tübingen 2011, S. 124–144.

Kampmann, Jürgen: Konkordie und ökumenisches Studiendokument einer bleibend nach Bekenntnissen gegliederten Union: das Ergebnis der theologischen Arbeit des westfälischen Ausschusses »Bekenntnis und Einheit der Kirche« 1953–1959, in: Kampmann, Jürgen/Peters, Christian (Hgg.): 200 Jahre lutherisch-reformierte Unionen in Deutschland. Jubiläumsfeier in Hagen, Beiträge zu wissenschaftlichen Tagungen in Hagen und Haus Villigst sowie ein Vortrag in Potsdam im September 2017 (Beiträge zur Westfälischen Kirchengeschichte 46), Bielefeld 2018, S. 225–249.

Kampmann, Jürgen: Neuorientierung nach dem Zweiten Weltkrieg, in: Besier, Gerhard/Lessing, Eckhard (Hgg.): Die Geschichte der Evangelischen Kirche der Union. Bd. 3: Trennung von Staat und Kirche. Kirchlich-politische Krisen. Erneuerung kirchlicher Gemeinschaft (1918–1992), Leipzig 1999, S. 561–603.

Kampmann, Jürgen: Presbyterial-synodale Ordnung in Westfalen. Grundlagen, Wege und Irrwege ihrer Ausgestaltung (Theologische Beiträge aus dem Kirchenkreis Vlotho 7), 2., durchgesehene Aufl., Bad Oeynhausen 2002.

Kampmann, Jürgen: Von der altpreußischen Provinzial- zur westfälischen Landeskirche (1945–1953). Die Verselbständigung und Neuordnung der Evangelischen Kirche von Westfalen (Beiträge zur Westfälischen Kirchengeschichte 14), Bielefeld 1998.

Kaufmann, Christoph: Agenten mit dem Kugelkreuz. Leipziger Junge Gemeinde zwischen Aufbruch und Verfolgung 1945–1953, Leipzig 1995.

Klassohn, Helge: Das Ende des landesherrlichen Kirchenregiments 1918 in Anhalt, in: Mitteilungen des Vereins für Anhaltische Landeskunde (Sonderband 2012), Köthen 2012, S. 253–270.

Koch, Ernst: 75 Jahre Protestantismus in Thüringen 1921–1996. Beobachtungen zum Weg einer jungen mitteldeutschen Landeskirche, in: Blätter des Vereins für Thüringische Geschichte e.V. 7 (1997), Heft 1, S. 6–14.

Köhler, Günter (Hg.): Pontifex nicht Partisan. Kirche und Staat in der DDR von 1949 bis 1958. Dokumente aus der Arbeit des Bevollmächtigten des Rates der EKD bei der Regierung der DDR, Propst Heinrich Grüber, Stuttgart 1974.

Konrad, Joachim: »Als letzter Stadtdekan von Breslau«, in: JSKG 1963, S. 129–172.

Krämer, Achim: Gegenwärtige Abendmahlsordnung in der Evangelischen Kirche in Deutschland. Die Abendmahlsfrage in ihrer theologischen, historischen und ekklesiologischen Bedeutung im Blick auf Abendmahlsgemeinschaft zwischen lutherischen, unierten und reformierten Landeskirchen (Jus ecclesiasticum 16), München 1973.

Kruse, Martin: Zur Bekenntnisbestimmtheit der Evangelischen Kirche in Berlin-Brandenburg. Eine Skizze anhand der Synodalverhandlungen 1945 bis 1948, in: Besier, Gerhard/Lohse, Eduard (Hgg.): Glaube – Bekenntnis – Kirchenrecht. Festschrift für Vizepräsident i.R., D. theol. Hans Philipp Meyer zum 70. Geburtstag, Hannover 1989, S. 104–113.

Kühne, Hans-Jochen: Bischof D. Dibelius als »Geburtshelfer« einer Kirche in der schlesischen Oberlausitz. Die Bezirkssynode vom 24. Februar 1947 in Görlitz, in: Jahrbuch für Berlin-Brandenburgische Kirchengeschichte 67 (2009), S. 295–323.

Kühne, Hans-Jochen: Die Hofkirchensynode 1946. Neuanfang in der Kirchenprovinz Schlesien, in: JSKG 86 (2007), S. 99–156.

Kühne, Hans-Jochen: Dokumentation zum Kirchenneubildungsprozess Evangelische Kirche Berlin-Brandenburg-schlesische Oberlausitz, in: JSKG 84/85 (2005/2006), S. 323–389.

Lell, Joachim: [Art.:] Arnoldshainer Konferenz, in: EKL³. Bd. 1, Göttingen 1986. Sp. 275 f.

Lenzmann, Jakow: Wie das Christentum entstand. 2. Aufl., Berlin 1974.

Lessing, Eckhard: Die Union in theologischer Perspektive. I. Die Entwicklung von 1817 bis 1953, in: Besier, Gerhard/Lessing, Eckhard (Hgg.): Die Geschichte der Evangelischen Kirche der Union. Bd. 3: Trennung von Staat und Kirche. Kirchlich-politische Krisen. Erneuerung kirchlicher Gemeinschaft (1918–1992), Leipzig 1999, S. 852–867.

Lessing, Eckhard: Zwischen Bekenntnis und Volkskirche. Der theologische Weg der Evangelischen Kirche der altpreußischen Union (1922–1953) unter besonderer Berücksichtigung ihrer Synoden, ihrer Gruppen und der theologischen Begründungen (Unio und Confessio 17), Bielefeld 1992.

Lindemann, Albrecht: Weder Luther noch Calvin, sondern allein das Wort. Die Bekenntnisfrage in der Geschichte des Protestantismus in Anhalt, in: Lindemann, Albrecht/Rausch, Rainer/Spehr, Christopher (Hgg.): Toleranz und

Wahrheit. Philosophische, theologische und juristische Perspektiven (Anhalt[er]kenntnisde 1), Hannover 2014, S. 179–199.

[Lücking, Karl:] Die Landessynode vor verantwortungsvollen Aufgaben, in: Unsere Kirche 7 (1952), Nr. 40/A, 19. Oktober 1952, ohne Paginierung.

Lüttgert, G[ottlieb]: Evangelisches Kirchenrecht in Rheinland und Westfalen, Gütersloh 1905.

Lüttgert, G[ottlieb]: Verfassungsurkunde für die Evangelische Kirche der altpreußischen Union. Vom 29. September 1922. Für den Handgebrauch erläutert und mit den zugehörigen Gesetzen hg. Ausgabe für Rheinland und Westfalen, Berlin 1925.

Lüttgert, G[ottlieb]: Verfassungsurkunde für die Evangelische Kirche der altpreußischen Union vom 29. September 1922. Für den Handgebrauch erläutert und mit den zugehörigen Gesetzen hg. 2. Aufl., neu bearb. und ergänzt von Friedrich Koch (Handbuch des evangelischen Kirchenrechts 2), Berlin 1932.

Mäkinen, Aulikki: Der Mann der Einheit. Bischof Friedrich-Wilhelm Krummacher als kirchliche Persönlichkeit in der DDR in den Jahren 1955–1969 (Greifswalder theologische Forschungen 5), Frankfurt (Main) 2002.

Mehlhausen, Joachim: Bekenntnis und Bekenntnisstand in der Evangelischen Kirche im Rheinland. Die geschichtliche Entwicklung der Präambel und der Grundartikel der rheinischen Kirchenordnung 1852–1952, in: MEKGR 32 (1983), S. 121–158.

Metzing, Andreas: Die Durchführung und Fortführung der Union und das Verhältnis von Lutheranern und Reformierten bis zur Mitte des 19. Jahrhunderts, in: Ders. (Hg.): Das lange 19. Jahrhundert: 1794–1914 (SVRKG 173, Evangelische Kirchengeschichte im Rheinland 3). Bonn 2023, S. 58–88.

Meyer, Dietrich: Bischof Ernst Hornig und sein Umfeld in der Nachkriegszeit (1945–1949), in: JSKG 91/92 (2012/2013), S. 185–250.

Motte, Wolfgang: Ernst Friedrich Ball (1799–1883), in: Zeitschrift des Bergischen Geschichtsvereins 101 (2008), S. 109–152.

Neß, Dietmar: Die Neuordnung der schlesischen Kirche in der Oberlausitz 1945–1951, in: Wegmarken der Oberlausitzer Kirchengeschichte (Studien zur Oberlausitzer Kirchengeschichte 1), Düsseldorf/Görlitz 1994, S. 63–98.

Neuser, Wilhelm H[einrich]: Die konfessionelle Frage 1935–1937, in: Besier, Gerhard/Lessing, Eckhard (Hgg.): Die Geschichte der Evangelischen Kirche der Union. Bd. 3: Trennung von Staat und Kirche. Kirchlich-politische Krisen. Erneuerung kirchlicher Gemeinschaft (1918–1992), Leipzig 1999, S. 368–382.

Niemöller, Wilhelm: Die Evangelische Kirche im Dritten Reich. Handbuch des Kirchenkampfes, Bielefeld 1956.

Niesel, Wilhelm: Kirche unter dem Wort. Der Kampf der Bekennenden Kirche der altpreußischen Union 1933–1945 (Arbeiten zur Geschichte des Kirchenkampfes Ergänzungsreihe 11), Göttingen 1978.

Noack, Axel: Die evangelischen Studentengemeinden in der DDR. Ihr Weg in Kirche und Gesellschaft 1945–1985. Maschinenschrift, Merseburg 1985.

Norden, Günther van: Der schwierige Neubeginn, in: Hey, Bernd/Norden, Günther van (Hg.): Kontinuität und Neubeginn. Die rheinische und westfälische Kirche in der Nachkriegszeit (1945–1949) (Schriftenreihe des Vereins für Rheinische Kirchengeschichte 123), Köln 1996, S. 1–26.

Picker, Christoph: Wie gelingt Bekenntnisbildung? – Zur Bedeutung kurpfälzischer Einflüsse auf die Reformationsgeschichte in Anhalt, in: Lindemann, Albrecht/Rausch, Rainer/Spehr, Christopher (Hgg.): Toleranz und Wahrheit. Philosophische, theologische und juristische Perspektiven (Anhalt[er]kenntnisse 1), Hannover 2014, S. 201–217.

Plieg, Ernst-Albrecht: Das Memelland 1920–1939. Deutsche Autonomiebestrebungen im litauischen Gesamtstaat (Marburger Ostforschungen 19), Würzburg 1962.

Richter, Martin: Kirchenrecht im Sozialismus. Die Ordnung der evangelischen Landeskirchen in der DDR (Jus Ecclesiasticum 95), Tübingen 2011.

Riechmann, Jens Hinrich: Die Evangelische Kirche Altpreußens in den Abtretungsgebieten des Versailler Vertrags. Eine Untersuchung unter besonderer Berücksichtigung des Memellandes zwischen 1918 und 1939, Nordhausen 2011.

Rogge, Joachim: Die außerordentliche Generalsynode von 1875 und die Generalsynodalordnung von 1876. Fortschritt und Grenzen kirchlicher Selbstregierung, in: Rogge, Joachim/Ruhbach, Gerhard: Die Geschichte der Evangelischen Kirche der Union. Bd. 2: Die Verselbständigung der Kirche unter dem königlichen Summepiskopat (1850–1918), Leipzig 1994, S. 225–233.

Rohde, Jürgen: Ein langer Weg – Union gestern, heute, morgen, in: Dill, Riccarda [u.a.] (Hg.): Im Dienste der Sache. Liber amicorum für Joachim Gärtner (Schriften zum Staatskirchenrecht 8), Frankfurt (Main) 2003, S. 597–603.

Runge, Uwe: Evangelische Kirche Berlin-Brandenburg-schlesische Oberlausitz, in: JBBKG 65 (2005), S. 15–24.

Sauter, Gerhard: [Art.:] Consensus, in: TRE 8, Berlin/New York 1981, S. 182–189.

Schmitz-Dowidat, Annette: »... daß alles ehrbar und ordentlich in der Gemeinde zugehe«. Die Entstehung und Weiterentwicklung der rheinischen Kirchenordnung von 1952 (1945–1991) (Schriften des Vereins für Rheinische Kirchengeschichte 149), Köln 2001.

Schmutzler, Siegfried: »Opposition« in der frühen DDR. Die Ev. Studentengemeinde (ESG) Leipzig in den [19]50er Jahren, in: Kaiser, Gert/Frie, Ewald: Christen, Staat und Gesellschaft in der DDR. Vorträge und Diskussionen 1993/94, Düsseldorf 1994, S. 59–68.

Schneider, Thomas Martin: [Art.:] Müller, Ludwig (Johann Heinrich Ludwig), in: BBKL 6, Herzberg 1993, Sp. 294–299.

Schöberl, Martin: Preußische Liturgie – in Hohenzollern bis heute, in: Trugenberger, Volker/Widmann, Beatus (Hgg.): Evangelisch in Hohenzollern. Katalog zur Ausstellung des Evangelischen Dekanats Balingen und des Staatsarchivs Sigmaringen, Stuttgart 2016, S. 34.

Schoen, Paul: Das neue Verfassungsrecht der evangelischen Landeskirchen in Preußen, Berlin 1929.

Schoenborn, Ulrich: Das Überflüssigste ist das Allernotwendigste. Richard Pfeiffer und die Fresken in der Kirche von Heydekrug; in: Annaberger Annalen über Litauen und deutsch-litauische Beziehungen 15 (2007), S. 177–246.

Scholder, Klaus: Die Kirchen und das Dritte Reich. Bd. 1. Vorgeschichte und Zeit der Illusionen. 1918–1934, Frankfurt (Main)/Berlin/Wien 1977.

Scholder, Klaus: Die Kirchen und das Dritte Reich. Bd. 2. Das Jahr der Ernüchterung 1934. Barmen und Rom, Berlin 1985.

Scholz, Margit (Hg.): Im Dienste der Evangelischen Kirche der Kirchenprovinz Sachsen – Zeitzeugenberichte aus dem Magdeburger Konsistorium (1944–2004), Magdeburg 2012.

Schubert, Ernst: Die deutsche evangelische Kirche im Freistaat Danzig, in: KJ 50 (1923), S. 255–256.

Schubert, Ernst: Die deutsche evangelische Kirche im Freistaat Danzig, in: KJ 52 (1925), S. 326–328.

Seehase, Hans: Agende und Union. Der Weg des Preußischen Provinzialkirchenverbandes Sachsen in Fragen der Kirchenverfassung und Kirchenordnung zwischen 1817 und 1869, in: Die Anfänge der preußischen Provinz Sachsen und ihrer Kirchenorganisation (1816–1850). Tagung des Vereins für Kirchengeschichte der Kirchenprovinz Sachsen. Merseburg 16.–17. Juni 2006 (Schriften des Vereins für Kirchengeschichte der Kirchenprovinz Sachsen 2), Magdeburg 2008, S. 75–118.

Seehase, Hans: Das Ende des landesherrlichen Kirchenregiments und die Evangelische Kirche Anhalts, in: Blätter für württembergische Kirchengeschichte 108/109 (2008/2009), S. 201–239.

Seidel, Thomas A[…]: Im Übergang der Diktaturen – Eine Untersuchung zur kirchlichen Neuordnung in Thüringen 1945–1951, Stuttgart 2003.

Sievert, Karl-Werner: Kirchenordnung und Leuenberger Konkordie. Materialien für die Beratungen des Beschlusses der Landessynode 1985 – Vorbereitung der Aufnahme der Leuenberger Konkordie in die Kirchenordnung der Evangelischen Kirche von Westfalen –. O. O. [Bielefeld] 1986.

Spurensuche – Junge Gemeinde 1953. Hg. vom Landesjugendpfarramt der Evang.-Luth. Kirche in Thüringen, Eisenach 1992.

Stappenbeck, Christian: »Tarnorganisation für Kriegshetze und Spionage«. Der geheime Plan zur Liquidierung der Jungen Gemeinde, in: Utopie kreativ 1 (1990), S. 66–68.

Stein, Albert: Die Denkschrift des altpreußischen Bruderrates »Von rechter Kirchenordnung«: Ein Dokument zur Rechtsgeschichte des Kirchenkampfes, in: Zur Geschichte des Kirchenkampfes: Gesammelte Aufsätze II (Arbeiten zur Geschichte des Kirchenkampfes 26), Göttingen 1971, S. 164–196.

Stupperich, Robert: [Art.:] Bucer, Martin (1491–1551), in: TRE 7, Berlin/New York 1981, S. 258–270.

Stupperich, Robert: Otto Dibelius – Ein evangelischer Bischof im Umbruch der Zeiten, Göttingen 1989.

Theobald, J[ulius]: Geschichte der evangelischen Gemeinden in den Hohenzollerischen Landen. Festschrift zur Feier des fünfzigjährigen Bestehens evangelischer Kirchengemeinden in Hohenzollern (1861–1911). Im Auftrage der Kreissynode herausgegeben. Sigmaringen 1911.

Thiele, Christoph: Die Arnoldshainer Konferenz. Struktur und Funktion eines gliedkirchlichen Zusammenschlusses aus rechtlicher Sicht (Europäische Hochschulschriften II, 2174), Frankfurt (Main) [u.a.] 1997.

Trugenberger, Volker: Ein Seelsorger für Hohenzollern, in: Trugenberger, Volker/Widmann, Beatus (Hgg.): Evangelisch in Hohenzollern. Katalog zur Ausstellung des Evangelischen Dekanats Balingen und des Staatsarchivs Sigmaringen, Stuttgart 2016, S. 18.

Trugenberger, Volker: Eingliederung in die Evangelische Landeskirche in Württemberg, in: Trugenberger, Volker/Widmann, Beatus (Hgg.): Evangelisch in Hohenzollern. Katalog zur Ausstellung des Evangelischen Dekanats Balingen und des Staatsarchivs Sigmaringen, Stuttgart 2016, S. 70.

Trugenberger, Volker: Erste Evangelische, in: Trugenberger, Volker/Widmann, Beatus (Hgg.): Evangelisch in Hohenzollern. Katalog zur Ausstellung des Evangelischen Dekanats Balingen und des Staatsarchivs Sigmaringen, Stuttgart 2016, S. 12.

Trugenberger, Volker: Evangelische Pfarrsprengel und Kirchengemeinden, in: Trugenberger, Volker/Widmann, Beatus (Hgg.): Evangelisch in Hohenzollern. Katalog zur Ausstellung des Evangelischen Dekanats Balingen und des Staatsarchivs Sigmaringen, Stuttgart 2016, S. 20.

Trugenberger, Volker: Selbständiger Kirchenkreis, in: Trugenberger, Volker/Widmann, Beatus (Hgg.): Evangelisch in Hohenzollern. Katalog zur Ausstellung des Evangelischen Dekanats Balingen und des Staatsarchivs Sigmaringen. Stuttgart 2016, S. 24.

Tyra, Ralf: Neue Forschungsergebnisse zur ersten deutschen Kirchenversammlung nach dem Krieg, in: KZG 2 (1989), S. 239–275.

Ueberschär, Ellen: Junge Gemeinde im Konflikt. Evangelische Jugendarbeit in SBZ und DDR 1945–1961, Stuttgart 2003.

Unruh, Peter: Einführung zu der Verfassung der Nordkirche, in: Das Recht der Evangelisch-Lutherischen Kirche in Norddeutschland, Sonderdruck Bielefeld 2012, S. 21–32.

Völker, Kai Steffen: Konstitution einer Landeskirche: Zur Entstehung der Pommerschen Kirchenordnung von 1950, in: Zeitgeschichte regional. Mitteilungen aus Mecklenburg-Vorpommern 9 (2005), S. 51–64.

Wentker, Hermann: »Kirchenkampf« in der DDR – Der Konflikt um die Junge Gemeinde 1950–1953, in: Vierteljahreshefte für Zeitgeschichte 1 (1994), S. 95–127.

Winter, Friedrich: Bischof Karl von Scheven, Ein pommersches Pfarrerleben in vier Zeiten, Berlin 2009.

Winter, Friedrich: Der Weg der EKU zwischen 1953 und 1989, in: Besier, Gerhard/Lessing, Eckhard (Hgg.): Die Geschichte der Evangelischen Kirche der Union. Bd. 3. Trennung von Staat und Kirche. Kirchlich-politische Krisen. Erneuerung kirchlicher Gemeinschaft. (1918–1992) (Die Geschichte der Evangelischen Kirche der Union. Ein Handbuch), Leipzig 1999, S. 671–733.

Winter, Friedrich: Die Evangelische Kirche der Union und die Deutsche Demokratische Republik (Unio und Confessio 22), Bielefeld 2001.

Winter, Friedrich: Die Geltungsformel der Theologischen Erklärung von Barmen in den Ordnungen der evangelischen Kirchen in der DDR – Ein Beitrag zum Dialog um Barmen, in: Schulze, Rudolf (Hg.): Barmen 1934–1984, Berlin 1983, S. 141–164.

Winter, Friedrich: Friedrich-Wilhelm Krummacher – Ein pommerscher Bischof in den Umbrüchen des 20. Jahrhunderts, in: Baltische Studien NF 90 (2004), S. 237–252.

Winter, Friedrich: Kirche zwischen den Fronten – Der ökumenische Aufbruch der Pommerschen Evangelischen Kirche nach 1945, in: Zeitgeschichte Regionale Mitteilungen aus Mecklenburg-Vorpommern 2004,1, S. 52–63.

Wolff, Walther: Die Verfassung der Evangelischen Kirche der Altpreußischen Union: Einführung. Berlin 1925.

Ortsregister

Albertinisch Sachsen
→ Sachsen, albertinischer Teil
Allstedt 393
Altmark 203, 390
Altpreußen, altpreußisch *passim*
    Östliche (Kirchen-)Provinzen 32, 38-40, 59, 142, 145, 148 f., 153, 159, 172, 175, 201, 207, 211, 396
    Westliche (Kirchen-)Provinzen/Gliedkirchen 32, 37, 55, 142, 149 f., 151-153, 159, 179, 308
Amerikanische Besatzungszone
→ Deutschland, Amerikanische Besatzungszone
Anhalt, anhaltisch 11, 345-351, 353 f., 375 f., 381, 392
Anhalt [Freistaat] 348
Anhalt [Herzogtum] 349
Anhalt-Bernburg 349
Anhalt-Dessau 349
Anhalt-Dessau-Köthen 349
Anhalt-Köthen 349
Anhalt-Plötzkau 349
Anhalt-Zerbst 349
Ansbach 328
Arnoldshain 125, 381-385
Aschersleben 198
Augsburg, augsburgisch 25 f., 110, 114, 167, 190, 213, 240-244, 252, 257, 263, 275, 341, 349, 378

Babelsberg 129
Bad Kreuznach 34
Bad Lauchstädt 227
Bad Neuenahr 359, 364
Bad Oeynhausen 121, 318
Baden, badisch 57 f., 381

Barmen
→ Wuppertal-Barmen
Barmen-Gemarke
→ Wuppertal-Barmen-Gemarke
Bayern, bayerisch 104, 390
Bayern [Landeskirche] 122
Belgien 73
Berg [Herzogtum] 13, 321
Berlin *passim*
    Berliner Mauer 188
    Groß-Berlin 180
    Monbijou [Schloss] 39
    sowjetischer Bereich 180
    Theologische Fakultät der Universität Berlin 47, 51
    Westberlin 161, 180
    Westsektoren 180
Berlin-Brandenburg, berlin-brandenburgisch 140, 153, 160 f., 165, 170-172, 174-176, 179-182, 185, 187 f., 195 f., 200, 211, 221, 245, 248, 268, 286, 290, 297, 299, 375, 378, 381, 392
Berlin-Brandenburg-schlesische Oberlausitz 17, 375, 377, 399
Berlin-Dahlem 122, 280, 304, 323 f.
Berlin-Spandau 171, 176, 180, 185
    Johannesstift 176, 180, 185
Berlin-Steglitz 121
Berlin-Zehlendorf 170, 293
    Kirchliche Hochschule 293
    Kirchstraße 4 (Pfarrhaus Otto Dilschneider) 170
Bernburg 349
→ Anhalt-Bernburg
Bethel 48, 102, 121, 138, 155-158, 160, 324
    Theologische Schule 48
    Von-Bodelschwinghsche-Anstalten 102
Bielefeld 102, 130
Böhmen, böhmisch 240

437

Ortsregister

Bonn 23, 27, 306
Bonn [Kreissynode] 356
Brandenburg, brandenburgisch 17, 170 f., 182
→ Mark Brandenburg und Berlin-Brandenburg
Nordost-Brandenburg 266
Brandenburg [Kurfürstentum] 72
Brandenburg [Land] 161
Brandenburg [Provinz/Kirchenprovinz] 37, 40, 43, 138, 201, 284
Brandenburg (Havel) 161
Bremen 381
Breslau 48, 51, 118, 121 f., 125, 280 f., 283 f., 286, 288-291, 293 f.
Breslau [Diözese der Evangelisch-Augsburgischen Kirche in Polen] 288
Hofkirche 288
Laurentius-Gemeindehaus 119
Theologische Fakultät 51
Britisches Reich, britisch
→ Großbritannien
Britische Besatzungszone
→ Deutschland, Britische Besatzungszone
Budapest 268
Bundesrepublik
→ Deutschland, Bundesrepublik

Charabovice
→ Karbitz
Chorin [Kloster] 245
Cleve [Herzogtum] 13, 321
Coburg 390

Dahlem, dahlemitisch
→ Berlin-Dahlem
Danzig 65-69, 73, 76
Marienkirche 68
DDR
→ Deutsche Demokratische Republik
Den Haag 90
Internationaler Gerichtshof 90
Dessau
→ Anhalt-Dessau-Köthen
Deutsch-Crottingen 76

Deutsche Demokratische Republik 162 f., 221-223, 225 f., 233 f., 238, 245, 248, 258, 266-268, 270, 279, 283, 298, 353, 389, 391, 397
Deutscher Orden 72
Deutsches Reich 94, 96, 98, 101-103
Deutschland, deutsch 55, 65, 71 f., 75, 80, 83 f., 86, 92-96, 98-101, 104 f., 107 f., 114, 121, 138, 145, 153, 155, 158 f., 161 f., 169, 179, 191, 201, 206 f., 213-215, 218, 221-223, 233, 249-251, 260-262, 265, 270 f., 276 f., 279, 283, 288, 292, 305, 317, 319, 322, 328, 335, 337, 342, 347, 379, 381, 385 f., 389, 391
Amerikanische Besatzungszone
Bundesrepublik 233
Britische Besatzungszone 61
Französische Besatzungszone 61
Norddeutschland 250, 270 f., 394
Nordwestdeutschland 382
Östlicher Besatzungsraum 145
Osten, Ostdeutschland 145, 161, 201, 223, 399
Sowjetische Besatzungszone 62, 180
Westdeutschland / Westen 155, 161, 223, 398
Dortmund 301
Dresden 46, 182, 251, 389, 390
Düsseldorf 61 f., 121, 129, 157, 306, 324
Duisburg 22, 27

Eberswalde [Sprengel] 188, 192, 245
Eichsfeld 390
Eisenach 151, 389, 390, 395
Elberfeld
→ Wuppertal-Elberfeld
Elbing 48
England, englisch 94
Erfurt 199, 203, 231, 390
Küchendörfer 390
Erlangen 121
Ernestinisch Sachsen
→ Sachsen, ernestinischer Teil
Essen (Ruhr) 123
Europa 155, 191, 240, 378 f., 383

Fehrbellin 119

438

France
    → Frankreich
Frankfurt (Main) 9, 123, 227, 233, 390
Frankreich, französisch 65, 71-74, 94, 111, 114, 167, 182, 190, 379
Französische Besatzungszone
    → Deutschland, Französische Besatzungszone

G ammertingen 57
Gemarke
    → Barmen-Gemarke
Genf 65, 227, 265
Gladbeck 326
Gnadau 48
Görlitz 182, 226, 290 f., 294, 298
Görlitz [Kirchengebiet] 278-280, 399
Görlitz [Kirchenkreis] 284, 296
Görlitz I [Kirchenkreis] 284
Görlitz II [Kirchenkreis] 284
Gommern 226
Gotha 9
Greifswald 51, 253, 254, 259 f., 267, 271
    Dom 259
    Theologische Fakultät 253 f., 260, 271
Groß-Berlin
    → Berlin, Groß-Berlin
Großbritannien 65, 71, 74
Großlitauen, großlitauisch 75
Groß Möhringen 199

H aigerloch 59
Halberstadt 203, 205, 210
Halberstadt-Quedlinburg 203, 210
Halle (Saale) 9, 48, 109, 116, 121, 123, 125, 129, 132 f., 135, 172, 198, 203-205, 227, 231, 235, 328, 333, 390
Halle-Magdeburg [Herzogtum] 390
Halle-Merseburg 203
Hamburg 160
Hamburg-Hamm 126, 129
Hamm [Stadtteil Hamburgs]
    → Hamburg-Hamm
Hamm (Westfalen), hammsch [Klasse, Kreissynode] 326, 367
Hanau 349
Hannover [lutherische Landeskirche] 122

Hannover [Provinz] 40
Hannover [Stadt] 121, 261, 386, 399
Hechingen 9, 58
Heidelberg 25, 111, 167, 213, 241-244, 275, 314, 315, 335, 337 f., 341
    Universität 314
Heiligenstadt 199, 203
Heiliger Stuhl
    → Vatikanstaat
Herne [Kirchenkreis] 330
Hessen 123, 140, 199, 381
Hessen-Nassau [Provinz] 40
Heydekrug [Kirchenkreis] 78
Heydekrug [Stadt] 73, 96
    Evangelische Kirche 96
Hirschberg [Kirchenkreis] 281
Höxter 341
Hohenzollern, hohenzollerisch(e Lande) 57-64
Hohenzollern [Kirchenkreis] 62
Hoyerswerde 297
Hoyerswerda [Kirchenkreis] 284

I lsenburg 123
    Kirchliches Auslandsseminar 123
Iserlohn
Israel 268 f., 355 f., 358-364, 367 f., 370-373
Italien 65, 71, 75

J apan 65, 71, 75
Jena 388, 390
    Theologische Fakultät 388
    Universität 390
Jülich [Herzogtum] 13, 321
Jülich-Cleve-Berg [Vereinigte Herzogtümer] 321

K aliningrad [Oblast] 71
Karbitz [jetzt Charabovice bei Usti nad Labem (Tschechien)] 245
Kassel 9
    Blaues Café 9
Kastellaun 306
Kaunas 92, 94
Kinten 81
Kleinlitauen, kleinlitauisch 71-74

439

Koblenz 9, 28, 58
Kodersdorf 288
Königsberg (Ostpreußen) 76, 78 f., 81, 95 f., 129
Köthen
→ Anhalt-Köthen
→ Anhalt-Dessau-Köthen
Kreuznach, Kreuznacher
→ Bad Kreuznach
Küchendörfer
→ Erfurt, Küchendörfer
Kurhessen-Waldeck 381
Kurische Nehrung 71
Kurisches Haff 71
Kurkreis (Wittenberg) 203
Kurland, kurisch
Kurmainz 390
Kurmark 170
Kurpfalz 349

Lausitz
Leipzig 41, 389
Leuenberg 125, 189, 191, 240 f., 267, 344, 378 f., 383, 397
Liepe (auf Usedom) 45, 52
Lippe, lippisch [Landeskirche] 382
Litauen, litauisch 71-86, 89-98
Löhne (Westfalen) 9
Loitz [Kirchenkreis] 261
London 90
Lübeck 102
Lüdenscheid 331
    Pädagogische Akademie 331

Mägerkingen 57
Magdeburg 145, 148, 155, 157, 160 f., 182, 198-204, 226, 228, 390, 395
→ Halle-Magdeburg
Magdeburger Erzstift 390
Mark [Grafschaft] 13, 29, 321, 326
Mark Brandenburg 165, 171
Masuren, masurisch 72
Mecklenburg, mecklenburgisch 227, 254, 270, 272
Melnosee 72
Memel [Fluss] 71
Memel [Kirchenkreis] 75, 81

Memel [Kreis] 76
Memel [Stadt] 73-76, 82 f., 88, 91, 96-98
    Hafen 74
    Lehrerseminar 83
Memelgebiet 71-98
    Nordmemelgebiet 76
    Nordmemelland 75
Memelland, memelländisch 72, 75, 77 f., 80 f., 84 f., 87, 89-91, 93 f., 97 f.
Merseburg 203, 210
→ Halle-Merseburg
    Dom 210
Minden 29, 311
Minden-Ravensberg 29, 311
Mitteldeutschland, mitteldeutsch 244, 387, 389 f.
Monbijou
→ Berlin, Monbijou [Schloss]
Mühlhausen [Preußen] 390
Mülheim (Ruhr) 29
München 102, 104, 162
Münster (Westfalen) 48, 51, 54, 318
    Theologische Fakultät 51

Nassau 381
Nassau-Hessen 123
Naumburg (Queis) 280, 290
Naumburg (Saale) 203, 205, 226, 234 f.
Neudietendorf 393
Neuruppin 245
Neuwied 360
Nicäa
→ Nizäa
Nidden 71
Niederschlesien 282, 288
→ Schlesien, Niederschlesien
Niesky [Kirchenkreis] 284, 296
Nizäa 110, 113 f., 166, 213, 241-243, 274, 335, 341
Njemen [Fluss]
→ Memel [Fluss]
Norddeutschland
→ Deutschland, Norddeutschland
Norddeutschland [Kirche] 11, 270-272
Nordelbien, nordelbisch 270
Nordhausen [Preußen] 390
nordisch-deutsch 265

Ortsregister

Nordmemelgebiet
→ Memelgebiet, Nordmemelgebiet
Nordmemelland
→ Memelgebiet, Nordmemelland
Nordost-Brandenburg
→ Brandenburg, Nordost-Brandenburg
Nordwestdeutschland
→ Deutschland, Nordwestdeutschland

Oberlausitz 17, 278, 279 f., 288, 290-292, 298, 375, 381
Oberdeutschland 252
Oberschlesien 11, 65, 282, 285, 288
→ Schlesien, Oberschlesien
Österreich, österreichisch 40
Östliche Kirchenprovinzen
→ Altpreußen [Kirche], Östliche Kirchenprovinzen
Östliche Provinzen
→ Altpreußen [Kirche], Östliche Provinzen
Östlicher Besatzungsraum
→ Deutschland, Östlicher Besatzungsraum
Oldenburg [Landeskirche] 382
Ostdeutschland
→ Deutschland, Ostdeutschland
Osten, östlich
→ Deutschland, Ostdeutschland
Ostblock 223
Ostmecklenburg, ostmecklenburgisch 266
Ostpreußen, ostpreußisch 65, 72, 77, 84, 87 f., 94 f., 98, 132, 314

Palästina 268
Paris 65, 71, 74
Petershain 288
Pfalz 381, 390
Plötzkau
→ Anhalt-Plötzkau
Pogegen [Kirchenkreis] 81, 96
Polen, polnisch 66, 72, 74, 92, 284 f., 288
Polnisch-Oberschlesien 11
Pommern, pommersch 11, 154, 174, 176, 185, 200, 247-250, 252-254, 256-263, 265-268, 270-272, 297, 375, 381
Pommern [Kirchenkreis] 272

Pommern [Provinz] 37, 40, 138, 145, 172, 247
Restpommern 138
Porta Westfalica-Holtrup 372
Posen [Provinz] 37, 40
Potsdam 130, 132, 138
Preußen, preußisch *passim*
Preußen [Herzogtum] 72
Preußen [Königreich] 247
abgetrennte, abgetretene Gebiete 50, 66
ältere Provinzen
→ Altpreußen
Westprovinzen 13 f., 22, 31, 55, 321
Preußen [Provinz] 37, 39 f.

Quedlinburg 203, 210
→ Halberstadt-Quedlinburg

Radevormwald 22
Ravensberg 29, 311, 321
Recklinghausen [Kirchenkreis] 326
Reichenbach (Oberlausitz) [Kirchenkreis] 284
Rengersdorf 288, 291
Rengsdorf 312, 314
Restpommern
→ Pommern, Restpommern
Restschlesien
→ Schlesien, Restschlesien
Rest-Tschechoslowakei
→ Tschechoslowakei, Rest-Tschechoslowakei
Reuß ältere Linie 388
Reußische Fürstentümer 390
Rheinland, rheinisch 14 f., 21-35, 37, 45 f., 52, 54, 58, 58-62, 64, 116, 121, 123, 126, 130, 132, 147, 150, 152 f., 160, 176, 179, 189, 200, 233, 247, 268, 286, 301-308, 310-315, 319, 321, 334, 336, 339, 355-357, 364 f., 367, 381, 391
Rheinland-Westfalen, rheinisch-westfälisch 14 f., 21 f., 25, 27, 31 f., 34, 37, 45, 52, 54, 58-61, 116, 149, 160, 247, 301 f., 304, 306-308, 317, 319-324, 328, 332, 334, 336, 369, 384
Rheinprovinz 54, 58, 61, 116, 142, 152, 290, 304, 307 f., 315, 324

441

Ortsregister

Rostock 254
Rothenburg (Oberlausitz) I [Kirchenkreis] 284, 288
Rothenburg (Oberlausitz) II [Kirchenkreis] 284
Ruhrgebiet 73
Ruhrkessel 318
Ruppin [Kirchenkreis] 245
Ruß (Kirchenkreis Heydekrug) 78 f., 81
Russland, russisch 71, 170, 285

Saarbrücken 306, 361
Sachsen, sächsisch 389 f., 392, 399
   albertinischer Teil 389 f.
   ernestinischer Teil 389 f.
Sachsen [Kirchenprovinz] 145, 152 f., 172, 175 f., 182, 185, 189, 197-199, 201, 204-207, 209-212, 215, 217 f., 221, 223 f., 236, 241, 244 f., 248, 375, 381, 387 f., 391, 396 f., 399
Sachsen [preußische Provinz], provinzsächsisch 37, 40, 132, 197-200, 388
Sachsen [Landeskirche] 182
Sachsen-Anhalt 393
Sachsen-Coburg 390
Sangerhausen 203
Schlesien, schlesisch 182, 185, 200, 202, 273, 277-295, 298 f.
   Niederschlesien 282, 288
   Oberschlesien 282, 288
   Restschlesien 138, 295
Schlesien [Kirchenprovinz] 277, 279, 284-286, 295 f., 299
   östlich der (Lausitzer) Neiße 287-291, 294 f.
   westlich der (Lausitzer) Neiße 279, 284, 288, 290 f., 293 f., 299
Schlesien [Provinz] 37, 40, 138
Schlesische Oberlausitz 278-280, 298, 375, 381
   → Berlin-Brandenburg-Schlesische Oberlausitz
Schleswig-Holstein [Provinz] 40
Schmalkalden, schmalkaldisch 25, 52 f., 110, 114, 167, 213, 240-244, 252, 257, 275, 341, 389 f., 397
Schwarzburgische Fürstentümer 390
Schweidnitz 282 f., 287 f.

Schweiz 252
Schwelm 34
Schwerin 254
Siegen [Kirchenkreis] 325
Sigmaringen 57-59
   Gymnasium 57
Skandinavien, skandinavisch 263, 265
Skirwieth [Flussarm] 71
Soest 341
   St. Petri 341
Sowjetische Besatzungszone
   → Deutschland, Sowjetische Besatzungszone
Sowjetunion, sowjetisch 98, 155, 180
Spandau
   → Berlin-Spandau
Stapelburg 199
Steglitz
   → Berlin-Steglitz
Stettin 67
Stolberg (Harz) 140, 142
Straßburg 252
Stuttgart 47, 269
Süderland (Grafschaft Mark), süderländisch [Klasse] 326
Südharz [Propstei] 203

Tecklenburg [Kirchenkreis] 325
Thüringen 217, 236, 266, 387-393, 397
Tiefenfurt 288
Tilsit 98
Torgau 389
Treysa 62, 108, 140 f., 143, 145-150, 152-157, 159 f., 199 f., 202, 206 f., 257, 285 f., 287, 305
Tschechien 245
Tschechoslowakei 93
   Rest-Tschechoslowakei 93
Tübingen 9

Usedom 45, 52
Usti nad Labem 245

Vacha [Amt] 389
Vatikanstaat (Heiliger Stuhl) 106
Velbert 306, 310, 312

Vereinigte Staaten von Amerika 65, 71
Versailles 50, 65, 71 f., 75
Vlotho [Kirchenkreis] 372

W aldeck
→ Kurhessen-Waldeck
Waldenburg 285
Wannangen 81
Wartburg 390
Weimar 389
Weißwasser [Kirchenkreis] 284
Westberlin
→ Berlin, Westberlin
Westdeutschland
→ Deutschland, Westdeutschland
Westen Deutschlands
→ Deutschland, Westen Deutschlands
Westfalen, westfälisch 14 f., 21 f., 24-32,
  34 f., 37, 45, 51 f., 54, 58-60, 116, 126,
  142, 149 f., 152 f., 160, 163, 179, 200,
  247, 286, 290, 301, 305-312, 314-321,
  323-328, 330-332, 334-344, 367-369,
  371, 373, 381
Westliche Kirchenprovinzen
→ Altpreußen [Kirche], Westliche Kirchenprovinzen
Westprovinzen
→ Preußen, Westprovinzen
Westsektoren Berlins
→ Berlin, Westsektoren Berlins
Wied [Kreissynode] 356

Wien 12
Wieszen 81
Wilna 73
  Litauisches Zentrales Staatsarchiv 73
Wilnagebiet 92
Wittenberg 203, 249, 389 f.
  Universität 390
Wittgenstein [Kirchenkreis] 325
Württemberg, württembergisch 46, 57, 63,
  106
Württemberg [Landeskirche] 62-64, 106,
  122, 263, 382
Wuppertal 311, 315
  Kirchliche Hochschule 315
Wuppertal-Barmen 15 f., 107-109, 111, 114,
  117, 119, 121, 124, 133, 168, 178, 180,
  183, 194, 210, 214, 241, 245, 249 f.,
  253-257, 269, 271, 275, 282-284, 294,
  296 f., 299, 302, 304, 307-310, 313,
  315, 321-329, 333-335, 341, 352, 379,
  385, 397
Wuppertal-Barmen [Kreissynode] 306, 308 f.
Wuppertal-Barmen-Gemarke 123
Wuppertal-Elberfeld 24, 30-32, 34, 314

Z ehlendorf
→ Berlin-Zehlendorf
Zerbst
→ Anhalt-Zerbst
Ziehten 176
Züssow 397

443

Personenregister

Adler, Bruno 320
Albertz, Martin 113, 119, 124, 174-177
Albrecht der Beherzte [Herzog von Sachsen] 389
Alexius Friedrich Christian [Herzog von Anhalt-Bernburg] 349
Ammer, Heinrich 226
Andler, Erich 182
Arnim-Kröchlendorff, Detlev von 121-123
Asmussen, Hans 113, 119, 122-124, 129, 322

Baldschus, August
Ball, Ernst Friedrich 22 f.
Banke, Wilhelm 77
Barth, Karl 143
Bauer, Gerhard 389
Baumann, Eberhard 119
Beckmann, Joachim 119, 121, 129, 149, 152, 161 f., 176 f., 303 f., 307, 313
Beckmann, Leopold 129
Beier, Peter 355, 357
Benn, Ernst-Viktor 148, 172, 175 f., 181, 184, 211
Berg, [...] von 52
Bertuleit, Willy 93
Bethmann Hollweg, Moritz August von 23, 25
Bodelschwingh, Friedrich (genannt Fritz) von 102 f., 324
Böhm, Hans 129, 152 f., 160, 171 f., 174, 176-178, 180 f., 183-186
Bömeleit, Emil 81, 89
Böttcher, Herbert 93
Borchert, Heinrich 85-88
Bornkamm, Georg 291
Borrmann, Walter 140
Brandes, Wilhelm 176
Brandt, Wilhelm 140

Brinksmeier, Bernhard 226
Brüsewitz, Oskar 228
Brunner, Peter 121, 129, 338
Buchenau, Günter 228
Büchsel, Konrad 282
Budrys, Jonas 72 f., 78, 83, 87
Bugenhagen, Johannes 261
Bunzel, Ulrich 283
Buske, Norbert 259

Christus
→ Jesus Christus
Conrad, Paul 96
Czylwik, Michael 372 f.

Dalhoff, Erich 147
Demke, Paul 298
Dibelius, Otto 129-131, 140, 143, 145, 148, 150, 159, 170 f., 175, 182-184, 198 f., 201 f., 222, 258 f.
Diestel, Max 171
Dilschneider, Otto 140, 170
Dobat, [...] 53
Drescher, Johannes 306

Eberts, Heinrich 34
Ehlers, Hermann 123
Ehricht, Christoph 268
Eichenberg, Friedrich-Carl 228
Erler, Adalbert 66
Ernst [Kurfürst von Sachsen] 389
Ernst, Friedrich 182 f.
Esselbach, Leopold 188, 192-196, 245
Evers, Oskar 140

Faißt, Hans 176

Feine, Paul 48
Fischer, Martin 184
Flacius, Matthias [genannt Illyricus] 252
Fränkel, Hans-Joachim 282, 295-297
Fretzdorff, Otto 148, 198 f., 201
Friedrich der Weise [Kurfürst von Sachsen] 390
Friedrich Wilhelm (Der Große Kurfürst) [Kurfürst von Brandenburg] 174
Friedrich Wilhelm III. [König von Preußen] 13, 17, 332
Friedrich Wilhelm IV. [König von Preußen] 14, 31, 39, 57, 332
Führ, Fritz 203
Funke, Wolfgang 298

Gablentz, Heinrich von der 140
Gabriel, Martin 226
Gabriel, Paul 176
Gailius, Valentin 78 f., 81-84
Gailius, Viktor 77 f.
Galvanauskas, Ernestas 72, 80
Geibel, Emanuel 102
Gennrich, Paul 77, 79, 81
Gerhardt, Paul 174
Gerß, [...] 53
Gloege, Gerhard 198 f., 203
Gollwitzer, Helmut 123
Graeve, Otto 306
Gregor, Franz 76 f., 79, 81, 83 f., 89, 96
Grenzdörfer, Wilhelm 145 f.
Grosse, Franz 199
Grüber, Heinrich 171
Grüneisen, August-Friedrich 226
Gundlach, Thies 352
Gutknecht, Curt 96

Hafa, Hans-Georg 189, 226
Hamel, Johannes 226
Hansen-Dix, Frauke 189
Harder, Günther 119, 129
Harder, Hans-Martin 247
Harney, Rudolf 303 f.
Hartmann, Gisela 228
Haußleiter, Johannes 51
Heinrich, Johannes 170
Heinzelmann, Gerhard 199

Held, Heinrich 129, 150, 160, 176, 177, 303-305, 307
Hemprich, Herbert 218
Hermann, Rudolf 254
Hesse, Hermann Albert 119, 124
Heyden, Hellmuth 261
Hildebrandt, Franz[-]Reinhold 203, 210, 263, 265
Hindenburg, Paul von 96
Hitler, Adolf 92, 98, 102
Hofacker, Ludwig 23
Hoffmann, Erich 227
Hoffmann, Paul 176
Hofmann, Bernhard 152 f., 157, 201, 210
Hohenzollern-Hechingen, Friedrich Wilhelm Konstantin Fürst von 57
Hohenzollern-Sigmaringen, Karl Anton Fürst von 57
Honecker, Erich 233
Hopf, Friedrich Wilhelm 123
Hornig, Ernst 280-283, 286 f., 289-295
Hosemann, Johannes 286
Hossenfelder, Joachim 102
Hüffmeier, Wilhelm 191
Hultsch, Gerhard 295
Hundt, Ernst 88

Immer, Karl 123

Jacob, Günter 113, 124
Jacobi, Gerhard 183
Jannasch, Wilhelm 171
Jepsen, Alfred 265
Jesus Christus 49, 51 f., 63, 100, 102, 105 f., 109, 115, 118, 124, 166, 177 f., 188, 191 f., 194, 196, 212 f., 215-217, 225, 240-243, 252, 255, 257, 274, 279, 297, 307, 309, 322, 330, 332, 335, 341, 345 f., 351 f., 358-363, 368 f., 371 f., 378, 380, 385, 397
Johann Sigismund [Kurfürst von Brandenburg] 12, 241-243, 396

Kähler, Martin 203
Käsemann, Ernst 123
Kaftan, Julius 44, 48

Kahl, Wilhelm 48 f., 54
Kalweit, Paul 68
Kampmann, Jürgen 9-11, 57, 99, 367, 381
Kapler, Hermann 84-87
Karnatz, Bernhard 77, 88
Karow, Emil 170
Karrenberg, Friedrich 306
Kellner, Alfred 288, 290, 294
Kerrl, Hanns 121 f.
Knak, Siegfried 122, 140, 150 f., 174, 176 f.
Koch, Günter 331-333
Koch, Karl 119, 143, 150, 318-321, 328
König, Helmut 297 f.
Konrad, Joachim 282, 285 f.
Kramer, Martin 226
Krause, Bruno 249
Kreyssig, Lothar 148, 150, 152, 160, 162 f., 176, 201, 210, 219
Krug, Peter 361
Krummacher, Friedrich Adolf 349
Krummacher, Friedrich-Wilhelm 182 f., 263
Krummacher, Hermann Friedrich 41
Krusche, Werner 223, 225, 236 f.
Kruse, Martin 187
Kühne, Hans-Jochen 273, 377
Kunst, Hermann 155

Labs, Dietrich 249
Lahusen, Friedrich 44
Lambsdorff, Georg Graf von 72
Lange, Fritz 223
Langer, Karl 290
Lenkitsch, Wilhelm 314
Leonhard, Otto 306
Lessing, Eckhard 44, 125
Liebig, Joachim 354
Lindemann, Gerhard 150, 157
Lintzel, Walter 285, 295
Loerke, Ernst 88, 97 f.
Lokies, Hans 171
Lücking, Karl 129, 158, 176 f., 338-342
Lütcke, Karl-Heinrich 189, 193
Lüttgert, Gottlieb 55, 253
Luthardt, Christoph Ernst 41
Luther, Martin 25, 52 f., 110, 114, 167, 186, 240-244, 252, 257, 268, 275, 341, 350, 389

Luther, Paul 54
Lutze, Hermann 121

Marahrens, August 121
Meier, Friedrich 326 f.
Meinzolt, Hans 104-106
Meiser, Hans 162 f., 287
Melanchthon, Philipp 252
Mensing, Karl 152, 304, 311 f.
Merz, Georg 121
Metzing, Andreas 9, 21, 37, 301, 355
Michaelis, Walter 48
Milde, Kurt 285 f.
Mitzenheim, Moritz 266
Moeller, Reinhard 47, 49, 171, 173, 184
Monien, Adolf 93
Müller, Fritz 122
Müller, Hartwin 226, 232
Müller, Ludolf Hermann 150, 160, 198-202, 204, 210
Müller, Ludwig 102, 121
Müller, Max 203
Muhs, Hermann 122

Naß, Hans 249
Neumann, Ernst 91-94
Neuser, Wilhelm Heinrich 124
Niemöller, Martin 116
Niesel, Wilhelm 113, 119, 122 f., 129, 150, 177
Nitzsch, Carl Immanuel 23
Noack, Axel 9, 137, 197, 200, 221, 387

Obereigner, Otto 96-98
Odry, Dominique-Joseph 72, 76
Onnasch, Martin 249

Pachali, Walter 182
Paeschke, Carl 296
Pätzold, Ernst 171
Perels, Friedrich Justus 113, 124, 129
Perels, Otto 177
Petisné, Jean Gabriel 72, 76
Pfeiffer, Friedrich 306
Pfeiffer, Johannes 174, 176

447

Personenregister

Pfeiffer, Richard 96
Pirson, Dietrich 370
Polovinskas, Jonas
→ Budrys, Jonas

Quistorp, Wilhelm 45, 52

Rabenau, Eitel-Friedrich von 113, 123 f., 129, 184
Randenborgh, Gottfried van 323
Rautenberg, Werner 263, 266
Reich, [...] 53
Reinhard, Wilhelm 67
Reisgys, Martinas [Martin] 87
Rendtorff, Heinrich 119
Reuter, Ernst Jürgen 226
Reydis, Hugo 77, 81
Ribbentrop, Joachim von 92, 94
Riechmann, Jens Hinrich 75, 79, 83, 85
Ringhandt, Siegfried 184
Rößler, Helmut 303 f.
Rohde, Jürgen 259
Rohden, Wilhelm von 176
Rothe, Richard 27, 29

Sander, Hartmut 9, 65, 71, 109, 127, 138, 165
Sander, Immanuel Friedrich 34
Saß, Theodor Freiherr von 91
Sasse, Hermann 121
Schapper, Helmut[h] 199, 203
Scheven, Carl von 249, 256, 259, 261, 263
Schirmer, Eva 192 f.
Schlier, Heinrich 121, 129
Schlingensiepen, Hermann 123
Schlingensiepen, Johannes 304
Schlink, Edmund 129-131, 338
Schmitz, Otto 48, 54
Schniewind, Julius 129, 203
Schott, Erdmann 253
Schuhmann, Friedrich Karl
→ Schumann, Friedrich Karl
Schultz, [...] [Landesdirektor im Memelgebiet] 85
Schultze, Harald 226, 233, 234
Schulz, Hans 176

Schumann, Friedrich Karl 172, 176, 199
Schwarz, Walter 286 f.
Schwidtal, Hans 294
Seidlitz-Sandreczki, Ernst Julius Graf von 53
Seim, Jürgen 360
Sidzikauskas, Vaclovas 84-87, 90
Simonaitis, Edmonas 73, 89
Smetona, Antanas 90, 92
Soden, Hans von 48
Söhngen, Oskar 157, 172, 176
Sohm, Rudolf 396
Sorg, Theo 398
Staemmler, Wolfgang 203
Steiner, Robert 119
Stoessinger/Stössinger, Hugo 171, 176
Stoll, Christian 121
Stoltenhoff, Ernst 303, 304
Stubbe, Rolf 226, 229
Stutz, Ulrich 51
Sziegaud, Otto 93

Thiel, Wulf 177
Thimme, Hans 343
Thörmer, Joachim 207
Tholuck, August 203
Thümmel, Gerhard 318
Thümmel, Otto 55
Tiesler, Hermann 296
Tittel, Oskar 48
Tröger, Walter 139, 148, 151, 153 f., 156 f., 172, 176, 201

Ulmer, Friedrich 121
Urbšys, Juozas 94

Varrentrapp, Franz 176, 182-184
Völker, Kai Steffen 249
Vogel, Heinrich 119, 121, 123, 150, 172, 176
Voldemaras, Augustinas 90

Wach, Adolf 38
Waitz, Helmut 226, 233, 235
Weirich, Wilhelm 319
Weizsäcker, Ernst von 92
Wenzel, Theodor 171

Werner, Friedrich 122
Wiedemann, [...] [Rechtsanwalt] 226
Wiefel, Manfred 226
Wiesmann, Johann Heinrich 34
Wilhelm I. [König von Preußen] / Wilhelm [Prinzregent] 37, 39, 58
Wilhelm II. [König von Preußen] 43
Winckler, Johann Friedrich 47
Winde, Hermann 226
Wolf, Ernst 123, 129

Wolff, Walther 46
Wurm, Theophil 285

Zänker, Otto 286 f., 289, 295
Zeddies, Helmut 398
Zippel, Ingeborg 146
Zoellner, Wilhelm 51, 327
Zuckschwerdt, Oskar 199, 203
Zwingli, Huldrych 252

Verzeichnis der Autoren

Hans-Martin Harder
Rudolf-Petershagen-Allee 7, 17489 Greifswald

Prof. Dr. Jürgen Kampmann
St.-Luzen-Weg 5, 72379 Hechingen

Dr. Hans-Jochen Kühne
Gartenweg 6, 01917 Kamenz

Dr. Andreas Metzing
Pelzerweg 20, 56077 Koblenz

Prof. Axel Noack
Will-Dolgner-Straße 7, 06118 Halle (Saale)

Dr. Hartmut Sander
Ehrenbergstraße 37, 14195 Berlin

Unio und *Confessio*

Eine Schriftenreihe der EKU-Stiftung,
herausgegeben von Michael Beintker, Albrecht Beutel,
Wilhelm Hüffmeier, Jürgen Kampmann, Christian Peters
und Thomas Martin Schneider

Band 32

Jürgen Kampmann (Hg.)

Theologie der Grundordnungen

Präambeln und einleitende Bestimmungen
in den Kirchenverfassungen
der preußischen evangelischen Landeskirche
sowie der aus ihr hervorgegangenen
Landeskirchen und Kirchenbünde

Beilage Synopsen

Herausgegeben im Auftrag des
Arbeitskreises der EKU-Stiftung
für kirchengeschichtliche Forschung

2024
Luther-Verlag · Bielefeld

Bibliographische Information der Deutschen Nationalbibliothek

Die Deutsche Nationalbibliothek verzeichnet diese Publikation
in der Deutschen Nationalbibliographie; detaillierte bibliographische Daten
sind im Internet über http://dnb.d-nb.de abrufbar.

Unio und Confessio; Bd. 32
ISBN: 978-3-7858-0901-3

Umwelthinweis:
Dieses Buch wurde auf chlorfrei gebleichtem und alterungsbeständigem
Papier gedruckt. Die vor Verschmutzung schützende Einschrumpffolie ist aus
umweltschonender und recyclingfähiger PE-Folie.

© Luther-Verlag, Bielefeld 2024

Das Werk einschließlich aller seiner Teile ist urheberrechtlich geschützt.
Jede Verwertung außerhalb der engen Grenzen des Urheberrechts ist ohne
Zustimmung des Verlages unzulässig und strafbar.
Das gilt insbesondere für Vervielfältigungen, Übersetzungen,
Mikroverfilmungen und die Einspeicherung und Verarbeitung
in elektronischen Systemen.

Satz und Layout: Jürgen Kampmann, Hechingen
Umschlaggestaltung: Luther-Verlag GmbH, Bielefeld
Druck und Bindung: Rudolph Druck oHG, Schweinfurt
Printed in Germany

Inhalt

Beilage 1: Die Entstehung der Bekenntnisparagraphen zur Rheinisch-Westfälischen Kirchenordnung 6

Beilage 2: Zur Entstehung der Einleitung der Verfassungsurkunde der Evangelischen Kirche
der altpreußischen Union vom 29. September 1922 8

Beilage 3: Von der Verfassungsurkunde der EKapU zur Grundordnung der EKU (1945 bis 1953) 12

Beilage 4: Vorspruch der Grundordnung der Evangelischen Kirche in Berlin-Brandenburg 1948/1996 28

Beilage 5: Vorspruch der Grundordnung der Evangelischen Kirche in Berlin-Brandenburg 1996 38

Beilage 6: Entstehung des Grundartikels der rheinischen Kirchenordnung (1948–1952) 48

Beilage 7: Von den Bekenntnisparagraphen der RWKO zu den Grundartikeln
der Evangelischen Kirche von Westfalen 53

Beilage 8: Entstehung des Israel-Passus als Ergänzung zu Absatz I des Grundartikels der Kirchenordnung
der Evangelischen Kirche im Rheinland auf der Landessynode 1993 57

Beilage 9: Zur Berücksichtigung eines Israel-Bezuges in der Kirchenordnung
der Evangelischen Kirche von Westfalen 1999–2005 58

Beilage 10: Grundartikel der Grundordnung
der Evangelischen Kirche Berlin-Brandenburg-schlesische Oberlausitz 61

Beilage 11: Von der Ordnung der EKU zur Grundordnung der UEK 68

Beilage 12: Synopse: Zur Entstehung der Kirchenverfassung
der Evangelischen Kirche in Mitteldeutschland (2009) 76

Beilage 1: Die Entstehung der Bekenntnisparagraphen zur Rheinisch-Westfälischen Kirchenordnung

Vereinigte Synodalkommission (März 1850)	7. Rheinische Provinzial-Synode (Herbst 1850)	Papier der Vereinigten Synodalkommission (1851)	EOK-Gutachten zum Kommissionspapier	8. Rheinische Provinzial-Synode (1853)	Endgültige Formulierung 1855/1908/1923
§ 1: Die evangelische Kirche von Rheinland und Westfalen, welche die normierende Autorität des Wortes Gottes, so wie die fortdauernde Geltung ihrer reformatorischen Bekenntnisse, nach den Grundsätzen der evangelisch-protestantischen Kirche anerkennt, besteht aus lutherischen, reformierten und unierten Gemeinden.	§ 1: Die evangelische Kirche von Westphalen und Rheinland gründet sich auf das Wort Gottes, verfaßt in der heiligen Schrift Alten und Neuen Testaments als die alleinige und vollkommene Regel und Richtschnur ihres Glaubens, ihrer Lehre und ihres Lebens, und erkennt die fortdauernde Geltung ihrer reformatorischen Bekenntnisse an, nach den in ihnen ausgesprochenen Grundsätzen.	§ 1: Die evangelische Kirche von Westphalen und Rheinland gründet sich auf das Wort Gottes, verfaßt in der heiligen Schrift Alten und Neuen Testaments als die alleinige und vollkommene Regel und Richtschnur ihres Glaubens, ihrer Lehre und ihres Lebens, und erkennt die fortdauernde Geltung ihrer reformatorischen Bekenntnisse an, nach den in ihnen ausgesprochenen und in der Lehrordnung näher bestimmten Grundsätzen.	§ 1: Die evangelische Kirche in Westphalen und der Rheinprovinz bekennt sich zu der Lehre, welche gegründet ist in Gottes lauterem und klarem Worte, den prophetischen und apostolischen Schriften des alten und neuen Testaments, unserer alleinigen Glaubensnorm, und verzeichnet in den drei Hauptsymbolen, dem Apostolischen, dem Nicänischen und Athanasianischen, und in den in § 2 benannten Bekenntnissen der Reformation.	§ 1: Die evangelische Kirche in Westphalen und der Rheinprovinz gründet sich auf die heilige Schrift alten und neuen Testaments, als die alleinige und vollkommene Richtschnur ihres Glaubens, ihrer Lehre und ihres Lebens, und erkennt die fortdauernde Haltung* ihrer Bekenntnisse an. * Im gedruckten Protokoll der Provinzialsynode steht „Haltung"; dies ist vermutlich ein Irrtum, sinngemäß muss es „Geltung" heißen.	§ 1: Die evangelische Kirche Westfalens und der Rheinprovinz gründet sich auf die heilige Schrift Alten und Neuen Testaments, als die alleinige und vollkommene Richtschnur ihres Glaubens, ihrer Lehre und ihres Lebens, und erkennt die fortdauernde Geltung ihrer Bekenntnisse an.
§ 2: In den lutherischen Gemeinden sind die geltenden Bekenntnisschriften: die Augsburgische Confession, die Apologie der A. C., die Schmalkaldischen Artikel, und der kleine und große Katechismus Lutheri; in den reformierten Gemeinden der Heidelberger Katechismus.	§ 2, Satz 1: Die in Geltung stehenden Bekenntnisse sind, außer den allgemeinen der ganzen Christenheit (den ökumenischen) für die lutherischen Gemeinden die Augsburgische Confession, die Apologie der Augsburgischen Confession, die Schmalkaldischen Artikel und der kleine und große Katechismus Lutheri; – für die reformierten Gemeinden der Heidelberger Katechismus.	§ 2, Satz 1: Die in Geltung stehenden Bekenntnisse sind, außer den alten, allgemeinen der ganzen Christenheit, für die lutherischen Gemeinden die Augsburgische Confession, die Apologie der Augsburgischen Confession, die Schmalkaldischen Artikel und der kleine und große Katechismus Luthers, für die reformierten Gemeinden: der Heidelberger Katechismus. Wo (wie in einigen Teilen Westpha-	§ 2, Satz 1: [einzelne inhaltliche Änderungsvorschläge, aber kein alternativer Formulierungsvorschlag]	§ 2, Satz 1: Diese Bekenntnisse sind, außer den alten allgemeinen der ganzen Christenheit, lutherischerseits die Augsburgische Confession, die Apologie der Augsburgischen Confession, die Schmalkaldischen Artikel und der kleine und große Katechismus Luthers; – reformierterseits der Heidelberger Katechismus. – Da, wo lutherischerseits die Concordienformel, reformierterseits die Augsburische	§ 2, Satz 1: Diese in Geltung stehenden Bekenntnisse sind, außer den alten, allgemeinen der ganzen Christenheit, lutherischerseits: die Augsburgische Konfession, die Apologie der Augsburgischen Konfession, die Schmalkaldischen Artikel und der kleine und große Katechismus Luthers; reformierterseits: der Heidelberger Katechismus. Da, wo lutherischerseits die Konkordienformel oder

		lens) lutherischer Seits die Concordienformel oder reformierter Seits die Augsburgische Confession durch das Herkommen eingeführt ist, bleiben auch diese in Geltung.		Confession kirchenordnungsmäßig bestehen, bleiben auch diese in Geltung.	reformierterseits die Augsburgische Konfession kirchenordnungsmäßig besteht, bleiben auch diese in Geltung.
§ 3: Die unierten Gemeinden gründen sich auf die übereinstimmende Lehre der vorgenannten Bekenntnisschriften der lutherischen und reformierten Kirche und betrachten die Unterscheidungslehren derselben nicht als ein Hindernis engster kirchlicher Gemeinschaft in Verkündigung des göttlichen Wortes und gemeinsamer Feier der Sakramente.	§ 2, Satz 2: Die unierten Gemeinden bekennen sich teils zu dem Gemeinsamen der beiderseitigen Bekenntnisse, teils folgen sie für sich dem lutherischen oder dem reformierten Lehrtypus, sehen aber in den Unterscheidungslehren beider kein Hindernis vollständiger kirchlicher Gemeinschaft.	§ 2, Satz 2: Die unierten Gemeinden bekennen sich teils zu dem Gemeinsamen der beiderseitigen Bekenntnisse, teils folgen sie für sich dem lutherischen oder dem reformierten Bekenntnisse, sehen aber in den Unterscheidungslehren beider kein Hindernis vollständiger kirchlicher Gemeinschaft.	§ 2, Satz 2: [einzelne inhaltliche Änderungsvorschläge, aber kein alternativer Formulierungsvorschlag]	§ 2, Satz 2: Die unierten Gemeinden bekennen sich teils zu dem Gemeinsamen der beiderseitigen Bekenntnisse, teils folgen sie für sich dem lutherischen oder reformierten Bekenntnisse, sehen aber in den Unterscheidungslehren kein Hindernis vollständiger kirchlicher Gemeinschaft am Gottesdienste, an den heiligen Sakramenten und an den Gemeinderechten.	§ 2, Satz 2: Die unierten Gemeinden bekennen sich teils zu dem Gemeinsamen der beiderseitigen Bekenntnisse, teils folgen sie für sich dem lutherischen oder reformierten Bekenntnisse, sehen aber in den Unterscheidungslehren kein Hindernis der vollständigen Gemeinschaft am Gottesdienste, an den heiligen Sakramenten und an den Gemeinderechten.
§ 4: Unbeschadet dieses verschiedenen Bekenntnisstandes der lutherischen, reformierten und unierten Gemeinden stehen dieselben mit gleicher Berechtigung in einem Kreis- und Provinzial-Synodal-Verbande und unter derselben höheren kirchlichen Verwaltung.	§ 3: Unbeschadet dieses verschiedenen Bekenntnisstandes pflegen sämtliche vorgenannte evangelische Gemeinden als Glieder Einer evangelischen Kirche Gemeinschaft in der Verkündigung des göttlichen Wortes und in der Feier der Sakramente, und stehen mit gleicher Berechtigung in einem Kreis- und Provinzial-Synodal-Verbande und unter derselben höheren kirchlichen Verwaltung.	§ 3: Unbeschadet dieses verschiedenen Bekenntnisstandes pflegen sämtliche vorgenannte evangelische Gemeinden als Glieder Einer evangelischen Kirche Gemeinschaft in der Verkündigung des göttlichen Wortes und in der Feier der Sakramente, und stehen mit gleicher Berechtigung in einem Kreis- und Provinzial-Synodal-Verbande und unter derselben höheren kirchlichen Verwaltung.	3: Unbeschadet dieses verschiedenen Bekenntnisstandes pflegen sämtliche vorgenannte evangelische Gemeinden als Glieder Einer evangelischen Kirche Gemeinschaft in der Verkündigung des göttlichen Wortes und in der Feier der Sakramente, und stehen mit gleicher Berechtigung in einem Kreis- und Provinzial-Synodal-Verbande und unter derselben höheren kirchlichen Verwaltung.	§ 3: Unbeschadet dieses verschiedenen Bekenntnisstandes pflegen sämtliche vorgenannte evangelische Gemeinden als Glieder Einer evangelischen Kirche Gemeinschaft in der Verkündigung des göttlichen Wortes und in der Feier der Sakramente, und stehen mit gleicher Berechtigung in einem Kreis- und Provinzial-Synodalverbande und unter derselben höheren kirchlichen Verwaltung.	§ 3: Unbeschadet dieses verschiedenen Bekenntnisstandes pflegen sämtliche evangelische Gemeinden, als Glieder einer evangelischen Kirche, Gemeinschaft in Verkündigung des göttlichen Wortes und in der Feier der Sakramente, und stehen mit gleicher Berechtigung in einem Kreis- und Provinzialsynodalverbande und unter derselben höheren kirchlichen Verwaltung.

Beilage 2: Zur Entstehung der Einleitung der Verfassungsurkunde der
Evangelischen Kirche der altpreußischen Union vom 29. September 1922

Rheinisch-Westfälische Kirchenordnung 1855/1908/1923	Vorlage des Ev. Oberkirchenrats/ Generalsynodalvorstandes 1921	Verfassungsentwurf Mai 1922	Verfassungsurkunde vom 29. September 1922
§ I: Die evangelische Kirche Westfalens und der Rheinprovinz gründet sich auf die heilige Schrift Alten und Neuen Testaments, als die alleinige und vollkommene Richtschnur ihres Glaubens, ihrer Lehre und ihres Lebens, und erkennt die fortdauernde Geltung ihrer Bekenntnisse an. § II: Diese Bekenntnisse sind, außer den alten, allgemeinen der ganzen Christenheit, lutherischerseits: die Augsburgische Konfession, die Apologie der Augsburgischen Konfession, die Schmalkaldischen Artikel und der kleine und große Katechismus Luthers; reformierterseits: der Heidelberger Katechismus. Da, wo lutherischerseits die Konkordienformel oder reformierterseits die Augsburgische Konfession kirchenordnungsmäßig besteht, bleiben auch diese in Geltung. Die unierten Gemeinden bekennen sich teils zu dem Gemeinsamen der beiderseitigen Bekenntnisse, teils folgen sie für sich dem lutherischen oder reformierten Bekenntnisse, sehen aber in den Unterscheidungslehren kein Hindernis der vollständigen Gemeinschaft am Gottesdienste, an den heiligen Sakramenten und an den Gemeinderechten.	Die evangelische Landeskirche der älteren Provinzen Preußens führt hinfort die Bezeichnung **Evangelische Kirche Preußens**. Getreu dem Erbe der Väter steht sie auf dem in der heiligen Schrift gegebenen, in den Bekenntnissen der Reformation bezeugten Evangelium. Dieses Evangelium ist die unantastbare Grundlage für die Lehre, Arbeit und Gemeinschaft der Kirche.	Die Evangelische Landeskirche der älteren Provinzen Preußens führt hinfort die Bezeichnung **Evangelische Kirche der altpreußischen Union**. Getreu dem Erbe der Väter steht die Evangelische Kirche der altpreußischen Union auf dem in der Heiligen Schrift gegebenen Evangelium von Jesus Christus, dem Gekreuzigten und Auferstandenen, unserem Herrn und Heiland, wie ihn die Bekenntnisse der Kirche, insonderheit von den altkirchlichen das Apostolische Glaubensbekenntnis, von den reformatorischen die Augsburgische Konfession, der Kleine Katechismus Luthers und der Heidelberger Katechismus bezeugen und bekennen. Dieses Evangelium ist die unantastbare Grundlage für die Lehre, Arbeit und Gemeinschaft der Kirche.	Getreu dem Erbe der Väter steht die evangelische Landeskirche der älteren Provinzen Preußens auf dem in der Heiligen Schrift gegebenen Evangelium von Jesus Christus, dem Sohn des lebendigen Gottes, dem für uns Gekreuzigten und Auferstandenen, dem Herrn der Kirche, und erkennt die fortdauernde Geltung ihrer Bekenntnisse an: des Apostolischen und der anderen altkirchlichen, ferner der Augsburgischen Konfession, der Apologie, der Schmalkaldischen Artikel und des Kleinen und Großen Katechismus Luthers in den lutherischen Gemeinden, des Heidelberger Katechismus in den reformierten, sowie der sonstigen Bekenntnisse, wo solche in Kraft stehen. Das in diesen Bekenntnissen bezeugte Evangelium ist die unantastbare Grundlage für die Lehre, Arbeit und Gemeinschaft der Kirche. Die Kirche führt hinfort die Bezeichnung Evangelische Kirche der altpreußischen Union.

Verfassungsentwurf Mai 1922	Quistorp-Liepe	Berg 1.9.1922 (für die zweite Beratung)	Volkskirchliche Evangelische Vereinigung (für die dritte Beratung)
Die Evangelische Landeskirche der älteren Provinzen Preußens führt hinfort die Bezeichnung Evangelische Kirche der altpreußischen Union.	Die Evangelische Landeskirche der älteren Provinzen Preußens führt hinfort die Bezeichnung „Evangelische Kirche Preußens und der bisher zu Preußen gehörenden Landesteile".	Die Evangelische Landeskirche der älteren Provinzen Preußens führt hinfort die Bezeichnung: Evangelische Kirche der altpreußischen Union.	
Getreu dem Erbe der Väter steht die Evangelische Kirche der altpreußischen Union auf dem in der Heiligen Schrift gegebenen Evangelium von Jesus Christus, dem Gekreuzigten und Auferstandenen, unserem Herrn und Heiland, wie ihn die Bekenntnisse der Kirche, insonderheit von den altkirchlichen das Apostolische Glaubensbekenntnis, von den reformatorischen die Augsburgische Konfession, der Kleine Katechismus Luthers und der Heidelberger Katechismus bezeugen und bekennen.	Die Evangelische Kirche Preußens und der bisher zu Preußen gehörenden Landesteile bekennt sich zu dem Glauben der gesamten Christenheit auf Erden an Gott den Vater, Sohn und heiligen Geist, Dieser ist gegründet in Gottes lauterem und klarem Wort, verfaßt in der heiligen Schrift Alten und Neuen Testaments, ihrer alleinigen Glaubensnorm, bezeugt in den drei christlichen Hauptsymbolen, dem Apostolischen, dem Nicänischen und dem Athanasianischen, und auseinandergelegt für die lutherischen Gemeinden in Luthers großem und kleinem Katechismus, der Augustana, der Apologie, den Schmalkaldischen Artikeln, wie für die reformierten Gemeinden im Heidelberger Katechismus.	Getreu dem Erbe der Väter steht sie auf dem in der Heiligen Schrift gegebenen, in den altkirchlichen und reformatorischen Bekenntnissen bezeugten Evangelium von Jesus Christus, dem Sohn des lebendigen Gottes, dem Gekreuzigten und Auferstandenen, dem Herren der Kirche.	Die verfassunggebende Kirchenversammlung der Evangelischen Landeskirche der älteren Provinzen Preußens, einig in dem Bekenntnis: Einen andern Grund kann niemand legen, außer dem, der gelegt ist, welcher ist Jesus Christus,
Dieses Evangelium ist die unantastbare Grundlage für die Lehre, Arbeit und Gemeinschaft der Kirche.		Dieses Evangelium ist die unantastbare Grundlage für die Lehre, Arbeit und Gemeinschaft der Kirche.	

Rheinisch-Westfälische Kirchenordnung 1855/1908/1923	Vorlage des Ev. Oberkirchenrats/ Generalsynodalvorstandes 1921	Verfassungsentwurf Mai 1922	Verfassungsurkunde vom 29. September 1922
§ III: Unbeschadet dieses verschiedenen Bekenntnisstandes pflegen sämtliche evangelische Gemeinden, als Glieder einer evangelischen Kirche, Gemeinschaft in Verkündigung des göttlichen Wortes und in der Feier der Sakramente, und stehen mit gleicher Berechtigung in einem Kreis- und Provinzialsynodalverbande und unter derselben höheren kirchlichen Verwaltung.	Für ihre äußere Ordnung gibt sie sich nachstehende Verfassung. Bekenntnisstand und Union in der Kirche, den Kirchenprovinzen und Kirchengemeinden werden dadurch nicht berührt.	Für ihre äußere Ordnung gibt sich die Kirche der altpreußischen Union nachstehende Verfassung. Bekenntnisstand und Union in der Kirche, den Kirchenprovinzen und Gemeinden werden dadurch nicht berührt. Demgemäß steht den Gemeinden und ihren Gliedern wie bisher neben der allgemeinen Bezeichnung „evangelisch" auch das Recht auf Gebrauch der besonderen Bezeichnung „evangelisch-lutherisch", „evangelisch-reformiert" oder „evangelisch-uniert" zu.	Für ihre äußere Ordnung gibt sie sich nachstehende Verfassung. Bekenntnisstand und Union in der Kirche, den Kirchenprovinzen und Gemeinden werden dadurch nicht berührt. Demgemäß steht den Gemeinden und ihren Gliedern wie bisher neben der allgemeinen Bezeichnung „evangelisch" auch das Recht auf Gebrauch der besonderen Bezeichnung „evangelisch-lutherisch", „evangelisch-reformiert" oder „evangelisch-uniert" zu.

Verfassungsentwurf Mai 1922	Quistorp-Liepe	Berg 1.9.1922 (für die zweite Beratung)	Volkskirchliche Evangelische Vereinigung (für die dritte Beratung)
Für ihre äußere Ordnung gibt sich die Kirche der altpreußischen Union nachstehende Verfassung. Bekenntnisstand und Union in der Kirche, den Kirchenprovinzen und Gemeinden werden dadurch nicht berührt. Demgemäß steht den Gemeinden und ihren Gliedern wie bisher neben der allgemeinen Bezeichnung „evangelisch" auch das Recht auf Gebrauch der besonderen Bezeichnung „evangelisch-lutherisch", „evangelisch-reformiert" oder „evangelisch-uniert" zu.	Die Evangelische Kirche Preußens und der bisher zu ihr gehörenden Landesteile ist in dem Sinne eine „Unions-" oder Bündniskirche, als ihre lutherischen und reformierten Gemeinden eine gemeinsame, sich auf alle äußeren Dinge beziehende Verfassung angenommen haben, während jede in Lehre und Kultus ihre Eigenart beibehält. Deshalb hat jede Gemeinde das Recht auf einen Geistlichen ihres Bekenntnisses. Jeder Geistliche der Kirche hat die Verpflichtung, in Übereinstimmung mit dem agendarischen Ordinationsgelübde und unter Aufsicht und Verantwortlichkeit seines seelsorgerlichen Vorgesetzten dem Bekenntnis der Gemeinde gemäß sein Amt zu verwalten. Das stiftungsgemäße Kirchen- und Pfarrvermögen gehört der Bekenntnisgemeinde, d. h. der Gesamtheit der im lutherischen oder reformierten Bekenntnis getauften Zugehörigen der Gemeinde.	*Für ihre äußere Ordnung gibt sich die Kirche der altpreußischen Union nachstehende Verfassung. Bekenntnisstand und Union in der Kirche, den Kirchenprovinzen und Gemeinden werden dadurch nicht berührt. Demgemäß steht den Gemeinden und ihren Gliedern wie bisher neben der allgemeinen Bezeichnung „evangelisch" auch das Recht auf Gebrauch der besonderen Bezeichnung „evangelisch-lutherisch", „evangelisch-reformiert" oder „evangelisch-uniert" zu.*	gibt kraft ihrer gesetzlichen Vollmacht der Kirche für ihre äußere Ordnung nachstehende Verfassung. Bekenntnis, Bekenntnisstand und Union werden dadurch nicht berührt. Einleitende Bestimmungen. Artikel 1 Die Kirche führt den Namen: Evangelische Kirche der altpreußischen Union usw.

Beilage 3: Von der Verfassungsurkunde der EKapU zur Grundordnung der EKU (1945 bis 1953)

1 Entwurf eines Kirchengesetzes	2 Entwurf Westfalen-Rheinprovinz, Juni 1948	3 Entwurf aus Magdeburg	4 Entwurf des Neuordnungsausschusses	5 Entwurf des Neuordnungsausschusses = Vorlage für Tagung der außerordentlichen Generalsynode 10.-13.12.1950
Vf.: EOK Berlin, Vorlage für die Sitzung der altpreußischen Kirchenleitung am 2.3.1948 Zeitpunkt: 2.3.1948 Quelle: EZA Berlin 7/1001 Bl. 78-83	Vf.: Kirchen von Westfalen und Rheinland; Beckmann (als Unterzeichner des Anschreibens an den EOK Berlin) Zeitpunkt: Mai/Juni 1948 Quelle: EZA Berlin 7/1001 Bl. 89	Vf.: nicht näher bezeichnet Zeitpunkt: Sommer 1948 Quelle: AEKR Düsseldorf, 10B 017, 11-2-2, Bd. 1	Vf.: Sitzung des Neuordnungsausschusses 21./22. Juni 1949 in Bethel Zeitpunkt: 22.6.1949 Quelle: EZA Berlin 7/1001 Bl. 189f.	Vf.: Sitzung des Neuordnungsausschusses 22./23. Februar 1950 Zeitpunkt: 23.2.1950 Quelle: ABl. EKD 1950, Heft 5, S. 133f.
Entwurf (durch eine außerordentliche Generalsynode zu beschließen) Kirchengesetz zur Änderung der Verfassungsurkunde der Evangelischen Kirche der Altpreußischen Union (altpreußisches Verfassungsgesetz)	Entwurf Westfalen-Rheinprovinz Juni 1948) A: Präambel (Grundbestimmungen) B: Einzelordnungen	(Ohne Überschrift) In Fortführung und Weitergestaltung der in Treysa 1945 begonnenen Neuordnung gibt sich die evangelische Kirche der altpreußischen Union folgende Ordnung.	Entwurf Ordnung der Evangelischen Kirche der altpreußischen Union vom ... 1949 Die außerordentliche Generalsynode der Evangelischen Kirche der altpreußischen Union hat – einstimmig – mit Verfassung ändernder Mehrheit folgendes Kirchengesetz beschlossen: In Fortführung und Weitergestaltung der in Treysa 1945 begonnenen Neuordnung gibt sich die evangelische Kirche der altpreußischen Union folgende Ordnung.	In Fortführung und Weitergestaltung der in Treysa 1945 begonnenen Neuordnung gibt sich die evangelische Kirche der altpreußischen Union folgende Ordnung.

6 Änderungsantrag der lutherischen Arbeitsgemeinschaft in Berlin-Brandenburg zum Entwurf einer Ordnung	7 Ordnung der Evangelischen Kirche der altpreußischen Union in der Fassung der ersten Lesung im Dezember 1950	8 Ordnung der Evangelischen Kirche der altpreußischen Union, im Februar 1951 verabschiedeter Text	9 Ordnung der Evangelischen Kirche der altpreußischen Union, in der Fassung des Kirchengesetzes vom 12. Dezember 1953
Vf.: Lutherische Arbeitsgemeinschaft	Vf. Außerordentliche Generalsynode der APU	Vf.: Außerordentliche Generalsynode der APU	Vf.: Synode der Evangelischen Kirche der altpreußischen Union
Zeitpunkt: Frühsommer 1950 Quelle: Synodalunterlagen Dez. 1950 EZA Berlin 7/1165	Zeitpunkt: Dezember 1950 Quelle: Synodalunterlagen, Feb. 1951 EZA Berlin 7/1166	Zeitpunkt: 20.2.1951 Quelle: ABl. EKD 1951, Heft 7, vom 15.7.1951	Zeitpunkt: 12.12.1953 Quelle: ABl. EKD 1954, Nr. 127
	Ordnung der Evangelischen Kirche der altpreußischen Union Grundartikel (1) Die Evangelische Kirche der altpreußischen Union bekennt sich zu Jesus Christus, dem fleischgewordenen Worte Gottes, dem für uns gekreuzigten, auferstandenen und zur Rechten Gottes erhöhten Herrn, auf den sie wartet.	Ordnung der Evangelischen Kirche der altpreußischen Union Die Evangelische Kirche der altpreußischen Union weiß sich gerufen, in Buße und Dank auch über ihrer besonderen Geschichte die Gnade Gottes zu glauben, deren sie sich in ihrer gegenwärtigen Entscheidung getröstet. Grundartikel (1) Die Evangelische Kirche der altpreußischen Union bekennt sich zu Jesus Christus, dem fleischgewordenen Worte Gottes, dem für uns gekreuzigten, auferstandenen und zur Rechten Gottes erhöhten Herrn, auf den sie wartet.	Ordnung der Evangelischen Kirche der altpreußischen Union (in der Fassung des Kirchengesetzes vom 12. Dezember 1953) Die Evangelische Kirche der altpreußischen Union führt unter Fortbestand ihrer Rechtspersönlichkeit hinfort den Namen „Evangelische Kirche der Union" Sie weiß sich gerufen, in Buße und Dank auch über ihrer besonderen Geschichte die Gnade Gottes zu glauben, deren sie sich in ihrer gegenwärtigen Entscheidung getröstet. Grundartikel (1) Die Evangelische Kirche der Union bekennt sich zu Jesus Christus, dem fleischgewordenen Worte Gottes, dem für uns gekreuzigten, auferstandenen und zur Rechten Gottes erhöhten Herrn, auf den sie wartet.

1 Entwurf eines Kirchengesetzes	2 Entwurf Westfalen-Rheinprovinz, Juni 1948	3 Entwurf aus Magdeburg	4 Entwurf des Neuordnungsausschusses	5 Entwurf des Neuordnungsausschusses = Vorlage für Tagung der außerordentlichen Generalsynode 10.-13.12.1950

6 Änderungsantrag der lutherischen Arbeitsgemeinschaft in Berlin-Brandenburg zum Entwurf einer Ordnung	7 Ordnung der Evangelischen Kirche der altpreußischen Union in der Fassung der ersten Lesung im Dezember 1950	8 Ordnung der Evangelischen Kirche der altpreußischen Union, im Februar 1951 verabschiedeter Text	9 Ordnung der Evangelischen Kirche der altpreußischen Union, in der Fassung des Kirchengesetzes vom 12. Dezember 1953
	(2) Sie ist gegründet auf das prophetische und apostolische Zeugnis der Heiligen Schrift Alten und Neuen Testaments. (3) Sie steht in der einen, heiligen, allgemeinen christlichen Kirche, in der das Wort Gottes lauter und rein verkündigt wird und die Sakramente recht verwaltet werden. (4) Sie bezeugt ihren Glauben als Kirche der Reformation in Gemeinschaft mit der alten Kirche durch die altkirchlichen Glaubensbekenntnisse: das apostolische, das nicaenische und das athanasianische Bekenntnis. (5) Sie bekennt mit den Vätern der Reformation, dass die Heilige Schrift die alleinige Quelle und Richtschnur unseres Glaubens ist, und dass das Heil allein im Glauben empfangen wird. (6) Sie weiß ihre lutherischen, reformierten und unierten Gemeinden für das Verständnis der Heiligen Schrift gewiesen an die Bekenntnisse, die gemäß den Grundordnungen ihrer Gliedkirchen in den Gemeinden gelten. (7) Gebunden an das Wort der Heiligen Schrift bejaht die evangelische Kirche der altpreußischen Union die theologische Erklärung von Barmen als ein Glaubenszeugnis in seiner wegweisenden Bedeutung für die versuchte und angefochtene Kirche. Die evangelische der altpreußischen Union gibt sich in dieser Bindung, die auch für die Gestaltung und Anwen-	(2) Sie ist gegründet auf das prophetische und apostolische Zeugnis der Heiligen Schrift Alten und Neuen Testaments. (3) Sie bekennt mit den Vätern der Reformation, dass die Heilige Schrift die alleinige Quelle und Richtschnur unseres Glaubens ist, und das Heil allein im Glauben empfangen wird. (4) Sie bezeugt ihren Glauben in Gemeinschaft mit der alten Kirche durch die altkirchlichen Glaubensbekenntnisse: das apostolische, das nicaenische und das athanasianische Bekenntnis. (5) Sie steht in der einen, heiligen, allgemeinen christlichen Kirche, in der das Wort Gottes lauter und rein verkündigt wird und die Sakramente recht verwaltet werden. (6) Sie weiß ihre lutherischen, reformierten und unierten Gemeinden für die Auslegung der Heiligen Schrift gewiesen an die Bekenntnisse, die gemäß den Grundordnungen ihrer Gliedkirchen in den Gemeinden gelten. (7) Gebunden an das Wort der Heiligen Schrift bejaht die evangelische Kirche der altpreußischen Union die theologische Erklärung von Barmen als ein Glaubenszeugnis in seiner wegweisenden Bedeutung für die vesuchte und angefochtene Kirche. In dieser Bindung, die auch für die Setzung und Anwendung ihres Rechtes grundlegend ist, gibt sich die Evange-	(2) Sie ist gegründet auf das prophetische und apostolische Zeugnis der Heiligen Schrift Alten und Neuen Testaments. (3) Sie bekennt mit den Vätern der Reformation, dass die Heilige Schrift die alleinige Quelle und Richtschnur unseres Glaubens ist, und das Heil allein im Glauben empfangen wird. (4) Sie bezeugt ihren Glauben in Gemeinschaft mit der alten Kirche durch die altkirchlichen Glaubensbekenntnisse: das apostolische, das nicaenische und das athanasianische Bekenntnis. (5) Sie steht in der einen, heiligen, allgemeinen christlichen Kirche, in der das Wort Gottes lauter und rein verkündigt wird und die Sakramente recht verwaltet werden. (6) Sie weiß ihre lutherischen, reformierten und unierten Gemeinden für die Auslegung der Heiligen Schrift gewiesen an die Bekenntnisse, die gemäß den Grundordnungen ihrer Gliedkirchen in den Gemeinden gelten. (7) Gebunden an das Wort der Heiligen Schrift bejaht die evangelische Kirche der Union die theologische Erklärung von Barmen als ein Glaubenszeugnis in seiner wegweisenden Bedeutung für die versuchte und angefochtene Kirche. In dieser Bindung, die auch für die Setzung und Anwendung ihres Rechtes grundlegend ist, gibt sich die Evange-

1 Entwurf eines Kirchengesetzes	2 Entwurf Westfalen-Rheinprovinz, Juni 1948	3 Entwurf aus Magdeburg	4 Entwurf des Neuordnungsausschusses	5 Entwurf des Neuordnungsausschusses = Vorlage für Tagung der außerordentlichen Generalsynode 10.-13.12.1950
Artikel 1 (1) Die Evangelische Kirche der altpreußischen Union (altpreußische Kirche) weiß sich als die geschichtlich gewordene lebendige Einheit der Provinzialkirchen und der in ihnen zusammen geschlossenen Gemeinden. Diese Einheit ist entscheidend durch das brüderliche Verständnis geprägt, mit dem sich in ihrem Bereich die verschiedenen reformatorischen Bekenntnisse in Verfolg der Union begegnen. (2) Die altpreußische Kirche steht mit den Provinzialkirchen in der brüderlichen Gemeinschaft des Dienstes an der Erfüllung des Auftrags der Kirche. Im Bewusstsein der besonderen Verantwortung, die ihr mit der Mannigfaltigkeit der Gaben in den Provinzialkirchen auferlegt ist, will sie der Zu-	I. Die früheren Kirchenprovinzen der APU bilden hinfort selbständige Gliedkirchen der APU und der EKD. Ihr Verhältnis untereinander wird durch diese Ordnung, ihr Verhältnis zur EKD durch die	Artikel 1 Die Evangelische Kirche der altpreußischen Union (altpreußische Kirche) weiß sich als die geschichtlich gewordene lebendige Einheit der Gliedkirchen und der in ihnen zusammen geschlossenen Gemeinden. Diese Einheit ist entscheidend durch das brüderliche Verständnis geprägt, mit dem sich in ihrem Bereich die verschiedenen reformatorischen Bekenntnisse in Verfolg der Union begegnen.	Artikel 1 (1) In der Einheit der einen, heiligen, allgemeinen christlichen Kirche bekennt die Evangelische Kirche der altpreußischen Union das in der Heiligen Schrift Alten und Neuen Testamentes uns gegebene, von der Reformation wieder auf den Leuchter gestellte Evangelium von Jesus Christus, dem Sohn des lebendigen Gottes, dem für uns Gekreuzigten und Auferstandenen, der nach seiner Verheißung seine Kirche in der Gemeinschaft unter seinem Wort und Sakrament erbaut. Sie pflegt die volle Kirchengemeinschaft, in der sie die Mannigfaltigkeit der ihre Gliedkirchen und Gemeinden verpflichtenden Bekenntnisse bejaht und ihre Verschiedenheit trägt.	Artikel 1 (1) Die Evangelische Kirche der altpreußischen Union steht in der einen heiligen, allgemeinen, christlichen Kirche, die überall da ist, wo das Wort Gottes lauter verkündigt wird und die Sakramente recht verwaltet werden. (2) Eins unter ihrem Haupte Jesus Christus, dem Fleisch gewordenen Worte Gottes, dem für uns gekreuzigten und auferstandenen Herrn, auf den sie wartet, ist sie gegründet auf das prophetische und apostolische Zeugnis der Heiligen Schrift Alten und Neuen Testaments. (3) Sie bezeugt als Kirche der Reformation ihren Glauben in Gemeinschaft mit der alten Kirche durch die altkirchlichen Symbole: das Apostolicum, das Nicaenum und das Athanasianum. (4) Sie bekennt mit den Vätern der Reformation, dass die Heilige Schrift Alten und Neuen Testaments die alleinige Quelle und Richtschnur unseres Glaubens ist, und dass das Heil allein im Glauben empfangen wird.

6 Änderungsantrag der lutherischen Arbeitsgemeinschaft in Berlin-Brandenburg zum Entwurf einer Ordnung	7 Ordnung der Evangelischen Kirche der altpreußischen Union in der Fassung der ersten Lesung im Dezember 1950	8 Ordnung der Evangelischen Kirche der altpreußischen Union, im Februar 1951 verabschiedeter Text	9 Ordnung der Evangelischen Kirche der altpreußischen Union, in der Fassung des Kirchengesetzes vom 12. Dezember 1953
	dung ihres Rechts maßgebend ist, auf der Grundlage ihrer Verfassungsurkunde vom 29. September 1922 in Anerkennung und Fortführung der in Treysa 1945 begonnenen Neuordnung die folgende Ordnung.	lische Kirche der altpreußischen Union auf der Grundlage ihrer Verfassungsurkunde vom 29. September 1922 in Anerkennung und Fortführung der in Treysa 1945 begonnenen Neuordnung die folgende Ordnung.	lische Kirche der Union die folgende Ordnung.
Artikel 1 (1) Die evangelische Kirche der altpreußischen Union erkennt die Geltung der in der Präambeln der Grundordnung ihrer Gliedkirchen getroffenen Bekenntnisbestimmungen je für ihren Bereich an.	Artikel 1 (1) Die evangelische Kirche der altpreußischen Union ist die Gemeinschaft der in ihr zusammengeschlossenen Gliedkirchen im Dienst am Evangelium. (2) Sie pflegt die Gemeinschaft kirchlichen Lebens der in ihr verbundenen lutherischen, reformierten und unierten Gemeinden. (3) Sie hat Gemeinschaft in der Verkündigung des Wortes Gottes. In allen Gliedkirchen werden die Angehörigen aller in der evangelischen Kirche in Deutschland geltenden Bekenntnisse unbeschadet der allgemeinen Kirchenzucht ohne Einschränkung zum Heiligen Abendmahl zugelassen.	Artikel 1 (1) Die evangelische Kirche der altpreußischen Union ist die Gemeinschaft der in ihr zusammengeschlossenen Gliedkirchen im Dienst am Evangelium. (2) Sie pflegt die Gemeinschaft kirchlichen Lebens der in ihr verbundenen lutherischen, reformierten und unierten Gemeinden. (3) Sie hat Gemeinschaft in der Verkündigung des Wortes Gottes. In allen Gliedkirchen werden die Angehörigen aller in der evangelischen Kirche in Deutschland geltenden Bekenntnisse unbeschadet der allgemeinen Kirchenzucht ohne Einschränkung zum Heiligen Abendmahl zugelassen.	Artikel 1 (1) Die Evangelische Kirche der Union ist die Gemeinschaft der in ihr zusammengeschlossenen Gliedkirchen im Dienst am Evangelium. (2) Sie pflegt die Gemeinschaft kirchlichen Lebens der in ihr verbundenen lutherischen, reformierten und unierten Gemeinden. (3) Sie hat Gemeinschaft in der Verkündigung des Wortes Gottes. In allen Gliedkirchen werden die Angehörigen aller in der evangelischen Kirche in Deutschland geltenden Bekenntnisse unbeschadet der allgemeinen Kirchenzucht ohne Einschränkung zum Heiligen Abendmahl zugelassen.

1 Entwurf eines Kirchengesetzes	2 Entwurf Westfalen-Rheinprovinz, Juni 1948	3 Entwurf aus Magdeburg	4 Entwurf des Neuordnungsausschusses	5 Entwurf des Neuordnungsausschusses = Vorlage für Tagung der außerordentlichen Generalsynode 10.-13.12.1950
sammenfassung und dem fruchtbaren Austausch der lebendigen Kräfte in ihrem Gesamtbereich dienen. Sie hat darüber hinaus die durch diese Ordnung ihrer unmittelbaren Verantwortung vorbehaltenen Aufgaben zu erfüllen.			(2) Die Evangelische Kirche der altpreußischen Union bejaht die von der ersten Bekenntnissynode von Barmen 1934 getroffenen Entscheidungen und sieht in deren theologischer Erklärung ein von der Kirche und den Bekenntnissen her auch fernerhin gebotenes Zeugnis. (3) Sie weiß sich als die geschichtlich geprägte Einheit ihrer Gliedkirchen und der in ihnen zusammengeschlossenen Gemeinden.	(5) Für das Verständnis der Heiligen Schrift wie auch der altkirchlichen Bekenntnisse sind in den lutherischen, reformierten und unierten Gemeinden der Gliedkirchen die für sie geltenden Bekenntnisse der Reformation maßgebend. Die Evangelische Kirche der altpreußischen Union weiß sich verpflichtet, die in ihren Gliedkirchen geltenden reformatorischen Bekenntnisse zu achten und der Entfaltung des Lebens innerhalb der einzelnen Bekenntnisse freien Raum zu gewähren. (6) Sie sieht in der theologischen Erklärung der ersten Bekenntnissynode der Deutschen Evangelischen Kirche von Barmen ein Zeugnis der Kirche, das für ihre Entscheidungen in Anfechtung verbindlich ist, wie sie in Barmen abgewehrt worden sind. (7) Sie ruft ihre Glieder immer von Neuem, auf das Glaubenszeugnis der Brüder zu hören und im gemeinsamen Bekennen des Evangeliums zu beharren und zu wachsen. (8) Sie pflegt die geschenkte Kirchengemeinschaft der in ihren Gliedkirchen verbundenen Gemeinden. Sie hat volle Gemeinschaft in der Verkündigung des Wortes Gottes. In allen Gliedkirchen werden die Angehörigen

| 6
Änderungsantrag der lutherischen Arbeitsgemeinschaft in Berlin-Brandenburg zum Entwurf einer Ordnung | 7
Ordnung der Evangelischen Kirche der altpreußischen Union in der Fassung der ersten Lesung im Dezember 1950 | 8
Ordnung der Evangelischen Kirche der altpreußischen Union, im Februar 1951 verabschiedeter Text | 9
Ordnung der Evangelischen Kirche der altpreußischen Union, in der Fassung des Kirchengesetzes vom 12. Dezember 1953 |
|---|---|---|---|
| (2) Sie weiß sich verpflichtet, der Entfaltung des Lebens innerhalb der einzelnen Bekenntnisse freien Raum zu gewähren. Wo in den Synoden und Kirchenleitungen der Gliedkirchen und der Gesamtkirche mehrere Bekenntnisse vertreten sind, gestehen sie bei Gegenständen, die das Bekenntnis berühren, das Auseinandertreten in bekenntnisbestimmte Konvente zu; deren Votum darf für Gemeinden des betreffenden Bekenntnisses nicht übergangen werden. | | | |
| (3) Sie ruft ihre Glieder immer von Neuem, auf das Glaubenszeugnis der Brüder zu hören und im gemeinsamen Bekennen des Evangeliums zu beharren und zu wachsen. Sie pflegt die Gemeinschaft kirchlichen Lebens in ihren Gliedkirchen. Sie gewährt den Gliedern aller Gemeinden der Evangelischen Kirche in Deutschland Anteil an der Gemein- | (4) Sie ruft ihre Glieder, auf das Glaubenszeugnis der Brüder zu hören, die Last bestehender Lehrunterschiede in gemeinsamer Beugung unter Wahrheit und Verheißung des Wortes Gottes zu tragen und im gemeinsamen Bekennen des Evangeliums zu beharren und zu wachsen. | (4) Sie ruft ihre Glieder, auf das Glaubenszeugnis der Brüder zu hören, in gemeinsamer Beugung unter Wahrheit und Verheißung des Wortes Gottes die Last bestehender Lehrunterschiede zu tragen und im gemeinsamen Bekennen des Evangeliums zu beharren und zu wachsen. | (4) Sie ruft ihre Glieder, auf das Glaubenszeugnis der Brüder zu hören, in gemeinsamer Beugung unter Wahrheit und Verheißung des Wortes Gottes die Last bestehender Lehrunterschiede zu tragen und im gemeinsamen Bekennen des Evangeliums zu beharren und zu wachsen. |

1 Entwurf eines Kirchengesetzes	2 Entwurf Westfalen-Rheinprovinz, Juni 1948	3 Entwurf aus Magdeburg	4 Entwurf des Neuordnungsausschusses	5 Entwurf des Neuordnungsausschusses = Vorlage für Tagung der außerordentlichen Generalsynode 10.-13.12.1950
(3) Sie sieht es als ihre Aufgabe an, den äußeren und inneren Zusammenschluß der Landes- und Provinzialkirchen in der evangelischen Kirche in Deutschland zu fördern.				aller in der Evangelischen Kirche in Deutschland geltenden Bekenntnisse unbeschadet der allgemeinen Kirchenzucht ohne Einschränkung zum Heiligen Abendmahl zugelassen. (9) Sie hat die Aufgabe, die kirchliche Gemeinschaft in der Evangelischen Kirche in Deutschland zu fördern. Sie bekennt sich zum Auftrag der Völkermission und nimmt teil an der Zusammenarbeit mit den Kirchen der Ökumene.
Artikel 2 Die Provinzialkirchen erfüllen im Rahmen dieser Ordnung und der Ordnung der Evangelischen Kirche in Deutschland ihre Aufgaben selbständig. Sie sind Glieder der evangelischen Kirche in Deutschland. Die Stellung der altpreußischen Kirche innerhalb der Evangelischen Kirche in Deutschland und ihre Vertretung in den gesamtkirchlichen Organen bleibt einer Vereinbarung mit dem Rat der evangelischen Kirche in Deutschland vorbehalten.	II. Jede Gliedkirche ist für ihr Gebiet Rechtsnachfolgerin der Evangelischen Kirche der APU, wie diese auf Grund ihrer Verfassung vom 29.9.1922 bestand.	Artikel 2 Die bisherigen Kirchenprovinzen sind selbständige Gliedkirchen der altpreußischen Kirche, die ihre Aufgaben in eigener Verantwortung erfüllen können. Sie üben für ihren Bereich im Rahmen dieser Ordnung und der Grundordnung der evangelischen Kirche in Deutschland das Kirchenregiment und die Gesetzgebung selbständig aus und sind berechtigt, ihre Ordnung selbst zu gestalten. Die altpreußische Kirche steht mit den Gliedkirchen in der brüderlichen Gemeinschaft des Dienstes an der Erfüllung des Auftrags der Kirche.	Artikel 2 (1) Die bisherigen Kirchenprovinzen sind selbständige Gliedkirchen der Evangelischen Kirche der altpreußischen Union. Sie üben für ihren Bereich im Rahmen dieser Ordnung und der Grundordnung der Evangelischen Kirche in Deutschland das Kirchenregiment und die Gesetzgebung selbständig aus. (2) Die Evangelische Kirche der altpreußischen Union steht mit ihren Gliedkirchen in einer brüderlichen Gemeinschaft	Artikel 2 (1) Die bisherigen Kirchenprovinzen sind selbständige Gliedkirchen der Evangelischen Kirche der altpreußischen Union. Sie üben für ihren Bereich im Rahmen dieser Ordnung und der Grundordnung der Evangelischen Kirche in Deutschland die Kirchenleitung und die Gesetzgebung selbständig aus. (2) Die Evangelische Kirche der altpreußischen Union ist eine brüderliche Gemeinschaft ihrer Gliedkirchen im Dienst an der Ausrichtung des Evangeliums.

6 Änderungsantrag der lutherischen Arbeitsgemeinschaft in Berlin-Brandenburg zum Entwurf einer Ordnung	7 Ordnung der Evangelischen Kirche der altpreußischen Union in der Fassung der ersten Lesung im Dezember 1950	8 Ordnung der Evangelischen Kirche der altpreußischen Union, im Februar 1951 verabschiedeter Text	9 Ordnung der Evangelischen Kirche der altpreußischen Union, in der Fassung des Kirchengesetzes vom 12. Dezember 1953
schaft des Gottesdienstes und lässt sie, wenn nicht Gründe der Kirchenzucht dagegen stehen, zum Heiligen Abendmahle zu.			
Artikel 2 (1) Die bisherigen Kirchenprovinzen sind selbständige Gliedkirchen der Evangelischen Kirche der altpreußischen Union. Sie üben für ihren Bereich im Rahmen dieser Ordnung und der Grundordnung der Evangelischen Kirche in Deutschland die Kirchenleitung und die Gesetzgebung selbständig aus. (2) Die Evangelische Kirche der altpreußischen Union ist eine brüderliche Gemeinschaft ihrer Gliedkirchen im Dienst an der Ausrichtung des Evangeliums.			

1 Entwurf eines Kirchengesetzes	2 Entwurf Westfalen-Rheinprovinz, Juni 1948	3 Entwurf aus Magdeburg	4 Entwurf des Neuordnungsausschusses	5 Entwurf des Neuordnungsausschusses = Vorlage für Tagung der außerordentlichen Generalsynode 10.-13.12.1950
		Im Bewusstsein der besonderen Verantwortung, die ihr mit der Mannigfaltigkeit der Gaben in den Gliedkirchen auferlegt ist, will sie der Zusammenfassung und dem fruchtbaren Austausch der lebendigen Kräfte in ihrem Gesamtbereich dienen.	des Dienstes am Evangelium. (3) Im Bewusstsein der Verantwortung, die ihr mit der Mannigfaltigkeit der Gaben in den Gliedkirchen auferlegt ist, will sie die lebendigen Kräfte in ihrem Bereich austauschen und zusammenfassen.	Sie will die mannigfachen Gaben und Kräfte in ihrem Bereich austauschen und zusammenfassen.
Artikel 3 Die altpreußische Kirche kann durch Gesetz regeln: 1. die Ordnung des Gottesdienstes und der Amtshandlungen, 2. die Vorbildung und Anstellungsfähigkeit der Pfarrer und deren dienstrechtliche Verhältnisse, 3. für den Bereich der östlichen Provinzialkirchen auch die Anstellungsfähigkeit und die dienstrechtlichen Verhältnisse der übrigen kirchlichen Amtsträger, sowie die Grundsätze für die Besetzung der kirchlichen Ämter, 4. die kirchliche Lehrverpflichtung und Lehrfreiheit der Geistlichen, 5. die Grundsätze für das Umlagen- und Besteuerungsrecht.	III. Die Gliedkirchen erkennen für ihren Bereich die Verfassungsurkunde der Evangelischen Kirche der APU vom 29.9.1922 mit den von ihnen beschlossenen Änderungen als geltende Rechtsordnung an. Die Evangelische Kirche von Westfalen und die Evangelische Kirche der Rheinprovinz erklären diese Anerkennung ... mit der Maßgabe, dass für ihr Gebiet die Kirchenordnung für Westfalen und der Rheinprovinz den Vorrang hat und dass die V.U. insoweit gilt, als sie die K.O. ergänzt.	Artikel 3 Die altpreußische Kirche sieht es als eine wesentliche Aufgabe an, den äußeren und inneren Zusammenschluss der evangelischen Kirchen in der evangelischen Kirche in Deutschland zu pflegen und zu fördern. Gemäß Artikel 21 der Grundordnung der Evangelischen Kirche in Deutschland sind sowohl die altpreußische Kirche als auch ihre Gliedkirchen Gliedkirche der Evangelischen Kirche in Deutschland; auch die Gliedkirchen der altpreußischen Kirche stehen im unmittelbaren Verhältnis zur Leitung der Evangelischen Kirche in Deutschland. [...]	Artikel 3 (1) Die Evangelische Kirche der altpreußischen Union sieht es als ihre Aufgabe an, den inneren und äußeren Zusammenschluß innerhalb der Evangelischen Kirche in Deutschland zu fördern.	

6 Änderungsantrag der lutherischen Arbeitsgemeinschaft in Berlin-Brandenburg zum Entwurf einer Ordnung	7 Ordnung der Evangelischen Kirche der altpreußischen Union in der Fassung der ersten Lesung im Dezember 1950	8 Ordnung der Evangelischen Kirche der altpreußischen Union, im Februar 1951 verabschiedeter Text	9 Ordnung der Evangelischen Kirche der altpreußischen Union, in der Fassung des Kirchengesetzes vom 12. Dezember 1953
Sie will die mannigfachen Gaben und Kräfte in ihrem Bereich austauschen und zusammenfassen.			

1 Entwurf eines Kirchengesetzes	2 Entwurf Westfalen-Rheinprovinz, Juni 1948	3 Entwurf aus Magdeburg	4 Entwurf des Neuordnungsausschusses	5 Entwurf des Neuordnungsausschusses = Vorlage für Tagung der außerordentlichen Generalsynode 10.-13.12.1950
		Artikel 5 Die altpreußische Kirche kann den Gliedkirchen Anregungen und Richtlinien geben mit dem Ziel der Koordinierung der kirchlichen Ordnungen und der kirchlichen Arbeit.	Artikel 5 (1) Die Evangelische Kirche der altpreußischen Union kann den Gliedkirchen Anregungen und Richtlinien geben mit dem Ziele, ihre Ordnungen und ihre Dienste möglichst einheitlich zu gestalten. (2) Einheitlichkeit soll insbesondere erstrebt werden für a) den Gottesdienst und die Amtshandlungen, b) die Vorbildung und Anstellungsfähigkeit sowie die dienstrechtlichen Verhältnisse der Pfarrer und anderen Amtsträger, c) das Verfahren bei Beanstandung der Lehre, d) die wesentlichen Bestimmungen der Grundordnung der Gliedkirchen, e) die Erhebung kirchlicher Abgaben und das kirchliche Kassen- und Rechnungswesen.	

6	7	8	9
Änderungsantrag der lutherischen Arbeitsgemeinschaft in Berlin-Brandenburg zum Entwurf einer Ordnung	**Ordnung der Evangelischen Kirche der altpreußischen Union in der Fassung der ersten Lesung im Dezember 1950**	**Ordnung der Evangelischen Kirche der altpreußischen Union, im Februar 1951 verabschiedeter Text**	**Ordnung der Evangelischen Kirche der altpreußischen Union, in der Fassung des Kirchengesetzes vom 12. Dezember 1953**

1 Entwurf eines Kirchengesetzes	2 Entwurf Westfalen-Rheinprovinz, Juni 1948	3 Entwurf aus Magdeburg	4 Entwurf des Neuordnungsausschusses	5 Entwurf des Neuordnungsausschusses = Vorlage für Tagung der außerordentlichen Generalsynode 10.-13.12.1950
	IV. Die Rechte der Generalsynode gehen auf die Synoden der Gliedkirchen über. Die kirchenleitenden Funktionen, die nach der V.U. dem Kirchensenat und dem Evangelischen Oberkirchenrat zustehen, werden für ihren Bereich von den Leitungen der Gliedkirchen wahrgenommen. Die Gliedkirchen üben für ihren Bereich das Kirchenregiment selbständig aus. Die Gliedkirchen haben das Recht, ihre Ordnung im Rahmen dieser Ordnung und der Grundordnung der EKD selbst zu gestalten.	Artikel 6 Die altpreußische Kirche kann gesetzliche Bestimmungen mit Wirkung für die Gliedkirchen erlassen, soweit die beteiligten Gliedkirchen damit einverstanden sind.		

| 6
Änderungsantrag der lutherischen Arbeitsgemeinschaft in Berlin-Brandenburg zum Entwurf einer Ordnung | 7
Ordnung der Evangelischen Kirche der altpreußischen Union in der Fassung der ersten Lesung im Dezember 1950 | 8
Ordnung der Evangelischen Kirche der altpreußischen Union, im Februar 1951 verabschiedeter Text | 9
Ordnung der Evangelischen Kirche der altpreußischen Union, in der Fassung des Kirchengesetzes vom 12. Dezember 1953 |
|---|---|---|---|
| | | | |

Beilage 4: Vorspruch der Grundordnung der Evangelischen Kirche in Berlin-Brandenburg 1948/1996

Entwurf des Verfassungsausschusses der Provinzialsynode 27.7.1948	1. Lesung abgeschlossen 7.10.1948	2. Lesung abgeschlossen 8.10.1948	Grundordnung vom 15.12.1948	Erstes Kirchengesetz zur Änderung der Grundordnung vom 16.11.1996
I. Von Schrift und Bekenntnis.	Vorspruch I. Von Schrift und Bekenntnis.	Vorspruch I. Von Schrift und Bekenntnis	In Jesu Namen Vorspruch Von Schrift und Bekenntnis	In Jesu Namen Vorspruch I. Von Schrift und Bekenntnis
1. Die Evangelische Kirche in Berlin-Brandenburg steht in der Einheit der einen, heiligen, allgemeinen, christlichen Kirche, die überall da ist, wo das Wort Gottes lauter verkündigt wird und die Sakramente recht verwaltet werden.	1. Die Evangelische Kirche in Berlin-Brandenburg steht in der Einheit der einen, heiligen, allgemeinen, christlichen Kirche, die überall da ist, wo das Wort Gottes lauter verkündigt wird und die Sakramente recht verwaltet werden.	1. Die Evangelische Kirche in Berlin-Brandenburg steht in der Einheit der einen, heiligen, allgemeinen, christlichen Kirche, die überall da ist, wo das Wort Gottes lauter verkündigt wird und die Sakramente recht verwaltet werden.	1. Die Evangelische Kirche in Berlin-Brandenburg steht in der Einheit der einen, heiligen, allgemeinen, christlichen Kirche, die überall da ist, wo das Wort Gottes lauter verkündigt wird und die Sakramente recht verwaltet werden.	1. Die Evangelische Kirche in Berlin-Brandenburg steht in der Einheit der einen, heiligen, allgemeinen christlichen Kirche, die überall da ist, wo das Wort Gottes lauter verkündigt wird und die Sakramente gemäß dem Auftrag Jesu Christi gereicht werden.
2. Eins unter ihrem Haupte Jesus Christus, dem Fleisch gewordenen Worte Gottes, dem gekreuzigten und auferstandenen Herrn, dessen sie wartet, ist sie gegründet auf das prophetische und apostolische Zeugnis der Heiligen Schrift Alten und Neuen Testaments, an der allein Lehre und Leben zu messen sind.	2. Eins unter ihrem Haupte Jesus Christus, dem Fleisch gewordenen Worte Gottes, dem gekreuzigten und auferstandenen Herrn, dessen sie wartet, ist sie gegründet auf das prophetische und apostolische Zeugnis der Heiligen Schrift Alten und Neuen Testaments, an der allein Lehre und Leben zu messen sind.	2. Eins unter ihrem Haupte Jesus Christus, dem Fleisch gewordenen Worte Gottes, dem gekreuzigten und auferstandenen Herrn, dessen sie wartet, ist sie gegründet auf das prophetische und apostolische Zeugnis der Heiligen Schrift Alten und Neuen Testaments, an der allein Lehre und Leben zu messen sind.	2. Eins unter ihrem Haupte Jesus Christus, dem Fleisch gewordenen Worte Gottes, dem gekreuzigten und auferstandenen Herrn, dessen sie wartet, ist sie gegründet auf das prophetische und apostolische Zeugnis der Heiligen Schrift Alten und Neuen Testaments, an der allein Lehre und Leben zu messen sind.	2. Eins unter ihrem Haupte Jesus Christus, in dem Gott Mensch geworden ist, dem gekreuzigten und auferstandenen Herrn, auf den sie wartet, ist sie gegründet auf das prophetische und apostolische Zeugnis der Heiligen Schrift Alten und Neuen Testaments, die allein Richtschnur für Lehre und Leben ist.
3. Sie bezeugt als Kirche der Reformation ihren Glauben gemeinsam mit der alten Kirche durch die altkirchlichen Symbole des Apostolicum, Nicaenum und Athanasianum.	3. Sie bezeugt als Kirche der Reformation ihren Glauben gemeinsam mit der alten Kirche durch die altkirchlichen Symbole des Apostolikums, Nicaenums und Athanasianums.	3. Sie bezeugt als Kirche der Reformation ihren Glauben gemeinsam mit der alten Kirche durch die altkirchlichen Symbole: das Apostolicum, Nicaenum und Athanasianum.	3. Sie bezeugt als Kirche der Reformation ihren Glauben gemeinsam mit der Alten Kirche durch die altkirchlichen Symbole: das Apostolicum, Nicänum und Athanasianum.	3. Sie bezeugt als Kirche der Reformation ihren Glauben gemeinsam mit der alten Kirche durch die altkirchlichen Bekenntnisse: das Apostolische, das Nicaenische und das Athanasianische Glaubensbekenntnis.

Entwurf des Verfassungsausschusses der Provinzialsynode 27.7.1948	1. Lesung abgeschlossen 7.10.1948	2. Lesung abgeschlossen 8.10.1948	Grundordnung vom 15.12.1948	Erstes Kirchengesetz zur Änderung der Grundordnung vom 16.11.1996
4. Sie bekennt mit den Vätern der Reformation, daß Jesus Christus allein unser Heil ist, offenbart allein in der Heiligen Schrift Alten und Neuen Testaments, geschenkt allein aus Gnaden, empfangen allein im Glauben. Im Verständnis des von den Reformatoren gemeinsam bezeugten Evangeliums wissen sich die evangelischen Gemeinden lutherischen Bekenntnisses gebunden an die augsburgische Konfession, die Apologie, die Schmalkaldischen Artikel, den kleinen und großen Katechismus Luthers, und, wo sie in Kraft steht, die Konkordienformel, die evangelischen Gemeinden reformierten Bekenntnisses an den Heidelberger Katechismus, außerdem die französisch-reformierten Gemeinden an die Confession de foi und die discipline ecclésiastique, die evangelisch-unierten Gemeinden an die bei ihnen in Kraft stehenden Bekenntnisse.	4. Sie bekennt mit den Vätern der Reformation, daß Jesus Christus allein unser Heil ist, offenbart allein in der Heiligen Schrift Alten und Neuen Testaments, geschenkt allein aus Gnaden, empfangen allein im Glauben. Im Verständnis des von den Reformatoren gemeinsam bezeugten Evangeliums wissen sich die evangelischen Gemeinden lutherischen Bekenntnisses gebunden an die Augsburgische Konfession, die Apologie, die Schmalkaldischen Artikel, den kleinen und großen Katechismus Luthers, und, wo sie in Kraft steht, die Konkordienformel, die evangelischen Gemeinden reformierten Bekenntnisses an den Heidelberger Katechismus, die französisch-reformierten Gemeinden an die Confession de foi und die discipline ecclésiastique.	4. Sie bekennt mit den Vätern der Reformation, daß Jesus Christus allein unser Heil ist, offenbart allein in der Heiligen Schrift Alten und Neuen Testaments, geschenkt allein aus Gnaden, empfangen allein im Glauben. Im Verständnis des von den Reformatoren gemeinsam bezeugten Evangeliums wissen sich die evangelischen Gemeinden lutherischen Bekenntnisses gebunden an die Augsburgische Konfession, die Apologie, die Schmalkaldischen Artikel, den kleinen und großen Katechismus Luthers, und wo sie in Kraft steht, die Konkordienformel, die evangelischen Gemeinden reformierten Bekenntnisses an den Heidelberger Katechismus, die französisch-reformierten Gemeinden an die Confession de foi und die Discipline ecclésiastique.	4. Sie bekennt mit den Vätern der Reformation, daß Jesus Christus allein unser Heil ist, offenbart allein in der Heiligen Schrift Alten und Neuen Testaments, geschenkt allein aus Gnaden, empfangen allein im Glauben. Sie ist eine Kirche der lutherischen Reformation, in der weit überwiegend die lutherischen Bekenntnisschriften in Geltung stehen: die Augsburgische Konfession, die Apologie, die Schmalkaldischen Artikel, der kleine und der große Katechismus Luthers *). Sie hat ihren besonderen Charakter in der Gemeinschaft kirchlichen Lebens mit den zu ihr gehörigen reformierten Gemeinden, in denen die reformierten Bekenntnisschriften gelten: der Heidelberger Katechismus und in den französisch-reformierten Gemeinden die Confession de foi und die Discipline ecclésiastique.	4. Sie bekennt mit den Reformatoren, daß allein Gott in Jesus Christus unser Heil ist, geschenkt allein aus Gnade, empfangen allein im Glauben, wie es grundlegend bezeugt ist allein in der Heiligen Schrift Alten und Neuen Testaments. Sie ist eine evangelische Kirche der lutherischen Reformation. Sie umfasst überwiegend Gemeinden mit lutherischem Bekenntnis; ihr besonderer Charakter besteht in der Gemeinschaft kirchlichen Lebens mit den zu ihr gehörenden reformierten und unierten Gemeinden. In den lutherischen Gemeinden stehen als Bekenntnisschriften in Geltung: die Augsburgische Konfession, die Apologie der Augsburgischen Konfession, die Schmalkaldischen Artikel, der Kleine und der Große Katechismus Luthers. In den reformierten Gemeinden stehen als Bekenntnisschriften in Geltung: der Heidelberger Katechismus und in den französisch-reformierten Gemeinden darüber hinaus die Confession de foi und die Discipline ecclésiastique des églises reformées de France.

Entwurf des Verfassungsausschusses der Provinzialsynode 27.7.1948	1. Lesung abgeschlossen 7.10.1948	2. Lesung abgeschlossen 8.10.1948	Grundordnung vom 15.12.1948	Erstes Kirchengesetz zur Änderung der Grundordnung vom 16.11.1996
			Im Verständnis des von den Reformatoren gemeinsam bezeugten Evangeliums weiß sie sich verpflichtet, das Bekenntnis ihrer Gemeinden zu schützen und zugleich dahin zu wirken, daß ihre Gemeinden in der Einheit des Bekennens beharren und wachsen. *) Und wo sie in Kraft steht, die Konkordienformel.	In den unierten Gemeinden gelten die lutherischen und die reformierten Bekenntnisschriften. Im Verständnis des von den Reformatoren gemeinsam bezeugten Evangeliums weiß sich die Evangelische Kirche in Berlin-Brandenburg verpflichtet, das Bekenntnis ihrer Gemeinden zu schützen und zugleich dahin zu wirken, daß ihre Gemeinden in der Einheit des Bekennens bleiben und wachsen und ihre Glieder auf das Glaubenszeugnis der Schwestern und Brüder hören.
5. Sie bejaht mit ihren lutherischen, reformierten und unierten Gemeinden die von der ersten Bekenntnissynode von Barmen 1934 getroffenen Entscheidungen und sieht in deren theologischer Erklärung ein von der Schrift und den Bekenntnissen her auch fernerhin gebotenes Zeugnis der Kirche.	5. Sie bejaht mit allen ihren Gemeinden die von der ersten Bekenntnissynode von Barmen 1934 getroffenen Entscheidungen und sieht in deren theologischer Erklärung ein von der Schrift und den Bekenntnissen her auch fernerhin gebotenes Zeugnis der Kirche.	5. Sie bejaht mit allen ihren Gemeinden die von der ersten Bekenntnissynode von Barmen 1934 getroffenen Entscheidungen und sieht in deren theologischer Erklärung ein von der Schrift und den Bekenntnissen her auch fernerhin gebotenes Zeugnis der Kirche.	5. Sie bejaht die von der ersten Bekenntnissynode von Barmen 1934 getroffenen Entscheidungen und sieht in deren theologischer Erklärung ein von der Schrift und den Bekenntnissen her auch fernerhin gebotenes Zeugnis der Kirche.	5. Sie bejaht die Theologische Erklärung von Barmen als ein schriftgemäßes, für den Dienst der Kirche verbindliches Bekenntnis.
				6. Sie steht durch die Konkordie reformatorischer Kirchen in Europa (Leuenberger Konkordie) in Kirchengemeinschaft mit allen Kirchen, die dieser Konkordie zugestimmt haben.

Entwurf des Verfassungsausschusses der Provinzialsynode 27.7.1948	1. Lesung abgeschlossen 7.10.1948	2. Lesung abgeschlossen 8.10.1948	Grundordnung vom 15.12.1948	Erstes Kirchengesetz zur Änderung der Grundordnung vom 16.11.1996
6. Sie weiß sich verpflichtet, ihre Bekenntnisse immer wieder an der Heiligen Schrift zu prüfen und ihre Lehre und Ordnung gegenwärtig und lebendig zu erhalten. Immer neu zum Zeugnis gerufen, wird sie durch ihre Bekenntnisse zur Schrift geführt und zum rechten Bekennen geleitet.	6. Sie weiß sich verpflichtet, ihre Bekenntnisse immer wieder an der Heiligen Schrift zu prüfen und ihre Lehre und Ordnung gegenwärtig und lebendig zu erhalten. Immer neu zum Zeugnis gerufen, wird sie durch ihre Bekenntnisse zur Schrift geführt und zum rechten Bekennen geleitet.	6. Sie weiß sich verpflichtet, ihre Bekenntnisse immer wieder an der Heiligen Schrift zu prüfen und ihre Lehre und Ordnung gegenwärtig und lebendig zu erhalten. Immer neu zum Zeugnis gerufen, wird sie durch ihre Bekenntnisse zur Schrift geführt und zum rechten Bekennen geleitet.	6. Sie weiß sich verpflichtet, ihre Bekenntnisse immer wieder an der Heiligen Schrift zu prüfen und in Lehre und Ordnung gegenwärtig und lebendig zu erhalten. Immer neu zum Zeugnis gerufen, wird sie durch ihre Bekenntnisse zur Schrift geführt und zum rechten Bekennen geleitet.	7. Sie wird durch ihre Bekenntnisse an die Heilige Schrift gewiesen und weiß sich verpflichtet, die Bekenntnisse immer wieder an der Schrift zu prüfen. Sie erhält ihre Bekenntnisse in Lehre und Ordnung gegenwärtig und lebendig und läßt sich zu stets neuem Bekennen herausfordern.
7. Sie pflegt die geschenkte Kirchengemeinschaft der in ihr verbundenen Gemeinden, indem sie zugleich der Entfaltung der einzelnen Konfessionen freien Raum gewährt. Sie gewährt den Gliedern aller Gemeinden Anteil an der Gemeinschaft des Gottesdienstes und der Sakramente. Durch das Miteinander der verschiedenen reformatorischen Bekenntnisse weiß sich die Kirche verpflichtet, ihre Glieder immer neu zu rufen, auf das Glaubenszeugnis der Brüder zu hören.	7. Sie pflegt die geschenkte Kirchengemeinschaft der in ihr verbundenen Gemeinden, indem sie zugleich der Entfaltung der einzelnen Konfessionen freien Raum gewährt. Sie gewährt den Gliedern aller Gemeinden Anteil an der Gemeinschaft des Gottesdienstes und der Sakramente. Durch das Miteinander der verschiedenen reformatorischen Bekenntnisse weiß sich die Kirche verpflichtet, ihre Glieder immer neu zu rufen, auf das Glaubenszeugnis der Brüder zu hören.	7. Sie pflegt die geschenkte Kirchengemeinschaft der in ihr verbundenen Gemeinden, indem sie zugleich der Entfaltung der einzelnen Konfessionen freien Raum gewährt. Sie gewährt den Gliedern aller Gemeinden Anteil an der Gemeinschaft des Gottesdienstes und der Sakramente. Durch das Miteinander der verschiedenen reformatorischen Bekenntnisse weiß sich die Kirche verpflichtet, ihre Glieder immer neu zu rufen, auf das Glaubenszeugnis der Brüder zu hören.	7. Sie pflegt die geschenkte Kirchengemeinschaft der in ihr verbundenen Gemeinden, indem sie zugleich der Entfaltung der einzelnen Konfessionen freien Raum gewährt. Sie gewährt den Gliedern aller Gemeinden Anteil an der Gemeinschaft des Gottesdienstes und der Sakramente. Durch das Miteinander der verschiedenen reformatorischen Bekenntnisse weiß sich die Kirche verpflichtet, ihre Glieder immer neu zu rufen, auf das Glaubenszeugnis der Brüder zu hören.	

Entwurf des Verfassungsausschusses der Provinzialsynode 27.7.1948	1. Lesung abgeschlossen 7.10.1948	2. Lesung abgeschlossen 8.10.1948	Grundordnung vom 15.12.1948	Erstes Kirchengesetz zur Änderung der Grundordnung vom 16.11.1996
8. Sie fördert die kirchliche Gemeinschaft in der Evangelischen Kirche in Deutschland und nimmt durch ihre Zusammenarbeit mit den Kirchen der Ökumene teil an der Verwirklichung der Gemeinschaft der Christenheit auf Erden.	8. Sie fördert die kirchliche Gemeinschaft in der Evangelischen Kirche in Deutschland und nimmt durch ihre Zusammenarbeit mit den Kirchen der Ökumene teil an der Verwirklichung der Gemeinschaft der Christenheit auf Erden und an der Ausbreitung des Evangeliums in der Völkerwelt.	8. Sie fördert die kirchliche Gemeinschaft in der Evangelischen Kirche in Deutschland und nimmt durch ihre Zusammenarbeit mit den Kirchen der Oekumene teil an der Verwirklichung der Gemeinschaft der Christenheit auf Erden und an der Ausbreitung des Evangeliums in der Völkerwelt.	8. Sie fördert die kirchliche Gemeinschaft in der Evangelischen Kirche in Deutschland und nimmt durch ihre Zusammenarbeit mit den Kirchen der Ökumene teil an der Verwirklichung der Gemeinschaft Christi auf Erden und an der Ausbreitung des Evangeliums in der Völkerwelt.	8. Sie fördert die Zeugnis- und Dienstgemeinschaft in der Evangelischen Kirche in Deutschland und nimmt durch ihre Zusammenarbeit mit den Kirchen der Ökumene teil an der Verwirklichung der Gemeinschaft Christi auf Erden und an der Ausbreitung des Evangeliums im eigenen Land und in aller Welt. Sie weiß sich zu ökumenischem Lernen und Teilen verpflichtet. Sie tritt für Gerechtigkeit, Frieden und Bewahrung der Schöpfung ein. Dabei sucht sie das Gespräch und die Verständigung auch mit Menschen anderer Religionen und Weltanschauungen.
				9. Sie erkennt und erinnert daran, daß Gottes Verheißung für sein Volk Israel gültig bleibt: Gottes Gaben und Berufung können ihn nicht gereuen. Sie weiß sich zur Anteilnahme am Weg des jüdischen Volkes verpflichtet. Sie bleibt im Hören auf Gottes Weisung und in der Hoffnung auf die Vollendung der Gottesherrschaft mit ihm verbunden.

Entwurf des Verfassungsausschusses der Provinzialsynode 27.7.1948	1. Lesung abgeschlossen 7.10.1948	2. Lesung abgeschlossen 8.10.1948	Grundordnung vom 15.12.1948	Erstes Kirchengesetz zur Änderung der Grundordnung vom 16.11.1996
II. Von Amt und Gemeinde.	II. Von Amt und Gemeinde.	II. Von Amt und Gemeinde	Grundsätze über Amt und Gemeinde	II. Von Gottes Auftrag und der Verantwortung der Gemeinde
1. Gott selbst bereitet sich aus denen, die auf sein Wort hören und die Sakramente gebrauchen, seine Gemeinde, die Kirche Jesu Christi auf Erden, indem er in ihren Herzen durch den Heiligen Geist den Glauben weckt und die von ihm Berufenen in seinen Dienst nimmt. Der Heilige Geist leitet und erbaut die Gemeinde durch eine Fülle von mannigfachen Gaben, Diensten und Ämtern. Sie sind alle Entfaltung des einen der Kirche eingestifteten Amtes, das die Versöhnung predigt. Die Kirche kann und darf nicht ohne Dienste und Ämter sein, deren Ausübung in der Regel eines Auftrages der Gemeinde bedarf. Alle Glieder sind dafür verantwortlich, daß die für das Leben der Kirche notwendigen Dienste wahrgenommen werden. Darum	1. Gott selbst bereitet sich aus denen, die. auf sein Wort hören und die Sakramente gebrauchen, seine Gemeinde, die Kirche Jesu Christi auf Erden, indem er in ihren Herzen durch den Heiligen Geist den Glauben weckt und die von ihm Berufenen in seinen Dienst nimmt. Der Heilige Geist leitet und erbaut die Gemeinde durch eine Fülle von mannigfachen Gaben, Diensten und Ämtern. Sie sind alle Entfaltung des einen der Kirche eingestifteten Amtes, das die Versöhnung verkündigt. Die Kirche kann und darf nicht ohne Dienste und Ämter sein, deren Ausübung in der Regel eines Auftrages der Gemeinde bedarf. Ein solches Amt ist das Hirtenamt, das die Gemeinde unter dem Wort Gottes leitet. Es ist nicht auf das öffentliche Predigtamt des Pfarrers beschränkt, sondern liegt auch den Ältesten mit ob. Alle Gemeindeglieder sind dafür verantwortlich, daß die für das Leben der Kirche notwendigen Dienste wahrgenommen werden.	1. Gott selbst bereitet sich aus denen, die auf sein Wort hören und die Sakramente gebrauchen, seine Gemeinde, die Kirche Jesu Christi auf Erden, indem er in ihren Herzen durch den Heiligen Geist den Glauben weckt und die von ihm Berufenen in seinen Dienst nimmt. Der Heilige Geist leitet und erbaut die Gemeinde durch eine Fülle von mannigfachen Gaben, Diensten und Ämtern. Sie sind alle Entfaltung des einen der Kirche eingestifteten Amtes, das die Versöhnung verkündigt. Die Kirche kann und darf nicht ohne Dienste und Ämter sein, deren Ausübung in der Regel eines Auftrages der Gemeinde bedarf. Ein solches Amt ist das Hirtenamt, das die Gemeinde unter dem Wort Gottes leitet. Es ist nicht auf das öffentliche Predigtamt des Pfarrers beschränkt, sondern liegt auch den Ältesten mit ob. Alle Gemeindeglieder sind dafür verantwortlich, daß die für das Leben der Kirche notwendigen Dienste wahrgenommen werden.	1. Gott selbst bereitet sich aus denen, die auf Sein Wort hören und die Sakramente empfangen, Seine Gemeinde, die Kirche Jesu Christi auf Erden, indem Er in ihren Herzen durch den Heiligen Geist den Glauben weckt und die von Ihm Berufenen zu Zeugen ihres Herrn und zu Dienern ihres Nächsten macht.	1. Gott selbst bereitet sich aus denen, die auf sein Wort hören und die Sakramente empfangen, seine Gemeinde, die Kirche Jesu Christi auf Erden, indem er in ihnen durch den Heiligen Geist den Glauben weckt und sie zum Zeugnis für ihren Herrn und zum Dienst an ihren Nächsten beruft.

Entwurf des Verfassungsausschusses der Provinzialsynode 27.7.1948	1. Lesung abgeschlossen 7.10.1948	2. Lesung abgeschlossen 8.10.1948	Grundordnung vom 15.12.1948	Erstes Kirchengesetz zur Änderung der Grundordnung vom 16.11.1996
ist es auch geboten, denen „so mit Ernst Christen sein wollen" besondere Verantwortung aufzuerlegen, auch in der Mitwirkung an der Leitung der Gemeinde.	Darum ist es auch geboten, denen so mit Ernst Christen sein wollen besondere Verantwortung aufzuerlegen, auch in der Mitwirkung an der Leitung der Gemeinde.	Darum ist es auch geboten, denen, so mit Ernst Christen sein wollen, besondere Verantwortung aufzuerlegen, auch in der Mitwirkung an der Leitung der Gemeinde.	Der Heilige Geist leitet und erbaut die Gemeinde durch mannigfache Gaben, Dienste und Ämter. Sie dienen alle dem einen der Kirche eingestifteten Amt, das die Versöhnung verkündigt: teils entfalten sie das Predigtamt in einer Mannigfaltigkeit von Ämtern der Verkündigung und Lehre; teils fördern sie in der Leitung und Verwaltung der Kirche den Dienst der Verkündigung und wachen darüber; teils lassen sie das Wort von der Versöhnung in Lob und Dank und einem Leben der brüderlichen Liebe Tat werden. Die Kirche kann und darf nicht ohne solche Dienste und Ämter sein. Alle Leitung in der Kirche ist demütiger, brüderlicher Dienst im Gehorsam gegen den guten Hirten. Sie wird von Pfarrern und Ältesten gemeinsam ausgeübt. Alle Gemeindeglieder sind dafür verantwortlich, daß die für das Leben der Kirche notwendigen Dienste wahr-	2. Der Heilige Geist erbaut und leitet die Gemeinde durch vielfältige Gaben und Dienste. Sie dienen alle dem einen Amt, dem sich die Kirche verdankt und das ihr aufgetragen ist: die in Christus geschehene Versöhnung Gottes mit der Welt zu bezeugen und zur Versöhnung mit Gott zu rufen. Alle Dienste, ob in Verkündigung oder Lehre, in Diakonie oder Kirchenmusik, in der Leitung oder der Verwaltung, sind Entfaltungen des einen Amtes. 3. Kraft des Priestertums aller Gläubigen ist jedes Gemeindeglied verpflichtet und berechtigt, nach dem Maß seiner Gaben, Kräfte und Möglichkeiten kirchliche Dienste wahrzunehmen. Grundsätzlich bedarf die Ausübung bestimmter ehrenamtlicher

Entwurf des Verfassungsausschusses der Provinzialsynode 27.7.1948	1. Lesung abgeschlossen 7.10.1948	2. Lesung abgeschlossen 8.10.1948	Grundordnung vom 15.12.1948	Erstes Kirchengesetz zur Änderung der Grundordnung vom 16.11.1996
			genommen werden. Darauf gründet es sich, daß denjenigen, „so mit Ernst Christen sein wollen", besondere Verantwortung auferlegt wird, auch in der Mitwirkung an der Leitung der Gemeinde. Die Ausübung der Dienste bedarf grundsätzlich eines Auftrages der Gemeinde.	und beruflicher Dienste eines Auftrags der Gemeinde. In Notlagen können alle Dienste, auch der der öffentlichen Wortverkündigung und Sakramentsverwaltung ohne besonderen Auftrag wahrgenommen werden.
2. Wiewohl auch kirchliche Ämter rechtlich geordnet sind, sind sie dennoch keine weltlichen Einrichtungen. Ihr geistlicher Charakter wird vor allem für die Bestellung zu den Ämtern bedeutsam. In der Kirche Jesu Christi treffen geistlich qualifizierte Helfer die Auswahl der Amtsträger und Bewerber nach geistlichen Gesichtspunkten und üben Zucht nach schriftgemäßen Maßstäben.

Allein die an Schrift und Bekenntnis gebundene Kirche hat das Recht, das Amt zu- und abzuerkennen, nicht eine weltliche Instanz. | 2. Wiewohl auch kirchliche Ämter rechtlich geordnet sind, sind sie dennoch keine weltlichen Einrichtungen. Ihr geistlicher Charakter wird vor allem für die Bestellung zu den Ämtern bedeutsam. Die Auswahl, Prüfung und Berufung der Amtsträger und Bewerber geschieht in der Kirche Jesu Christi durch geistlich besonders dazu berufene Glieder nach geistlichen Gesichtspunkten. Alle Zuchtübung an den Amtsträgern erfolgt nach den Maßstäben der Heiligen Schrift. Allein die an Schrift und Bekenntnis gebundene Kirche hat das Recht, das Amt zu- und abzuerkennen, nicht eine weltliche Instanz. | 2. Wiewohl auch kirchliche Ämter rechtlich geordnet sind, sind sie dennoch keine weltlichen Einrichtungen. Ihr geistlicher Charakter wird vor allem für die Bestellung zu den Ämtern bedeutsam. Die Auswahl, Prüfung und Berufung der Amtsträger und Bewerber geschieht in der Kirche Jesu Christi durch geistlich besonders dazu berufene Glieder nach geistlichen Gesichtspunkten. Alle Zuchtübung an den Amtsträgern erfolgt nach den Maßstäben der Heiligen Schrift. Allein die an Schrift und Bekenntnis gebundene Kirche hat das Recht, das Amt zu- und abzuerkennen, nicht eine weltliche Instanz. | 2. Wiewohl auch kirchliche Ämter rechtlich geordnet sind, sind sie dennoch keine weltlichen Einrichtungen. Ihr geistlicher Charakter wird vor allem für die Bestellung zu den Ämtern bedeutsam. Die Auswahl, Prüfung und Berufung der Amtsträger und Bewerber geschieht in der Kirche Jesu Christi durch geistlich besonders dazu berufene Glieder nach geistlichen Gesichtspunkten. Alle Zuchtübung an den Amtsträgern erfolgt nach den Maßstäben der Heiligen Schrift. Allein die an Schrift und Bekenntnis gebundene Kirche hat das Recht, das Amt zu- und abzuerkennen, nicht eine weltliche Instanz. | 4. Alle Leitung in der Kirche ist demütiger, geschwisterlicher Dienst im Gehorsam gegenüber dem guten Hirten. Sie wird von Ältesten und anderen dazu Berufenen gemeinsam mit den Pfarrerinnen und Pfarrern ausgeübt. In gewählten Leitungsgremien sollen ehrenamtlich Tätige die Mehrheit haben.

Die Ausstattung von Leitungsämtern mit Herrschaftsbefugnissen verstößt gegen die Heilige Schrift. |

Entwurf des Verfassungsausschusses der Provinzialsynode 27.7.1948	1. Lesung abgeschlossen 7.10.1948	2. Lesung abgeschlossen 8.10.1948	Grundordnung vom 15.12.1948	Erstes Kirchengesetz zur Änderung der Grundordnung vom 16.11.1996
3. Alle Amtsträger sind an die Gemeinde gewiesen. Sie sind jedoch in der Erfüllung des göttlichen Auftrags, die rechte Wortverkündigung und Sakramentsverwaltung zu üben, frei gegenüber der Willkür einer Gemeinde und nur an diesen Auftrag gebunden. Sie sind der Gemeinde verantwortlich für eine diesem Auftrag gemäße Amtsführung. Die Gemeinde ist an das Amt gewiesen. Doch ist sie frei gegenüber einer willkürlichen, den göttlichen Amtsauftrag überschreitenden oder verlassenden Amtsführung. Die Errichtung „besonderer, mit Herrschaftsbefugnissen ausgerüsteter" Führungsämter (Barmen 4), verstößt gegen die Heilige Schrift.	3. Alle Amtsträger sind an die Gemeinde gewiesen. Sie sind jedoch in der Erfüllung des göttlichen Auftrags, die rechte Wortverkündigung und Sakramentsverwaltung zu üben, frei gegenüber Willkür der Gemeinde und nur an diesen Auftrag gebunden. Sie sind der Gemeinde verantwortlich für eine diesem Auftrag gemäße Amtsführung. Die Gemeinde ist an das Amt gewiesen. Doch ist sie frei gegenüber einer willkürlichen, den göttlichen Amtsauftrag überschreitenden oder verlassenden Amtsführung. Die Errichtung besonderer, mit Herrschaftsbefugnissen ausgerüsteter Führungsämter verstößt gegen die Heilige Schrift. Im Falle der Zerstörung der Rechtsordnung der Kirche steht den Gemeinden das Notrecht zu. Sie haben in diesem Falle dafür zu sorgen, daß die für die Auferbauung der Gemeinde notwendigen Dienste versehen werden, und daß der Notstand in der Kirche überwunden wird.	3. Alle Amtsträger sind an die Gemeinde gewiesen. Sie sind jedoch in der Erfüllung des göttlichen Auftrags, die rechte Wortverkündigung und Sakramentsverwaltung zu üben, frei gegenüber Willkür der Gemeinde und nur an diesen Auftrag gebunden. Sie sind der Gemeinde verantwortlich für eine diesem Auftrag gemäße Amtsführung. Die Gemeinde ist an das Amt gewiesen. Doch ist sie frei gegenüber einer willkürlichen, den göttlichen Amtsauftrag überschreitenden oder verlassenden Amtsführung. Die Errichtung besonderer, mit Herrschaftsbefugnissen ausgerüsteter Führungsämter verstößt gegen die Heilige Schrift.	3. Alle Amtsträger sind an die Gemeinde gewiesen; sie sind ihr für eine ihrem Auftrag entsprechende Amtsführung verantwortlich. Sie sind jedoch in der Erfüllung des göttlichen Auftrages, die rechte Wortverkündigung und Sakramentsverwaltung zu üben, frei gegenüber Willkür der Gemeinde und nur an diesen Auftrag gebunden. Die Gemeinde ist an das Amt gewiesen. Doch ist sie frei gegenüber einer willkürlichen, den göttlichen Amtsauftrag überschreitenden oder verlassenden Amtsführung. Die Errichtung besonderer, mit Herrschaftsbefugnissen ausgerüsteter Führungsämter verstößt gegen die Heilige Schrift.	5. In der Kirche Jesu Christi werden alle, die ein Amt wahrnehmen, nach geistlichen Gesichtspunkten ausgewählt, geprüft und berufen. Dies geschieht in der Zuversicht, daß auch in rechtlich geordneten Verfahren Gott selber Menschen in seinen Dienst beruft. Allein die an Schrift und Bekenntnis gebundene Kirche hat das Recht, kirchliche Ämter zu- und abzuerkennen.

Entwurf des Verfassungsausschusses der Provinzialsynode 27.7.1948	1. Lesung abgeschlossen 7.10.1948	2. Lesung abgeschlossen 8.10.1948	Grundordnung vom 15.12.1948	Erstes Kirchengesetz zur Änderung der Grundordnung vom 16.11.1996
4.	4.	4.	4.	6.
In Notzeiten ist kraft des Priestertums aller Gläubigen jedes Gemeindeglied berechtigt und verpflichtet, ohne besonderen Auftrag kirchliche Dienste wahrzunehmen. Die Verpflichtung für alle Gemeindeglieder, nach dem Maß ihrer Gaben, Kräfte und Möglichkeiten, die Gnadengabe des Evangeliums zu bezeugen, muß sich in solchen Zeiten auch darin bewähren, daß nichtordinierte Gemeindeglieder den Dienst der öffentlichen Verkündigung des Evangeliums übernehmen. Die Gültigkeit und Wirksamkeit der in solcher Wahrnehmung vollzogenen Handlungen beruht auf dem der Kirche innewohnenden Recht. Im Falle der Zerstörung der Rechtsordnung der Kirche steht der Gemeinde das Notrecht zu. Sie hat in diesem Falle dafür zu sorgen, daß die für die Auferbauung der Gemeinde notwendigen Dienste versehen werden, und daß der Notstand in der Kirche möglichst überwunden wird.	Kraft des Priesteramtes aller Gläubigen ist jedes Gemeindeglied berechtigt und verpflichtet, kirchliche Dienste wahrzunehmen. Die Verpflichtung für alle Gemeindeglieder, nach dem Maß ihrer Gaben, Kräfte und Möglichkeiten, die Gnadengabe des Evangeliums zu bezeugen, muß sich in Notzeiten auch darin bewähren, daß nichtordinierte Gemeindeglieder den Dienst der öffentlichen Verkündigung des Evangeliums und der Sakramentsverwaltung ohne besonderen Auftrag übernehmen. Die Gültigkeit und Wirksamkeit der in solcher Wahrnehmung vollzogenen Handlungen beruht auf dem Auftrag der Kirche. Im Falle der Zerstörung der Rechtsordnung der Kirche steht den Gemeinden das Notrecht zu. Sie haben in diesem Falle dafür zu sorgen, daß die für die Auferbauung der Gemeinde notwendigen Dienste versehen werden, und daß der Notstand in der Kirche überwunden wird.	Kraft des Priestertums aller Gläubigen ist jedes Gemeindeglied berechtigt und verpflichtet, kirchliche Dienste wahrzunehmen. Die Verpflichtung für alle Gemeindeglieder, nach dem Maß ihrer Gaben, Kräfte und Möglichkeiten, die Gnadengabe des Evangeliums zu bezeugen, muß sich in Notzeiten auch darin bewähren, daß nichtordinierte Gemeindeglieder den Dienst der öffentlichen Verkündigung des Evangeliums und der Sakramentsverwaltung zunächst ohne besonderen Auftrag übernehmen. Die Gültigkeit und Wirksamkeit der in solcher Wahrnehmung vollzogenen Handlungen ist in dem der ganzen Kirche eingestifteten Amt begründet. Im Falle der Zerstörung der Rechtsordnung der Kirche steht den Gemeinden das Notrecht zu. Sie haben in diesem Falle dafür zu sorgen, daß die für die Auferbauung der Gemeinde notwendigen Dienste versehen werden, und daß der Notstand in der Kirche überwunden wird.	Kraft des Priestertums aller Gläubigen ist jedes Gemeindeglied berechtigt und verpflichtet, kirchliche Dienste wahrzunehmen. Die Verpflichtung für alle Gemeindeglieder, nach dem Maß ihrer Gaben, Kräfte und Möglichkeiten, die Gnadengabe des Evangeliums zu bezeugen, muß sich in Notzeiten auch darin bewähren, daß nichtordinierte Gemeindeglieder den Dienst der öffentlichen Verkündigung des Evangeliums und der Sakramentsverwaltung zunächst auch ohne besonderen Auftrag übernehmen. Die Gültigkeit und Wirksamkeit der in solcher Wahrnehmung vollzogenen Handlungen ist in dem der ganzen Kirche eingestifteten Amt begründet.	Alle, die ein Amt wahrnehmen, sind an die Gemeinde gewiesen und ihr für eine ihrem Auftrag entsprechende Amtsführung verantwortlich. In der Erfüllung ihres Auftrages sind sie frei gegenüber Willkür der Gemeinde. Die Gemeinde ist an das Amt gewiesen, doch ist sie frei gegenüber einer willkürlichen, den Auftrag Gottes überschreitenden oder verlassenden Amtsführung. Die Weigerung, mit anderen Personen und Gremien in Gemeinde und Kirche zusammenzuarbeiten, widerspricht dem Zeugnis der Schrift ebenso wie Verhaltensweisen, mit denen Herrschaft über die Gemeinde ausgeübt wird.

Beilage 5: Vorspruch der Grundordnung der Evangelischen Kirche in Berlin-Brandenburg 1996

Grundordnung vom 15.12.1948	Entwurf in der zur Stellungnahme versandten Fassung (Stand 27.9.1995)	Entwurf Stand 23.8.1996	Entwurf, der Synode vorgelegt am 13.11.1996	Erstes Kirchengesetz zur Änderung der Grundordnung vom 16.11.1996
In Jesu Namen Vorspruch Von Schrift und Bekenntnis	Vorspruch Von Schrift und Bekenntnis	In Jesu Namen Vorspruch Von Schrift und Bekenntnis	In Jesu Namen Vorspruch I. Von Schrift und Bekenntnis	In Jesu Namen Vorspruch I. Von Schrift und Bekenntnis
1. Die Evangelische Kirche in Berlin-Brandenburg steht in der Einheit der einen, heiligen, allgemeinen christlichen Kirche, die überall da ist, wo das Wort Gottes lauter verkündigt wird und die Sakramente recht verwaltet werden.	1. Die Evangelische Kirche in Berlin-Brandenburg steht in der Einheit der einen, heiligen, christlichen Kirche, die überall da ist, wo das Wort Gottes lauter und unverfälscht verkündigt wird und die Sakramente gemäß ihrer Einsetzung durch Jesus Christus vollzogen werden.	1. Die Evangelische Kirche in Berlin-Brandenburg steht in der Einheit der einen, heiligen, christlichen Kirche, die überall da ist, wo das Wort Gottes unverfälscht verkündigt wird und die Sakramente gemäß dem Auftrag Jesu Christi vollzogen werden.	1. Die Evangelische Kirche in Berlin-Brandenburg steht in der Einheit der einen, heiligen, christlichen Kirche, die überall da ist, wo das Wort Gottes unverfälscht verkündigt wird und die Sakramente gemäß dem Auftrag Jesu Christi gereicht werden.	1. Die Evangelische Kirche in Berlin-Brandenburg steht in der Einheit der einen, heiligen, christlichen Kirche, die überall da ist, wo das Wort Gottes unverfälscht verkündigt wird und die Sakramente gemäß dem Auftrag Jesu Christi gereicht werden.
2. Eins unter ihrem Haupte Jesus Christus, dem Fleisch gewordenen Worte Gottes, dem gekreuzigten und auferstandenen Herrn, dessen sie wartet, ist sie gegründet auf das prophetische und apostolische Zeugnis der Heiligen Schrift Alten und Neuen Testaments, an der allein Lehre und Leben zu messen sind.	2. Eins unter ihrem Haupte Jesus Christus, in dem Gott Mensch geworden ist, dem gekreuzigten und auferstandenen Herrn, auf den sie wartet, ist sie gegründet auf das prophetische und apostolische Zeugnis der Heiligen Schrift Alten und Neuen Testaments, die allein Richtschnur für Lehre und Leben ist.	2. Eins unter ihrem Haupte Jesus Christus, in dem Gott Mensch geworden ist, dem gekreuzigten und auferstandenen Herrn, auf den sie wartet, ist sie gegründet auf das prophetische und apostolische Zeugnis der Heiligen Schrift Alten und Neuen Testaments, die allein Richtschnur für Lehre und Leben ist.	2. Eins unter ihrem Haupte Jesus Christus, in dem Gott Mensch geworden ist, dem gekreuzigten und auferstandenen Herrn, auf den sie wartet, ist sie gegründet auf das prophetische und apostolische Zeugnis der Heiligen Schrift Alten und Neuen Testaments, die allein Richtschnur für Lehre und Leben ist.	2. Eins unter ihrem Haupte Jesus Christus, in dem Gott Mensch geworden ist, dem gekreuzigten und auferstandenen Herrn, auf den sie wartet, ist sie gegründet auf das prophetische und apostolische Zeugnis der Heiligen Schrift Alten und Neuen Testaments, die allein Richtschnur für Lehre und Leben ist.
3. Sie bezeugt als Kirche der Reformation ihren Glauben gemeinsam mit der Alten Kirche durch die altkirchlichen Symbole: das Apostolicum, Nicänum und Athanasianum.	3. Sie bezeugt als Kirche der Reformation ihren Glauben gemeinsam mit der alten Kirche durch die altkirchlichen Glaubensbekenntnisse: das Apostolische, das Nicaenische und das Athanasianische.	3. Sie bezeugt als Kirche der Reformation ihren Glauben gemeinsam mit der alten Kirche durch die altkirchlichen Bekenntnisse: das Apostolische, das Nicaenische und das Athanasianische Glaubensbekenntnis.	3. Sie bezeugt als Kirche der Reformation ihren Glauben gemeinsam mit der alten Kirche durch die altkirchlichen Bekenntnisse: das Apostolische, das Nicaenische und das Athanasianische Glaubensbekenntnis.	3. Sie bezeugt als Kirche der Reformation ihren Glauben gemeinsam mit der alten Kirche durch die altkirchlichen Bekenntnisse: das Apostolische, das Nicaenische und das Athanasianische Glaubensbekenntnis.

Grundordnung vom 15.12.1948	Entwurf in der zur Stellungnahme versandten Fassung (Stand 27.9.1995)	Entwurf Stand 23.8.1996	Entwurf, der Synode vorgelegt am 13.11.1996	Erstes Kirchengesetz zur Änderung der Grundordnung vom 16.11.1996
4.	4.	4.	4.	4.
Sie bekennt mit den Vätern der Reformation, daß Jesus Christus allein unser Heil ist, offenbart allein in der Heiligen Schrift Alten und Neuen Testaments, geschenkt allein aus Gnaden, empfangen allein im Glauben. Sie ist eine Kirche der lutherischen Reformation, in der weit überwiegend die lutherischen Bekenntnisschriften in Geltung stehen: die Augsburgische Konfession, die Apologie, die Schmalkaldischen Artikel, der kleine und der große Katechismus Luthers *). Sie hat ihren besonderen Charakter in der Gemeinschaft kirchlichen Lebens mit den zu ihr gehörigen reformierten Gemeinden, in denen die reformierten Bekenntnisschriften gelten: der Heidelberger Katechismus und in den französisch-reformierten Gemeinden die Confession de foi und die Discipline ecclésiastique. Im Verständnis des von den Reformatoren gemeinsam bezeugten Evangeliums weiß sie sich verpflichtet, das Bekenntnis ihrer Gemeinden zu schützen und zugleich dahin zu wirken, daß ihre	Sie bekennt mit den Reformatoren, daß Jesus Christus allein unser Heil ist, offenbart allein in der Heiligen Schrift Alten und Neuen Testaments, geschenkt allein aus Gnade, empfangen allein im Glauben. Sie ist eine evangelische Kirche der lutherischen Reformation. Sie umfaßt überwiegend Gemeinden mit lutherischem Bekenntnis; ihr besonderer Charakter besteht in der Gemeinschaft kirchlichen Lebens mit den zu ihr gehörenden reformierten und unierten Gemeinden. In den lutherischen Gemeinden stehen als Bekenntnisschriften in Geltung: die Augsburgische Konfession, die Apologie der Augsburgischen Konfession, die Schmalkaldischen Artikel, der Kleine und der Große Katechismus Luthers. In den reformierten Gemeinden stehen als Bekenntnisschriften in Geltung: der Heidelberger Katechismus und in den französisch-reformierten Gemeinden die Confession de foi und die Discipline ecclésiastique des églises réformées de France.	Sie bekennt mit den Reformatoren, daß Jesus Christus allein unser Heil ist, bezeugt allein in der Heiligen Schrift Alten und Neuen Testaments, geschenkt allein aus Gnade, empfangen allein im Glauben. Sie ist eine evangelische Kirche der lutherischen Reformation. Sie umfaßt überwiegend Gemeinden mit lutherischem Bekenntnis; ihr besonderer Charakter besteht in der Gemeinschaft kirchlichen Lebens mit den zu ihr gehörenden reformierten und unierten Gemeinden. In den lutherischen Gemeinden stehen als Bekenntnisschriften in Geltung: die Augsburgische Konfession, die Apologie der Augsburgischen Konfession, die Schmalkaldischen Artikel, der Kleine und der Große Katechismus Luthers. In den reformierten Gemeinden stehen als Bekenntnisschriften in Geltung: der Heidelberger Katechismus und in den französisch-reformierten Gemeinden darüber hinaus die Confession de foi und die Discipline ecclésiastique des églises réformées de France.	Sie bekennt mit den Reformatoren, daß Jesus Christus allein unser Heil ist, bezeugt allein in der Heiligen Schrift Alten und Neuen Testaments, geschenkt allein aus Gnade, empfangen allein im Glauben. Sie ist eine evangelische Kirche der lutherischen Reformation. Sie umfaßt überwiegend Gemeinden mit lutherischem Bekenntnis; ihr besonderer Charakter besteht in der Gemeinschaft kirchlichen Lebens mit den zu ihr gehörenden reformierten und unierten Gemeinden. In den lutherischen Gemeinden stehen als Bekenntnisschriften in Geltung: die Augsburgische Konfession, die Apologie der Augsburgischen Konfession, die Schmalkaldischen Artikel, der Kleine und der Große Katechismus Luthers. In den reformierten Gemeinden stehen als Bekenntnisschriften in Geltung: der Heidelberger Katechismus und in den französisch-reformierten Gemeinden darüber hinaus die Confession de foi und die Discipline ecclésiastique des églises réformées de France.	Sie bekennt mit den Reformatoren, daß allein Gott in Jesus Christus unser Heil ist, geschenkt allein aus Gnade, empfangen allein im Glauben, wie es grundlegend bezeugt ist allein in der Heiligen Schrift Alten und Neuen Testaments. Sie ist eine evangelische Kirche der lutherischen Reformation. Sie umfaßt überwiegend Gemeinden mit lutherischem Bekenntnis; ihr besonderer Charakter besteht in der Gemeinschaft kirchlichen Lebens mit den zu ihr gehörenden reformierten und unierten Gemeinden. In den lutherischen Gemeinden stehen als Bekenntnisschriften in Geltung: die Augsburgische Konfession, die Apologie der Augsburgischen Konfession, die Schmalkaldischen Artikel, der Kleine und der Große Katechismus Luthers. In den reformierten Gemeinden stehen als Bekenntnisschriften in Geltung: der Heidelberger Katechismus und in den französisch-reformierten Gemeinden darüber hinaus die Confession de foi und die Discipline ecclésiastique des églises réformées de France.

Grundordnung vom 15.12.1948	Entwurf in der zur Stellungnahme versandten Fassung (Stand 27.9.1995)	Entwurf Stand 23.8.1996	Entwurf, der Synode vorgelegt am 13.11.1996	Erstes Kirchengesetz zur Änderung der Grundordnung vom 16.11.1996
Gemeinden in der Einheit des Bekennens beharren und wachsen. *) Und wo sie in Kraft steht, die Konkordienformel.	In den unierten Gemeinden gelten die lutherischen und die reformierten Bekenntnisschriften. Im Verständnis des von den Reformatoren gemeinsam bezeugten Evangeliums weiß sich die Evangelische Kirche in Berlin-Brandenburg verpflichtet, das Bekenntnis ihrer Gemeinden zu schützen und zugleich dahin zu wirken, daß ihre Gemeinden in der Einheit des Bekennens bleiben und wachsen und ihre Glieder auf das Glaubenszeugnis der Schwestern und Brüder hören.	In den unierten Gemeinden gelten die lutherischen und die reformierten Bekenntnisschriften. Im Verständnis des von den Reformatoren gemeinsam bezeugten Evangeliums weiß sich die Evangelische Kirche in Berlin-Brandenburg verpflichtet, das Bekenntnis ihrer Gemeinden zu schützen und zugleich dahin zu wirken, daß ihre Gemeinden in der Einheit des Bekennens bleiben und wachsen und ihre Glieder auf das Glaubenszeugnis der Schwestern und Brüder hören.	In den unierten Gemeinden gelten die lutherischen und die reformierten Bekenntnisschriften. Im Verständnis des von den Reformatoren gemeinsam bezeugten Evangeliums weiß sich die Evangelische Kirche in Berlin-Brandenburg verpflichtet, das Bekenntnis ihrer Gemeinden zu schützen und zugleich dahin zu wirken, daß ihre Gemeinden in der Einheit des Bekennens bleiben und wachsen und ihre Glieder auf das Glaubenszeugnis der Schwestern und Brüder hören.	In den unierten Gemeinden gelten die lutherischen und die reformierten Bekenntnisschriften. Im Verständnis des von den Reformatoren gemeinsam bezeugten Evangeliums weiß sich die Evangelische Kirche in Berlin-Brandenburg verpflichtet, das Bekenntnis ihrer Gemeinden zu schützen und zugleich dahin zu wirken, daß ihre Gemeinden in der Einheit des Bekennens bleiben und wachsen und ihre Glieder auf das Glaubenszeugnis der Schwestern und Brüder hören.
5. Sie bejaht die von der ersten Bekenntnissynode von Barmen 1934 getroffenen Entscheidungen und sieht in deren theologischer Erklärung ein von der Schrift und den Bekenntnissen her auch fernerhin gebotenes Zeugnis der Kirche.	5. Sie bejaht die Theologische Erklärung der Bekenntnissynode der Deutschen Evangelischen Kirche von Barmen als eine schriftgemäße, für den Dienst der Kirche verbindliche Bezeugung des Evangeliums.	5. Sie bejaht die Theologische Erklärung der Bekenntnissynode der Deutschen Evangelischen Kirche von Barmen als eine schriftgemäße, für den Dienst der Kirche verbindliche Bezeugung des Evangeliums.	5. Sie bejaht die Theologische Erklärung von Barmen als ein schriftgemäßes, für den Dienst der Kirche verbindliches Bekenntnis.	5. Sie bejaht die Theologische Erklärung von Barmen als ein schriftgemäßes, für den Dienst der Kirche verbindliches Bekenntnis.
	6. Sie steht durch die Konkordie reformatorischer Kirchen in Europa (Leuenberger Konkordie) in Kirchengemeinschaft mit allen Kirchen, die dieser Konkordie zugestimmt haben.	6. Sie steht durch die Konkordie reformatorischer Kirchen in Europa (Leuenberger Konkordie) in Kirchengemeinschaft mit allen Kirchen, die dieser Konkordie zugestimmt haben.	6. Sie steht durch die Konkordie reformatorischer Kirchen in Europa (Leuenberger Konkordie) in Kirchengemeinschaft mit allen Kirchen, die dieser Konkordie zugestimmt haben.	6. Sie steht durch die Konkordie reformatorischer Kirchen in Europa (Leuenberger Konkordie) in Kirchengemeinschaft mit allen Kirchen, die dieser Konkordie zugestimmt haben.

Grundordnung vom 15.12.1948	Entwurf in der zur Stellungnahme versandten Fassung (Stand 27.9.1995)	Entwurf Stand 23.8.1996	Entwurf, der Synode vorgelegt am 13.11.1996	Erstes Kirchengesetz zur Änderung der Grundordnung vom 16.11.1996
6. Sie weiß sich verpflichtet, ihre Bekenntnisse immer wieder an der Heiligen Schrift zu prüfen und in Lehre und Ordnung gegenwärtig und lebendig zu erhalten. Immer neu zum Zeugnis gerufen, wird sie durch ihre Bekenntnisse zur Schrift geführt und zum rechten Bekennen geleitet.	7. Sie wird durch ihre Bekenntnisse an die Heilige Schrift gewiesen und weiß sich verpflichtet, die Bekenntnisse immer wieder an der Schrift zu prüfen. Sie erhält ihre Bekenntnisse in Lehre und Ordnung gegenwärtig und lebendig und läßt sich zum Wagnis stets neuen Bekennens herausfordern.	7. Sie wird durch ihre Bekenntnisse an die Heilige Schrift gewiesen und weiß sich verpflichtet, die Bekenntnisse immer wieder an der Schrift zu prüfen. Sie erhält ihre Bekenntnisse in Lehre und Ordnung gegenwärtig und lebendig und läßt sich zu stets neuem Bekennen herausfordern.	7. Sie wird durch ihre Bekenntnisse an die Heilige Schrift gewiesen und weiß sich verpflichtet, die Bekenntnisse immer wieder an der Schrift zu prüfen. Sie erhält ihre Bekenntnisse in Lehre und Ordnung gegenwärtig und lebendig und läßt sich zu stets neuem Bekennen herausfordern.	7. Sie wird durch ihre Bekenntnisse an die Heilige Schrift gewiesen und weiß sich verpflichtet, die Bekenntnisse immer wieder an der Schrift zu prüfen. Sie erhält ihre Bekenntnisse in Lehre und Ordnung gegenwärtig und lebendig und läßt sich zu stets neuem Bekennen herausfordern.
7. Sie pflegt die geschenkte Kirchengemeinschaft der in ihr verbundenen Gemeinden, indem sie zugleich der Entfaltung der einzelnen Konfessionen freien Raum gewährt. Sie gewährt den Gliedern aller Gemeinden Anteil an der Gemeinschaft des Gottesdienstes und der Sakramente. Durch das Miteinander der verschiedenen reformatorischen Bekenntnisse weiß sich die Kirche verpflichtet, ihre Glieder immer neu zu rufen, auf das Glaubenszeugnis der Brüder zu hören.				
8. Sie fördert die kirchliche Gemeinschaft in der Evangelischen Kirche in Deutschland und nimmt durch ihre Zusammenarbeit mit den	8. Sie fördert die Zeugnis- und Dienstgemeinschaft in der Evangelischen Kirche in Deutschland und nimmt durch ihre Zusammenarbeit	8. Sie fördert die Zeugnis- und Dienstgemeinschaft in der Evangelischen Kirche in Deutschland und nimmt durch ihre Zusammenarbeit	8. Sie fördert die Zeugnis- und Dienstgemeinschaft in der Evangelischen Kirche in Deutschland und nimmt durch ihre Zusammenarbeit	8. Sie fördert die Zeugnis- und Dienstgemeinschaft in der Evangelischen Kirche in Deutschland und nimmt durch ihre Zusammenarbeit

Grundordnung vom 15.12.1948	Entwurf in der zur Stellungnahme versandten Fassung (Stand 27.9.1995)	Entwurf Stand 23.8.1996	Entwurf, der Synode vorgelegt am 13.11.1996	Erstes Kirchengesetz zur Änderung der Grundordnung vom 16.11.1996
Kirchen der Ökumene teil an der Verwirklichung der Gemeinschaft Christi auf Erden und an der Ausbreitung des Evangeliums in der Völkerwelt.	mit den Kirchen der Ökumene teil an der Verwirklichung der Gemeinschaft Christi auf Erden und an der Ausbreitung des Evangeliums in aller Welt. Sie weiß sich zu ökumenischem Lernen und Teilen verpflichtet. Im Eintreten für Gerechtigkeit, Frieden und Bewahrung der Schöpfung sucht sie das Gespräch und die Verständigung auch mit Menschen anderer Religionen und Weltanschauungen.	mit den Kirchen der Ökumene teil an der Verwirklichung der Gemeinschaft Christi auf Erden und an der Ausbreitung des Evangeliums im eigenen Land und in aller Welt. Sie weiß sich zu ökumenischem Lernen und Teilen verpflichtet. Sie tritt für Gerechtigkeit, Frieden und Bewahrung der Schöpfung ein. Dabei sucht sie das Gespräch und die Verständigung auch mit Menschen anderer Religionen und Weltanschauungen.	mit den Kirchen der Ökumene teil an der Verwirklichung der Gemeinschaft Christi auf Erden und an der Ausbreitung des Evangeliums im eigenen Land und in aller Welt. Sie weiß sich zu ökumenischem Lernen und Teilen verpflichtet. Sie tritt für Gerechtigkeit, Frieden und Bewahrung der Schöpfung ein. Dabei sucht sie das Gespräch und die Verständigung auch mit Menschen anderer Religionen und Weltanschauungen.	mit den Kirchen der Ökumene teil an der Verwirklichung der Gemeinschaft Christi auf Erden und an der Ausbreitung des Evangeliums im eigenen Land und in aller Welt. Sie weiß sich zu ökumenischem Lernen und Teilen verpflichtet. Sie tritt für Gerechtigkeit, Frieden und Bewahrung der Schöpfung ein. Dabei sucht sie das Gespräch und die Verständigung auch mit Menschen anderer Religionen und Weltanschauungen.
	9. Sie erinnert, daß Gottes Verheißung für sein jüdisches Volk gültig bleibt: Gottes Gaben und Berufung können ihn nicht gereuen. Sie weiß sich zur Anteilnahme am Weg des jüdischen Volkes verpflichtet und bleibt in der Verantwortung für die Welt und in der Hoffnung auf die Vollendung der Gottesherrschaft mit ihm verbunden.	9. Sie erkennt, daß Gottes Verheißung für sein jüdisches Volk gültig bleibt: Gottes Gaben und Berufung sind unwiderruflich. Sie sucht Versöhnung mit dem jüdischen Volk und weiß sich zur Anteilnahme an seinem Weg verpflichtet. Sie bleibt im Hören auf Gottes Gebote und in der Hoffnung auf das kommende Reich Gottes mit ihm verbunden.	9. Sie erkennt und erinnert, daß Gottes Verheißung für sein jüdisches Volk gültig bleibt: Gottes Gaben und Berufung können ihn nicht gereuen. Sie weiß sich zur Anteilnahme am Weg des jüdischen Volkes verpflichtet. Sie bleibt im Hören auf Gottes Gebot und in der Hoffnung auf die Vollendung der Gottesherrschaft mit ihm verbunden.	9. Sie erkennt und erinnert daran, daß Gottes Verheißung für sein Volk Israel gültig bleibt: Gottes Gaben und Berufung können ihn nicht gereuen. Sie weiß sich zur Anteilnahme am Weg des jüdischen Volkes verpflichtet. Sie bleibt im Hören auf Gottes Weisung und in der Hoffnung auf die Vollendung der Gottesherrschaft mit ihm verbunden.

Grundordnung vom 15.12.1948	Entwurf in der zur Stellungnahme versandten Fassung (Stand 27.9.1995)	Entwurf Stand 23.8.1996	Entwurf, der Synode vorgelegt am 13.11.1996	Erstes Kirchengesetz zur Änderung der Grundordnung vom 16.11.1996
Grundsätze über Amt und Gemeinde	Von Amt und Gemeinde	Von Amt und Gemeinde	II. Von Amt und Gemeinde	II. Von Gottes Auftrag und der Verantwortung der Gemeinde
1. Gott selbst bereitet sich aus denen, die auf Sein Wort hören und die Sakramente empfangen, Seine Gemeinde auf Erden, indem Er in ihren Herzen durch den Heiligen Geist den Glauben weckt und die von Ihm Berufenen zu Zeugen ihres Herrn und zu Dienern ihres Nächsten macht. Der Heilige Geist leitet und erbaut die Gemeinde durch mannigfache Gaben, Dienste und Ämter. Sie dienen alle dem einen der Kirche eingestifteten Amt, das die Versöhnung verkündigt: teils entfalten sie das Predigtamt einer Mannigfaltigkeit von Ämtern der Verkündigung und Lehre; teils fördern sie in der Leitung und Verwaltung der Kirche den Dienst der Verkündigung und wachen darüber; teils lassen sie das Wort von der Versöhnung in Lob und Dank und einem Leben der brüderlichen Liebe Tat werden. Die Kirche kann und darf nicht ohne solche Dienste und Ämter sein.	1. Gott selbst bereitet sich aus denen, die auf sein Wort hören und die Sakramente empfangen, seine Gemeinde, die Kirche Jesu Christi auf Erden, indem er in ihren Herzen durch den Heiligen Geist den Glauben weckt und sie zum Zeugnis für ihren Herrn und zum Dienst an ihren Nächsten beruft. Der Heilige Geist erbaut und leitet die Gemeinde durch mannigfaltige Gaben. Sie dienen alle dem einen der Kirche eingestifteten Amt, das die Versöhnung verkündigt: teils entfalten sie das Predigtamt in vielerlei Diensten der Verkündigung und Lehre, teils fördern sie in der Leitung und Verwaltung der Kirche den Dienst der Verkündigung, teils lassen sie das Wort von der Versöhnung in Lob und Dank und einem Leben der geschwisterlichen Liebe Tat werden. Alle Gemeindeglieder sind dafür verantwortlich, daß die für das Leben der Kirche notwendigen Dienste wahrgenommen werden. Die Aus-	1. Gott selbst bereitet sich aus denen, die auf sein Wort hören und die Sakramente empfangen, seine Gemeinde, die Kirche Jesu Christi auf Erden, indem er in ihnen durch den Heiligen Geist den Glauben weckt und sie zum Zeugnis für ihren Herrn und zum Dienst an ihren Nächsten beruft. Der Heilige Geist erbaut und leitet die Gemeinde durch vielfältige Gaben. Sie dienen alle dem einen Amt, dem sich die Kirche verdankt und das ihr aufgetragen ist: der Bezeugung der in Christus geschehenen Versöhnung Gottes mit der Welt (Alternative: ... dem einen Amt, das die Kirche begründet und ihr zugleich aufgetragen ist: der Bezeugung ...) Alle Ämter, ob in Verkündigung oder Lehre, in Diakonie oder Kirchenmusik, in der Leitung oder der Verwaltung, sind Entfaltungen des einen Amtes.	1. Gott selbst bereitet sich aus denen, die auf sein Wort hören und die Sakramente empfangen, seine Gemeinde, die Kirche Jesu Christi auf Erden, indem er in ihnen durch den Heiligen Geist den Glauben weckt und sie zum Zeugnis für ihren Herrn und zum Dienst an ihren Nächsten beruft.	1. Gott selbst bereitet sich aus denen, die auf sein Wort hören und die Sakramente empfangen, seine Gemeinde, die Kirche Jesu Christi auf Erden, indem er in ihnen durch den Heiligen Geist den Glauben weckt und sie zum Zeugnis für ihren Herrn und zum Dienst an ihren Nächsten beruft.

Grundordnung vom 15.12.1948	Entwurf in der zur Stellungnahme versandten Fassung (Stand 27.9.1995)	Entwurf Stand 23.8.1996	Entwurf, der Synode vorgelegt am 13.11.1996	Erstes Kirchengesetz zur Änderung der Grundordnung vom 16.11.1996
Alle Leitung in der Kirche ist demütiger, brüderlicher Dienst im Gehorsam gegen den guten Hirten. Sie wird von Pfarrern und Ältesten gemeinsam ausgeübt. Alle Gemeindeglieder sind dafür verantwortlich, daß die für das Leben der Kirche notwendigen Dienste wahrgenommen werden. Darauf gründet es sich, daß denjenigen, „so mit Ernst Christen sein wollen", besondere Verantwortung auferlegt wird, auch in der Mitwirkung an der Leitung der Gemeinde. Die Ausübung der Dienste bedarf grundsätzlich eines Auftrages der Gemeinde.	übung der Dienste bedarf grundsätzlich eines Auftrages der Gemeinde. Alle Leitung in der Kirche ist demütiger, geschwisterlicher Dienst im Gehorsam gegen den guten Hirten. Sie wird von Pfarrerinnen und Pfarrern sowie Ältesten und anderen dazu Berufenen gemeinsam ausgeübt. Die Ausstattung von Leitungsämtern mit Herrschaftsbefugnissen verstößt gegen die Heilige Schrift. In gewählten Leitungsgremien haben ehrenamtlich Tätige die Mehrheit.			
2. Wiewohl auch kirchliche Ämter rechtlich geordnet sind, sind sie dennoch keine weltlichen Einrichtungen. Ihr geistlicher Charakter wird vor allem für die Bestellung zu den Ämtern bedeutsam. Die Auswahl, Prüfung und Berufung der Amtsträger und Bewerber geschieht in der Kirche Jesu Christi durch geistlich besonders	2. In der Kirche Jesu Christi werden Amtsträgerinnen und Amtsträger nach geistlichen Gesichtspunkten ausgewählt, geprüft und berufen. Dies geschieht in der Zuversicht, daß in den rechtlich ausgestalteten Verfahren Gott selber Menschen in seinen Dienst beruft. Allein die an Schrift und Bekenntnis gebundene Kirche hat das Recht, kirch-		2. Der Heilige Geist erbaut und leitet die Gemeinde durch vielfältige Gaben und Dienste. Sie dienen alle dem einen Amt, dem sich die Kirche verdankt und das ihr aufgetragen ist: die in Christus geschehene Versöhnung Gottes mit der Welt zu bezeugen und zur Versöhnung mit Gott zu rufen. Alle Ämter, ob in Verkündigung oder Lehre, in Diakonie oder Kir-	2. Der Heilige Geist erbaut und leitet die Gemeinde durch vielfältige Gaben und Dienste. Sie dienen alle dem einen Amt, dem sich die Kirche verdankt und das ihr aufgetragen ist: die in Christus geschehene Versöhnung Gottes mit der Welt zu bezeugen und zur Versöhnung mit Gott zu rufen. Alle Dienste, ob in Verkündigung oder Lehre, in Diakonie oder

Grundordnung vom 15.12.1948	Entwurf in der zur Stellungnahme versandten Fassung (Stand 27.9.1995)	Entwurf Stand 23.8.1996	Entwurf, der Synode vorgelegt am 13.11.1996	Erstes Kirchengesetz zur Änderung der Grundordnung vom 16.11.1996
dazu berufene Glieder nach geistlichen Gesichtspunkten. Alle Zuchtübung an den Amtsträgern erfolgt nach den Maßstäben der Heiligen Schrift. Allein die an Schrift und Bekenntnis gebundene Kirche hat das Recht, das Amt zu- und abzuerkennen, nicht eine weltliche Instanz.	liche Ämter zu- und abzuerkennen.		chenmusik, in der Leitung oder der Verwaltung, sind Entfaltungen des einen Amtes.	Kirchenmusik, in der Leitung oder der Verwaltung, sind Entfaltungen des einen Amtes.
3. Alle Amtsträger sind an die Gemeinde gewiesen; sie sind ihr für eine ihrem Auftrag entsprechende Amtsführung verantwortlich. Sie sind jedoch in der Erfüllung des göttlichen Auftrages, die rechte Wortverkündigung und Sakramentsverwaltung zu üben, frei gegenüber Willkür der Gemeinde und nur an diesen Auftrag gebunden. Die Gemeinde ist an das Amt gewiesen. Doch ist sie frei gegenüber einer willkürlichen, den göttlichen Amtsauftrag überschreitenden oder verlassenden Amtsführung. Die Errichtung besonderer, mit Herrschaftsbefugnissen ausgerüsteter Führungsämter verstößt gegen die Heilige Schrift.	3. Alle Amtsträgerinnen und Amtsträger sind an die Gemeinde gewiesen und ihr für eine ihrem Auftrag entsprechende Amtsführung verantwortlich. In der Erfüllung des Auftrages Gottes, die Versöhnung zu verkündigen, sind sie allein an Jesus Christus gebunden und darum frei gegenüber Willkür der Gemeinde. Die Gemeinde ist an das Amt gewiesen, doch ist sie frei gegenüber einer willkürlichen, den göttlichen Auftrag überschreitenden oder verlassenden Amtsführung. Verweigerung von Zusammenarbeit widerspricht dem Zeugnis der Schrift ebenso wie Verhaltensweisen, mit denen Herrschaft über die Gemeinde ausgeübt wird.	2. Kraft des Priestertums aller Gläubigen ist jedes Gemeindeglied verpflichtet und berechtigt, nach dem Maß seiner Gaben, Kräfte und Möglichkeiten kirchliche Dienste wahrzunehmen. In Notlagen gilt das auch für den Dienst der öffentlichen Wortverkündigung und Sakramentsverwaltung. Dabei vollzogene Handlungen sind auf Grund des der ganzen Kirche gegebenen Amtes gültig und wirksam. Grundsätzlich bedarf die Ausübung besonderer Dienste eines Auftrags der Gemeinde.	3. Kraft des Priestertums aller Gläubigen ist jedes Gemeindeglied verpflichtet und berechtigt, nach dem Maß seiner Gaben, Kräfte und Möglichkeiten kirchliche Dienste wahrzunehmen. Die Ausübung besonderer Dienste bedarf grundsätzlich eines Auftrags der Gemeinde. In Notlagen können alle Dienste, auch der der öffentlichen Wortverkündigung und Sakramentsverwaltung, ohne besonderen Auftrag wahrgenommen werden.	3. Kraft des Priestertums aller Gläubigen ist jedes Gemeindeglied verpflichtet und berechtigt, nach dem Maß seiner Gaben, Kräfte und Möglichkeiten kirchliche Dienste wahrzunehmen. Grundsätzlich bedarf die Ausübung bestimmter ehrenamtlicher und beruflicher Dienste eines Auftrags der Gemeinde. In Notlagen können alle Dienste, auch der der öffentlichen Wortverkündigung und Sakramentsverwaltung, ohne besonderen Auftrag wahrgenommen werden.

Grundordnung vom 15.12.1948	Entwurf in der zur Stellungnahme versandten Fassung (Stand 27.9.1995)	Entwurf Stand 23.8.1996	Entwurf, der Synode vorgelegt am 13.11.1996	Erstes Kirchengesetz zur Änderung der Grundordnung vom 16.11.1996
4. Kraft des Priestertums aller Gläubigen ist jedes Gemeindeglied berechtigt und verpflichtet, kirchliche Dienste wahrzunehmen. Die Verpflichtung für alle Gemeindeglieder, nach dem Maß ihrer Gaben, Kräfte und Möglichkeiten, die Gnadengabe des Evangeliums zu bezeugen, muß sich in Notzeiten auch darin bewähren, daß nichtordinierte Gemeindeglieder den Dienst der öffentlichen Verkündigung des Evangeliums und der Sakramentsverwaltung zunächst auch ohne besonderen Auftrag übernehmen. Die Gültigkeit und Wirksamkeit der in solcher Wahrnehmung vollzogenen Handlungen ist in dem der ganzen Kirche eingestifteten Amt begründet.	4. Kraft des Priestertums aller Gläubigen ist jedes Gemeindeglied berechtigt und verpflichtet, kirchliche Dienste wahrzunehmen. Die Verpflichtung aller Gemeindeglieder, nach dem Maß ihrer Gaben, Kräfte und Möglichkeiten die Gnadengabe des Evangeliums zu bezeugen, bewährt sich in Notzeiten in der Übernahme des Dienstes der öffentlichen Wortverkündigung und Sakramentsverwaltung zunächst auch ohne besonderen Auftrag. Gültigkeit und Wirksamkeit dabei vollzogener Handlungen sind in dem der ganzen Kirche eingestifteten Amt begründet.	3. Alle Leitung in der Kirche ist demütiger, geschwisterlicher Dienst im Gehorsam gegenüber dem guten Hirten. Sie wird von Ältesten und anderen dazu Berufenen gemeinsam mit den Pfarrerinnen und Pfarrern ausgeübt. In gewählten Leitungsgremien haben ehrenamtlich Tätige die Mehrheit haben. Die Ausstattung von Leitungsämtern mit Herrschaftsbefugnissen verstößt gegen die Heilige Schrift.	4. Alle Leitung in der Kirche ist demütiger, geschwisterlicher Dienst im Gehorsam gegenüber dem guten Hirten. Sie wird von Ältesten und anderen dazu Berufenen gemeinsam mit den Pfarrerinnen und Pfarrern ausgeübt. In gewählten Leitungsgremien sollen ehrenamtlich Tätige die Mehrheit haben. Die Ausstattung von Leitungsämtern mit Herrschaftsbefugnissen verstößt gegen die Heilige Schrift.	4. Alle Leitung in der Kirche ist demütiger, geschwisterlicher Dienst im Gehorsam gegenüber dem guten Hirten. Sie wird von Ältesten und anderen dazu Berufenen gemeinsam mit den Pfarrerinnen und Pfarrern ausgeübt. In gewählten Leitungsgremien sollen ehrenamtlich Tätige die Mehrheit haben. Die Ausstattung von Leitungsämtern mit Herrschaftsbefugnissen verstößt gegen die Heilige Schrift.
		4. In der Kirche Jesu Christi werden alle, die ein Amt wahrnehmen, nach geistlichen Gesichtspunkten ausgewählt, geprüft und berufen. Dies geschieht in der Zuversicht, daß in den rechtlich geordneten Verfahren Gott selber Menschen in seinen Dienst beruft. Allein die an Schrift und Bekenntnis	5. In der Kirche Jesu Christi werden alle, die ein Amt wahrnehmen, nach geistlichen Gesichtspunkten ausgewählt, geprüft und berufen. Dies geschieht in der Zuversicht, daß in rechtlich geordneten Verfahren Gott selber Menschen in seinen Dienst beruft. Allein die an Schrift und Bekenntnis	5. In der Kirche Jesu Christi werden alle, die ein Amt wahrnehmen, nach geistlichen Gesichtspunkten ausgewählt, geprüft und berufen. Dies geschieht in der Zuversicht, daß auch in rechtlich geordneten Verfahren Gott selber Menschen in seinen Dienst beruft. Allein die an Schrift und Bekennt-

Grundordnung vom 15.12.1948	Entwurf in der zur Stellungnahme versandten Fassung (Stand 27.9.1995)	Entwurf Stand 23.8.1996	Entwurf, der Synode vorgelegt am 13.11.1996	Erstes Kirchengesetz zur Änderung der Grundordnung vom 16.11.1996
		gebundene Kirche hat das Recht, kirchliche Ämter zu- und abzuerkennen.	gebundene Kirche hat das Recht, kirchliche Ämter zu- und abzuerkennen.	nis gebundene Kirche hat das Recht, kirchliche Ämter zu- und abzuerkennen.
		5. Alle, die ein Amt wahrnehmen, sind an die Gemeinde gewiesen und ihr für eine ihrem Auftrag entsprechende Amtsführung verantwortlich. In der Erfüllung ihres Auftrages sind sie frei gegenüber Willkür der Gemeinde. Die Gemeinde ist an das Amt gewiesen, doch ist sie frei gegenüber einer willkürlichen, den göttlichen Auftrag überschreitenden oder verlassenden Amtsführung. Die Verweigerung der Zusammenarbeit mit anderen Personen und Gremien in Gemeinde und Kirche widerspricht dem Zeugnis der Schrift ebenso wie eine Verhaltensweise, mit der Macht über die Gemeinde ausgeübt wird.	6. Alle, die ein Amt wahrnehmen, sind an die Gemeinde gewiesen und ihr für eine ihrem Auftrag entsprechende Amtsführung verantwortlich. In der Erfüllung ihres Auftrages sind sie frei gegenüber Willkür der Gemeinde. Die Gemeinde ist an das Amt gewiesen, doch ist sie frei gegenüber einer willkürlichen, den Auftrag Gottes überschreitenden oder verlassenden Amtsführung. Die Weigerung, mit anderen Personen und Gremien in Gemeinde und Kirche zusammenzuarbeiten, widerspricht dem Zeugnis der Schrift ebenso wie Verhaltensweisen, mit denen Herrschaft über die Gemeinde ausgeübt wird.	6. Alle, die ein Amt wahrnehmen, sind an die Gemeinde gewiesen und ihr für eine ihrem Auftrag entsprechende Amtsführung verantwortlich. In der Erfüllung ihres Auftrages sind sie frei gegenüber Willkür der Gemeinde. Die Gemeinde ist an das Amt gewiesen, doch ist sie frei gegenüber einer willkürlichen, den Auftrag Gottes überschreitenden oder verlassenden Amtsführung. Die Weigerung, mit anderen Personen und Gremien in Gemeinde und Kirche zusammenzuarbeiten, widerspricht dem Zeugnis der Schrift ebenso wie Verhaltensweisen, mit denen Herrschaft über die Gemeinde ausgeübt wird.

Beilage 6: Entstehung des Grundartikels der rheinischen Kirchenordnung (1948–1952)

Entwurf August 1948	Entwurf Landessynode 1950	Entwurf Landessynode 1951	1. Lesung Landessynode 1951	Endfassung 1952
I. Die Evangelische Kirche von Westfalen und die Evangelische Kirche im Rheinland stehen in der Einheit der einen, heiligen allgemeinen christlichen Kirche, die überall da ist, wo das Wort Gottes lauter verkündigt wird und die Sakramente recht verwaltet werden.	I. Die evangelische Kirche im Rheinland bekennt sich zu Jesus Christus, dem einen Herrn der einen heiligen allgemeinen christlichen Kirche, dem Heiland der Welt.	I. Die evangelische Kirche im Rheinland bekennt sich zu Jesus Christus, dem Fleisch gewordenen Worte Gottes, dem für uns gekreuzigten, auferstandenen und zur Rechten Gottes erhöhten Herrn, auf den sie wartet.		(Satz 1 u. 2 unverändert)
Eins unter dem Haupte Jesus Christus, dem fleischgewordenen Worte Gottes, dem gekreuzigten und auferstandenen Herrn, dessen sie wartet, ist sie gegründet auf das prophetische und apostolische Zeugnis der Heiligen Schrift Alten und Neuen Testaments, an der allein Leben und Lehre zu messen sind.	Eins unter ihrem Haupte Jesus Christus, dem fleischgewordenen Worte Gottes, dem für uns gekreuzigten und auferstandenen Herrn, auf den sie wartet, ist sie gegründet auf das prophetische und apostolische Zeugnis der Heiligen Schrift Alten und Neuen Testaments.	Sie ist gegründet auf das prophetische und apostolische Zeugnis der Heiligen Schrift Alten und Neuen Testaments. Sie bekennt mit den Vätern der Reformation, daß die Heilige Schrift die alleinige Quelle und Richtschnur unseres Glaubens ist, und daß das Heil allein im Glauben empfangen wird.	(Satz 1-4 unverändert)	Sie bekennt mit den Kirchen der Reformation, daß die Heilige Schrift die alleinige Quelle und vollkommene Richtschnur des Glaubens, der Lehre und des Lebens ist und daß das Heil allein im Glauben empfangen wird.
Als Kirche der Reformation bezeugt sie ihren Glauben gemeinsam mit der alten Kirche durch die altkirchlichen Symbole: Das Apostolikum, das Nicänum, das Athanasianum.	Sie sieht dieses Zeugnis festgehalten in den altkirchlichen Symbolen, dem Apostolischen, Nizäischen und Athanasianischen Glaubensbekenntnis, in den Bekenntnissen der Reformation wieder ans Licht getreten und in der Theologischen Erklärung der Bekenntnissynode der Deutschen Evangelischen Kirche in Barmen aufs neue bekannt.	Sie bezeugt ihren Glauben in Gemeinschaft mit der alten Kirche durch die altkirchlichen Glaubensbekenntnisse: das apostolische, das nicaenische und das athanasianische Bekenntnis. Sie steht in der einen, heiligen, allgemeinen christlichen Kirche, in der das Wort Gottes lauter und rein verkündigt wird und die Sakramente recht verwaltet werden.	So steht sie in der einen, heiligen, allgemeinen christlichen Kirche, in der das Wort Gottes lauter und rein verkündigt wird und die Sakramente recht verwaltet werden.	

Entwurf August 1948	Entwurf Landessynode 1950	Entwurf Landessynode 1951	1. Lesung Landessynode 1951	Endfassung 1952
		Sie weiß ihre lutherischen, reformierten und unierten Gemeinden für die Auslegung der Heiligen Schrift gewiesen an die reformatorischen Bekenntnisse. Gebunden an das Wort der Heiligen Schrift bejaht die Evangelische Kirche im Rheinland die Theologische Erklärung von Barmen als ein Glaubenszeugnis in seiner wegweisenden Bedeutung für die versuchte und angefochtene Kirche.	(Satz 6 u. 7 unverändert)	Sie erkennt die fortdauernde Geltung der reformatorischen Bekenntnisse an. Sie bejaht die Theologische Erklärung der Bekenntnissynode der Deutschen Evangelischen Kirche von Barmen als eine schriftgemäße, für den Dienst der Kirche verbindliche Bezeugung des Evangeliums. Sie bekennt sich zu der einen, heiligen, allgemeinen, christlichen Kirche, in der das Wort Gottes lauter und rein verkündigt wird und die Sakramente recht verwaltet werden.
II. Mit den Vätern der Reformation bekennt sie, daß Jesus Christus allein unser Heil ist, offenbart allein in der Heiligen Schrift Alten und Neuen Testaments, geschenkt allein aus Gnaden, empfangen allein im Glauben. Im Verständnis des von den Reformatoren gemeinsam bezeugten Evangeliums	II. Im Verständnis des von den Reformatoren gemeinsam bezeugten Evangeliums		Im Glauben an das Evangelium, wie es in den reformatorischen Bekenntnissen übereinstimmend bezeugt ist, haben alle Gemeinden der Evangelischen Kirche im Rheinland untereinander Gemeinschaft am Gottesdienst und an den heiligen Sakramenten.	Aus diesem Grunde sind alle Gemeinden der Evangelischen Kirche im Rheinland in einer Kirche verbunden und haben untereinander Gemeinschaft am Gottesdienst und an den heiligen Sakramenten.

Entwurf August 1948	Entwurf Landessynode 1950	Entwurf Landessynode 1951	1. Lesung Landessynode 1951	Endfassung 1952
wissen sich die evangelischen Gemeinden lutherischen Bekenntnisses gebunden an die Augsburgische Konfession, die Apologie, die Schmalkaldischen Artikel, den Kleinen und Großen Katechismus Luthers und, wo sie in Kraft steht, die Konkordienformel; die evangelischen Gemeinden reformierten Bekenntnisses an den Heidelberger Katechismus. Die unierten Gemeinden bekennen sich teils zu dem Gemeinsamen der beiderseitigen Bekenntnisse, teils folgen sie für sich dem lutherischen oder reformierten Bekenntnisse, sehen aber in den Unterscheidungslehren kein Hindernis der vollständigen Gemeinschaft am Gottesdienst, an den heiligen Sakramenten und den kirchlichen Gemeinderechten. Sie bejaht mit ihren lutherischen, reformierten und unierten Gemeinden die von der ersten Bekenntnissynode der Deutschen Evangelischen Kirche in Barmen getroffenen Entscheidungen und sieht in deren Theologi-	wissen sich die evangelischen Gemeinden lutherischen Bekenntnisses gebunden an die Augsburgische Konfession, die Apologie, die Schmalkaldischen Artikel, den Kleinen und Großen Katechismus Luthers; die evangelischen Gemeinden reformierten Bekenntnisses an den Heidelberger Katechismus. Die unierten Gemeinden bekennen sich zu dem Gemeinsamen der reformatorischen Bekenntnisse oder sie folgen dem lutherischen oder reformierten Bekenntnis. Alle Gemeinden sehen in den Unterscheidungslehren der reformatorischen Bekenntnisse kein Hindernis der vollständigen Gemeinschaft am Gottesdienst und an den heiligen Sakramenten.	(unverändert)	Dabei wissen sich die evangelischen Gemeinden lutherischen Bekenntnisses gebunden an die Augsburgische Konfession, die Apologie, die Schmalkaldischen Artikel, den Kleinen und Großen Katechismus Luthers; die evangelischen Gemeinden reformierten Bekenntnisses an den Heidelberger Katechismus. Die unierten Gemeinden bekennen sich zu dem Gemeinsamen der reformatorischen Bekenntnisse oder sie folgen dem lutherischen oder reformierten Bekenntnis.	Dabei folgen die Gemeinden entweder dem lutherischen oder dem reformierten oder dem Gemeinsamen beider Bekenntnisse. In den Gemeinden, die dem lutherischen Bekenntnis folgen, gelten: die Augsburgische Konfession, die Apologie der Augsburgischen Konfession, die Schmalkaldischen Artikel, und der Kleine und Große Katechismus Luthers; in den Gemeinden, die dem reformierten Bekenntnis folgen, gilt der Heidelberger Katechismus; in den Gemeinden, die dem Gemeinsamen beider Bekenntnisse folgen, ist entweder der lutherische oder der Heidelberger oder eine Zusammenfassung beider Katechismen in Gebrauch.

Entwurf August 1948	Entwurf Landessynode 1950	Entwurf Landessynode 1951	1. Lesung Landessynode 1951	Endfassung 1952
scher Erklärung ein von der Schrift und den Bekenntnissen her gebotenes Zeugnis der Kirche. Immer neu zum Zeugnis gerufen, weiß sie sich verpflichtet, ihre Bekenntnisse immer wieder an der Heiligen Schrift zu prüfen und in Lehre und Ordnung gegenwärtig und lebendig zu erhalten.				
III. Sie fördert die geschenkte Kirchengemeinschaft der in ihr verbundenen Gemeinden, indem sie zugleich der Entfaltung der einzelnen Konfessionen freien Raum gewährt. Sie gewährt den Gliedern aller Gemeinden Anteil an der Gemeinschaft des Gottesdienstes und der Sakramente. Sie weiß sich durch das Miteinander der verschiedenen reformatorischen Bekenntnisse verpflichtet, ihre Gemeinden immer wieder zu rufen, auf das Glaubenszeugnis der Brüder zu hören.	III. Die Evangelische Kirche im Rheinland pflegt die geschenkte Kirchengemeinschaft der in ihr verbundenen Gemeinden, indem sie zugleich den verschiedenen reformatorischen Bekenntnissen Raum gewährt. Sie gibt den Gliedern aller evangelischen Gemeinden Anteil an der Gemeinschaft des Gottesdienstes und der Sakramente. Sie weiß sich durch das Miteinander der verschiedenen reformatorischen Bekenntnisse verpflichtet, ihre Gemeinden immer wieder zu rufen, auf das Glaubenszeugnis der Brüder zu hören.	(unverändert)	(Satz 1 u. 2 unverändert) Sie weiß sich durch das Miteinander der verschiedenen reformatorischen Bekenntnisse verpflichtet, ihre Gemeinden immer wieder zu rufen, auf das Glaubenszeugnis der Brüder zu hören, in gemeinsamer Beugung unter Wahrheit und Verheißung des Wortes Gottes die Last bestehender Lehrunterschiede zu tragen und im gemeinsamem Bekennen des Evangeliums zu beharren und zu wachsen.	III. Die Evangelische Kirche im Rheinland pflegt die Kirchengemeinschaft der in ihr verbundenen Gemeinden, wobei sie den Bekenntnisstand ihrer Gemeinden achtet und der Entfaltung des kirchlichen Lebens gemäß ihrem Bekenntnisstand Raum gewährt. Zum Dienst am Wort in einer Gemeinde kann nur berufen werden, wer den Bekenntnisstand der Gemeinde anerkennt. Der gelegentliche Dienst am Wort darf einem in einer evangelischen Kirche ordnungsgemäß berufenen Diener nicht deshalb verwehrt werden, weil er einem anderen als dem in der Gemeinde geltenden Bekenntnis angehört; er ist jedoch verpflichtet, den Bekenntnisstand der Gemeinde zu achten.

Entwurf August 1948	Entwurf Landessynode 1950	Entwurf Landessynode 1951	1. Lesung Landessynode 1951	Endfassung 1952
Sie fördert die kirchliche Gemeinschaft in der Evangelischen Kirche in Deutschland und nimmt durch ihre Zusammenarbeit mit den Kirchen der Ökumene teil an der Verwirklichung der Gemeinschaft der Christenheit auf Erden.	Sie fördert die kirchliche Gemeinschaft in der Evangelischen Kirche in Deutschland und nimmt durch ihre Zusammenarbeit mit dem Ökumenischen Rat der Kirchen teil an der Verwirklichung der Gemeinschaft der Christenheit auf Erden.		(Satz 4 unverändert)	Die Verwaltung der Sakramente geschieht in den Gemeinden gemäß ihrem Bekenntnisstand. In allen Gemeinden werden jedoch die Glieder aller evangelischen Kirchen ohne Einschränkung zum heiligen Abendmahl zugelassen. Die Evangelische Kirche im Rheinland ruft ihre Gemeinden auf, das Glaubenszeugnis der Brüder anderen Bekenntnisses zu hören, in gemeinsamer Beugung unter Wahrheit und Verheißung des Wortes Gottes die in den Bekenntnissen begründeten Lehrunterschiede zu tragen und im gemeinsamen Bekennen des Evangeliums zu beharren und zu wachsen.

Beilage 7: Von den Bekenntnisparagraphen der RWKO zu den Grundartikeln der Evangelischen Kirche von Westfalen

Bekenntnisparagraphen zur Rheinisch-Westfälischen Kirchenordnung vom 5. März 1835 (1855[/1923])	Verfassungsurkunde für die Evangelische Kirche der altpreußischen Union vom 29. September 1922 (Kirchl. Ges.- u. VOBl. 1924 S. 57)	Kirchenordnung der Evangelischen Kirche von Westfalen. Vom 1. April 1954.	Kirchenordnung der Evangelischen Kirche von Westfalen in der Fassung der Bekanntmachung vom 14.01.1999 mit Änderungen vom 05.11.1999, 14.11.2002, 03.11.2005, 17.11.2006 und 16.11.2007
Von dem Bekenntnisstande der evangelischen Kirche in Westfalen und der Rheinprovinz § I Die evangelische Kirche Westfalens und der Rheinprovinz gründet sich auf die Heilige Schrift Alten und Neuen Testaments, als die alleinige und vollkommene Richtschnur ihres Glaubens, ihrer Lehre und ihres Lebens und erkennt die fortdauernde Geltung ihrer Bekenntnisse an.	Getreu dem Erbe der Väter steht die evangelische Landeskirche der älteren Provinzen Preußens auf dem in der Heiligen Schrift gegebenen Evangelium von Jesus Christus, dem Sohn des lebendigen Gottes, dem für uns Gekreuzigten und Auferstandenen, dem Herrn der Kirche, und erkennt die fortdauernde Geltung ihrer Bekenntnisse an: des Apostolischen und der anderen altkirchlichen, ferner der Augsburgischen Konfession, der Apologie, der Schmalkaldischen Artikel und des Kleinen und Großen Katechismus Luthers in den lutherischen Gemeinden, des Heidelberger Katechismus in den reformierten, sowie der sonstigen Bekenntnisse, wo solche in Kraft stehen. Das in diesen Bekenntnissen bezeugte Evangelium ist die unantastbare Grundlage für die Lehre, Arbeit und Gemeinschaft der Kirche.	Grundartikel I. Die Evangelische Kirche von Westfalen ist gegründet auf das Evangelium von Jesus Christus, dem Fleisch gewordenen Worte Gottes, dem gekreuzigten, auferstandenen und wiederkommenden Heiland, der das Haupt seiner Gemeinde und allein der Herr ist. Das prophetische und apostolische Zeugnis der Heiligen Schrift Alten und Neuen Testamentes ist in ihr die alleinige und vollkommene Richtschnur des Glaubens, der Lehre und des Lebens. Darum gilt in ihr die Lehre von der Rechtfertigung des Sünders allein aus Gnaden durch den Glauben.	Grundartikel I. Die Evangelische Kirche von Westfalen ist gegründet auf das Evangelium von Jesus Christus, dem Fleisch gewordenen Worte Gottes, dem gekreuzigten, auferstandenen und wiederkommenden Heiland, der das Haupt seiner Gemeinde und allein der Herr ist. Das prophetische und apostolische Zeugnis der Heiligen Schrift Alten und Neuen Testamentes ist in ihr die alleinige und vollkommene Richtschnur des Glaubens, der Lehre und des Lebens. Darum gilt in ihr die Lehre von der Rechtfertigung des Sünders allein aus Gnaden durch den Glauben.

Bekenntnisparagraphen zur Rheinisch-Westfälischen Kirchenordnung vom 5. März 1835 (1855[/1923])	Verfassungsurkunde für die Evangelische Kirche der altpreußischen Union vom 29. September 1922 (Kirchl. Ges.- u. VOBl. 1924 S. 57)	Kirchenordnung der Evangelischen Kirche von Westfalen. Vom 1. April 1954.	Kirchenordnung der Evangelischen Kirche von Westfalen in der Fassung der Bekanntmachung vom 14.01.1999 mit Änderungen vom 05.11.1999, 14.11.2002, 03.11.2005, 17.11.2006 und 16.11.2007
§ II Diese in Geltung stehenden Bekenntnisse sind außer den alten, allgemeinen der ganzen Christenheit, lutherischerseits: die Augsburgische Konfession, die Apologie der Augsburgischen Konfession, die Schmalkaldischen Artikel und der Kleine und Große Katechismus Luthers; reformierterseits: der Heidelberger Katechismus. Da, wo lutherischerseits die Konkordienformel, oder reformierterseits die Augsburgische Konfession kirchenordnungsmäßig besteht, bleiben auch diese in Geltung. Die unierten Gemeinden bekennen sich teils zu dem Gemeinsamen der beiderseitigen Bekenntnisse, teils folgen sie für sich dem lutherischen oder reformierten Bekenntnisse, sehen aber in den Unterscheidungslehren kein Hindernis der vollständigen Gemeinschaft am Gottesdienst, an den heiligen Sakramenten und den kirchlichen Gemeinderechten.		II. Auf diesem Grunde sind in der Evangelischen Kirche von Westfalen evangelisch-lutherische, evangelisch-reformierte und evangelisch-unierte Gemeinden in Verantwortung vor ihrem Bekenntnisstand in einer Kirche verbunden, die gerufen ist, Jesus Christus einmütig zu bezeugen und seiner Sendung in die Welt gehorsam zu sein. In allen Gemeinden gelten die altkirchlichen Bekenntnisse: das Apostolische, das Nicaenische und das Athanasianische Glaubensbekenntnis. In den Gemeinden lutherischen Bekenntnisstandes gelten die Augsburgische Konfession, die Apologie der Augsburgischen Konfession, die Schmalkaldischen Artikel, der Kleine und der Große Katechismus Martin Luthers.* In den Gemeinden reformierten Bekenntnisstandes gilt der Heidelberger Katechismus. In den Gemeinden unierten Bekenntnisstandes vollzieht sich die Bindung an das Zeugnis der Heiligen Schrift in Verantwortung vor den altkirchlichen Bekenntnissen und den Bekenntnissen der Reformation. In allen Gemeinden wird die Theologische Erklärung der Bekenntnissynode der Deutschen Evangelischen Kirche von Barmen als eine schriftgemäße, für den Dienst der Kirche verbindliche Bezeugung des Evangeliums bejaht.	II. Auf diesem Grunde sind in der Evangelischen Kirche von Westfalen evangelisch-lutherische, evangelisch-reformierte und evangelisch-unierte Gemeinden in Verantwortung vor ihrem Bekenntnisstand in einer Kirche verbunden, die gerufen ist, Jesus Christus einmütig zu bezeugen und seiner Sendung in die Welt gehorsam zu sein. In allen Gemeinden gelten die altkirchlichen Bekenntnisse: das Apostolische, das Nicaenische und das Athanasianische Glaubensbekenntnis. In den Gemeinden lutherischen Bekenntnisstandes gelten die Augsburgische Konfession, die Apologie der Augsburgischen Konfession, die Schmalkaldischen Artikel, der Kleine und der Große Katechismus Martin Luthers.* In den Gemeinden reformierten Bekenntnisstandes gilt der Heidelberger Katechismus. In den Gemeinden unierten Bekenntnisstandes vollzieht sich die Bindung an das Zeugnis der Heiligen Schrift in Verantwortung vor den altkirchlichen Bekenntnissen und den Bekenntnissen der Reformation. In allen Gemeinden wird die Theologische Erklärung der Bekenntnissynode der Deutschen Evangelischen Kirche von Barmen als eine schriftgemäße, für den Dienst der Kirche verbindliche Bezeugung des Evangeliums bejaht.

Bekenntnisparagraphen zur Rheinisch-Westfälischen Kirchenordnung vom 5. März 1835 (1855[/1923])	Verfassungsurkunde für die Evangelische Kirche der altpreußischen Union vom 29. September 1922 (Kirchl. Ges.- u. VOBl. 1924 S. 57)	Kirchenordnung der Evangelischen Kirche von Westfalen. Vom 1. April 1954.	Kirchenordnung der Evangelischen Kirche von Westfalen in der Fassung der Bekanntmachung vom 14.01.1999 mit Änderungen vom 05.11.1999, 14.11.2002, 03.11.2005, 17.11.2006 und 16.11.2007
§ III Unbeschadet dieses verschiedenen Bekenntnisstandes pflegen sämtliche evangelischen Gemeinden, als Glieder einer evangelischen Kirche, Gemeinschaft in Verkündigung des göttlichen Wortes und in der Feier der Sakramente und stehen mit gleicher Berechtigung in einem Kreis- und Provinzial-Synodal-Verbande und unter derselben höheren kirchlichen Verwaltung.		III. Die Evangelische Kirche von Westfalen achtet den Bekenntnisstand ihrer Gemeinden und gewährt der Entfaltung ihres kirchlichen Lebens gemäß ihrem Bekenntnisstand freien Raum. Zum Dienst am Wort in einer Gemeinde kann nur berufen werden, wer sich verpflichtet, den Bekenntnisstand der Gemeinde zu achten und zu wahren. Der gelegentliche Dienst am Wort darf einem innerhalb der Evangelischen Kirche in Deutschland ordnungsgemäß berufenen Diener nicht deshalb verwehrt werden, weil er einem anderen als dem in der Gemeinde geltenden Bekenntnis angehört; er ist jedoch verpflichtet, den Bekenntnisstand der Gemeinde zu achten. Die Verwaltung der Sakramente geschieht in den Gemeinden gemäß ihrem Bekenntnisstand. In allen Gemeinden werden jedoch die Glieder aller evangelischen Kirchen ohne Einschränkung zum heiligen Abendmahl zugelassen.	III. Die Evangelische Kirche von Westfalen achtet den Bekenntnisstand ihrer Gemeinden und gewährt der Entfaltung ihres kirchlichen Lebens gemäß ihrem Bekenntnisstand freien Raum. Zum Dienst am Wort in einer Gemeinde kann nur berufen werden, wer sich verpflichtet, den Bekenntnisstand der Gemeinde zu achten und zu wahren. Der gelegentliche Dienst am Wort darf einem innerhalb der Evangelischen Kirche in Deutschland ordnungsgemäß berufenen Diener nicht deshalb verwehrt werden, weil er einem anderen als dem in der Gemeinde geltenden Bekenntnis angehört; er ist jedoch verpflichtet, den Bekenntnisstand der Gemeinde zu achten. Die Verwaltung der Sakramente geschieht in den Gemeinden gemäß ihrem Bekenntnisstand. In allen Gemeinden werden jedoch die Glieder aller evangelischen Kirchen ohne Einschränkung zum heiligen Abendmahl zugelassen.
		IV. Die Evangelische Kirche von Westfalen pflegt die Gemeinschaft der in ihr verbundenen Gemeinden. Sie ruft ihre Glieder, in der Beugung unter Gottes Wort von ihrem Bekenntnis aus der Einheit der Kirche zu dienen und darum auch auf das Glaubenszeugnis des anderen reformatorischen Bekenntnisses zu hören.	IV. Die Evangelische Kirche von Westfalen pflegt die Gemeinschaft der in ihr verbundenen Gemeinden. Sie ruft ihre Glieder, in der Beugung unter Gottes Wort von ihrem Bekenntnis aus der Einheit der Kirche zu dienen und darum auch auf das Glaubenszeugnis des anderen reformatorischen Bekenntnisses zu hören.

Bekenntnisparagraphen zur Rheinisch-Westfälischen Kirchenordnung vom 5. März 1835 (1855[/1923])	Verfassungsurkunde für die Evangelische Kirche der altpreußischen Union vom 29. September 1922 (Kirchl. Ges.- u. VOBl. 1924 S. 57)	Kirchenordnung der Evangelischen Kirche von Westfalen. Vom 1. April 1954.	Kirchenordnung der Evangelischen Kirche von Westfalen in der Fassung der Bekanntmachung vom 14.01.1999 mit Änderungen vom 05.11.1999, 14.11.2002, 03.11.2005, 17.11.2006 und 16.11.2007
		Erster Teil Kirchengemeinde, Kirchenkreis, Landeskirche	Erster Teil Kirchengemeinde, Kirchenkreis, Landeskirche
	Einleitende Bestimmungen	Einleitende Bestimmungen	Einleitende Bestimmungen
	Artikel 1 Die Kirchengewalt steht ausschließlich der Kirche zu. Die Kirche ordnet und verwaltet ihre Angelegenheiten selbständig innerhalb der Schranken des für alle geltenden Gesetzes. Artikel 2 Die Kirche, ihre Provinzial- und Kreissynodalverbände, ihre Gemeinden und Gemeindeverbände sind Körperschaften des öffentlichen Rechtes. Artikel 3 (1) Die Kirche ist Mitglied des Deutschen Evangelischen Kirchenbundes und nimmt nach Maßgabe der Verfassung dieses Bundes an dessen Aufgaben tätigen Anteil. (2) Sie tritt ferner ein für ein auf gegenseitigem Vertrauen ruhendes Zusammenwirken mit den Reformationskirchen außerhalb Deutschlands, insonderheit denen deutscher Zunge, und ist bereit, sich mit anderen Kirchengemeinschaften über gemeinsame christliche Aufgaben zu verständigen.	Artikel 1 Die Evangelische Kirche von Westfalen urteilt über ihre Lehre und gibt sich ihre Ordnung im Gehorsam gegen das Evangelium von Jesus Christus, dem Herrn der Kirche. In dieser Bindung und in der darin begründeten Freiheit überträgt sie ihre Ämter, übt sie ihre Leitung aus und erfüllt sie ihre sonstigen Aufgaben.	Artikel 1 Die Evangelische Kirche von Westfalen urteilt über ihre Lehre und gibt sich ihre Ordnung im Gehorsam gegen das Evangelium von Jesus Christus, dem Herrn der Kirche. Sie tut dies im Vertrauen auf den dreieinigen Gott, der Himmel und Erde geschaffen hat, der Israel zu seinem Volk erwählt hat und ihm die Treue hält, der in dem Juden Jesus, dem gekreuzigten und auferstandenen Christus, Menschen zu sich ruft und durch den Heiligen Geist Kirche und Israel gemeinsam zu seinen Zeugen und zu Erben seiner Verheißung macht. In dieser Bindung und in der darin begründeten Freiheit überträgt sie ihre Ämter, übt sie ihre Leitung aus und erfüllt sie ihre sonstigen Aufgaben.

Beilage 8: Entstehung des Israel-Passus als Ergänzung zu Absatz I des Grundartikels der Kirchenordnung der Evangelischen Kirche im Rheinland auf der Landessynode 1993

Vorlage zu Beginn der Synode (Drucksache 21)		Vorschlag des Kirchenordnungsausschusses der Synode (9.1.1993, 10.20 Uhr)	Vorschlag des theologischen Ausschusses der Synode (9.1.1993, 15.00 Uhr)	Vorschlag des ausschussübergreifenden Arbeitskreises (10.1.1993, 15.30 Uhr)
zwei Alternativvorschläge				
I	II			
Sie ist mit dem Volk Israel in der Wurzel verbunden.	Sie bekennt die Treue Gottes, der an der Erwählung seines Volkes Israel festhält und in Jesus Christus die Kirche aus allen Völkern an der Erwählung teilhaben läßt.	Sie bezeugt die Treue Gottes zu seinem Volk Israel und weiß sich mit ihm von der Wurzel her verbunden.	Sie bekennt die Treue Gottes, der an der Erwählung seines Volkes Israel festhält und in Jesus Christus die Kirche aus allen Völkern an der Erwählung teilhaben läßt.	Sie bezeugt die Treue Gottes, der an der Erwählung seines Volkes Israel festhält. Mit Israel hofft sie auf einen neuen Himmel und eine neue Erde.
(Vorschlag des Ständigen Kirchenordnungsausschusses)	*(Vorschlag des Ständigen Theologischen Ausschusses und des Ausschusses Christen und Juden)*	*(Verbindung der Vorschläge I und II der Drucksache 21 unter Weglassung des christologischen Bezuges)*	*(Vorschlag II der Drucksache 21)*	

Beilage 9: Zur Berücksichtigung eines Israel-Bezuges in der Kirchenordnung der Evangelischen Kirche von Westfalen 1999–2005

Kirchenordnung der Evangelischen Kirche von Westfalen in der Fassung der Bekanntmachung vom 14.1.1999	Hauptvorlage „Gott hat sein Volk nicht verstoßen" (1999) Vorschlag 1 (S. 57)	Hauptvorlage „Gott hat sein Volk nicht verstoßen" (1999) Vorschlag 2 (S. 57)	Kirchenordnung der Evangelischen Kirche von Westfalen in der Fassung der Bekanntmachung vom 14.1.1999 mit Änderungen vom 5.11.1999, 14.11.2002, 3.11.2005
Grundartikel I. Die Evangelische Kirche von Westfalen ist gegründet auf das Evangelium von Jesus Christus, dem Fleisch gewordenen Worte Gottes, dem gekreuzigten, auferstandenen und wiederkommenden Heiland, der das Haupt seiner Gemeinde und allein der Herr ist. Das prophetische und apostolische Zeugnis der Heiligen Schrift Alten und Neuen Testamentes ist in ihr die alleinige und vollkommene Richtschnur des Glaubens, der Lehre und des Lebens. Darum gilt in ihr die Lehre von der Rechtfertigung des Sünders allein aus Gnaden durch den Glauben.	Grundartikel I. Die Evangelische Kirche von Westfalen ist gegründet auf das Evangelium von Jesus Christus, dem Fleisch gewordenen Worte Gottes, dem gekreuzigten, auferstandenen und wiederkommenden Heiland, der das Haupt seiner Gemeinde und allein der Herr ist. Das prophetische und apostolische Zeugnis der Heiligen Schrift Alten und Neuen Testamentes ist in ihr die alleinige und vollkommene Richtschnur des Glaubens, der Lehre und des Lebens. Darum gilt in ihr die Lehre von der Rechtfertigung des Sünders allein aus Gnaden durch den Glauben. Im Hören auf die ganze Heilige Schrift erkennt sie die bleibende Erwählung des jüdischen Volkes durch Gott und seinen Bund mit ihm. Sie bekennt ihre Schuld an Israel. Durch Jesus Christus ist auch sie berufen, dem lebendigen und wahrhaftigen Gott zu dienen. Mit Israel bleibt sie verbunden in der Hoffnung der Neuschöpfung von Himmel und Erde, auf eine Welt, in der Gerechtigkeit wohnt.	Grundartikel I. Die Evangelische Kirche von Westfalen ist gegründet auf das Evangelium von Jesus Christus, dem Fleisch gewordenen Worte Gottes, dem gekreuzigten, auferstandenen und wiederkommenden Heiland, der das Haupt seiner Gemeinde und allein der Herr ist. Das prophetische und apostolische Zeugnis der Heiligen Schrift Alten und Neuen Testamentes ist in ihr die alleinige und vollkommene Richtschnur des Glaubens, der Lehre und des Lebens. Darum gilt in ihr die Lehre von der Rechtfertigung des Sünders allein aus Gnaden durch den Glauben.	Grundartikel I. Die Evangelische Kirche von Westfalen ist gegründet auf das Evangelium von Jesus Christus, dem Fleisch gewordenen Worte Gottes, dem gekreuzigten, auferstandenen und wiederkommenden Heiland, der das Haupt seiner Gemeinde und allein der Herr ist. Das prophetische und apostolische Zeugnis der Heiligen Schrift Alten und Neuen Testamentes ist in ihr die alleinige und vollkommene Richtschnur des Glaubens, der Lehre und des Lebens. Darum gilt in ihr die Lehre von der Rechtfertigung des Sünders allein aus Gnaden durch den Glauben.

Kirchenordnung der Evangelischen Kirche von Westfalen in der Fassung der Bekanntmachung vom 14.1.1999	Hauptvorlage „Gott hat sein Volk nicht verstoßen" (1999) Vorschlag 1 (S. 57)	Hauptvorlage „Gott hat sein Volk nicht verstoßen" (1999) Vorschlag 2 (S. 57)	Kirchenordnung der Evangelischen Kirche von Westfalen in der Fassung der Bekanntmachung vom 14.1.1999 mit Änderungen vom 5.11.1999, 14.11.2002, 3.11.2005
IV. Die Evangelische Kirche von Westfalen pflegt die Gemeinschaft der in ihr verbundenen Gemeinden. Sie ruft ihre Glieder, in der Beugung unter Gottes Wort von ihrem Bekenntnis aus der Einheit der Kirche zu dienen und darum auch auf das Glaubenszeugnis des anderen reformatorischen Bekenntnisses zu hören. In dieser Bindung an Schrift und Bekenntnis, die auch für die Setzung und Anwendung ihres Rechtes grundlegend ist, gibt sich die Evangelische Kirche von Westfalen die folgende Ordnung:	IV. Die Evangelische Kirche von Westfalen pflegt die Gemeinschaft der in ihr verbundenen Gemeinden. Sie ruft ihre Glieder, in der Beugung unter Gottes Wort von ihrem Bekenntnis aus der Einheit der Kirche zu dienen und darum auch auf das Glaubenszeugnis des anderen reformatorischen Bekenntnisses zu hören. In dieser Bindung an Schrift und Bekenntnis, die auch für die Setzung und Anwendung ihres Rechtes grundlegend ist, gibt sich die Evangelische Kirche von Westfalen die folgende Ordnung:	IV. Die Evangelische Kirche von Westfalen pflegt die Gemeinschaft der in ihr verbundenen Gemeinden. Sie ruft ihre Glieder, in der Beugung unter Gottes Wort von ihrem Bekenntnis aus der Einheit der Kirche zu dienen und darum auch auf das Glaubenszeugnis des anderen reformatorischen Bekenntnisses zu hören. V. Die Evangelische Kirche von Westfalen erkennt in gehorsamer Prüfung an der Heiligen Schrift ihre Blindheit und Schuld gegenüber dem jüdischen Volk und bezeugt die biblische Botschaft von der Bundestreue Gottes zu Israel und seine bleibende Erwählung. Sie bleibt im Hören auf Gottes Weisung und in der Hoffnung auf die Vollendung der Gottesherrschaft mit ihm verbunden. In dieser Bindung an Schrift und Bekenntnis, die auch für die Setzung und Anwendung ihres Rechtes grundlegend ist, gibt sich die Evangelische Kirche von Westfalen die folgende Ordnung:	IV. Die Evangelische Kirche von Westfalen pflegt die Gemeinschaft der in ihr verbundenen Gemeinden. Sie ruft ihre Glieder, in der Beugung unter Gottes Wort von ihrem Bekenntnis aus der Einheit der Kirche zu dienen und darum auch auf das Glaubenszeugnis des anderen reformatorischen Bekenntnisses zu hören. In dieser Bindung an Schrift und Bekenntnis, die auch für die Setzung und Anwendung ihres Rechtes grundlegend ist, gibt sich die Evangelische Kirche von Westfalen die folgende Ordnung:

Kirchenordnung der Evangelischen Kirche von Westfalen in der Fassung der Bekanntmachung vom 14.1.1999	Hauptvorlage „Gott hat sein Volk nicht verstoßen" (1999) Vorschlag 1 (S. 57)	Hauptvorlage „Gott hat sein Volk nicht verstoßen" (1999) Vorschlag 2 (S. 57)	Kirchenordnung der Evangelischen Kirche von Westfalen in der Fassung der Bekanntmachung vom 14.1.1999 mit Änderungen vom 5.11.1999, 14.11.2002, 3.11.2005
Erster Teil Kirchengemeinde, Kirchenkreis, Landeskirche Einleitende Bestimmungen Artikel 1 Die Evangelische Kirche von Westfalen urteilt über ihre Lehre und gibt sich ihre Ordnung im Gehorsam gegen das Evangelium von Jesus Christus, dem Herrn der Kirche. In dieser Bindung und in der darin begründeten Freiheit überträgt sie ihre Ämter, übt sie ihre Leitung aus und erfüllt sie ihre sonstigen Aufgaben.			Erster Teil Kirchengemeinde, Kirchenkreis, Landeskirche Einleitende Bestimmungen Artikel 1 Die Evangelische Kirche von Westfalen urteilt über ihre Lehre und gibt sich ihre Ordnung im Gehorsam gegen das Evangelium von Jesus Christus, dem Herrn der Kirche. Sie tut dies im Vertrauen auf den dreieinigen Gott, der Himmel und Erde geschaffen hat, der Israel zu seinem Volk erwählt hat und ihm die Treue hält, der in dem Juden Jesus, dem gekreuzigten und auferstandenen Christus, Menschen zu sich ruft und durch den Heiligen Geist Kirche und Israel gemeinsam zu seinen Zeugen und zu Erben seiner Verheißung macht. In dieser Bindung und in der darin begründeten Freiheit überträgt sie ihre Ämter, übt sie ihre Leitung aus und erfüllt sie ihre sonstigen Aufgaben.

Beilage 10: Grundartikel der Grundordnung der Evangelischen Kirche Berlin-Brandenburg-schlesische Oberlausitz

Grundordnung der EKiBB 16. November 1996	Kirchenordnung der EKsOL 11. Oktober 1992	Grundordnung der EKBO Entwurf 2. September 2002	Grundordnung der EKBO 21./24. November 2003
In Jesu Namen Vorspruch I. Von Schrift und Bekenntnis	Vorspruch	Grundartikel I. Von Schrift und Bekenntnis	In Jesu Namen Grundartikel I. Von Schrift und Bekenntnis
		1. Die Kirche gründet in dem Wort des dreieinigen Gottes. Dank Gottes gnädiger Erwählung ist sie Geschöpf des zum Glauben rufenden Wortes, durch das Gott den von ihm entfremdeten und ihm widersprechenden Menschen mit sich versöhnt und verbindet, indem er ihn in Christus rechtfertigt und heiligt, ihn im Heiligen Geist erneuert und zu seinem Volk beruft.	1. Die Kirche gründet in dem Wort des dreieinigen Gottes. Dank Gottes gnädiger Erwählung ist sie Geschöpf des zum Glauben rufenden Wortes. Gott versöhnt den Menschen, der sich von ihm entfremdet hat und ihm widerspricht, mit sich. In Christus rechtfertigt und heiligt er den Menschen, erneuert ihn im Heiligen Geist und beruft ihn in die Gemeinschaft der Heiligen.
1. Die Evangelische Kirche in Berlin-Brandenburg steht in der Einheit der einen, heiligen, allgemeinen christlichen Kirche, die überall da ist, wo das Wort Gottes lauter verkündigt wird und die Sakramente gemäß dem Auftrag Jesu Christi gereicht werden.	1. Die Evangelische Kirche der schlesischen Oberlausitz steht in der Einheit der einen, heiligen, allgemeinen, christlichen Kirche, die überall da ist, wo das Wort Gottes lauter verkündigt wird und die Sakramente recht verwaltet werden.	2. Die Evangelische Kirche # steht in der Einheit dieser einen, heiligen, christlichen Kirche, die überall da ist, wo das Wort Gottes unverfälscht verkündigt wird und die Sakramente gemäß dem Auftrag Jesu Christi verwaltet werden.	2. Die Evangelische Kirche Berlin-Brandenburg-schlesische Oberlausitz steht in der Einheit der einen, heiligen, allgemeinen und apostolischen Kirche, die überall da ist, wo das Wort Gottes unverfälscht verkündigt wird und die Sakramente gemäß dem Auftrag Jesu Christi recht verwaltet und gefeiert werden.
2. Eins unter ihrem Haupte Jesus Christus, in dem Gott Mensch geworden ist, dem gekreuzigten und auferstandenen Herrn, auf den sie wartet, ist sie gegründet auf das prophetische und apostolische Zeugnis der Heiligen Schrift Alten und Neuen Testaments, die allein Richtschnur für Lehre und Leben ist.	2. Eins unter ihrem Haupte Jesus Christus, dem Fleisch gewordenen Worte Gottes, dem gekreuzigten und auferstandenen Herrn, dessen sie wartet, ist sie gegründet auf das prophetische und apostolische Zeugnis der Heiligen Schrift Alten und Neuen Testamentes, an der allein Lehre und Leben zu messen sind.	3. Sie ist gegründet auf das prophetische und apostolische Zeugnis der Heiligen Schrift Alten und Neuen Testaments, die allein Richtschnur für Lehre und Leben ist.	3. Sie ist gegründet auf das prophetische und apostolische Zeugnis der Heiligen Schrift Alten und Neuen Testaments, die allein Richtschnur für Lehre und Leben ist.

Grundordnung der EKiBB 16. November 1996	Kirchenordnung der EKsOL 11. Oktober 1992	Grundordnung der EKBO Entwurf 2. September 2002	Grundordnung der EKBO 21./24. November 2003
3. Sie bezeugt als Kirche der Reformation ihren Glauben gemeinsam mit der alten Kirche durch die altkirchlichen Bekenntnisse: das Apostolische, das Nicaenische und das Athanasianische Glaubensbekenntnis.	3. Sie bezeugt als Kirche der Reformation ihren Glauben gemeinsam mit der alten Kirche durch die altkirchlichen Glaubensbekenntnisse: das Apostolische, das Nicaenische und das Athanasianische Glaubensbekenntnis.	4. Sie bezeugt als Kirche der Reformation ihren Glauben gemeinsam mit der alten Kirche durch die altkirchlichen Bekenntnisse: das Apostolische, das Nicaenische und das Athanasianische Glaubensbekenntnis.	4. Sie bezeugt als Kirche der Reformation ihren Glauben gemeinsam mit der alten Kirche durch die altkirchlichen Bekenntnisse: das Apostolische, das Nicaenische und das Athanasianische Glaubensbekenntnis.
4. Sie bekennt mit den Reformatoren, dass allein Gott in Jesus Christus unser Heil ist, geschenkt allein aus Gnade, empfangen allein im Glauben, wie es grundlegend bezeugt ist allein in der Heiligen Schrift Alten und Neuen Testaments.	4. Sie bekennt mit den Vätern der Reformation, daß Jesus Christus allein das Heil ist, offenbart allein in der Heiligen Schrift Alten und Neuen Testamentes, geschenkt allein aus Gnaden, empfangen allein im Glauben.	5. Sie bekennt mit den Reformatoren, dass allein Gott in Jesus Christus unser Heil ist, geschenkt allein aus Gnade, empfangen allein im Glauben, wie es grundlegend bezeugt ist allein in der Heiligen Schrift Alten und Neuen Testaments. Im Verständnis des von den Reformatoren gemeinsam bezeugten Evangeliums weiß sich die Evangelische Kirche # verpflichtet, das Bekenntnis ihrer Gemeinden zu schützen und zugleich dahin zu wirken, dass ihre Gemeinden in der Einheit des Bekennens bleiben und wachsen und ihre Glieder auf das Glaubenszeugnis der Schwestern und Brüder hören.	5. Sie bekennt mit den Reformatoren, dass allein Gott in Jesus Christus unser Heil ist, geschenkt allein aus Gnade, empfangen allein im Glauben, wie es grundlegend bezeugt ist allein in der Heiligen Schrift Alten und Neuen Testaments. Im Verständnis des von den Reformatoren gemeinsam bezeugten Evangeliums weiß sich die Evangelische Kirche Berlin-Brandenburg-schlesische Oberlausitz verpflichtet, das Bekenntnis ihrer Gemeinden zu schützen und zugleich dahin zu wirken, dass ihre Gemeinden in der Einheit des Bekennens bleiben und wachsen und ihre Glieder auf das Glaubenszeugnis der Schwestern und Brüder hören.
Sie ist eine evangelische Kirche der lutherischen Reformation. Sie umfasst überwiegend Gemeinden mit lutherischem Bekenntnis; ihr besonderer Charakter besteht in der Gemeinschaft kirchlichen Lebens mit den zu ihr gehörenden reformierten und unierten Gemeinden.	Sie ist eine Kirche der lutherischen Reformation und hat ihren besonderen Charakter darin, daß sie mit den reformierten Gemeinden ihres Bereichs in Kirchengemeinschaft steht.	6. Sie ist eine evangelische Kirche der lutherischen Reformation. Sie umfasst überwiegend Gemeinden mit lutherischem Bekenntnis; ihr besonderer Charakter besteht in der Gemeinschaft kirchlichen Lebens mit den zu ihr gehörenden reformierten und unierten Gemeinden.	6. Sie ist eine evangelische Kirche der lutherischen Reformation. Sie umfasst überwiegend Gemeinden mit lutherischem Bekenntnis; ihr besonderer Charakter besteht in der Gemeinschaft kirchlichen Lebens mit den zu ihr gehörenden reformierten und unierten Gemeinden.

Grundordnung der EKiBB 16. November 1996	Kirchenordnung der EKsOL 11. Oktober 1992	Grundordnung der EKBO Entwurf 2. September 2002	Grundordnung der EKBO 21./24. November 2003
In den lutherischen Gemeinden stehen als Bekenntnisschriften in Geltung: die Augsburgische Konfession, die Apologie der Augsburgischen Konfession, die Schmalkaldischen Artikel, der Kleine und der Große Katechismus Luthers. In den reformierten Gemeinden stehen als Bekenntnisschriften in Geltung: der Heidelberger Katechismus und in den französisch-reformierten Gemeinden darüber hinaus die Confession de foi und die Discipline ecclésiastique des églises reformées de France. In den unierten Gemeinden gelten die lutherischen und die reformierten Bekenntnisschriften. Im Verständnis des von den Reformatoren gemeinsam bezeugten Evangeliums weiß sich die Evangelische Kirche in Berlin-Brandenburg verpflichtet, das Bekenntnis ihrer Gemeinden zu schützen und zugleich dahin zu wirken, daß ihre Gemeinden in der Einheit des Bekennens bleiben und wachsen und ihre Glieder auf das Glaubenszeugnis der Schwestern und Brüder hören.	In ihr sind die evangelischen Gemeinden lutherischen Bekenntnisses gebunden an die Augsburgische Konfession, die Apologie, die Schmalkaldischen Artikel und den Kleinen und Großen Katechismus Luthers und, wo sie in Kraft steht, die Konkordienformel, die evangelischen Gemeinden reformierten Bekenntnisses an den Heidelberger Katechismus.	In den lutherischen Gemeinden stehen als Bekenntnisschriften in Geltung: die Augsburgische Konfession, die Apologie der Augsburgischen Konfession, die Schmalkaldischen Artikel, der Kleine und der Große Katechismus Luthers. In den reformierten Gemeinden stehen als Bekenntnisschriften in Geltung: der Heidelberger Katechismus und in den französisch-reformierten Gemeinden darüber hinaus die Confession de foi und die Discipline ecclésiastique des églises reformées de France. In den unierten Gemeinden gelten die lutherischen und die reformierten Bekenntnisschriften.	In den lutherischen Gemeinden stehen als Bekenntnisschriften in Geltung: die Augsburgische Konfession, die Apologie der Augsburgischen Konfession, die Schmalkaldischen Artikel, der Kleine und der Große Katechismus Luthers. In den reformierten Gemeinden stehen als Bekenntnisschriften in Geltung: der Heidelberger Katechismus und in den französisch-reformierten Gemeinden darüber hinaus die Confession de foi und die Discipline ecclésiastique des églises reformées de France. In den unierten Gemeinden gelten die lutherischen und die reformierten Bekenntnisschriften.
5. Sie bejaht die Theologische Erklärung von Barmen als ein schriftgemäßes, für den Dienst der Kirche verbindliches Bekenntnis.	5. Sie erkennt die von der ersten Bekenntnissynode von Barmen 1934 getroffenen Entscheidungen an und sieht in deren theologischer Erklärung ein von der Schrift und den Bekenntnissen her auch fernerhin gebotenes Zeugnis der Kirche.	7. Sie bejaht die Theologische Erklärung von Barmen als ein schriftgemäßes, für den Dienst der Kirche verbindliches Bekenntnis.	7. Sie bejaht die Theologische Erklärung von Barmen als ein schriftgemäßes, für den Dienst der Kirche verbindliches Bekenntnis.

Grundordnung der EKiBB 16. November 1996	Kirchenordnung der EKsOL 11. Oktober 1992	Grundordnung der EKBO Entwurf 2. September 2002	Grundordnung der EKBO 21./24. November 2003
6. Sie steht durch die Konkordie reformatorischer Kirchen in Europa (Leuenberger Konkordie) in Kirchengemeinschaft mit allen Kirchen, die dieser Konkordie zugestimmt haben.		8. Sie steht durch die Konkordie reformatorischer Kirchen in Europa (Leuenberger Konkordie) in Kirchengemeinschaft mit allen Kirchen, die dieser Konkordie zugestimmt haben.	8. Sie steht durch die Konkordie reformatorischer Kirchen in Europa (Leuenberger Konkordie) in Kirchengemeinschaft mit allen Kirchen, die dieser Konkordie zugestimmt haben.
7. Sie wird durch ihre Bekenntnisse an die Heilige Schrift gewiesen und weiß sich verpflichtet, die Bekenntnisse immer wieder an der Schrift zu prüfen. Sie erhält ihre Bekenntnisse in Lehre und Ordnung gegenwärtig und lebendig und lässt sich zu stets neuem Bekennen herausfordern.	6. Sie weiß sich verpflichtet, ihre Bekenntnisse immer wieder an der Heiligen Schrift zu prüfen und in Lehre und Ordnung gegenwärtig und lebendig zu erhalten. Immer neu zum Zeugnis gefordert, wird sie durch ihre Bekenntnisse an die Schrift gewiesen und zum rechten Bekennen gerufen.	9. Sie wird durch ihre Bekenntnisse an die Heilige Schrift gewiesen und weiß sich verpflichtet, die Bekenntnisse immer wieder an der Schrift zu prüfen. Sie hält ihre Bekenntnisse in Lehre und Ordnung gegenwärtig und lebendig und lässt sich stets zu neuem Bekennen herausfordern.	9. Sie wird durch ihre Bekenntnisse an die Heilige Schrift gewiesen und weiß sich verpflichtet, die Bekenntnisse immer wieder an der Schrift zu prüfen. Sie hält ihre Bekenntnisse in Lehre und Ordnung gegenwärtig und lebendig und lässt sich stets zu neuem Bekennen herausfordern.
	7. Sie pflegt die geschenkte Kirchengemeinschaft der in ihr verbundenen Gemeinden, indem sie zugleich der Entfaltung der einzelnen Konfessionen freien Raum gewährt. Sie gewährt den Gliedern aller Gemeinden Anteil an der Gemeinschaft des Gottesdienstes und der Sakramente. Durch das Miteinander der verschiedenen reformatorischen Bekenntnisse weiß sich die Kirche verpflichtet, ihre Glieder immer neu zum Hören auf das Glaubenszeugnis der Brüder zu rufen.		
8. Sie fördert die Zeugnis- und Dienstgemeinschaft in der Evangelischen Kirche in Deutschland und nimmt durch ihre Zusammenarbeit mit den Kirchen der Ökumene teil an der Verwirklichung der Gemeinschaft	8. Sie fördert die kirchliche Gemeinschaft in der Evangelischen Kirche in Deutschland und nimmt durch ihre Zusammenarbeit mit den Kirchen der Ökumene und durch die Ausbreitung des Evangeliums in der Völker-	10. Sie fördert die Zeugnis- und Dienstgemeinschaft in der Evangelischen Kirche in Deutschland und nimmt durch ihre Zusammenarbeit mit den Kirchen der Ökumene teil an der Verwirklichung der Gemeinschaft	10. Sie fördert die Zeugnis- und Dienstgemeinschaft in der Evangelischen Kirche in Deutschland und nimmt durch ihre Zusammenarbeit mit den Kirchen der Ökumene teil an der Verwirklichung der Gemeinschaft

Grundordnung der EKiBB 16. November 1996	Kirchenordnung der EKsOL 11. Oktober 1992	Grundordnung der EKBO Entwurf 2. September 2002	Grundordnung der EKBO 21./24. November 2003
Christi auf Erden und an der Ausbreitung des Evangeliums im eigenen Land und in aller Welt. Sie weiß sich zu ökumenischem Lernen und Teilen verpflichtet. Sie tritt für Gerechtigkeit, Frieden und Bewahrung der Schöpfung ein. Dabei sucht sie das Gespräch und die Verständigung auch mit Menschen anderer Religionen und Weltanschauungen.	welt teil an der Verwirklichung der Gemeinde Christi auf Erden.	Christi auf Erden und an der Ausbreitung des Evangeliums im eigenen Land und in aller Welt.	Christi auf Erden und an der Ausbreitung des Evangeliums im eigenen Land und in aller Welt.
		11. Sie tritt für Gerechtigkeit, Frieden und Bewahrung der Schöpfung ein. Sie sucht das Gespräch und die Verständigung auch mit Menschen anderer Religionen und Weltanschauungen.	11. Sie tritt für Gerechtigkeit, Frieden und Bewahrung der Schöpfung ein. Sie achtet auf Geschlechtergerechtigkeit. Sie weiß sich zu ökumenischem Lernen und Teilen verpflichtet. Sie sucht das Gespräch und die Verständigung auch mit Menschen anderer Religionen und Weltanschauungen.
9. Sie erkennt und erinnert daran, dass Gottes Verheißung für sein Volk Israel gültig bleibt: Gottes Gaben und Berufung können ihn nicht gereuen. Sie weiß sich zur Anteilnahme am Weg des jüdischen Volkes verpflichtet. Sie bleibt im Hören auf Gottes Weisung und in der Hoffnung auf die Vollendung der Gottesherrschaft mit ihm verbunden.		12. Sie erkennt und erinnert daran, dass Gottes Verheißung für sein Volk Israel gültig bleibt: Gottes Gaben und Berufung können ihn nicht gereuen. Sie weiß sich zur Anteilnahme am Weg des jüdischen Volkes verpflichtet. Sie bleibt im Hören auf Gottes Weisung und in der Hoffnung auf die Vollendung der Gottesherrschaft mit ihm verbunden.	12. Sie erkennt und erinnert daran, dass Gottes Verheißung für sein Volk Israel gültig bleibt: Gottes Gaben und Berufung können ihn nicht gereuen. Sie weiß sich zur Anteilnahme am Weg des jüdischen Volkes verpflichtet. Deshalb misst sie in Leben und Lehre dem Verhältnis zum jüdischen Volk besondere Bedeutung zu und erinnert an die Mitschuld der Kirche an der Ausgrenzung und Vernichtung jüdischen Lebens. Sie bleibt im Hören auf Gottes Weisung und in der Hoffnung auf die Vollendung der Gottesherrschaft mit dem jüdischen Volk verbunden.
II. Von Gottes Auftrag und der Verantwortung der Gemeinde		II. Von Gottes Auftrag und der Verantwortung der Gemeinde	II. Von Gottes Auftrag und der Verantwortung der Gemeinde
1. Gott selbst bereitet sich aus denen, die auf sein Wort hören und die Sakramente empfangen, seine Gemeinde, die Kirche Jesu Christi auf Erden,		1. Gott selbst bereitet sich aus denen, die auf sein Wort hören und die Sakramente empfangen, seine Gemeinde, indem er in ihnen durch den	1. Gott selbst bereitet sich aus denen, die auf sein Wort hören und die Sakramente empfangen, seine Gemeinde, die Kirche Jesu Christi, indem

Grundordnung der EKiBB 16. November 1996	Kirchenordnung der EKsOL 11. Oktober 1992	Grundordnung der EKBO Entwurf 2. September 2002	Grundordnung der EKBO 21./24. November 2003
indem er in ihnen durch den Heiligen Geist den Glauben weckt und sie zum Zeugnis für ihren Herrn und zum Dienst an ihren Nächsten beruft.		Heiligen Geist den Glauben weckt und sie zum Zeugnis für ihren Herrn und zum Dienst an ihren Nächsten beruft.	er in ihnen durch den Heiligen Geist den Glauben weckt und sie zum Zeugnis für ihren Herrn und zum Dienst an ihren Nächsten beruft.
2. Der Heilige Geist erbaut und leitet die Gemeinde durch vielfältige Gaben und Dienste. Sie dienen alle dem einen Amt, dem sich die Kirche verdankt und das ihr aufgetragen ist: die in Christus geschehene Versöhnung Gottes mit der Welt zu bezeugen und zur Versöhnung mit Gott zu rufen. Alle Dienste, ob in Verkündigung oder Lehre, in Diakonie oder Kirchenmusik, in der Leitung oder der Verwaltung, sind Entfaltungen des einen Amtes.		2. Der Heilige Geist erbaut und leitet die Gemeinde durch vielfältige Gaben und Dienste. Sie dienen alle dem einen Amt, dem sich die Kirche verdankt und das ihr aufgetragen ist: die in Christus geschehene Versöhnung Gottes mit der Welt zu bezeugen und zur Versöhnung mit Gott zu rufen. Alle Dienste, ob in Verkündigung oder Lehre, in Diakonie oder Kirchenmusik, in der Leitung oder der Verwaltung, sind Entfaltungen des einen Amtes.	2. Der Heilige Geist erbaut und leitet die Gemeinde durch vielfältige Gaben und Dienste. Sie dienen alle dem einen Amt, dem sich die Kirche verdankt und das ihr aufgetragen ist: die in Christus geschehene Versöhnung Gottes mit der Welt zu bezeugen und zur Versöhnung mit Gott zu rufen. Alle Dienste, ob in Verkündigung oder Lehre, in Diakonie oder Kirchenmusik, in der Leitung oder der Verwaltung, sind Entfaltungen des einen Amtes.
3. Kraft des Priestertums aller Gläubigen ist jedes Gemeindeglied verpflichtet und berechtigt, nach dem Maß seiner Gaben, Kräfte und Möglichkeiten kirchliche Dienste wahrzunehmen. Grundsätzlich bedarf die Ausübung bestimmter ehrenamtlicher und beruflicher Dienste eines Auftrags der Gemeinde. In Notlagen können alle Dienste, auch der der öffentlichen Wortverkündigung und Sakramentsverwaltung ohne besonderen Auftrag wahrgenommen werden.		3. Kraft des Priestertums aller Gläubigen ist jedes Gemeindeglied verpflichtet und berechtigt, nach dem Maß seiner Gaben, Kräfte und Möglichkeiten kirchliche Dienste wahrzunehmen. Grundsätzlich bedarf die Ausübung bestimmter ehrenamtlicher und beruflicher Dienste eines Auftrags der Gemeinde. In Notlagen können alle Dienste, auch der der öffentlichen Wortverkündigung und Sakramentsverwaltung, ohne besonderen Auftrag wahrgenommen werden.	3. Kraft des Priestertums aller Gläubigen ist jedes Gemeindeglied verpflichtet und berechtigt, nach dem Maß seiner Gaben, Kräfte und Möglichkeiten kirchliche Dienste wahrzunehmen. Grundsätzlich bedarf die Ausübung bestimmter ehrenamtlicher und beruflicher Dienste eines Auftrags der Gemeinde. In Notlagen können alle Dienste, auch der der öffentlichen Wortverkündigung und Sakramentsverwaltung, ohne besonderen Auftrag wahrgenommen werden
4. Alle Leitung in der Kirche ist demütiger, geschwisterlicher Dienst im Gehorsam gegenüber dem guten Hirten. Sie wird von Ältesten und		4. Alle Leitung in der Kirche ist demütiger, geschwisterlicher Dienst im Gehorsam gegenüber dem guten Hirten. Sie wird von Ältesten und	4. Alle Leitung in der Kirche ist demütiger, geschwisterlicher Dienst im Gehorsam gegenüber dem guten Hirten. Sie wird von Ältesten und

Grundordnung der EKiBB 16. November 1996	Kirchenordnung der EKsOL 11. Oktober 1992	Grundordnung der EKBO Entwurf 2. September 2002	Grundordnung der EKBO 21./24. November 2003
anderen dazu Berufenen gemeinsam mit den Pfarrerinnen und Pfarrern ausgeübt. In gewählten Leitungsgremien sollen ehrenamtlich Tätige die Mehrheit haben. Die Ausstattung von Leitungsämtern mit Herrschaftsbefugnissen verstößt gegen die Heilige Schrift.		anderen dazu Berufenen gemeinsam mit den Pfarrerinnen und Pfarrern ausgeübt. In gewählten Leitungsgremien sollen ehrenamtlich Tätige die Mehrheit haben. Die Ausstattung von Leitungsämtern mit Herrschaftsbefugnissen verstößt gegen die Heilige Schrift.	anderen dazu Berufenen gemeinsam mit den Pfarrerinnen und Pfarrern ausgeübt. In gewählten Leitungsgremien sollen ehrenamtlich Tätige die Mehrheit haben. Die Ausstattung von Leitungsämtern mit Herrschaftsbefugnissen verstößt gegen die Heilige Schrift.
5. In der Kirche Jesu Christi werden alle, die ein Amt wahrnehmen, nach geistlichen Gesichtspunkten ausgewählt, geprüft und berufen. Dies geschieht in der Zuversicht, dass auch in rechtlich geordneten Verfahren Gott selber Menschen in seinen Dienst beruft. Allein die an Schrift und Bekenntnis gebundene Kirche hat das Recht, kirchliche Ämter zu- und abzuerkennen.		5. In der Kirche Jesu Christi werden alle, die ein Amt wahrnehmen, nach geistlichen Gesichtspunkten ausgewählt, geprüft und berufen. Dies geschieht in der Zuversicht, dass auch in rechtlich geordneten Verfahren Gott selber Menschen in seinen Dienst beruft. Allein die an Schrift und Bekenntnis gebundene Kirche hat das Recht, kirchliche Ämter zu- und abzuerkennen.	5. In der Kirche Jesu Christi werden alle, die ein Amt wahrnehmen, nach geistlichen Gesichtspunkten ausgewählt, geprüft und berufen. Dies geschieht in der Zuversicht, dass auch in rechtlich geordneten Verfahren Gott selber Menschen in seinen Dienst beruft. Allein die an Schrift und Bekenntnis gebundene Kirche hat das Recht, kirchliche Ämter zu- und abzuerkennen.
6. Alle, die ein Amt wahrnehmen, sind an die Gemeinde gewiesen und ihr für eine ihrem Auftrag entsprechende Amtsführung verantwortlich. In der Erfüllung ihres Auftrages sind sie frei gegenüber Willkür der Gemeinde. Die Gemeinde ist an das Amt gewiesen, doch ist sie frei gegenüber einer willkürlichen, den Auftrag Gottes überschreitenden oder verlassenden Amtsführung. Die Weigerung, mit anderen Personen und Gremien in Gemeinde und Kirche zusammenzuarbeiten, widerspricht dem Zeugnis der Schrift ebenso wie Verhaltensweisen, mit denen Herrschaft über die Gemeinde ausgeübt wird.		6. Alle, die ein Amt wahrnehmen, sind an die Gemeinde gewiesen und ihr für eine ihrem Auftrag entsprechende Amtsführung verantwortlich. In der Erfüllung ihres Auftrages sind sie frei gegenüber Willkür der Gemeinde. Die Gemeinde ist an das Amt gewiesen, doch ist sie frei gegenüber einer willkürlichen, den Auftrag Gottes überschreitenden oder verlassenden Amtsführung. Die Weigerung, mit anderen Personen und Gremien in Gemeinde und Kirche zusammenzuarbeiten, widerspricht dem Zeugnis der Schrift ebenso wie Verhaltensweisen, mit denen Herrschaft über die Gemeinde ausgeübt wird.	6. Alle, die ein Amt wahrnehmen, sind an die Gemeinde gewiesen und ihr für eine ihrem Auftrag entsprechende Amtsführung verantwortlich. In der Erfüllung ihres Auftrages sind sie frei gegenüber Willkür der Gemeinde. Die Gemeinde ist an das Amt gewiesen, doch ist sie frei gegenüber einer willkürlichen, den Auftrag Gottes überschreitenden oder verlassenden Amtsführung. Die Weigerung, mit anderen Personen und Gremien in Gemeinde und Kirche zusammenzuarbeiten, widerspricht dem Zeugnis der Schrift ebenso wie Verhaltensweisen, mit denen Herrschaft über die Gemeinde ausgeübt wird.

Ordnung der Evangelischen Kirche der Union vom 20. Februar 1951 (ABl. EKD S. 150), neu bekanntgemacht am 22. Juli 1994 (ABl. EKD S. 405), zuletzt geändert am 6. Juni 1998 (ABl. EKD S. 416)	Grundsatzerklärung der Arnoldshainer Konferenz vom 6. April / 20. Juni 1967	Vertrag über die Bildung einer Union Evangelischer Kirchen in der EKD vom 26. Februar 2003 (ABl. EKD S. 315)	Grundordnung der Union Evangelischer Kirchen in der Evangelischen Kirche in Deutschland vom 12. April 2003 (ABl. EKD S. 159)
Die Evangelische Kirche der altpreußischen Union führt unter Fortbestand ihrer Rechtspersönlichkeit hinfort den Namen „Evangelische Kirche der Union". Sie weiß sich gerufen, in Buße und Dank auch über ihrer besonderen Geschichte die Gnade Gottes zu glauben, deren sie sich in ihrer gegenwärtigen Entscheidung getröstet. In dieser Bindung, die auch für die Setzung und Anwendung ihres Rechts grundlegend ist, gibt sich die Evangelische Kirche der Union die folgende Ordnung:	1. Die zu gegenseitiger Unterrichtung, gemeinsamer Beratung und vereinter Bemühung um die Förderung der Einheit der EKD gebildete Arnoldshainer Konferenz umfaßt Mitglieder der Kirchenleitungen verschiedener Gliedkirchen der EKD. Sie sind der Überzeugung, daß die Bekenntnisse der Reformation, unbeschadet ihrer Verbindlichkeit nach dem Verständnis der einzelnen Gliedkirchen, auf Grund der theologischen und gesamtkirchlichen Entwicklung ihre kirchentrennende Bedeutung verloren haben. Darum verstehen sie die EKD, die ihrer rechtlichen Ordnung nach ein Bund bekenntnisbestimmter Kirchen ist, als Kirche im Sinne der Präambel und der in Artikel 1, 2 getroffenen Feststellungen ihrer Grundordnung.	Die Evangelische Landeskirche Anhalts, vertreten durch die Kirchenleitung, die Evangelische Landeskirche in Baden, vertreten durch den Landeskirchenrat, die Evangelische Kirche in Berlin-Brandenburg, vertreten durch die Kirchenleitung, die Bremische Evangelische Kirche, vertreten durch den Kirchenausschuss, die Evangelische Kirche in Hessen und Nassau, vertreten durch die Kirchenleitung, die Evangelische Kirche von Kurhessen-Waldeck, vertreten durch den Bischof, die Lippische Landeskirche, vertreten durch den Landeskirchenrat, die Evangelische Kirche der schlesischen Oberlausitz, vertreten durch die Kirchenleitung, die Evangelische Kirche der Pfalz (Protestantische Landeskirche), vertreten durch den Landeskirchenrat, die Pommersche Evangelische Kirche, vertreten durch die Kirchenleitung, die Evangelisch-reformierte Kirche (Synode evangelisch-reformierter Kirchen in Bayern und Nordwestdeutschland), vertreten durch das Moderamen der Gesamtsynode, die Evangelische Kirche im Rheinland, vertreten durch die Kirchenleitung, die Evangelische Kirche der Kirchenprovinz Sachsen, vertreten durch die Kirchenleitung, die Evangelische Kirche von Westfalen, vertreten durch die Kirchenleitung, und die Evangelische Kirche der Union, vertreten durch den Rat,	Die Synode der Evangelischen Kirche der Union hat auf Grund von § 4 Absatz 2 des Vertrages über die Bildung einer Union Evangelischer Kirchen in der Evangelischen Kirche in Deutschland und unter Beachtung von Artikel 14 Absatz 4 Satz 2 der Ordnung das folgende Kirchengesetz beschlossen:

Ordnung der Evangelischen Kirche der Union vom 20. Februar 1951 (ABl. EKD S. 150), neu bekanntgemacht am 22. Juli 1994 (ABl. EKD S. 405), zuletzt geändert am 6. Juni 1998 (ABl. EKD S. 416)	Grundsatzerklärung der Arnoldshainer Konferenz vom 6. April / 20. Juni 1967	Vertrag über die Bildung einer Union Evangelischer Kirchen in der EKD vom 26. Februar 2003 (ABl. EKD S. 315)	Grundordnung der Union Evangelischer Kirchen in der Evangelischen Kirche in Deutschland vom 12. April 2003 (ABl. EKD S. 159)
		schließen in der Absicht, die Übereinstimmung in den wesentlichen Bereichen des kirchlichen Lebens zu fördern und damit die Einheit der Evangelischen Kirche in Deutschland zu stärken, folgenden Vertrag über die Bildung einer Union Evangelischer Kirchen in der EKD.	
Grundartikel (1) Die Evangelische Kirche der Union bekennt sich zu Jesus Christus, dem Fleisch gewordenen Worte Gottes, dem für uns gekreuzigten, auferstandenen und zur Rechten Gottes erhöhten Herrn, auf den sie wartet. (2) Sie ist gegründet auf das prophetische und apostolische Zeugnis der Heiligen Schrift Alten und Neuen Testaments. (3) Sie bekennt mit den Vätern der Reformation, daß die Heilige Schrift die alleinige Quelle und Richtschnur unseres Glaubens ist und daß das Heil allein im Glauben empfangen wird. (4) Sie bezeugt ihren Glauben in Gemeinschaft mit der alten Kirche durch die altkirchlichen Glaubensbekenntnisse: das apostolische, das nicaenische und das athanasianische Bekenntnis. (5) Sie steht in der einen, heiligen, allgemeinen christlichen Kirche, in	2. Die Angehörigen der Arnoldshainer Konferenz verstehen die Arnoldshainer Abendmahlsthesen als schriftgemäßes, die Lehre und Glaubensüberzeugungen ihrer Kirchen sachgemäß wiedergebendes Zeugnis und bejahen die durch die zweite Arnoldshainer Kommission daraus abgeleitete Folgerung auf Kommunikantenzulassung. Sie treten dafür ein, daß in Richtung auf die volle gegenseitige Zuerkennung der Abendmahlsgemeinschaft weitere Schritte unternommen werden und werden sich in ihrem Bereich darum bemühen. 3. Die Mitglieder der Arnoldshainer Konferenz gehen von der gegenseitigen Anerkennung der Ordination in ihren Kirchen aus. Die Kanzelgemeinschaft ist unter ihnen unbestritten. Sie treten dafür ein, daß das Kolloquium, welches beim Übergang der Amtsträger von einer Kirche zur anderen gefordert wird,	§ 1 Die vertragschließenden Kirchen, deren Leitungen bisher in der Arnoldshainer Konferenz vertreten sind, bilden künftig die „Union Evangelischer Kirchen in der Evangelischen Kirche in Deutschland" (im Folgenden: Union).	Artikel 1 Einleitungssatz, grundlegende Bestimmung (1) Gliedkirchen der Evangelischen Kirche in Deutschland, deren Leitungen bisher in der Arnoldshainer Konferenz vertreten waren, bilden die „Union Evangelischer Kirchen in der Evangelischen Kirche in Deutschland". Mit der Union wird der Rechtsstatus der Evangelischen Kirche der Union als Körperschaft des öffentlichen Rechts fortgesetzt. (2) Die Mitgliedskirchen der Union sind einig in dem Ziel, die Gemeinsamkeit in den wesentlichen Bereichen des kirchlichen Lebens und Handelns zu fördern und damit die Einheit der Evangelischen Kirche in Deutschland zu stärken. (3) Unter den Mitgliedskirchen der Union besteht Übereinstimmung im Verständnis des Evangeliums und in der Verwaltung von Taufe und

69

Ordnung der Evangelischen Kirche der Union vom 20. Februar 1951 (ABl. EKD S. 150), neu bekanntgemacht am 22. Juli 1994 (ABl. EKD S. 405), zuletzt geändert am 6. Juni 1998 (ABl. EKD S. 416)	Grundsatzerklärung der Arnoldshainer Konferenz vom 6. April / 20. Juni 1967	Vertrag über die Bildung einer Union Evangelischer Kirchen in der EKD vom 26. Februar 2003 (ABl. EKD S. 315)	Grundordnung der Union Evangelischer Kirchen in der Evangelischen Kirche in Deutschland vom 12. April 2003 (ABl. EKD S. 159)
der das Wort Gottes lauter und rein verkündigt wird und die Sakramente recht verwaltet werden. (6) Sie weiß ihre lutherischen, reformierten und unierten Gemeinden für die Auslegung der Heiligen Schrift gewiesen an die reformatorischen Bekenntnisse, die gemäß den Grundordnungen ihrer Gliedkirchen in den Gemeinden gelten. (7) Gebunden an das Wort der Heiligen Schrift bejaht die Evangelische Kirche der Union die Theologische Erklärung von Barmen als ein Glaubenszeugnis in seiner wegweisenden Bedeutung für die versuchte und angefochtene Kirche.	soweit es überhaupt bestehen bleiben soll, als pastoral-seelsorgerliche Maßnahme verstanden wird und dem Zweck dient, ein Vertrauensverhältnis zwischen dem Pfarramtsbewerber und den leitenden geistlichen Amtsträgern vorzubereiten. […] 6. Lehrgrundlage und Bekenntnisbindung der in der Arnoldshainer Konferenz vertretenen Kirchen sind in deren Grundartikeln verschieden dargestellt. Die vorhandenen Unterschiede schließen aber eine entscheidende Gemeinsamkeit in wesentlichen Aussagen nicht aus. Das Reformationsjubiläum legt nahe, diese Gemeinsamkeit verantwortlich zu bezeugen.		Abendmahl, wie sie nach reformatorischer Einsicht für die wahre Einheit der Kirche notwendig ist und ausreicht. Als Gemeinschaft von Kirchen ist die Union Kirche. (4) Die Union steht in Kirchengemeinschaft mit allen Kirchen, die der Konkordie reformatorischer Kirchen in Europa vom 16. März 1973 (Leuenberger Konkordie) zugestimmt haben.
	4. Angesichts der „bestehenden Gemeinschaft der deutschen evangelischen Christenheit" (Grundordnung 1, 2) verstehen die Mitglieder der Arnoldshainer Konferenz bei Anerkennung der geschichtlich gewordenen, territorial festgelegten landeskirchlichen Grenzen das Mitgliedschaftsrecht aller Gemeindeglieder	§ 2 (1) Die Union bildet einen Zusammenschluss im Sinne von Artikel 21 der Grundordnung der Evangelischen Kirche in Deutschland. Mit der Union wird der Rechtsstatus der Evangelischen Kirche der Union als Körperschaft des öffentlichen Rechts fortgesetzt.	Artikel 2 Die Union und die Mitgliedskirchen (1) Die Union ist ein Zusammenschluss im Sinne von Artikel 21 der Grundordnung der Evangelischen Kirche in Deutschland. Weitere Gliedkirchen der Evangelischen Kirche in Deutschland können auf Antrag durch Beschluss der Vollkonferenz als Mitgliedskirchen aufgenommen werden.

Ordnung der Evangelischen Kirche der Union vom 20. Februar 1951 (ABl. EKD S. 150), neu bekanntgemacht am 22. Juli 1994 (ABl. EKD S. 405), zuletzt geändert am 6. Juni 1998 (ABl. EKD S. 416)	Grundsatzerklärung der Arnoldshainer Konferenz vom 6. April / 20. Juni 1967	Vertrag über die Bildung einer Union Evangelischer Kirchen in der EKD vom 26. Februar 2003 (ABl. EKD S. 315)	Grundordnung der Union Evangelischer Kirchen in der Evangelischen Kirche in Deutschland vom 12. April 2003 (ABl. EKD S. 159)
	als Ausdruck der bestehenden gliedkirchlichen Gemeinschaft in der EKD. Dies wirkt sich beim Übergang von einer Landeskirche zur anderen darin aus, daß mit dem neuen Wohnsitz die Mitgliedschaft in der betreffenden Landeskirche gewährleistet ist.	(2) Die künftigen Mitgliedskirchen werden ihren Status einer Mitgliedskirche der Union förmlich feststellen.	(2) Die Mitgliedskirchen üben für ihren Bereich die Leitung und die Gesetzgebung im Rahmen der Grundordnung der Evangelischen Kirche in Deutschland und im Rahmen dieser Grundordnung selbständig aus.
	5. Die Gesetzgebung in den in der Arnoldshainer Konferenz zusammenarbeitenden Landeskirchen ist bisher ohne hinreichende Abstimmung und Orientierung geschehen. Die Mitglieder der Arnoldshainer Konferenz halten es für erforderlich, in bezug auf bereits vorhandene grundlegende Gesetze (Verfassungsgesetzgebung, Ausbildung der Theologen, Pfarrdienstrecht, Lehrzuchtordnung und Lebensordnung, Kirchensteuergesetzgebung usw.) zu gegenseitiger Abstimmung und in bezug auf neugeplante Maßnahmen und Regelungen von gesamtkirchlicher Bedeutung zu vorheriger Absprache zu kommen. Zu diesem Zweck sollen besondere Kommissionen gebildet und regelmäßige gemeinsame Dezernatsbesprechungen durchgeführt werden.	§ 3 (1) Soweit die Evangelische Kirche der Union mit anderen Kirchen Kirchengemeinschaft festgestellt hat, werden die sich daraus ergebenden Folgerungen von der Union übernommen. Die Mitgliedskirchen der Union sind, soweit sie nicht bereits als bisherige Gliedkirchen der Evangelischen Kirche der Union beteiligt waren, eingeladen, sich der Feststellung der Kirchengemeinschaft anzuschließen. (2) Die Union ist offen dafür, auch mit anderen Kirchen Kirchengemeinschaft festzustellen und zu verwirklichen.	

Ordnung der Evangelischen Kirche der Union vom 20. Februar 1951 (ABl. EKD S. 150), neu bekanntgemacht am 22. Juli 1994 (ABl. EKD S. 405), zuletzt geändert am 6. Juni 1998 (ABl. EKD S. 416)	Grundsatzerklärung der Arnoldshainer Konferenz vom 6. April / 20. Juni 1967	Vertrag über die Bildung einer Union Evangelischer Kirchen in der EKD vom 26. Februar 2003 (ABl. EKD S. 315)	Grundordnung der Union Evangelischer Kirchen in der Evangelischen Kirche in Deutschland vom 12. April 2003 (ABl. EKD S. 159)
Artikel 1 (1) Die Evangelische Kirche der Union ist die Gemeinschaft der in ihr zusammengeschlossenen Gliedkirchen im Dienst am Evangelium.			
(2) Sie pflegt die Gemeinschaft kirchlichen Lebens der in ihr verbundenen lutherischen, reformierten und unierten Gemeinden.			
(3) Sie hat Gemeinschaft in der Verkündigung des Wortes Gottes und im Heiligen Abendmahl. Sie ruft ihre Glieder, im Vertrauen auf die Wahrheit und Verheißung des Wortes Gottes trotz bestehender Lehrunterschiede im gemeinsamen Bekennen des Evangeliums zu beharren und zu wachsen.			
Artikel 2 (1) Gliedkirchen der Evangelischen Kirche der Union sind die Kirchen, die in ihrer Ordnung die Gliedschaft festgestellt haben, und solche Kirchen, die auf ihren Antrag im Benehmen mit der Evangelischen Kirche in Deutschland durch die Synode der Evangelischen Kirche der Union aufgenommen werden. (2) Die Gliedkirchen üben für ihren Bereich im Rahmen dieser Ordnung und der Grundordnung der Evangeli-			

Ordnung der Evangelischen Kirche der Union vom 20. Februar 1951 (ABl. EKD S. 150), neu bekanntgemacht am 22. Juli 1994 (ABl. EKD S. 405), zuletzt geändert am 6. Juni 1998 (ABl. EKD S. 416)	Grundsatzerklärung der Arnoldshainer Konferenz vom 6. April / 20. Juni 1967	Vertrag über die Bildung einer Union Evangelischer Kirchen in der EKD vom 26. Februar 2003 (ABl. EKD S. 315)	Grundordnung der Union Evangelischer Kirchen in der Evangelischen Kirche in Deutschland vom 12. April 2003 (ABl. EKD S. 159)
schen Kirche in Deutschland die Kirchenleitung und die Gesetzgebung selbständig aus.			
Artikel 3 (1) Die Evangelische Kirche der Union und ihre Gliedkirchen sind gemäß Artikel 21 der Grundordnung der Evangelischen Kirche in Deutschland Gliedkirchen der Evangelischen Kirche in Deutschland. Die Evangelische Kirche der Union bemüht sich um die Festigung und Vertiefung der Gemeinschaft innerhalb der Evangelischen Kirche in Deutschland.			
(2) Die Evangelische Kirche der Union steht in Kirchengemeinschaft mit allen Kirchen, die der Konkordie reformatorischer Kirchen in Europa vom 16. März 1973 (Leuenberger Konkordie) zugestimmt haben. Sie ist offen dafür, auch mit anderen Kirchen Kirchengemeinschaft festzustellen und zu verwirklichen. (3) Die Evangelische Kirche der Union steht durch die Evangelische Kirche in Deutschland in der Gesamtordnung des Ökumenischen Rates der Kirchen. Sie fördert die Gemeinschaft und Zusammenarbeit mit den Kirchen der Ökumene.			

Ordnung der Evangelischen Kirche der Union vom 20. Februar 1951 (ABl. EKD S. 150), neu bekanntgemacht am 22. Juli 1994 (ABl. EKD S. 405), zuletzt geändert am 6. Juni 1998 (ABl. EKD S. 416)	Grundsatzerklärung der Arnoldshainer Konferenz vom 6. April / 20. Juni 1967	Vertrag über die Bildung einer Union Evangelischer Kirchen in der EKD vom 26. Februar 2003 (ABl. EKD S. 315)	Grundordnung der Union Evangelischer Kirchen in der Evangelischen Kirche in Deutschland vom 12. April 2003 (ABl. EKD S. 159)
Artikel 4 (1) Die Evangelische Kirche der Union und ihre Gliedkirchen fördern ihre Gemeinschaft insonderheit a) durch einen geregelten Besuchsdienst der Gliedkirchen, b) durch Austausch von Vikaren und Pfarrern im Probedienst (Entsendungsdienst), c) durch Austausch von Pfarrern, Kirchenbeamten und Trägern anderer kirchlicher Dienste.			
(2) Die Evangelische Kirche der Union und ihre Gliedkirchen betätigen ihre Gemeinschaft durch Kollekten und durch den Finanzausgleich (Artikel 20).			
Artikel 5 (1) Die Evangelische Kirche der Union fördert die missionarischen und diakonischen Werke in ihrer Mitte ungeachtet deren Rechtsform, insbesondere die Innere Mission, die Hilfswerke, den Dienst für die Diaspora, die Arbeit an den Männern, den Frauen und der Jugend. (2) Sie weiß sich durch den Auftrag ihres Herrn zur Weltmission gerufen.			

Ordnung der Evangelischen Kirche der Union vom 20. Februar 1951 (ABl. EKD S. 150), neu bekanntgemacht am 22. Juli 1994 (ABl. EKD S. 405), zuletzt geändert am 6. Juni 1998 (ABl. EKD S. 416)	Grundsatzerklärung der Arnoldshainer Konferenz vom 6. April / 20. Juni 1967	Vertrag über die Bildung einer Union Evangelischer Kirchen in der EKD vom 26. Februar 2003 (ABl. EKD S. 315)	Grundordnung der Union Evangelischer Kirchen in der Evangelischen Kirche in Deutschland vom 12. April 2003 (ABl. EKD S. 159)
Artikel 6 (1) Die Evangelische Kirche der Union hat die Aufgabe, die Einheitlichkeit der Ordnungen und Dienste der Gliedkirchen zu fördern.			Artikel 3 Aufgaben und ihre Wahrnehmung (1) Die Union hat insbesondere folgende Aufgaben wahrzunehmen: 1. grundlegende theologische Gespräche und Arbeiten zu den gemeinsamen Bekenntnissen und zu Fragen der Vereinigung von Kirchen anzuregen und voranzutreiben;
(2) Einheitlichkeit soll insbesondere erstrebt werden für a) die Ordnungen der Gottesdienste und Amtshandlungen, b) das Gesangbuch, c) wesentliche Bestimmungen der sonstigen Ordnungen der Gliedkirchen, d) die Vorbildung und Anstellungsfähigkeit sowie die dienstrechtlichen Verhältnisse der Pfarrer, der Kirchenbeamten und der Träger anderer kirchlicher Dienste, e) das Verfahren bei Beanstandung der Lehre, f) die Erhebung kirchlicher Abgaben und das kirchliche Kassen- und Rechnungswesen.			2. Fragen des Gottesdienstes, der Liturgik, der Ordination, des Verständnisses von Gemeinde, Dienst und Amt sowie des kirchlichen Lebens zu erörtern und Gestaltungsvorschläge zu entwickeln; 3. die Gemeinschaft innerhalb der Evangelischen Kirche in Deutschland, der Leuenberger Kirchengemeinschaft und der weltweiten Ökumene zu fördern; 4. rechtliche Regelungen zu entwerfen, Kirchengesetze zu beschließen und sich darum zu bemühen, dass diese möglichst gleich lautend in den Mitgliedskirchen umgesetzt werden; 5. Aus- und Fortbildung für theologische und nichttheologische kirchliche Mitarbeiterinnen und Mitarbeiter zu planen und durchzuführen; 6. Begegnungstagungen zu veranstalten, Gemeindepartnerschaften zu vermitteln und ökumenische Begegnungen zu koordinieren.

Beilage 12: Synopse: Zur Entstehung der Kirchenverfassung der Evangelischen Kirche in Mitteldeutschland (2009)

Evangelisch lutherische Kirche in Thüringen	Evangelische Kirche der Kirchenprovinz Sachsen	Evangelische Kirche in Mitteldeutschland
Verfassung der Evangelisch-Lutherischen Kirche in Thüringen vom 2. November 1951 in der Fassung vom 30. Oktober 1990 (ABl. ELKTh 1990, S. 163), zuletzt geändert durch Kirchengesetz vom 15. November 2003 (ABl. ELKTh 2004, S. 5)	Grundordnung der Evangelischen Kirche der Kirchenprovinz Sachsen (In der Fassung der Bekanntmachung vom 2. Juli 2004 (ABl. KPS, S. 78))	Verfassung der Evangelischen Kirche in Mitteldeutschland vom 5. Juli 2008 (ABl. EKM 2008, S. 183)
§ 1: Grundlage der Evangelisch-Lutherischen Kirche in Thüringen (1) Grundlage der Evangelisch-Lutherischen Kirche in Thüringen ist das Evangelium von Jesus Christus, wie es in der Heiligen Schrift Alten und Neuen Testaments gegeben und in den Bekenntnisschriften der Evangelisch-Lutherischen Kirche bezeugt ist. (2) Kirchenglieder, die in ihrem Glauben durch andere Bekenntnisse der Reformation bestimmt sind, bleiben im Rahmen der auch für sie verbindlichen Gesamtordnung mit ihren Sonderanliegen durch ein Minderheitsgesetz geschützt. (3) Der Bekenntnisstand kann nicht durch Gesetzgebungsakt geändert werden.	Vorspruch Ziff. 1 Die Evangelische Kirche der Kirchenprovinz Sachsen steht in der Einheit der einen heiligen christlichen Kirche, die überall da ist, wo das Wort Gottes lauter verkündigt wird und die Sakramente recht verwaltet werden. Eins unter ihrem Haupte Jesus Christus, dem unter uns Mensch gewordenen Worte Gottes, dem gekreuzigten und auferstandenen Herrn, auf den sie wartet, ist sie gegründet auf das prophetische und apostolische Zeugnis in der Heiligen Schrift Alten und Neuen Testaments, an der allein Lehre und Leben zu messen sind. Sie ist gesandt, die Botschaft von Jesus Christus, dem Heil der Welt, allen Menschen auszurichten. In der Gesellschaft, in der sie lebt, hat sie durch ihre Verkündigung und ihr Handeln den Zuspruch und den Anspruch des Wortes Gottes in Gesetz und Evangelium zu bezeugen.	1. Jesus Christus schafft seine Kirche durch sein lebendiges Wort als Gemeinschaft von Schwestern und Brüdern. Die Evangelische Kirche in Mitteldeutschland steht in der Einheit der einen Kirche Jesu Christi. Sie ist entstanden durch die Vereinigung der Evangelischen Kirche der Kirchenprovinz Sachsen und der Evangelisch-Lutherischen Kirche in Thüringen.
		2. Die Evangelische Kirche in Mitteldeutschland hat ihren Grund im Evangelium von Jesus Christus, wie es uns in der Heiligen Schrift Alten und Neuen Testaments gegeben ist. Sie bekennt sich zu Jesus Christus, dem gekreuzigten und auferstandenen Herrn der Welt und Haupt der einen heiligen allgemeinen und apostolischen Kirche. Durch Jesus Christus steht die Kirche in der Verheißungsgeschichte Gottes mit seinem Volk Israel – bleibend gültig zum Heil für alle Menschen.

Evangelisch lutherische Kirche in Thüringen	Evangelische Kirche der Kirchenprovinz Sachsen	Evangelische Kirche in Mitteldeutschland
	Vorspruch Ziff. 2 Sie bezeugt als Kirche der Reformation ihren Glauben gemeinsam mit der alten Kirche durch die altkirchlichen Symbole: das Apostolikum, das Nizänum und das Athanasianum. Vorspruch Ziff. 3 Sie bekennt mit den Vätern der Reformation, dass Jesus Christus allein unser Heil ist, offenbart allein in der Heiligen Schrift Alten und Neuen Testaments, geschenkt allein aus Gnade, empfangen allein im Glauben.	3. Die Evangelische Kirche in Mitteldeutschland bezeugt mit den altkirchlichen Bekenntnissen – dem Apostolischen, dem Nizänischen und dem Athanasianischen Glaubensbekenntnis – den Glauben an den dreieinigen Gott. Sie bekennt mit den Reformatoren, dass Jesus Christus allein unser Heil ist, geschenkt allein aus Gnade, empfangen allein im Glauben, maßgebend bezeugt allein in der Heiligen Schrift Alten und Neuen Testaments.
	Sie ist eine Kirche der lutherischen Reformation und hat ihren besonderen Charakter in der kirchlichen Gemeinschaft mit den reformierten Gemeinden ihres Bereiches. Im Verständnis des von den Reformatoren gemeinsam bezeugten Evangeliums bleibt sie den in ihren Gemeinden geltenden Bekenntnissen verpflichtet: Der Augsburgischen Konfession, der Apologie, den Schmalkaldischen Artikeln, dem Kleinen und Großen Katechismus Luthers und, wo sie anerkannt ist, der Konkordienformel oder dem Heidelberger Katechismus (*angefügte Fußnote: Herkommen und Geschichte der reformierten Gemeinden sind bestimmt von der Geltung der Confessio Sigismundi, der Confession de foi und der Discipline Ecclésiastique.*) Diese Verpflichtung schließt ein, die Bekenntnisse immer wieder an der Heiligen Schrift zu prüfen. Indem sie das Bekenntnis ihrer Gemeinden schützt, wirkt sie zugleich dahin, dass ihre Gemeinden in der Einheit des Bekennens bleiben und wachsen.	4. Die Evangelische Kirche in Mitteldeutschland ist eine Kirche der lutherischen Reformation und hat ihren besonderen Charakter in der kirchlichen Gemeinschaft mit den reformierten Gemeinden in ihrem Bereich. Im Verständnis des von den Reformatoren gemeinsam bezeugten Evangeliums bleibt sie den in ihren Gemeinden geltenden Bekenntnissen verpflichtet. Dies sind in lutherischen Kirchengemeinden die lutherischen Bekenntnisschriften: die Augsburgische Konfession, die Apologie, die Schmalkaldischen Artikel, der Kleine und der Große Katechismus Martin Luthers, die Konkordienformel, wo sie anerkannt ist, und der Traktat über Gewalt und Oberhoheit des Papstes. In den reformierten Kirchengemeinden gilt der Heidelberger Katechismus; Herkommen und Geschichte der reformierten Gemeinden sind bestimmt von der Geltung der Confessio Sigismundi, der Confession de Foi und der Discipline Ecclésiastique. Diese Verpflichtung schließt ein, die Bekenntnisse immer wieder an der Heiligen Schrift zu prüfen und sie in Leben, Lehre und Ordnung der Kirche wirksam werden zu lassen.

Evangelisch lutherische Kirche in Thüringen	Evangelische Kirche der Kirchenprovinz Sachsen	Evangelische Kirche in Mitteldeutschland
	Als maßgebendes Beispiel für solch gemeinsames Bekennen und als auch fernerhin gebotenes Glaubenszeugnis für die versuchte und angefochtene Kirche bejaht sie die Theologische Erklärung von Barmen.	5. Die Evangelische Kirche in Mitteldeutschland bejaht die Theologische Erklärung der Bekenntnissynode von Barmen 1934. Sie weiß sich verpflichtet, als bekennende Kirche die Erkenntnisse des Kirchenkampfes über Wesen, Auftrag und Ordnung der Kirche zur Wirkung zu bringen. Sie ruft die Gemeinden und ihre Mitglieder zum Hören auf das Zeugnis der Schwestern und Brüder. Sie hilft zur gemeinsamen Abwehr kirchenzerstörender Irrlehre.
	Vorspruch Ziff. 4 Sie stimmt der Leuenberger Konkordie reformatorischer Kirchen in Europa zu. Sie steht damit in Kirchengemeinschaft mit allen Kirchen, die der Konkordie beigetreten sind. Die Evangelische Kirche der Kirchenprovinz Sachsen verwirklicht die Gemeinschaft der in ihr verbundenen lutherischen und reformierten Gemeinden, indem sie Gottesdienst- und Sakramentsgemeinschaft hat, sich im Hören auf das Glaubenszeugnis der Brüder um Gemeinsamkeit von Zeugnis und Dienst in der Welt bemüht und das Zusammenwachsen der Gemeinden in Ordnung und Organisation deshalb soweit als möglich fördert.	6. Zwischen den lutherischen und reformierten Gemeinden besteht Kirchengemeinschaft im Sinne der Konkordie reformatorischer Kirchen in Europa (Leuenberger Konkordie). Die Evangelische Kirche in Mitteldeutschland bekräftigt die »Gemeinsame Erklärung zu den theologischen Grundlagen der Kirche und ihrem Auftrag in Zeugnis und Dienst« vom 23. Mai 1985. Sie fördert die Gemeinsamkeit des christlichen Zeugnisses und Dienstes gemäß dem Auftrag des Herrn Jesus Christus.
	Vorspruch Ziff. 5 Die Evangelische Kirche der Kirchenprovinz Sachsen ist Gliedkirche der Evangelischen Kirche in Deutschland und der Union Evangelischer Kirchen in der EKD. Sie ist bemüht, für das Zusammenwachsen der Gliedkirchen in der Einheit und Gemeinsamkeit des christlichen Zeugnisses und Dienstes nach Kräften beizutragen. In der Wahrnehmung dieses Bemühens hat sie sich mit der Evangelisch-Lutherischen Kirche in Thüringen zur Föderation Evangelischer Kirchen in Mitteldeutschland zusammengeschlossen.	7. Die Evangelische Kirche in Mitteldeutschland steht mit der ganzen Christenheit unter dem Auftrag, das Evangelium von Jesus Christus in der Welt zu bezeugen und die Einheit der Kirche zu suchen. Diesem Auftrag hat auch ihre Ordnung zu dienen.

Evangelisch lutherische Kirche in Thüringen	Evangelische Kirche der Kirchenprovinz Sachsen	Evangelische Kirche in Mitteldeutschland
	dern, mit ihnen sich in Zeugnis und Dienst an alle Menschen zu wenden und auf das Ziel der sichtbaren Einheit in einem Glauben und einer Abendmahlsgemeinschaft zuzugehen. Sie ist bemüht, nach dem Maß ihrer Kräfte sich an der ökumenischen Arbeit zu beteiligen.	
§ 2: Gebiet (1) Die Evangelisch-Lutherische Kirche in Thüringen ist die Rechtsnachfolgerin der in ihr zusammengeschlossenen ehemaligen Landeskirchen von Sachsen-Weimar-Eisenach, Sachsen-Meiningen, Sachsen-Altenburg, Sachsen-Gotha, Reuß j. L., Schwarzburg-Rudolstadt, Schwarzburg-Sondershausen und Reuß ä. L.. Veränderungen ihres Bereichs erfordern ein Kirchengesetz, wenn sie sich auf ganze Kirchgemeinden oder Kirchgemeindeverbände erstrecken; kleinere Grenzveränderungen kann der Landeskirchenrat mit benachbarten Kirchen ohne Kirchengesetz vereinbaren, wenn die unmittelbar beteiligten Kirchgemeinden zustimmen. (2) Der Anschluss von Kirchgemeinden oder Kirchgemeindeverbänden setzt voraus, dass ihre Bekenntnisgrundlage dem § 1 Abs. 1 entspricht. (3) Für die Abtretung von Kirchengebiet der Evangelisch-Lutherischen Kirche in Thüringen an eine andere Landes- oder Provinzialkirche gilt Absatz 2 entsprechend.		Artikel 1 Gebiet und Rechtsnachfolge Die Evangelische Kirche in Mitteldeutschland umfasst als Landeskirche das Gebiet der ehemaligen Evangelischen Kirche der Kirchenprovinz Sachsen und der ehemaligen Evangelisch-Lutherischen Kirche in Thüringen. Sie ist Rechtsnachfolgerin der Evangelischen Kirche der Kirchenprovinz Sachsen, der Evangelisch-Lutherischen Kirche in Thüringen und der Föderation Evangelischer Kirchen in Mitteldeutschland.
§ 3: Zugehörigkeit zu VELKD, EKD und Kirchenbünden Die Evangelisch-Lutherische Kirche in Thüringen ist Gliedkirche der Vereinigten Evangelisch-Lutherischen Kirche Deutschlands und Gliedkirche der Evangelischen Kirche in Deutschland. Sie ist Mitgliedskirche des Lutherischen Weltbundes und Mitglied des Ökumenischen Rates der Kirchen.		Artikel 2 Auftrag und Aufgaben der Kirche (1) Die Evangelische Kirche in Mitteldeutschland erfüllt ihre Aufgaben in der Bindung an den Auftrag ihres Herrn Jesus Christus und in der darin begründeten Freiheit. (2) Sie lebt im Hören auf Gottes Wort, in der Feier der Sakramente und im Dienst an den Menschen. Der Gottesdienst der Gemeinde ist Mitte allen Handelns der Kirche.

Evangelisch lutherische Kirche in Thüringen	Evangelische Kirche der Kirchenprovinz Sachsen	Evangelische Kirche in Mitteldeutschland
		(3) Sie bezeugt das Evangelium in Verkündigung, Mission, Seelsorge, Diakonie und Bildung. Als Kirche für andere nimmt sie den ihr aufgegebenen Dienst im öffentlichen Leben wahr. (4) Sie trägt die Verantwortung für die reine Verkündigung des Wortes und die einsetzungsgemäße Feier der Sakramente. Sie achtet darauf, dass das Evangelium gemäß dem in den Gemeinden jeweils geltenden Bekenntnis in Lehre, Leben und Dienst bezeugt wird. (5) Sie nimmt sich besonders der Menschen in Not- und Konfliktsituationen an. Sie begegnet ihnen in tätiger Nächstenliebe und bemüht sich, die Ursachen von Not aufzudecken und zu beheben. (6) Sie setzt sich im Vertrauen auf Gottes Verheißung ein für die Bewahrung der Schöpfung und die Gestaltung des Lebens in der einen Welt in Gerechtigkeit und Frieden. (7) Sie fördert und gestaltet die ökumenische Gemeinschaft der Kirchen vor Ort und im weltweiten Horizont. (8) Sie fördert das christlich-jüdische Gespräch. Sie erinnert an die Mitschuld der Kirche an der Ausgrenzung und Vernichtung jüdischen Lebens, setzt sich für die Versöhnung mit dem jüdischen Volk ein und tritt jeder Form von Antisemitismus und Antijudaismus entgegen. (9) Sie sucht den Dialog mit anderen Religionen. (10) Sie tritt für die Wahrung der Menschenwürde, die Achtung der Menschenrechte und für ein von Gleichberechtigung bestimmtes Zusammenleben der Menschen ein. Sie wendet sich gegen alle Formen von Diskriminierung und Menschenfeindlichkeit. (11) Sie lebt in vielfältigen Formen von Gemeinden und Diensten. Die Gemeinden und Dienste werden in der Gemeinschaft der gesamten Landeskirche gestärkt und gefördert. (12) Sie stärkt ihre Glieder für ein christliches Leben und ermutigt sie, ihre Möglichkeiten und

Evangelisch lutherische Kirche in Thüringen	Evangelische Kirche der Kirchenprovinz Sachsen	Evangelische Kirche in Mitteldeutschland
		Begabungen im Leben der Gemeinde und als Christen in der Gesellschaft einzubringen. Sie fördert die Gemeinschaft und das Zusammenwirken ihrer Glieder und sorgt für den Zusammenhalt der Gemeinden.
§ 4: Körperschaft des öffentlichen Rechts Die Evangelisch-Lutherische Kirche in Thüringen ist Körperschaft des öffentlichen Rechts. Sie ordnet und verwaltet ihre Angelegenheiten selbständig nach Maßgabe der für alle geltenden Gesetze und im Rahmen der für sie verbindlichen gesamtkirchlichen Ordnungen.		
§ 5: Mitgliedschaft (1) Jeder evangelische Christ, sofern er nicht schon seit der Taufe in eine außerhalb der evangelischen Gemeinde des Tauforts stehenden Religionsgemeinschaft aufgenommen wurde oder durch rechtsgültige Erklärung aus der evangelischen Kirche ausgetreten ist, ist Glied der Evangelisch-Lutherischen Kirche in Thüringen, solange er in ihrem Bereich seinen Wohnsitz oder ständigen Aufenthalt hat. (2) Wer nachweist, dass er bis zu seinem Zuzug in das Gebiet der Evangelisch-Lutherischen Kirche in Thüringen einer das Lutherische Bekenntnis ausschließenden evangelischen kirchlichen Gemeinschaft angehört hat, kann seine Zugehörigkeit zur Evangelisch-Lutherischen Kirche in Thüringen durch ausdrückliche Erklärung ablehnen. (3) Einwohner des Kirchengebietes, die der Evangelisch-Lutherischen Kirche in Thüringen nicht angehören, können in die Kirche aufgenommen werden; das Verfahren richtet sich nach der »Ordnung des kirchlichen Lebens«.		Artikel 3 Gliederungen der Kirche und besondere Formen von Gemeinde (1) Das kirchliche Leben ist in den Rechtsformen der Kirchengemeinde, des Kirchengemeindeverbandes, des Kirchenkreises und der Landeskirche, ihrer sonstigen Körperschaften, Anstalten und Stiftungen sowie ihrer Einrichtungen und Werke geordnet. Diese bilden als Zeugnis- und Dienstgemeinschaft eine innere und äußere Einheit. In dieser Einheit haben sie die zur Erfüllung ihrer besonderen Aufgaben notwendige Eigenverantwortung und Freiheit, die durch die kirchliche Ordnung gesichert und begrenzt werden. (2) Gemeindliches Leben geschieht auch in verschiedenen Bereichen der Bildung, im Zusammenhang besonderer Berufs- und Lebenssituationen, in geistlichen Zentren und in Gruppen mit besonderer Prägung von Frömmigkeit und Engagement sowie in Gemeinden auf Zeit. Diese besonderen Formen von Gemeinde ergänzen das Leben der kirchlichen Körperschaften nach Absatz 1. Sie sind nach Maßgabe der kirchlichen Ordnung in die Zeugnis- und Dienstgemeinschaft eingebunden.

Evangelisch lutherische Kirche in Thüringen	Evangelische Kirche der Kirchenprovinz Sachsen	Evangelische Kirche in Mitteldeutschland
		(3) Diakonie als Wesens- und Lebensäußerung der Kirche geschieht in Kirchengemeinden, Kirchenkreisen, der Landeskirche, in diakonischen Einrichtungen und Werken. Sie unterstützen einander in ihrem Dienst am Nächsten. (4) Kommunitäten und andere Gemeinschaften mit besonderen Formen verbindlichen geistlichen Lebens bringen ihre Gaben in das gottesdienstliche Leben der Kirche und den Dienst an der Welt ein. Sie stehen unter dem Schutz der Kirche auf der Grundlage gesonderter Vereinbarungen.
§ 6: Stellung der Gemeindeglieder (1) Die Rechte und Pflichten der Glieder der Evangelisch-Lutherischen Kirche in Thüringen ergeben sich aus dieser Verfassung und aus den Gesetzen und Ordnungen, die in dieser Verfassung gegründet sind. (2) In der Evangelisch-Lutherischen Kirche in Thüringen sind Frauen und Männer gleichberechtigt. (3) Alle Glieder der Kirche sind aufgerufen, in gemeinsamer Verantwortung mit den ehren-, neben- und hauptamtlichen Mitarbeitern und den Pfarrern an der Erfüllung des Auftrags der Kirche mitzuwirken.		Artikel 4 Kirchliche Ordnung (1) Die kirchliche Ordnung muss mit der in der Präambel gegebenen Grundlage in Einklang stehen. (2) Die Rechtsetzung der Landeskirche darf den Bekenntnisstand der Gemeinden nicht verletzen. (3) Das Bekenntnis ist nicht Gegenstand der Rechtsetzung.
§ 7: Einheit der Kirche; Kirchliche Werke (1) Die Evangelisch-Lutherische Kirche in Thüringen bildet eine Einheit des Lebens und der Ordnung, die sich auf den Kirchgemeinden aufbaut. (2) Die gesamte Arbeit der anerkannten diakonischen und missionarischen kirchlichen Werke gehört - ungeachtet ihrer Rechtsform - unmittelbar zu den Lebensäußerungen der Kirche und der Kirchgemeinden und steht unter dem Schutz und der Fürsorge der Kirche. Die Zuordnung dieser Werke zur Evangelisch-Lutherischen Kirche in Thüringen und ihren Kirchgemeinden kann im Einvernehmen mit ihnen durch Kirchengesetz geregelt werden.		Artikel 5 Zusammenwirken und Leitung in der Kirche (1) Leitung auf allen Ebenen der Evangelischen Kirche in Mitteldeutschland geschieht im Hören auf Gottes Wort, in der Verantwortung gegenüber Gott und im geschwisterlichen Gespräch. Sie ist geistlicher und rechtlicher Dienst in unaufgebbarer Einheit. (2) Bei der Gestaltung des Lebens der Kirche und in ihrer Leitung sind ehrenamtliche und berufliche Dienste einander zugeordnet und aneinander gewiesen. Sie nehmen die ihnen übertragenen Aufgaben eigenverantwortlich wahr und wirken geschwisterlich zusammen.

Evangelisch lutherische Kirche in Thüringen	Evangelische Kirche der Kirchenprovinz Sachsen	Evangelische Kirche in Mitteldeutschland
		Artikel 6 Gemeinschaft mit anderen Kirchen (1) Die Evangelische Kirche in Mitteldeutschland steht in der Gemeinschaft der Ökumene. (2) Die Evangelische Kirche in Mitteldeutschland steht in Kirchengemeinschaft mit den Kirchen, die der Konkordie reformatorischer Kirchen in Europa zugestimmt haben, und sucht Kirchengemeinschaft auch mit anderen Kirchen. Sie arbeitet in der Arbeitsgemeinschaft christlicher Kirchen mit. (3) Sie ist Gliedkirche der Evangelischen Kirche in Deutschland und Mitglied im Ökumenischen Rat der Kirchen und im Lutherischen Weltbund. Die Landeskirche setzt die Mitgliedschaften in der Union Evangelischer Kirchen in der Evangelischen Kirche in Deutschland und in der Vereinigten Evangelisch-Lutherischen Kirche Deutschlands fort. (4) Die reformierten Gemeinden werden über den Reformierten Bund im Reformierten Weltbund vertreten.
		Artikel 7 Kirchliche Körperschaften (1) Die Landeskirche sowie ihre Kirchengemeinden, Kirchengemeindeverbände und Kirchenkreise sind Körperschaften des Kirchenrechts. Sie regeln und verwalten ihre Angelegenheiten selbständig im Rahmen des geltenden Rechts. (2) Kirchliche Körperschaften sind zugleich Körperschaften des öffentlichen Rechts nach staatlichem Recht. Kirchliche Stiftungen sind zugleich Stiftungen des öffentlichen oder des privaten Rechts.
		Artikel 8 Sprachform der Personenbezeichnungen Alle Ausdrücke für Personen und Funktionen in dieser Verfassung bezeichnen gleichermaßen Frauen und Männer.